Grundfragen der Ökonomie

Lukas Bäuerle/Anna Katharina Keil/Rouven Reinke/Stella Wasenitz

Grundfragen der Ökonomie

Plural - Reflexiv - Lebensnah

1. Auflage

Schäffer-Poeschel Verlag Stuttgart

Bibliografische Information der Deutschen Nationalbibliothek

Die Deutsche Nationalbibliothek verzeichnet diese Publikation in der Deutschen Nationalbibliografie; detaillierte bibliografische Daten sind im Internet über http://dnb.dnb.de/ abrufbar.

Print:	ISBN 978-3-7910-6589-2	Bestell-Nr. 12168-0001
ePub:	ISBN 978-3-7910-6590-8	Bestell-Nr. 12168-0100
ePDF:	ISBN 978-3-7910-6591-5	Bestell-Nr. 12168-0150

Lukas Bäuerle/Anna Katharina Keil/Rouven Reinke/Stella Wasenitz
Grundfragen der Ökonomie
1. Auflage, April 2026

Breitscheidstr. 10, 70174 Stuttgart
www.schaeffer-poeschel.de | service@schaeffer-poeschel.de

Covergestaltung: Stoffers Grafik-Design, Leipzig; KI-generiert mit Sora by OpenAI

Produktmanagement: Nora Valussi/Dr. Angelika Schulz
Lektorat: Heike Münzenmaier

Schäffer-Poeschel Verlag Stuttgart
Ein Unternehmen der Haufe Group SE

Inhaltsverzeichnis

Danksagungen

Dieses Lehrbuch ist ein Gemeinschaftswerk. Es basiert maßgeblich auf der Expertise seiner 30 Autor*innen, denen wir ganz herzlich für ihre großartigen Texte danken möchten. Ebenso danken wir Hannes Euler, Hannah Heller, Johannes Hirata, Stefan Kesting, Steffen Lange, Anne Löscher, Stephan Pühringer, Birte Strunk, Hendrik Theine, Sebastian Thieme und Marius Vogel, die uns Herausgeber*innen beim Review der Kapitel zur Seite standen.

Dass eine intellektuelle Grundlage und eine Basis für vertrauensvolle Zusammenarbeit überhaupt bestanden, hat auch damit zu tun, dass das Feld der Pluralen Ökonomik in den vergangenen 15 Jahren viele Foren und Formate des Austauschs etablieren konnte. Vor diesem Hintergrund freut es uns besonders, dass das Netzwerk Plurale Ökonomik e.V. dieses Buchprojekt von Beginn an ideell und in Sachen Werbung auch praktisch unterstützt. Das Netzwerk sorgt dafür, dass unzählige Studierende und Wissenschaftler*innen genau an jenen Fragen, die in diesem Buch behandelt werden, dranblieben und -bleiben. Insofern kondensiert das Lehrbuch auch einen gemeinsamen Entwicklungsprozess, der es angehenden Wirtschaftsstudierenden hoffentlich einfacher machen wird, ihren Bildungsabsichten nachzugehen. Wir danken den vielfältigen Akteur*innen für den Aufbau von Institutionen, Wissen und Netzwerken, die die Plurale Ökonomik in ihrer Bedeutsamkeit auf ihren heutigen Stand gebracht haben.

Der Canopus Foundation unter der Leitung von Peter Heller danken wir für die finanzielle Unterstützung.

Felix Kersting und Franziska Disslbacher danken wir für die intensive Begleitung des Projektes in seiner frühen Phase. Irene Steindl danken wir für die zahlreichen Impulse und Inspirationen ihres Schreibworkshops.

Marie Blümchen und Tim Engartner von der Universität zu Köln danken wir für ihre Unterstützung des finalen Redaktionsprozesses.

Allen Verantwortlichen bei Schäffer-Poeschel, insbesondere Angelika Schulz, Nora Valussi und Heike Münzenmaier danken wir für die vertrauensvolle und pragmatische Zusammenarbeit.

Lukas Bäuerle, Anna Katharina Keil, Stella Wasenitz und Rouven Reinke, im März 2026

Einführung

Lukas Bäuerle, Anna Katharina Keil, Rouven Reinke und Stella Wasenitz

Das folgende Einführungskapitel gibt Einblick in die Hintergründe und die Architektur des Buches. Es enthält außerdem Empfehlungen, wie du mit dem Buch am besten arbeiten kannst. Wir empfehlen, dieses Kapitel zu lesen, bevor du dich dem ersten thematischen Kapitel widmest.

Warum dieses Buch?

Wir leben in Zeiten, in denen altgediente Gewissheiten zunehmend brüchig werden. Was für politische Systeme, geopolitische Konstellationen und die Intaktheit der Natur gilt, betrifft auch ökonomisches Wissen. Das, was in den vergangenen 40–50 Jahren in ökonomischen Lehrbüchern vermittelt wurde, scheint überkommen – zu abstrakt, zu dogmatisch, zu weit weg von den Turbulenzen der Gegenwart. Doch was kann bzw. was sollte neben oder sogar anstelle von effizienten Märkten und nutzenmaximierenden Individuen über Ökonomie dann gewusst werden? Was ist überhaupt Ökonomie, was könnte sie zukünftig sein und wie kann man Wissen über sie aufbauen? Welche ökonomischen Konzepte, Theorien und Vordenker*innen könnten dabei helfen?

Bereits vor rund 20 Jahren stellten sich Studierende diese Fragen, gründeten in der Folge das Netzwerk **Plurale Ökonomik** und fordern seitdem die Pluralisierung des Studiums. Ausgangspunkt war dabei die als zu einseitig empfundene wirtschaftswissenschaftliche Lehre, in der wenige Theorien, mathematische Modellierung und standardisierte Lehrformate dominieren (Beckenbach et al. 2016, Bäuerle et al. 2020, Netzwerk Plurale Ökonomik 2020). Momentum erlangte diese Kritik durch die damalige Finanzkrise, die den mangelhaften Realitätsbezug sichtbar werden ließ: Für die große Mehrheit der Ökonom*innen kam die erste schwere Wirtschaftskrise des 21. Jahrhunderts komplett unerwartet. An diese Kritik anknüpfend konnte in vielen Forschungsarbeiten gezeigt werden, dass wirtschaftswissenschaftliche Lehre, Forschung und Politikberatung insgesamt durch die sogenannte ▹ **Mainstreamökonomik** dominiert sind (Heise et al. 2017, Kapeller et al. 2022). Was sich genau hinter dem Begriff »Mainstream« verbirgt, wird im Verlauf des Buches noch an vielen Stellen intensiv diskutiert. Für den Moment genügt es, zu verstehen, dass mit Mainstreamökonomik eine theoretische und methodologische Engführung in Bezug auf den ▹ **Untersuchungsgegenstand** Ökonomie verbunden ist. Praktisch beziehen wir uns vor allem auf die vielverwendeten Lehrbücher, die rund um den Globus einen bestimmten ökonomischen Wissenskanon standardisieren (van Treeck/Urban 2016). Ein besonders einflussreiches Lehrbuch stammt dabei von den Ökonomen Gregory Mankiw und Mark P. Taylor (2024).

In den vergangenen Jahren wurden im Feld der Pluralen Ökonomik viele konkrete Alternativen zur Mainstreamökonomik erarbeitet und auf verschiedenen Wegen veröffentlicht. Hervorzuheben wäre dabei die Plattform www.exploring-economics.de, auf der eine große Fülle von Texten, Videos und Bildungsressourcen gesammelt wurde. Was bislang noch fehlte, war ein Einführungslehrbuch, das für einen pluralen Einstieg in das Wirtschaftsstudium – und natürlich auch von allgemein Wirtschaftsinteressierten – genutzt werden kann. Das vorliegende Buch schließt diese Lücke. Es wurde von rund 30 Autor*innen verfasst, die alle zu konkreten Forschungsthemen der Pluralen Ökonomik oder benachbarter Wissenschaftsfelder arbeiten. Plurale ökonomische Ansätze bilden hier insofern keine Ergänzung, sondern durchziehen jedes Kapitel des Buches.

Der ökonomischen Bildung kommt unserem Verständnis nach heute eine vierfache Rolle zu. Sie sollte dazu befähigen:

- etablierte und mächtige Vorstellungen von Ökonomie verstehen und (wirtschafts-)wissenschaftlich einordnen zu können;
- davon abweichende, weniger mächtige Vorstellungen verstehen und (wirtschafts-)wissenschaftlich einordnen zu können;
- die Bedeutungsoffenheit von Ökonomie als kreativen Impuls aufzugreifen und zu der Entwicklung zukunftsfähiger Ökonomie-Konzepte in Theorie wie Praxis beizutragen sowie
- Versuche der letztgültigen Beantwortung ökonomischer Fragen mit grundlegender Skepsis zu begegnen.

Diese vier Elemente liegen dem gesamten Buch zugrunde. Sie orientieren sich damit auch an einem der wichtigsten Beschlüsse zur politischen Bildung: dem Beutelsbacher Konsens (Bundeszentrale für politische Bildung 2011). Dieser gibt drei zentrale Leitlinien für die Ausgestaltung von Bildungssituationen und -materialien vor, die wir für ökonomische Bildung wie folgt interpretieren:

1. *Überwältigungsverbot*: keine manipulativen, tendenziösen Darstellungen.
2. *Kontroversitätsgebot*: Was in Wissenschaft, Wirtschaft und Politik kontrovers ist, muss auch in der Lehre kontrovers erscheinen.
3. *Orientierung an den Lernenden*: Studierende müssen in die Lage versetzt werden, eine sozioökonomische Situation und ihre eigene Positionierung darin zu reflektieren. Dabei geht es vor allem um kritische Urteilskraft, aber auch um eine den eigenen Werten und Interessen entsprechende Handlungsfähigkeit.

Wie ist es aufgebaut?

Viele wirtschaftswissenschaftliche Lehrbücher fokussieren auf wissenschaftliche Paradigmen, insbesondere die ▹ **Mainstreamökonomik**. Entsprechend führen sie in die Prinzipien der ▹ **Ökonomik** ein, wie etwa Mankiw und Taylor: Zuerst werden grundlegende Annahmen eingeführt, dann wird die Wissenschaft in ▹ **Mikro- und Makroökonomik** unterteilt und jeweils Modelle präsentiert, die dazu befähigen sollen »wie ein Volkswirt zu denken«. Was dabei mit jedem weiteren Kapitel ins Hintertreffen gerät, ist der ▹ **Untersuchungsgegenstand** *Ökonomie* und die Fragen, die Studierende an ihn richten. Wir wählen daher bewusst einen am Untersuchungsgegenstand orientierten Ansatz. Unser Buch ist entlang von zentralen Fragen und Themen aufgebaut, die mit Blick auf das Thema Ökonomie schon lange von Bedeutung sind. Dieser Aufbau erlaubt es uns, verschiedene Paradigmen in Bezug zueinander zu setzen, anstatt sie parallel zu verhandeln. Und er verdeutlicht, dass zentrale Themen je nach ökonomischem ▹ **Paradigma** ganz unterschiedlich behandelt werden und als unterschiedlich wichtig wahrgenommen werden – doch dazu unten mehr. Zunächst widmen sich zwei Kapitel den grundlegenden Fragen, was Ökonomie überhaupt ist und wie man über sie nachdenken kann. Die folgenden 19 Kapitel sind dann nach den klassischen W-Fragen angeordnet: Plurale Ziele (Warum?), Plurale Kontexte (Wo und wann?), Plurale Faktoren (Was?) und Plurale Arenen (Wie?). Diese Auswahl zeigt bereits an, dass über Ökonomie eine große Fülle von Fragen besteht, die im Sinne eines umfassenden Verständnisses ökonomischer Theorie und Praxis von Relevanz sind.

Diese Fragen werfen die Auseinandersetzung auf und provozieren immer wieder neue Antworten. In unserem Fall werden nicht nur eine, sondern viele Antworten präsentiert. Die kapitelübergreifende ▷ **Pluralität** setzt sich also in den Einzelkapiteln fort. Konkret werden für jede Frage, bzw. jedes der vier Kontext-Kapitel, mindestens drei ökonomische ▷ **Paradigmen** verhandelt. Eines davon wird immer die Perspektive der Mainstreamökonomik sein, die in den letzten Jahrzehnten eine starke Deutungsmacht aufgebaut hat. In anderen Lehrwerken wird sie manchmal als alleinige Lieferantin von Antworten präsentiert. Wir meinen, dass Wirtschaftsinteressierte diese Perspektive kennen sollten, weil sie über lange Zeit wichtig war. Heute aber benötigen wir vielfältigere Antworten, vor allem solche, die sich auf die Gegebenheiten und Herausforderungen unserer Zeit beziehen. Die verschiedenen Antworten stehen dabei nicht unverbunden nebeneinander, sondern begegnen sich in der geteilten Leitfrage. Dabei gilt: Bei einer solchen Pluralität von Antworten bleibt Widerspruch nicht aus. Dieser ist kein Makel, sondern ein Gütesiegel zeitgemäßer Bildung. Keines der Kapitel erhebt den Anspruch, endgültige Antworten zu präsentieren. Im Gegenteil: Sie bieten einen ersten Einstieg, von dem aus die Auseinandersetzung mit der Frage im Selbststudium oder in einer Lehrveranstaltung fortgesetzt werden kann.

In der Debatte um eine Pluralisierung der ▷ **Wirtschaftswissenschaften** wurde vonseiten des Mainstreams immer wieder angebracht, dass man Studierende, zumal in frühen Semestern, mit dieser Komplexität nicht überfordern sollte. Das dürfe dann erst in fortgeschrittenen Semestern oder in Master-Studiengängen passieren. Studierende beklagen ihrerseits, dass in höheren Semestern im Grunde nur die mathematische Komplexität zunimmt – die etablierten Denkwege der großen Einführungsveranstaltungen dagegen nur selten verlassen würden. Wir meinen, dass die Komplexität von Wirtschaftstheorien schon zu Beginn des Studiums durchaus zugemutet werden kann, ja sogar muss. Aus einem einfachen Grund: Die Welt des Wirtschaftens ist komplex und widersprüchlich. Wer hier nicht auf einen breiten Wissensfundus zurückgreifen kann, droht von vorneherein an der Materie vorbeizudenken.

Damit ist zugleich gesagt, woran wir uns neben pluralen Fragen und Antworten noch orientiert haben: an einem konsequenten Realitätsbezug. Der ökonomischen Bildung wurde lange vorgehalten, dass sie in abstrakte Modellwelten einführe und ökonomische Entwicklungen »da draußen« nicht ernst nehme. In diesem Buch werden daher immer wieder Bezüge zwischen theoretischen Begriffen, Debatten und Problemen und praktischen Erfahrungen, Krisen und Herausforderungen hergestellt. Daher ist z. B. jedes der Kapitel mit einer Infobox versehen, die das jeweilige Thema auf die sozial-ökologische Vielfachkrise beziehen soll (s. u.). So wollen wir für dich als Leser*in des Buches die realweltliche und gesellschaftliche Bedeutung theoretischer Positionen zugänglicher machen. Am Ende bist es schließlich du, für die/den die Lektüre sinnvoll sein muss; und das nicht erst am Ende, sondern direkt zu Beginn des Studiums!

Wie du mit diesem Buch arbeiten kannst

Viele Lehrbücher sind linear aufgebaut. Man arbeitet sich von vorne bis hinten durch. Am Anfang werden Grundlagen vermittelt, ohne die die komplexeren Zusammenhänge in der Mitte oder am Ende des Buches nicht verstanden werden können. Unser Buch ist anders aufgebaut. Jedes Kapitel steht hier für sich und soll für das jeweilige Thema eine grundlegende Einführung bieten. Wenn du noch ganz neu im Bereich der Ökonomie bist, führt das erste Kapitel viele der im Verlauf des Buches vorausgesetzten Begriffe ein. Wenn du dich aber konkret für die Frage »Was ist Geld?« interessierst, solltest du direkt zu Kapitel 15 springen. Du wirst dort allerdings feststellen, dass das Thema Geld mit anderen Themen dieses Buches eng verflochten ist. Diese Verbindungen werden über Querverweise in andere Kapitel angezeigt. So kannst du dich von Kapitel zu Kapitel weiterarbeiten.

Wie du das Buch liest, hängt somit ganz entscheidend davon ab, was dich interessiert. Oder mit dem Titel des Buches gesprochen: Was sind deine ökonomischen Grundfragen? Notiere dir vor der Lektüre eines Kapitels gerne, was du lernen möchtest oder was du dir von dem Kapitel erhoffst. Nach der Lektüre kannst du diese Notizen dann abgleichen, ergänzen und zum Ausgangspunkt für die Auseinandersetzung mit weiteren Kapiteln oder externen Quellen nutzen.

Um das Studium mit dem Buch zu erleichtern, haben wir folgende Elemente eingebaut, die Bezüge zu aktuellen Debatten in Gesellschaft und Forschung herstellen:

Infobox »Bezug zur sozial-ökologischen Vielfachkrise«

Diese Infobox zeigt auf, wie das Thema des Kapitels mit ebenjener Vielfachkrise zusammenhängt. Der Begriff der Vielfachkrise wurde im deutschsprachigen Raum in den 2010er Jahren geprägt und soll die Gleichzeitigkeit und Verwobenheit verschiedener Krisen, mit denen Gesellschaften global konfrontiert sind, beschreiben. Ähnliche Bedeutungen haben die Begriffe Polykrise, multiple Krise oder Zangenkrise. Welche Krisendynamiken der Begriff erfasst, ist nicht letztgültig definiert. Typischerweise werden ökonomische Krisen (Finanz- und Wirtschaftskrisen), ökologische Krisen (Klimakrise, Energiekrise, Biodiversitätskrise usw.), soziale Krisen (Verteilungs- und Reproduktionskrisen) und demokratische Krisen unter dem Schlagwort Vielfachkrise diskutiert (Bader et al. 2011). In diesem Band haben wir uns für den Überbegriff sozial-ökologische Vielfachkrise entschieden, da wir einen Schwerpunkt auf aktuelle ökologische und soziale Herausforderungen legen wollen und insbesondere aufzeigen, wie diese miteinander verbunden sind.

Infobox »Aus der Forschung«

Jedes Kapitel ist außerdem mit einer Infobox »Aus der Forschung« versehen. Hier wird ein Beispiel aus der aktuellen Forschung zum jeweiligen Thema skizziert und insbesondere auch dargelegt, wie dabei methodisch vorgegangen wurde. Die Infoboxen geben so auch einen Eindruck vom Methodenpluralismus der ▹ **Wirtschaftswissenschaften.**

Literaturempfehlungen

Hinter jedem Kapitel findest du bis zu zehn Literaturhinweise, die ein vertieftes Studium zum jeweiligen Thema ermöglichen sollen. Die Auswahl wurde von den Autor*innen sorgfältig getroffen und orientiert sich an den im Text behandelten Inhalten, ohne dass dabei durchgehend klassisch wissenschaftlich zitiert wurde. Wir möchten dich ermutigen, die Themen kritisch weiterzudenken, eigene Recherchen anzuschließen und bei Interesse auch den Kontakt zu unseren Autor*innen zu suchen.

Online-Ressourcen

Jedem Kapitel sind drei Online-Ressourcen beigefügt, die auf Videos, Podcasts, Blog-Artikel etc. zum entsprechenden Thema verweisen. Sie wurden von den jeweiligen Autor*innen ausgewählt.

Fachbegriffe

Komplizierte Fachbegriffe oder Fremdwörter werden direkt an Ort und Stelle durch eine farblich hinterlegte Box erklärt.

Glossar

Darüber hinaus findest du ganz am Ende des Buches ein Glossar, in dem solche Fachbegriffe erklärt werden, die nicht nur in einem, sondern in mehreren Kapiteln vorkommen. Alle Glossar-Begriffe sind an diesem Zeichen ▹ zu erkennen. Falls du dich insgesamt für das Feld der Pluralen Ökonomik interessierst, lohnt es sich, das Glossar einfach komplett durchzulesen.

Stichwortverzeichnis

Am Ende des Buches findet sich neben dem Glossar auch ein Stichwortverzeichnis. Hier sind die Seitenzahlen angegeben, auf denen das jeweilige Stichwort vertieft behandelt wird (z. B. Ökologie, Erbschaftssteuer, Grenznutzenschule).

Querverweise auf andere Kapitel

Das Buch ist ein großes Netzwerk von Wirtschaftsbegriffen. Verweise auf andere Begriffe, die im Buch behandelt werden, werden durch ein ▶ angezeigt. Beispiel: »Hier zeigt sich, dass unterschiedliche Kapitaltheorien bestimmte Verständnisse von Geld transportieren (▶ Kap. 15)«.

Los geht's!

Abschließend möchten wir alle Leser*innen dazu ermutigen, auf die Autor*innen der Einzeltexte zuzugehen, wenn Unklarheiten, Fragen oder Hinweise bestehen. Schreibt uns an, wir freuen uns über den Austausch!

Wir hoffen, dass die Arbeit mit diesem Buch mal zu Irritationen, im Wesentlichen aber zu einem breiten Verständnis ökonomischer Diskurse und aktueller gesellschaftlicher Debatten – und vielleicht sogar zu der ein oder anderen neuen Idee darüber führt, wie Ökonomie in Zukunft gedacht und gemacht werden könnte.

Literaturempfehlungen

Bader, Pauline/Becker, Florian/Demirović, Alex/Dück, Julia (2011): Die multiple Krise – Krisendynamiken im neoliberalen Kapitalismus. In: Demirović, Alex/Dück, Julia/Becker, Florian/Bader, Pauline (Hrsg.): Vielfachkrise: im finanzmarktdominierten Kapitalismus. Hamburg.

Bäuerle, Lukas/Pühringer, Stephan/Ötsch, Walter O. (2020): Wirtschaft(lich) studieren. Wiesbaden.

Beckenbach, Frank/Daskalakis, Maria/Hofmann, David (2016): Zur Pluralität der volkswirtschaftlichen Lehre in Deutschland: eine empirische Untersuchung des Lehrangebotes in den Grundlagenfächern und der Einstellung der Lehrenden. Marburg.

Bundeszentrale für politische Bildung (2011): Beutelsbacher Konsens. https://www.bpb.de/die-bpb/ueber-uns/auftrag/51310/beutelsbacher-konsens/ Abrufdatum: 13.10.2025.

Heise, Arne/Sander, Henrike/Thieme, Sebastian (2017): Das Ende der Heterodoxie? Entwicklungen der Wirtschaftswissenschaften in Deutschland. Wiesbaden.

Kapeller, Jakob/Pühringer, Stephan/Grimm, Christian (2022): Paradigms and policies: the state of economics in the German-speaking countries. In: Review of International Political Economy, 29. Jg. 2022, Nr. 4, S. 1183–1210.

Mankiw, Gregory N./Taylor, Mark P. (2024): Grundzüge der Volkswirtschaftslehre, 9. Aufl., Stuttgart.

Netzwerk Plurale Ökonomik (2020): Impuls für eine zukunftsfähige ökonomische Lehre. https://www.plurale-oekonomik.de/projekte/impulspapier/. Abrufdatum: 13.10.2025.

van Treeck, Till/Urban, Janina (2016): Wirtschaft neu denken. Blinde Flecken in der Lehrbuchökonomie. Berlin.

Hinführung

1 Was ist Ökonomie?

Rouven Reinke, Anna Katharina Keil, Lukas Bäuerle und Stella Wasenitz

Beim Blick in die Wirtschaftspresse oder auf Social Media sind wir als interessierte Leser*innen immer wieder mit einer Vielzahl verschiedener Perspektiven auf Wirtschaftsthemen konfrontiert. In aller Regel präsentieren die beteiligten Ökonom*innen, Journalist*innen oder Politiker*innen dabei eine klare Vorstellung davon, was mit Ökonomie gemeint ist und was gute Wirtschaftspolitik ausmacht. Allerdings zeigen allein die Breite der Debatten und die großen Unterschiede zwischen den Analysen verschiedener Ökonom*innen, dass diese Klarheit nicht gegeben ist. Stattdessen löst sich die vermeintliche Eindeutigkeit bei näherer Betrachtung schnell in eine spannungsgeladene Vieldeutigkeit auf. Und es drängen sich neue Fragen auf: Für welche spezifische Ökonomie wird hier gerade argumentiert? Wie kann sie theoretisch eingeordnet werden und wie unterscheidet sie sich von anderen Ökonomieverständnissen?

Um diese Fragen beantworten zu können, benötigt man ein fundiertes und plurales Wissen über Ökonomie (▹ **Pluralität/Pluralismus**). Das ist nicht nur aus einem wissenschaftlichen Interesse heraus relevant, sondern auch von praktischer Bedeutung. Schließlich geht Ökonomie uns alle an – unser Alltag ist eng mit ihr verbunden. Müssen wir für unseren Lebensunterhalt Lohnarbeit verrichten? Wenn ja, wie viel? Welche Güter und Dienstleistungen können wir von unserem Lohn kaufen? Wird unsere unbezahlte Sorgearbeit für Freund*innen und Familie in irgendeiner Weise anerkannt? Darf ich davon ausgehen, dass es zukünftig überhaupt noch Arbeitsplätze, Renten und soziale Sicherung geben wird? Wie diese Fragen beantwortet werden, hängt davon ab, wie wir als Gesellschaft die Ökonomie gestalten, in der und mit der wir leben. Es gibt kein ökonomisches Naturgesetz, das festschreibt, dass Kochen im Restaurant Arbeit und kochen für die WG eine Gefälligkeit ist. Nein, was wir unter Ökonomie verstehen und wie wir sie einrichten, ist ein permanenter gesellschaftlicher Aushandlungsprozess.

In diesem Kapitel werden wir die Vieldeutigkeit des Ökonomie-Begriffs näher beleuchten. Dadurch wollen wir nicht zuletzt eine eigene, reflektierte Positionierung in dem genannten Aushandlungsprozess ermöglichen. Zunächst werden wir drei Momente der Entstehungsgeschichte (Antikes Griechenland, ▹ **Klassische Politische Ökonomie,** ▹ **Neoklassik**) vorstellen, die heute noch prägen, was wir als Ökonomie verstehen und wie wir über Ökonomie nachdenken (▶ Kap. 2). Anschließend werden wir vier ▹ **Paradigmen** aus der Gegenwart einführen, die sich in ihrer Vorstellung von Ökonomie teilweise deutlich unterscheiden. Abschließend werden wir die Wirkmächtigkeit von Ökonomie-Konzepten diskutieren. Was wir unter Ökonomie verstehen, hat eine lange und widersprüchliche Geschichte, eine umkämpfte Gegenwart und viele mögliche Zukünfte – los geht's!

1.1 Historische Antworten

1.1.1 Männersache Haushaltsführung: Antike Oikonomia

Ein Blick in die Geschichte des Begriffes zeigt, dass niemals feststand, was Ökonomie zu bedeuten hat (Caspari 2019). In der westlichen Geistesgeschichte taucht der Begriff erstmals in der griechischen Antike auf, bei Xenophon und Aristoteles. Beide Denker formulieren jeweils eine systematische Lehre des Ökonomischen. Ökonomie ist aus zwei Begriffen zusammengesetzt: *oikos* (Haus) und *nemein* (ordnen). Frei übersetzt ließe sich von der Ordnung des Hauses sprechen. Für die griechische Philosophie war die Ökonomie die Lehre von der richtigen Haushaltsführung. Damals reichten genuin ökonomische Fragen von der adäquaten Verwaltung des eigenen Besitzes, der Planung und Beurteilung landwirtschaftlicher Tätigkeiten, der richtigen Wahl von Sklav*innen, dem Verhältnis von Mann und Frau, bis hin zur Lüftung des Hauses und Regeln zum Umgang mit sexuellem Verlangen. Urheber der Texte waren männliche Intellektuelle, Adressaten waren gleichrangige Mitbürger: männliche Hausherren in griechischen Stadtstaaten, die ihren Besitz zu verwalten hatten.

Die Ökonomie des antiken Haushaltes war dabei in die Politik eingebettet. Sie wurde immer im Kontext der Polis, des Stadtstaates, verhandelt und sollte letztlich zu deren Stärke beitragen. Ultimatives Ziel der Polis war die Eudaimonia, das glückliche Leben in Gemeinschaft. Zu diesem Projekt sollten auch die einzelnen Haushalte beitragen.

Eudaimonia

Eudaimonia (altgr. für »gutes Leben«) wird in der antiken Philosophie als das höchste Ziel menschlichen Lebens betrachtet. Er beschreibt einen Zustand des inneren Glücks.

Für alle Bereiche des Lebens, darunter auch die Ökonomie, wurde zur Orientierung eine Ethik formuliert, an der sich das kollektive Handeln orientieren konnte. Denn Eudaimonia war nicht von Natur oder den Göttern gegeben, sondern musste von den Menschen über das tugendhafte Handeln freier Bürger hergestellt werden.

Es wurde sowohl ausformuliert, worin sich tugendhaftes Handeln zeigt, als auch über Verletzungen tugendhafter Prinzipien geschrieben. In Bezug auf Ökonomie wurde mit der Chrematistik (von *khrêma*, »Geld«) dafür ein eigener Begriff geschaffen. Diese Form der Ökonomie verfolgt statt des Zwecks des glücklichen Lebens den der Geldvermehrung. Im antiken Griechenland wurde diese selbstreferentielle Geldökonomie vehement abgelehnt, da sie das Potenzial habe, die etablierte politische und ethische Ordnung zu zersetzen. Einen konkreten wirtschaftspolitischen Ausdruck fand diese Überzeugung etwa im Zinsverbot. Wenn wir heute über Ökonomie nachdenken, ist diese Auffassung vielleicht überraschend, weil ökonomische Aktivität zwecks Geldvermehrung, ermöglicht durch verzinste Kredite, zumindest implizit als selbstverständlich angesehen wird. Jedoch wirkten wesentliche Elemente des antiken Ökonomieverständnisses bis ins Mittelalter und darüber hinaus.

Chrematistik

Chrematistik ist die Lehre vom Erwerb und der Verwaltung von Geld und Vermögen. Sie galt in der griechischen Antike als Gegenspielerin zur Ökonomie, verstanden als Lehre der tugendhaften Haushaltsführung.

1.1.2 Von der Ethik zur Wahrheit: die Ökonomie der Politischen Ökonomie

Wir überspringen nun rund 2000 Jahre Begriffsgeschichte und wenden uns weiteren wirkmächtigen Ökonomieverständnissen zu. Das 18. Jahrhundert war in Europa von radikalen Umbrüchen kultureller, politischer, ökonomischer und technologischer Rahmenbedingungen geprägt. Kulturell bedeutete das Zeitalter der Aufklärung die Ausrichtung gesellschaftlicher Entwicklung an Vernunft und Rationalität und die Abwendung von religiösen Dogmen. In politischer Hinsicht manifestierte sich dieser Wandel in der sukzessiven Ablösung von Monarchien durch repräsentative Regierungssysteme, oft durch Revolutionen wie etwa in Frankreich 1789, und der Herausbildung von Nationalstaaten. Technologische Neuerungen, allen voran die Dampfmaschine, ermöglichten die Abkehr von traditionellen Agrarökonomien hin zu einer fossilen Industrialisierung. An die Stelle des Adels trat eine neue Klasse wohlhabender Bürger*innen. Die politische Philosophie des Liberalismus war Ausdruck des neuen Selbstbewusstseins des Bürgertums und versprach individuelle Freiheitsrechte, die nicht durch Abstammung, religiöse Bindung oder Status, sondern jedem Bürger qua Gesellschaftsvertrag eingeräumt wurden (▹ **Liberale Demokratie**). In scharfer Abgrenzung von den Griechen formuliert die liberale Tradition keine kollektive Ethik des individuellen Handelns. Vielmehr sollten Individuen eigene Ziele verfolgen dürfen. Dies gilt nunmehr auch für ökonomische Belange. Ist diese Voraussetzung gegeben, wird nicht nur das Glück der Individuen, sondern in letzter Konsequenz auch das Glück der größten Zahl gemehrt.

Ökonomie bildet sich vor diesem Hintergrund nun vollständig als eigenständiger ▹ **Untersuchungsgegenstand** heraus, in dem Ökonom*innen nach den Naturgesetzen nicht unähnlichen Gesetzmäßigkeiten suchen. Gemeinhin wird diesen Gesetzmäßigkeiten eine Tendenz zur Selbststabilisierung zugeschrieben. Es ist somit nicht mehr der Mensch, der die Dinge »ins rechte Maß« setzen soll, wie noch in der Antike. Die Ökonomie ist eine unabhängige Domäne, deren Mechanismen der Mensch bzw. die Politik, allenfalls stören, aber nicht auflösen kann. Einen wirkmächtigen Ausdruck dieses Gedankens lieferte Adam Smith mit seiner »unsichtbaren Hand«. Er gilt als zentrale Figur bei der Herausbildung einer eigenständigen wissenschaftlichen Disziplin, die sich mit der Erforschung dieses neuen Untersuchungsgegenstandes Ökonomie befassen wird: der ▹ **Klassischen Politischen Ökonomie**. Darin klingt bereits an, dass das ökonomische Denken nicht mehr auf individuelle Haushalte, sondern auf Gesellschaften fokussiert. Im deutschen Sprachgebrauch spiegelt sich dies in den Begriffen der ▹ **Volkswirtschaftslehre** und der Nationalökonomie wider, in denen der Zusammenhang zwischen ökonomischen Fragestellungen und der Regierung von Nationalstaaten anklingt. Zentrale Themen für Politische Ökonom*innen waren die Verteilung von Renten zwischen den verschiedenen Produktionsfaktoren (Arbeit, Kapital und Boden), der Einfluss von Bevölkerungswachstum auf den Wohlstand oder die Auswirkungen von internationaler Handelsliberalisierung. All diese Prozesse sind, im Unterschied zum antiken Griechenland, nicht mehr

Fragen der Ethik, sondern Fragen der Wahrheit. Das sich herausbildende Feld des Wissens, das diese Wahrheiten zugleich proklamiert und erforscht, nennt sich Politische Ökonomie.

Zentraler Gradmesser des »Wohlstandes der Nationen« ist dabei – trotz aller Offenheit von ökonomischen Zielen – das Geld. Es individuell oder national zu vermehren, verliert seine ethische Abwertung, wie sie etwa noch durch die Kirchen aufrechterhalten wurde. Im Gegenteil entwickelt sich die Mehrung von geldwertem Reichtum zu einem eigenständigen Ziel. Dieses neue Verständnis ökonomischer Ziele stellt einen radikalen Bruch mit dem oben beschriebenen antiken Ökonomieverständnis dar und sollte einen langen Schatten bis in die Gegenwart werfen. Wir denken bis heute zunächst an Dinge wie Geld, Märkte, Unternehmen oder Banken, wenn wir den Begriff hören. Vor diesem Hintergrund ist auch die Bezeichnung des sich herausbildenden Gesellschafts- und Wirtschaftssystems als ▷ **Kapitalismus** einzuordnen (▶ Kap. 11).

Ein entschiedener Kritiker dieser Konzeptualisierung von (Politischer) Ökonomie war Karl Marx. Zwar ging auch Marx von den Grundkategorien liberalen ökonomischen Denkens aus, allerdings betrachtete er den Kapitalismus nicht als ein stabiles und harmonisches Gesellschafts- und Wirtschaftssystem. Vielmehr verwies Marx auf immanente, also systemeigene, Widersprüche, die immer wieder zu Krisen im Kapitalismus führten.

Am deutlichsten wird das in Marx' Verständnis der Entstehung von ökonomischen Werten. Zwar folgte auch er der dominanten Doktrin der Politischen Ökonomie, dass aller Wert durch menschliche Arbeit entsteht (▷ **Arbeitswertlehre**). Für ihn ist kapitalistische ökonomische Wertschöpfung jedoch insofern kritikwürdig, weil Arbeiter*innen den von ihnen erzeugten Mehrwert nicht in voller Höhe erhalten. Vielmehr eignen sich die Eigentümer*innen der Produktionsmittel (die Kapitalist*innen) diesen als Profit an (Profit = Umsatz – Herstellungskosten). Diese Aneignung des Mehrwerts bezeichnete Marx als Ausbeutung. Dadurch entstehen fundamentale Gegensätze zwischen den Interessen der Arbeiter*innen und jenen der Kapitalist*innen. Sie gehörten, im Marxschen Duktus, verschiedenen Klassen an.

Darin wird deutlich, dass Ökonomie für Marx kein abgeschlossener Bereich oder eine isolierte Sphäre in der Gesellschaft ist. Vielmehr wird die Gesellschaft selbst durch die kapitalistische Ökonomie strukturiert und aufgrund ihrer internen Widersprüche ist sie in hohem Maße konfliktgeladen und, langfristig betrachtet, zum Scheitern verurteilt. Innerhalb des Feldes der Politischen Ökonomie war Marx damit in einer randständigen Position. Allerdings sollten seine Ideen große politische Wirkmächtigkeit entfalten.

1.1.3 Ökonomik ohne Ökonomie? Die marginalistische Revolution

Eine letzte historische Wegmarke des Ökonomie-Begriffes, die wir hervorheben wollen und die uns allmählich in die Gegenwart bringt, liegt im letzten Drittel des 19. Jahrhunderts. Im Verlauf des 19. Jahrhunderts schienen viele naturwissenschaftliche Teildisziplinen (u. a. Mechanik, Elektromagnetismus, Chemie) durch die Entdeckung des Energieerhaltungssatzes in einer Art Einheitswissenschaft aufzugehen. Man spricht von der »energetischen Revolution«. Wo vorher unterschiedliche Erklärungsansätze nebeneinander existierten, brachte die analytische Mechanik und ihr methodisches Rüstzeug, die Analysis (Differential- und Integralrechnung), eine einheitliche Sprache und ingenieurwissenschaftliche Erfolge. Die Strahlkraft dieser Entwicklungen war so groß, dass sie Denker wie Heinrich Gossen, William Jevons oder Leon Walras dazu inspirierten, eine »reine Theorie« der Ökonomie zu entwerfen. Sie hofften, dass die Anwendung mathematischer Methoden Ordnung und Klarheit in die politökonomische Theoriebildung bringen könnte, die bis dahin, siehe Smith und Marx, noch von Widersprüchen und Unklarheiten geprägt war.

Der Ausgangspunkt bestand im Wesentlichen aus Gleichungssystemen, die mit Grenzwerten operierten. Auf ihrer Grundlage wurde ein Verständnis von Ökonomie entwickelt, das sich im Kern um das Konzept des ▷ **Grenznutzens** (engl. *marginal utility*) dreht. Dieser bezieht sich auf den zusätzlichen Nutzen einer weiteren Einheit z. B. einer weiteren Kugel Eis. Ökonomie hat nun primär nichts mehr mit Produktion, mit Boden oder Verteilung zu tun. Statt Produktionsfaktoren sind abstrakte menschliche Entscheidungen im Zentrum der Analyse. Eine individuelle Entscheidung resultiert dieser Theorie nach aus der Definition von Entscheidungskriterien (Nutzenmaximierung), Entscheidungsgegenständen (fiktive, nutzenstiftende Güter) und Entscheidungsbegrenzung (verfügbare Mittel). Die Vorstellung der Politischen Ökonomie, dass Wert durch Arbeit entsteht (objektive Wertlehre) wurde durch eine subjektive Wertlehre ersetzt, die auf der Beziehung zwischen einem rationalen Entscheider und einem nutzenstiftenden Gut aufbaut. In der Ideengeschichte werden diese Wendung und die Etablierung eines neuen Ökonomie-Konzeptes mit dem Begriff ▷ **Neoklassik** beschrieben.

Ökonomie war durch die »marginalistische Revolution« (▷ **Marginalismus**) der Neoklassik jeglicher lebensweltlichen Kontextualisierung und Alltagsphänomenen entledigt, die sowohl bei den Griechen als auch in der Politischen Ökonomie noch vorherrschten. Mathematik wurde auch in der Politischen Ökonomie genutzt, allerdings vor allem als rhetorisches Mittel, das heißt, um das eigene Argument zu untermauern. Nun nahm sie eine fundamentale Rolle ein. Man kann sagen, dass ökonomische Phänomene zugunsten einer spezifischen Methodik aufgegeben wurden, die Wissenschaftlichkeit verbürgen sollte (Levy, 2025). Dies spiegelt sich auch in der Umbenennung der Disziplin von Politischer Ökonomie in ▷ **Ökonomik** (engl. *economics*) wider. Man wähnte sich nun als »harte« Wissenschaft, ähnlich der Physik.

Grenznutzen

Grenznutzen bezeichnet den zusätzlichen Nutzen oder die Befriedigung, den ein Individuum durch den Konsum einer weiteren Einheit eines Gutes erhält. Er nimmt meist mit zunehmendem Konsum ab.

Während die sog. energetische Revolution in den Naturwissenschaften durch neue Entdeckungen bereits zum Ende des 19. Jahrhunderts ein jähes Ende fand, nahm der daran angelehnte marginalistische Ansatz in der Ökonomik erst richtig Fahrt auf. Tatsächlich lassen sich die Spuren dieser Entwicklung bis in die Gegenwart verfolgen. Schlägt man heute ein mikroökonomisches Lehrbuch auf, so wird man ziemlich sicher auf Indifferenzkurven, Nutzenisoquanten und den Grenznutzen stoßen (▷ **Mikroökonomik**). Sicher hat sich in der Ökonomik vieles getan. Einige paradigmatische Grundlagen führt sie aber seit über 150 Jahren mit sich und gibt sie insbesondere in der ökonomischen Bildung immer noch weiter (▷ **Paradigma**).

1.2 Zeitgenössische Ökonomieverständnisse

Die Grundlagen der ▷ **Neoklassik** lassen sich somit auch heute (zumindest implizit) im gegenwärtigen Mainstream der Ökonomik finden (▷ **Mainstreamökonomik**). Was mit dem Mainstream gemeint ist, ist Gegenstand wissenschaftlicher Auseinandersetzungen und ebenso umkämpft wie der Ökonomie-Begriff selbst. Grundsätzlich ist der Mainstream keineswegs auf das Theoriegebäude der Neoklassik zu reduzieren. Auch die ▷ **Verhaltensökonomik** oder keynesianische Elemente in der ▷ **Makroökonomik** können zum Mainstream gezählt werden. Diese Ansätze stellen zwar einige Annahmen und Ableitungen der neoklassischen Vorstellung von Ökonomie infrage, unterscheiden sich aber nicht grundlegend von dieser (Heise 2023).

Neben diesen Ansätzen existiert eine Reihe weiterer wirtschaftswissenschaftlicher ▷ **Paradigmen**, die sich auch mit Ökonomie befassen, diese aber ausgehend von anderen Konzepten, lebensweltlichen Phänomenen, Institutionen und Akteur*innen beschreiben. Dazu zählen u. a. die ▷ **Ökologische Ökonomik**, der ▷ **Postkeynesianismus**, die ▷ **Marxistische Politische Ökonomie,** die ▷ **Feministische Ökonomik**, die ▷ **Institutionelle Ökonomik** oder die ▷ **Evolutionsökonomik**. Außerdem beschäftigen sich auch andere Disziplinen mit Ökonomie. In der Soziologie ist die Wirtschaftssoziologie entstanden. In der Politikwissenschaft ist die ▷ **Vergleichende Politische Ökonomie** beheimatet. Außerdem gibt es auch die Wirtschaftsethik oder die Wirtschaftsphilosophie. Daneben werden neue Ideen und Visionen von Ökonomie außerhalb von Universitäten und Forschungsinstituten entwickelt. Dazu zählt beispielsweise die Gemeinwohlökonomie.

Die hier vorgestellten Paradigmen unterscheiden sich nicht nur bezüglich der verwendeten Begriffe. Auch und gerade hinsichtlich ihres Ökonomieverständnisses sind markante Unterschiede mit teilweise inkompatiblen Vorstellungen von der Beschaffenheit des wirtschaftswissenschaftlichen ▷ **Untersuchungsgegenstandes** gegeben. Diese wollen wir nun anhand des Mainstreams, des Postkeynesianismus, der Ökologischen Ökonomik und der Feministischen Ökonomik darlegen.

1.2.1 Abstrakte Marktökonomie: der Mainstream

Bei seiner Vorstellung von Ökonomie geht der Mainstream von zwei Grundprinzipien aus: Erstens wird die Knappheit von Ressourcen als das Ausgangsproblem der Ökonomie betrachtet und zweitens sind grundsätzlich Individuen der analytische Ausgangspunkt. Alle ökonomischen Phänomene, Strukturen und Institutionen leiten sich in dieser Vorstellung aus dem Handeln der Individuen ab: Man spricht vom ▷ **methodologischen Individualismus**. Aufgrund der Knappheit geht es in der Analyse von Ökonomie immer um die effiziente Allokation (d.h. Zuordnung) von Ressourcen (▷ **Effizienz**). Auch die Handlungsentscheidungen der Individuen, die dieser Allokation unterliegen, sind daher bestimmten Prinzipien unterworfen. So geht der Mainstream von nutzenmaximierenden Akteur*innen aus, die bei ihrer Handlungsentscheidung zwischen verschiedenen Alternativen abwägen.

Dabei orientieren sich die Akteur*innen an einer spezifischen Vorstellung von Rationalität und Nutzenmaximierung, wie wir sie schon im ausgehenden 19. Jahrhundert in den Ursprüngen der Neoklassik finden. Rational ist ihr ökonomisches Handeln immer dann, wenn mit einem gegebenen Input der maximale Output erzielt oder ein bestimmter Output mit minimalem Input erzielt werden kann. Die ▷ **Verhaltensökonomik** stellt diese Rationalität infrage. Aus ihrer Sicht treffen Individuen im Regelfall keine rationalen Entscheidungen, sondern handeln aufgrund unreflektierter Gewohnheiten. Die nutzenorientierte, individualistische und stabilitätsorientierte Konzeptualisierung der Ökonomie in der Neoklassik wird allerdings von der Verhaltensökonomik geteilt, sodass beide Ansätze dem Mainstream zugerechnet werden (Heise 2023).

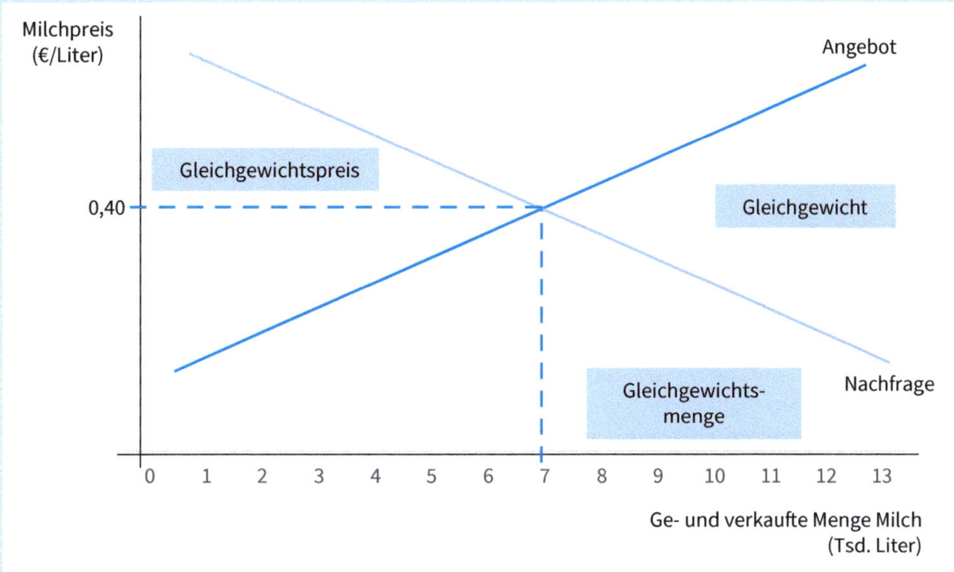

Abbildung 1.1: Das Kreislaufdiagramm (Mankiw/Taylor 2024, S. 671)

Im Mainstream entscheiden nicht nur Individuen auf Grundlage abstrakter, nutzenmaximierender Kalküle, sondern auch Unternehmen, Haushalte, Finanzinstitutionen. Ja sogar der Staat erscheint als rationaler Entscheider und komplettiert damit das Tableau ökonomisch relevanter Akteur*innen aus Sicht der Mainstreamökonomik (siehe Abbildung 1.1). Unternehmen verkaufen auf Gütermärkten Waren und Dienstleistungen, während Haushalte diese wiederum kaufen. Auf Faktormärkten kaufen Unternehmen Produktionsfaktoren wie bspw. Arbeit (angeboten von Haushalten) (▶ Kap. 12) und setzen Kapital ein (▶ Kap. 11). Der Staat erhebt Steuern, die wiederum von Haushalten und Unternehmen gezahlt werden müssen. Die Finanzinstitutionen vergeben Kredite an Unternehmen sowie an den Staat und greifen dafür auf die Ersparnisse der Haushalte zurück. Im Gesamtbild erscheint Ökonomie als geschlossener Kreislauf, der unabhängig von Natur und Gesellschaft, beinahe automatisch funktioniert.

In dieser Vorstellung ist Ökonomie also vor allem eine Tauschwirtschaft, in der rationale Akteur*innen entweder als Anbieter oder Nachfrager bestimmter Güter oder Dienstleistungen in Erscheinung treten. Für das Gelingen dieser Tauschbeziehungen sind Märkte der zentrale Ort (▶ Kap. 18). Märkte sind für die Mainstreamökonomik die zentrale ökonomische Arena, und zugleich das beste Vehikel für wirtschaftliche Entwicklung: Ökonomie ist hier, vereinfacht gesagt, gleichbedeutend mit Marktwirtschaft. Dabei geht der Mainstream in seiner neoklassischen Grundstruktur davon aus, dass der Preis für die auf dem jeweiligen Markt gehandelte Ware als Mechanismus genügt, um Angebot und Nachfrage in ein Gleichgewicht zu bringen. Ein solches Gleichgewicht ist keine zufällige Konstellation, sondern das zwingende Marktergebnis, wenn alle Individuen ihren Nutzen, gegeben der vorliegenden Restriktionen, maximieren. Der Preismechanismus stellt in der neoklassischen Theorie somit das optimale Instrument zur Verteilung knapper Güter dar. In dieser sehr abstrakten und idealisierten Konzeptualisierung von Ökonomie geht der Mainstream davon aus, dass wenn sich ein Markt im Gleichgewicht befindet, auch ein anderer Markt (z. B. der Gütermarkt) einen solchen Zustand annimmt. Nur wenn dieser Marktmechanismus gestört ist, ist staatliche Gestaltung von Ökonomie notwendig. Aus diesem allgemeinen Gleichgewichtsmodell leitet sich ein eher harmonisches Bild von Ökonomie ab.

1.2.2 Staat vs. Unsicherheit: Das postkeynesianische Ökonomieverständnis

Diese Perspektive auf die grundsätzliche Konzeptualisierung von Ökonomie wird nicht von allen Paradigmen der Ökonomik geteilt. Ein bekanntes Paradigma ist dabei der ▷ **Postkeynesianismus** – der allerdings kein geschlossenes Paradigma, sondern verschiedene Ansätze beschreibt, die alle auf den Ökonomen John Maynard Keynes (1883–1946) zurückgehen und dabei die mechanische Vorstellung einer harmonischen Tauschökonomie der Neoklassik zurückweisen. Aus Sicht des Postkeynesianismus existiert auch kein idealer gleichgewichtsorientierter Zustand der Ökonomie, in dem eine effiziente Allokation von Waren und Dienstleistungen grundsätzlich möglich ist. Ökonomie ist immer durch unfreiwillige Arbeitslosigkeit, (Finanz-)Krisen, Unsicherheit und Ungleichheit charakterisiert. Die Finanzkrise von 2007/08 war demnach kein Ergebnis von politischen Fehlentscheidungen, sondern Ausdruck eines inhärenten und wiederkehrenden Merkmals von Wirtschaftsprozessen.

Aufgrund der Instabilität und Krisenanfälligkeit der Ökonomie räumt der Postkeynesianismus dem Staat eine zentrale Rolle für das Wirtschaftswachstum ein (▶ Kap. 4). Der Postkeynesianismus geht davon aus, dass die Nachfrage aufgrund der aus fundamentaler Unsicherheit resultierenden Liquiditätspräferenz der Vermögensbesitzer*innen nicht hoch genug ist, um Vollbeschäftigung sowie die volle Nutzung aller in der Ökonomie verfügbaren Ressourcen zu garantieren. Daher ist der Staat ein zentraler wirtschaftspolitischer Akteur, der beispielsweise die öffentlichen Investitionen erhöhen oder Mindestlöhne festlegen sollte, um die ▷ **effektive Nachfrage** zu stärken und damit der strukturellen Instabilität der Ökonomie entgegenzuwirken. Gleichzeitig gibt es kein allgemeingültiges Patentrezept für gelingende Wirtschaftspolitik, weil der Postkeynesianismus in seiner Konzeptualisierung von Ökonomie von fundamentaler Unsicherheit ausgeht. Die Zukunft der Ökonomie kann nicht errechnet und vorhergesagt werden, wie das etwa in neoklassischen Modellen möglich ist. Das gilt nicht nur für Wissenschaftler*innen, sondern insbesondere auch für alle Wirtschaftsakteur*innen, die ihre Entscheidungen nicht auf fixen Maßstäben, sondern auf Erwartungen über zukünftige Entwicklungen aufbauen, über die kein gesichertes Wissen möglich ist. Das bedeutet, dass völlig offen ist, wie sich die Ökonomie in Zukunft entwickeln wird. »We simply do not know« lautet in dem Zusammenhang ein geflügelter Begriff von Keynes. Wenn die Erwartungsbildung positiv ist, kann es aus Sicht des Postkeynesianismus durchaus zu ökonomischer Stabilität kommen. Diese hängt aber nicht davon ab, dass sich auf Märkten Preisgleichgewichte einstellen, sondern von wirtschaftspolitischen Maßnahmen, die die fundamentale Unsicherheit der Ökonomie reduzieren. So können beispielsweise Tarifverträge zu einer Reduzierung der Unsicherheit über die Höhe von Löhnen führen. Viele Postkeynesianer*innen plädieren dabei auch für eine Kombination verschiedener Politikmaßnahmen. Das kann bedeuten, dass die Finanzpolitik der Bundesregierung, die ▷ **Geldpolitik** der Europäischen ▹ **Zentralbank** und die Lohnpolitik der Gewerkschaften aufeinander abgestimmt werden sollten, damit es zu einer positiven Erwartungsbildung kommt (Heise 2023).

1.2.3 Die eingebettete Ökonomie der Ökologischen Ökonomik

Während Neoklassik und Postkeynesianismus vor allem analysieren, wie die Ökonomie als System zur Produktion von Waren und Dienstleistungen und zur Verteilung von Löhnen funktioniert, zentriert die ▹ **Ökologische Ökonomik** die Einbettung der Ökonomie. Die Ökonomie ist Teil des Gesamtsystems Gesellschaft und des Ökosystems Erde und somit in die Biosphäre eingebettet. Einbettung bedeutet, dass die Ökonomie ein abhängiges System ist: Da das Ökosystem Erde mit planetaren Belastungsgrenzen (z. B. Endlichkeit von Ressourcen, Grenzen für Umweltverschmutzung und CO_2-Ausstoß, deren Überschreitung menschliches Leben auf der Erde gefährden) konfrontiert ist, sind auch der Ökonomie in ihrer Funktionsweise und potenziellen Ausweitung natürliche Grenzen gesetzt. Somit stellt sich die Ökologische Ökonomik die Frage, wie Ökonomie angesichts planetarer Belastungsgrenzen gestaltet werden kann und sollte. Vertreter*innen der Ökologischen Ökonomik geht es demnach nicht nur um die Entwicklung *abstrakter* Theorien der Ökonomie. Sie suchen in vielen Bereichen auch nach Lösungen für *lebensweltliche* und damit *konkrete* Probleme in der Ökonomie z. B. Nachhaltigkeit in Produktion und Konsum (▶ Kap. 5).

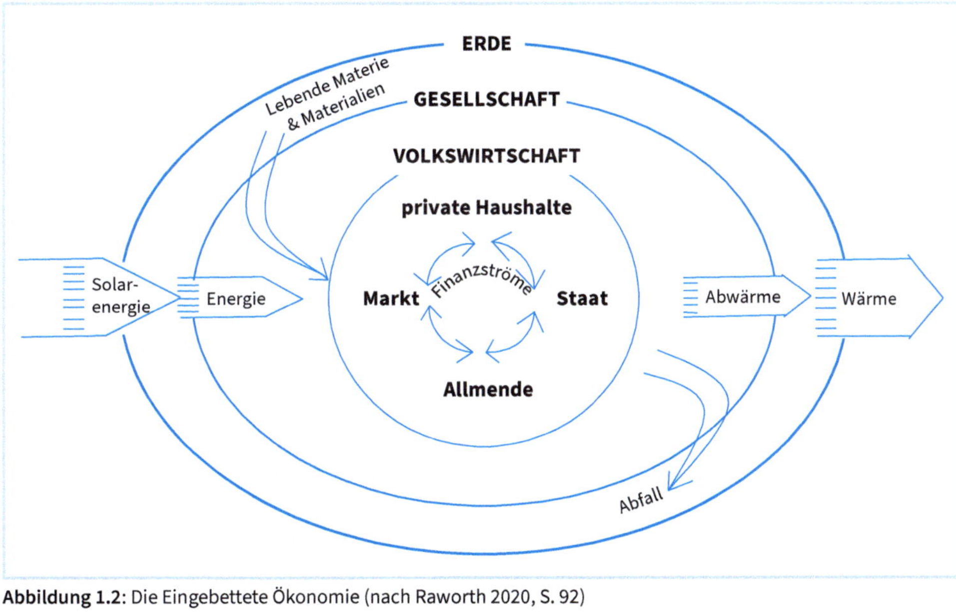

Abbildung 1.2: Die Eingebettete Ökonomie (nach Raworth 2020, S. 92)

Ein zentrales Thema ist – angesichts der Einbettung der Ökonomie – auch der Umgang mit Wachstum. Die Ökologische Ökonomik weist darauf hin, dass Wirtschaftswachstum immer mit Umweltverbrauch verbunden ist. Wenn das ▹ **Bruttoinlandsprodukt** eines Landes wächst, so ist damit immer auch ein Ausstoß von Emissionen und ein Verbrauch ▹ **natürlicher Ressourcen** verbunden. Die Ökologische Ökonomik stellt die Möglichkeit, Wirtschaftswachstum und den Verbrauch von Rohstoffen und Energie hinreichend entkoppeln zu können in ihrer empirischen und theoretischen Forschung infrage (▷ **Empirie**). Darin unterscheidet sie sich von der ▷ **Umweltökonomik**, die dem Mainstream zugeordnet werden kann. Wenn die Ökologische Ökonomik also über Ökonomie nachdenkt, sind die natürlichen Voraussetzungen und Grenzen für Wachstum eine zentrale Fragestellung (▶ Kap. 4).

In Abbildung 1.2 wird darüber hinaus darauf verwiesen, dass die Ökonomie in bestehende Strukturen der Gesellschaft eingebettet ist. Gesellschaftliche Normen, Institutionen und Eigenheiten haben somit einen mitunter erheblichen Einfluss auf die Ausprägungen von Ökonomie (▶ Kap. 8). Die namibische Ökonomie wird sich immer von der peruanischen Ökonomie unterscheiden, ebenso wie Ökonomie in egalitären Gesellschaften ganz anders eingerichtet sein wird als in ungleichen Gesellschaften. Anders als im Mainstream ist die Ökonomie konzeptionell daher kein geschlossener Kreislauf, der unabhängig von Natur und Gesellschaft funktioniert. Also gibt es auch keine universelle, feststehende Definition von Ökonomie. Vielmehr gibt es verschiedene Vorstellungen über die Form, die Institutionen oder Akteure der Ökonomie, die sich von Fall zu Fall unterscheiden. Ob und welche Rolle dabei Märkte (▶ Kap. 18), der Staat (▶ Kap. 21) oder auch Commons (▶ Kap. 19) spielen, muss für die Ökologische Ökonomik fallbezogen in den Blick genommen werden.

Aus der Forschung

Im Zeichen der Klimakrise und der damit einhergehenden Nachhaltigkeitsbemühungen entstehen viele neue Gesetzgebungen, Standards und eben auch Konzepte, die Ökonomie und Ökologie miteinander »versöhnen« sollen. Die Fülle dieser Entwicklungen ist nicht nur unübersichtlich, sondern zugleich von großen Unterschieden geprägt. Während einige das dominante Wirtschaftssystem nur geringfügig modifizieren wollen, argumentieren andere für die Überwindung des ▷ **Kapitalismus**. Ein österreichisches Forscherteam hat in diesem Zusammenhang die Diskussion um eine konkrete alternative Ökonomie, die Bioökonomie, vorgenommen und sie entlang zweier Achsen untersucht: (1) Wird kapitalistisches Wachstum oder ▷ **Suffizienz** als Ziel angestrebt und (2) wird dieses Ziel über industrielle Technologien oder ökologische Verfahren der Agrarwirtschaft verfolgt? In der qualitativen Auswertung von politischen Dokumenten und Interviews unterscheiden sie vor diesem Hintergrund vier unterschiedliche Bioökonomien: Planned Transition, Sustainable Capital, Eco-Retreat und Eco-Growth. Das Beispiel unterstreicht, wie groß die Spannbreite ökonomischer Vorstellungen sein kann – selbst bei relativ jungen Konzepten.

Quelle: Hausknost, Daniel/Ernst Schriefl/Christian Lauk/Gerald Kalt (2017): A Transition to Which Bioeconomy? An Exploration of Diverging Techno-Political Choices. In: Sustainability., 9. Jg., Nr. 4, S. 669.

1.2.4 Haushalt ist keine Privatsache: Feministische Ökonomik

Ähnlich wie die Ökologische Ökonomik weist auch die ▷ **Feministische Ökonomik** darauf hin, dass die Ökonomie auf Voraussetzungen fußt, die sie aus sich heraus nicht gewährleisten kann. Demnach ist die Produktion von Waren und Dienstleistungen in der Ökonomie immer auch auf (unsichtbare) Sorge- und Reproduktionsarbeit angewiesen (▶ Kap. 16). Dazu können beispielsweise die Pflege von kranken Angehörigen oder die Erziehung von Kindern gehören. Eine Professorin, eine Handwerkerin oder ein Architekt können ihren Berufen nur nachgehen, wenn andere Personen beispielsweise die Betreuung ihrer Kinder während der Arbeitszeit übernehmen. Aus Sicht der Feministischen Ökonomik wird dadurch insbesondere der Beitrag von Frauen in der Ökonomie, die überproportional viel dieser Sorge- und

Reproduktionsarbeit leisten, systematisch unterschätzt und ausgeklammert. Unter Arbeit versteht die Feministische Ökonomik dabei mehr als nur die marktförmige Erwerbsarbeit. Auch unbezahlte Tätigkeiten der Pflege und Erziehung, die in Familien oder durch Freund*innen erbracht werden, fallen darunter. Gleichzeitig werden Tätigkeiten wie Pflege und Erziehung, als Care- und Sorgearbeit zusammengefasst. Diese können sowohl privat als auch professionell erbracht werden. In letzterem Fall handelt es sich um marktförmige Erwerbsarbeit. Grundsätzlich zielt die Feministische Ökonomik auf die Integration von bezahlter und unbezahlter Care- und Sorgearbeit in die ökonomische Analyse ab (Mader/Schultheiss 2011).

Etwas abstrakter formuliert steht die Kritik von Macht-, Herrschafts- und Ungleichheitsverhältnissen im Zentrum der Feministischen Ökonomik. »Die ökonomische Realität wird also nicht als geschlechtsneutrale Tauschinteraktion, sondern als Ausdruck geschlechtshierarchischer Machtrelationen verstanden« (Heise 2023, S. 40). Konkret bedeutet dies, dass strukturell betrachtet, Männer in der Ökonomie über mehr Macht (z.B. bei der Lohnfindung) als Frauen verfügen. Dies zeigt sich vor allem mit Blick auf unterschiedliche Bezahlungen. Ein sehr anschauliches Beispiel ist dabei der sogenannte Gender Pay Gap. Demnach verdienen Frauen in Deutschland immer noch rund 16% weniger als Männer. Selbst bei gleicher Qualifikation, gleicher Betriebszugehörigkeit und gleichen Arbeitszeiten liegt der Gender Pay Gap noch bei rund 6% (bereinigter Gender Pay Gap) (Destatis 2025). Mit dem Gender Pay Gap wird also die Diskriminierung bei Löhnen und Gehältern in der Ökonomie beschrieben und sichtbar gemacht.

1.3 Die Wirkmächtigkeit unterschiedlicher Ökonomie-Konzepte

Unser kurzer Abriss des Ökonomie-Begriffs hat verdeutlicht, dass schlichtweg keine einzige, unumstößliche Antwort auf die Frage »Was ist Ökonomie?« existiert. Das, was unter Ökonomie verstanden wird, ist immer das (vorübergehende) Ergebnis von gesellschaftlichen Auseinandersetzungen. Diese Auseinandersetzungen sind von mächtigen Positionen, Interessen und Akteur*innen geprägt und werden in verschiedenen Arenen geführt z.B. in der Politik, der Wirtschaft, den Medien oder der Bildung.

Die Vorstellungen von Ökonom*innen sind – auch historisch betrachtet – wichtige Inspirationsquellen für diese Debatten. Die ▻ **Ökonomik** und ihre Bilder von Ökonomie beeinflussen Entscheidungen, Diskurse und Auseinandersetzungen in Gesellschaft, Politik und eben auch in der Ökonomie selbst. So wird Ökonom*innen beispielsweise ein großer Einfluss auf unterschiedlichste Prozesse attestiert, darunter Zentralbankpolitik, öffentliche Diskussionen zur Erbschaftsteuer und Bildungs- sowie Sozialgesetzgebung (Maeße et al. 2022). Wenn etwa Nobelpreisträger*innen in den Medien oder gegenüber der Politik über Ökonomie sprechen, verfügen sie in der Regel über mehr Deutungshoheit als gewöhnliche Bürger*innen. Ökonom*innen beraten Politik und Unternehmen in unzähligen Gremien, Kommissionen oder anderweitigen Funktionen. Der Sachverständigenrat zur Begutachtung der gesamtwirtschaftlichen Entwicklung (umgangssprachlich: die Wirtschaftsweisen) ist beispielsweise ein direktes Beratungsgremium der Bundesregierung. Ihr Jahresgutachten wird der Bundesregierung meist sehr staatstragend überreicht und medienwirksam präsentiert. In der Forschung hat sich zur Beschreibung dieses Einflusses der Ökonomik auf nicht-akademische Diskurse und Prozesse der Begriff der ▻ **Performativität** etabliert (von lat. *performare*: durchführen).

Performativität

Performativität ist ein Konzept, das davon ausgeht, dass die Wirtschaftswissenschaften die ökonomische Realität nicht nur beschreiben, sondern aktiv mitkonstruieren.

Deswegen ist es kein rein akademisches Unterfangen, sich mit den Vorstellungen und Theorien der Ökonomik zu befassen. Im Gegenteil wird es vielleicht gerade deswegen so spannend, weil wir in einer Welt leben, die in nicht wenigen Bereichen von wirtschaftswissenschaftlichem Denken geprägt ist. Oder wie Keynes es formulierte: »Praktiker, die sich ganz frei von intellektuellen Einflüssen glauben, sind gewöhnlich die Sklaven irgendeines verblichenen Ökonomen.«

Allerdings kommt der Ökonomik nur in den seltensten Fällen eine alleinige Deutungshoheit zu, denn auch andere Akteur*innen und Institutionen Antworten auf die Frage liefern, was Ökonomie ist oder sein sollte. Dazu zählen Gewerkschaften, Verbände und NGOs. Mehr noch: Hin und wieder wird die Ökonomik selbst zum Gegenstand gesellschaftlicher Debatten und Veränderungsprozesse. Tatsächlich ist Performativität nicht als Einbahnstraße zu verstehen. So wurde die strukturelle Benachteiligung von Frauen am Arbeitsmarkt erst dann ein relevanter Teil von der bis dato von männlichen Wissenschaftlern geprägten Ökonomik, als Frauen in Wissenschaft und Gesellschaft relevante Positionen erstritten hatten. Dieses Beispiel zeigt, dass sich wissenschaftliche Bedeutungen auch verändern (können), wenn sich neue Dringlichkeiten, neue Akteur*innen und neue Erkenntnisse um ein Thema bilden (siehe Klimakrise oder Inflation) – oder gar ein ganz neues Thema aufwerfen (siehe Digitalisierung).

Bezug zur sozial-ökologischen Vielfachkrise

Die sozial-ökologische Vielfachkrise hängt eng mit der Ökonomie zusammen, weshalb sowohl die Problemanalyse als auch Lösungsvorschläge mit ökonomischen ▷ **Paradigmen** und, ganz praktisch, mit wirtschaftspolitischen Weichenstellungen verknüpft sind. Im Ökonomieverständnis des Mainstreams kommen Menschen und die nichtmenschliche Umwelt abstrahiert vor – etwa als Konsument*innen oder als Inputfaktoren Arbeit und Kapital (▷ **Mainstreamökonomik**). Die Vielfachkrise führt vor Augen, welche Konsequenzen diese Engführung haben kann. Die Care-Krise – das heißt das gesellschaftliche Versagen, Sorgearbeit so zu organisieren, dass die Umsorgten gut betreut und die Sorgenden nicht von Überarbeitung und/oder Unterbezahlung betroffen sind – wird durch die ▷ **Ökonomisierung** der Daseinsvorsorge mitbefeuert. Der populärste Lösungsvorschlag für die Klimakrise ist gemeinhin die CO_2-Bepreisung, obwohl diese Maßnahme bisher nicht zum hinreichenden Absenken der Emissionen geführt hat. Regulatorische Maßnahmen, die in der ▷ **Ökologischen Ökonomik** vorgeschlagen werden, z. B. national definierte Emissionsbegrenzungen und klar definierte Absenkungspfade nach Sektoren, haben im Gegensatz zur CO_2-Bepreisung einen direkten Lenkungseffekt, d. h. ohne Umweg über die CO_2-Bepreisung. Die so erzeugte Planungssicherheit würde es aus Sicht der Ökologischen Ökonomik erlauben, entsprechende flankierende wirtschafts- und sozialpolitische Maßnahmen zum Abfedern negativer Konsequenzen dieses Umbaus zu formulieren. Diese Beispiele zeigen ganz praktisch die Notwendigkeit, auf verschiedene Weisen über Ökonomie nachzudenken. Die Ökologische Ökonomik und die ▷ **Feministische Ökonomik**, die die Ökonomie als eingebettet verstehen, können dazu beitragen, umfassendere Lösungsvorschläge zu entwickeln.

1.4 Ausblick

An der Schwelle zum zweiten Viertel des 21. Jahrhunderts befinden wir uns in einer Situation, in der die Frage »Was ist Ökonomie?« wieder grundsätzlich diskutiert wird – in Politik, Medien, Wirtschaft und eben auch in der Wissenschaft. Das vorliegende Buch ist Ausdruck davon. Während einige »back to business as usual« fordern, formulieren andere neue Leitkonzepte für eine Ökonomie im 21. Jahrhundert: ▹ **Kreislaufökonomie**, Donut-Ökonomie, Bioökonomie, Purpose Economy sind aus dieser Debatte entstanden. Mal entstammen sie den ▹ **Wirtschaftswissenschaften**, mal interdisziplinären Kollaborationen, mal dem Politikbetrieb und mal der Praxis (Gibson/Dombroski 2020).

Was aus dieser Gemengelage als Wirtschaftsmodell(e) der Zukunft hervorgeht, ist noch vollkommen offen. Auch ist offen, welche Rolle die ▹ **Ökonomik** und ihre (zukünftigen) Konzepte dabei spielen werden. Wir möchten an dieser Stelle betonen, dass die schiere Tatsache der Debatten Ausdruck der Existenz und prinzipiellen Offenheit der diesem Kapitel zugrunde liegenden Frage ist. Diese Offenheit ist sicherlich herausfordernd, intellektuell wie emotional. Wer wünscht sich in unsicheren Zeiten nicht klare Antworten oder Definitionen? Doch die Offenheit der Frage bietet im Kontext überkommener Wirtschaftsvorstellungen auch emanzipatorisches Potenzial. Wenn etwa soziale Ungleichheit und Umweltzerstörung in Teilen auf die Wirkmächtigkeit bestimmter ökonomischer Leitvorstellungen zurückgehen, dann kann die Wirkmächtigkeit *anderer, neuer* Ökonomie-Vorstellungen zumindest dem Potenzial nach zu deren Überwindung beitragen. Dieses Buch ermöglicht die Auseinandersetzung mit solchen Alternativen. Um diese Auseinandersetzung persönlich, aber auch gesellschaftlich, am Leben zu halten, gilt es Aussagen wie »Wissenschaftlich ist folgende Wirtschaftspolitik geboten« oder »Eigentlich geht es bei Wirtschaft nur um Preise« stets kritisch zu hinterfragen. Und schließlich gilt es nicht nur, das zu studieren, was bereits bekannt ist, sondern hier und da auch zu imaginieren, was möglich wäre. Aus dieser Fülle können – und müssen – dann immer wieder Antworten formuliert werden, die beim Verständnis und der Gestaltung konkreter ökonomischer Sachverhalte helfen. Das jedenfalls bedeutet es wohl, »ökonomisch gebildet« zu sein.

Literaturempfehlungen

Caspari, Volker (2019): Ökonomik und Wirtschaft. Eine Geschichte des ökonomischen Denkens. Wiesbaden.

Gibson, Katherine/Dombroski, Kelly (Hrsg.) (2020): The Handbook of Diverse Economies. Cheltenham.

Heise, Arne (2023): Heterodoxe Ökonomik. Alternativen zum ökonomischen Mainstream. Wiesbaden.

Levy, Jonathan (2025): The Real Economy: History and Theory. Princeton.

Madden, Kirsten/Dimand, Robert W. (Hrsg.) (2019): The Routledge handbook of the history of women's economic thought. London.

Mader, Katharina/Schultheiss, Jana (2011): Feministische Ökonomie: Antworten auf die herrschenden Wirtschaftswissenschaften?. In: PROKLA. Zeitschrift für kritische Sozialwissenschaft, 41. Jg., 2011, Nr. 3, S. 405–421.

Maeße, Jens/Pühringer, Stephan/Rossier, Thierry/Benz, Pierre (Hrsg.) (2022): Power and influence of economists: Contributions to the social studies of economics. London.

Mankiw, Gregory N./Taylor, Mark P. (2024): Grundzüge der Volkswirtschaftslehre. 9. Aufl., Stuttgart.

Raworth, Kate (2020): Die Donut-Ökonomie: Endlich ein Wirtschaftsmodell, das den Planeten nicht zerstört. München.

Zusätzliche Belege

Destatis (2025): Gender Pay Gap. https://www.destatis.de/DE/Themen/Arbeit/Verdienste/Verdienste-GenderPayGap/_inhalt.html, Stand 09.10.2025

Online-Ressourcen

Age of Economics (2022), Economics & Capitalism – First short, https://www.youtube.com/watch?v=LLFJDzYgr6k&t=2s

Exploring Economics, Exploring Economics, https://www.exploring-economics.org/de/

Mapping the Interplay between Nature and Economy – MINE, History of Thought on Nature and Economy, https://nature-economy.com/elements/history-of-thought-on-nature-and-economy/

2 Wie können wir über Ökonomie nachdenken?

Birte Strunk

Wie kann man über Ökonomie nachdenken? Diese Frage bringt viele andere Fragen mit sich: Wie kann man überhaupt über irgendetwas nachdenken, sowohl wissenschaftlich als auch alltäglich? Woher können wir wissen, dass unsere Theorien und Modelle – zum Beispiel über Ökonomie, aber auch über viele andere Aspekte des sozialen Lebens – richtig sind? Was meinen wir überhaupt, wenn wir über »die Wirtschaft« reden; was ist unser ▹ **Untersuchungsgegenstand**? Und im Sinne dieses Lehrbuchs insbesondere auch: Was bedeutet es, über Ökonomie *plural* nachzudenken? Warum könnte oder sollte das wichtig sein?

Mit diesen Fragen werden wir uns in diesem Kapitel auseinandersetzen. Wir beginnen mit einer kurzen ideengeschichtlichen Skizze und führen danach einige Grundbegriffe der Wissenschaftsphilosophie ein: Epistemologie und Ontologie, verschiedene epistemologische Positionen wie den *Positivismus* und den *Konstruktivismus*, und zuletzt verschiedene Zwecke, die unterschiedlichen Arten der Theoriebildung zugeordnet werden können. Notwendigerweise kann dieses Kapitel viele der genannten Denkrichtungen und philosophischen Begriffe nur vereinfacht darstellen. Wie bei allen Begriffen in der Philosophie gibt es beispielsweise nicht *den* Positivismus oder *den* Konstruktivismus. Die Begriffe sind Sammelbecken für historische Strömungen, die sich bestimmten Ideen verschrieben haben. Diese Ideen können innerhalb der Strömung durchaus divers sein. Dennoch erlaubt uns auch eine einfache Darstellung, ein Schema zu entwickeln, das uns eine Anleitung dafür gibt, wie über Ökonomie nachgedacht werden kann.

2.1 Eine sehr kurze Ideengeschichte der Wissenschaftsphilosophie

Wie kann – oder sollte – man überhaupt über *irgendetwas* nachdenken? Die Philosophie ist unter anderem ein Nachdenken über das Nachdenken, deshalb können wir hier unsere Überlegungen beginnen. Die Frage nach dem Verhältnis zwischen Denken und Wissen ist eine Kernfrage der westlichen Philosophiegeschichte. Bereits für Platon im antiken Griechenland ist eines der Grundprobleme das der Unterscheidung zwischen dem, was wir bloß denken, also unserer Meinung (*doxa*), und gesichertem Wissen (*episteme*). In der frühen Neuzeit, im 17. Jahrhundert, beantwortet René Descartes (1596–1650) die Frage, was man überhaupt sicher wissen kann, mit den berühmten Worten: *Cogito, ergo sum* – Ich denke, also bin ich. Damit kommt dem Denken eine Schlüsselrolle in der Erkenntnis von (vermeintlich) gesichertem Wissen zu.

Eine »kopernikanische Revolution« in der Philosophie kam dann mit Immanuel Kant (1724–1804), der die *Bedingungen* des Denkens selbst (statt des konkreten Inhalts des Denkens) in den Fokus seiner erkenntnistheoretischen Untersuchungen stellte. Kant ist für uns heute noch wichtig, weil er in seiner *Kritik der reinen Vernunft* 1781 versuchte, die Metaphysik in den »sicheren Gang der Wissenschaft« zu leiten. Damit hoffte er, für die damalige Philosophie ähnliche Erfolge einzufahren, wie sie in der Logik, Mathematik oder Physik gesehen wurden. Während die Philosophie nämlich seit Jahrhunderten immer wieder dieselben Fragen aufstellte, ohne jemals endgültige, »richtige« Antworten zu finden, so gab es in den Naturwissenschaften scheinbar einen klaren Wissens*fortschritt*. Ein solcher Fortschritt sollte nun auch in anderen Bereichen ermöglicht werden.

Metaphysik

Die Metaphysik ist die Lehre von allem, was über die physikalische Welt hinausgeht; Kant nennt in diesem Zusammenhang insbesondere Freiheit, Gott, und Unsterblichkeit.

Dieser Wunsch, jegliches Wissen auf denselben Grund zu stellen, auf dem Logik, Mathematik oder Physik stehen, wirft einen langen Schatten auf die Entwicklung westlicher Wissenschaften im Allgemeinen; und auch die ▷ **Wirtschaftswissenschaften** sind davon nicht ausgenommen. Unter allen Sozialwissenschaften sind die Wirtschaftswissenschaften vermutlich diejenigen, die am meisten Wissenschaftlichkeit für sich selbst beanspruchen wollen, indem sie historisch insbesondere der Physik nacheifern wollten. Wie erfolgreich sie damit sind oder waren, bleibt innerhalb der Disziplin eine hart umkämpfte Frage. Aber mehr dazu später.

2.2 Ontologie und Epistemologie

Um einige der für uns relevanten Fragen trennschärfer zu durchdenken, können wir uns einiger Begriffe der Wissenschaftsphilosophie bedienen. Im philosophischen Kanon der westlichen Neuzeit werden oft die Begriffe der *Ontologie* und *Epistemologie* verwendet. Ontologie bezeichnet dabei die Lehre vom Sein – also die Frage, was überhaupt existiert. Epistemologie hingegen beschäftigt sich mit der Frage, was wir wissen können: Also nicht, was die Realität *ist* (das wäre eher eine ontologische Frage), sondern wie wir Erkenntnisse über diese Realität gewinnen können.

Ontologie

Die Ontologie ist die Lehre vom Sein.

Aus didaktischen Gründen werden diese beiden Konzepte oft als zusammengehöriges Begriffspaar eingeführt. In der Philosophiegeschichte gehen Ontologie und Epistemologie jedoch tatsächlich auf getrennte, unabhängige Debatten zurück. Historisch spielte die Ontologie insbesondere in der Formulierung von Gottesbeweisen eine wichtige Rolle, während die Epistemologie (oder auch: Erkenntnistheorie) sich vor allem im Kontext der Frage entwickelte, ob unser Wissen auf unsere Erfahrungen oder auf unseren Verstand zurückgeht. Doch gerade in zeitgenössischeren epistemologischen Debatten wird darauf hingewiesen, dass es schwierig sein kann, die Frage danach, *wie* wir etwas wissen (Epistemologie), von der Frage, *worüber* wir Wissen erlangen wollen (Ontologie), zu unterscheiden.

Epistemologie

Die Epistemologie ist die Lehre der Erkenntnis oder der Wissensgenerierung.

Ein Beispiel: Wenn wir die Wirtschaft als eine kulturell spezifische Praxis des Tauschens und Verteilens materieller Güter betrachten (ontologische Annahme), benötigen wir andere Analysewerkzeuge (epistemische Strategie), als bei der Annahme, sie sei im Grunde eine Art maschineller Apparat, der durch einen im Prinzip immer gleich funktionierenden Marktmechanismus gesteuert wird (auch das ist eine ontologische Annahme). Und wenn wir meinen, Ökonomie besteht aus beiden Aspekten (oder noch ganz anderen), dann ergeben sich daraus wiederum andere Konsequenzen für die Möglichkeiten der Erkenntnisgewinnung (▶ Kap. 1). Die Frage, *wonach* wir suchen, beeinflusst also immer auch die Art, *wie* wir suchen – so zumindest die Position vieler Erkenntnistheoretiker*innen.

2.2.1 Positivismus

Betrachten wir also zwei Beispiele epistemologischer Positionen, bei denen die Sichtweise darauf, wie die Welt funktioniert (also die ontologischen Grundannahmen), die Art beeinflusst, wie man Erkenntnis über diese Welt erlangen will (die eigentliche Epistemologie). Wie schnell das kompliziert werden kann, sieht man schon an diesem ersten Satz: Woher soll man schließlich einen Eindruck darüber gewinnen, wie die Welt funktioniert – was dann die Erkenntnisgewinnung beeinflusst –, ohne bereits eine erste Erkenntnis über sie *zuvor* erlangt zu haben, nämlich eben die, wie die Welt funktioniert?

Eine Perspektive, die auf den ersten Blick relativ simpel erscheint, ist der Positivismus. Auguste Comte (1798–1857), der französische Denker, der in der ersten Hälfte des 19. Jahrhunderts die Grundlagen für diese Position legte, schreibt: »Das erste Merkmal der Positiven Philosophie ist, dass sie alle Phänomene als unveränderlichen Naturgesetz unterworfen betrachtet« (Comte 1930, S. 5). Hier sieht man also zunächst eine ontologische Position: Phänomene – sowohl physikalischer als auch sozialer Natur – sind Gesetzmäßigkeiten unterworfen. Soziale Gesetzmäßigkeiten, z. B. wie Individuen Entscheidungen treffen oder wie sich Familienstrukturen bilden, können sich zwar historisch wandeln, aber unterliegen dennoch einer gewissen Regelmäßigkeit. Wenn es diese Gesetzmäßigkeiten gibt, dann lassen sie sich auch untersuchen. *Wie* lassen sie sich nun untersuchen?

Die Antwort auf diese Frage bezieht sich auf eine weitere grundlegende Idee des Positivismus, nämlich die der wissenschaftlichen Objektivität. Der schottische Philosoph David Hume (1711–1776) schlug bereits ein Jahrhundert vor Comte eine wichtige Unterscheidung vor: die zwischen dem, wie etwas *ist*, und dem, wie es sein *sollte*. Erstere seien deskriptive Beschreibungen, während Letztere moralphilosophische Urteile seien. Man könne, so Hume, nicht unmittelbar von dem einen auf das andere schließen – das sei ein Fehlschluss. Der Positivismus ist in dieser Idee verwurzelt: Wissenschaftliche Untersuchungen sollen sich nur damit beschäftigen, wie die Welt ist, nicht damit, wie sie sein soll. Die Frage, wie die Welt sein soll, ist zwar auch wichtig, aber für den Positivismus eben nicht Gegenstand *wissenschaftlicher* Untersuchung.

Diese Perspektive ist für Studierende der ▹ **Wirtschaftswissenschaften** ganz besonders wichtig, weil sich die Disziplin weitestgehend als *positive* Wissenschaft versteht. Schauen wir beispielsweise in das Lehrbuch von Gregory Mankiw und Mark Taylor (2024). Die dort vertretene Rhetorik ist weitgehend repräsentativ für die neoklassische Theorie, die wiederum den Kern der heutigen ▹ **Mainstreamökonomik** bildet. Mankiw und Taylor (2024) beschreiben den Unterschied zwischen positiver und normativer Analyse mit dem folgenden Beispiel:

Zwei Leute unterhalten sich über Mindestlöhne. Die eine Person sagt, dass Mindestlöhne zu Arbeitslosigkeit führen. Die andere Person sagt, dass die Regierung die Mindestlöhne erhöhen sollte. Laut den Autoren ist der erste Satz eine positive Aussage – sie ist rein deskriptiv (und kann somit wahr oder falsch sein) – während die letztere Aussage normativ ist. Während die erstere Aussage, so die Idee des Positivismus, nur Fakten beinhaltet, die mit Daten belegt oder widerlegt werden können, so beinhaltet die letztere Aussage nicht nur Fakten, sondern auch Werte.

Aus der Perspektive des Positivismus ist also die Antwort auf die Frage »Wie können wir über Ökonomie nachdenken?« folgende: Möglichst wertneutral, möglichst deskriptiv und mit Blick darauf, die Gesetzmäßigkeiten wirtschaftlichen Lebens zu erkunden. Wenn Ökonom*innen normative Aussagen machen würden, dann sprächen sie dabei nicht als Wirtschafts*wissenschaftler*innen*, sondern als Politikberater*innen. Das Erbe von Humes Unterscheidung zwischen »sein« (deskriptiv) und »sollen« (normativ) wird dabei ganz besonders sichtbar.

Hier wird es aber bereits kompliziert, wenn man sich die tatsächlichen Inhalte der Disziplin VWL einmal genauer anschaut. Zum Beispiel: Ein grundlegendes Prinzip der Wirtschaftswissenschaften ist das des *Nutzens* (▶ Kap. 18). Nutzen beschreibt den Wert, den Individuen aus bestimmten Verhaltensweisen, wie etwa bestimmtem Konsumhandlunen, ziehen. »Nutzen« an sich ist aber erst einmal nichts Physikalisches, was man deskriptiv beschreiben und quantifizieren kann, wie es beispielsweise bei einem Baum oder der Schwerkraft der Fall ist. Beim Nutzen geht es um den *Wert,* der einer Sache beigemessen wird. Landet man somit nicht unmittelbar bei normativen (oder *wert*enden) Aussagen, die in der Wirtschaftswissenschaft dem Positivismus zufolge keinen Platz haben sollen?

Genau dieses Problem stellte Anfang des 20. Jahrhunderts einige der frühen Vertreter der neoklassischen Theorie vor Probleme. Vilfredo Pareto (1848–1923) etwa wollte im Geiste des Positivismus die ▷ **Ökonomik** wissenschaftlicher machen und jegliche »metaphysische Entität[en]« aus der Analyse ausschließen (Pareto 1906, S. 113) – und somit auch das Nutzenkonzept, das zu jener Zeit verwendet wurde (sogenannter kardinaler Nutzen). Statt Nutzen als inneren Zustand der Wertschätzung bei Individuen zu sehen, wird Nutzen bei Pareto ausschließlich aus beobachtbaren Entscheidungen abgeleitet. In den 1930er Jahren entwickelte der Ökonom Paul Samuelson (1915–2009) die *Theorie der offenbarten Präferenzen*: Nutzen, bzw. die Präferenzen von Individuen, werden nicht direkt gemessen, sondern nur aus ihrem tatsächlichen Verhalten abgeleitet – oftmals aus *Konsum*verhalten. Somit wird Metaphysik vermieden. Dieses sogenannte ordinale Nutzenkonzept liegt der heutigen »positiven« Wirtschaftswissenschaft weitgehend zugrunde (▶ Kap. 3).

Soweit, so gut. Aber sobald ein Problem gelöst scheint, ergibt sich daraus ein neues. Wenn der Nutzen nämlich nicht mehr direkt gemessen werden kann, sondern nur noch die individuellen Präferenzordnungen einzelner Menschen in Form sogenannter Indifferenzkurven beschrieben werden können, denen man in den ersten Kapitel von VWL-Lehrbüchern begegnet, dann ist kein Vergleich zwischen Personen mehr möglich. Doch diese Vergleiche sind notwendig für viele Teilbereiche der Mainstreamökonomik, etwa der Wohlfahrtsökonomie. Sie liegen auch der theoretischen Rechtfertigung von z. B. progressiver Einkommensbesteuerung zugrunde: Wenn man den Nutzen von Individuen nicht vergleichen kann, dann kann man auch nicht dafür argumentieren, dass eine Umverteilung zu einem größeren gesamtgesellschaftlichen Nutzen führt. Diese Argumente finden sich aber durchaus in der

Ökonomik, und zwar nicht am Rande der Disziplin, sondern in ihrem Kern (siehe zu dieser Debatte etwa Drakopoulos 2024).

Man sieht also: Auch wenn eine Idee zunächst einleuchtend erscheint, ist sie vielleicht philosophisch doch komplizierter, als auf den ersten Blick ersichtlich. Es klingt zwar zunächst gut, dass Wirtschaftswissenschaftler*innen möglichst »wissenschaftlich« sein wollen. Im Idealfall versuchen sie, falsifizierbare Hypothesen und Theorien zu wirtschaftlichen Gesetzmäßigkeiten aufzustellen, und diese dann anhand von empirischen Daten zu überprüfen, und dabei möglichst wertneutral zu bleiben (▹ **Empirie**). Doch, wie wir gesehen haben, ist dieser Anspruch gar nicht so trivial, wenn der ▹ **Untersuchungsgegenstand** so eng mit Wertvorstellungen verbunden ist. Das Problem geht allerdings noch tiefer.

2.2.2 Konstruktivismus

Der Wirtschaftshistoriker Bruce Caldwell beschreibt den merkwürdigen Zustand, dass die ▹ **Mainstreamökonomik** lange Zeit an dem Ideal und der Rhetorik des Positivismus festhielt (und es teilweise heute noch tut), selbst als der Positivismus in der Wissenschaftsphilosophie bereits als überholt galt (2013). Der Hauptgrund für die allgemeine Abkehr vom Positivismus in der Wissenschaftsphilosophie war, dass dieser seinen eigenen Ansprüchen nicht gerecht werden konnte. Beispielsweise zeigte Willard Van Orman Quine (1908–2000) Anfang der 1950er Jahre, einfach gesagt, dass es keine theoriefreie Wahrnehmung der Welt geben kann: Unsere Wahrnehmung hat immer einen linguistischen Gehalt und ist daher von Anfang an mit unseren Konzepten und Theorien verwoben. Ein Jahrzehnt später erklärte Thomas Kuhn (1922–1996), dass selbst die Physik nicht den angeblich neutralen, objektiven, wissenschaftlichen Standards folgt, von denen wir oft ausgehen, wenn wir über die Physik nachdenken. Stattdessen ist sie notwendigerweise immer in eine *spezielle* Art, Wissenschaft zu betreiben, eingebettet.

Auch wenn also keine Wissenschaft in der Praxis den strikten Standards des Positivismus entspricht – auch nicht die ▹ **Wirtschaftswissenschaften** –, so war und ist die ▹ **Ökonomik** doch bis heute noch, wie wir bereits gesehen haben, stark von der Rhetorik des Positivismus beeinflusst. Laut Caldwell (2013) hatte das historisch einige Konsequenzen für die Disziplin: So sei die mathematische Spieltheorie, die heute ein Grundpfeiler der Ökonomik ist, zunächst als unwissenschaftlich angesehen worden, da sie, anders als es der Positivismus klassischerweise fordert, lediglich erkläre aber keine empirisch überprüfbaren Vorhersagen mache. Was als wissenschaftlich angesehen wird, ist also immer *sozial konstruiert*, und verändert sich mit der Zeit. Damit wären wir beim Konstruktivismus.

Der Begriff *Konstruktivismus* sollte in diesem Zusammenhang als loser Sammelbegriff für verschiedenste epistemologische Strömungen der zweiten Hälfte des 19. Jahrhunderts verstanden werden, die alle auf die eine oder andere Art von einer sozial konstruierten Realität ausgehen. Was wir als Realität verstehen, ist im Kern die Summe unserer Theorien und Eindrücke. Wie wir gesehen haben, sind diese wiederum linguistisch und somit auch sozial geprägt. Unter diesen Sammelbegriff fallen viele epistemologische Positionen, die ihrerseits wichtige und nuancierte Unterschiede aufweisen. Einige Beispiele sind der Pragmatismus, die Kritische Theorie, der Poststrukturalismus und die Feministische Erkenntnistheorie. Diesen müssen wir uns hier nicht im Detail widmen. Ich fasse unter dieses lose Sammelbecken (als eventuell kontroversen Grenzfall) auch etwa den Kritischen Realismus: eine Theorie, die

die soziale Konstruiertheit von Wissen anerkennt, aber nach wie vor die ontologische Existenz einer realen, objektiven Welt mit kausalen Mechanismen stark betont. Dennoch sind sich all diese Strömungen einig, dass die Art, wie Wissen generiert wird, und was überhaupt als Wissen anerkannt wird, historisch und kontextuell spezifisch ist, und dass es wichtig ist, über diese Fragen zu reflektieren.

In der Mainstreamökonomik findet diese Reflexion tendenziell weniger stark statt, da sie nach wie vor von einer positivistischen Idee des *Wissenschaftsfortschritts* geprägt ist. Wenn Wissen jedoch als kumulativ angesehen wird, dann erscheint die aktuelle Forschung nun mal einfach wichtiger als die Wirtschaftsgeschichte (Caldwell 2013). Doch damit verlieren wir vieles aus den Augen, weil wir nicht darüber reflektieren, warum die Disziplin bestimmte Fragen als (ir)relevant oder bestimmte Methoden als (un)wissenschaftlich betrachtet.

Insbesondere die anfängliche Definition eines Forschungsfeldes sowie die Konzeptualisierung seiner Kernobjekte sind für die sozialwissenschaftliche Forschung maßgeblich folgeträchtig. Feministische Ökonom*innen machen diesen Punkt besonders stark: »Ausgangspunkte sind entscheidend«, sagt etwa Marilyn Power (2004, S. 4). Und gerade in der ▹ **Feministischen Ökonomik** können wir das deutlich sehen: Wenn die Ökonomie von vornherein als der Ort definiert wird, an dem Individuen Marktentscheidungen treffen, dann kann die Forschung zur Ökonomie nicht in den Blick nehmen, was außerhalb dieser Märkte passiert, wie etwa unbezahlte Sorgearbeit (▶ Kap. 16). Es gab zwar durchaus auch in der Mainstreamökonomik Versuche, den Begriff der Wirtschaft umzudefinieren, etwa von Gary Becker in den 1950er Jahren mit den *New Household Economics*. In dieser steht nun die ökonomische, sprich instrumentell-rationale, Entscheidungsfindung *jeglicher* Entscheidungen, auch abseits des Marktes, im Vordergrund der Analyse. Aber auch dies führt schlussendlich dazu, dass bestimmte Verhaltensweisen nicht als ökonomisch untersucht werden können – nämlich solche, die keiner instrumentellen Rationalität entsprechen.

Ist das ein Problem? Sollte die VWL auf eine Untersuchung von weitgehend instrumentell-rationalen Verhaltensweisen begrenzt werden? Welche Antwort man darauf gibt, hängt nun wiederum davon ab, welche ontologischen Annahmen man darüber hat, was Ökonomie ausmacht. Jegliche Grenzziehungen des Untersuchungsbereichs können also hinterfragt werden – und das geschieht in der Praxis auch ständig, sowohl implizit als auch explizit. Aus konstruktivistischer Perspektive ist also die Definition von Ökonomie grundlegend wichtig dafür, welches Wissen geschaffen wird und was als wirtschaftswissenschaftlich anerkannt wird (▶ Kap. 1). Das wird heute anders sein als noch vor zehn Jahren – und in zehn Jahren höchstwahrscheinlich wieder anders sein als jetzt.

Aus der Forschung

Der ökonomische Mainstream folgt immer noch weitgehend der Rhetorik des Positivismus. Dazu gehört das Ideal der Neutralität bzw. Ideologiefreiheit: Ökonom*innen sind oft stolz darauf, besonders ideologiefrei zu sein. Aber sind sie das wirklich? Javdani und Chang führten ein Experiment durch, in dem fast 2.500 Ökonom*innen zu verschiedenen Aussagen befragt wurden. Die Zuschreibung der Aussagen wurde zufällig variiert (Mainstream Quelle, heterodoxe Quelle, keine Quelle). Während 82 % der Teilnehmenden behaupten, dass nur den Inhalt einer Aussage beachten werden sollte, wurde in dem Experiment gezeigt, dass die Zuschreibungen einen großen Einfluss habe. So stimmten viele Ökonom*innen einer Aussage eher zu, wenn sie mit einer Mainstream-Quelle versehen sind, als wenn dieselbe Aussage aus einer anderen Quelle oder ohne Quelle stammt. Die Analyse zeigt, dass es auch in der ▷ **Mainstreamökonomik** ideologische Voreingenommenheit sowie Autoritätseffekte gibt.

Quelle: Javdani, Mohsen/Chang, Ha-Joon (2023). Who said or what said? Estimating ideological bias in views among economists. In: Cambridge Journal of Economics, 47. Jg., Nr. 2, S. 309–339.

2.3 Die Aufgabe der Theoriebildung

Als letzten Schritt, bevor wir im nächsten Abschnitt ein Schema aufbauen, das all diese Dinge zusammenbringt, brauchen wir noch eine weitere Unterscheidung: die zwischen verschiedenen *Zwecken* wissenschaftlicher Untersuchungen. Zunächst könnte man meinen, der Zweck von Wissenschaft sei rein der Wissensgewinn, doch wie wir oben schon gesehen haben, ist die Definition davon, was als Wissen gilt, gar nicht so trivial. Deshalb muss es noch mindestens einen weiteren Maßstab geben, und ein solcher Maßstab kann sein, welchen Zweck oder welche Aufgabe eine Theorie erfüllen sollte.

Auch zu dieser Frage wurde in der Wissenschaftsphilosophie viel geschrieben, aber in diesem Kontext möchte ich mich auf eine Perspektive beschränken: nämlich die Unterteilung in *problemlösende* und *kritische* Theorie. Diese Unterteilung stammt von Robert Cox (1981), der zu Internationalen Beziehungen und Globaler Politischer Ökonomie forschte – Felder, in denen diese Unterscheidung besonders wichtig ist, und ähnliche metatheoretische Herausforderungen (also solche, die über bestimmte und einzelne Theoriegebilde hinausgehen) auftreten wie in der ▷ **Ökonomik**.

Was macht also diese Unterscheidung aus? Bei der problemlösenden Theorie werden bestehende Machtverhältnisse als gegeben angesehen. Für Cox sind das etwa internationale Institutionen, für Ökonom*innen könnten es der ▷ **Kapitalismus** oder das marktbasierte Wirtschaften sein. Jegliche Theorie versucht, Probleme innerhalb der Einschränkungen dieser gegebenen Strukturen zu lösen. Im Gegensatz dazu fokussiert sich die kritische Theorie darauf, die bestehenden (Macht-)Strukturen sichtbar zu machen und kritisch zu hinterfragen. Sie verfolgt dabei oft einen emanzipatorischen Ansatz, der fordert, bestehende Strukturen, sofern sie als ungerecht erachtet werden, zu transformieren.

Generell kann man sagen, dass die ▷ **Mainstreamökonomik** in besonderem Maße der problemlösenden Theorie verhaftet ist und der kritischen Theorie oftmals keine große Rolle einräumt. Das ist wenig überraschend, wenn man bedenkt, dass sie nach wie vor positivistischen Idealen folgt. In diesen finden emanzipatorische und wertgeleitete Ansätze keinen Platz, da man generell wertfrei bleiben will. Zur Erinnerung: Diese Wertfreiheit ist ein Ideal, das vermutlich niemals ganz eingehalten werden kann, da selbst in die implizite Definition des ▷ **Untersuchungsgegenstandes** Werte mit einfließen. Dennoch versucht die Mainstreamökonomik nach wie vor, dieses *Ideal* bestmöglich aufrechtzuerhalten.

Schauen wir uns einmal einige Beispiele an. Optimierung unter Nebenbedingungen, eines der grundlegenden Handwerkzeuge der ▷ **Wirtschaftswissenschaften**, ist ein Paradebeispiel für problemlösende Theorie. In der Haushaltstheorie etwa können wir ökonomisch modellieren, wie ein Haushalt seinen Nutzen (durch Konsum) bei gegebenem Einkommen maximieren kann. Das Einkommen des Haushalts ist dabei die Nebenbedingung, die für den vorliegenden Anwendungsfall als gegeben angenommen wird. Am Ende liegt eine klare Lösung vor: *Wenn* wir ein bestimmtes Budget X und eine eindeutige Präferenzordnung haben, dann ist *dieser* Güterkonsum Y nutzenmaximierend.

Die kritische Theorie würde anders vorgehen, und sich die Nebenbedingung selbst anschauen: Welche Höhe hat dieses Einkommen, und ist das genug, um damit grundlegende ▷ **Bedürfnisse** abzudecken? Und wenn das Einkommen nicht hoch genug ist, warum ist das so? Wie kann es sein, dass einige Menschen in reichen Gesellschaften in Geld schwimmen, während andere in Armut leben? Anders gesagt: Problemlösende Theorie kann dir, wenn du z. B. im Niedriglohnsektor arbeitest und trotz der 40-Stunden-Woche nur knapp über der Armutsgrenze verdienst, dabei helfen, das Beste aus deiner Situation zu machen. Die kritische Theorie kann dir dabei helfen, zu hinterfragen, ob oder inwiefern sich Einkommensungleichheiten rechtfertigen lassen, und kann gegebenenfalls Anstoß dazu geben, sich politisch zu organisieren, um sich für eine andere Politik einzusetzen.

Aus pluraler Perspektive sind beide Zwecke nützlich und notwendig. Wenn man *nur* problemlösend vorgeht, kann man kaum grundlegende gesellschaftliche Veränderung anstoßen, da man den *Status quo* zunächst einmal hinnimmt, anstatt zu fragen, wie oder warum bestimmte Strukturen so sind, wie sie sind. Tatsächlich ist der problemorientierte Charakter der Mainstreamökonomik einer der Gründe, weshalb die Disziplin im Schnitt eher konservativ ist. Andererseits: Wenn man sich *nur* auf kritisches Theorisieren beschränkt, ist man schlecht aufgestellt, um unmittelbare Probleme anzugehen, die unsere Aufmerksamkeit benötigen, bevor strukturelle, emanzipatorische Änderungen umgesetzt werden können. Da die Ökonomik in der Breite aktuell stark von problemlösenden Ansätzen geprägt ist, könnte man argumentieren, dass die Disziplin viel dazugewinnen würde, wenn sie kritischen Ansätzen mehr Platz einräumt.

2.4 Eine plurale Betrachtung der Ökonomie

Kommen wir nun zur eigentlichen Frage zurück: Wie können wir über Ökonomie nachdenken? Die konventionelle Antwort der ▷ **Mainstreamökonomik** ist oftmals: positivistisch. Doch da wir gesehen haben, dass der Positivismus praktisch weder möglich noch – könnte man argumentieren – sonderlich erstrebenswert scheint, benötigen wir vermutlich eine andere Antwort. Aus den konstruktivistischen Ansätzen können wir drei Ansätze mitnehmen:

1. dass Wissenschaft sich immer im Dialog mit der Gesellschaft weiterentwickelt und verwandelt;
2. dass in diesem Wandel unterschiedliche Werturteile darüber getroffen werden, was als wissenschaftlich gilt, was als interessante Frage angesehen wird, und welche Methoden als angemessene Untersuchungswerkzeuge angesehen werden; und
3. dass die Definition davon, was überhaupt als ▷ **Untersuchungsgegenstand** gilt, einen großen Einfluss auf die Ergebnisse hat, die im Rahmen eines Forschungsprojekts überhaupt erst möglich oder denkbar sind.«

Wenn man also im Zuge einer Abkehr vom Positivismus nach einer Alternative sucht, wie man über die Wirtschaft nachdenken kann, dann wäre eine Antwort, die sehr im Sinne eines konstruktivistischen Geistes wäre: plural. Man könnte durchaus auch aus positivistischer Perspektive für mehr ▷ **Pluralität** argumentieren. Das ergäbe allerdings nur dann Sinn, wenn man den Positivismus *nicht* als überholt ansieht – und da dieses Kapitel dem oben beschriebenen Stand der Wissenschaftsphilosophie folgt, sind die folgenden Überlegungen eher konstruktivistisch geprägt. Spezifisch stelle ich im Folgenden ein Schema vor, das uns helfen kann, etwas strukturierter darüber nachzudenken, wie man über Ökonomie nachdenken kann. Das Schema soll als eine Art Wegweiser dienen, um sich in einer pluralen, wirtschaftswissenschaftlichen Landschaft besser zurechtzufinden (▷ **Wirtschaftswissenschaften**).

Das Schema (Tabelle 2.1) macht zwei idealtypische Unterscheidungen: eine bezüglich der Aufgabe des wirtschaftlichen Denkens und eine bezüglich des wirtschaftlichen Untersuchungsobjekts. Bei der Aufgabe des wirtschaftlichen Denkens sehen wir eine zweiteilige Unterscheidung, die direkt aus der zuvor diskutierten Unterscheidung von Cox hervorgeht, nämlich kritisch und problemlösend. Wenn wir also fragen: »*Wie kann man über Ökonomie nachdenken?*«, dann kann eine Antwort darauf lauten: entweder kritisch oder problemlösend. Je nach Wahl werden die Wirtschaftsanalysen sehr unterschiedlich aussehen.

Etwas komplizierter wird es beim Untersuchungsgegenstand. Das ist wenig verwunderlich, wenn wir uns an die Debatten um den Konstruktivismus erinnern: Welchen Inhalt wir dem Ausgangspunkt unserer Analyse geben, ist eine der wichtigsten (und versteckt normativen!) Entscheidungen für die weitere Entwicklung dieser Analyse. Auch hier schlägt dieses Schema der Einfachheit halber wieder eine zweiteilige Unterscheidung vor. Wir werden sehen, dass bereits zwei unterschiedliche Definitionen des Untersuchungsgegenstandes zu völlig verschiedenen Arten führen, über die Wirtschaft nachzudenken. Es wird noch komplizierter, wenn man noch weitere mögliche Ausgangspunkte hinzufügt.

		Aufgabe ökonomischer Analysen	
		Kritisch	*Problemlösend*
Untersuchungsgegenstand	*Ökonomie als Schauplatz sozioökonomischer Versorgung*	Kritisiert, wie sozioökonomische Versorgung wirtschaftlich strukturiert oder konzeptualisiert wird	Findet Lösungen für konkrete Probleme materieller und sozioökonomischer Reproduktion
	Ökonomie als Schauplatz ökonomischer Entscheidungen	Kritisiert, wie ökonomische Entscheidungen getroffen oder konzeptualisiert werden	Findet Lösungen für konkrete ökonomische Entscheidungsprobleme

Tabelle 2.1: Wie können wir über Ökonomie nachdenken?

Welche zweiteilige Unterscheidung für den Inhalt wirtschaftswissenschaftlicher Analysen wird hier also getroffen? Die Wirtschaftswissenschaften haben immer die Ökonomie als Untersuchungsgegenstand – aber einmal wird diese hier idealtypisch als Schauplatz sozioökonomischer Versorgung verstanden, und einmal idealtypisch als Schauplatz ökonomischer Entscheidungsfindung. Im Hintergrund liegt hier die Unterscheidung, die das *Webster-Wörterbuch* zum Eintrag Ökonomik (bzw.: *Economics*) macht: Die Ökonomik sei einerseits eine Sozialwissenschaft, die sich mit der Analyse der Ökonomie auseinandersetzt, andererseits eine bestimmte Methodologie, also eine Art statistischer Analyse und mathematischer Modellierung, insbesondere von Entscheidungen. Während die Idee davon, womit die Ökonomik sich beschäftigt, in der Gesellschaft weithin eher der ersten Definition entsprechen mag, so finden sich viele Mainstream-Ökonom*innen eher in der zweiten Definition wieder (bspw. Rodrik 2015, Gräbner/Strunk 2020, S. 313).

Die Idee der Ökonomie als Schauplatz ökonomischer Entscheidungsfindung ist eng verwoben mit der Perspektive der Ökonomik als bestimmte Methodologie (nämlich als Methode der Modellierung von Entscheidungen). Sie geht auf den bereits oben erwähnten Ansatz von Gary Becker zurück, der in den 1960er und 1970er Jahren ökonomische Prinzipien auf nicht-ökonomische Bereiche des sozialen Lebens – Bildung, Familienplanung, Kriminalität – anwandte, und damit das Selbstverständnis der Disziplin effektiv ausweitete. Der andere Pol, also Ökonomie als Schauplatz sozioökonomischer Versorgung, entspricht einer eher inhaltlichen (statt methodologischen) Sicht darauf, was wir uns anschauen, wenn wir auf Ökonomie blicken, und ist in der hier gewählten Formulierung der sozioökonomischen Versorgung eng an die Wortwahl feministischer Ökonom*innen angelehnt (Power 2004; Biesecker/Hofmeister 2006). Das soll darauf hinweisen, dass wir sehr viel weiter über Ökonomie nachdenken können, als wir es normalerweise tun, wenn wir das Wort Ökonomie hören. Ökonomie besteht also nicht nur aus Institutionen wie Märkte, Firmen, Banken, sondern potenziell aus allen Aspekten der sozial-materiellen Reproduktion, die etwa auch die Sphäre der sozialen Reproduktion durch unbezahlte Sorgearbeit (▶ Kap. 16) oder durch die Beiträge der Umwelt (▶ Kap. 7) beinhaltet.

In Tabelle 2.1 sehen wir vier verschiedene Arten, Ökonomie zu betrachten, die sich untereinander bereits radikal unterscheiden. Die Suche nach Lösungen für konkrete ökonomische Entscheidungsprobleme kann für Ökonom*innen wie Becker auch so etwas wie die Frage »Wen soll ich heiraten?« beinhalten, wenn man diese Frage instrumentell-rational angeht. Damit mache ich dann aber als Ökonom*in etwas grundlegend anderes, als wenn ich kritisiere, wie sozioökonomische Versorgung in einem bestimmten Land oder Sektor organisiert wird; beispielsweise, wenn ich die ökonomischen Folgen einer rein marktbasierten im Vergleich zu einer staatlich organisierten Krankenversorgung diskutiere. Und dennoch kann man beide Beispiele als Instanzen eines Nachdenkens über Ökonomie verstehen.

Die Idee hier ist nicht, dass dies die *einzig möglichen* Arten sind, über den Inhalt und die Form der Ökonomie nachzudenken, denn tatsächlich könnte man hier noch viel nuanciertere Unterscheidungen treffen, die sich wiederum historisch immer wieder verändern würden. Die Idee ist hier lediglich, auf beiden Achsen jeweils zwei unterschiedliche Arten vorzustellen, wie der Inhalt und das Ziel ökonomischen Denkens definiert werden kann. Somit soll gezeigt werden, wie divers man auf die Frage »Wie können wir über Ökonomie nachdenken?« schon mit nur zwei Variationen auf zwei Achsen antworten kann.

Daraus ergibt sich natürlicherweise die Frage: Ist diese Diversität an Arten, über Ökonomie nachzudenken, auch in den Wirtschaftswissenschaften selbst vertreten? Die Antwort darauf lautet: Ja, aber mit sehr unterschiedlicher Verteilung. Natürlich kann nicht jede*r Ökonom*in all diese Arten, über Ökonomie nachzudenken, abdecken. Aber wir sehen, dass sich bestimmte Strömungen in der Disziplin tendenziell bestimmten Feldern dieser Matrix zuordnen lassen. Tabelle 2.2 zeigt eine Reihe möglicher Klassifikationen von Strömungen in diesem Schema. Wir sehen hier beispielsweise, dass die ▻ **Marxistische Politische Ökonomie** und die ▻ **Ökologische Ökonomik** nach diesem Schema einer kritischen Analyse sozial-ökologischer Versorgung zugeordnet werden könnten. Hingegen würde man die ▻ **Neoklassik**, die immer noch die Hauptströmung des ökonomischen Mainstreams ist, wohl eher derjenigen Sparte der Ökonomik zuordnen, welche die Ökonomie als Schauplatz ökonomischer

Entscheidungen definiert. Die ▷ **Feministische Ökonomik** verschreibt sich sowohl der kritischen als auch der problemlösenden Theorie – aber mit starkem Fokus auf die Ökonomie als Schauplatz sozioökonomischer Versorgung. Sie widmet sich der Wirtschaft als Schauplatz instrumenteller Entscheidungsfindung fast ausschließlich auf kritische Weise. ▷ **Verhaltensökonomik** hingegen ist ein Beispiel einer Strömung, die sich fast ausschließlich für Ökonomie als Schauplatz bestimmter Entscheidungsfindungen interessiert – mit sowohl kritischen als auch problemlösenden Unterströmungen.

		Aufgabe ökonomischer Analysen	
		Kritisch	*Problemlösend*
Untersuchungsgegenstand	*Ökonomie als Schauplatz sozioökonomischer Versorgung*	Marxistische politische Ökonomie Feministische Ökonomik Ökologische Ökonomik	Postkeynesianismus Umweltökonomik Feministische Ökonomik
	Ökonomie als Schauplatz ökonomischer Entscheidungen	Feministische Ökonomik Verhaltensökonomik	Neoklassik Umweltökonomik Verhaltensökonomik

Tabelle 2.2: Beispiele unterschiedlicher Theorieschulen

Das bedeutet nicht, dass etwa die neoklassische Theorie keine kritischen Debatten führt oder dass etwa die Ökologische Ökonomik nur kritisiert und keinerlei Lösungen anbietet. Auch die Neoklassik ist teilweise kritisch – aber eben innerhalb gegebener Rahmenbedingungen. Und auch die Ökologische Ökonomik ist problemlösend – aber die Problemlösung bezieht sich gerade auf die *Transformation* bestimmter Rahmenbedingungen, z. B. bestimmter Denksysteme oder wirtschaftlicher Strukturen. Sich diesen unterschiedlichen Ebenen, auf denen sich Kritik und Lösungsorientierung unterschiedlicher Theorieschulen abspielen, bewusst zu sein, kann dabei helfen, sich im Feld der ▷ **Pluralen Ökonomik** besser zurecht zu finden.

Eine wichtige Sache ist aus diesem Schema jedoch nicht ersichtlich. Nämlich, dass bestimmte Felder und Strömungen innerhalb der Disziplin der zeitgenössischen Ökonomik in der Hierarchie und der Konkurrenz um Forschungsgelder und Stellen weiter oben stehen. Wenn man anfängt, Ökonomik zu studieren, so wird man in den meisten Fällen zunächst der Neoklassik begegnen – lange bevor man lernt, dass es etwa eine Feministische oder Ökologische Ökonomik gibt, welche teils komplett andere Ausgangspunkte haben und sich anderer Analysewerkzeuge bedienen. Aus pluralistischer Perspektive ist es eine bedauernswerte intellektuelle Verengung, dass keine größere Vielfalt der möglichen Arten, über die Wirtschaft nachzudenken, ihren Weg in die Mainstreamökonomik findet.

Bezug zur sozial-ökologischen Vielfachkrise

Das Thema der sozial-ökologischen Vielfachkrise zeigt gut, wie unterschiedliche Arten, über die Wirtschaft nachzudenken, zu unterschiedlichen Problemlösungsstrategien führen. Vergleichen wir einmal die neoklassische ▷ **Umweltökonomik** mit der ▷ **Ökologischen Ökonomik**. Beide untersuchen die Herausforderungen, die Klima- und Umweltkrisen für die Ökonomie mit sich bringen. Allerdings betrachten die Strömungen einige ihrer Kernkonzepte grundlegend unterschiedlich – und das mit relevanten Folgen. Für die Umweltökonomik ist der Klimawandel zum Beispiel im Kern ein ▷ **Marktversagen**: Die negativen Folgen des Klimawandels, der von wirtschaftlichen Produktionsprozessen getrieben wird, sind nicht *eingepreist*. Eine Firma kann CO_2 ausstoßen und muss nicht dafür bezahlen, obwohl dieser Ausstoß negative Folgen für die Allgemeinheit hat. Das Problem des Marktversagens lässt sich dadurch lösen, dass man Emissionen bepreist und damit in den Markt internalisiert, etwa durch Steuern oder Emissionszertifikatehandel. Die Umweltökonomik ist somit eindeutig problemlösend: Sie versucht, innerhalb bestehender Rahmenbedingungen Instrumente zu finden, die die Produktion nachhaltiger gestalten sollen. Die Ökologische Ökonomik hingegen ist entschieden kritischer: Sie sagt, dass der Klimawandel mehr als nur ein Marktversagen ist. Vielmehr ist er ein Versagen der Mensch-Natur-Beziehungen, bei dem die Einbettung der Wirtschaft in die Natur vergessen wird. Lösungsvorschläge gehen weit über Marktmechanismen hinaus, und fordern vielmehr eine radikale Transformation vieler Lebensbereiche, inklusive z.B. Arbeit und Konsum. Die Art, wie über das Problem nachgedacht wird – eher kritisch oder eher problemlösend –, beeinflusst also die Art von ökonomischen Lösungsansätzen, die zum Thema sozial-ökologische Vielfachkrise von unterschiedlichen Theorieschulen angeboten werden.

2.5 Fazit

Wie kann man nun also über Ökonomie nachdenken? Wir haben gesehen, dass diese Frage in der ▷ **Mainstreamökonomik** oft innerhalb von zwei Sätzen abgehandelt werden kann. Das Wichtigste an der »Wie«-Frage ist für die Mainstreamökonomik der *Prozess*, und dieser soll generell positivistisch, wertneutral und problemlösend sein. Auch heute, trotz größerer Diversität in der Disziplin und trotz der Beerdigung des Positivismus in der Wissenschaftsphilosophie, ist das grundlegende Ideal des Positivismus in der Mainstreamökonomik nach wie vor lebendig, auch wenn eine komplett neutrale, wertfreie Wissenschaft in der Praxis schwer (möglicherweise gar nicht) umsetzbar ist.

Sobald man dies anerkennt, und darüber hinaus akzeptiert, dass Dinge wie der analytische Ausgangspunkt, die akzeptierten Analysewerkzeuge und sogar rein empirische Beobachtungen nicht nur implizit wertgeleitet und historisch kontingent, sondern auch sehr folgeträchtig sind, wird alles komplizierter. Wissenschaft ist dann nicht mehr notwendigerweise kumulativ. Und wenn man nicht davon ausgeht, dass es eine korrekte Art gibt, über Ökonomie nachzudenken, sondern viele *mögliche* Arten (die man gegebenenfalls normativ unterschiedlich bewertet), eröffnet das den Weg für eine ▷ **Pluralität** von Perspektiven. Vieles wird damit komplizierter, aber auch qualitativ reicher und tiefer.

Literaturempfehlungen

Biesecker, Adelheid/Hofmeister, Sabine (2006): Die Neuerfindung des Ökonomischen. Ein (re)produktionstheoretischer Beitrag zur Sozial-ökologischen Forschung. München.

Caldwell, Bruce (2013): Of Positivism and the History of Economic Thought. In: Southern Economic Journal, 79. Jg., 2013, Nr. 4, S. 753–767.

Comte, Auguste (1830–1842): System of Positive Philosophy. Paris.

Cox, Robert W. (1981). Social Forces, States and World Orders: Beyond International Relations Theory. In: Millennium: Journal of International Studies, 10. Jg, 1981, Nr. 2, S. 126–155.

Drakopoulos, Stavros A. (2024): Value Judgments, Positivism and Utility Comparisons in Economics. In: Journal of Business Ethics, 2024, Nr. 189, S. 423–437.

Gräbner, Claudius/Strunk, Birte (2020): Pluralism in Economics: its critiques and their lessons. In: Journal of Economic Methodology, 27. Jg., 2020, Nr. 4, S. 311–329.

Mankiw, Gregory/Taylor, Mark (2024): Grundzüge der Volkswirtschaftslehre. 9. Aufl., Stuttgart.

Pareto, Vilfredo (1971[1906]): Manual of Political Economy. Übersetzung ins Englische A. Schwier, London.

Power, Marilyn (2004): Social Provisioning as a Starting Point for Feminist Economics. In: Feminist Economics, 10. Jg., 2004, Nr. 3, S. 3–19.

Rodrik, Dani (2015): Economics rules. Oxford.

Online-Ressourcen

Exploring Economics, Link: https://www.exploring-economics.org/de/orientieren/

New Economic Thinking, Sheila Dow – Why Economists Think How They Think, Link: https://www.youtube.com/watch?v=poqekoaB5Bo

The History of Economic Thought, Robert Skidelsky – How and How Not to do Economics, Link: https://www.hetwebsite.net/het/video/skidelsky.htm

Plurale Ziele

3 Was ist Wohlstand?

Sebastian Thieme

> »Die jährliche Arbeit eines Volkes ist die Quelle, aus der es ursprünglich mit allen notwendigen und angenehmen Dingen des Lebens versorgt wird, die es im Jahr über verbraucht.«
>
> Adam Smith (Wohlstand der Nationen, 1789)

Mit diesem Satz eröffnet der Moralphilosoph Adam Smith (1723–1790) sein berühmtes Werk *Wohlstand der Nationen* von 1789 und bringt damit bereits eine allgemeine Vorstellung von Wohlstand zum Ausdruck. Adam Smith gilt *heute* bei vielen Ökonom*innen als Begründer ihrer Disziplin. Schon dort, ganz am Anfang der ▹ **Ökonomik**, sollten sich Ökonom*innen also damit befassen, wie sich der Wohlstand von Bevölkerung und Staat erhöhen lässt. Daran hat sich bis heute nichts geändert.

So ist Wohlstand immer wieder Thema der Jahresberichte des Sachverständigenrats zur Begutachtung der gesamtwirtschaftlichen Entwicklung in Deutschland (die fünf Wirtschaftsweisen). Bei einer schlechten Wirtschaftslage wird in solchen Berichten oder in Zeitungen davon zu lesen sein, dass der Wohlstand in Gefahr ist, sinkt oder verloren geht. Oder es wird beschrieben, was zu tun wäre, um den Wohlstand zu retten bzw. zu sichern. Die gesellschaftspolitischen Debatten um Klimaschutz drehen sich oft um die Frage, wie angesichts des Klimawandels der Wohlstand erhalten werden kann. Andere thematisieren, wie der westliche Lebensstil den Wohlstand in anderen Regionen der Welt gefährdet. Der traditionelle Stellenwert, den Wohlstand im ökonomischen Denken besitzt, gibt Anlass zur Frage, was genau darunter zu verstehen ist. Dazu wird das vorliegende Kapitel zunächst darauf eingehen, wie Wohlstand allgemein im ökonomischen Denken – vor allem in der ▹ **Mainstreamökonomik** – gedacht wird (▶ Kap. 3.1). Dabei wird auch auf die kritische Diskussion zum ▹ **Bruttoinlandsprodukt** (BIP) eingegangen, die in der Mainstreamökonomik etabliert und Ausgangspunkt für die Diskussion um alternative Wohlfahrtsmaße ist. Danach richtet sich der Blick auf fundamentale Schwierigkeiten, die sich mit den Vorstellungen von Wohlstand verbinden und sowohl die Mainstreamökonomik als auch alternative Sichtweisen betreffen (▶ Kap. 3.2). Im Anschluss daran erfolgt die Vorstellung von Alternativen zur Mainstreamökonomik, die einen grundsätzlich anderen Blick auf Wohlstand ermöglichen (▶ Kap. 3.3). Am Ende wird noch einmal zur Eingangsfrage »Was ist Wohlstand?« zurückgekehrt und überlegt, wie eine Definition von Wohlstand aussehen könnte, die den unterschiedlichen Vorstellungen von Wohlstand gerecht werden mag (▶ Kap. 3.4).

3.1 Wohlstand im ökonomischen Denken

Wenn man Menschen im privaten Umfeld darauf fragt, was sie unter Wohlstand verstehen, erhält man in der Regel die Antwort »finanzielle Sicherheit«. Wahrscheinlich wird Wohlstand auch mit einem hohen Lebensstandard oder einfach mit Geld, Reichtum, Vermögen und Kapital in Verbindung gebracht. Damit ist eine erste grobe Vorstellung von Wohlstand skizziert, die auch unter Ökonom*innen verbreitet ist. Aber nicht immer ist von Wohlstand die Rede, wenn Wohlstand gemeint ist. In den ökonomischen Fachdebatten und in der Literatur sind *verschiedene Begriffe* für Wohlstand in Verwendung:

- In der ▷ **Ökonomik** wird überwiegend von Wohlfahrt gesprochen.
- In (sehr) wenigen Fällen kann auch vom Gemeinwohl die Rede sein.
- Vor allem in der Debatte um die ▷ **sozial-ökologische Transformation** und im Kontext von Alternativen zur ▷ **Mainstreamökonomik** wird oft vom »guten Leben« gesprochen.
- In der Glücksforschung wird Wohlstand mit Glück oder Wohlbefinden übersetzt, wobei dort weiter unterschieden werden kann zwischen emotionalem Wohlbefinden (Freude, Stress, Trauer usw.) und Lebenszufriedenheit.

Eine grobe Vorstellung von Wohlstand mag für die Verständigung im Alltag ausreichen. Doch bereits die Existenz unterschiedlicher Begriffe für Wohlstand deutet an, dass diese zwar etwas Gemeinsames erfassen, im Detail aber mit unterschiedlichen Inhalten gefüllt sind. Wer Wohlstand empirisch beschreiben und theoretisch analysieren möchte, kann sich daher nicht mit einem vagen Verständnis begnügen (▷ **Empirie**). Dazu braucht es eine konkrete Vorstellung von Wohlstand. Dies gilt auch für die Gestaltung einer Wohlfahrtspolitik, weil zu benennen ist, worauf diese Politik abzielt. Und weil sich mit dieser konkreten Vorstellung von Wohlstand dann die Kriterien verbinden, an denen der Erfolg oder Misserfolg der Wohlfahrtspolitik gemessen werden kann. Um zu solchen konkreten Vorstellungen von Wohlstand zu kommen, wollen wir uns ansehen, was Ökonom*innen *heute* darunter verstehen.

Es mag etwas verwundern, aber die Frage lässt sich gar nicht so einfach beantworten. Das hat mindestens zwei Gründe. Erstens werden Wohlstand und Wohlfahrt in der mainstreamökonomischen Literatur selten – im Grunde gar nicht – definiert. Es scheint sich um Begriffe zu handeln, von denen die meisten Ökonom*innen davon ausgehen, dass sie selbstverständlich bekannt seien. Und zweitens existieren verschiedene Vorstellungen von Wohlstand unvermittelt nebeneinander. Welche das sind, das ist nun zu vertiefen.

3.1.1 Quantitativer Wohlstand (Güterwohlstand)

Mit *quantitativem Wohlstand* ist eine Vorstellung gemeint, die Wohlstand in Mengen (Quantitäten) misst. Teils werden diese Mengen dann in Geldeinheiten – in Euro, Dollar usw. – bewertet und verrechnet. Üblicherweise geht es dabei um zu Marktpreisen bewertete Güter und Dienstleistungen, weshalb vereinzelt auch von einem *Güterwohlstand* die Rede ist. Dieser Güterwohlstand mag abstrakt wirken, hat aber eine reale Basis: Zum Güterwohlstand gehört, was sich tatsächlich anfassen, zählen und in Geld bewerten lässt.

Eine besonders prominente Kennzahl für den quantitativen Wohlstand ist das ▷ **Bruttoinlandsprodukt** (BIP). Das BIP zeigt, welche Güter und Dienstleistungen – zu Marktpreisen bewertet – in einer Volkswirtschaft innerhalb eines bestimmten Zeitraums hergestellt werden. Die darin zusammengefassten Güter und Dienstleistungen werden als materieller Wohlstand in einer Volkswirtschaft interpretiert. Die Idee, das BIP auf die Bevölkerung (pro Kopf) aufzuteilen, soll dann eine Vorstellung über den *theoretisch möglichen* materiellen Wohlstand pro Kopf vermitteln. Das BIP reduziert Wohlstand damit auf statistisch erfassbare und bewertbare Güter und Dienstleistungen und fasst diesen materiellen Wohlstand in einer Kennzahl zusammen (▶ Kap. 4).

Das BIP steht aus verschiedenen Gründen in der Kritik. Ein für das Verständnis von Wohlstand zentraler Kritikpunkt ist, dass verschiedene Aspekte wie die unbezahlte Haus-, Care- und Sorgearbeit (Hygiene, Essenszubereitung, Kinderbetreuung usw.), die für den individuellen Wohlstand relevant sind, nicht angemessen berücksichtigt werden (▶ Kap. 16). Diese und andere Kritikpunkte am BIP als Wohlfahrtsmaß sind nicht neu und Ökonom*innen allgemein bekannt. Die *neoquantitative Vorstellung von Wohlstand* nimmt diese Kritik auf und versucht, bestimmte Aspekte des Wohlstands zu *messen* (und zu bewerten), die im BIP üblicherweise keine Berücksichtigung finden. Dazu gehören Aspekte wie Gesundheit, Wohnsituation oder Lebenszufriedenheit. Dazu müssen diese Aspekte aber vermessen (quantifiziert) werden. Als Indikator für Gesundheit kann beispielsweise die Zahl der gesunden Lebensjahre nach der Geburt herangezogen werden.

Die folgende Systematisierung gibt eine Orientierung für diese neoquantitativen Konzepte.

1. Die Konzepte eines Nettowohlfahrtsprodukts zielen auf eine Korrektur der BIP-Rechnung ab. Teilweise wird auch vom *Accounting-Ansatz* gesprochen. Die Korrektur des BIP kann darin bestehen, den Wert von unbezahlter Arbeit zum BIP hinzuzurechnen und dagegen den Wert von Umweltschäden abzuziehen. Es wurden verschiedene Messkonzepte entwickelt, die nach diesem Prinzip funktionieren (und nur in technischen bzw. methodologischen Details voneinander abweichen). Beispiele hierfür sind der *Nationale Wohlfahrtsindex*, das *Measure of Economic Welfare*, der *Index of Sustainable Economic Welfare*, der *Genuine Progress Indicator* und der *Sustainable Net Benefit Index*.
2. *Statistische Satellitensysteme* sollen die BIP-Rechnung nicht korrigieren, sondern ergänzen. Sie existieren *neben* den bestehenden Statistiken der ▷ **Volkswirtschaftlichen Gesamtrechnung**. Zu diesen Ergänzungsstatistiken zählen die *Umweltökonomische Gesamtrechnung* in Deutschland und Multiindikatorensysteme (▷ **Umweltökonomik**). Letztere umfassen u.a. die *17 Sustainable Development Goals* der Vereinten Nationen (engl. UN) und die Berichte dazu sowie den *Better Life Index* der Organisation für wirtschaftliche Zusammenarbeit und Entwicklung (engl. OECD), in dem zum Beispiel Wohnverhältnisse, Einkommen, Gemeinsinn und Lebenszufriedenheit berücksichtigt werden.
3. Verschiedene Kennzahlen für Wohlstandsaspekte können auch zu *einem* Indikator – einer Kennzahl – zusammengefasst sein. Dann wird von einem *Einzelindikator* gesprochen. Bekannt sind vor allem der *Happy Planet Index* und *Human Development Index*. Beim Human Development Index werden beispielsweise der Index für langes und gesundes Leben, der Index für Bildung und der Index für den Lebensstandard (gemessen am BIP pro Kopf) zu einem Wert zusammengefasst.
4. In der Glücksforschung wird Wohlstand mit Lebensqualität und ökonomischem Wohlbefinden verknüpft. Dazu werden Schlüsselfaktoren für Wohlstand identifiziert, quantifiziert und in einer *Glücksformel* arrangiert, sodass sich am Ende ein Glückswert berechnen lässt.

Accounting-Ansätze

Accounting-Ansätze ähneln der BIP-Rechnung aus der Volkswirtschaftlichen Gesamtrechnung. Dazu werden bestimmte Komponenten (Freizeit, Umweltschäden usw.) in Geldeinheiten bewertet und zum volkswirtschaftlichen BIP addiert oder abgezogen.

Es existieren zwar viele neoquantitative Wohlfahrtsmaße, die teilweise regelmäßig erhoben werden. Doch konnten sie sich bislang noch nicht so weit durchsetzen, dass sie zum ökonomischen Standard zählen. Die Mainstreamökonomik argumentiert beispielsweise, dass diese Alternativen noch nicht etabliert seien, methodische Schwächen aufweisen oder das BIP trotz aller Kritik einen guten, verlässlichen Indikator für Wohlstand darstelle. Deshalb ist selbst dort, wo Lehrbücher der Mainstreamökonomik auf solche Alternativen verweisen, üblicherweise unverändert das BIP oder das BIP pro Kopf als Wohlfahrtsindikator im Gebrauch. Auch in der ökonomischen Politikberatung spielen die neoquantitativen Alternativen noch eine untergeordnete Rolle.

Aus der Forschung

Seit 2018 veröffentlicht die Arbeiterkammer in Österreich – die Interessenvertretung der Arbeitnehmer*innen in Österreich – Wohlstandsberichte. Wohlstand wird dabei nach fünf Oberzielen analysiert, die über jeweils fünf Unter- bzw. Teilziele spezifiziert werden. Diese fünf Oberziele reichen vom »Gerecht verteilten materiellen Wohlstand« über »Hohe Lebensqualität« bis »Gesamtwirtschaftliche Stabilität«. Für die jeweiligen fünf Unterziele wird auf bestehende Kenngrößen bzw. Statistiken zurückgegriffen, z.B. für das Unterziel der gerechten Einkommensentwicklung auf das Median-Einkommen. Jedes der fünf Unterziele geht gleichgewichtig in die Wertung der Zielkategorie – des Oberziels – (z.B. hohe Lebensqualität) ein. Bewertet wird die Entwicklung zwischen -2 (Ziel deutlich verfehlt) bis +2 (Ziel deutlich erreicht). Für die Gesamtbewertung innerhalb des jeweiligen Oberziels werden diese Bewertungen addiert und durch fünf dividiert. Zum Beispiel errechnete sich der Wert für das Oberziel »Gerecht verteilter materieller Wohlstand« im Wohlstandsbericht 2024 aus den entsprechenden Werten für die Teilziele (i-v) wie folgt: [+2-1+0-2-2] ÷ 5 = – 0,6. Dieser Wert wird im Bericht 2024 mit deutlichen Rückschritten im Oberziel »Gerecht verteilter materieller Wohlstand« assoziiert.

Quelle: Lechinger et al. (2024): AK-Wohlstandsbericht 2024. https://wien.arbeiterkammer.at/interessenvertretung/wirtschaft/betriebswirtschaft/AK-Wohlstandsbericht_2024.pdf. Abrufdatum: 13.10.2025.

3.1.2 Wohlstand als Nutzen

In der Ökonomik gibt es weiterhin den Ansatz, Wohlstand mit dem Nutzen gleichzusetzen, der für Individuen bzw. Konsument*innen aus verschiedenen Gütern entspringt. Doch Nutzen ist nicht gleich Nutzen. Historisch werden zwei Nutzenkonzepte unterschieden, mit denen sich auch zwei unterschiedliche Spezialisierungen und Denkströmungen in der Ökonomik verbinden, die sich dem Wohlstand als »Wohlfahrt« widmen: Damit ist die Wohlfahrtsökonomik gemeint. Allgemein befasst sie sich mit der Frage nach der maximalen oder optimalen gesellschaftlichen Wohlfahrt und der Analyse von Wohlfahrtsverlusten.

Die ältere *Wohlfahrtsökonomik*, auch *neoklassische Wohlfahrtsökonomik* genannt, geht auf die Arbeiten von Alfred Marshall (1842–1924) und Arthur Cecil Pigou (1877–1959) zurück. Diese Arbeiten basierten auf einem *kardinalen Nutzenkonzept*. Dem lag die Idee zugrunde, dass sich der individuelle Nutzen direkt messen, mit dem Nutzen anderer Personen vergleichen und zu einem gesellschaftlichen Gesamtnutzen addieren lässt. Die Idee, Wohlstand als Nutzenüberschuss aus der sogenannten Konsumentenrente abzuleiten, ist dort zu verorten. In der neoklassischen Ökonomik wird davon ausgegangen, dass Märkte von selbst (Metapher der »unsichtbaren Hand«) zu einem Gleichgewicht tendieren. Ein solches Marktgleichgewicht zeichnet sich nicht nur durch ▹ **Effizienz** aus, sondern es ist auch die Wohlfahrt *maximal*:

Der individuelle Nutzenüberschuss bzw. die Konsumentenrente erreicht im Marktgleichgewicht ein Maximum bzw. Optimum. Immer dann, wenn die wirtschaftliche Situation von dem Gleichgewicht auf diesen Märkten abweicht – sei es durch ▷ **Marktversagen** oder Marktverzerrungen, weil etwa der Staat in die Preismechanismen eingreift (Mindestlöhne usw.) –, droht gesamtwirtschaftliche Ineffizienz und damit ein Wohlfahrtsverlust. Wenn heute von Wohlfahrtsverlusten die Rede ist, können unausgesprochen diese Marktmodellierungen und Ideen eines kardinalen Nutzenwohlstands zugrunde liegen.

Konsumentenrente

Die Konsumentenrente ist die Differenz zwischen der individuellen Zahlungsbereitschaft und dem Preis, der direkt am Markt bezahlt werden muss.

Die *neue Wohlfahrtsökonomik* (*New Welfare Economics*), die auf den Arbeiten des Schweizer Ökonomen und Soziologen *Vilfredo Pareto* (1882–1923) (▶ Kap. 6) basiert, verwendet ein *ordinales Nutzenkonzept*. Die Idee eines kardinalen Nutzens wird damit abgelegt und stattdessen davon ausgegangen, dass es ausreicht, den individuellen Nutzen lediglich in eine Rangfolge – besser, schlechter, gleich gut – zu bringen. In der Analyse wird dann auf *Wohlfahrtsfunktionen* zurückgegriffen. Dazu ist zunächst eine individuelle Wohlfahrtsfunktion zu unterscheiden, bei der es sich um eine Nutzenfunktion handelt, die auf dem individuellen Nutzen aus der Menge eines bestimmten Guts oder Güterbündels basiert. In einer *sozialen Wohlfahrtsfunktion* werden dann alle diese individuellen Nutzenfunktionen zusammengefasst bzw. – fachlich gesprochen – *aggregiert*. Eine in der Mainstreamökonomik sehr bekannte soziale Wohlfahrtsfunktion ist die sogenannte *Samuelson-Bergson-Wohlfahrtsfunktion*:

$$W = W(u_1(x_1), \ldots, u_n(x_n))$$

Die soziale Wohlfahrt (W) ergibt sich aus der Summe des individuellen Nutzens *u* der Individuen bzw. Haushalte *i* (mit $1 \leq i \leq n$) aus dem Güterbündel *x*, das Haushalt bzw. Individuum *i* konsumieren möchten (Varian 2016, 729). Der gesellschaftliche Wohlstand hängt dort also davon ab, dass sich die Individuen/Haushalte nur um den eigenen Nutzen kümmern.

Das Ziel der Neuen Wohlfahrtsökonomik besteht dann darin, jene Kombination der bevorzugten Gütermengen zu finden, bei der die soziale Wohlfahrt maximal bzw. optimal ist. Die Details zur Ableitung eines solchen *Wohlfahrtsoptimums* bzw. *-maximums* sollen an dieser Stelle nicht weiter interessieren. Wichtiger für das Verständnis von Wohlstand als Wohlfahrt und Nutzenwohlstand ist, dass sich solch ein Wohlfahrtsoptimum durch *Pareto-Effizienz* auszeichnet: Die soziale Wohlfahrt ist dann maximal bzw. optimal, wenn es keine andere Möglichkeit der Verteilung (von Gütermengen) gibt, die die soziale Wohlfahrt verbessert. Teils wird dazu auch vom Pareto-Kriterium gesprochen.

- Als pareto-optimal gilt eine Situation, in der sich die individuelle Wohlfahrt einer Person – also ihr Nutzen – nicht verbessern lässt, ohne die Wohlfahrt einer anderen Person zu reduzieren.
- Eine politische Maßnahme führt zu einer pareto-optimalen Verbesserung der Wohlfahrt im Allgemeinen, wenn sich die individuelle Wohlfahrt mindestens einer Person – ihr Nutzen – verbessern lässt, ohne die Wohlfahrt einer anderen Person zu reduzieren.

Relevant für die praktische Wirtschafts- und Wohlfahrtspolitik, die aus der Mainstreamökonomik heraus empfohlen wird, sind vor allem die beiden *Hauptsätze der (neuen) Wohlfahrtsökonomik*. Einfach formuliert lautet der erste Hauptsatz der Wohlfahrtsökonomik, dass jedes Gleichgewicht einer Marktwirtschaft pareto-optimal ist. Damit wird unausgesprochen gesagt, dass jedes Marktgleichgewicht auch die maximale bzw. optimale Wohlfahrt garantiert. Der zweite Hauptsatz lässt sich darauf verdichten, dass jede mögliche pareto-optimale Verteilung durch Märkte erreicht werden kann, wenn dazu die Anfangsausstattung der Personen zu Beginn des Marktwettbewerbs umverteilt wird. Auf Basis dieser beiden Hauptsätze lässt sich aus Sicht der Neuen Wohlfahrtsökonomik die Kritik relativieren, dass Marktwirtschaften zu Ungleichheit, damit zu unterschiedlichen Wohlstandsniveaus in der Gesellschaft und zu Ungerechtigkeit führen würden. Denn Märkte, so die Annahme, sorgen von sich aus für maximalen Wohlstand, und wenn dem doch nicht so sein sollte, dann lässt sich durch eine geschickte Wirtschaftspolitik der Marktprozess so beeinflussen, dass er zu pareto-effizienten Marktergebnissen und somit zu maximaler Wohlfahrt führt. Mit diesen beiden Hauptsätzen liefert die Neue Wohlfahrtsökonomik also eine Rechtfertigung für die Favorisierung marktwirtschaftlicher Wirtschaftsordnungen in der Mainstreamökonomik und der von ihr inspirierten Wirtschaftspolitik.

Damit lässt sich zusammenfassen, dass der Nutzenwohlstand auf abstrakten und idealistischen Marktmodellen basiert. Wohlstand reduziert sich dort auf den Nutzen, der sich aus abstrakten Gütermengen (Gut 1, Gut 2 usw.) ergibt. Insofern handelt es sich streng genommen ebenfalls um Güterwohlstand. Wohlstand wird als materieller Nutzenwohlstand verstanden, der auf Marktaktivitäten basiert und dazu die entsprechenden Modellannahmen über Märkte zugrunde legt (▶ Kap. 18).

3.1.3 Wohlstand und Wohlfahrtspolitik

Ein weiteres Verständnis von Wohlstand resultiert aus den Vorstellungen, die zum Ausdruck kommen, wenn Ökonom*innen vom ▹ **Wohlfahrtsstaat** sprechen und sich dabei auf die Sozialpolitik beziehen: In diesem Fall herrscht eine Vorstellung von *Wohlstand als Wohlfahrt*, in der sich diese auf den Zugang zur medizinischen Versorgung, auf Fragen der Besteuerung (Freibeträge usw.) und auf Armutsbekämpfung konzentriert. Mit der Armutsbekämpfung sind üblicherweise staatliche Sozialtransfers gemeint, mit denen Menschen in Not geholfen wird. Dazu zählen z. B. das deutsche Bürgergeld (ehemals Hartz IV), aber auch Wohngeld und Kindergeld. Es geht dabei um die Sicherstellung einer menschenwürdigen Existenz in der Gesellschaft. Viele Ökonom*innen weisen darauf hin, dass die Wohlfahrtspolitik auch mit *Fehlanreizen* einhergeht: Hohe Lohnersatzzahlungen bei Erwerbslosigkeit bieten dann einen Anreiz, zu Hause zu bleiben, statt sich eine bezahlte Lohnarbeit zu suchen. Daher befürchten viele Ökonom*innen heute, dass eine solche Wohlfahrtspolitik auch die gesellschaftliche Wohlfahrt reduziere. Denn die Wohlfahrtspolitik greift über die Sozialtransfers in die Marktprozesse ein, kann diese stören und so zu gesamtgesellschaftlichen Wohlfahrtsverlusten führen.

3.2 Fundamentale Schwierigkeiten mit den Vorstellungen von Wohlstand

Der quantitative Güterwohlstand, der Nutzenwohlstand und der Wohlstand im Sinne einer wohlfahrtsstaatlichen Politik beschreiben jeweils unterschiedliche Vorstellungen. Diese Vorstellungen von Wohlstand lassen sich zwar – wie eben gezeigt – voneinander abgrenzen, werden von Ökonom*innen aber für gewöhnlich weder eigenständig definiert noch zueinander in Beziehung gesetzt. In vielen ökonomischen Lehrbüchern tauchen sie einfach unvermittelt nebeneinander auf. Allein das kann für Missverständnisse sorgen. Darüber hinaus sind die Vorstellungen von Wohlstand mit weiteren Schwierigkeiten behaftet, die über die etablierte Kritik am BIP hinausgehen und grundsätzliche (fundamentale) Fragen zu den ökonomischen Vorstellungen von Wohlstand aufwerfen. Dazu soll sich der Blick nachfolgend auf zwei Problemkomplexe konzentrieren: das Vermessen von Wohlstand und der ethische Charakter, der sich mit den Vorstellungen von Wohlstand verbindet.

3.2.1 Wohlstand vermessen?

Das Bruttoinlandsprodukt (BIP) reduziert bekanntlich Wohlstand auf Güter und Dienstleistungen, die sich messen, marktwirtschaftlich verwerten und bewerten lassen (▶ Kap. 3.1.1). Dagegen sind neoquantitative Wohlfahrtsmaße zwar breiter aufgestellt, der Reduktionismus bleibt aber auch dort erhalten: Das Verständnis von Wohlstand reduziert sich auf jene Aspekte, die sich quantitativ erfassen lassen. Nicht-quantifizierbare Aspekte von Wohlstand erfahren keine Aufmerksamkeit. Das Verständnis von Wohlstand bleibt daher aus einer wirtschaftsethischen und sozioökonomischen Sicht heraus unvollständig.

Aus ethischer Perspektive lassen sich gegenüber der Vermessung von Wohlstand jedoch weitere spezifische Bedenken anmelden, die üblicherweise weder in der Mainstreamökonomik noch in der Debatte um alternative Wohlstandsmaße angemessen gewürdigt werden.

1. Die Vermessung von Wohlstand kann eine ▹ **Ökonomisierung** intensivieren, d. h., dass zunehmend alle Aspekte des Lebens vermessen und bewertet werden *sollen*. Damit droht die Verdrängung von z. B. Sinnstiftung und Sorge durch ein marktwirtschaftliches Kosten-Nutzen-Kalkül. Durch die Ökonomisierung können dann Mindeststandards für Wohlstand festgeschrieben werden. Besonders greifbar sind diese Probleme in den Bereichen Pflege und Gesundheit, in denen das Berufsethos – Menschen angemessen zu helfen, Leid zu lindern usw. – dann mit ökonomischen Kennzahlen kollidieren kann. In diesen Fällen bleibt also weniger Zeit zum Waschen, für ein Gespräch usw. – und die Fachkräfte werden dadurch in moralische Zwickmühlen geführt (sogenannte moralische Verletzungen), was von Burn-out bis zur Aufgabe des Jobs führen kann. Diese Wirkungen der Ökonomisierung durch Vermessung sind dem Wohlstand abträglich und ethisch fragwürdig.
2. Die zunehmende Vermessung des wohlständigen Lebens kann der Kontrolle dienen. Die Quantifizierung führt dann zu Standards, die *vorschreiben*, wie ein »vernünftiges« Leben aussehen soll (z. B. mit Blick auf Ernährung, Gesundheit und das politische Verhalten). Es ist fraglich, ob das dem Wohlbefinden tatsächlich zuträglich sein wird. Auf jeden Fall wirft auch das ethische Fragen auf: Welche Standards des »vernünftigen« Lebens sind ethisch

legitim, wann engen sie die Selbstbestimmung und Selbstentfaltung in ethisch nicht zu rechtfertigender Weise ein?

3. Die Quantifizierung der Wohlstandsaspekte kann erheblich im Konflikt stehen mit dem Grundrecht auf informationelle Selbstbestimmung, dem Datenschutz und mit der Achtung der Menschenwürde. Auch das wäre ethisch fragwürdig und dem Wohlstand nicht zuträglich.

3.2.2 Wohlstand als ethische Fragestellung

Wohlstand hat *immer* eine normative, also ethische, Dimension. Das gilt selbst dort, wo vermeintlich wertneutral eine mathematische Wohlfahrtsfunktion konstruiert wird. Denn wer definiert, mit welcher ethischen Legitimität welche Variable wohlstandsrelevant integriert wird? Mit Annahmen zur ökonomischen Theorie oder zum Modell (Konkurrenz, Rationalität, Nutzenmaximierung usw.) und zum grundsätzlichen Wissenschaftsverständnis (Was kann ich wissen, erkennen? Was ist Wahrheit?) wird der Vorstellung von Wohlstand eine bestimmte normative Richtung gegeben. Das betrifft Fragen wie zum Beispiel:

1. Was ist Wohlstand?
2. Welche Bedeutung haben nicht-marktwirtschaftliche Tätigkeiten wie die unbezahlte Heimarbeit für Wohlstand? Wie ist dies zu berücksichtigen?
3. Werden nur quantitative Wohlstandsaspekte ins Auge gefasst? Wie ist mit nicht-quantifizierbaren Aspekten umzugehen? Wann ist die Quantifizierung von Wohlstand unangemessen oder unzumutbar?
4. Gibt es Grenzen des Wohlstands? Oder wird Wohlstand einfach maximiert?
5. Ist Wohlstand auf ökonomisches Wachstum angewiesen? Oder kann Wohlstand auch ohne dieses Wachstum auskommen?

Aus einer wirtschaftsethischen Sicht ist zu kritisieren, dass solche Fragen in der Ökonomik – also in der Mainstreamökonomik, aber teilweise auch in der ökonomischen ▷ **Heterodoxie** – nicht oder nicht explizit erörtert werden. Das betrifft im Besonderen Verteilungsfragen (▶ Kap. 17). Aus Sicht der Mainstreamökonomik sollen sich andere Disziplinen (Philosophie usw.) darum kümmern, wie eine sozial gerechte Verteilung der gemeinsam zustande gebrachten Wertschöpfung in einer Volkswirtschaft aussehen kann. Damit bleibt aber das Verständnis von Wohlstand unvollständig. Wer sachgerecht über Wohlstand sprechen möchte, muss deshalb auch solche ethischen Fragen in angemessener Weise beantworten.

In diesem Zusammenhang gilt es ebenso, die Narrative zu berücksichtigen, in die das Denken über Wohlstand eingebettet ist. Denn damit verbinden sich auch Werthaltungen und Urteile. Mit Blick auf die Geschichte des ökonomischen Denkens lässt sich z. B. zeigen, dass Wohlstand häufig mit Wachstumsnarrativen einhergeht, in denen Wachstum dort etwas Positives und als Voraussetzung für Wohlstand in Erscheinung tritt (Wohlstand durch Wachstum, ▷ **Trickle-down-Theorie** usw.). Viele Ökonom*innen kommunizieren heute Wohlstand mit Wettbewerbsnarrativen, in denen Wettbewerb als etwas Positives und Erstrebenswertes und als Voraussetzung für Wohlstand vermittelt wird (Wohlstand durch Wettbewerb). Damit ist der Blick auf Wohlstand bereits im Vorfeld wertend eingeschärft. Unter dem Eindruck solch einer Prägung fällt es auch schwer, sich zum Beispiel Wohlstand ohne Wettbewerb – sei es im Haushalt oder in einer Genossenschaft – und ohne ▷ **Wachstum** vorzustellen. Hier liegen dann auch Ursachen für (mainstreamökonomische) Missverständnisse und Konflikte mit anderen Verständnissen über Wohlstand (etwa aus dem Bereich der ▷ **Feministischen Ökonomik** oder der Postwachstumskritik).

Narrative

Narrative sind Erzählungen bzw. Erzählmuster, die bestimmte Wertungen, Emotionen, Urteile usw. transportieren.

Bezug zur sozial-ökologischen Vielfachkrise

Die Argumentationen in den Debatten zum Wohlfahrts- und Sozialstaat enthalten häufig negative Vorbehalte (Stereotypen) und Narrative gegenüber armen Menschen. Fachlich wird das als Klassismus bezeichnet. Bereits der britische Ökonom Thomas Robert Malthus (1766–1834) hielt arme Menschen für unvernünftig und gab ihnen selbst die Schuld an ihrer Situation. Mit ihrer Armut lägen sie der Gesellschaft auf der Tasche und würden sich daher am gesellschaftlichen Wohlstand versündigen. Solche Vorbehalte zeigen sich auch heute, wenn Ökonom*innen behaupten, der Staat zahle viel Geld für das Nichtstun. Aber die klassistischen Narrative werden heute üblicherweise in eine Nutzen- und Anreizrhetorik eingefasst: Arme würden aus einem ökonomischen Kalkül heraus im Sozialtransfer bleiben. Deshalb müsse Wohlfahrtspolitik *anreizkompatibel* sein und die richtigen Anreize setzen, damit diese Menschen sich einen Job suchen. Gewöhnlich schlagen Ökonom*innen dann existenzbedrohlich kleingerechnete Sozialtransfers vor oder verteidigen diese. Oft wird auch die Androhung der Kürzungen dieser Transfers empfohlen (Sanktionen). Solche ökonomischen Vorschläge stehen nicht nur im Zusammenhang mit klassistischen Narrativen, sondern stehen auch deutlich im Konflikt mit dem Gebot zur Achtung der Menschenwürde. Diese ökonomische Misanthropie ist nicht nur Symptom und Moment einer sozialen (Vielfach-)Krise, sondern sie unterminiert auch das Vertrauen in einen ▷ **Wohlfahrtsstaat**, der ökologische Krisen sozial – wohlfahrtsstaatlich – abfedern soll.

Klassismus

Klassismus beschreibt negative Einstellungen gegenüber armen Menschen, denen u. a. unterstellt wird, ungesund zu leben, unbekümmert Kinder zu bekommen, diese verwahrlosen zu lassen und sich Sozialleistungen zu erschleichen.

3.3 Wohlstand abseits der Mainstreamökonomik

Auch in den Bereichen außerhalb des ▷ **ökonomischen Mainstreams** finden sich Vorstellungen von Wohlstand. Zu den entsprechenden Konzepten gehört die *sozial-ökologische Perspektive* von Adelheid Biesecker und Stefan Kesting (2003). Dabei handelt es sich um ein Konzept, das der Sozialökonomik zugerechnet werden kann, aber auch Schnittstellen zu anderen Ansätzen aufweist. Darüber, was Sozialökonomik im Detail ist, wird zwar gestritten (siehe Hedtke 2015), aber ein gemeinsamer Nenner besteht im Anspruch, Wirtschaft und Gesellschaft zusammenzudenken. Aus dem Spektrum sozioökonomischer Ansätze lässt sich die sozial-ökologische Perspektive als Konzept einordnen, das versucht, den Einfluss der Ethik – als Reflexion von Moral – zu berücksichtigen sowie dabei auch Momente der

Wirtschaftsethik, des Alt-Institutionalismus und der Feministischen Ökonomik (▶ Kap. 18) aufzugreifen. Wohlstand gilt in der sozial-ökologischen Perspektive als *die zentrale Frage* der Ökonomik. Wirtschaft besteht nach diesem Konzept aus verschiedenen Wirtschaftssphären: Marktökonomie, Versorgungsökonomie (Hauswirtschaft), Non-Profit-Ökonomie und der Staat (siehe Abbildung 3.1).

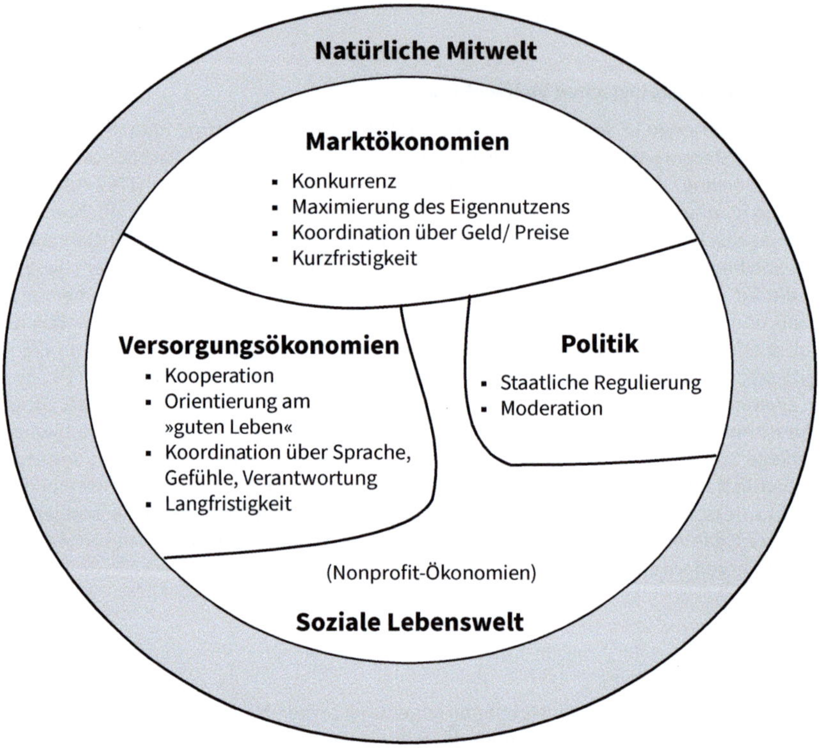

Abbildung 3.1: Wirtschaftssphären und natürliche Mitwelt. Quelle: Eigene Darstellung nach Biesecker/Kesting (2003, 13)

Damit speist sich Wohlstand nicht nur aus der Marktökonomie, sondern auch aus der Versorgungsökonomie und dem Staatswesen. Während zum Beispiel der Staat in der Mainstreamökonomik tendenziell als Störfaktor und Ursache für Wohlstandsverluste angesehen wird, gilt er in der sozial-ökologischen Perspektive als *direkter Produzent von Wohlstand*. Denn der Staat sorgt für öffentliche Daseinsvorsorge, ▹ **öffentliche Güter** usw., zu denen *alle* Menschen Zugang haben (▶ Kap. 21). Allerdings hat Wohlstand *natürliche* und *planetare Belastungsgrenzen*. Für die Entscheidung darüber, was Wohlstand sein soll, suchen Biesecker und Kesting (2003) die *Integrative Wirtschaftsethik* auf: Dort sollen alle Menschen im gemeinsamen demokratischen Austausch miteinander (Diskurs) Einigkeit darüber herstellen, worin Wohlstand eigentlich bestehen soll. Wohlstand ist nicht für alle Zeiten fest definiert. Stattdessen wird diese Definition den demokratischen Prozessen in der Gesellschaft überantwortet – und muss immer wieder überprüft werden. Damit beinhaltet die sozial-ökologische Perspektive ganz bewusst ein Moment, das es ermöglicht, ethische Fragen zum Wohlstand zu berücksichtigen (▶ Kap. 3.2.2). Zusammenfassend zeigt sich im Konzept der sozial-ökologischen Perspektive eine sozioökonomische, ethisch aufgeklärte, prozessorientierte und offene Vorstellung von Wohlstand: Sozioökonomisch heißt, dass Wohlstand nicht auf die Wirtschaftssphäre »Markt« reduziert ist; »ethisch aufgeklärt« bezieht sich darauf, sich der ethischen Fragen und Konflikte im Kontext von Wohlstand bewusst zu sein; »prozessorientiert und offen« ist diese Vorstellung, weil das Verständnis von Wohlstand dafür offenbleiben muss, was gemeinsam in einem demokratischen Prozess bestimmt, immer wieder geprüft und nötigenfalls geändert werden soll.

Das *Wirtschaftsstildenken* ließe sich ebenfalls paradigmatisch als Sozialökonomik einordnen, wird in der Literatur aber als eine eigenständige Strömung geführt (▷ **Paradigma**). Das Denken in Wirtschaftsstilen zeichnet sich dadurch aus, zu versuchen, Wirtschaft mit allen für relevant erachteten Merkmalen als »Musterbeispiele wirtschaftlichen Zusammenlebens« (Spiethoff 1971, S. 126) zu erfassen (Schefold 2015). Der Wirtschaftsstiltheoretiker Arthur Spiethoff (1873–1957) schlug für sein Stilkonzept vor, das Wirtschaften über fünf Merkmalskategorien mit insgesamt über 16 Merkmalsausprägungen zu erfassen. Dies zeugt ebenfalls davon, Wirtschaft und Gesellschaft zusammenzudenken. Zum Beispiel beinhaltet die Kategorie »Wirtschaftsgeist« die Merkmale »sittliche Zweckeinstellungen«, »seelische Antriebe» und »geistige Einstellungen». Ohne an dieser Stelle äher auf die Bedeutung dieser antiquierten Merkmalsbeschreibungen einzugehen, wird doch deutlich, dass es sich um ethisch-moralische Kategorien handelt. Damit ist das Wirtschaftsstildenken grundsätzlich in der Lage, auch jene kulturellen und moralisch-ethischen Referenzpunkte zu erfassen, die notwendig sind, um eine angemessene Vorstellung von Wohlstand zu beschreiben. Auf Basis des Wirtschaftsstildenkens wäre es dann möglich, Wohlstand als eine eigene Merkmalskategorie in einen Wirtschaftsstil aufzunehmen oder aber eigene Wohlstandsstile zu kreieren. Wohlstandsstile wären dann der Versuch, eine multidimensionale Perspektive auf Wohlstand zu entfalten. Das heißt, Wohlstand mit verschiedenen Merkmalskategorien und Merkmalen des Wirtschaftens in einer bestimmten Region, in einem bestimmten Land, zu einer bestimmten Zeit etc. zu erfassen. Allerdings handelt es sich beim Denken in Wirtschaftsstilen um eine weitgehend vergessene Strömung, die wenig praktiziert wurde, heute kaum noch existiert und praktisch in den Kinderschuhen stecken blieb.

Schließlich bietet die ▷ **Subsistenzperspektive** mit ihrer Konzentration auf die Selbsterhaltung einen interdisziplinären Zugang zum Wohlstand. Ausgangspunkt ist dort die Kritik daran, dass die Mainstreamökonomik häufig die Selbsterhaltung nicht als Wirtschaftsmotiv wahrnimmt. Zum Beispiel unterstellen Mainstreamökonom*innen den Wirtschaftsakteur*innen oft eine Nutzenmaximierung, obwohl diese keinen Nutzen aus ihrer eigenen Existenz ziehen. Aus soziologischer und feministischen Perspektive wurde mit dem *Bielefelder Subsistenzansatz* die Vernachlässigung der zur Selbsterhaltung notwendigen (kostenlosen) Hausarbeit thematisiert, kritisiert und als Perspektive weiterentwickelt (Baier 2010). Der moderne Subsistenzansatz (Thieme 2017) setzt etwas grundsätzlicher an, und zwar am Moralprinzip eines *Subsistenzrechts* (*right to subsistence*) und der Idee einer *moral economy* (Thompson 1980; Scott 1976). Damit ist gemeint, dass moralische Ansprüche existieren, an denen sich das Wirtschaften immer messen lassen muss. Subsistenz lässt sich hier als selbstbestimmtes Leben verstehen, ohne Prekarität bzw. Existenznot und mit der Möglichkeit zur Selbsthilfe. Damit lässt sich präziser zwischen den Voraussetzungen für Wohlstand (soziokulturelle Existenz) und Wohlstand als Subsistenz unterscheiden. Was Wohlstand im Detail ausmacht, das wird hier bewusst an eine ethische Erwägung geknüpft. Dementsprechend handelt es sich hier um eine subsistenzethisch fundierte Vorstellung von Wohlstand: *Erstens* ist als Voraussetzung für Wohlstand zu klären, wie die individuelle Existenz in der Gesellschaft sichergestellt wird, und *zweitens* sind dann ab diesem Punkt ethische Fragen der Verteilung und Ungleichheit zu klären (d. h.: Wem steht wie viel zu? Ab wann ist individueller Wohlstand ein Problem für die Gesellschaft? usw.).

3.4 Ausblick: Was ist also Wohlstand?

Unterschiedliche Sichtweisen auf Wirtschaft bedeuten auch einen unterschiedlichen Blick darauf, was unter Wohlstand verstanden werden kann. Dem quantitativen und dem neoquantitativen Verständnis von Wohlstand ist gemein, Wohlstand auf jene Aspekte zu reduzieren, die vermessen werden können (Reduktionismus). Andere ▷ **Paradigmen** wie die Sozialökonomik – aber auch die ▷ **Feministische Ökonomik** – greifen kritische Punkte am mainstreamökonomischen Verständnis von Wohlstand auf (z. B. den Marktzentrismus sowie die Vernachlässigung von Hausarbeit und Care) und bieten teils Lösungen dazu (▷ **Mainstreamökonomik**). Dennoch können die Vorstellungen von Wohlstand sehr abstrakt sein, sind teils widersprüchlich und in der Zusammenschau verwirrend. Daher stellt sich hier am Ende die Frage, wie eine Definition gestaltet sein kann, die Raum lässt für die *unterschiedlichen hier thematisierten Sichtweisen.* Auf Basis welcher Begriffe oder Konzepte kann man einerseits die Kritik an der Reduzierung des Wohlstands nachvollziehen, auf das BIP zur Kenntnis nehmen, aber andererseits den quantitativen BIP-Wohlstand berücksichtigen? In Anlehnung an die erwähnte subsistenzethische Perspektive – die eine Unterscheidung der Voraussetzungen für Wohlstand ermöglicht – bietet sich folgender Vorschlag an:

> Wohlstand (gutes Leben) ist eine *regulative Idee* darüber, welche Ressourcen und welcher Beitrag eines soziokulturellen, historischen Lebensumfelds notwendig sind, um *erstens* die absoluten Lebensnotwendigkeiten zu sichern und eine soziokulturelle Existenz in der Gesellschaft zu garantieren und *zweitens* darüber hinaus ein selbstbestimmtes Leben zu führen, d. h. ohne Existenznot und mit Möglichkeiten zur Selbsthilfe.

Die Vorstellung von Wohlstand besteht also nicht nur im guten Leben als ein selbstbestimmtes Leben, sondern umfasst auch die Voraussetzungen dafür (Existenzsicherung). Auf diese Voraussetzungen für Wohlstand konzentriert sich üblicherweise das, was in ökonomischen Lehrbüchern als ▷ **Wohlfahrtsstaat** – Sozialstaat – thematisiert wird. Mit Ressourcen sind hier jene finanziellen, materiellen, immateriellen, persönlichen, natürlichen usw. Mittel gemeint, die bestimmten Zwecken dienen, nämlich der Existenzsicherung und der Ermöglichung eines guten Lebens. Wer das BIP als Indikator für Wohlstand heranzieht, blickt also auf die materiellen und finanziellen Ressourcen, aus denen sich Wohlstand speist. Ein sozioökonomischer und wirtschaftsethischer Blick würde darüber hinausgehend auch immaterielle Faktoren (unbezahlte Hausarbeit, Freizeit, Zuneigung und Liebe) und das soziokulturelle, historische Lebensumfeld berücksichtigen. Das soziokulturelle, historische Lebensumfeld umfasst die Möglichkeiten, die einen Beitrag zur Existenzsicherung und zum guten Leben leisten (sozialstaatliche Ansprüche, Natur usw.). Außerdem sind dort jene kulturell bedingten ethischen Grundlagen zu finden, die bestimmen, was Wohlstand im Detail ist, was als eine Ressource gelten kann und wie sich Wohlstand mit welcher ethischen und politischen Legitimität festlegen lässt. Die Frage dieses Kapitels, was Wohlstand ist, lässt sich also *allgemein* dadurch beantworten, dass betrachtet wird, welche Ressourcen und welche Aspekte des Lebensumfelds – je nach Sichtweise oder Paradigma – als relevant erachtet werden, um die Existenz zu sichern und ein gutes Leben zu ermöglichen. Um angemessen über Wohlstand sprechen zu können, ist es aber notwendig, die damit verbundenen ethischen Aspekte und Fragen – sozialstaatliche Ansprüche, Moralprinzipien (*right to subsistence*) usw. – zu berücksichtigen. Denn Wohlstand ist eine wertende und damit eine zutiefst ethische Fragestellung.

Regulative Ideen

Regulative Ideen sind solche Ideen, die als Ideal eine Handlungsorientierung geben, aber im Bewusstsein, dass dieses Ideal unter realen Umständen niemals vollständig umgesetzt werden kann.

Literaturempfehlungen

Baier, Andrea (2010): Subsistenzansatz: Von der Hausarbeitsdebatte zur »Bielefelder Subsistenzperspektive«. In: Becker, Ruth/Kortendiek, Beate (Hrsg.): Handbuch Frauen- und Geschlechterforschung. 3. Aufl., Wiesbaden, S. 75–80.

Biesecker, Adelheid/Kesting, Stefan (2003): Mikroökonomik. Eine Einführung aus sozial-ökologischer Perspektive. Berlin/Boston.

Hedtke, Reinhold (Hrsg.) (2015): Was ist und wozu Sozioökonomie? Wiesbaden.

Schefold, Bertram (2015): Wirtschaftsstile. Teil 1: Studien zum Verhältnis von Ökonomie und Kultur. Frankfurt am Main.

Scott, James C. (1976): The moral economy of the peasant. Rebellion and subsistence in Southeast Asia. New Haven.

Smith, Adam (1789): Der Wohlstand der Nationen. Gekürzte Ausgabe der Übersetzung von Horst Claus Recktenwald; 2018. Hg. von Georg von Wallwitz. München.

Spiethoff, Arthur (1971): Die Allgemeine Volkswirtschaftslehre als geschichtliche Theorie. Die Wirtschaftsstile (1932). In: Schachtschnabel, Hans (Hrsg.): Wirtschaftsstufen und Wirtschaftsordnungen. Darmstadt, S. 123–155.

Thieme, Sebastian (2017): Menschengerechtes Wirtschaften? Subsistenzethische Perspektiven auf die katholische Sozialethik, feministische Ökonomik und Gesellschaftspolitik. Opladen/Berlin/Toronto.

Thompson, Edward P. (1980): Die ›moralische Ökonomie‹ der englischen Unterschichten im 18. Jahrhundert. In: Thompson, Edward P. (Hg.): Plebeische Kultur und moralische Ökonomie. Frankfurt am Main, Berlin, Wien, S. 66–130.

Varian, Hal R. (2016): Grundzüge der Mikroökonomik. 9. Aufl., Berlin/Boston.

Online-Ressourcen

Konzeptwerk Neue Ökonomie, Zeitwohlstand. Wie wir anders arbeiten, nachhaltig wirtschaften und besser leben, https://www.oekom.de/buch/zeitwohlstand-9783865814760

OECD, Better Life Index. https://www.oecd.org/en/data/tools/oecd-better-life-index.html

Exploring Economics, Schlagwort-Suche »Wohlstand«, https://www.exploring-economics.org/de/search/?q=wohlstand

4 Was ist Wachstum?

Claudius Gräbner-Radkowitsch und Matthias Schmelzer

Für die einen ist es die Wurzel allen Übels, für die anderen unverzichtbar für die Lösung zentraler wirtschaftlicher und gesellschaftlicher Probleme: Wachstum ist nicht nur ein Schlüsselbegriff der ▹ **Wirtschaftswissenschaften**, es erscheint regelmäßig auf den Titelseiten der Zeitungen, prägt ökonomische Analysen und spielt in fast jedem Wahlkampf eine zentrale Rolle – unabhängig von Landesgrenzen oder politischen Spektren. Und es scheint nahezu undenkbar, über wirtschaftliche Themen zu sprechen, ohne das prominenteste wirtschaftswissenschaftliche Maß für Wachstum zu erwähnen, das ▹ **Bruttoinlandsprodukt (BIP)**.

Die Frage, wie Wachstum gemessen, analysiert, modelliert und gesteuert werden kann, zählt zu den zentralen Themen der wirtschaftswissenschaftlichen Forschung. Dabei zeigen sich deutliche Unterschiede und Kontroversen zwischen verschiedenen ökonomischen Paradigmen. Diese Debatten sind deshalb so bedeutsam, weil Wachstum seit Mitte des 20. Jahrhunderts zum zentralen Ziel der Wirtschaftspolitik avanciert ist und bis heute den politischen Diskurs sowie zahlreiche gesellschaftliche Bereiche prägt.

Aller wissenschaftlichen Kontroversen zum Trotz wird der öffentliche Diskurs klar von der Vorstellung dominiert, dass Wachstum notwendig, wünschenswert und theoretisch unendlich möglich sei. Wachstum wird von vielen als Allheilmittel für zahlreiche gesellschaftliche Herausforderungen betrachtet und gilt als universeller Maßstab für Ziele wie Wohlstand, Fortschritt und nationale Souveränität (Schmelzer 2016). Repräsentativ für diese dominante Vorstellung von Wachstum ist das folgende Zitat aus einer Rede der damaligen Bundeskanzlerin Angela Merkel im Jahr 2009, kurz nach dem Höhepunkt der Weltwirtschaftskrise:

> »Ohne Wachstum keine Investitionen, ohne Wachstum keine Arbeitsplätze, ohne Wachstum keine Gelder für die Bildung, ohne Wachstum keine Hilfe für die Schwachen. Und umgekehrt: Mit Wachstum Investitionen, Arbeitsplätze, Gelder für die Bildung, Hilfe für die Schwachen und – am wichtigsten – Vertrauen bei den Menschen.«

Eine solche Vorstellung ist, wie oben beschrieben, aber nicht nur für konservative Parteien charakteristisch. Auch Robert Habeck, Kanzlerkandidat der Grünen im Jahr 2025, betont zum Beispiel: »Zu sagen, wir verzichten auf die Idee von Wachstum, würde bedeuten, wir verzichten auf die Idee von Fortschritt.«

Trotz der allgegenwärtigen Präsenz des Wachstumsbegriffs bleiben seine genaue Bedeutung und seine historische Genese oft im Dunkeln. Das führt oft zu Missverständnissen. So wird ökonomisches Wachstum regelmäßig mit dem Wachstum des BIPs als der wirkmächtigsten Maßzahl für die Messung wirtschaftlicher Aktivität gleichgesetzt. Allerdings ist Wachstum ein deutlich breiteres Phänomen, genauso wie die Kritik am BIP zwar wichtig, die Kritik am Wachstum aber deutlich breiter ist (siehe dazu Schmelzer 2023).

Um sich in diesen Diskussionen klar positionieren zu können, ist ein fundiertes Verständnis des Wachstumsbegriffs eine wichtige Voraussetzung. Dabei stellen sich grundlegende Fragen: Was genau nimmt zu, wenn die Wirtschaft wächst? Was wird dabei sichtbar und was bleibt im Verborgenen? Welche kausalen Mechanismen erklären das Wachstum? Und warum hat Wachstum eine so starke politische Bedeutung? Das folgende Kapitel nähert sich diesen

Fragen wie folgt: Zunächst beschreiben wir die historischen Ursprünge der aktuell dominanten Vorstellung von Wachstum und die damit verbundenen spezifischen Messmethoden. Anschließend stellen wir die sehr unterschiedlichen Perspektiven von drei wirtschaftswissenschaftlichen Paradigmen vergleichend vor.

4.1 Wie Wachstum zum Symbol nationalen Erfolgs wurde

Das Wachstumsparadigma – die Idee, dass Wachstum wünschenswert, notwendig und unendlich möglich ist – gilt als eine der wichtigsten Ideen des 20. Jahrhunderts, vor allem, weil das von Wachstum angetriebene soziale und wirtschaftliche System das menschliche Leben und den Planeten irreversibel verändert. Sowohl der massive Anstieg von Wohlstand in Teilen der Welt als auch das Überschreiten planetarer Belastungsgrenzen, etwa die Klima- und Biodiversitätskrise, sind eng mit der seit den 1950er Jahren anhaltenden »großen Beschleunigung« verbunden. Dies zeigt sich beispielhaft in Abbildung 4.1, die auch die Zunahme der Nutzung des Wortes »Wirtschaftswachstum« im wissenschaftlichen und gesellschaftlichen Diskurs illustriert. Das verdeutlicht, warum häufig vom »growthocene«, dem Zeitalter des Wachstums, gesprochen wird. Inwiefern es dabei Grenzen für Wirtschaftswachstum gibt (oder geben sollte), darüber wird seit über fünf Jahrzehnten kontrovers unter der Überschrift »Grenzen des Wachstums« diskutiert (siehe Kasten unten).

Große Beschleunigung

Ein Konzept, das den parallel verlaufenden exponentiellen Anstieg verschiedener Erdsystemtrends wie CO_2-Emissionen, sowie verschiedener sozioökonomischer Trends wie BIP seit etwa 1950 beschreibt.

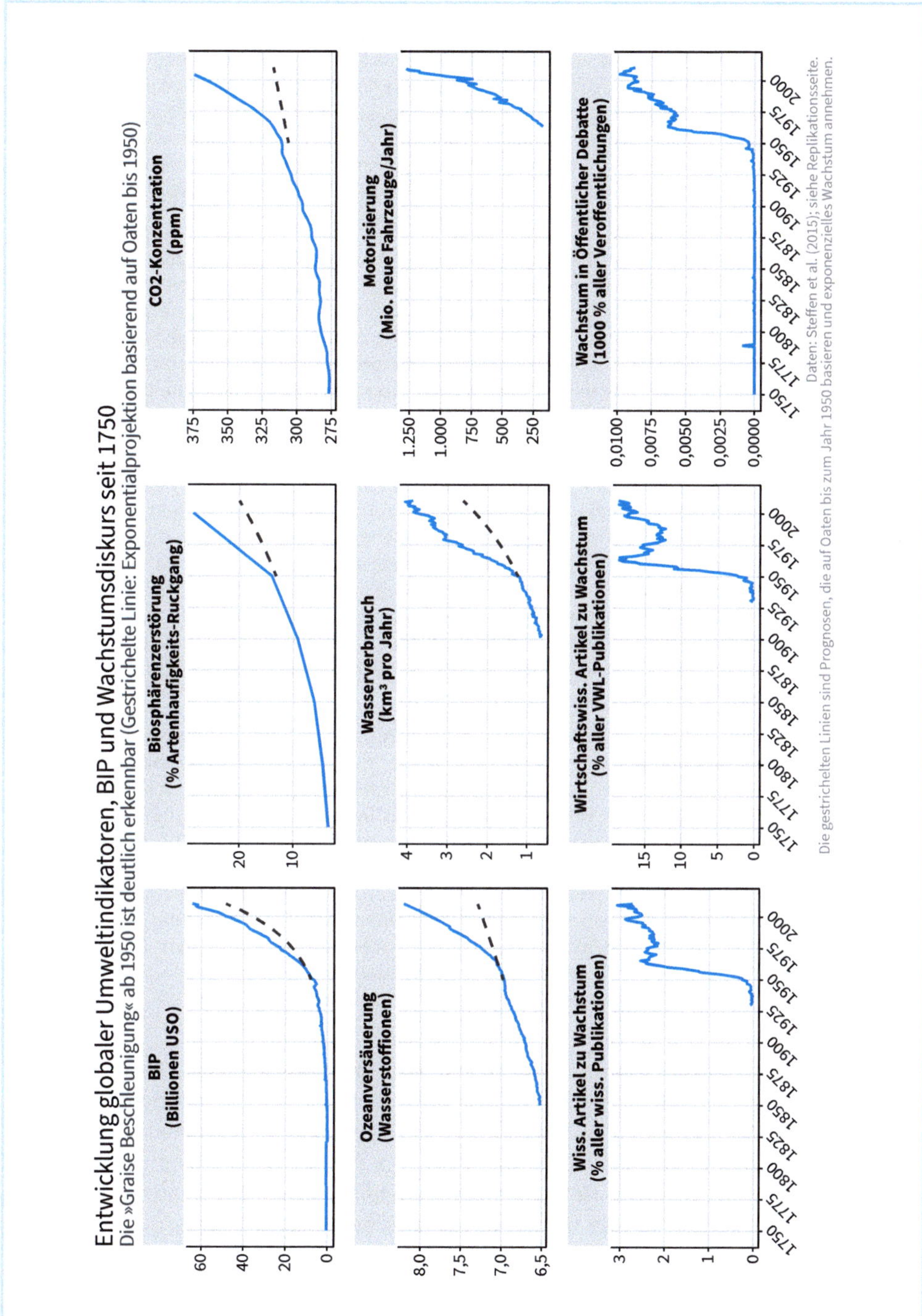

Abbildung 4.1: Eine Auswahl von Dynamiken, die die »Große Beschleunigung« und die Bedeutung des Wachstums illustrieren. Replikationsmaterial: https://wasistwachstum-beschleunigung.netlify.app/

Bezug zur sozial-ökologischen Vielfachkrise

Eine zentrale Kontroverse in den ▷ **Wirtschaftswissenschaften**, die mindestens seit den 1970er Jahren intensiv diskutiert wird, dreht sich um folgende Frage: Ist dauerhaftes Wirtschaftswachstum mit ökologischer Nachhaltigkeit vereinbar (▶ Kap. 5, ▶ Kap. 7)? Diese Debatte spiegelt die unterschiedlichen Grundannahmen verschiedener ökonomischer Paradigmen wider. Das Green-Growth-Konzept beruht auf der Vorstellung, dass Wachstum sowohl für Umweltschutz als auch zur Lösung sozialer Probleme wie Armut und Ungleichheit notwendig ist. Es wird vorwiegend in der ▷ **Mainstreamökonomik** und im ▷ **Postkeynesianismus** vertreten.

Anhänger*innen des grünen Wachstums vertreten die Position, dass mit den richtigen institutionellen Rahmenbedingungen eine ausreichende absolute Entkopplung von Wirtschaftswachstum und Umweltbelastungen realistisch und ökologisch nachhaltiges Wachstum daher möglich und nötig ist. Sie argumentieren, dass innovative Technologien bei entsprechenden Anreizen rasant skaliert werden können, wie historische Beispiele wie der Aufbau von Elektrizitätsinfrastruktur oder die Verbreitung von Autos zeigen. Sie betonen, dass Wirtschaftswachstum für die Finanzierung des ökologischen Umbaus notwendig ist und dass Preissignale (wie CO_2-Steuern) und Regulierungen Märkte in nachhaltige Bahnen lenken können.

Wachstumskritische Ansätze wie ▷ **Degrowth** oder die Postwachstumsökonomik, die eher in der ▷ **Feministischen und** ▷ **Ökologischen Ökonomik** diskutiert werden, bezweifeln die Möglichkeit einer ausreichenden Entkopplung. Sie fordern umfassende Nachhaltigkeitspolitiken jenseits des Wachstums, die auf Wachstumsunabhängigkeit abzielen und teilweise auch mit einer demokratisch gesteuerten Reduktion wirtschaftlicher Aktivitäten in wohlhabenden Ländern einhergehen. Vertreter*innen dieser Position argumentieren, dass die Vergangenheit zeige, dass Entkopplung unzureichend und zu langsam für die Dringlichkeit der Klimakrisen war und dass nur eine Reduktion wirtschaftlicher Aktivitäten die notwendige schnelle Senkung des Ressourcenverbrauchs gewährleisten kann.

Aktuell bleibt die Debatte vor allem deshalb ungelöst, weil sich die zentralen Aussagen beider Positionen auf zukünftige Entwicklungen beziehen, die nicht durch gegenwärtige Beobachtungen eindeutig vorhergesagt werden können. Die unterschiedliche Gewichtung historischer Erfahrungen spielt dabei eine wichtige Rolle: Degrowth-Befürworter*innen betonen die bisher unzureichende Entkopplung, während Green-Growth-Vertreter*innen auf das Potenzial institutioneller Veränderungen für die Zukunft verweisen. Auch der Zeitfaktor und Fragen globaler Gerechtigkeit sind entscheidend: Degrowth-Anhänger*innen argumentieren, dass die erforderliche Reduktion von Umweltschäden so rasch erfolgen muss, dass nur eine unmittelbare Verringerung der Wirtschaftsaktivitäten im ▷ **Globalen Norden** den nötigen Effekt haben kann. Green-Growth-Befürworter*innen bezweifeln hingegen, ob eine so tiefgreifende systemische Transformation wie von Degrowth gefordert überhaupt schneller umsetzbar ist als technologische Innovationen.

Im Kern geht es beim Wachstumsparadigma und den Kontroversen um die Frage, ob Wachstum – in der Regel gemessen als Anstieg des ▷ **BIP** – zentral für den gesellschaftlichen Fortschritt ist und daher Ziel von Wirtschaftspolitik sein sollte. Auch das prominente wirtschaftswissenschaftliche Einführungsbuch von Mankiw/Taylor (2024, S. 709) betont: »die Höhe des realen BIP [stellt] ein geeignetes Maß für den wirtschaftlichen Wohlstand und das Wachstum des realen BIP ein geeignetes Maß für den wirtschaftlichen Fortschritt dar.«

Mankiw und Taylor räumen zwar ein, dass das BIP »kein perfektes Maß für den Wohlstand« ist und »einige Faktoren, die zu einem guten Leben beitragen, […] nicht berücksichtigt« (Mankiw/Taylor 2024, S. 684), aber trotzdem spielt das BIP als zentrale Messgröße eine entscheidende Rolle, und zwar nicht nur in dem von Mankiw und Taylor vornehmlich eingeführten ökonomischen Mainstream, sondern auch in vielen anderen ökonomischen Paradigmen.

Aber wie wurde das BIP zu der vielleicht wirkmächtigsten Zahl der Welt, und damit Wachstum zum maßgeblichen gesellschaftlichen Ziel? Erste Überlegungen zur Messung wirtschaftlicher Aktivität finden sich im 17. Jahrhundert. Diese Beiträge waren ganz offen politisch. So wollte William Petty (1623–1687) zum Beispiel mit seinen Berechnungen zeigen, dass die Arbeiterklasse im Vergleich zu Landeigentümer*innen wie ihm einen hohen wirtschaftlichen Wert schaffte – und entsprechend höher besteuert werden sollte. Das BIP, wie wir es heute kennen, entstand aus Arbeiten während des Zweiten Weltkriegs, die vor allem die Quantifizierung von Kriegsproduktion und der entsprechenden Steuerung der Wirtschaft zum Ziel hatten. Als politische Zielgröße wurde Wachstum das erste Mal im US-amerikanischen Wahlkampf von 1938 erwähnt. Allerdings stand das Thema bis zu Beginn der Nachkriegszeit noch nicht im Vordergrund politischer Diskussionen. Stattdessen dominierten Themen wie Vollbeschäftigung, Stabilität und Wiederaufbau. Doch bald wurde Wachstum im Kontext der Dekolonialisierung und des Kalten Krieges zu einem globalen Politikziel. Ab Mitte der 1950er Jahre war ökonomische Expansion in den kapitalistischen (▷ **Kapitalismus**) Industrieländern der Maßstab für Fortschritt (▶ Kap. 3). Länder konkurrierten nicht mehr nur in Bezug auf gesellschaftliche Gleichheit, Wohlergehen, Arbeitsplätze oder nationale Größe, sondern auch hinsichtlich der Menge an produzierten Gütern und Dienstleistungen.

Dekolonialisierung

Die Dekolonialisierung ist ein Prozess der Abschaffung formeller kolonialer Herrschaftsformen und Überwindung kolonialer Strukturen und Denkweisen. Ein fortlaufender und widersprüchlicher Prozess, der auch mit Formen neokolonialer Ausbeutung einhergeht.

Obwohl das BIP bis heute als objektives und universelles Instrument präsentiert und damit Wachstum als Ziel legitimiert wird, zeigt die Geschichte dieses internationalen statistischen Standards, dass es zahlreiche Annahmen und Ausschlüsse enthält. Ganz grundsätzlich setzt jede Vorstellung von Wachstum eine Definition dessen voraus, was genau wächst. Wirtschaftswachstum erfordert eine präzise Bestimmung dessen, was »die Wirtschaft« ist und wie diese gemessen werden kann – und obwohl dies auf den ersten Blick selbstverständlich erscheinen mag, hat sich dieses Verständnis im Laufe der Geschichte grundlegend verändert (▶ Kap. 1, ▶ Kap. 2).

Externalität

Unter Externalität versteht man Effekte von ökonomischen Entscheidungen, die von an der Entscheidung unbeteiligten Dritten getragen werden.

So lassen sich die meisten der heutigen Kontroversen über das BIP bis in die 1940er und 1950er Jahre zurückverfolgen, als das BIP in seiner heutigen Form entstand. Interessanterweise lehnten viele führende Ökonom*innen Mitte des 20. Jahrhunderts ab, das BIP als Wohlstandsmaß und für internationale Vergleiche zu verwenden. Bereits damals gab es zahlreiche Debatten über die Messung von Externalitäten, unbezahlte Hausarbeit und Subsistenz (▶ Kap. 16). Trotz dieser wissenschaftlichen Kontroversen standardisierten Regierungen und internationale Organisationen, die auf vergleichbare Statistiken angewiesen waren, diese Messung. Sie setzten so eine Version des BIP, das sich als Summe des Marktwerts aller in einem bestimmten Zeitraum und Land produzierten Waren und Dienstleistungen versteht, als globalen Standard durch (Schmelzer 2016). Diesem Maß liegt eine neue Konzeptualisierung »der Ökonomie« als ein in sich geschlossenes System von Geldströmen zugrunde, das die Beziehungen zwischen Produktion, Verteilung und Konsum innerhalb nationaler Grenzen definiert. Sie löste ältere Sichtweisen ab, in denen ökonomische Prozesse als physikalische Stoff- und Energieströme betrachtet wurden. Diese physische Konzeptualisierung von Wirtschaft implizierte auch physische Grenzen des Wachstums – die Endlichkeit von Land oder Ressourcen galten weithin als Hindernis für kontinuierliche Expansion (▶ Kap. 13). Das BIP dagegen misst den Wert von Gütern und Dienstleistungen anhand ihres (ggf. geschätzten) Markwertes, also in monetären Größen. Dies kann zu der Wahrnehmung führen, dass unbegrenztes BIP-Wachstum leicht und ohne physische oder territoriale Grenzen möglich sei (siehe Kasten unten). Es stellt somit die Basis des Wachstumsparadigmas dar, das sich seit den 1950er Jahren zum zentralen Ziel von Politik auf der ganzen Welt durchsetzte.

Subsistenz

Die Subsistenz ist eine Form des Wirtschaftens, bei der Menschen vorrangig für den eigenen Bedarf produzieren, nicht mit dem Ziel, die Produkte auf einem Markt weiterzuverkaufen.

4.2 Wachstum in drei ökonomischen Paradigmen

Im Folgenden nähern wir uns der Frage »Was ist Wachstum?« aus der Perspektive von drei unterschiedlichen Paradigmen an: der ▹ **Mainstreamökonomik**, des ▹ **Postkeynesianismus** und der ▹ **Ökologischen Ökonomik**. Neben der ▹ **Feministischen Ökonomik**, die in anderen Kapiteln ausführlich behandelt wird (▶ Kap. 7, ▶ Kap. 16), stellen diese Paradigmen sehr unterschiedliche Aspekte von Wachstum ins Zentrum und eignen sich daher besonders für eine pluralökonomische Einführung in das Thema. Um die zentralen Denkweisen der Paradigmen einzuführen, fokussieren wir uns auf zwei Aspekte: das grundlegende Verständnis von Wachstum und die zentralen Wachstumsmechanismen.

4.2.1 Drei Verständnisse von Wachstum

Im ökonomischen Mainstream wird »bei der Analyse des Wirtschaftswachstums [...] in der Regel auf das Pro-Kopf-Einkommen einer Volkswirtschaft zurück [gegriffen]« (Mankiw/Taylor 2024, S. 709). Diese direkte Referenz auf das BIP führt zu einem sehr engen Wachstumsverständnis. So enthält das BIP beispielsweise nur solche Güter und Dienstleistungen, die über Märkte gehandelt werden. Ausgeschlossen wird so unter anderem die Pflege von kranken oder alten Menschen und Kindern innerhalb der Familie. Freizeitaktivitäten, wie ehrenamtliche Arbeit, Sport, Musik, Kunst oder Zeit mit unseren Lieben, werden nicht berücksichtigt, genauso wenig wie die Qualität der Umwelt und ihre Fähigkeit, sich selbst zu reproduzieren (▶ Kap. 7). Und auch die Verteilung des Reichtums einer Gesellschaft wird im BIP nicht abgebildet (▶ Kap. 17).

Aber wieso ist das BIP dann gerade, aber nicht nur, im Mainstream weiterhin »die wichtigste makroökonomische Kenngröße« (Mankiw/Taylor 2024, S. 669) und warum bleibt es »üblich, das BIP als ein Maß für die ökonomische Wohlfahrt eines Landes zu verwenden?« (Mankiw/Taylor 2024, S. 684) (▷ **Makroökonomik**). Die klassische Antwort ist: »Das BIP misst zwar nicht direkt die Dinge, die das Leben lebenswert machen, aber es misst unsere Fähigkeit, die Voraussetzungen für ein lebenswertes Leben zu erlangen« (Mankiw/Taylor 2024, S. 684). Wie wir weiter unten sehen werden, unterscheidet die Befürwortung dieser Aussage die meisten Mainstream-Ökonom*innen radikal von Anhänger*innen von Paradigmen wie der Feministischen oder Ökologischen Ökonomik. Mainstream-Ökonom*innen rechtfertigen ihren Standpunkt in der Regel mit dem oft starken positiven Zusammenhang zwischen dem Pro-Kopf-BIP und spezifischeren Messgrößen, die Aspekte des Wohlbefindens direkter erfassen, wie Lebenserwartung, durchschnittliche Schulbildung oder angegebene Lebenszufriedenheit (obwohl es eine wichtige Debatte über die Gültigkeit und Relevanz dieser Zusammenhänge gibt).

Das Verständnis von Wachstum in der Postkeynesianischen Ökonomik weist sowohl Ähnlichkeiten als auch wichtige Unterschiede zum ökonomischen Mainstream auf. So orientiert sich dieses ▷ **Paradigma** ebenfalls stark am BIP. Aber bei der Frage, welche Faktoren Wachstum erklären und wie Wachstum befördert werden kann, gibt es grundsätzliche Unterschiede: Im ökonomischen Mainstream steht das Wachstum des gesamtwirtschaftlichen Angebots im Zentrum (siehe auch ▶ Kap. 4.2.2). Im Unterschied dazu vertritt die Postkeynesianische Ökonomik eine *nachfrageorientierte* Perspektive auf das Wirtschaftswachstum. Die zentrale Rolle spielt hier die gesamtwirtschaftliche Nachfrage – also die Ausgaben von Haushalten, Unternehmen und Regierungen. Zudem sind Postkeynesianische Ökonom*innen zum einen deutlich skeptischer, was den gesellschaftlichen Nutzen freier Märkte angeht, zum anderen spielt im Postkeynesianismus die Einkommensverteilung eine wichtige Rolle bei der Erklärung der Nachfrage von Haushalten. In der Konsequenz schreiben Postkeynesianer*innen dem Staat eine zentralere und aktivere Rolle bei der Förderung von Wachstum zu als das im ökonomischen Mainstream der Fall ist (▶ Kap. 21).

Darüber hinaus stellt die Postkeynesianische Ökonomik einige zentrale Annahmen der Mainstreamökonomik infrage: Während Mainstream-Modelle oft von rationalen Individuen ausgehen (siehe beispielsweise Mankiws drittes »Prinzip«, nach dem rational entscheidende Menschen in Grenzbegriffen denken), betonen Postkeynesianer*innen die fundamentale Unsicherheit, der sich Menschen bei wirtschaftlichen Entscheidungen ausgesetzt sehen und die Rolle von Institutionen und deren Einflüsse auf wirtschaftliche Entscheidungen und Dynamiken. Tatsächlich wird Wachstum hier als von Natur aus instabil angesehen, da es von Erwartungen über die Zukunft abhängt – wie beispielsweise dem Vertrauen der Unternehmen, dass sich Investitionen lohnen werden. Und im Gegensatz zur Mainstreamökonomik, die mit dem Konzept der rationalen Erwartungen arbeitet, geht die Postkeynesianische Ökonomik davon aus, dass Erwartungen gerade nicht rational sein können: aufgrund fundamentaler Unsicherheit entstehen Erwartungen eher aus Denkgewohnheiten und Faustregeln. In der Folge wird Wachstum als instabiler angesehen.

Dieser unterschiedliche analytische Zugang führt auch dazu, dass Risiken im Zusammenhang mit Wachstum in der Postkeynesianischen Ökonomik stärker thematisiert werden, insbesondere die Gefahr, dass unkontrolliertes Wachstum zu finanzieller Instabilität führen oder Ungleichheiten verschärfen kann. Nichtsdestotrotz ist Wachstum in weiten Teilen der Postkeynesianischen Ökonomik positiv konnotiert.

Insofern können wir feststellen, dass obgleich sich die Mainstream- und die Postkeynesianische Ökonomik in der Frage der Wachstumstheorie, der politischen Implikationen für

Wachstumspolitik und der Rolle des Staates deutlich unterscheiden, beide eine eher enge Sichtweise auf Wachstum als Zunahme des realen BIP in der Praxis weitgehend teilen. Auch wenn beide Paradigmen die Grenzen des BIP als Wachstumsmaß prinzipiell anerkennen, bleibt das BIP ein zentraler Leitindikator.

Die Ökologische Ökonomik (die nicht mit der eher neoklassisch geprägten ▹ **Umweltökonomik** verwechselt werden sollte) stellt das traditionelle Verständnis von Wirtschaftswachstum fundamental infrage (▹ **Neoklassik**). Sie betont, dass »die Wirtschaft« von den endlichen Ressourcen und Systemen des Planeten abhängt und wirtschaftliche Aktivitäten daher innerhalb planetarer Grenzen stattfinden müssen. Ein zentrales Konzept ist in diesem Zusammenhang der ökonomische ▹ **Metabolismus**, d.h. die Art und Weise, wie eine Wirtschaft Ressourcen, Energie und Rohstoffe in Güter und Dienstleistungen umwandelt (▶ Kap. 7). Genauso wie ein Organismus Nahrung und Energie braucht, um zu wachsen und zu funktionieren, braucht auch eine Volkswirtschaft ▹ **natürliche Ressourcen** und Energie. Ökonomische Aktivitäten erzeugen dabei jedoch auch Abfälle wie Umweltverschmutzung oder Müll. Der ökonomische Metabolismus hilft der Ökologischen Ökonomik dabei, zu untersuchen, wie viele Ressourcen bestimmte ökonomische Aktivitäten der Natur entnehmen, wie effizient diese genutzt werden und welche Art von Abfall und Schadstoffen sie hinterlassen (▹ **Effizienz**). Damit bekommen mögliche physikalische Grenzen des Wachstums automatisch eine zentrale Rolle in der Analyse, da die Gefahr der Überbeanspruchung natürlicher Ressourcen oder Senken für Verschmutzung unmittelbar Teil jeder Analyse sind.

Dieser Fokus hat auch Implikationen für die zentralen Messzahlen für Wachstum: Das BIP ist zwar auch für die Ökologische Ökonomik wichtig, es hat aber nicht die zentrale Bedeutung wie in der Postkeynesianischen Ökonomik oder dem Mainstream. Vielmehr wird es häufig im Zusammenhang mit Indikatoren für Ressourcenverbrauch, wie zum Beispiel dem ökologischen Fußabdruck oder Materialflüssen, verwendet. Auch bei der Interpretation des BIP als Wohlstandsindikator zeigen sich ökologische Ökonom*innen deutlich zurückhaltender, insbesondere vor dem Hintergrund, dass das Wachstum vom BIP in der Vergangenheit sehr stark mit einer stärkeren Belastung der Umwelt und einer Reduktion der Biodiversität einherging. Entsprechend skeptisch stehen sie der Idee von dauerhaftem Wirtschaftswachstum gegenüber, da eine dafür notwendige ausreichende Entkopplung von Wachstum und Umweltschäden von vielen ökologischen Ökonom*innen als unrealistisch angesehen wird – anders als von den meisten Mainstream-Ökonom*innen (siehe Kasten »Bezug zur sozial-ökologischen Vielfachkrise«). Hier finden sich zahlreiche Bezugspunkte zur ▹ **Feministischen Ökonomik**: Neben der feministischen Kritik am BIP gibt es seit den 1980er Jahren einen Debattenstrang, der unter dem Begriff des Ökofeminismus oder der Feministisch-Ökologischen Ökonomik die beiden Paradigmen stärker zusammenbringt und die Parallelität der Unsichtbarmachung und Entwertung von ökologischer und sozialer Reproduktion thematisiert (▶ Kap. 7, ▶ Kap. 16) und damit vorherige Engstellen der ökologischen Ökonomik adressiert.

Ökologischer Fußabdruck

Der ökologische Fußabdruck ist ein Maß zur Berechnung der ökologisch wertvollen Fläche (Land und Wasser), die ein Mensch, eine Aktivität oder eine Bevölkerung benötigt, um Ressourcen zu produzieren und Abfälle zu absorbieren.

4.2.2 Drei Perspektiven auf Wachstumsmechanismen

In der Mainstreamökonomik wird Wirtschaftswachstum in erster Linie durch angebotsseitige Faktoren bestimmt. Das bedeutet, dass die Wirtschaft wächst, wenn die Produktionsfaktoren – wie Arbeit und Kapital – zunehmen oder wenn diese Faktoren aufgrund des technologischen Fortschritts effizienter genutzt werden. Analytisch wird dieser Zusammenhang in der Regel durch eine ▹ **Produktionsfunktion** beschrieben. Diese Funktionen setzen die Wirtschaftsleistung (in der Regel als Y bezeichnet) in Beziehung zu Inputs wie Arbeit (L) (▶ Kap. 12), ▹ **Sachkapital** (K), ▹ **Humankapital** (H), ▹ **Naturkapital** (N) oder der totalen Faktorproduktivität (A). In der Praxis wird am häufigsten die *Cobb-Douglas-Produktionsfunktion verwendet:* $Y = AL^{\beta}K^{1-\beta}$, wobei β ein Parameter für die relative Bedeutung des Produktionsfaktors Arbeit ist.

Totale Faktorproduktivität

Die Totale Faktorproduktivität ist die Kennzahl, welche die Produktivität sämtlicher Produktionsfaktoren (wie Arbeit, Kapital, Bildung) unter Berücksichtigung des technischen Fortschritts angibt.

Aus dieser Perspektive wird deutlich, warum Mainstream-Ökonom*innen technologischen Wandel (der in der Produktionsfunktion mit einem Wachstum von A korrespondiert) als so wichtig für Wirtschaft und Umwelt und damit als zentral für die Bewältigung der Umweltkrisen betrachten: Innovation ermöglicht es Unternehmen, mit denselben Ressourcen mehr zu produzieren bzw. Umweltbelastung zu verringern und gleichzeitig den Output aufrechterhalten oder zu steigern. Effizienzsteigerungen ermöglichen, ökologische Probleme bei gleichzeitigem Wirtschaftswachstum zu adressieren (▶ Kap. 14).

Märkte und Preise spielen in der Mainstreamökonomik eine zentrale Rolle als Mechanismen zur effizienten Allokation von Ressourcen und damit als Treiber ökonomischen Wachstums. Preise signalisieren Knappheit oder Überschüsse und leiten Unternehmen und Verbraucher*innen dazu an, ihr Verhalten anzupassen. So könnten beispielsweise steigende Energiepreise während der Klimakrise Unternehmen dazu veranlassen, in sauberere Technologien zu investieren, oder Einzelpersonen dazu, ihren Energieverbrauch zu senken, wodurch ein »grüneres Wachstum« gefördert würde. Neben Märkten stehen im Mainstream Unternehmen und Haushalte als zentrale Akteure im Mittelpunkt, denn deren Entscheidungen über Produktion, Konsum und Investitionen bestimmen die Wirtschaftstätigkeit und damit das Wachstum. Auch Regierungen spielen eine Rolle, werden jedoch oft als sekundäre Akteure betrachtet, deren Hauptaufgabe darin besteht, Rahmenbedingungen (wie stabile Institutionen und ▹ **Eigentumsrechte**) zu schaffen, die ein effizientes Funktionieren der Märkte und damit dauerhaftes Wachstum ermöglichen. Kritiker halten diesen Fokus auf Märkte für problematisch, unter anderem weil Preise oft nicht alle mit wirtschaftlichen Aktivitäten verbundenen Umweltkosten widerspiegeln (können), aber auch weil bei einem Fokus auf Märkte nicht marktbezogene (oder »kommodifizierte«, also warenförmige) Faktoren – wie unbezahlte Arbeit oder ökologische Grenzen – übersehen werden.

Kommodifizierung

Die Kommodifizierung beschreibt den Prozess, durch den Dinge, Tätigkeiten oder Aspekte des Lebens, die zuvor nicht marktförmig waren, in handelbare Waren umgewandelt werden.

Die Postkeynesianische Ökonomik sieht Wachstum in erster Linie als von nachfrageseitigen Faktoren getrieben – der umverteilende und intervenierende Staat spielt daher eine größere Rolle. Die Wirtschaft wächst, wenn Haushalte, Unternehmen und Regierungen ihre Ausgaben erhöhen, wodurch die Gesamtnachfrage steigt und die Produktion angekurbelt wird. Daher kann gerade während einer Krise das Wachstum durch eine Umverteilung des Einkommens an einkommensschwächere Gruppen unterstützt werden, da diese tendenziell einen größeren Teil ihres Einkommens ausgeben und so die Nachfrage ankurbeln. In diesem Rahmen ist die politisch gesteuerte Bekämpfung der Ungleichheit nicht nur ein soziales Ziel, sondern ein Mechanismus zur Aufrechterhaltung des Wirtschaftswachstums.

Auch die Postkeynesianische Ökonomik arbeitet häufig mit mathematischen Modellen, um Wachstum zu erklären. Allerdings unterscheiden sich die verwendeten Modelle von denen der Mainstreamökonomik. So geht die Postkeynesianische Ökonomik beispielsweise davon aus, dass Akteure häufig nicht rational entscheiden und Unternehmen nicht gemäß einer Cobb-Douglas-Funktion produzieren, sondern gemäß einer Leontief-Produktionsfunktion: $Y = \min\left(\frac{K}{A_K}, \frac{L}{A_L}\right)$. Letztere ist deutlich pessimistischer, was die Substituierbarkeit (Austauschbarkeit) von Produktionsfaktoren angeht, ein Faktor, der im Zusammenhang mit der Machbarkeit eines grünen technologischen Wandels sehr relevant sein kann.

Märkte spielen in der Postkeynesianischen Wirtschaftstheorie eine weniger zentrale Rolle (▶ Kap. 18). Preise werden nach der Postkeynesianischen Ökonomik zudem eher von institutionellen Faktoren als rein von Angebot und Nachfrage bestimmt. So argumentieren Postkeynesianer*innen beispielsweise, dass während Finanzkrisen Marktmechanismen allein nicht in der Lage seien, die Wirtschaft zu stabilisieren, sondern dass aktive staatliche Eingriffe erforderlich seien, um Vertrauen wiederherzustellen und Wachstum zu sichern. Dementsprechend spielen ▹ **Zentralbanken** und Regierungen eine zentrale Rolle. Letztere werden als wichtige Akteure bei der Steuerung der Nachfrage durch fiskalpolitische Maßnahmen – wie öffentliche Ausgaben für Infrastruktur oder Sozialprogramme – und Umverteilungsmaßnahmen angesehen.

Die in der ökologischen Ökonomik betrachteten Wachstumsmechanismen fokussieren auf das Zusammenspiel zwischen Ressourcengewinnung, Produktion, Reproduktion und Abfallerzeugung. Nachhaltiges Wachstum kann entstehen, wenn Volkswirtschaften zu nachhaltigen Praktiken übergehen – beispielsweise durch die Einführung erneuerbarer Energiesysteme, die Reduzierung des Materialverbrauchs oder die Umsetzung von Prinzipien der ▹ **Kreislaufwirtschaft**.

Im Gegensatz zu weiten Teilen der Mainstream- oder Postkeynesianischen Ökonomik geht die Ökologische Ökonomik (und mit ähnlichen Argumenten auch die ▹ **Feministische Ökonomik,** ▶ Kap. 7, ▶ Kap. 16) jedoch nicht automatisch davon aus, dass Wachstum immer wünschenswert ist. Das gilt insbesondere mit Blick auf die aktuelle Situation, in der Klima- und Biodiversitätskrise sowie Ressourcenverknappung und Umweltverschmutzung das langfristige Überleben bedrohen. Daher werden unter den Begriffen ▹ **Suffizienz** und Degrowth erhebliche Forschungsanstrengungen unternommen, um zu untersuchen, wie Gesellschaften ihre Versorgungsaufgaben ohne Wirtschaftswachstum erfüllen können und wie soziale Praktiken und infrastrukturelle Anpassungen umweltschädliche wirtschaftliche Aktivitäten reduzieren können, ohne den Lebensstandard der Menschen zu beeinträchtigen bzw. den Lebensstandard hierdurch sogar noch zu steigern. So geht es zum Beispiel nicht nur darum, energieeffizientere Produktionstechnologien zu entwickeln, sondern auch um die Reduktion des Energieverbrauchs durch eine Reduktion der ökonomischen Aktivität, z.B.

über die Einführung von Praktiken des Teilens oder den Ersatz von Privatfahrzeugen durch öffentliche Verkehrsmittel.

Zentrale Akteure in der Ökologischen Ökonomik sind Regierungen, Unternehmen, aber auch Aktivist*innen und Gemeinschaften, die als Schlüssel zur Verwaltung von Ressourcen und zur Durchsetzung von Nachhaltigkeitsgrenzen angesehen werden (▶ Kap. 19). Märkte spielen in diesem ▷ **Paradigma** eine eher untergeordnete Rolle, da ihre Fähigkeit, Umweltverschmutzung oder den Verlust der biologischen Vielfalt zu adressieren, regelmäßig hinterfragt wird. Als Reaktion auf den Klimawandel oder den Zusammenbruch der biologischen Vielfalt betont die Ökologische Ökonomik daher die Notwendigkeit strenger Regulierung – wie CO_2-Budgets – oder einer gemeinschaftsbasierten Ressourcenverwaltung. Dadurch soll eine Übernutzung der natürlichen Systeme verhindert werden. Diese Maßnahmen werden in der Mainstreamökonomik oft als zu unflexibel und zu schwer umsetzbar bzw. durchsetzbar kritisiert. Insgesamt sind Teile der Ökologischen Ökonomik agnostisch, was Wachstum angeht, andere Teile aber auch offen wachstumskritisch. Diese unterschiedlichen Einschätzungen sind per se keine Schwäche dieses Paradigmas. Sie verweisen jedoch auf einen Kritikpunkt, dem sich die Ökologische Ökonomik häufig ausgesetzt sieht: Gerade den sehr mainstreamkritischen Teilen dieses Paradigmas fehlt es an einem konsistenten und geteilten paradigmatischen Kern und Kanon – zumindest im Vergleich zur Mainstreamökonomik oder dem Postkeynesianismus.

4.2.3 Entkopplung und die Grenzen des Wachstums

Bei der Frage, ob dauerhaftes Wirtschaftswachstum im Einklang mit ökologischer Nachhaltigkeit stehen kann, ob also *Green Growth* möglich oder ▷ **Degrowth** notwendig ist (siehe Kasten »Bezug zur sozial-ökologischen Vielfachkrise«), geht es vor allem um das Konzept der *Entkopplung*. Wir sprechen davon, dass zwei Variablen gekoppelt sind, wenn sie positiv miteinander korrelieren (also mehr von Variable A einhergeht mit mehr von Variable B). In der ökologischen Entkopplungsdebatte ist die erste Variable in der Regel das reale BIP, die zweite Variable ein Umweltbelastungsindikator, wie z. B. CO_2-Emissionen, Biodiversitätsverlust, Material- oder Wasserverbrauch.

Green Growth

Green Growth bezeichnet ein Wirtschaftswachstumsmodell, das ökologische Nachhaltigkeit mit ökonomischer Entwicklung vereinen soll. Es basiert auf der Annahme, dass Wachstum sowohl für Umweltschutz als auch zur Lösung sozialer Probleme notwendig ist.

Eine zentrale Unterscheidung ist die der *relativen* und *absoluten* Entkopplung: Bei der relativen Entkopplung schwächt sich die Korrelation zwischen BIP und der zweiten Variable, hier als Beispiel die CO_2-Emissionen, ab, aber beide entwickeln sich dennoch in die gleiche Richtung. Absolute Entkopplung bedeutet, dass sich die Variablen in entgegengesetzte Richtungen entwickeln. Das BIP steigt, während die Umweltbelastungen in absoluten Zahlen sinken. Die unterschiedlichen Fälle werden in Abbildung 4.2 anhand realer territorialer Daten dargestellt. Die Emissionen, die sich auf den gesamten Konsum beziehen (inklusive des ökologischen Rucksacks durch Importe), sind noch höher.

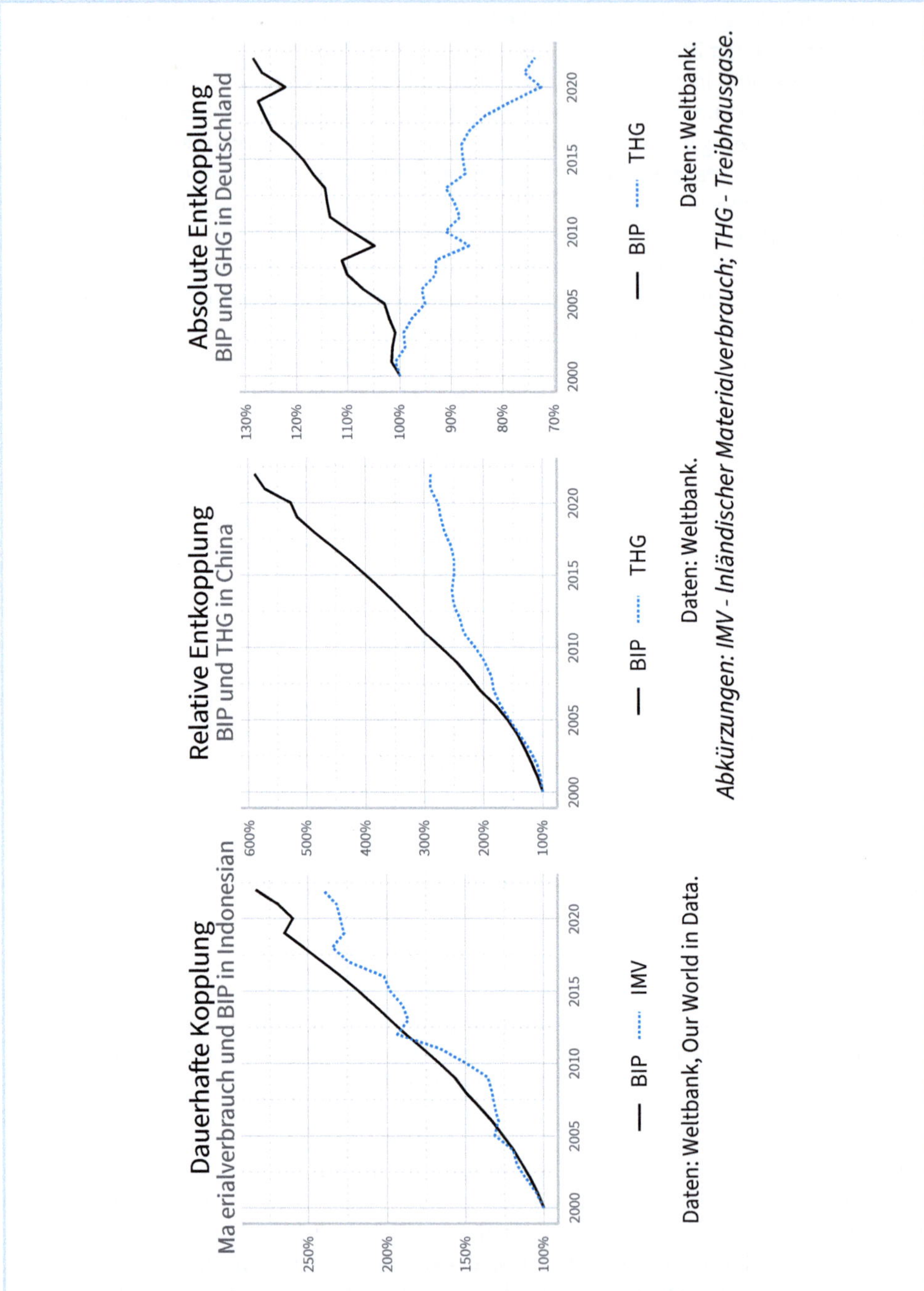

Abbildung 4.2: Die unterschiedlichen Arten der (Ent)Kopplung. Replikationsmaterial: https://wasistwachstum-decoupling.netlify.app

Daneben gibt es noch weitere wichtige Unterscheidungen, wie z. B. lokale und globale Entkopplung, Ressourcen- und Wirkungsentkopplung oder temporäre und permanente Entkopplung. Daher ist es bei einer Debatte immer sehr wichtig, präzise darzulegen, über welche Variablen und welche Arten von Entkopplung diskutiert werden soll.

Um Nachhaltigkeitsziele bei gleichzeitigem Wirtschaftswachstum zu erreichen, muss BIP-Wachstum von allen relevanten Umweltbelastungen absolut und dauerhaft entkoppelt werden, und zwar in ausreichend schnellem Maße und ohne Auslagerungseffekte. Letztere entstehen, wenn ein Land umweltschädliche Aktivitäten in ein anderes Land verlagert und das Endprodukt später wieder importiert. Empirische Studien zeigen, dass absolute Entkopplung bei Energieverbrauch und Emissionen in einigen reicheren Ländern in jüngerer Vergangenheit stattfindet, allerdings viel zu langsam, um etwa die Pariser Klimaziele zu erreichen (▷ **Empirie**). Eine Studie zeigt z. B.: Bei den erreichten Entkopplungsraten würden Industrieländer im Durchschnitt mehr als 220 Jahre brauchen, um ihre Emissionen um 95 % zu reduzieren, und dabei das 27-Fache ihres verbleibenden fairen Anteils für das 1,5°C-Ziel ausstoßen (Hickel/Vogel 2023). Beim Ressourcenverbrauch konnte absolute Entkopplung noch nirgends dauerhaft realisiert werden. Ob dies in der Zukunft (schnell genug) anders sein wird, wird kontrovers diskutiert (siehe Kasten »Bezug zur sozial-ökologischen Vielfachkrise«).

Aus der Forschung

Der Artikel »Post-growth: the science of wellbeing within planetary boundaries«, der stark aus der Perspektive der Befürworter*innen einer Postwachstumstheorie geschrieben wurde, stellt einen aktuellen und sehr umfassenden Review zum Forschungsfeld dar. Er gibt einen guten Überblick über die Arbeiten zu einer Wirtschaft, die das menschliche Wohlbefinden innerhalb ökologischer Grenzen statt BIP-Wachstum priorisiert. Die berücksichtigen Studien folgen dabei ganz verschiedenen methodischen Ansätzen und reichen von makroökonomischen Modellen, über Analysen von Wachstumsabhängigkeiten bis hin zur Diskussion konkreter Politikmaßnahmen (▷ **Makroökonomik**). Die Autor*innen empfehlen Maßnahmen wie universelle Grundversorgung, bedingungsloses Grundeinkommen, Arbeitsplatzgarantien und Arbeitszeitverkürzungen, Maximaleinkommen und innovative Finanzierungsmodelle. Trotz der Fortschritte in der Post-Growth-Forschung bleiben Fragen zur politischen Umsetzung, insbesondere im Hinblick auf die Beziehungen zwischen dem ▷ **Globalen Norden und Süden**, sowie zur Stabilität ▷ **liberaler Demokratien** in einer postwachstumsorientierten Gesellschaft offen.

Quelle: Kallis, G./Hickel, J./O'Neill, D. W./Jackson, T./Victor, P. A./Raworth, K./Schor, J. B./Steinberger, J. K./Ürge-Vorsatz, D. (2025). Post-growth: The science of wellbeing within planetary boundaries. In: The Lancet Planetary Health, 9. Jg., H. 1, S. e62–e78.

4.3 Fazit

Auch wenn unsere Darstellung der drei Paradigmen in diesem Kapitel alles andere als vollständig sein konnte (vgl. auch die ▷ **Feministische Ökonomik**, ▶ Kap. 7, ▶ Kap. 16) und die Diversität innerhalb eines ▷ **Paradigmas** nicht unterschätzt werden sollte, wurde deutlich, dass Unterschiede in der Beurteilung von Wirtschaftswachstum auch entlang von Paradigmengrenzen verlaufen: Während Wachstum in weiten Teilen der ▷ **Mainstreamökonomik** und des ▷ **Postkeynesianismus** eine positive Rolle spielt, werfen wissenschaftliche Analysen gerade aus der ▷ **Ökologischen Ökonomik** zunehmend die Frage auf, wie stetig wachsende

Produktion mit den ökologischen und sozialen Grenzen eines endlichen Planeten vereinbar sein kann. Auch die Universalisierung des wachstumsbasierten Wohlstandsmodells – insbesondere die Ausweitung der aktuellen Produktions- und Lebensweise von Westeuropa, den USA und Japan auf den Rest der Welt – wird angesichts begrenzter Ressourcen und Umweltkapazitäten von Vertreter*innen dieser Paradigmen als unrealistisch und gefährlich angesehen. Ebenso wird die ohnehin pragmatisch motivierte Verwendung des ▷ **BIPs** als zentrales Wohlstandsmaß infrage gestellt. Dabei wird zum einen das BIP und alle sich daran orientierenden Wachstumsverständnisse kritisiert (»BIP-Kritik«). Gleichzeitig geht die Kritik an Wachstum und Wachstumspolitik deutlich über die BIP-Kritik hinaus, z. B. wenn eine Wachstumskultur problematisiert, Wachstumsabhängigkeiten kritisiertoder ▷ **angebotsorientierte Wachstumspolitik** allgemein als Ungleichheit befördernd und ineffektiv kritisiert wird (»Wachstumskritik«, siehe Schmelzer 2023).

Diese Kontroversen zeigen, wie wichtig es ist, sich mit verschiedenen ökonomischen Perspektiven auf den gesellschaftlich so relevanten Wachstumsbegriff vertraut zu machen. In manchen Bereichen wird es vielleicht gelingen, ein über die Paradigmengrenzen hinweg reichendes Verständnis von Wachstum und seiner Rolle in der Gesellschaft zu entwickeln. In anderen Bereichen wird jede*r Wissenschaftler*in sich entscheiden müssen, welche konkurrierenden Theorien und Bewertungen er/sie vorzieht. Auf jeden Fall braucht es eine plurale Perspektive auf Wachstum, um die entsprechenden Entscheidungen reflektiert treffen zu können – und damit zur Entwicklung einer ökonomischen Perspektive beizutragen, die den Herausforderungen des 21. Jahrhunderts auch wirklich gerecht werden kann.

Literaturempfehlungen

Acemoglu, Daron (2009): Introduction to Modern Economic Growth. Princeton.

Bauhardt, Christine/Gülay Çaglar (2009): Gender and Economics: Feministische Kritik der politischen Ökonomie. Wiesbaden.

Daly, Herman E./Farley, Joshua C. (2011): Ecological Economics: Principles and Applications. 2. Aufl., Washington.

Ferber, Marianne/Nelson, Julie A. (1993): Beyond economic man: feminist theory and economics. Chicago.

Foley, Duncan/Michl, T./und Tavani, D. (2019): Growth and Distribution. 2. Aufl., Cambridge.

Mankiw, Gregory/Taylor, Mark (2024): Grundzüge der Volkswirtschaftslehre. 9. Aufl., Stuttgart.

Jones, Charles/Vollrath, Dietrich (2024): Introduction to economic growth. 4. Aufl., New York.

Raworth, Kate (2017): Doughnut Economics: Seven Ways to Think Like a 21st-Century Economist. White River Junction, Vermont.

Rezai, A./Stagl, S. (2016): Ecological macroeconomics: Introduction and review. In: Ecological Economics, 121, S. 181–185.

Schmelzer, Matthias (2016): The Hegemony of Growth. The OECD and the Making of the Economic Growth Paradigm. Cambridge.

Schmelzer, Matthias (2023): From Luddites to limits? Towards a systematization of growth critiques in historical perspective. In: Globalizations, 20. Jg., H. 3, S. 447–464.

Spash, Clive (2017): Foundations of Social Ecological Economics. Abingdon.

Zusätzliche Belege

Vogel, Jefim/Hickel, Jason (2023): Is Green Growth Happening? An Empirical Analysis of Achieved versus Paris-Compliant CO2–GDP Decoupling in High-Income Countries. In: The Lancet Planetary Health 7 (9): e759–69.

Online-Ressourcen

BBC (2025), Could »degrowth« save the world?, Link: https://www.youtube.com/watch?v=596dU6pDEU8

Oxford Smith School (2025), How to Save the Planet: Degrowth vs Green Growth? (with Samuel Fankhauser and Jason Hickel, moderated by Kate Raworth), Link: https://www.youtube.com/watch?v=YxJrBR0lg6s

Gräbner-Radkowitsch, Claudius; Lage, Jonas & Wiese, Frauke. (2022), Zur ökonomischen Bedeutung von Suffizienz. Link: https://www.exploring-economics.org/de/entdecken/zur-oekonomischen-bedeutung-von-suffizienz/

Danksagung

Wir möchten uns herzlich bei den anonymen Gutachter*innen, dem Herausgeber*innenteam und bei Maike Böcker, Hannah Hartge, Anna-Katharina Kothe, Christopher Oppermann, Isabel Otto, David Petersen, Hannah Pfister und Katharina Prehn für die sehr hilfreichen Kommentare zu früheren Versionen des Kapitels bedanken. Die verbleibenden Fehler sind dann ganz allein die Verantwortung von uns Autoren.

5 Was ist Nachhaltigkeit?

Nicole Ackermann und Monika Albrecht

Für die globale Gesellschaft des 21. Jahrhunderts stellen die Übernutzung und Zerstörung der ▹ **natürlichen Ressourcen** (z. B. Ressourcenknappheit, Biodiversitätsverlust, Schadstoffemissionen) sowie die Zunahme der sozialen Ungleichheit (z. B. Armut, Analphabetismus) zentrale Herausforderungen dar (Blättel-Mink et al. 2021, Steffen et al. 2015). Diese Herausforderungen sind ohne eine entsprechende zukunftsfähige ▹ **sozial-ökologische Transformation**, d. h. eine »Entwicklung *zur* Nachhaltigkeit« (Vieweg 2019, S. 92), nicht zu bewältigen. Nachhaltigkeit kann jedoch nur fundiert verstanden und systemisch gestaltet werden, wenn die Dimensionen Wirtschaft, Soziales und Ökologie in ihren wechselseitigen Beziehungen berücksichtigt werden.

Biodiversität

Biodiversität (auch: biologische Vielfalt) ist die Vielfalt und die Variabilität des Lebens, insb. die Vielfalt der Lebensräume und Arten. Biodiversitätsverlust wird u. a. durch Artensterben (z. B. Steinbock und Bartgeier im Alpenraum im 19. Jh.) und Einschleppung neuer fremder Arten (sog. Neophyten) verursacht, welche einheimische Arten verdrängen (z. B. graues Eichhörnchen, Quagga Muschel in Flüssen).

Trotzdem finden sich zwischen und innerhalb der wissenschaftlichen Disziplinen (insb. Natur- und Sozialwissenschaften) unterschiedliche Verständnisse von Nachhaltigkeit. Eine ökologisch orientierte Nachhaltigkeit hat bspw. in den Umweltnaturwissenschaften und der Geografie eine lange Tradition (z. B. Erhalt der Biodiversität, Reduktion der CO_2-Emissionen), eine sozial orientierte Nachhaltigkeit in den Kulturwissenschaften und der Soziologie (z. B. Bildungsgerechtigkeit, *working poor*), eine wirtschaftlich orientierte Nachhaltigkeit in den Wirtschaftswissenschaften (z. B. nachhaltiges Wirtschaftswachstum, nachhaltiges Unternehmertum). Ebenso finden sich zwischen und innerhalb der ▹ **Paradigmen** der ▹ **Ökonomik** unterschiedliche Verständnisse von Nachhaltigkeit und des Dreiklangs Wirtschaft-Soziales-Ökologie. Im Kontext einer sozial-ökologischen Transformation im 21. Jahrhundert stellt sich die Frage, welche Paradigmen der Ökonomik auch als Orientierungs- und Entscheidungsrahmen für Nachhaltigkeit dienlich sind.

Dieses Kapitel beleuchtet die Frage »Was ist Nachhaltigkeit?«. Dabei wird das Thema im Spannungsfeld von Wirtschaft, Sozialem und Ökologie betrachtet. ▶ Kapitel 5.1 wird entlang ausgewählter wissenschaftlicher und politischer Ansätze die Entstehung des Konzepts »Nachhaltigkeit« nachgezeichnet. Unter ▶ Kapitel 5.2 werden die drei Dimensionen der Nachhaltigkeit und die einhergehenden Schwierigkeiten, die sich aus ihrer Wechselwirkung und Rangordnung ergeben, erklärt. Unter ▶ Kapitel 5.3 werden unterschiedliche Nachhaltigkeitsverständnisse gegenübergestellt, insbesondere hinsichtlich der Rolle der Wirtschaft. ▶ Kapitel 5.4 erläutert, wie sich verschiedene Paradigmen der Ökonomik hinsichtlich ihres Verständnisses von Nachhaltigkeit unterscheiden. Das letzte Unterkapitel (▶ Kap. 5.5) enthält einen Ausblick auf Paradigmen der Ökonomik als wirtschaftspolitischer Orientierungs- und Entscheidungsrahmen.

5.1 Entstehung des Konzepts »Nachhaltigkeit«

Zu Nachhaltigkeit sind in den vergangenen drei Jahrhunderten unterschiedliche Ansätze entstanden. Einige dieser Ansätze basieren auf wissenschaftlichen Überlegungen und Untersuchungen, andere auf politischen Bestrebungen. Nachfolgend werden ausgewählte wissenschaftliche und politische Ansätze hervorgehoben, die den Nachhaltigkeitsdiskurs maßgeblich beeinflusst haben.

5.1.1 Wissenschaftliche Ansätze

Bereits im 18. Jahrhundert finden sich erste kritische Schriften zu Wirtschaftsentwicklung und Nachhaltigkeit. Sie gelten als bedeutende Vorläufer des heutigen Verständnisses von Nachhaltigkeit. Der sächsische Oberberghauptmann Hans Carl von Carlowitz (1645–1714) schreibt 1713 in seinem Werk *Sylvicultura Oeconomica*, dass der Rohstoff Holz nur dann dauerhaft verfügbar bleibe, wenn genauso viel aufgeforstet wie abgeholzt werde. Er spricht von nachhaltiger Nutzung und wollte so der überwiegenden Holzknappheit und der beobachteten Preissteigerung entgegenwirken. Aus heutiger Sicht zeigt sein Ansatz, dass es ressourcentechnische Grenzen des Wachstums gibt. Der britische Ökonom und Sozialphilosoph Thomas Malthus (1766–1834) argumentierte 1798 in seinem Werk *An Essay on the Principles of Population*, dass Bildungsmaßnahmen und Heiratskontrollen helfen könnten, das Bevölkerungswachstum zu stabilisieren. So wollte er Nahrungsmittelknappheit und Preissteigerungen verhindern und der Armut entgegenwirken. Der Ansatz von Malthus zeigt aus heutiger Sicht die demografischen und sozialen Grenzen von Wachstum.

Im 19. und 20. Jahrhundert entwickeln sich die Wissenschaften weiter und die Disziplinen spezialisieren sich. Inter- und transdisziplinäre Fragestellungen – wie zur Nachhaltigkeit – treten in den Hintergrund. Der deutsch-amerikanische Statistiker Harold Hotelling (1895–1973) beschäftigt sich in den 1920er Jahren mit der Frage, wie die Ansprüche zukünftiger Generationen auf ausreichende ▷ **natürliche Ressourcen** bei Entscheidungen gegenwärtiger Generationen berücksichtigt werden können, besonders hinsichtlich steigender Preise. Aus heutiger Sicht zeigt sein Ansatz, wie wichtig eine effiziente Nutzung von Ressourcen und Gerechtigkeit zwischen den Generationen für nachhaltiges Handeln ist (▷ **Effizienz**).

Ab den 1960er Jahren setzen sich einzelne amerikanische Ökonom*innen in ihren Werken kritisch mit dem Konzept des Wirtschaftswachstums auseinander. Ausgelöst durch das Bevölkerungswachstum und die steigende Nachfrage nach nicht-erneuerbaren Ressourcen, was langfristig zu Engpässen in der Güterproduktion und zu ökologischen Schäden führen kann, weisen sie insbesondere auf die ökologischen und ressourcentechnischen Grenzen des Wachstums hin (▶ Kap. 4, ▶ Kap. 7). Diese kritischen Stimmen stoßen auf breites öffentliches Interesse und werden später von der Umweltbewegung aufgegriffen. Ezra J. Mishan (1917–2014) veröffentlicht 1967 sein wegweisendes Werk *The Cost of Economic Growth*. Darin beschreibt er ökonomische und soziale Konsequenzen eines anhaltenden Wirtschaftswachstums und kritisiert die Aussagekraft ökonomischer Kennzahlen als Indikator für *human welfare* (▶ Kap. 3). Wissenschaftler*innen um Dennis Meadows legen 1972 den ersten Bericht an den Club of Rome *The Limits to Growth* vor, 1992 folgt der zweite Bericht *Beyond the Limits*. Beide Berichte warnen davor, dass ein »Weiter wie bisher« bei Ressourcenverbrauch und

Schadstoffemissionen zu irreversiblen ökologischen Schäden führen kann. Sie fordern daher ein Umdenken hin zu Nachhaltiger Entwicklung.

Nicht-erneuerbare Ressourcen

Nicht-erneuerbare Ressourcen entstehen durch biochemische und geochemische Prozesse, innerhalb von Jahrtausenden bzw. Jahrmillionen, ein vom Menschen nicht absehbarer bzw. überschaubarer Zeitraum.

In den 1980er Jahren entsteht in den USA das ▷ **Paradigma** der *Ecological economics* (dt: ▷ **Ökologische Ökonomik**), das sich mit Nachhaltiger Entwicklung befasst. Sie zeichnet sich durch die interdisziplinäre Zusammenführung verschiedener Wissenschaften (Ökonomik, Soziologie, Philosophie, Politologie, Naturwissenschaften) aus. In den 1990er Jahren entwickelt sich in Deutschland außerdem die *Nachhaltige Ökonomie*, ursprünglich als Unterschule der Ökologischen Ökonomik. Sie versteht sich heute als eigenständige ökonomische Theorie der Nachhaltigen Entwicklung unter Berücksichtigung der transdisziplinären Grundlagen (vgl. Leitbild »Nachhaltige Entwicklung«).

5.1.2 Politische Ansätze: Das Leitbild »Nachhaltige Entwicklung« der UNO

Seit den 1980er Jahren wird der Diskurs um Nachhaltigkeit wesentlich von den *Vereinten Nationen* (UNO) und ihren Institutionen geprägt. Ausgangspunkt waren die Erkenntnisse der 1970er und 1980er Jahre, nämlich dass die Menschheit durch die Übernutzung der natürlichen Ressourcen ihre eigenen Lebensgrundlagen gefährdet. So veröffentlichte die 1983 gegründete *World Commission on Environment and Development* (WCED) 1987 den Bericht *Our common future* (sog. Brundtland-Bericht) und darin das Leitbild »Nachhaltige Entwicklung«. Im Jahr 1992 verabschiedete die *Conference on Environment and Development of the United Nations* die *Agenda 21* – ein Aktionsprogramm zur Umsetzung des Leitbilds »Nachhaltige Entwicklung« im 21. Jahrhundert – und 2015 die *Agenda 2030* mit 17 *Sustainable Development Goals* (sog. SDG 17).

Der WCED-Bericht versucht die Konfliktlinien zwischen Umweltzerstörung, Wohlstandsgefälle (▶ Kap. 3) und Wirtschaftswachstum (▶ Kap. 4) konzeptionell zu überwinden (Ott/Döring 2011). Hierfür wird – mittels eines rhetorischen Kniffs – das Konzept Wirtschaftswachstum in »nachhaltiges Wirtschaftswachstum« umgedeutet (Von Hauff 2021): Das Wirtschaftswachstum soll stark und zugleich sozial und ökologisch verträglich sein.

> »Die Abwärtsspirale aus Armut und Umweltzerstörung ist eine Verschwendung von Chancen und Ressourcen. Insbesondere eine Verschwendung von Humanressourcen. Diese Zusammenhänge zwischen Armut, Ungleichheit und Umweltzerstörung bildeten ein zentrales Thema in unserer Analyse und unseren Empfehlungen. Was wir jetzt benötigen, ist eine neue Ära des Wirtschaftswachstums – ein Wachstum, das kraftvoll und gleichzeitig sozial gerecht und ökologisch nachhaltig ist.«
>
> (WCED 1987, Vorwort der Vorsitzenden Gro Harlem Brundtland)

Einerseits wird mit dem WCED-Bericht die Wechselwirkung innerhalb und zwischen den drei Dimensionen (Wirtschaft, Soziales, Ökologie) erkannt sowie diese Dimensionen als gleichrangig angenommen. Andererseits bleibt diese Gleichrangigkeit der Dimensionen im Bericht lediglich eine theoretisch-konzeptionelle Vision. Zur Konkretisierung dieser Vision braucht es Zielsetzungen und Maßnahmen, sowohl in der nationalen als auch in der internationalen Politik.

Ferner wird im WCED-Bericht die universelle Formel »Nachhaltige Entwicklung« gefunden, die gleichzeitig eine normative und regulative Idee darstellt. Diese Formel ist auf alle Staaten anwendbar, unbesehen ihrer ökonomischen und sozialen Entwicklung oder ihrer politischen Ideologie.

> Nachhaltige Entwicklung bedeutet, die ▷ **Bedürfnisse** der heutigen Generation zu erfüllen, ohne die Möglichkeiten zukünftiger Generationen zu gefährden, ihre eigenen Bedürfnisse zu befriedigen (WCED 1987, Kapitel 2, Absatz 1).
>
> Daher müssen die Ziele der wirtschaftlichen und sozialen Entwicklung in allen Ländern – ob entwickelt oder sich entwickelnd, marktorientiert oder zentral geplant – in Sinne der Nachhaltigkeit definiert werden (WCED 1987, Kapitel 2, Absatz 2).

Aus dieser Definition des WCED-Berichts lassen sich vier grundlegende Elemente des Leitbilds »Nachhaltige Entwicklung« ableiten (Ott/Döring 2011, Von Hauff 2021, Von Hauff/Jörg 2017):

- *Anthropozentrischer Ansatz*: Der Mensch und die menschliche Bedürfnisbefriedigung stehen im Zentrum. Nachhaltigkeit richtet sich nach den Bedürfnissen der Menschen. Die Natur wird vom Menschen als Lebensraum geschätzt, aber vor allem danach bewertet, wie sie ihm dient (▶ Kap. 7, ▶ Kap. 13).
- *Intragenerative Gerechtigkeit* (auch: intragenerationell): Die Bedürfnisbefriedigung zwischen den Menschen in unterschiedlich entwickelten Ländern (z. B. Nord-Süd, West-Ost) ist ausgeglichen. Es geht um Verantwortung innerhalb der heutigen Generation (▶ Kap. 6, ▶ Kap. 17).
- *Intergenerative Gerechtigkeit* (auch: intergenerationell): Die Bedürfnisbefriedigung zwischen der gegenwärtigen Generation und den zukünftigen Generationen ist ausgeglichen. Jede Generation übernimmt Verantwortung für zukünftige Generationen (▶ Kap. 6, ▶ Kap. 17).
- *Globale Agenda*: Es gibt Entwicklungsperspektiven für die globale Gesellschaft. Alle Staaten sollen eigene spezifische Ziele und Maßnahmen entwickeln, um gemeinsam eine globale Agenda für Nachhaltige Entwicklung zu schaffen (▶ Kap. 20).

5.2 Dimensionen der Nachhaltigkeit

Heutige Konzepte der Nachhaltigkeit umfassen, geprägt von den oben dargestellten Prozessen und Diskursen, drei sachliche Dimensionen: ökonomisch, sozial und ökologisch (Ott/Döring 2011, Vieweg 2019, Von Hauff 2021, von Hauff/Jörg 2017). Im Gegensatz dazu orientierten sich ältere Konzepte der Nachhaltigkeit vorwiegend an einer Dimension, z. B. ökologisch orientierte Nachhaltigkeit. Nachfolgend werden diese drei sachlichen Dimensionen erläutert.

Die *ökonomische Dimension* der Nachhaltigkeit zielt – basierend auf intra- und intergenerativer Gerechtigkeit – auf die Sicherung und Erhöhung des Lebensstandards in räumlicher und zeitlicher Perspektive. Sie bezieht sich auf das ▹ **Sachkapital** (▶ Kap. 11) und die materiellen Lebensgrundlagen, d. h. die wirtschaftliche Produktion und Distribution von Gütern (▶ Kap. 16, ▶ Kap. 17). Zu den nicht nachhaltigen Ausgangsbedingungen in der ökonomischen Dimension zählen u. a. Abbau endlicher Ressourcen (z. B. Erdöl), Belastung ökologischer Systeme mit Schadstoffen (z. B. Atmosphäre, Ozeane) und Veränderungen großräumiger ökologischer Systeme (z. B. Regenwald).

Lebensstandard

Der Lebensstandard bezeichnet den Zugang von Menschen zu Waren und Dienstleistungen, die für ein angenehmes Leben notwendig sind.

Die *soziale Dimension* der Nachhaltigkeit verfolgt die Bewahrung und Stärkung des Zusammenhalts in Gemeinschaften (z. B. staatliche und nicht-staatliche Organisationen) sowie in der Gesellschaft. Sie bezieht sich auf das ▹ **Humankapital** (▶ Kap. 12) und die immateriellen Lebensgrundlagen, d. h. das menschliche Zusammenleben in Freiheit, Gerechtigkeit und Menschlichkeit (▶ Kap. 6). Nicht nachhaltige Ausgangsbedingungen in der sozialen Dimension sind u. a. absolute und relative Armut (z. B. *Working Poor*), erschwerter Zugang zu Bildung (z. B. Analphabetismus) und medizinischer Versorgung, praktizierte Diskriminierung und Exklusion (z. B. aufgrund von Geschlecht, Religion oder Ethnie) sowie Korruption.

Working Poor

Working Poor sind erwerbstätige Personen, die trotz Arbeit unter der Armutsgrenze leben; sie sind armutsgefährdet oder von Armut betroffen.

Die ökologische Dimension der Nachhaltigkeit beabsichtigt den Fortbestand und die Regenerierung der ökologischen Systeme im Sinne von ▹ **Naturkapital** (▶ Kap. 13). Die ökologischen Systeme bilden die natürliche Lebensgrundlage (Life Support System) aller menschlichen Aktivitäten. Sie haben eine ökonomische Funktion, indem sie zugleich als Quelle der ▹ **natürlichen Ressourcen** für die wirtschaftliche Produktion und als Senke für Emissionen aus der wirtschaftlichen Produktion dienen. Ferner haben ökologische Systeme eine psychologische Funktion, indem sie dem Menschen Lebensraum zur Regeneration und Inspiration bieten. Nicht nachhaltige Ausgangsbedingungen in der ökologischen Dimension sind u. a. Lebensraumbelastung durch Akkumulation von Schadstoffen (z. B. Ozonloch, Treibhauseffekt), dauerhafte Überschreitung der Regenerationsrate (z. B. Artenvielfalt) und Klimawandel (z. B. Anstieg des Meeresspiegels, landwirtschaftliche Produktionsausfälle durch Hitzeperioden).

Senke

Eine Senke beschreibt ein System, das Schadstoffe oder CO_2 aus der Atmosphäre aufnimmt und speichert. Beispiele sind Wälder, Böden und Ozeane.

Eine Schwierigkeit bei der ▷ **sozial-ökologischen Transformation** ist die sachliche, räumliche und zeitliche Interdependenz der Dimensionen, die in der Realität untrennbar miteinander verbunden sind. Eine weitere Schwierigkeit ergibt sich aus der Hierarchie der drei Dimensionen dar: Jeder Dimension wird eine Schutzwürdigkeit unterstellt, obwohl ideologisch nicht die gleiche Schutzbedürftigkeit anerkannt ist und diese faktisch auch nicht besteht. In wissenschaftlichen Ansätzen zeigt sich dies darin, dass z. B. die Dimension Ökologie nicht als Zielgröße modelliert wird, sondern als Prämisse oder Restriktion. In den politischen Ansätzen zeigt sich dies darin, dass z. B. die Dimension Ökologie keine direkte Interessenvertretung in den politischen Prozessen hat.

5.3 Paradigmen der Nachhaltigkeit

Heutige Konzepte der Nachhaltigkeit können, ausgehend von der oben skizzierten Interdependenz und Hierarchie der Dimensionen, den paradigmatischen Polen – schwache und starke Nachhaltigkeit – zugeordnet werden (Ott/Döring 2011, Rogall/Gapp-Schmeling 2021, Vieweg 2019, Von Hauff 2021) (▷ **Paradigma**). Die Paradigmen unterscheiden sich u. a. nach Weltbild, Zielbeziehung, Strategie und Instrumenten (siehe Tabelle 5.1).

	Schwache Nachhaltigkeit	Starke Nachhaltigkeit
Weltbild	streng anthropozentrisch	ökozentrisch, biozentrisch
Zielbeziehung	Harmonie zwischen Wachstum und Umwelt: nachhaltiges Wachstum möglich durch moderate Umweltpolitik	Konflikt zwischen Wachstum und Umwelt: nachhaltiges Wachstum nicht oder selektiv möglich
Kapitalstock	Naturkapital voll substituierbar durch Sach- und Humankapital	Naturkapital nicht substituierbar
Strategie	Effizienz durch Technik und Markt	Effizienz und Suffizienz durch Technik, Markt, Politik und Individuum
Instrumente	konventionelle Kosten-Nutzen-Analyse, Prinzip der Diskontierung	keine Kosten-Nutzen-Analyse, Prinzip der differenzierten Diskontierung
Vertreter*innen	Wirtschaftswissenschaften: neoklassische Umweltökonomik; wachstumsoptimistisch	Wirtschaftswissenschaften: Ökologische Ökonomik; Naturwissenschaften: Ökologie; wachstumspessimistisch

Tabelle 5.1: Paradigmatische Pole der Nachhaltigkeit (nach Ackermann/Albrecht 2024, S. 276).

5.3.1 Paradigma der schwachen Nachhaltigkeit

Das Paradigma der *schwachen Nachhaltigkeit* geht davon aus, dass der Mensch im Mittelpunkt steht (anthropozentrisches Weltbild). Die Natur wird danach bewertet, wie nützlich sie für den Menschen ist. Ziel ist es, die materiellen Lebensgrundlagen zu erhalten und zu optimieren. Zwischen Wirtschaftswachstum und Umweltqualität wird kein Widerspruch gesehen, beides soll sich gut miteinander verbinden lassen (Zielharmonie). Nachhaltiges Wachstum ist möglich, sofern die Umweltpolitik moderat ist.

Die drei Dimensionen werden für die ▷ **Kapitalakkumulation** als gleichwertig betrachtet. Dabei wird angenommen, dass man ▷ **Naturkapital** (z. B. Wald, Wasser, Boden) durch

▹ **Sachkapital** (z. B. Maschinen, Infrastruktur) oder ▹ **Humankapital** (z. B. Bildung) beliebig substituieren und kompensieren kann. Das bedeutet, es wäre bspw. technisch möglich und normativ zulässig, Naturkapital (▶ Kap. 13) zu verbrauchen und in vergleichbarem Umfang Sach- und Humankapital (▶ Kap. 11, ▶ Kap. 12) zu schaffen. Das Paradigma der schwachen Nachhaltigkeit geht davon aus, dass die drei Dimensionen Wirtschaft, Soziales und Ökologie gleichrangig sind (Wirtschaft = Soziales = Ökologie) und ihre Ziele miteinander in Einklang gebracht werden können. Es berücksichtigt jedoch nicht, dass es ökologische und soziale Grenzen gibt, die nicht beliebig verschiebbar sind (Raworth 2017, Steffen et al. 2015). Außerdem findet keine räumliche und zeitliche Einbettung der Dimensionen statt.

In der Literatur wird das Paradigma der *schwachen Nachhaltigkeit* unterschiedlich visualisiert, bspw. mit einem Säulen-Diagramm, einem einfachen Venn-Diagramm oder einem Triangel-Diagramm (siehe Abbildung 5.1). Bei diesen Visualisierungsformen sind die sachlichen Dimensionen symmetrisch angeordnet und können daher als gleichwertig und gleichrangig interpretiert werden.

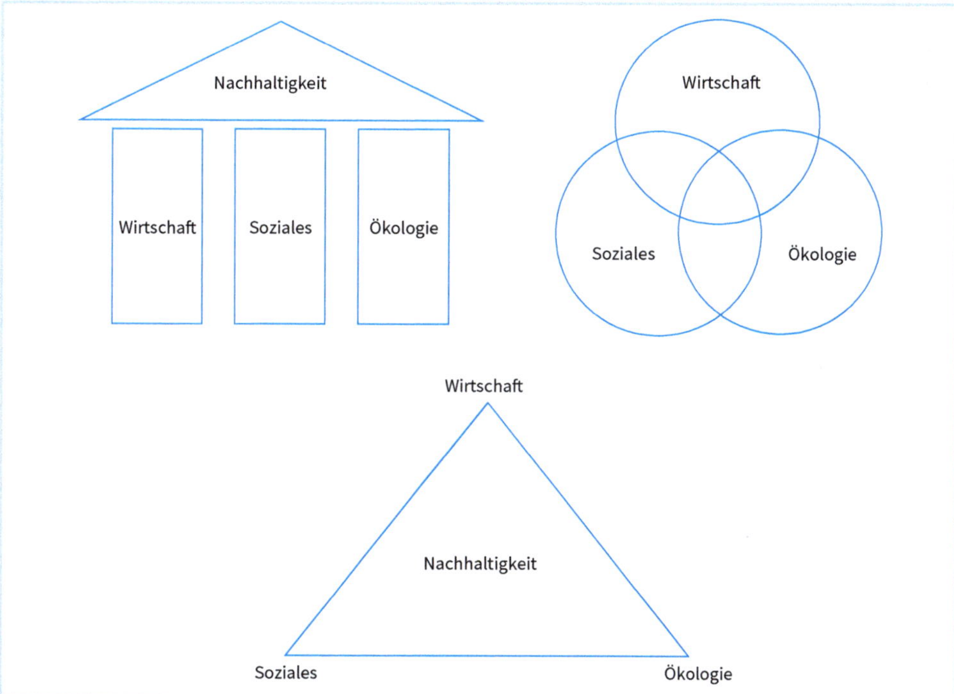

Abbildung 5.1: Paradigma der schwachen Nachhaltigkeit und Visualisierungsformen: Säulendiagramm, einfaches Venn-Diagramm, Triangel-Diagramm (nach Ackermann/Albrecht 2024, S. 278)

5.3.2 Paradigma der starken Nachhaltigkeit

Das Paradigma der *starken Nachhaltigkeit* geht von einem ökozentrischen bzw. biozentrischen Weltbild aus. Im Mittelpunkt stehen sämtliche Lebewesen (Menschen, Tiere, Pflanzen), die durch Evolutionsprozesse miteinander verbunden sind. Ziel ist es, die natürlichen Lebensgrundlagen zu erhalten und wiederherzustellen. Der Umgang mit ▷ **natürlichen Ressourcen** stellt die zentrale Voraussetzung für alle drei Dimensionen der Nachhaltigkeit dar. Zwischen Wirtschaftswachstum und Umweltqualität besteht ein Zielkonflikt, daher ist nachhaltiges Wachstum nicht möglich, auch nicht mittels Umweltpolitik im Sinne des WCED-Berichts.

Die drei Dimensionen werden für die ▷ **Kapitalakkumulation** nicht als gleichwertig betrachtet: Während ▷ **Sach- und Humankapital** (▶ Kap. 11, ▶ Kap. 12) untereinander substituierbar sind, ist ▷ **Naturkapital** (▶ Kap. 13) zu ihnen komplementär, aber nicht substituierbar. Das Paradigma der starken Nachhaltigkeit versteht die drei Dimensionen Wirtschaft, Soziales und Ökologie als hierarchisch: Das ökonomische System ist ein Subsystem des sozialen Systems, das soziale System seinerseits ein Subsystem des ökologischen Systems. Diese explizit hierarchische Ordnung der Dimensionen (Ökologie > Soziales > Wirtschaft) erkennt die ökologischen und sozialen Belastungsgrenzen als faktische und ideologische Restriktionen für die ▷ **sozial-ökologische Transformation** an (Raworth 2017, Steffen et al. 2015). Außerdem wird auch die räumliche und zeitliche Dimension explizit miteinbezogen: Nachhaltiges Wirtschaften muss gerecht für heutige und zukünftige Generationen sein (intragenerative und intergenerative Gerechtigkeit).

In der Literatur wird das Paradigma der *starken Nachhaltigkeit* ebenfalls unterschiedlich visualisiert, bspw. mit einem gestapelten Venn-Diagramm bzw. Euler-Diagramm (siehe Abbildung 5.2) oder einem Ring-Diagramm (siehe Abbildung 5.3). Bei diesen Visualisierungsformen sind die Dimensionen asymmetrisch angeordnet und können daher als ungleichwertig und ungleichrangig interpretiert werden (Vieweg 2019).

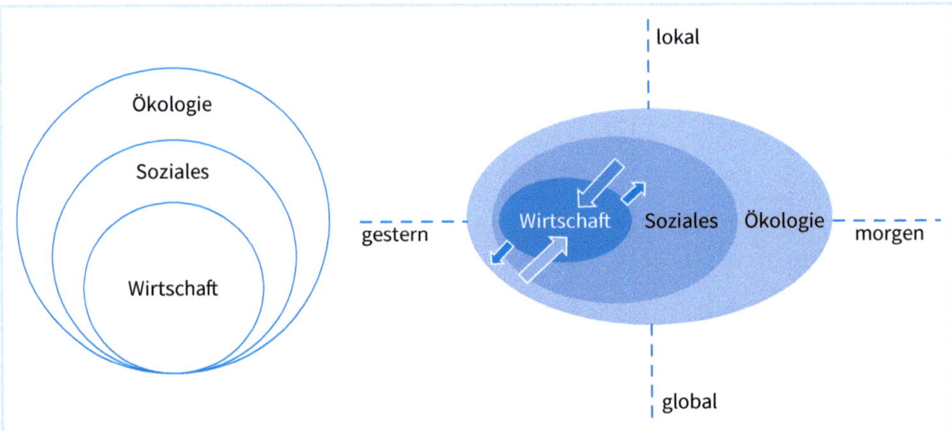

Abbildung 5.2: Paradigma der starken Nachhaltigkeit und Visualisierungsformen: gestapeltes Venn-Diagramm, gestapeltes Venn-Diagramm mit Raum-Zeit-Achse (nach Ackermann/Albrecht 2024, S. 279)

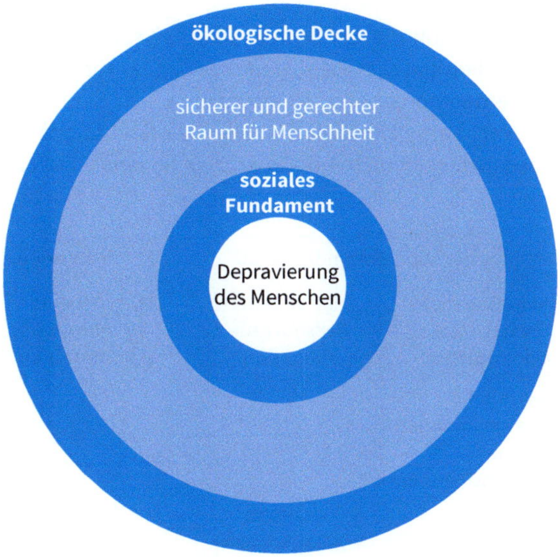

Abbildung 5.3: Paradigma der starken Nachhaltigkeit und Visualisierungsform: Ring-Diagramm (Donut-Modell) (nach Ackermann/Albrecht 2024, S. 280)

Eine bekannte Visualisierungsform für starke Nachhaltigkeit ist das Donut-Modell von Raworth (2017) (siehe Abbildung 5.3). Die Dimensionen sind als konzentrische Ringe dargestellt, die sich gegenseitig begrenzen. Der innere Ring stellt das soziale Fundament dar, d.h. international vereinbarte Mindestbedingungen für ein gutes Leben (soziale Belastungsgrenzen i.S.v. SDG 17). Wird diese soziale Belastungsgrenze unterschritten, entstehen Probleme wie Armut oder Analphabetismus (Depravierung des Menschen). Der äußere Ring stellt die ökologische Decke dar (neun planetare Belastungsgrenzen). Wird diese planetare Belastungsgrenze überschritten, kommt es zu Problemen wie Biodiversitätsverlust oder Ressourcenzerstörung (Degradierung des Planeten). Zwischen dem inneren und dem äußeren Ring liegt ein sicherer und gerechter Bereich für die Menschheit.

Bezug zur sozial-ökologischen Vielfachkrise

Der Diskurs um Nachhaltigkeit zeigt die Komplexität und Kontroversität gegenwärtiger sozial-ökologischer Krisen, die sich einer einfachen und eindeutigen, sog. richtigen Lösung entziehen. Zugleich zeigt der Diskurs um Nachhaltigkeit auch die Widersprüchlichkeit einer rationalen individuellen Entscheidung (z.B. Nutzenmaximierung als ökonomisches Prinzip) sowie die Unwegsamkeit einer normativen, gesellschaftlichen Aushandlung. Die Entwicklung zur Nachhaltigkeit ist demnach *das* Handlungsfeld im Umgang mit der sozial-ökologischen Vielfachkrise.

Zentrale Herausforderungen der globalen Gesellschaft des 21. Jahrhunderts sind ohne eine entsprechende ▷ **sozial-ökologische Transformation**, d.h. eine Entwicklung *zur* Nachhaltigkeit nicht zu bewältigen. Nachhaltigkeit kann als normatives und regulatives Leitbild für eine ▷ **Plurale Ökonomik** im 21. Jahrhundert verstanden werden.

5.4 Paradigmen der Ökonomik und Paradigmen der Nachhaltigkeit

▹ **Paradigmen** der ▹ **Ökonomik** dienen primär als Analyseinstrumente für ökonomische Zusammenhänge und Zielkonflikte (▶ Kap. 1) und sekundär für sozial-ökologische Phänomene und Probleme. Dementsprechend unterscheiden sich ökonomische Paradigmen in ihrem Verständnis von Nachhaltigkeit (siehe Tabelle 5.2). Nachfolgend werden ausgewählte Paradigmen der Ökonomik hinsichtlich ihres zugrunde liegenden Nachhaltigkeitsverständnisses eingeordnet.

	Ansätze der Mainstreamökonomik		Heterodoxe Paradigmen	
	Makroebene: Ressourcen-akkumulation	**Mikroebene: Ressourcen-allokation**	**Makroebene: Ressourcen-akkumulation**	**Mikroebene: Ressourcen-allokation**
Keine Nach-haltigkeit	neoklassische Wachstumstheorien endogene Wachstumstheorien			
Schwache Nachhaltigkeit		neoklassische Umweltökonomik		
Starke Nach-haltigkeit			Ökologische Ökonomik Nachhaltige Ökonomie	

Tabelle 5.2: Paradigmen der Ökonomik und Paradigmen der Nachhaltigkeit (nach Ackermann/Albrecht 2024, S. 283)

5.4.1 Makroebene: Neoklassische und endogene Wachstumstheorien – keine Nachhaltigkeit

Die *neoklassische Wachstumstheorie* (z. B. *Ramsey-Modell, Solow-Swan-Modell*) (▶ Kap. 4) modelliert Wirtschaftswachstum durch exogenen technologischen Fortschritt (▹ **Neoklassik**). Die ▹ **endogene Wachstumstheorie** (z. B. *AK-Modell, Uzawa-Lucas-Modell, Romer-Modell*) (▶ Kap. 4) spezifiziert Wirtschaftswachstum durch endogenen technologischen Fortschritt (▶ Kap. 14). Die neoklassische und die endogene Wachstumstheorie (Problemfeld: Ressourcenakkumulation) fokussieren sich auf die ökonomische Dimension, indem sie die langfristige wirtschaftliche Entwicklung formalisieren sowie ▹ **Sach-, Human- und Naturkapital** (▶ Kap. 11, ▶ Kap. 12, ▶ Kap. 13) als substituierbar modellieren. Sie vernachlässigen die ökologische und soziale Dimension, wodurch eine Gleichwertigkeit der Dimensionen nicht gegeben ist. Ebenso ignorieren sie damit planetare und soziale Belastungsgrenzen. Die neoklassische und endogene Wachstumstheorie kann folglich keinem Paradigma der Nachhaltigkeit zugeordnet werden.

5.4.2 Mikroebene: Neoklassische Umweltökonomik – schwache Nachhaltigkeit

Die neoklassische ▷ **Umweltökonomik** befasst sich mit der wirtschaftlichen Tätigkeit und der natürlichen Umwelt des Menschen, d. h. mit Konsum, Produktion und Verteilung von Umweltgütern (z. B. *Hotelling-Theorem*, *Coase-Theorem*, *Pigou-Steuer*) (▶ Kap. 7, ▶ Kap. 18). Die neoklassische Umweltökonomik (Problemfeld: Ressourcenallokation; Spannungsfeld: Wirtschaftstätigkeit und Umweltbelastung) berücksichtigt i. d. R. die ökonomische und ökologische Dimension. Jedoch gewichtet sie die Ansprüche der ökonomischen Dimension stärker, indem sie marktkonforme Instrumente zur Optimierung der (materiellen) Wohlfahrt empfiehlt sowie ökologische und soziale Schäden als kompensierbar modelliert. Die neoklassische Umweltökonomik lässt sich demnach dem Paradigma der schwachen Nachhaltigkeit zuordnen.

Innerhalb der neoklassischen Umweltökonomik fokussiert die betriebliche Umweltökonomik auf bspw. nachhaltige Unternehmensziele (z. B. *Triple Bottom Line*: *planet*, *people*, *profit*) und einen Produktion-Konsum-Kreislauf (z. B. ▷ **Kreislaufökonomie**, engl. *circular economy*). Diese Ansätze berücksichtigen zwar alle drei Dimensionen der Nachhaltigkeit nach dem Querschnittsprinzip, aber propagieren bzw. kritisieren eine langfristige wirtschaftliche Entwicklung, ohne sie an den planetaren und sozialen Belastungsgrenzen auszurichten. Diese Ansätze können ebenso der schwachen Nachhaltigkeit zugeordnet werden.

5.4.3 Makroebene: Ökologische Ökonomik und Nachhaltige Ökonomie – starke Nachhaltigkeit

Die ▷ **Ökologische Ökonomik** und die Nachhaltige Ökonomie beschäftigen sich mit Postwachstum bzw. selektivem Wachstum (z. B. ▷ **Degrowth**, *Low Growth*, *Green Growth*) (▶ Kap. 4). Ökologische Ökonomik und Nachhaltige Ökonomie (Problemfeld: Ressourcenakkumulation) gewichten die ökologische und die soziale Dimension stärker als die ökonomische Dimension, d. h. sie beziehen explizit die planetaren und sozialen Belastungsgrenzen ein (z. B. *doughnut economics*). Beide lassen sich folglich dem Paradigma der starken Nachhaltigkeit zuordnen.

Die betrieblich orientierte Ökologische Ökonomik fokussiert auf ökologische Unternehmensstrategie, d. h. Kostensenkung, Ressourceneinsparung, Schadenvermeidung bzw. -verringerung (z. B. Strategiepfade: ▷ **Effizienz**, Konsistenz, ▷ **Suffizienz**). Dieser Ansatz kann ebenso der starken Nachhaltigkeit zugeordnet werden.

Aus der Forschung

In der fachdidaktischen Lehr-Lern-Forschung gelten Präkonzepte von Lernenden, d. h. alltägliche und vorakademische Vorstellungen zu fachlichen Konzepten, als zentral, um fachspezifische Lernhürden zu bestimmen und lernwirksame Lernprozesse zu gestalten, die einen konzeptuellen Wandel (*Conceptual Change*) vom Präkonzept zum Postkonzept (wissenschaftliche Vorstellung, fachliches Konzept bzw. Modell) ermöglichen. Innerhalb der fachdidaktischen Forschung zu Präkonzepten haben sich mittlerweile verschiedene Forschungsansätze entwickelt. Der phänomenographische Forschungsansatz zielt darauf ab, unterschiedliche Erlebensweisen einer Gruppe von Lernenden zu einem Phänomen zu erfassen.

Die Dissertation »Ökonomische Bildung für eine nachhaltige Entwicklung: Eine phänomenographische Untersuchung in der Lehrerinnenbildung« von Löw Beer (2016) untersucht Präkonzepte bei Studierenden der ökonomischen Bildung zu fachwissenschaftlichen Schlüsselkonzepten der Umweltökonomie und Ökologischen Ökonomie. Im theoretischen Teil der Arbeit (Kapitel 2–4) werden zentrale Modelle aus der Literatur zu Bildung für Nachhaltige Entwicklung (BNE), ökonomischer Bildung, Umweltökonomie und Ökologischer Ökonomie ausgewählt und entlang des Literacy-Ansatzes bearbeitet. Dabei wird auf zwei Schlüsselmodelle fokussiert: ökonomische Bewertung und das Management von Ökosystemdienstleistungen (ÖSD) sowie umweltpolitische Instrumente. Im empirischen Teil der Arbeit (Kapitel 5–7) wird der phänomenographische Forschungsansatz erläutert und das Forschungsdesign beschrieben (▹ **Empirie**). Es werden Präkonzepte bei Studierenden der ökonomischen Bildung zu Phänomenen analysiert, die in Beziehung zu den fachlichen Schlüsselmodellen stehen. Abschließend werden fachdidaktische Implikationen für die Gestaltung von Seminaren mit Studierenden der ökonomischen Bildung vorgeschlagen und ein Ausblick auf weitere Forschungsmöglichkeiten gegeben (Kapitel 8).

Quelle: Löw Beer, David (2016): Ökonomische Bildung für eine nachhaltige Entwicklung: Eine phänomenographische Untersuchung in der Lehrerinnenbildung. Opladen.

5.5 Ausblick: Paradigmen als wirtschaftspolitischer Orientierungs- und Entscheidungsrahmen

In diesem Kapitel wurde die Frage »Was ist Nachhaltigkeit?« aus den Perspektiven von Wirtschaft, Sozialem und Ökologie beleuchtet. Heutige Nachhaltigkeitskonzepte umfassen neben den drei sachlichen Dimensionen (ökonomisch, sozial, ökologisch) auch eine räumliche und eine zeitliche Dimension. Die Paradigmen der Nachhaltigkeit (von schwacher bis starker Nachhaltigkeit) unterscheiden sich hinsichtlich der Konkretisierung der sachlichen Dimensionen, d. h. hinsichtlich der Wertigkeit (substituierbar oder nicht substituierbar), der Anordnung (gleichrangig oder hierarchisch) und der Einbettung (räumlich oder zeitlich) der Dimensionen. Eine Schwierigkeit bei der ▹ **sozial-ökologischen Transformation**, d. h. einer Entwicklung zur Nachhaltigkeit, ist die sachliche, räumliche und zeitliche Interdependenz der drei Dimensionen. Hinzu kommt die Schwierigkeit, eine Hierarchie zwischen diesen drei Dimensionen zu etablieren.

Die neoklassischen und ▹ **endogenen Wachstumstheorien** lassen sich *keinem* Paradigma der Nachhaltigkeit zuordnen, da sie die ökologische und soziale Dimension ausklammern, d. h. sie modellieren weder planetare noch soziale Belastungsgrenzen. Die neoklassische ▹ **Umweltökonomik** kann der schwachen Nachhaltigkeit zugeordnet werden, da sie alle drei Dimensionen als gleichwertig betrachtet und somit die planetaren und sozialen Belastungsgrenzen verkennt. Die ▹ **Ökologische Ökonomik** und die Nachhaltige Ökonomie können der starken Nachhaltigkeit zugeordnet werden: Sie betrachten die drei Dimensionen als nicht gleichwertig, erkennen die ökologischen, planetaren und sozialen Belastungsgrenzen als faktische und ideologische Restriktionen an – und adressieren die sozial-ökologische Transformation.

Jedem ▹ **Paradigma** der ▹ **Ökonomik** liegt ein eigenes Verständnis von Nachhaltigkeit zugrunde. Dieses Verständnis wird entweder explizit formuliert und modelliert oder es wird implizit angenommen. In jedem Fall muss dieses Verständnis von Nachhaltigkeit für jedes einzelne ökonomische Paradigma rekonstruiert und interpretiert werden. Wird nun ein bestimmtes Paradigma der Ökonomik als wirtschaftspolitischer Orientierungs- und Entscheidungsrahmen herangezogen, so ist das ihr zugrunde liegende Paradigma der Nachhaltigkeit zu berücksichtigen und mit den gesellschaftlichen Zielsetzungen und Herausforderungen des 21. Jahrhunderts abzugleichen.

> »Es gibt nichts Konservativeres als die Nachhaltigkeit, weil es um die Bewahrung der Schöpfung geht. Es gibt nichts Sozialeres als die Nachhaltigkeit, weil es dabei um die Lebensvoraussetzungen aller Menschen – heute und bis in alle Zukunft – geht. Und es gibt zudem nichts Progressiveres, weil es um die Sicherung einer menschenwürdigen Fortexistenz der Spezies Mensch auf diesem unserem endlichen Planeten geht.«
>
> (Vieweg 2019, S. 2)

Literaturempfehlungen

Ackermann, Nicole/Albrecht, Monika (2024): Nachhaltigkeit als normatives und regulatives Leitbild für eine humane Ökonomie. In: Tafner, Georg/Ackermann, Nicole/Hagedorn, Udo/Wagner-Herrbach, Cornelia (Hrsg.): Humane Ökonomie – selbstverständlicher Auftrag sozioökonomischer Bildung und Wissenschaft oder sozialromantische Utopie? Bonn, S. 271–289.

Blättel-Mink, Birgit/Hickler, Thomas/Küster, Sybille/Becker, Henrike (Hrsg.) (2021): Nachhaltige Entwicklung in einer Gesellschaft des Umbruchs. Wiesbaden.

Ott, Konrad/Döring, Ralf (2011): Theorie und Praxis starker Nachhaltigkeit. Marburg.

Raworth, Kate (2017): Doughnut economics: Seven ways to think like a 21st-century economist. London.

Rogall, Holger/Gapp-Schmeling, Katharina (2021): Nachhaltige Ökonomie. Band 1: Grundlagen des nachhaltigen Wirtschaftens. 3. Aufl., Marburg.

Steffen, Will/Broadgate, Wendy/Deutsch, Lisa/Gaffney, Owen/Ludwig, Cornelia (2015): The trajectory of the Anthropocene: the great acceleration. In: The Anthropocene Review, 2. Jg., Nr. 1, S. 81–98.

Vieweg, Wolfgang (2019): Nachhaltige Marktwirtschaft: Eine Erweiterung der Sozialen Marktwirtschaft. 2. Aufl., Wiesbaden.

von Hauff, Michael (2021): Nachhaltige Entwicklung: Grundlagen und Umsetzung. 3. Aufl., Berlin.

von Hauff, Michael/Jörg, Andrea (2017): Nachhaltiges Wachstum. 2. Aufl., Berlin.

WCED – World Commission on Environment and Development (Hrsg.): Our Common Future, Oxford.

Online-Ressourcen

Raworth, Kate, What on Earth is the Doughnut?, https://www.kateraworth.com/doughnut/

United Nations, Transforming our world: the 2030 Agenda for Sustainable Development, https://sdgs.un.org/2030agenda

Universität Bremen, Digitale Lehrveranstaltungen rund um das Thema Nachhaltigkeit. https://oncourse.uni-bremen.de/?redirect=0&theme=ocboosterchild2

Hinweis 1

Dieses Buchkapitel ist eine inhaltlich gekürzte und sprachlich vereinfachte Version eines bereits publizierten wissenschaftlichen Beitrags der Autor:innen. Ackermann, Nicole/Albrecht, Monika (2024): Nachhaltigkeit als normatives und regulatives Leitbild für eine humane Ökonomie. In: Tafner, Georg/Ackermann, Nicole/Hagedorn, Udo/Wagner-Herrbach, Cornelia (Hrsg.): Humane Ökonomie – selbstverständlicher Auftrag sozioökonomischer Bildung und Wissenschaft oder sozialromantische Utopie? Bonn: Bundesinstitut für Berufsbildung (BIBB), S. 271–289.

Hinweis 2

In diesem Kapitel wurden – zugunsten der Einheitlichkeit im Lehrbuch – die Begriffe »gesellschaftliche Transformation« und »sozial-ökologische Transformation« synonym verwendet.

6 Was ist Gerechtigkeit?

Tanja von Egan-Krieger

Betrachtet man die heutige sozial-ökologische Vielfachkrise aus der Perspektive der Gerechtigkeit, so fällt zunächst eines ins Auge: Arm und Reich driften immer weiter auseinander. Der französische Ökonom Thomas Piketty hat gemeinsam mit gut 100 Kolleg*innen 2017 erstmals einen *Weltreport über Ungleichheit* veröffentlicht. Darin kommen die Forscher*innen zu dem Schluss, dass sowohl bei Einkommen als auch bei Vermögen die Ungleichheit in den letzten Jahrzehnten in fast allen Weltregionen zugenommen hat. So hat beispielsweise das reichste Prozent der Weltbevölkerung seine Einkünfte seit 1980 mehr als verdoppelt, während die Mittelklasse kaum vom Wachstum profitiert hat. Die Daten werden seitdem vom *World Inequality Lab* (2021) fortlaufend aktualisiert. Demnach besaßen die oberen 10% der Einkommen in Deutschland im Jahre 2023 rund 37% am Gesamteinkommen. Die unteren 50% der Einkommen dagegen kamen im selben Jahr zusammen nur noch auf rund 20%. In den 1960er Jahren besaßen sie noch rund ein Drittel des Gesamteinkommens. Eine solche zunehmende Ungleichheit wird von den meisten Menschen als ungerecht empfunden (▶ Kap. 17).

In der Ethik werden Fragen der Gerechtigkeit von Fragen des guten Lebens unterschieden. Der Begriff der Gerechtigkeit ist dabei immer auf den Umgang mit anderen bezogen. Grundsätze der Gerechtigkeit gehen letztlich auf Ansprüche zurück, die jemand (oder deren Fürsprecher*in) gegenüber anderen geltend gemacht hat und die von anderen als berechtigt anerkannt wurden. Seit der Antike wird in Theorien der Gerechtigkeit zwischen den Kategorien a) der politischen und rechtlichen, b) der distributiven und c) der korrektiven Gerechtigkeit unterschieden (Koller 2021). Während sich die politische Gerechtigkeit auf eine gerechte politische Grundstruktur von Gesellschaften bezieht, befasst sich die distributive Gerechtigkeit mit einer gerechten Verteilung und die korrektive Gerechtigkeit mit der Wiedergutmachung von Schäden und vergangenem Unrecht. Die Frage der Gerechtigkeit bzw. Fairness der Verteilung der monetären und damit der materiellen Früchte des arbeitsteiligen Wirtschaftsprozesses bildete immer schon eine wesentliche Dimension der Kritik der bestehenden Wirtschaft. Überlegungen zur Verteilungsgerechtigkeit müssen jedoch nicht auf die Verteilung von Gütern beschränkt werden. Wird eine bestimmte Verteilung als gerecht bezeichnet, so wird damit eine ethische Beurteilung als moralisch richtig zum Ausdruck gebracht. Im Folgenden liegt der Fokus auf der Kategorie der Verteilungsgerechtigkeit, da diese diejenige ist, welche unmittelbar mit unserem Wirtschaften verbunden ist.

Ethik

Die Ethik ist die wissenschaftliche Disziplin, die den gesamten Bereich menschlicher Praxis reflektiert und ihn zu beurteilen versucht.

Bei der Bestimmung des Begriffs Verteilungsgerechtigkeit müssen mindestens drei Fragen beantwortet werden: Erstens müssen wir uns fragen, wem gegenüber wir Verpflichtungen aus Gerechtigkeitsgründen haben. Zweitens stellt sich die Frage, worauf sich diese Verpflichtungen beziehen (z.B. auf Ressourcen, Glück oder Fähigkeiten), das heißt, worauf jede*r

Berechtigte einen Anspruch hat. Drittens müssen wir uns fragen, nach welchen Prinzipien diese Ansprüche den Einzelnen zugewiesen werden. Anhand dieser Fragen lassen sich unterschiedliche Aspekte von Verteilungsgerechtigkeit systematisieren. Abbildung 6.1 leistet eine Einordnung gängiger Gerechtigkeitsbegriffe.

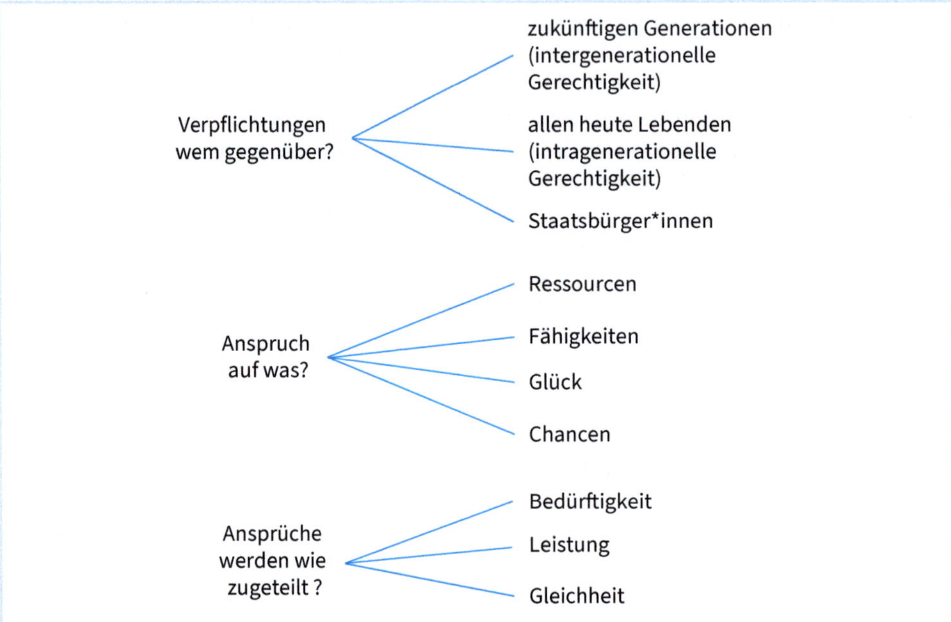

Abbildung 6.1: Systematik der Verteilungsgerechtigkeit

Zuerst soll im folgenden Abschnitt der letzten Frage Aufmerksamkeit geschenkt werden: Welche Prinzipien der gerechten Verteilung werden in ökonomischen Theorien sowie der Ethik vertreten? Warum es sich lohnt, neben den ökonomischen Theorien auch einen Blick auf ethische Theorien zu werfen, wird im darauffolgenden Abschnitt deutlich gemacht.

6.1 Prinzipien der gerechten Verteilung

Im Mainstream der Ökonomik wird die Position vertreten, dass die ökonomische Theorie grundsätzlich wertfrei sein sollte und sich somit nicht mit moralischen Fragen auseinanderzusetzen hat. Die ▹ **Mainstreamökonomik** betrachtet sich selbst als Wissenschaft, die sich ausschließlich mit Beschreibungen und Erklärungen befasst. Wie kann es dennoch gelingen, in der ökonomischen Theorie Prinzipien der gerechten Verteilung ausfindig zu machen?

6.1.1 Wertfreiheit der Ökonomik?

Die Frage der Werte in den ▹ **Wirtschaftswissenschaften** wurde zuerst im sogenannten *Werturteilsstreit* diskutiert, der in Deutschland auf einer Tagung des »Vereins für Socialpolitik«, der bis heute wichtigsten Fachgesellschaft von Ökonom*innen im deutschsprachigen Raum, im Jahr 1909 aufkam. Nach dem Soziologen Max Weber (1864–1920) gibt es keine wertfreie wissenschaftliche Untersuchung sozialer Phänomene, die unabhängig von bestimmten Gesichtspunkten ist, nach denen der Gegenstandsbereich ausgewählt und analysiert wird. Dieser Punkt – verstanden als eine Frage der Auswahl des ▹ **Untersuchungsgegenstandes** – war unumstritten. Zwar haben Ökonom*innen als Personen durchaus Werte und Überzeugungen, aber was sie als Wissenschaftler*innen für sich als gültig beanspruchen, bezieht sich nur darauf, wie die Dinge wirklich sind, nicht darauf, wie die Dinge sein sollten (Mankiw 2024). Max Weber argumentierte jedoch, dass Menschen nicht ohne Weiteres in der Lage seien, wertfreie (positive) und wertende (normative) Behauptungen zu unterscheiden. Es gehe dann also nicht nur um die Auswahl, sondern auch um die Gestaltung des Untersuchungsgegenstandes.

Normativ

Im Unterschied zu *deskriptiven* Urteilen, die Aussagen in wahr/falsch unterteilen, beurteilen *normative* Urteile etwas als richtig/falsch. Die Reflexion und Begründung von normativen Urteilen ist Aufgabe der Ethik.

Die meisten Ökonom*innen unterscheiden jedoch noch heute zwischen *normativer* und *positiver* Ökonomik (▶ Kap. 2). Dementsprechend wird von der normativen Ökonomik offensichtlich erwartet, dass sie normativ ist, während von der positiven Ökonomik angenommen wird, dass sie lediglich wirtschaftliche Ergebnisse und Prozesse vorhersagt und erklärt. Diese Erklärungen und Vorhersagen sollen wertfrei sein in dem Sinne, dass die Werte bzw. die normativen Überzeugungen der untersuchenden Ökonom*innen die Antworten auf die Fragen nicht beeinflussen. Auch Daniel Hausman und Michael McPherson (2006), die zu den wenigen Ökonom*innen gehören, die sich mit möglichen Überschneidungen zwischen Ökonomik und Ethik beschäftigt haben, stellen diese Standardauffassung nicht infrage.

Die entscheidende wissenschaftstheoretische Frage ist also, ob wir in der Lage sind, zwischen der ethischen Beurteilung und dem erklärenden Beschreiben zu trennen. Dem steht entgegen, dass auch die Erklärung stets den praktischen Sinn der Gestaltung hat. Jede Sozialwissenschaft befindet sich daher in einem performativen Setting, d. h. Erklärung und Gestaltung hängen sinnnotwendig zusammen (▹ **Performativität**). Dies führt dazu, dass eine scheinbar wertfreie sozialwissenschaftliche Theorie zu einer verdinglichten Wahrnehmung ihres Gegenstandes führt. Sozialwissenschaftler*innen, die eine vermeintlich wertfreie Theorie entwerfen, informieren ihre Adressat*innen über das bestehende Machtgefüge als Tatsache. Damit entziehen sie es der kritischen Reflexion. Selbst eine rein erklärende Theorie in den Sozialwissenschaften kann die Verknüpfung von Aussagezusammenhang und Anwendungskontext nicht vermeiden. Das bedeutet, dass nicht nur die untersuchten Fragen, sondern auch die Antworten stets von normativen Überzeugungen beeinflusst werden (Egan-Krieger 2014).

Wissenschaftstheorie

Die Wissenschaftstheorie ist ein Teilbereich der Philosophie, der sich kritisch mit den Voraussetzungen, Methoden und Erkenntnissen von Wissenschaft auseinandersetzt.

Diese wissenschaftstheoretischen Überlegungen im Hinterkopf, wenden wir uns zunächst der ▹ **Neoklassik** zu, die heute noch zum Teil die Grundlage der ▹ **Mainstreamökonomik** bildet.

6.1.2 Gerechtigkeit als utilitaristische Effizienz

Die effiziente Nutzung von Ressourcen wird in der ▹ **Neoklassik** als ein Hauptziel unseres Wirtschaftens angesehen. ▹ **Effizienz** bedeutet, dass mit einer gegebenen Menge an Ressourcen ein maximaler Output an nützlichen Produkten oder Dienstleistungen erzielt wird. Der Zweck der Effizienz impliziert also nicht nur eine Steigerung der Produktion, sondern sogar ihre Maximierung. Aus Sicht der ▹ **Mainstreamökonomik** kann es nie zu viel Effizienz geben. Dies entspricht einem utilitaristischen Verständnis von Effizienz. Die ethische Position des Utilitarismus fordert, die Summe der positiven und negativen Folgen einer Handlung, gemessen als Nutzen, zu maximieren.

Die ethische Reflexion dieser Position wirft sofort die Frage auf, wer von diesem zusätzlichen Nutzen profitiert. Wem kommt der steigende Gesamtwert zugute? Aus utilitaristischer Sicht jedoch spielt diese Frage keine Rolle. Die ethische Maxime des klassischen Utilitarismus verlangt lediglich, die Summe von Lust und Schmerz und damit den Gesamtnutzen zu maximieren. Die Wirtschaft wird somit letztlich als ein kollektives Subjekt betrachtet. Eine Handlung ist ethisch richtig, wenn der Gesamtnutzen, im Falle der Wirtschaft der Gesamtwohlstand (▶ Kap. 3), gesteigert wird. Die Individuen werden dabei zu bloßen Repräsentanten von Nutzenquanten. Es war der schwedische Ökonom Gunnar Myrdal (1898–1987), der diese Konstruktion sozialer Harmonie sarkastisch als »kommunistische Fiktion« bezeichnete. Indem mögliche soziale Konflikte zwischen Individuen mit moralischen Rechten sowie Fragen der Verteilungsgerechtigkeit unberücksichtigt bleiben, wird jede mögliche Verteilung als gerecht angesehen, solange nur der Gesamtnutzen wächst. Die neoklassische Ökonomik mit ihrem Fokus auf der utilitaristischen Effizienz führt letztlich zu einem Desinteresse an der zunehmenden Ungleichheit von Einkommen und Vermögen. Entscheidend aus ihrer Sicht ist vielmehr, dass der aggregierte weltweite Wohlstand maximiert wird. In wessen Händen er sich konzentriert, spielt dagegen keine Rolle.

Diese Kritik am Utilitarismus hat in der Philosophie zu verschiedenen Versuchen geführt, den Utilitarismus entweder weiterzuentwickeln oder zu überwinden. Ökonom*innen argumentieren dagegen oft, dass das Konzept der Effizienz neutral gegenüber Verteilungsfragen sei (Varian 2007). Dagegen steht die Position, dass diese scheinbare Neutralität in der Praxis ein Desinteresse oder gar eine Gleichgültigkeit gegenüber Verteilungsfragen bedeutet. Zudem ist, wie wir im vorgegangenen Abschnitt sahen, diese Position nicht neutral im ethischen Sinne. Wenn Ökonom*innen als sogenannte Expert*innen für die Wirtschaft immer für die effizientesten Maßnahmen plädieren, nehmen sie in Verteilungsfragen bereits eine Position ein, auch wenn sie meist wie beiläufig bemerken, dass Verteilungsgerechtigkeit ein Grund sein könnte, eine weniger effiziente Maßnahme zu wählen.

Zudem wird diese fehlende Neutralität umso wichtiger, wenn Effizienz und Verteilung miteinander verbunden sind. Wäre dies nicht der Fall, gäbe es für Ökonom*innen in der Tat zumindest keinen zwingenden Grund, sich gleichzeitig um Effizienz *und* um Verteilung zu kümmern. Die Leugnung dieser Verbindung spiegelt sich in der Ökonomik in der begrifflichen Unterscheidung zwischen Allokation und Verteilung wider. Allokation meint dabei die Zuteilung von Ressourcen über den Markt. Der Begriff Verteilung bleibt dagegen den Aspekten der Verteilungsgerechtigkeit vorbehalten.

Eine Umverteilung aus Gerechtigkeitsgründen nach dem Markttausch müsste aus Sicht der Neoklassik jedoch abgelehnt werden, wenn sie negative Folgen für die Effizienz hat. Die gezahlten Steuern müssten dafür der Anfangsausstattung der Konsumenten zugerechnet werden. Im Konflikt zu dieser statischen Betrachtungsweise steht, dass dynamisch betrachtet diese Umverteilung nicht die Nutzensumme maximiert. Denn wenn ein Markt effizient funktioniert, werden die Güter denjenigen zugeteilt, die am produktivsten sind. Erhalten diese nun durch die anschließende Besteuerung weniger Ressourcen, wird die Effizienz reduziert. Allein diese Tatsache verdeutlicht, dass wir nicht das effizienteste Maß wählen können, ohne bereits eine Entscheidung für und gegen bestimmte Verteilungsmuster zu treffen.

Diese ethische Kritik wird in den ▷ **Wirtschaftswissenschaften** in der Regel nicht erwähnt. Es wird stattdessen ein ganz anderer Grund für die Veränderung der Definition von Effizienz genannt, der jedoch ebenfalls Konsequenzen für Verteilungsfragen hat. Ausgangspunkt für diese Veränderung des Effizienzbegriffs ist die behauptete Unmöglichkeit eines zwischenmenschlichen Nutzenvergleichs, den die utilitaristische Logik der Verrechnung von individuellen Vorteilen und Verlusten voraussetzt. Es wird behauptet, dass es keinen Bezugspunkt für einen solchen Vergleich gibt. Das Kriterium der Effizienz wird jedoch in der Folge nicht aufgegeben.

6.1.3 Gerechtigkeit als Pareto-Effizienz

Das utilitaristisch verstandene Konzept von ▷ **Effizienz** der ▷ **Neoklassik** wurde in der ▷ **Mainstreamökonomik** später zu einem paretianischen Verständnis verschoben. Das Kriterium der nach dem Ökonomen Vilfredo Pareto (1848–1923) benannte Pareto-Effizienz beurteilt Veränderungen in Marktinteraktionen. Jede Veränderung in einem sozialen Umfeld ist *pareto-superior* (vorzugswürdig), wenn mindestens eine Person gewinnt, ohne dass jemand anderes verliert. Verliert nur eine einzige Person etwas von ihrem Nutzen, ist eine solche soziale Veränderung per Definition als *pareto-ineffizient* zu bezeichnen. Damit wird bereits eine Antwort auf die Abwägung zwischen Allokations- und Verteilungsaspekten gegeben. Das Pareto-Kriterium setzt dem utilitaristischen Konzept der Effizienz Grenzen. Damit ist das Pareto-Kriterium ein explizit ethisches Kriterium. In Bezug auf den utilitaristischen Rahmen ist eine Veränderung, die die Gesamtsumme des Nutzens erhöht, nur dann pareto-superior, wenn die potenziellen Verlierer tatsächlich entschädigt werden. Dies zeigt, dass Effizienz im utilitaristischen und im paretianischen Sinne nicht dasselbe sind und einander widersprechen können. Im Gegensatz zur utilitaristischen Definition von Effizienz bewertet das Pareto-Kriterium nicht jede Nutzenmaximierung als ethisch richtig. Auch wenn der Gesamtnutzen steigt, kann es einzelnen Personen schlechter gehen, was aus paretianischer Sicht aus Effizienzgründen nicht statthaft ist. Gleiches gilt gemäß Pareto-Kriterium natürlich für alle Einkommensschichten, aber wir konzentrieren uns hier auf Fragen der Armut. Um einen Anhaltspunkt zu bekommen, ob die Ärmsten an Wohlstand gewonnen haben oder nicht, werfen wir einen Blick in die Statistiken zur extremen Armut. Als extrem arm gilt, wer von weniger als 1,90 US-Dollar pro Tag in lokaler Kaufkraft leben muss. Weltweit ging der Anteil extrem armer Personen von 42,2 % im Jahr 1981 auf 9,3 % im Jahr 2017 zurück (World

Inequality Lab 2021). Damit haben wir nach paretianischer Ökonomik derzeit kein gewichtiges Gerechtigkeitsproblem.

Das Pareto-Kriterium ist eng mit dem Mainstream-Verständnis des Marktes verknüpft (▶ Kap. 18). In der ökonomischen Theorie wird davon ausgegangen, dass ein Markt im Prinzip stets pareto-superiore Veränderungen hervorbringt und deshalb in der Tendenz zu einem pareto-optimalen Gleichgewicht führt. Diese Annahme ist bereits in der Konzeption des Marktes als geldvermittelter Tausch impliziert. Denn mit Tausch ist stets ein freiwilliger Tausch, im Sinne von gewaltfrei, gemeint. Zudem werden in der ökonomischen Theorie die Marktteilnehmer*innen als ▹ **Homines oeconomici** konzipiert, die einem Tausch nur dann zustimmen, wenn er für sie vorteilhaft, oder zumindest nicht unvorteilhaft ist. Entsprechend diesem Konzept muss ein Tausch per definitionem pareto-effizient sein. So argumentiert James M. Buchanan (1919–2013), einer der konsequentesten Verfechter der paretianischen Ökonomik, dass »Marktverzerrungen« nicht auftreten können, wenn eine Transaktion über einen idealen Markt abgewickelt wird (Buchanan 1986).

Das Pareto-Kriterium impliziert somit, dass Gründe der Gerechtigkeit keine ethisch legitimen Gründe für den Staat sind, in Märkte einzugreifen (▶ Kap. 18, ▶ Kap. 21). Dass Märkte zu Pareto-Effizienz führen und daher jeder im Vergleich zum Status quo gewinnt, wird als gerecht beurteilt. Dagegen glaubt kaum ein*e Ökonom*in heute daran, dass real existierende Märkte die Eigenschaften eines idealen Marktes aufweisen. Ganz im Gegenteil: Ein Großteil der ökonomischen Theorie beschäftigt sich heute mit ▹ **Marktversagen** oder auch Verzerrungen des Marktes. Das Versagen des Marktes wird dabei als Abweichung vom Idealtyp des Marktes definiert. Damit wird dieser Idealtyp zum normativen Referenzpunkt. Das Marktprinzip selbst kann folglich nicht versagen. Der logische Idealtyp des Marktes (die Marktlogik) stellt eine ahistorische Interaktionslogik dar, die mehr oder weniger verwirklicht sein kann (Egan-Krieger 2014).

Märkte sind jedoch aus verschiedenen Gründen nicht ethisch neutral. Der Clou des Pareto-Kriteriums ist, dass es an sich ein soziales Kriterium im Sinne der Inklusivität ist. Die Frage, wer von einer pareto-effizienten Maßnahme profitiert, lässt sich mit »alle« beantworten. Das Kriterium der Pareto-Effizienz stellt jedoch die ursprüngliche Verteilung nicht infrage. So stellt Amartya Sen fest:

> »Ein Zustand kann pareto-optimal sein, wenn einige Menschen in extremem Elend leben und andere im Luxus schwimmen, solange die Elenden nicht bessergestellt werden können, ohne den Luxus der Reichen zu beschneiden.«
>
> Amartya Sen (2000, S. 32)

Das Pareto-Kriterium läuft auf eine implizite Rechtfertigung jeder beliebigen Ausgangsverteilung hinaus. Es erlaubt daher keine angemessene Behandlung von Fragen der Verteilungsgerechtigkeit und/oder Fairness in Fällen, in denen die ursprüngliche Verteilung als ungerecht zu bezeichnen ist (aus welcher ethischen Perspektive auch immer).

6.1.4 Rawls' Differenzprinzip

Die ethische Kritik am Pareto-Prinzip als Maßgabe zur Bestimmung einer gerechten Verteilung hat in der Philosophie und ▹ **Ökonomik** einige alternative Konzepte von Verteilungsgerechtigkeit provoziert. Ein prominentes Beispiel ist die Gerechtigkeitstheorie des Philosophen John Rawls (1921–2002).

Die aktuelle Version der beiden Gerechtigkeitsprinzipien von Rawls lautet:

> »1. Jede Person hat den gleichen unabdingbaren Anspruch auf ein völlig adäquates System gleicher Grundfreiheiten, das mit demselben System von Freiheiten für alle vereinbar ist.
>
> 2. Soziale und ökonomische Ungleichheiten müssen zwei Bedingungen erfüllen: erstens müssen sie mit Ämtern und Positionen verbunden sein, die unter Bedingungen fairer Chancengleichheit allen offenstehen (a); und zweitens müssen sie den am wenigsten begünstigten Angehörigen der Gesellschaft den größten Vorteil erbringen (b).«
>
> (Rawls 2003, S. 78)

Dabei hat das erste Gerechtigkeitsprinzip Vorrang vor dem zweiten und die Bedingung der fairen Chancengleichheit (a) Vorrang vor dem sogenannten Differenzprinzip (b).

Das Differenzprinzip als Prinzip von Verteilungsgerechtigkeit bezieht sich bei Rawls auf die sog. Grundgüter. Zu den Grundgütern zählt Rawls neben Einkommen und Vermögen beispielsweise auch die soziale Basis der Selbstachtung, Macht und Privilegien von Ämtern und Positionen und die Freiheit der Berufswahl. Die Begründung dieses Differenzprinzips erfolgt mithilfe des sogenannten Urzustands. Den Urzustand entwirft Rawls als Gedankenexperiment. Die Parteien, die in der hypothetischen Situation des Urzustands über die politische Gerechtigkeitskonzeption entscheiden, vertreten freie und gleiche Personen. Der Urzustand ist durch den sogenannten Schleier des Nichtwissens gekennzeichnet, das heißt die Parteien kennen weder ihre Stellung in der Gesellschaft noch ihre Fähigkeiten oder ihre Konzeption des Guten. Das hat nach Rawls zur Folge, dass sich ihre Interessenverfolgung nur auf die Interessen beziehen kann, die mit ihrem Status als freie und gleiche Personen verbunden sind.

Rawls ist der Überzeugung, dass sich die so konzipierten Parteien zunächst darauf einigen, dass eine Reihe an sogenannten Grundfreiheiten oberste Priorität haben soll. In einem zweiten Schritt würden sich die Personen im Urzustand nach Rawls auf das Differenzprinzip als Verteilungsprinzip einigen. Dieses beruht auf der Annahme, dass Ungleichheit zu einem gewissen Grad das ökonomische Wachstum ankurbeln kann und somit einen Vorteil auch für die Schlechtgestellten bietet, da es einen Brennpunkt zwischen Gleichheit und ▹ **Effizienz** darstelle.

Nach dem Differenzprinzip müssten die Ärmsten am meisten vom Wachstum profitieren. Das Gegenteil ist jedoch der Fall. Die globalen Ungleichheiten sind heute ungefähr so groß wie auf dem Höhepunkt des westlichen Imperialismus zu Beginn des 20. Jahrhunderts (World Inequality Lab 2021). Tatsächlich ist der Anteil des Einkommens, der auf die ärmste Hälfte der Weltbevölkerung entfällt, heute etwa halb so groß wie im Jahr 1820. Zudem sind die Ungleichheiten innerhalb der Länder heute noch größer als die starken Ungleichheiten zwischen den Ländern. Das Urteil aus Sicht des Differenzprinzips scheint somit klar. Hinzu kommt, dass dieses große Ausmaß an Ungleichheit die Gefahr birgt, dass sowohl die faire Chancengleichheit als auch die gleichen Freiheiten nicht mehr für alle Menschen gewährleistet werden können.

Aus der Forschung

Während die Bekämpfung von Armut heute ein gemeinhin geteiltes moralisches Ziel ist, findet sich in der Philosophie und erst recht in der ▹ **Ökonomik** selten die Position, dass jemand zu viel hat. Die Philosophin und Ökonomin Ingrid Robeyns promovierte bei Amartya Sen zum *capability approach* und hat sich in den letzten Jahren vermehrt damit beschäftigt, ob sich für eine Obergrenze an Reichtum argumentieren lässt. Ihre Arbeit dazu kumulierte in ihrem zuletzt erschienenen Buch *Limitarismus. Warum Reichtum begrenzt werden muss.*

Quelle: Robeyns, Ingrid (2024): Limitarismus. Warum Reichtum begrenzt werden muss. Frankfurt am Main.

6.2 Was soll gerecht verteilt werden?

Sowohl Rawls' Prinzip von Verteilungsgerechtigkeit als auch die Effizienzüberlegungen der ▹ **Mainstreamökonomik** beziehen sich v. a. auf materielle Güter. Damit kommen wir auf die zweite Frage in der Einleitung zurück: Worauf sollen sich Verpflichtungen der gerechten Verteilung beziehen? Oder anders gesagt: Was soll gerecht verteilt werden?

6.2.1 Fähigkeiten statt Ressourcen (Amartya Sen)

Der Sozioökonom Amartya Sen kritisiert die materielle Gerechtigkeit (oder auch Ressourcengerechtigkeit) dafür, dass sie ausschließlich auf die materiellen Grundlagen blickt und nicht darauf, was Menschen damit konkret anfangen können. Nach seinem Fähigkeitenansatz (engl. *capability approach*) sollte die Verteilungsgerechtigkeit dagegen auf die Fähigkeiten bezogen werden, bestimmte Tätigkeiten auszuüben. Sen unterscheidet damit zwischen Tätigkeiten (engl. *functionings*), also Dingen, die Personen gerne tun oder sein würden, beispielsweise gut ernährt und gesund sein, und Fähigkeiten (engl. *capabilities*). Fähigkeiten bezeichnen nach ihm die Möglichkeiten, bestimmte Tätigkeiten auch wirklich zu erreichen. In diesem Sinne sei eine Fähigkeit eine Art von Freiheit: die substanzielle Freiheit. Sen hat daher neben dem Prozessaspekt von Freiheit, der seiner Meinung nach die Autonomie in Entscheidungen sowie politische Rechte beinhaltet, den *Opportunity*-Aspekt von Freiheit hervorgehoben. Dieser bezeichnet die Befähigung, unsere gesetzten Ziele auch tatsächlich erreichen zu können, und umfasst laut Sen die persönlichen und sozialen Umstände, die darauf eine Auswirkung haben (Sen 1999). Darunter fasst Sen auch die ökonomischen Umstände. Es geht also darum, allen Menschen die gleichen substanziellen Freiheiten zuzusichern, um sinnstiftende Tätigkeiten ausüben zu können. Sen hat jedoch nie dargelegt, welche diese sinnstiftenden Tätigkeiten sind. Der Grund für diese Zurückhaltung ist, dass die Bestimmung von sinnstiftenden Tätigkeiten notwendig auf einer Vorstellung eines guten Lebens beruhen muss. Er positioniert sich hier ähnlich wie Rawls, der ebenfalls argumentiert, dass Konzeptionen des guten Lebens vielfältig sind und es unmöglich ist, eine von allen geteilte Bestimmung des guten Lebens zu finden. Folglich erscheint es ihm als ein Gebot der

Gerechtigkeit, die Güter und Chancen gerecht zu verteilen, die den einzelnen Individuen die Freiheit verschaffen, ein gutes Leben nach ihren eigenen Vorstellungen zu führen. Jeder Versuch dagegen, das gute Leben zu definieren, ist mit der Gefahr verbunden, bevormundend zu wirken und so die individuelle Freiheit einzuschränken.

6.2.2 Das gute Leben: Begründungsprobleme

Was bedeuten die Schwierigkeiten, ein von allen geteiltes Konzept des guten Lebens zu finden, für den politökonomischen Diskurs allgemein und Fragen der Verteilungsgerechtigkeit im Besonderen?

Stellen wir uns die Frage nach dem Sinn unseres Lebens, so fragen wir nach dem Wesentlichen, das unser Leben ausmacht oder ausmachen sollte. Wir entwerfen eine Konzeption des guten Lebens, das wir als Zweck an sich betrachten. Schon Aristoteles sah in der *eudaimonia* etwas, das stets um seiner selbst willen und niemals zu einem darüber hinausliegenden Zweck anzustreben. Der Philosoph Jürgen Habermas unterscheidet zwar zu Recht zwischen »moralisch-praktischen Diskursen« zu Fragen der Gerechtigkeit und »ethisch-existentiellen Diskursen« zu Fragen des guten Lebens, um damit die unterschiedlichen Anforderungen an die praktische Vernunft deutlich zu machen. Denn während Habermas in Fragen der Gerechtigkeit einen Konsens für möglich erachtet, ist diese Möglichkeit in Fragen des guten Lebens nicht gegeben. Trotzdem gibt es auch in diesen Fragen intersubjektive Aspekte und eine Verständigung ist daher durchaus möglich. Auch die Philosophin Seyla Benhabib zweifelt den Sinn der Trennung zwischen Fragen der Gerechtigkeit und Fragen des guten Lebens nicht an, betont aber zu Recht, dass nur aus der geringeren Universalisierbarkeit in Fragen des guten Lebens nicht automatisch die philosophische Beschränkung auf die Gerechtigkeit folgt. In nur scheinbarem Widerspruch zu Habermas hält auch Benhabib in Fragen des guten Lebens Debatten und Reflexionen für möglich. Politische Diskurse sollten ihrer Auffassung nach daher nicht von vornherein auf Fragen der Gerechtigkeit beschränkt bleiben.

Eudaimonia

Eudaimonia (altgr. für »gutes Leben«) war in der antiken Philosophie das höchste Ziel des menschlichen Lebens. Es beschreibt einen Zustand des inneren Glücks, erreicht durch Tugend, Weisheit und ein erfülltes Leben.

Hinzu kommt, dass wir bei Fragen nach der richtigen Gestaltung unseres Wirtschaftens um Antworten auf Fragen des guten Lebens ohnehin nicht herumkommen. Die Tatsache, dass mit diesen Antworten stets ein geringerer Geltungsanspruch verbunden ist als im Falle von Gerechtigkeit, sollte uns zwar stets bewusst sein, ist aber kein Grund, davor zurückzuschrecken. Schließlich bedeutet dies andererseits nicht, dass der Begründungsanspruch ganz aufgegeben werden muss. Der Philosoph Ernst Tugendhat (1930–2023) kritisiert zu Recht den eigentümlichen Zustand der Ethik, nach dem nur entweder eine absolute Begründung gegeben werden kann oder der Begründungsanspruch ganz aufgegeben werden müsse. In diesem Sinne macht auch Konrad Ott deutlich, dass die alleinige Konzentration auf zureichende im Sinne von zwingenden Begründungen fehlgeht und es durchaus gute, aber nicht zwingende Begründungen geben kann.

6.2.3 Eine konkrete Liste von Fähigkeiten (Martha Nussbaum)

Ein möglicher Ausgangspunkt für die demokratisch geführte Debatte über Fragen des guten Lebens bietet der Fähigkeitenansatz von Martha Nussbaum. Sie erhebt den Anspruch, mit ihrer Konzeption des guten Lebens den soeben skizzierten Anforderungen gerecht zu werden. Für die Ausgestaltung ihrer Konzeption des guten Lebens stützt sich Nussbaum auf Sens Unterscheidung zwischen *capabilities* (Fähigkeiten) und *functionings* (Tätigkeiten). Sie macht damit einen Unterschied zwischen der Möglichkeit, bestimmte Tätigkeiten auszuüben und der tatsächlichen Ausübung dieser Tätigkeiten. In welchem Maße diese Fähigkeiten von Einzelnen genutzt werden, ist diesen selbst überlassen. In diesem Sinne stellt Nussbaum eine Liste von Fähigkeiten zusammen, deren Gewährleistung ein gutes menschliches Leben nach der je eigenen Konzeption ermöglichen soll. Sie greift bei der Bestimmung ihrer Konzeption des guten Lebens auf Aristoteles zurück, der die spezifischen Bedingungen unseres Menschseins und unseres Selbstverständnisses zum Ausgangspunkt nimmt. Diese Überlegungen können nach Nussbaum nur aus einem historischen Kontext und persönlicher Erfahrung vorgenommen werden. Diese interne Rekonstruktion erfolgt damit zwar immer aus einem innerhistorischen Standpunkt, ist aber nicht einer bestimmten Tradition oder Kultur verhaftet (Nussbaum 2000). Ebenso wenig ist sie aus biologischer Forschung abgeleitet, die Aussagen über die Natur des Menschen machen würde. Dass es dennoch möglich ist, eine gemeinsame Vorstellung davon zu entwickeln, was es bedeutet, ein Mensch zu sein, sieht Martha Nussbaum darin begründet, dass wir andere Menschen über viele Unterschiede in Zeit, Raum, Kultur usw. hinweg als Menschen erkennen. Als Quellen für die Rekonstruktion kommen beispielsweise Mythen und Geschichten infrage. Nussbaums Minimalkonzeption des Guten ist letztlich das Ergebnis einer langjährigen kulturübergreifenden Diskussion. Zweifelsohne ist es eine normative, das heißt wertende Konzeption. Nussbaum spricht daher auch von einer »freistehenden moralischen Idee« (Nussbaum 2000, S. 83), die nicht auf bestimmten **metaphysischen** oder theologischen Weltbildern basiert. Teile der ▹ **Feministischen Ökonomik** haben sich diese Position zu eigen gemacht (Biesecker/Kesting 2003).

Metaphysisch

Metaphysisch bezeichnet man etwas, das über die Erfahrungswelt hinausgeht.

Da aus Sicht des Fähigkeitenansatzes nicht die ungleiche Verteilung von Einkommen, sondern von Fähigkeiten ausschlaggebend für die ethische Beurteilung ist, ist eine ethische Beurteilung der derzeitigen ungleichen Einkommensverteilung schwierig. Vertreter*innen des Fähigkeitenansatzes heben hervor, dass in den Ländern des ▹ **Globalen Südens** der Zugang zu wesentlichen Bedingungen für ein gutes menschliches Leben vor der Anpassung an die westlichen Entwicklungs- und Wachstumsmuster nicht primär vom Einkommen abhängig war. Im Zuge zahlreicher Maßnahmen zur Bekämpfung von Armut mag zwar das Pro-Kopf-Einkommen gestiegen sein. Dies hatte aber in vielen Fällen die Konsequenz einer Zerstörung von ursprünglichen Kompetenzen, Fähigkeiten, lokalem Wissen, sozialen Bedingungen (Netzwerken), die eben jenen Zugang ermöglichten.

Bezug zur sozial-ökologischen Vielfachkrise

Neben der Frage nach der gerechten Verteilung zwischen den heute lebenden Menschen stellt sich mit Blick auf die sozial-ökologische Vielfachkrise insbesondere die Frage nach der Gerechtigkeit gegenüber zukünftigen Generationen. In der Nachhaltigkeitstheorie wird insbesondere die intergenerationelle Verteilungsgerechtigkeit bezüglich ▷ **natürlicher Ressourcen** diskutiert. Je nach Position wird zwischen starker und schwacher Nachhaltigkeit unterschieden. Vertreter*innen der schwachen Nachhaltigkeit gehen davon aus, dass natürliche Ressourcen ersetzbar sind. Diese Position wird insbesondere von ▷ **Umweltökonom*innen** vertreten. Vertreter*innen der starken Nachhaltigkeit dagegen halten natürliche Ressourcen nicht für ersetzbar und fordern daher den Erhalt natürlicher Ressourcen. Diese Position ist in der ▷ **Ökologischen Ökonomik** weit verbreitet (► Kap. 5).

Einen Begründungsversuch für eine Konzeption starker Nachhaltigkeit haben der Philosoph Konrad Ott und der Ökonom Ralf Döring vorgelegt. Sie unterscheiden in Bezug auf die intergenerationelle Verteilungsgerechtigkeit zwischen einem egalitär-komparativen und einem absoluten Standard. Ein absoluter Standard spricht allen Menschen das Recht auf die Bedingungen für ein Mindestniveau an Lebensqualität zu. Dieses Mindestniveau bestimmen Ott und Döring unter Rückgriff auf den Fähigkeitenansatz von Martha Nussbaum, den sie mit den Grundgütern von Rawls kombinieren. Einen solchen anspruchsvollen absoluten Standard halten sie sowohl in intra- wie auch in intergenerationeller Perspektive für begründbar.

6.3 Ökonomisierung: Gerechtigkeit und gutes Leben im Kontext unseres Wirtschaftens

Die bisherige Analyse einiger ausgewählter ökonomischer Theorien sowie die wissenschaftstheoretischen Überlegungen haben gezeigt, dass jeder ökonomischen Theorie Vorstellungen vom gerechten Wirtschaften zugrunde liegen. Diese Vorstellungen prägen unseren Blick auf unser Wirtschaften – und werden damit performativ wirksam (▷ **Performativität**).

Darüber hinaus gibt es jedoch nicht nur einen Zusammenhang zwischen Gerechtigkeit und unserem Denken über Wirtschaft, sondern ebenso zwischen Gerechtigkeit und unseren Praktiken des Wirtschaftens selbst. Dieses Wirtschaften ist derzeit in Form einer Marktwirtschaft organisiert. Märkte werden durch zwei Interaktionslogiken bestimmt: Tausch und Wettbewerb. Der Wettbewerb ist dabei das Ergebnis des Wechsels der Tauschpartner. Tausch und Wettbewerb sind zwei Dimensionen ein und desselben Prozesses. Wenn die Möglichkeit besteht, neue Tauschbeziehungen einzugehen und alte aufzulösen, dann findet Wettbewerb statt. Jeder Wechsel des Tauschpartners übt einen, wenn auch marginalen, Wettbewerbsdruck auf andere Marktteilnehmer*innen aus (Thielemann 2010). Solange Wirtschaftssubjekte im Markt verbleiben wollen (etwa, weil sie auf die Einkommenserzielung zur Sicherung ihres Lebensunterhalts angewiesen sind), sind sie angehalten, ihre Selbstbehauptung im Wettbewerb zu sichern. Andernfalls werden sie als Arbeitnehmer*in entlassen oder gehen als Unternehmer*in in Konkurs. Durch diese Handlungsstrategie übt jede*r Marktteilnehmer*in einen unbeabsichtigten und nur marginalen Zwang auf seine Mitbewerber*innen aus. Diese Wechselwirkungen kumulieren sich im Markt jedoch zu einem dauerhaften Wettbewerbsdruck, der uns als systemischer Zwang begegnet, wettbewerbsfähig zu sein und zu bleiben (Ulrich 2016). Die bestehende Marktwirtschaft mit dem Wettbewerbsprinzip stellt damit kein wertneutrales Instrument zur effizienten Verteilung dar (▷ **Effizienz**). Die ständig geforderte Selbstbehauptung im Wettbewerb bedingt eine strukturelle Asymmetrie der Verwirklichungschancen verschiedener Lebensentwürfe. Es existiert ein Zwang hin zu wettbewerbsorientierten Lebenskonzepten (Ulrich 2016). Dies wird als ▷ **Ökonomisierung** kritisiert.

Soziale Ungleichheit und Wettbewerb können darüber hinaus eine Auswirkung auf die faire Chancengleichheit und gleichen Grundfreiheiten nach Rawls haben. Damit greift der Aspekt der Verteilungsgerechtigkeit in Aspekte der politischen Gerechtigkeit hinein. Die Ökonomisierung beschränkt sich nämlich nicht auf eine Ökonomisierung des Selbst, sie umfasst ebenso eine Ökonomisierung der Politik (▶ Kap. 10). Diese zeigt sich beispielhaft und besonders eindrücklich bei der Betrachtung von Freihandelsabkommen. So sieht das *Umfassende Wirtschafts- und Handelsabkommen zwischen der EU und Kanada* (kurz: CETA) eine sog. *Ratchet-Klausel* vor, die besagt, dass nur solche Regulierungen zulässig sind, die die Konformität mit den Freihandelsabkommen und damit den Grad der Offenheit der Märkte mindestens nicht verringern. Das Prinzip des Wettbewerbs soll zum Gesellschaftsprinzip erhoben werden. Da jede Marktregulierung ein Handelshemmnis darstellt, läuft dies in einer innerlich konsequenten Weiterentwicklung auf eine Abschaffung substanzieller demokratischer Politik hinaus.

6.4 Ausblick: Werterhellung ökonomischer Theorien

Die Beschäftigung mit den normativen Positionen in Fragen der Gerechtigkeit, wie sie in ökonomischen Theorien vertreten werden, wirft die Frage auf, wie eine sinnvolle Arbeitsteilung zwischen ▷ **Ökonomik** und Ethik gelingen kann. Dabei kann die Wirtschaftsethik die Rolle einer Art Drehscheibe zwischen der Ethik und der Ökonomik einnehmen. Denn bei allen berechtigten Ansprüchen an die ethische Reflexion innerhalb ökonomischer Theorien macht die Komplexität vieler ökonomischer Themen, sowohl was die Wahrheits- als auch was die Richtigkeitsansprüche angeht, einen gewissen Grad der Arbeitsteilung sinnvoll.

Damit geht weder ein Nebeneinanderher der beiden Disziplinen noch eine klare Grenze zwischen ihnen einher. Es gibt stets Überlappungsbereiche. Diese Überlappungsbereiche können selbstverständlich nicht so verstanden werden – das sollte im Laufe dieses Textes klargeworden sein –, dass es einen »ethikfreien« Kern ökonomischer Theorien gäbe, in dem erst in den »Außenbereichen« ethische Fragen ins Spiel kämen. Es kann daher nicht um eine Aufteilung der Gegenstandsbereiche, sondern vielmehr nur um eine begrenzte Arbeitsteilung gehen, die durch die Vermittlungsleistung der Wirtschaftsethik immer wieder durchbrochen werden sollte. Diese Vermittlungsleistung besteht in der Werterhellung der ökonomischen Theorien – sie macht also (implizite) Werte sichtbar. Damit trägt die Wirtschaftsethik maßgeblich zur Reflexivität von polit-ökonomischen Diskursen bei. Die Entscheidung darüber, mithilfe welcher ökonomischen Theorie wir letztlich auf unser Wirtschaften blicken und zu welchen Gestaltungsvorschlägen wir dadurch gelangen, kann nur in öffentlichen Diskursen mit allen Betroffenen gefällt werden.

Literaturempfehlungen

Buchanan, James (1986): Liberty, Market and State. Brighton.

Egan-Krieger, Tanja von (2014): Die Illusion wertfreier Ökonomie. Eine Untersuchung der Normativität heterodoxer Theorien. Frankfurt.

Hausman, Daniel/McPherson, Michael (2006): Economic Analysis, Moral Philosophy, and Public Policy. New York.

Koller, Peter (2021): Gerechtigkeit und Gleichheit. In: Handbuch Wirtschaftsphilosophie 3. Praktische Wirtschaftsphilosophie. Wiesbaden.

Nussbaum, Martha (2000): Women and Human Development. The Capabilities Approach. Cambridge.

Rawls, John (2003): Gerechtigkeit als Fairness. Frankfurt a. M.

Sen, Amartya (1999): Development as Freedom. Oxford.

Thielemann, Ulrich (2010): Wettbewerb als Gerechtigkeitskonzept. Kritik des Neoliberalismus. Marburg.

Ulrich, Peter (2016): Integrative Wirtschaftsethik, 5. Aufl., Bern.

Varian, Hal R. (2007): Grundzüge der Mikroökonomik. München/Wien.

Zusätzliche Belege

World Inequality Lab (2021): Bericht zur weltweiten Ungleichheit 2022. https://wir2022.wid.world/www-site/uploads/2021/12/Summary_WorldInequalityReport2022_German.pdf (Abrufdatum 15.10.2025)

Online-Ressourcen

Eva Böhringer: Der Schleier des Nichtwissens | John Rawls | Gerechtigkeit als Fairness, Link: https://youtu.be/d2N9iK9uHCA?si=QRqbUuTfuG4gq5sr

Wohlstand für alle, Podcastfolge 311: Warum es keinen gerechten Lohn gibt, Link: https://open.spotify.com/episode/7Jm6j8ybd1ZnNzdsIRxcRY?si=9f6309c1df314e37&nd=1&dlsi=c7f357738a2e440d

Plurale Kontexte

7 Ökonomie und Natur

Corinna Dengler

Wenn man im Studium der ▷ **Ökonomik** auf die Ökonomie blickt, so scheint es sich dabei um einen in sich abgeschlossenen Gegenstandsbereich zu handeln. Innerhalb dieses Gegenstandsbereichs können wir verschiedene Ebenen betrachten, etwa die Mikroebene (z. B. individuelle Kaufentscheidungen), die Mesoebene (z. B. wie Regulierungen individuelles Verhalten beeinflussen) und die Makroebene (z. B. Auswirkungen von ▷ **Inflation** auf den Außenhandel). Grundsätzlich wird die Ökonomie in Lehrbüchern der ▷ **Volkswirtschaftslehre** vom Individuum ausgehend gedacht (▶ Kap. 2), wir bezeichnen das als ▷ **methodologischen Individualismus**. Wirtschaftssoziolog*innen und ▷ **ökologische Ökonom*innen** sehen diesen Zugang zur Ökonomie kritisch: Ist denn Gesellschaft nicht mehr als die Summe ihrer Teile? Leben wir nicht zumeist in sozialen Beziehungen? Und was ist eigentlich mit Natur und der Tatsache, dass der Planet begrenzt ist, während die Wirtschaft vermeintlich unbegrenzt wachsen soll (▶ Kap. 4)?

Bei der Beantwortung dieser Fragen hilft uns das Konzept der Einbettung. Es besagt grundsätzlich, dass Wirtschaft nicht im luftleeren Raum existiert, sondern in die Natur, die Gesellschaft (▶ Kap. 8), aber auch spezifische historische (▶ Kap. 9) und politische (▶ Kap. 10) Gegebenheiten eingebettet ist. Der Begriff der Einbettung geht zurück auf den Sozioökonomen Karl Polanyi (1886–1964). Dieser schlägt in seinem Hauptwerk *The Great Transformation* den historischen Bogen vom frühen 19. Jahrhundert zum Faschismus im Deutschland der 1930er Jahre und zeigt, dass Letzterer nur mit Blick auf langfristige Entwicklungen und die Grenzen des Liberalismus verstanden werden kann.

Für Polanyi ist die Wirtschaft weit mehr als nur kapitalistische Marktwirtschaft. Sie ist in Institutionen und soziale Beziehungen eingebettet und kann nicht losgelöst von diesen agieren. Obwohl Polanyi selbst in seinem Hauptwerk den Begriff der Einbettung vor allem auf die gesellschaftliche, historische und politische Ein- bzw. Entbettung von Märkten bezieht, lässt sich auch in Bezug auf die Einbettung der Ökonomie in die Natur – um die es in diesem Kapitel vordergründig geht – viel lernen. Insbesondere Polanyis Gedanken dazu, dass die Natur eine »fiktive Ware« sei und nicht dem Marktprinzip unterworfen werden sollte, sind für pluralökonomische Betrachtungsweisen zur Einbettung der Ökonomie in die Natur fruchtbar.

Fiktive Waren

Nach Polanyi Güter, die nicht für den Verkauf produziert wurden, aber dennoch wie eine Ware behandelt werden (Natur, Arbeit, Geld). Ihre Vermarktlichung untergrabe die sozial-ökologischen Grundlagen unserer Wirtschaftsweise

Das Thema der Einbettung der Ökonomie in die Natur und die Gesellschaft ist zentral, um die sozial-ökologische Vielfachkrise zu verstehen. Aus Sicht der Ökologischen Ökonomik und auch vieler Naturwissenschaften sind Wirtschaft und Gesellschaft durch die planetaren Belastungsgrenzen der Erde begrenzt. Demgegenüber steht ein kapitalistisches Wirtschaftssystem, dem marxistischen politischen Ökonom*innen zufolge ein Wachstumszwang innewohnt, das also immer weiterwachsen muss, um sich zu stabilisieren und seine positiven sozialen Errungenschaften (z. B. das Pensionssystem) zu sichern. Vor diesem Hintergrund betrachten wir in diesem Kapitel zunächst, wie die ▹ **Mainstreamökonomik** auf die Beziehung zwischen Wirtschaft und Natur blickt. Sodann lernen wir drei verschiedene Ansätze einer ▹ **Pluralen Ökonomik** kennen und überlegen, was sie zur Einbettung der Ökonomie in die Natur zu sagen haben und wie sie miteinander in Beziehung stehen: die Ökologische Ökonomik, den Ökomarxismus (als eine Form der ▹ **Marxistischen Politischen Ökonomie**) und die Feministisch-Ökologische Ökonomik. Abschließend werden wir noch einmal rekapitulieren, was mit Hinblick auf die Einbettung der Ökonomie in Natur ein zukunftsfähiges Wirtschaften ausmacht.

7.1 Natur als Sphäre außerhalb der Wirtschaft: Der ökonomische Mainstream

Das Nachdenken über Umweltfragen ist in den Wirtschaftswissenschaften nicht neu. Im 18. Jahrhundert setzte z. B. die französische ökonomische ▹ **Denkschule** der ▹ **Physiokratie** (altgriechisch: Herrschaft der Natur) einen starken Fokus auf Natur als wichtigste Quelle des Wohlstands eines Landes. Der klassische politische Ökonom John Stuart Mill (1806–1873) schreibt schon in seinem Werk *Principles of Political Economy* (1857), dass unendliches Wirtschaftswachstum wegen nicht-erneuerbarer Ressourcen unmöglich sei. Mill geht jedoch davon aus, dass diesem Umstand durch technologische Innovation beigekommen werden kann (▶ Kap. 14). Auch bei Adam Smith, Thomas Robert Malthus, David Ricardo, William Jevons und Karl Marx finden sich Gedanken zur Rolle der Natur für die Ökonomie, auch wenn die Einbettung in und Begrenztheit durch die Natur (verständlicherweise) noch nicht den gleichen Stellenwert hatte, wie in Zeiten von Klimakrise und Biodiversitätskollaps im 21. Jahrhundert.

Im Zuge der marginalistischen Revolution der 1870er Jahre und der Entstehung der ▹ **Neoklassik** löste sich das Nachdenken über die Ökonomie vom Nachdenken über die Politik – aus der politischen Ökonomie wird die neoklassische Ökonomik (▶ Kap. 1). In diesem Zuge wurden auch Umweltfragen bis in die Mitte des 20. Jahrhunderts weitestgehend außen vor gelassen. Sie wurden fortan in wenigen spezialisierten Nischen (z. B. Agrarökonomik), aber nicht mehr als zentrale Fragen einer jeden Wissenschaft von der Wirtschaft, diskutiert. Ab den 1950er Jahren entwickelte sich der Strang der neoklassischen ▹ **Ressourcenökonomik** und darauf aufbauend die ▹ **Umweltökonomik** – beides Theoriestränge, die dem Mainstream zuzurechnen und die bis heute sehr einflussreich sind (▹ **Mainstreamökonomik**). Der Umweltökonomik geht es – in Anlehnung an die Neoklassik – vor allem um die effiziente Allokation von knappen ▹ **natürlichen Ressourcen** (▹ **Effizienz**). Natur wird als etwas außerhalb der Ökonomie Stehendes betrachtet. Sie wird z. B. als Inputfaktor in ▹ **Produktionsfunktionen** betrachtet, wo sie als ▹ **Naturkapital** in Produktionsprozesse einfließt (▶ Kap. 16). Dieser Perspektive liegt die Annahme einer uneingeschränkten Austauschbarkeit von Naturkapital mit anderen Kapitalarten (z. B. ▹ **Sachkapital** oder ▹ **Humankapital**) zugrunde. Der Naturverbrauch wird hierbei zunächst grundsätzlich nicht negativ bewertet, solange der gesamte Kapitalstock wächst.

In der neoklassischen Umwelt- und Ressourcenökonomik wird aber durchaus auch anerkannt, dass es aufgrund von Markt- (und Staats-)Versagen zur übermäßigen Naturzerstörung kommen kann, beispielsweise durch Umweltverschmutzung. Als Problem wird dabei gesehen, dass es keine klaren ▷ **Eigentumsrechte** an der Natur gibt und sich ökologische Kosten nicht ausreichend auf die Preise niederschlagen. Es kommt zum sogenannten *Free Riding*, also dazu, dass Menschen zur Umweltverschmutzung beitragen, ohne die (ökologischen) Kosten für die Nutzung zu bezahlen. Das wird dann in der Umweltökonomik als *negative Externalität* bezeichnet. Die Lösung, die Umweltökonom*innen hierfür parat haben, ist das sogenannte »Internalisieren von externen Effekten«. Ein Beispiel hierfür ist das Einpreisen von ökologischen Kosten, zum Beispiel durch Steuern oder den Handel mit Umweltzertifikaten. Insgesamt geht es also darum, die Preise zu korrigieren und Kostenwahrheit herzustellen, um der übermäßigen Umweltzerstörung etwas entgegenzusetzen.

Kostenwahrheit

Die gesellschaftlichen Kosten einer wirtschaftlichen Tätigkeit sind im Preis des Endprodukts enthalten. Entstehen soziale und ökologische Kosten in der Produktion, sollten diese vollständig vom Verursacher getragen werden.

Zusammengefasst lässt sich sagen, dass die Natur im ökonomischen Mainstream als Sphäre außerhalb der Wirtschaft und dem Gegenstandsbereich der Wirtschaftswissenschaften wahrgenommen wird. Auch wenn es Wechselwirkungen gibt (z. B. Natur als Input in Produktionsfunktionen, negative externe Effekte), ist die Wirtschaft nicht durch die Natur begrenzt. Dem zugrunde liegt ein Verständnis schwacher Nachhaltigkeit (▶ Kap. 5). Damit gehen die Annahmen der Austauschbarkeit verschiedener Kapitalarten, der Übersetzung von Natur in Geldeinheiten und der grundsätzlichen Vereinbarkeit von Wirtschaftswachstum und Nachhaltigkeit einher. Umweltökonom*innen sind der Überzeugung, dass man der sozial-ökologischen Krise am besten durch technologische Innovation und Marktlösungen beikommen kann, während staatliche Eingriffe in den Markt vor allem der Internalisierung von externen ökologischen Kosten dienen sollten. Insofern ist der Marktmechanismus für Umweltökonom*innen die bevorzugte, wenn nicht gar die einzige Ebene für politische Eingriffe.

7.2 Wirtschaft als eingebettet in die Natur: Die Ökologische Ökonomik

Die ▷ **Ökologische Ökonomik** ist ab den 1970er Jahren als heterodoxe Kritik an der neoklassischen ▷ **Umwelt- und Ressourcenökonomik** entstanden (▷ **Heterodoxie**). Sie geht grundlegend davon aus, dass die Ökonomie in die Natur eingebettet ist und postuliert somit das sogenannte Vorrangmodell der (starken) Nachhaltigkeit (siehe Abbildung 7.1).

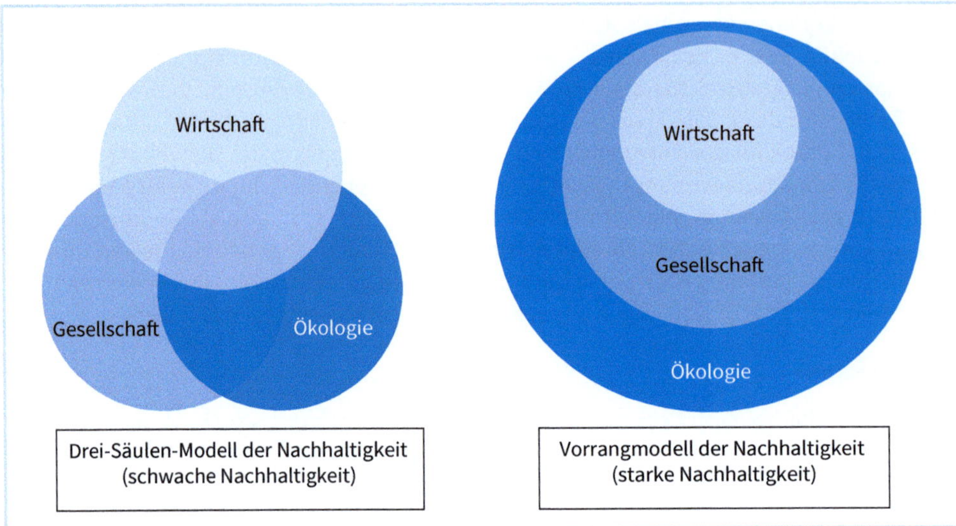

Abbildung 7.1: Schwache vs. starke Nachhaltigkeit (eigene Darstellung).

In der Ökologischen Ökonomik ist Wirtschaft in die Gesellschaft und die Biosphäre eingebettet, stellt also ein Subsystem dar, das nicht auf der gleichen Ebene wie die Natur angesiedelt ist. Sie ist eingebettet in und dadurch auch begrenzt durch die biophysischen Grenzen unseres Planeten. Diese Grenzen wurden vom *Stockholm Resilience Centre* 2009 als planetare Belastungsgrenzen konzeptualisiert und umfassen neun verschiedene biophysische Prozesse wie Klimawandel, Artensterben, Landnutzungswandel und Ozeanversauerung (siehe Abbildung 7.2). Wenn die planetaren Belastungsgrenzen überschritten werden, wird der »sichere Handlungsspielraum für die Menschheit« verlassen und Kipppunkte werden erreicht. Das bedeutet, dass jede zusätzliche Veränderung zu kaum mehr vorhersagbaren und stark beschleunigten Folgen führen kann. Bei der ersten Berechnung im Jahr 2009 waren es drei (Artensterben, Klimakrise, Stickstoffkreislauf), bei der zweiten Berechnung im Jahr 2015 vier (inkl. Landnutzungswandel) und mittlerweile sind sechs der neun identifizierten planetaren Belastungsgrenzen überschritten.

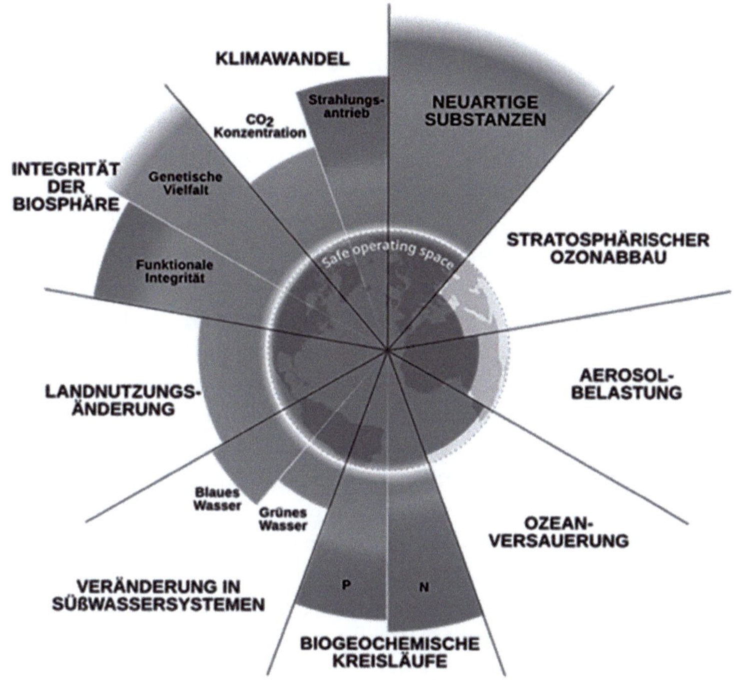

Abbildung 7.2: Planetare Belastungsgrenzen nach Richardson et al. (2023).

Weil die Ökonomie in die Natur eingebettet und damit auch durch sie begrenzt ist, kann die Natur laut ökologischen Ökonom*innen nicht einfach durch andere Kapitalarten ersetzt werden, weil diese Kapitalarten nicht vergleichbar sind (d.h. sie sind inkommensurabel). Während einige ökologische Ökonom*innen das Konzept des ▷ **Naturkapitals** strategisch nutzen wollen, um auch im Mainstream Gehör zu finden, stehen viele ökologische Ökonom*innen dem Begriff sehr kritisch gegenüber. Umweltzerstörung ist in vielen Fällen irreversibel und die Ökologische Ökonomik postuliert das Prinzip der Vorsorge, wonach Umweltschäden möglichst zu vermeiden sind. Zudem ist die Frage, wie man zum Beispiel das Aussterben einer bestimmten Tierart in Geldeinheiten ausdrücken oder durch ▷ **Humankapital** aufwiegen sollte, für ökologische Ökonom*innen eine hochgradig ethische Frage. Insgesamt löst sich die Ökologische Ökonomik von einer streng disziplinären Betrachtungsweise und bringt auch Erkenntnisse anderer Sozial-, Geistes- und Naturwissenschaften mit ein (z.B. Sozialtheorie, Moralphilosophie, Politische Ökologie). Themen der inter- und intragenerationellen Gerechtigkeit (▶ Kap. 6) sind dabei zentral und weite Teile der Ökologischen Ökonomik verstehen sich im Gegensatz zur neoklassischen Umwelt- und Ressourcenökonomik als normativ.

Die Entstehung der Ökologischen Ökonomik als heterodox-ökonomische Denkschule ist in den späten 1960er und 1970er Jahren anzusiedeln. Sie ist beeinflusst von der Umweltbewegung, die wiederum von Rachel Carsons 1962 veröffentlichten Sachbuch *Der stumme Frühling* zu den zerstörerischen Folgen des Pestizideinsatzes auf Umwelt, Tiere und Menschen, beeinflusst war. Wichtige frühe Vertreter*innen der Ökologischen Ökonomik waren

Kenneth Boulding, Nicholas Georgescu-Roegen, Herman Daly und Joan Martínez-Alier, die alle die Einbettung der Ökonomie in die Natur als Ausgangspunkt ihrer Theoriebildung nahmen. Die Natur ist hier keinesfalls als extern zu betrachten, sondern stellt Anfang und Ende jedes Produktionsprozesses dar. Ressourcen(-ver-)nutzung ist keine Externalität, sondern (wie auch die Konzepte der ▷ **Kreislaufwirtschaft** und *Cradle to Cradle* betonen) ein inhärenter Teil des Wirtschaftens, keine Ausnahme, sondern die Regel.

Ein wichtiges Konzept, das in der Ökologischen Ökonomik anschließend an den zweiten Hauptsatz der Thermodynamik von Nicholas Georgescu-Roegen eingebracht wurde, ist das der Entropie. Georgescu-Roegen zeigte in seinem Hauptwerk *The Entropy Law and the Economic Process* (1971), dass wirtschaftliche Prozesse unvermeidlich zu mehr Unordnung und Energieverlust führen. Diese Umwandlung ist irreversibel, was bedeutet, dass einmal genutzte Energie nicht vollständig wieder in ihren ursprünglichen Zustand zurückversetzt werden kann. Unendliches Wirtschaftswachstum ist daher unmöglich. Hier wird betont, dass jeder Wirtschaftsprozess ein ökologischer Prozess ist, in dem biologische, physikalische und chemische Prozesse durch den Produktionsprozess umgewandelt werden, und daher wirtschaftliche Prozesse nicht losgelöst vom Energie- und Materialdurchsatz untersucht werden können.

Einer der Gründungsmomente der Ökologischen Ökonomik war die radikal-ökologische Wachstumskritik der 1970er Jahre. 1972 wurde vom *Club of Rome* der wegweisende Bericht *Grenzen des Wachstums* veröffentlicht, der die Endlichkeit von Ressourcen, die Gefahr eines ökologischen Kollapses und die Unmöglichkeit von unendlichem Wirtschaftswachstum auf einem endlichen Planeten ins Zentrum stellt. Ökologische Ökonom*innen betonten schon damals, dass die Wirtschaft das, was Herman Daly einen *Steady State* nennt, erreichen oder – wegen der Entropie – sogar schrumpfen müsse. Der historische Ausgangspunkt der Ökologischen Ökonomik in Bezug auf Wirtschaftswachstum und ökologische Nachhaltigkeit ist daher eine klare Unvereinbarkeit. Während die Debatten im öffentlichen Diskurs in den folgenden Jahren unter den Begriffen »nachhaltige Entwicklung« (Wirtschaftswachstum und ökologische Nachhaltigkeit sind grundlegend vereinbar) und »grünes Wachstum« (wir brauchen Wirtschaftswachstum *für* ökologische Nachhaltigkeit) aufgeweicht wurden, besinnen sich neuere Strömungen innerhalb der Ökologischen Ökonomik, wie z. B. ▷ **Degrowth**/Postwachstum, auf die Unvereinbarkeitsthese der 1970er Jahre zurück: Sie postulieren, dass ein gutes Leben für alle innerhalb planetarer Belastungsgrenzen nur dann möglich ist, wenn wir uns vom Zwang befreien, immer weiter wachsen zu müssen.

Steady-State Economy

Die Steady-State Economy bezeichnet eine Wirtschaft, in der der Energie- und Materialdurchsatz auf einem ökologisch tragfähigen Niveau konstant bleiben.

Der ökologische Ökonom Clive Spash unterscheidet innerhalb der Ökologischen Ökonomik des 21. Jahrhunderts drei Gruppen: neue Ressourcenökonom*innen, neue Umweltpragmatiker*innen und sozial-ökologische Ökonom*innen. Zur ersten Gruppe zählt er ökologische Ökonom*innen, die die Trennlinie der (orthodoxen) Umweltökonomik und der (heterodoxen) Ökologischen Ökonomik aufweichen, indem sie versuchen, die neoklassische Ökonomik und ihre Methoden (z. B. mathematische Modellierung) in die biophysikalische Realität einzubetten. Als neue Umweltpragmatiker*innen bezeichnet er ökologische Ökonom*innen, die auf Konzepte und Maßnahmen setzen, die unter gegebenen politischen Bedingungen als leicht durchsetzbar gelten, z. B. das Framing von ökologischen Prozessen als Ökosystemdienstleistungen, die in monetäre Einheiten übersetzt werden. Die dritte Gruppe, zu der unter anderem Clive Spash und die Autorin dieses Kapitels zählen, sind die sozial-ökologischen Ökonom*innen. Diese lehnen die monetäre Bewertung von Natur als Scheinlösung ab, stellen das kapitalistische Wachstumsparadigma in Frage und betonen die Notwendigkeit einer tiefgreifenden sozial-ökologischen Transformation.

7.3 Der metabolische Riss in der Einbettung der Wirtschaft in die Natur: Ökomarxistische Debatten

Die Analyse der sozial-ökologischen Ökonom*innen, die zeigt, dass nur ein Systemwandel die Vielfachkrise lösen kann, gleicht der Perspektive der Ökomarxist*innen (▹ **Ökologische Ökonomik**). Sie lassen sich in ihrem Rückbezug auf die Arbeit von Karl Marx (1818–1883) der ökonomischen ▹ **Denkschule** der ▹ **Marxistischen Politischen Ökonomie** zurechnen. Auch Ökomarxist*innen gehen davon aus, dass die Wirtschaft fundamental in die Natur eingebettet ist, und legen den Fokus auf eine ökologische Kapitalismuskritik. Sie schließen dabei nicht zuletzt bei der Arbeit von Karl Marx selbst an. Auch wenn dieser sich – seiner Zeit geschuldet – im 19. Jahrhundert eher randständig mit Umweltthemen beschäftigt hat, so gibt es in seinem Hauptwerk doch einige Ansatzpunkte, die sich ökologisch weiterdenken lassen.

Grundsätzlich geht Marx davon aus, dass der ▹ **Kapitalismus** als Produktionsweise sich von anderen Produktionsweisen dadurch unterscheidet, dass nicht die Bedürfnisbefriedigung, sondern die ▹ **Kapitalakkumulation** das Ziel wirtschaftlicher Prozesse ist (▶ Kap. 11). Im Kapitalismus besitzt die Klasse der Kapitalist*innen die Produktionsmittel (z. B. Fabriken, Land, Technologie), während die Klasse der Arbeiter*innen ihre Arbeitskraft auf dem Arbeitsmarkt verkaufen muss, um ihr (Über-)Leben zu sichern. Die Klasse der Kapitalist*innen (▶ Kap. 12) beutet nicht nur die menschliche Arbeitskraft, sondern auch die Natur aus und eignet sich den produzierten Mehrwert als Profit an. Kapitalismus ist dabei ein dynamisches System, das sich nur durch anhaltendes Wirtschaftswachstum stabilisieren kann, dem also ein struktureller Zwang, wachsen zu müssen, innewohnt. Marx schreibt im ersten Band des Kapitals: »Akkumuliert, Akkumuliert! Das ist Moses und die Propheten!« (Marx/Engels 1968, 621). Auch wenn die Klimakrise damals noch nicht vorhersehbar war, lassen sich hier zentrale Verbindungslinien zur ökologischen Wachstumskritik von (Sozial-)▹ **Ökologischer Ökonomik** und ▹ **Degrowth**/Postwachstum ziehen. Trotz dieser Überschneidungen unterscheidet sich das Vokabular und die Argumentationslinien von Ökologischer Ökonomik und Ökomarxismus und Diskussionen finden oft eher getrennt voneinander statt. Die Kritik von Ökomarxist*innen an der Ökologischen Ökonomik ist, dass ökologische Ökonom*innen ihre Kapitalismuskritik (sofern, wie bei den sozial-ökologischen Ökonom*innen, vorhanden) nicht explizit genug machen.

Das vielleicht zentralste Konzept des Ökomarxismus ist das des metabolischen Risses (siehe Abbildung 7.3). Marx selbst beobachtete in England zu Zeiten der ▹ **Industriellen Revolution**, dass im Zuge der Industrialisierung der Landwirtschaft und zunehmender Urbanisierung dem Boden wichtige Nährstoffe wie Stickstoff oder Phosphor entzogen wurden.

Diese wurden in Form von Lebensmitteln in die Städte gebracht und landeten dort u.a. als Exkremente im Abfall oder Abwasser, anstatt in die Natur zurückgeführt zu werden, was im natürlichen Stoffwechsel zwischen Mensch und Natur (Marx spricht von ▷ **Metabolismus**) zu einem – so sagt er es – »irreparablen Riss« führte. Dieser irreparable Riss des Stoffwechsels von Gesellschaft und Natur wird später von John Bellamy Foster als metabolischer Riss (*metabolic rift*) bezeichnet. Damit ist die einseitige Ausbeutung der Natur im Kapitalismus gemeint, deren fehlende Rückkopplung an ökologische Kreisläufe dazu führt, dass die Natur sich nicht regenerieren kann. Der metabolische Riss liegt für Ökomarxist*innen an der Wurzel ökologischer Krisen und wird im 21. Jahrhundert von ihnen zur Erklärung der sozial-ökologischen Vielfachkrise herangezogen.

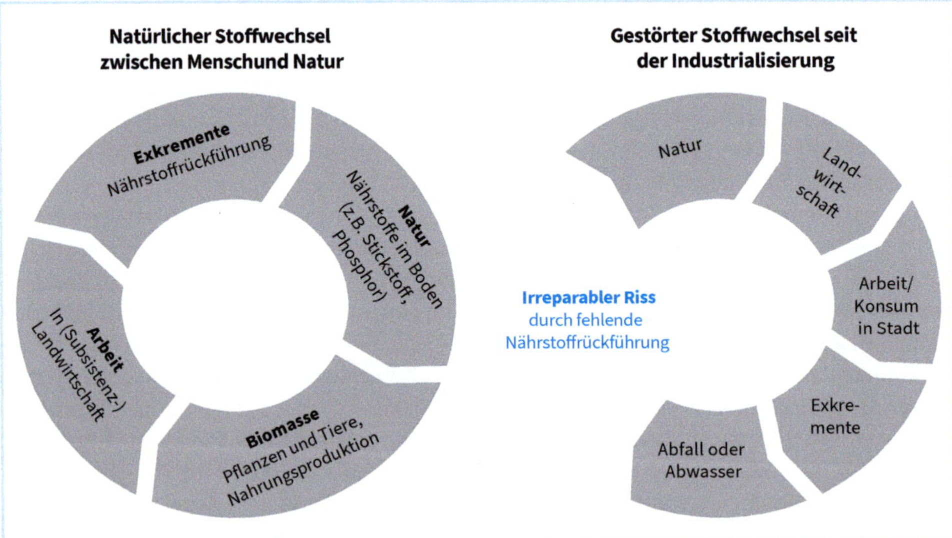

Abbildung 7.3: Der irreparable Riss im Stoffwechsel zwischen Mensch und Natur seit der Industrialisierung (eigene Darstellung)

Im Zusammenhang mit dem metabolischen Riss zeigte Marx für die Bodenfrage schon damals auf, dass der Kapitalismus technologische Scheinlösungen für die Krise produziert und die Auswirkungen des metabolischen Risses zeitlich und räumlich verschiebt. Eine technologische Lösung, die damals propagiert wurde, war der Einsatz von Düngemitteln. Abgesehen davon, dass das ein neues Feld für Kapitalakkumulation war, hatte es auch schwerwiegende gesundheitliche und ökologische Folgen. Die aufgrund des metabolischen Risses nährstoffarmen Böden konnten zwar dank Düngemittel weiter bewirtschaftet werden, jedoch wurde durch den Einsatz von Düngemitteln das Grundwasser verseucht. Die räumliche und zeitliche Verschiebung der Folgen – der marxistische Geograf David Harvey spricht später vom *spatio-temporal fix*, also einer raum-zeitlichen Lösung – zum Beispiel durch die Verlagerung der Umweltverschmutzung in andere Weltregionen oder in die Zukunft konnte Marx schon damals beobachten. Diese technologischen Scheinlösungen sind heute für die Klimakrise relevanter denn je (▶ Querschnittsthema: sozial-ökologische Vielfachkrise).

Bezug zur sozial-ökologischen Vielfachkrise

Schon Karl Marx schrieb in seinem 1. Band des *Kapitals* von Scheinlösungen, die der ▷ **Kapitalismus** produziert, um dem irreparablen Riss im Stoffwechsel zwischen Mensch und Natur (vermeintlich) beizukommen. Auch heute wird oft versucht, die sozial-ökologische Vielfachkrise mit »mehr vom Gleichen« zu lösen. Anstatt motorisierten Individualverkehr in größerem Stil infrage zu stellen und den öffentlichen Verkehr auszubauen, werden die sozial-ökologischen Folgen von technologischen (Schein-)Lösungen wie E-Autos räumlich verschoben und vor allem vom ▷ **Globalen Süden** getragen (z.B. führt der Lithium-Abbau in Chile zur Verdrängung lokaler Bevölkerung und Umweltzerstörung). Anstatt die Pariser Klimaziele ernst zu nehmen und unsere Wirtschaft hier und jetzt umzubauen, wird die Transformation zeitlich verschoben, in der Hoffnung, dass zukünftige Technologien (z.B. Wasserstoff, Kernspaltung) das Klimaproblem vielleicht irgendwann lösen können. Das Prinzip der Vorsorge, das für (feministisch-)ökologische Ökonom*innen so zentral ist, wird hierbei hintenangestellt, um die bequeme Illusion, dass das »Gleiche in Grün« (grünes Wachstum, grüner Kapitalismus) die sozial-ökologische Vielfachkrise schon lösen könnte, so lange wie möglich aufrecht zu erhalten. Sozial- und feministisch-ökologische Ökonom*innen sowie Ökomarxist*innen sind sich weitgehend einig, dass die Einbettung der Ökonomie in die Natur ernst nehmen bedeutet, dass es eine radikale Trendwende der Art des Wirtschaftens braucht. So stellen sie systemische Alternativen (z.B. Alternativen zum Wachstum statt Wachstumsalternativen) ins Zentrum der Debatte.

Ökomarxist*innen sind überzeugt, dass sich der kapitalistische Grundwiderspruch – die Wirtschaft ist in die Natur eingebettet, zerstört sie jedoch gleichzeitig durch ihre Ausbeutung – nicht innerhalb des Kapitalismus lösen lässt, selbst wenn sich dieser als »grüner Kapitalismus« neu erfindet. Sie würden also den vorgeschlagenen Maßnahmen von Umweltökonom*innen (z.B. Internalisierung externer Effekte durch Zertifikatshandel) oder von ökologischen Ökonom*innen aus dem Spektrum der neuen Umweltpragmatiker*innen (z.B. CO_2-Steuer) entgegensetzen, dass sie Umweltprobleme nicht lösen, sondern nur auf eine andere (zeitliche und/oder räumliche) Ebene verlagern. Die Ökomarxisten John Bellamy Foster, Brett Clark und Richard York schlussfolgern in ihrem Buch *Der Ökologische Bruch: Der Krieg des Kapitals gegen den Planeten* (2011), dass nur eine ökologische Revolution und ein Systemwandel hin zu einem öko-sozialistischen Gesellschaftssystem die ökologischen Krisen des 21. Jahrhunderts lösen kann.

Aus der Forschung

In ihrem Artikel *Food Self-Provisioning as an Answer to the Metabolic Rift: The Case of »Dacha Resilience« in Estonia* untersucht Lilian Pungas in einer qualitativen Fallstudie Praktiken der Selbstversorgung auf estnischen Datschen. Die Autorin knüpft in ihrer Analyse einerseits an das ökomarxistische Konzept des metabolischen Risses an: Der Eigenanbau von Gemüse auf den Datschen führt zu einer teilweisen Überbrückung des metabolischen Risses, weil Produktion und Konsum wieder stärker in den natürlichen Stoffwechsel zwischen Mensch und Natur eingebettet und lokale Stoffkreisläufe somit wiederhergestellt werden. Andererseits hat ihre Arbeit jedoch auch viel mit dem Ansatz der Feministisch-Ökologischen Ökonomie gemein, denn sie macht das sichtbar, was in der Ökonomik zumeist unsichtbar bleibt. Die Subsistenz, also das Anbauen von Lebensmitteln im eigenen Garten führt zu einer erhöhten Resilienz gegenüber ökonomischen Krisen und zu einer verringerten Abhängigkeit von der kapitalistischen Marktwirtschaft, integriert dabei aber auch viele sozio-kulturelle Komponenten (z.B. sozialer Zusammenhalt, Ernährungsbildung, etc.). Der Artikel zeigt somit auch, dass die Einbettung der nicht-monetären Versorgungsökonomie in die Natur in vielerlei Hinsicht auch einem hierarchisch-dualistischen Mensch-Natur-Verhältnis entgegenwirkt.

Quelle: Pungas, Lilian (2019): Food Self-Provisioning as an Answer to the Metabolic Rift: The Case of »Dacha Resilience« in Estonia. In: Journal of Rural Studies, 68. Jg., S. 75–86.

7.4 Die Stellung von Care und Natur im Kapitalismus: Feministisch-Ökologische Ökonomie

Nach der neoklassischen ▷ **Umwelt- und Ressourcenökonomik**, der ▷ **Ökologischen Ökonomik** und dem Ökomarxismus wollen wir als vierte Theorieschule den Standpunkt der Feministisch-Ökologischen Ökonomik zum Thema Einbettung der Ökonomie in die Natur kennenlernen. Sie wird oft nicht als eigene Theorieschule geführt, da sie sich seit den 1990er Jahren an der Schnittstelle von ▷ **Feministischer Ökonomik** und Ökologischer Ökonomik entwickelt hat. Ein wichtiger Gründungsmoment hierfür war die 1997 von Patricia Ellie Perkins herausgegebene Sonderausgabe der Fachzeitschrift *Ecological Economics* zum Thema Frauen, Ökologie und Wirtschaft. Alle Beiträge dieser Ausgabe nehmen – in Einklang mit der Feministischen Ökonomik – ein Thema in den Blick, das in der Mainstreamökonomik, aber auch in vielen heterodox-ökonomischen Theoriesträngen unsichtbar bleibt: die unbezahlte Care-Arbeit, also z. B. Kindererziehung, Alten- und Krankenpflege und Hausarbeit, die bis heute global zu drei Viertel von Frauen geleistet wird (▷ **Heterodoxie**). Eine These, die in vielen Beiträgen wiederkommt, ist, dass unser Wirtschaftssystem den Zugriff auf unbezahlte Care-Arbeit aber auch Natur braucht, diese jedoch strukturell unsichtbar macht.

Ein hierfür besonders wirkmächtiges Bild ist die von der Ökofeministin Maria Mies vorgeschlagene Metapher der Eisberg-Ökonomie: Das, was sich die Wissenschaft von der Wirtschaft gemeinhin anschaut, ist eigentlich nur die Spitze des Eisbergs. In dieser Spitze ist angesiedelt, was als produktiv gilt, im ▷ **Bruttoinlandsprodukt** gezählt wird, den Fokus von gängigen ökonomischen Analysen darstellt – im Falle der Arbeit wäre das die Lohnarbeit. Diese Spitze des Eisbergs könnte aber, so Mies, überhaupt nicht existieren, wenn es nicht einen deutlich größeren Teil des Eisbergs unter Wasser gäbe, der den sichtbaren, monetarisierten Teil der Ökonomie trägt. Dieses Fundament unter Wasser besteht aus der unbezahlten Care-Arbeit, sowie anderen Formen unbezahlter Arbeit, die gesellschaftlich nützlich sind (z. B. Gemeinschaftsarbeit, Gartenarbeit, Aktivismus), Subsistenzproduktion insbesondere in Ländern des ▷ **Globalen Südens**, und der Natur (▶ Showcase: Aus der Forschung). Diese nicht-monetären Bereiche unter Wasser sind tragend für die monetäre Ökonomie – nichts könnte von 9 bis 17 Uhr produziert werden, wenn es nicht die soziale (und biologische) Reproduktion von 17 bis 9 Uhr gäbe. Gleichzeitig wird die Sphäre der Reproduktion in einem kapitalistischen Wachstumsparadigma, das nur wertschätzt, was im Bruttoinlandsprodukt gezählt wird, unsichtbar gemacht, abgewertet (z. B. nur Lohnarbeit ist Arbeit), ausgebeutet (im Falle der unbezahlten Arbeit) und zerstört (im Falle der Natur).

Eng damit verbunden ist die Frage nach stark verinnerlichten binären und hierarchischen Denkmustern, die unser Gesellschaftssystem seit der Aufklärung strukturieren und zur Ausbeutung von Natur und unbezahlter Arbeit im ▷ **Kapitalismus** beitragen:

Mensch, Kultur	/	Natur
Geist	/	Körper
Verstand	/	Gefühle
männlich	/	weiblich
Produktion	/	Reproduktion
etc.		

Diese Dualismen führen zu einer Trennungsstruktur in der Ökonomik, die das Produktive vom (vermeintlich) Reproduktiven trennt und jede*r, die/der sich schon einmal gefragt hat, welches Geschlecht eigentlich der ▹ **Homo oeconomicus** als zentraler Akteur im ökonomischen Mainstream hat, weiß, dass Wirtschaft gemeinhin vom Mann ausgehend gedacht wird – feministisch-ökologische Ökonom*innen sprechen von Androzentrismus in den Wirtschaftswissenschaften.

Androzentrismus

Androzentrismus ist eine Weltsicht, in der der (oft weiß, heterosexuell etc. gedachte) Mann als die Norm gesehen wird, wobei jede*r, die/der dieser Norm nicht entspricht als »das Andere« abgewertet wird.

Gemeinsam mit Birte Strunk (▶ Kap. 2) haben wir einen Beitrag zur 2018 von Julie Nelson und Marilyn Power herausgegebenen Spezialausgabe der Fachzeitschrift *Feminist Economics* zum Thema Ökologie, Nachhaltigkeit und Care geschrieben. Hier wird argumentiert, dass in unserem Wirtschaftssystem die Einbettung der monetären Ökonomie in die nicht-monetäre Versorgungsökonomie durch eine Grenzziehung (*Boundary*) getrennt ist (siehe Abbildung 7.4). Diese Grenzziehung verläuft entlang der Linie von dem, was (nicht) in Geldeinheiten ausgedrückt wird und reproduziert die oben genannten Dualismen (z. B. Produktion steht hierarchisch über Reproduktion). Aus feministisch-ökologischer Perspektive folgern wir, dass diese Grenzziehung überwunden werden muss, um zukunftsfähiges Wirtschaften zu ermöglichen. Dies ist in einem Wachstumsparadigma, das per Definition das wertschätzt, was im Bruttoinlandsprodukt gezählt wird, kaum umsetzbar. Die einzige Möglichkeit, unsichtbare Care-Arbeit und Natur sichtbar zu machen, ist hier das »Einpreisen« bzw. das Sichtbarmachen durch Monetarisierung – eine klassische Scheinlösung im Marxschen Sinne: Wenn man z. B. unbezahlte Care-Arbeit in bezahlte Care-Arbeit umwandelt, ist sie zumeist unterbezahlt und wird oft von Migrant*innen unter schlechten Arbeitsbedingungen ausgeführt. Zudem ließe sich die Abwertung in dieser Logik nur auflösen, wenn man alle unbezahlte Care-Arbeit (angemessen) bezahlen würde – ein Unterfangen, von dem feministische Marxist*innen im Anschluss an Rosa Luxemburg schon in den 1970er Jahren sagten, dass innerhalb der kapitalistischen Produktionsweise gänzlich unmöglich sei. Neben diesen Scheinlösungen gibt es allerdings auch echte Alternativen, und Debatten um Postwachstum bieten ein Möglichkeitsfenster für ein Umdenken. Ganz grundsätzlich geht es dabei darum, andere Bewertungssprachen ins Zentrum zu stellen, nämlich solche, die monetäre Bewertung und gesellschaftliche Wertschätzung voneinander unterscheiden und die Trennungsstruktur in der ▹ **Ökonomik** als solche überkommen wollen. Die von Adelheid Biesecker und Sabine Hofmeister geprägte Mediationskategorie der (Re)Produktivität (▶ Kap. 16) ist ein Beispiel dafür, wie die Grenzziehung aufgelöst und die fundamentale Einbettung der Ökonomie in Gesellschaft und Natur miteinbezogen werden kann.

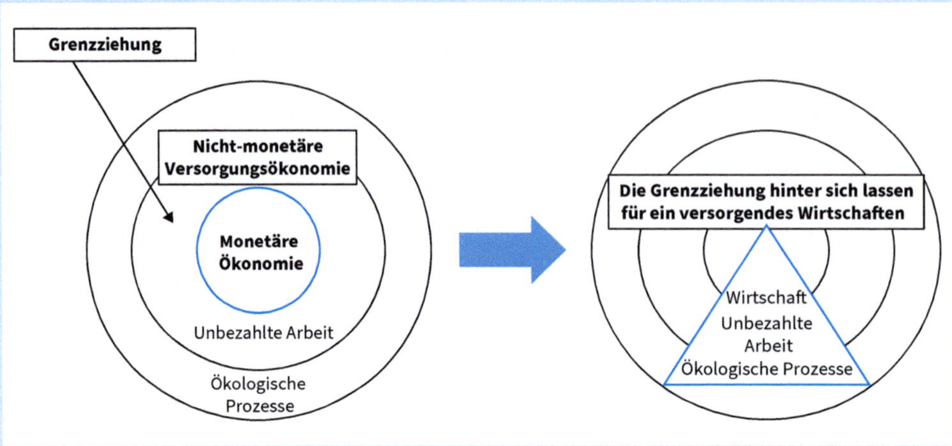

Abbildung 7.4: Die Trennungsstruktur der Ökonomik überwinden (angelehnt an Dengler und Strunk 2018)

Das *Netzwerk Vorsorgendes Wirtschaften* ist ein Netzwerk, das seit 1992 im deutschsprachigen Raum inter- und transdisziplinär zur Feministisch-Ökologischen Ökonomik arbeitet. Es versteht – im Einklang mit (Re)Produktivität – den gesellschaftlichen Produktionsprozess als Einheit von Produktion und Reproduktion und definiert drei Handlungsprinzipien für ein zukunftsfähiges, vorsorgendes Wirtschaften:

1. Vorsorgen statt Nachsorgen (ganz im Sinne des Vorsorgeprinzips in der Ökologischen Ökonomik);
2. Kooperieren statt Konkurrieren (und damit eine Abkehr vom androzentrischen Bild nutzenmaximierender Individuen in der Mainstreamökonomik hin zu einer Rationalität des Sorgens); und
3. Orientierung an dem für ein gutes Leben Notwendigen.

Dass letzteres wegen der fundamentalen Einbettung der Ökonomie in die Natur nur innerhalb planetarer Belastungsgrenzen möglich ist, gehört für die feministisch-ökologischen Ökonom*innen des Netzwerks zu ihren Grundannahmen.

7.5 Ausblick

In Zeiten der sozial-ökologischen Vielfachkrise ist die Frage der Einbettung der Ökonomie in die Natur eine ganz zentrale. In ihrem Buch *Zukunftsfähiges Wirtschaften: Herausforderungen der sozial-ökologischen Transformation* schreiben Andreas Novy, Richard Bärnthaler und Magdalena Prieler, dass es für zukunftsfähiges Wirtschaften kein Patentrezept gibt und es daher eines Verstehens und Zusammendenkens multipler Perspektiven bedarf. Dieses Kapitel – ebenso wie das vorliegende Buch als Ganzes – versucht, eine Multiperspektivität herzustellen: Wir haben uns zunächst damit beschäftigt, wie im ökonomischen Mainstream über die Einbettung der Ökonomie in die Natur nachgedacht wird und dabei festgestellt, dass die Natur als etwas betrachtet wird, das weitestgehend außerhalb des Gegenstandsbereichs der ▷ **Ökonomik** liegt. Ganz anders sehen das die alternativen ökonomischen ▷ **Denkschu-**

len der ▷ **Ökologischen Ökonomik**, des Ökomarxismus und der Feministisch-Ökologischen Ökonomik: Alle drei gehen davon aus, dass Natur am Anfang und Ende jedes wirtschaftlichen Produktionsprozesses steht und die Wirtschaft nicht mit der Natur auf einer Ebene steht, sondern in Gesellschaft und Natur eingebettet und durch diese begrenzt ist. Obwohl der Schwerpunkt der drei Perspektiven unterschiedlich gelagert ist und sich ökologische Ökonom*innen und Ökomarxist*innen auch vehement streiten können – z. B. in Bezug auf die Rolle des Chemikers Justus von Liebig (1803–1873) für ökologisch-ökonomische Debatten –, haben die Perspektiven doch mehr gemeinsam als sie trennt. Gleichzeitig sind viele ökologisch-ökonomische und ökomarxistische Debatten eher geschlechterblind und können von feministischen Theoriesträngen wie der Feministischen und der der Feministisch-Ökologischen Ökonomik, sowie von feministischen Marxist*innen viel lernen. Eine ▷ **Plurale Ökonomik**, die eine zukunftsfähige Wirtschaft anstrebt, kann wiederum viel von dem, was Leonhard Dobusch und Jakob Kapeller (2013) »interessierter ▷ **Pluralismus**« nennen, lernen. Damit meinen die Autoren eine »tatsächliche und intensive Interaktion zwischen Forscher*innen mit unterschiedlichem paradigmatischem Kontext anstelle eines fragmentierten Wissenschaftsbilds, in dem unterschiedliche Traditionen ihre rein idiosynkratisch motivierten Tiefenbohrungen vorantreiben« (ebd. 39). Im Sinne eines solchen interessierten Pluralismus könnten diejenigen ökonomischen Theorieschulen, die die fundamentale Einbettung der Ökonomie in die Natur anerkennen, gemeinsam den Weg hin zu einer zukunftsfähigen Wirtschaftsweise ebnen, die das gute Leben für alle innerhalb planetarer Belastungsgrenzen ins Zentrum stellt.

Literaturempfehlungen

Bellamy Foster, John/Clark, Brett/York, Richard (2011): Der ökologische Bruch: Der Krieg des Kapitals gegen den Planeten. Hamburg.

Dengler, Corinna/Strunk, Birte (2018): The Monetized Economy Versus Care and the Environment: Degrowth Perspectives on Reconciling an Antagonism. In: Feminist Economics, 24. Jg., Nr. 3, S. 160–183.

Dobusch, Leonhard/Kapeller, Jakob (2013): Diskutieren statt Ignorieren: Eckpfeiler für interessierten Pluralismus in der Ökonomie. In: Der öffentliche Sektor – The Public Sector, Jg. 39., Nr. 3, S. 37–41.

Marx, Karl/Engels, Friedrich (1968): Marx-Engels-Werke (MEW). Bd. 23, 21. Aufl., Berlin.

Mies, Maria (2015) [1986]: Patriarchat & Kapital. München.

Netzwerk Vorsorgendes Wirtschaften (Hrsg.) (2013): Wege Vorsorgenden Wirtschaftens. Marburg.

Novy, Andreas/Bärnthaler, Richard/Prieler, Magdalena (2023): Zukunftsfähiges Wirtschaften: Herausforderungen der sozialökologischen Transformation. Weinheim.

Polanyi, Karl (1973): The Great Transformation: Politische und ökonomische Ursprünge von Gesellschaften und Wirtschaftssystemen. Frankfurt am Main.

Schmelzer, Matthias/Vetter, Andrea (2019): Degrowth/Postwachstum: Zur Einführung. Hamburg.

Spash, Clive (Hrsg.) (2017): Routledge Handbook of Ecological Economics: Nature and Society. London/New York.

Zusätzliche Belege

Richardson, Katherine/Will, Steffen/Lucht, Wolfgang/…/Rockström, Johan (2023): Earth Beyond Six of Nine Planetary Boundaries. In: Science Advances, 9. Jg., Nr. 37, S. eadh2458.

Online-Ressourcen

Rosa-Luxemburg Stiftung, Podcast »Too Long, Didn't Read« (tl;dr) Folge 29 zu Maria Mies – Patriarchat und Kapital, Link: https://www.rosalux.de/theoriepodcast

Degrowth in Action: Climate Justice – Summer School 2015, »Degrowth – was steckt hinter der Idee« (~12 Min.) – Interview mit Barbara Muraca, Link: https://degrowth.info/de/library/degrowth-was-steckt-hinter-der-idee

Nico Taute, Blog-Post »Marxistische Ökologie« auf dem Politische-Ökologie-Blog der Universität Hamburg, Link:https://politicalecology.blogs.uni-hamburg.de/marxistische-oekologie/

8 Ökonomie und Gesellschaft

Hendrik Theine

Ein ganz alltäglicher Moment: Am Morgen greifen viele Menschen (mich eingeschlossen) wie selbstverständlich zur Kaffeetasse – im Büro, zu Hause, oder unterwegs aus dem Becher. Kaffeetrinken ist zu einer tief eingeübten Konsumroutine geworden, deren scheinbare Selbstverständlichkeit kaum hinterfragt wird. Und doch zeigt dieses alltägliche Produkt, wie eng wirtschaftliche Prozesse mit gesellschaftlichen Strukturen verwoben sind.

Damit Kaffee in europäischen Supermärkten oder Cafés verfügbar ist, müssen komplexe globale Lieferketten funktionieren. Menschen in Ländern des ▹ **Globalen Südens** bauen die Bohnen an – oft unter prekären Arbeitsbedingungen und ohne existenzsichernde Löhne. Internationale Handelsabkommen, Rohstoffbörsen, Zwischenhändler und Konzerne bestimmen die Preisbildung. Verpackung, Transport, Logistik und Verkauf sind eingebettet in rechtliche, politische und kulturelle Rahmenbedingungen. Selbst die Art, wie wir Kaffeegenuss verstehen – als Ausdruck von Entspannung, Produktivität oder Stil – ist gesellschaftlich geprägt.

Gleichzeitig lässt sich aus ökologischer Perspektive problematisieren, dass wir uns einen solchen Konsum überhaupt als Alltagsroutine angewöhnt haben. Denn der Anbau von Kaffee ist ressourcenintensiv und mit hohem Wasserverbrauch, Bodenverlust und CO_2-Ausstoß verbunden. Die globale Nachfrage nach einem Luxusgut als Normalität ist also nicht nur sozial, sondern auch ökologisch ambivalent.

All das zeigt: Ökonomische Prozesse und gesellschaftliche, politische oder ökologische Strukturen hängen auf vielfältige Art und Weise zusammen. Wie dieses Verhältnis jedoch gedacht wird, unterscheidet sich grundlegend zwischen verschiedenen ▹ **Paradigmen**. In der Geschichte und in der Gegenwart der ▹ **Ökonomik** wurde und wird die Frage, wie Ökonomie und Gesellschaft zusammenhängen, ganz unterschiedlich beantwortet und konzeptualisiert. Mit einer gewissen Vereinfachung lässt sich die Frage, wie Ökonomie und Gesellschaft zusammenhängen, auf einer Achse darstellen (siehe Abbildung 8.1).

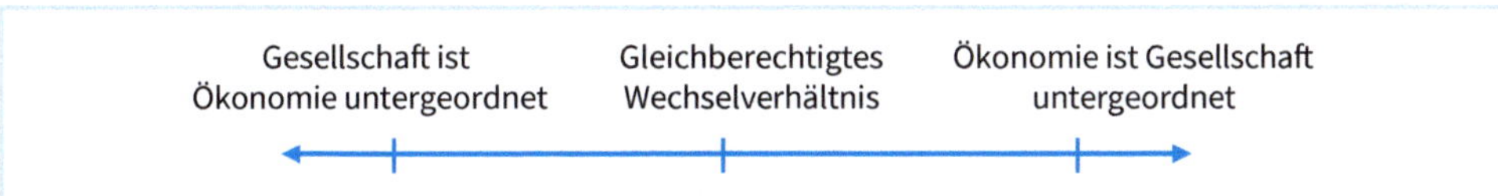

Abbildung 8.1: Ökonomie und Gesellschaft: Eine stilisierte Annäherung

Ganz links auf der Achse stehen Ansätze, die Ökonomie als eigenständige, quasi-naturhafte Sphäre begreifen. Gesellschaftliche Prozesse spielen hier eine untergeordnete oder gar keine Rolle. Ganz rechts finden sich demgegenüber Ansätze, die argumentieren, dass Ökonomie vollständig durch gesellschaftliche Verhältnisse geformt wird. In der Mitte stehen Ansätze, die von einer wechselseitigen Durchdringung ausgehen: Ökonomie und Gesellschaft lassen sich für sie nicht als getrennte Sphären denken, sondern formen sich gegenseitig.

Auch wenn kein Paradigma diese Pole in Reinform vertritt, so lassen sich deutliche Unterschiede im Denken unterschiedlicher ökonomischer Ansätze erkennen. Im Folgenden werden drei Paradigmen vergleichend vorgestellt, die exemplarisch für unterschiedliche

Auffassungen darüber stehen, wie Ökonomie und Gesellschaft zusammenhängen: die mikroökonomische ▷ **Neoklassik** (▷ **Mikroökonomik**), die ▷ **Marxistische Politische Ökonomie** und die ▷ **Institutionenökonomik**.

8.1 Die mikroökonomische Neoklassik: Gesellschaft als untergeordnete Sphäre

Im ▷ **Mainstream der Ökonomik** bzw. konkreter in dessen Darstellungen zur mikroökonomischen ▷ **Neoklassik**, bleibt der Begriff der »Gesellschaft« weitgehend ausgeblendet (Arnsperger/Varoufakis 2006, Wolff/Resnick 2012, Jäger/Springler 2015) (▷ **Mikroökonomik**). Der ▷ **methodologische Individualismus** bildet den konzeptionellen Ausgangspunkt: Haushalte und Unternehmen agieren als rational entscheidende Einheiten, motiviert durch Nutzen- bzw. Gewinnmaximierung. Grundlage dieser Optimierungsprozesse ist eine stabile Präferenzordnung sowie das verfügbare Budget – also die Frage, was sich Akteure leisten können. Die Neoklassik orientiert sich in ihrer Modelllogik ausdrücklich an den Naturwissenschaften und nutzt dabei das Bild eines »harten«, gegebenen Rahmens: So wie in der Physik Kräfte als gegebene Bedingungen angenommen werden, gelten in der Ökonomie die individuellen Präferenzen als feststehende Ausgangsgrößen. In diesem Sinne schreibt Hal R. Varian (2020, S. 592) in seinem einflussreichen Lehrbuch *Intermediate Microeconomics*: »Die konventionelle Theorie behandelt Präferenzen als vorgegeben. Aus dieser Sicht erklären Präferenzen das Verhalten.«

Auch Unternehmen werden in der Neoklassik als rational handelnde Akteure modelliert, die unter gegebenen technologischen Bedingungen und Marktpreisen versuchen, ihren Gewinn zu maximieren. Ihr Verhalten wird dabei als zielgerichtet und konsistent beschrieben – ausgehend von stabilen ▷ **Produktionsfunktionen** und Kostenstrukturen. Die Präferenzen und Zielsetzungen der Akteur*innen gelten somit als exogene Größen, die nicht weiter erklärt, sondern als stabile Grundlage wirtschaftlicher Entscheidungen vorausgesetzt werden. Diese Modellannahmen ermöglichen es, ökonomisches Verhalten mathematisch präzise zu analysieren und universell zu modellieren.

Haushalte und Unternehmen treten auf Märkten als Tauschpartner auf (▶ Kap. 18): Haushalte bieten ihre Arbeitskraft an und erwerben Konsumgüter, während Unternehmen Produktionsmittel einsetzen, um Güter und Dienstleistungen bereitzustellen. Der Austausch von Gütern und Geld erfolgt auf der Grundlage der individuellen Entscheidungen beider Seiten, die jeweils durch Nutzen- bzw. Gewinnmaximierung motiviert sind. In der Neoklassik ist der Markt damit ein effizienter und weitgehend selbstregulierender Verteilungsmechanismus (Effizienz). Seine Existenz und Funktionsweise werden im Wesentlichen durch die Präferenzen, Produktionsmöglichkeiten und Budgetrestriktionen der beteiligten Akteure bestimmt. Märkte erscheinen dabei als natürliche Orte des Ausgleichs und der effizienten Allokation knapper Ressourcen.

8.1.1 Die Robinson-Crusoe-Ökonomie: Ein machtvolles Narrativ

Ein besonders anschauliches Beispiel für die Art und Weise, wie mikroökonomische Lehrbücher den gesellschaftlichen Kontext ökonomischen Handelns beschreiben, ist die sogenannte *Robinson-Crusoe-Geschichte* (Grapard 1995). Sie dient als didaktisches Mittel, um grundlegende ökonomische Prinzipien wie Knappheit, ▹ **Opportunitätskosten**, Spezialisierung und Tausch einzuführen – in einer radikal vereinfachten Welt, in der gesellschaftliche Strukturen und Prozesse eine untergeordnete Rolle spielen.

Die Geschichte geht zurück auf Daniel Defoes (1660–1731) Romanfigur Robinson Crusoe, die in ökonomischen Lehrtexten typischerweise als isolierter Mensch auf einer unbewohnten Insel dargestellt wird. Crusoe muss dort Entscheidungen darüber treffen, wie er seine knappen Ressourcen – Zeit, Werkzeuge, Naturressourcen – einsetzt, um seinen Lebensunterhalt zu sichern: Soll er lieber Fische fangen oder Früchte sammeln? Soll er sofort konsumieren oder in die Herstellung von Produktionsmitteln investieren, um künftig effizienter zu produzieren?

Später tritt mit Freitag häufig eine zweite Figur hinzu, wodurch die Möglichkeit zu Tausch und Arbeitsteilung entsteht. Die (oft nicht explizit ausformulierte) Idee dahinter: gesellschaftliche Bedingungen und soziale Strukturen spielen in erster Linie keine Rolle – Tauschverhältnisse, ▹ **komparative Kostenvorteile** und Gleichgewichte ergeben sich hier aus den individuellen Präferenzen und Produktionsmöglichkeiten zweier Menschen. Die Ökonomie der Modellinsel legt damit universelle Konstanten ökonomischen Handelns offen. Die Ökonomie ist dabei gesellschaftlichen Bedingungen und Prozessen übergeordnet. Ökonomische Prozesse sind sogar auf der sprichwörtlichen einsamen Insel gültig.

8.1.2 Nachträgliche Einführung von Gesellschaft: Der Staat als externer Einflussfaktor

Wie beschrieben, beginnt die neoklassische Mikroökonomie mit einem klar strukturierten theoretischen Gerüst: Im Zentrum stehen individuell entscheidende Akteure – Haushalte und Unternehmen –, die auf Märkten interagieren. In diesem Grundmodell spielt die Gesellschaft zunächst keine Rolle. Soziale Institutionen, Machtverhältnisse, Normen oder kollektive Akteure wie der Staat bleiben analytisch außen vor. Der methodische Individualismus, kombiniert mit dem Streben nach mathematischer Präzision, führt dazu, dass ökonomische Prozesse zunächst in einer sozio-politisch neutralen Umgebung verhandelt werden.

Erst in einem zweiten Schritt wird Gesellschaft (oft zugespitzt auf den Staat) eingeführt. Auch in Hal R. Varians *Intermediate Microeconomics* wird diese analytische Struktur deutlich: Während die ersten Kapitel fast ausschließlich dem Verhalten einzelner Konsument*innen und Produzent*innen gelten, wird der Staat später als Einflussfaktor in die Analyse integriert – etwa, wenn es um Steuern, Subventionen oder Preisregulierungen geht. Gesellschaftliche Strukturen erscheinen so nicht als konstitutive Voraussetzung von Märkten, sondern als exogene Eingriffe.

Weitere Beispiele, die in der Neoklassik staatliches Handeln erforderlich machen, sind ▹ **externe Effekte**, ▹ **Informationsasymmetrien** oder ▹ **öffentliche Güter**. In diesen Situationen »versagen« Märkte und staatliches Handeln wird notwendig – jedoch stets im Ausnahmefall und nicht als Grundbedingung ökonomischer Prozesse.

Diese nachträgliche Einführung gesellschaftlicher Prozesse entspricht der neoklassischen Modelllogik: Märkte gelten als Grundzustand, gesellschaftliche Prozesse als hinzukommende Modifikationen. Gesellschaft ist damit kein integraler Bestandteil der Ökonomie, sondern erscheint – wenn überhaupt – als externer Einfluss oder untergeordneter Faktor (siehe Abbildung 8.2).

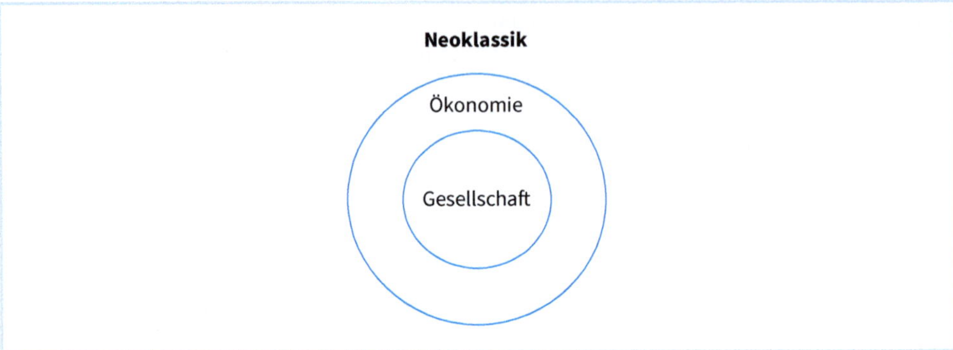

Abbildung 8.2: Ökonomie und Gesellschaft in der Neoklassik: Eine schematische Darstellung

8.1.3 Forschungswandel und Kontinuitäten der Neoklassik

Die bisher dargestellte Perspektive auf die Neoklassik entspricht in weiten Teilen dem Zugang, der in wirtschaftswissenschaftlichen Einführungslehrbüchern vermittelt wird (▷ **Wirtschaftswissenschaften**). Dieses neoklassische Grundmodell – der ▷ **Homo oeconomicus**, die individuelle Nutzenfunktion, das Gleichgewichtsdenken, der vollkommene Markt – bildet das Fundament der ökonomischen Grundausbildung.

Gleichzeitig hat sich die Forschung deutlich erweitert. ▷ **Verhaltensökonomik** sowie der »empirical Turn« haben neue Methoden und Daten in den Mittelpunkt gerückt; kognitive und soziale Faktoren werden häufiger modelliert und empirisch untersucht (▷ **Empirie**). Auch aktuelle Lehrwerke (z. B. Mankiw/Taylor 2024) thematisieren die Grenzen vereinfachter Modelle und verweisen auf alternative Perspektiven. Für das Verhältnis von Ökonomie und Gesellschaft bedeutet das: Gesellschaftliche Einflüsse werden häufiger als erklärungsrelevante Variablen berücksichtigt – jedoch meist in einer Weise, die sie in bestehende, formal präzise Modellrahmen integriert, ohne die ökonomiezentrierte Grundlogik grundsätzlich zu verändern.

Vor diesem Hintergrund bleibt das neoklassische Grundverständnis ein zentraler Bezugsrahmen: Gesellschaftliche Phänomene werden modellierbar gemacht, sofern sie sich in die formale Modelllogik einfügen lassen. Das stärkt methodische Kohärenz, verschiebt aber den Fokus weiterhin auf Preise, Anreize und individuelle Entscheidungen.

Aus der Perspektive der ▷ **Marxistischen Politischen Ökonomie** und der ▷ **Institutionenökonomik** fehlt es dabei weiterhin an historischen, institutionen- und machtbezogenen Aspekten in der Forschung. Sie kritisieren, dass auch im aktuellen Mainstream weiterhin zentrale Voraussetzungen wirtschaftlicher Prozesse systematisch ausgeblendet werden. Märkte benötigen beispielsweise eine Vielzahl gesellschaftlicher Bedingungen, um überhaupt funktionieren zu können: Eigentumsrechte, ein verlässliches Rechtssystem, soziale Normen und Vertrauen. Diese gesellschaftlichen Grundlagen sind historisch gewachsen, politisch umkämpft und sozial konstruiert – sie sind weder neutral noch selbstverständlich. Die Kritik der Institutionenökonomik und der politischen Ökonomie zielt daher weniger auf einzelne Modellannahmen, sondern auf die grundlegende Konzeption ökonomischer Prozesse: Sie fordern, Gesellschaft nicht nachträglich hinzuzufügen, sondern als konstitutiven Bestandteil bzw. wechselseitigen Prozess der Ökonomie von Beginn an mitzudenken.

8.2 Die Politische Ökonomie: Ökonomie als Ausdruck gesellschaftlicher Machtverhältnisse

Im Gegensatz zur mikroökonomischen ▷ **Neoklassik** versteht die ▷ **Marxistische Politische Ökonomie** wirtschaftliche Prozesse von Anfang an als integralen Bestandteil gesellschaftlicher Verhältnisse (Wolff/Resnick 2012, Jäger/Springler 2015) (▷ **Mikroökonomik**). Produktion, Austausch und Verteilung von Gütern sind hier nicht das Resultat isolierter individueller Entscheidungen, wie in der Neoklassik, sondern Ausdruck sozialer Strukturen, historischer Entwicklungen und politischer Machtbeziehungen. Wirtschaftliches Handeln ist stets eingebettet in gesellschaftliche Institutionen, Normen und Konflikte.

Im Zentrum der politökonomischen Perspektive steht die Einsicht, dass ökonomische Prozesse nicht neutral sind, sondern bestimmten gesellschaftlichen Interessen dienen. Beispielsweise analysiert Marx die kapitalistische Ökonomie als ein System struktureller Ausbeutung, in dem die Klasse der Kapitalbesitzenden Mehrwert abschöpft, der durch die Arbeit anderer produziert wird (▶ Kap. 11, ▷ **Kapitalismus**). Märkte erscheinen in dieser Perspektive nicht als freie, effiziente Austauschplätze, sondern als Mechanismen der Reproduktion bestehender Eigentums- und Herrschaftsverhältnisse (▶ Kap. 18, ▷ **Effizienz**). Gesellschaft ist hier nicht bloß Hintergrundrauschen, sondern formt aktiv die ökonomischen Strukturen.

Hegemonie

Hegemonie bezeichnet die Vorherrschaft einer sozialen Gruppe oder Idee, die nicht nur durch Zwang, sondern vor allem durch Zustimmung und kulturelle Führung abgesichert wird.

8.2.1 Klassenstruktur und Machtverhältnisse als Grundmotive

Ein besonders prägendes konzeptionelles Element der Politischen Ökonomie ist die Vorstellung von Klassenverhältnissen. Anstelle eines isolierten ▷ **Homo oeconomicus** tritt die Analyse sozialer Gruppen mit unterschiedlichen Interessen und Machtressourcen. Produktion und Verteilung werden als konflikthafte Prozesse begriffen, die von politischen Kämpfen und gesellschaftlichen Umbrüchen entlang von Klassenzugehörigkeiten geprägt sind. Typische daraus resultierende Fragen der Politischen Ökonomie sind etwa: Wer besitzt die Produktionsmittel? Wer kontrolliert den Zugang zu Ressourcen? Wer profitiert von bestehenden gesellschaftlichen Diskursen und gesellschaftlicher Hegemonie?

Diskurs

Diskurs bezeichnet die Gesamtheit von Aussagen und Bedeutungen, die ein Thema prägen und bestimmen, wie darüber gedacht und gesprochen wird.

Zentral für die Politische Ökonomie ist damit auch die Analyse von Machtverhältnissen – etwa zwischen Kapital und Arbeit, Zentrum und Peripherie, Nord und Süd, Männern und Frauen. Ein anschauliches Beispiel ist der Arbeitsmarkt: Löhne entstehen hier nicht nur aus Angebot und Nachfrage (wie in der ▷ **Neoklassik**), sondern auch aus der Verhandlungsmacht von Gewerkschaften, der Regulierung durch Mindestlöhne oder der globalen Konkurrenz um

Arbeitsplätze. Ökonomische Prozesse sind damit Ausdruck und Verstärkung gesellschaftlicher Macht- und Herrschaftsverhältnisse.

Dabei spielt der Staat (▶ Kap. 21) eine zentrale Rolle: nicht als neutraler Schiedsrichter, sondern als aktiver Akteur bei der Durchsetzung gesellschaftlicher Interessen, insbesondere derjenigen dominanter Klassen. Institutionen, Regulierungen und Wirtschaftspolitiken sind das Ergebnis sozialer Kämpfe um Hegemonie, Ressourcenverteilung und Legitimation. In dieser Perspektive ist Politische Ökonomie immer auch eine Analyse staatlicher Macht und ihrer ökonomischen Funktionen.

Innerhalb der Politischen Ökonomie existieren dabei unterschiedliche theoretische Zugänge zur Rolle des Staates (Jäger/Springler 2015): Die funktionalistische Staatstheorie (z. B. bei Louis Althusser) begreift den Staat als notwendige Funktionsbedingung kapitalistischer Reproduktion – er stabilisiert das System, sorgt für die Aufrechterhaltung von Ordnung und ermöglicht die ▷ **Akkumulation von Kapital**. Die instrumentalistische Perspektive (etwa in der frühen marxistischen Theorie) geht weiter und betrachtet den Staat als direktes Instrument der herrschenden Klasse, dessen Politik weitgehend im Dienste des Kapitals steht. Eine dritte Lesart sieht Staatlichkeit als Ausdruck gesellschaftlicher Kräfteverhältnisse (z. B. bei Perspektiven, die auf den Arbeiten von Antonio Gramsci (1891–1937) basieren). Hier sind staatliche Institutionen das Ergebnis kontinuierlicher Auseinandersetzungen zwischen unterschiedlichen gesellschaftlichen Gruppen. In dieser Sicht ist der Staat weder rein funktional noch vollständig instrumentell kontrolliert, sondern ein umkämpftes Terrain, auf dem sich gesellschaftliche Machtverhältnisse widerspiegeln und – zumindest potenziell – auch verschieben lassen. Am Beispiel dieser unterschiedlichen Staatstheorien wird somit deutlich, dass die Rolle gesellschaftlicher Institutionen keineswegs festgeschrieben ist. Im Gegenteil stellt sich zum Verständnis ökonomischer Sachverhalte dann schnell die Frage nach den spezifischen gesellschaftlichen Strukturen, Institutionen und Akteuren. So sind bspw. Ökonomie und Politik aus dieser Sicht nicht allein denkbar – und jeweils ebenso unteilbar von ihren gesellschaftlichen Kontexten.

8.2.2 Ökonomie und Gesellschaft im Wechselverhältnis

In der Politischen Ökonomie ist die Gesellschaft kein externer, untergeordneter Faktor, sondern steht im ständigen Wechselverhältnis mit der Ökonomie (siehe Abbildung 8.3). Ökonomische Prozesse entstehen nicht »auf« einer gesellschaftlichen Bühne, sondern durch gesellschaftliche Strukturen; zugleich formt ökonomische Dynamik soziale Beziehungen, Institutionen und kollektive Lebensweisen. An die Stelle exogener Rahmenbedingungen (wie in vielen neoklassischen Modellen) tritt damit die analytische Perspektive auf gegenseitige Wechselwirkungen.

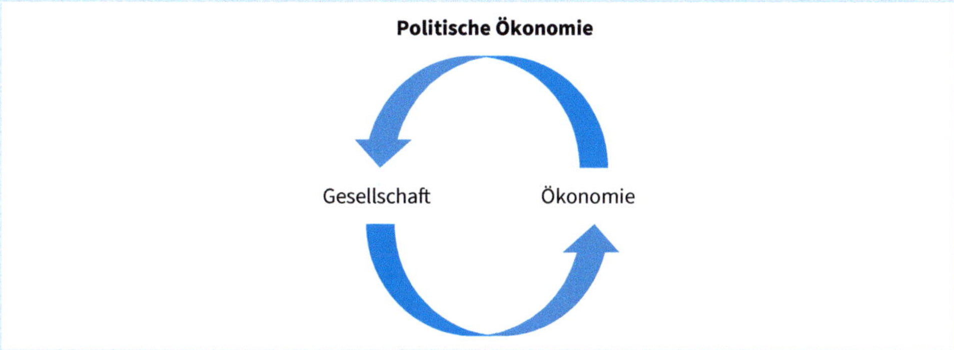

Abbildung 8.3: Ökonomie und Gesellschaft in der politischen Ökonomie: Eine schematische Darstellung

Dieses Wechselverhältnis ist auf vielen unterschiedlichen Ebenen sichtbar. Gesellschaftliche Aushandlungsprozesse wirken direkt auf ökonomische Strukturen zurück. So beeinflussen Lohnverhandlungen zwischen Gewerkschaften, Arbeitgeberverbänden und dem Staat nicht nur die Verteilung von Einkommen, sondern auch die Höhe der Unternehmensgewinne, die Investitionsentscheidungen und die gesamtwirtschaftliche Nachfrage. Ähnlich formen steuerpolitische Debatten – etwa über Vermögens- oder Unternehmenssteuern – die fiskalische Basis des Staates und damit seine Handlungsmöglichkeiten, während sie zugleich die Anreize für unternehmerisches Verhalten verändern. Auch Regulierungsentscheidungen des Staates, wie beispielsweise Mindestlöhne, Arbeitszeitgesetze oder Klimavorgaben, basieren auf diesem Wechselverhältnis: Sie entstehen aufgrund von gesellschaftlichen Konflikten und setzen zugleich neue Rahmenbedingungen für Produktion, Wettbewerb und Konsum.

Krisen sind ein besonders eindrückliches Beispiel für dieses Wechselverhältnis. Finanzkrisen destabilisieren nicht nur ökonomische Abläufe, sondern haben tiefgreifende soziale Folgen – Arbeitslosigkeit, Einkommensverluste, politische Polarisierung. Umgekehrt führen gesellschaftliche und ökologische Krisen zu ökonomischen Umbrüchen: Sie unterbrechen und destabilisieren globale Lieferketten, verschieben Investitionsentscheidungen und setzen neue Regulierungsnotwendigkeiten. In beiden Fällen öffnen Krisen Fenster für institutionelle Reformen – beispielsweise strengere Finanzmarktregulierung nach 2008 oder neue klimapolitische Maßnahmen nach Hitzewellen und Naturkatastrophen.

Auch die internationale Ebene zeigt die untrennbare Verflechtung von Gesellschaft und Ökonomie (▶ Kap. 20). Handels- und Finanzbeziehungen sind nicht nur ökonomische Austauschprozesse, sondern zugleich Ausdruck geopolitischer Machtkonstellationen. Internationale Abkommen oder Sanktionen strukturieren, wie nationale Ökonomien eingebettet sind, und prägen damit sowohl wirtschaftliche Spielräume als auch gesellschaftliche Entwicklungspfade. So beeinflussen etwa Handelsabkommen Arbeitsstandards, Umweltauflagen und nationale Regulierungsmöglichkeiten, während gesellschaftlicher Druck – etwa durch soziale Bewegungen oder NGOs – die Ausgestaltung dieser Abkommen mitbestimmen kann.

Damit verdeutlicht die Politische Ökonomie: Ökonomische Prozesse und gesellschaftliche Strukturen stehen in einem zirkulären Verhältnis. Gesellschaftliche Kräfteverhältnisse schaffen die Bedingungen ökonomischen Handelns, und ökonomische Entwicklungen wirken zurück auf die Gesellschaft, indem sie Machtstrukturen stabilisieren, verschieben oder herausfordern.

8.3 Die Institutionenökonomik: Gesellschaft als Rahmenbedingung und Ermöglichung von Ökonomie

Die ▷ **Institutionenökonomik** richtet ihren analytischen Fokus auf die Rolle von Institutionen für das ökonomische Handeln (Hodgson 2004, Hodgson 2017). Während die ▷ **Neoklassik** Präferenzen, Gewinnmaximierung und Märkte weitgehend als gegebene Mechanismen behandelt und die Politische Ökonomie ökonomische Prozesse vor allem als Ausdruck gesellschaftlicher Machtverhältnisse analysiert, nimmt die Institutionenökonomik eine Zwischenposition ein: Sie untersucht, wie gesellschaftliche Regeln, Normen und Strukturen ökonomisches Handeln ermöglichen, begrenzen und lenken.

Institutionen – etwa ▷ **Eigentumsrechte**, Vertragsregeln, Normen des Vertrauens oder auch informelle Umgangsweisen – werden hier als stabile Muster sozialer Interaktion verstanden, die Erwartungen strukturieren, Transaktionskosten senken und die Koordination von Handlungen ermöglichen. Ohne diese institutionellen Arrangements, so die Grundannahme, könnten ökonomische Prozesse weder entstehen noch dauerhaft funktionieren. Ökonomie ist demnach kein Naturereignis, sondern ein soziales Konstrukt.

Transaktionskosten

Transaktionskosten sind die Kosten, die bei der Anbahnung, Durchführung und Durchsetzung von Tausch- oder Vertragsbeziehungen entstehen. Dazu gehören etwa Such- und Informationskosten, Verhandlungskosten und Kontroll- bzw. Durchsetzungskosten.

8.3.1 Institutionen als stille Infrastrukturen ökonomischer Prozesse

Institutionen ermöglichen, begrenzen und strukturieren ökonomische Handlungen und Prozesse. Sie sind damit die oft übersehenen, aber unverzichtbaren Voraussetzungen wirtschaftlicher Interaktion. Sie wirken damit im Hintergrund wie eine stille Infrastruktur – eine Denkfigur, die die meist unsichtbare, aber tragende Rolle von Institutionen für soziales und ökonomisches Handeln beschreibt. Institutionen sind wie Straßen und Brücken im sozialen Raum – sie strukturieren Handlungsoptionen, lenken Verhalten, schaffen Stabilität und Orientierung. Sie sind in jeder Form wirtschaftlicher Interaktion präsent, werden jedoch häufig erst dann sichtbar, wenn sie versagen oder fehlen – etwa, wenn Eigentumsrechte nicht geschützt, Verträge nicht durchgesetzt oder soziale Erwartungen enttäuscht werden.

Doch wie genau lassen sich Institutionen definieren? In der Institutionenökonomik gibt es dazu unterschiedliche konzeptuelle Zugänge und wissenschaftliche Debatten. Laut Hodgson (2017, S. 45) lassen sich die unterschiedlichen Ansätze auf den gemeinsamen Nenner bringen, dass Institutionen »Systeme eingebetteter sozialer Regeln sind«. In Anlehnung an den norwegischen Ökonomen Arild Vatn (2007) lassen sich Institutionen dabei in drei zentrale Typen unterscheiden: Konventionen, Normen und formal-sanktionierte Regeln. Ergänzend kann eine vierte Ebene kognitiver Deutungsmuster und Routinen hinzugezogen werden, die insbesondere in diskurstheoretischen Ansätzen eine zentrale Rolle spielt.

Konventionen sind gesellschaftlich etablierte Routinen, die bestimmte Situationen mit bestimmten Handlungen verknüpfen, um Koordination zu vereinfachen. Sie beantworten pragmatische Fragen des Alltags: Wir schenken zu Weihnachten Karten oder grüßen uns mit der rechten Hand. All diese Praktiken beruhen auf kollektiver Gewohnheit, nicht auf rechtlicher Verpflichtung. Die zentrale Funktion von Konventionen besteht darin, Komplexität zu reduzieren und reibungsloses soziales Handeln zu ermöglichen – ohne dass dabei normative Geltungsansprüche erhoben werden. Konventionen lösen typischerweise Koordinationsprobleme, keine Verteilungskonflikte. Es ist im Grunde gleichgültig, ob wir uns mit der rechten oder linken Hand begrüßen – solange sich alle an die gleiche Regel halten. Diese Art von Institutionen wird meist nicht bewusst reflektiert, sondern ist habitualisiert. Erst wenn sie gebrochen werden oder nicht mehr funktionieren, treten sie in den Vordergrund – ähnlich einer stillen Infrastruktur, die nur dann sichtbar wird, wenn sie versagt.

Habitus

Habitus bezeichnet nach Pierre Bourdieu (1930–2002) ein System verinnerlichter Dispositionen – also Denk-, Wahrnehmungs- und Handlungsmuster –, die Menschen im Laufe ihres Lebens durch Sozialisation erwerben.

Normen gehen über Konventionen hinaus, indem sie nicht nur koordinieren, sondern auch bewerten. Sie verbinden bestimmte Handlungen mit moralischen Erwartungen: Man soll nicht lügen, man sollte anderen helfen und die Umwelt schützen. Normen geben also vor, was man tun sollte oder nicht tun darf, und sie sind eng verknüpft mit geteilten Wertvorstellungen darüber, was »gutes« oder »richtiges« Verhalten ist. Im Gegensatz zu Konventionen beinhalten Normen häufig latente oder explizite Sanktionen – auch wenn sie nicht juristisch ausbuchstabiert sind. Wer Normen verletzt, riskiert soziale Sanktionen: Ausschluss, Kritik, Misstrauen oder moralische Verurteilung. Gleichzeitig funktionieren Normen auch durch Internalisierung: Wer gegen sie verstößt, empfindet häufig Schuld oder Scham – selbst ohne äußere Strafe. Damit prägen Normen nicht nur das äußere Verhalten, sondern auch die Persönlichkeitsentwicklung und die sozialen Beziehungen zwischen Individuen. Sie sind das Rückgrat zivilgesellschaftlicher Institutionen.

Formal-sanktionierte Regeln – etwa Gesetze, Verträge, Verordnungen – beruhen auf der Macht und Autorität einer dritten Instanz, meist des Staates. Sie legen fest, was in bestimmten Situationen erlaubt, verboten oder vorgeschrieben ist, und beinhalten klar geregelte Sanktionen bei Nichteinhaltung: Bußgelder, Vertragsstrafen, Gefängnisstrafen usw. Diese Art von Institutionen ist schriftlich fixiert, juristisch einklagbar und staatlich durchsetzbar. Formale Regeln dienen insbesondere der Regelung von Interessenkonflikten: etwa im Bereich des Eigentums, der Haftung oder der Vertragsbeziehungen. Sie sichern ökonomische Prozesse durch Rechtsverbindlichkeit ab und sind unverzichtbar für stabile Marktbeziehungen. Die rechtliche Ebene von Institutionen wird in der ökonomischen Theorie oft als »rules of the game« bezeichnet. Sie ist jedoch nicht wertfrei, sondern spiegelt gesellschaftliche Machtverhältnisse und normative Entscheidungen wider – etwa darüber, was als schützenswert gilt und wessen Rechte durchgesetzt werden sollen.

Kognitive Deutungsmuster und Routinen wirken letztlich auf der Ebene des Denkens, Wahrnehmens und Bewertens. Sie betreffen die Frage, welche Kategorien wir verwenden, um die Welt zu strukturieren – etwa was als »Ökonomie« gilt, was als »Arbeit« zählt, was als »Markt« verstanden wird (▶ Kap. 1). Diese Ebene ist eng verbunden mit Sprache, Symbolen und alltäglichen, internalisierten Abläufen. Sprache selbst ist dabei sowohl eine Institution als auch die

Bedingung für die Existenz anderer Institutionen. Kognitive Deutungsmuster und Routinen sind nicht bewusst gewählt, sondern sozial erlernt und internalisiert. Sie definieren, was als sinnvoll, normal oder möglich erscheint. Gerade in ökonomischen Kontexten sind sie zentral: Wer z. B. Care-Arbeit nicht als ökonomisch relevante Tätigkeit versteht, wird sie in ökonomischen Modellen nicht abbilden – obwohl sie gesellschaftlich essenziell ist. Auch die Vorstellung vom »rationalen Marktakteur« oder vom »natürlichen Wettbewerb« ist Ausdruck solcher kognitiven Muster.

Vor dem Hintergrund dieser vier Typen von Institutionen (Konventionen, Normen, formalsanktionierte Regeln sowie kognitive Deutungsmuster und Routinen) erscheint die Robinson-Crusoe-Geschichte der ▹ **Neoklassik** aus institutionenökonomischer Sicht als ein hochgradig unrealistisches Konstrukt. Zwei Menschen, die ohne gemeinsame Sprache, geteilte Normen oder rechtlich abgesicherte Tauschverhältnisse auf einer Insel handeln – das ist aus institutioneller Perspektive eine analytische Fiktion. Kooperation, Tausch, Vertrauen – all das ist institutionell gerahmt. Selbst minimale Interaktion setzt gemeinsame symbolische Ordnungen und soziale Regeln voraus. Institutionenökonom*innen argumentieren entsprechend, dass ökonomische Interaktionen niemals losgelöst von der Gesellschaft existieren, sondern stets in institutionelle Gefüge eingebettet sind. ▹ **Ökonomik** ohne Institutionenanalyse ist in dieser Sichtweise blind für zentrale Voraussetzungen wirtschaftlichen Handelns. Damit tendiert die Institutionenökonomik dazu, ökonomische Prozesse und Strukturen gesellschaftlicher Institutionen unterzuordnen.

Aus der Forschung

Marion Fourcade und Kieran Healy (2017) untersuchen, wie Märkte im digitalen ▹ **Kapitalismus** zunehmend durch »classification situations« geprägt werden – also durch gesellschaftliche Praktiken der Kategorisierung und Bewertung. Digitale Plattformen wie Amazon oder Uber schaffen nicht nur neue Märkte, sondern auch neue Formen sozialer Ordnung, indem sie über Algorithmen bestimmen, wie Reputation, Kreditwürdigkeit oder Arbeitsleistung bewertet werden.

Die beiden Autor*innen zeigen damit: Ökonomie ist nicht nur durch »harte« Institutionen wie Eigentumsrechte oder Gesetze geprägt, sondern auch durch symbolische und kulturelle Ordnungen. Bewertungspraktiken strukturieren Handlungsoptionen, schaffen Ungleichheiten und prägen gesellschaftliche Machtverhältnisse – und sind damit ein Beispiel für die enge Verwobenheit von Ökonomie und Gesellschaft.

Quelle: Fourcade, Marion/Healy, Kieran (2017): Seeing like a market. In: Socio-Economic Review, 15. Jg., Nr. 1, S. 9–29.

8.3.2 Ökonomie als eingebetteter Prozess

Die Institutionenökonomik verdeutlicht, dass wirtschaftliches Handeln stets gesellschaftlich eingebettet ist. Märkte, Kauf- und Produktionsentscheidungen, entstehen nicht im luftleeren Raum, sondern sind von Anfang an auf institutionelle Strukturen angewiesen. Eigentumsrechte, Vertragsregeln, Normen und gesellschaftlich geteilte Deutungsmuster stellen die Bedingungen dar, unter denen ökonomische Interaktion überhaupt möglich ist. Gesellschaftliche Institutionen sind damit grundlegende Voraussetzung für jegliche Form von wirtschaftlicher Interaktion (siehe Abbildung 8.4).

Damit nimmt die Institutionenökonomik eine vermittelnde Position zwischen Neoklassik und ▹ **Marxistischer Politischer Ökonomie** ein. Während die Neoklassik Märkte, Präferenzen und Ökonomie insgesamt weitgehend als naturgegeben modelliert, betont die Marxistische

Politische Ökonomie die wechselseitige Bedingtheit gesellschaftlich-ökonomischer Verhältnisse. Die Institutionenökonomik hingegen rückt die alltäglichen Regeln, Routinen und Institutionen ins Zentrum, die ökonomisches Handeln ermöglichen, ordnen und stabilisieren.

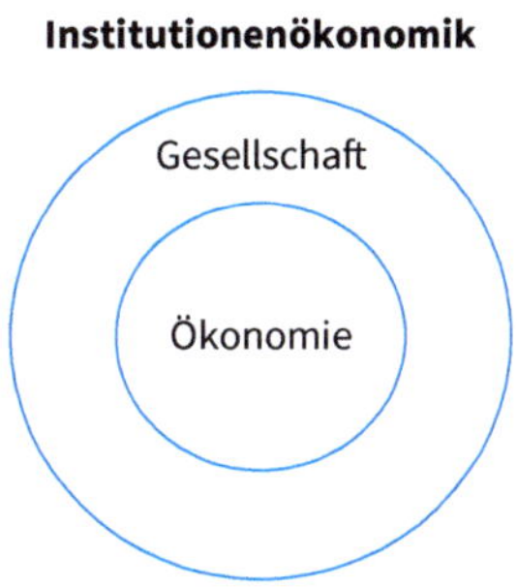

Abbildung 8.4: Ökonomie und Gesellschaft in der Institutionenökonomik: Eine schematische Darstellung

8.4 Implizite Legitimationsfunktionen der drei ökonomischen Paradigmen

Ökonomische ▷ **Paradigmen** erfüllen nicht nur die Funktion, wirtschaftliche Prozesse zu beschreiben und zu erklären. Sie prägen zugleich Vorstellungen darüber, wie Ökonomie und Gesellschaft zueinander stehen, und können damit bestimmte Ordnungen und Institutionen implizit legitimieren. In diesem Sinne besitzen ökonomische Paradigmen immer auch eine sozio-politische Dimension: Sie beeinflussen, welche Wirtschaftsformen als »natürlich«, effizient oder gerecht erscheinen – und welche Alternativen als weniger plausibel oder gar nicht denkbar gelten (▷ **Effizienz**). Durch ihre ▷ **Performativität** wirken ökonomische Paradigmen damit auf die Realität zurück: Indem sie bestimmte Theorien oder Modelle verbreiten, tragen sie selbst dazu bei, ökonomisches Handeln, Institutionen und politische Entscheidungen in diese Richtung zu formen.

In der ▷ **Neoklassik** wird aufgrund der Beschreibung ökonomischen Handelns als autonome Sphäre, in der die Gesellschaft eine maximal untergeordnete Rolle spielt, die Vorstellung vermittelt, dass Märkte nicht bloß ein Arrangement unter vielen sind, sondern die *natürlichste*, *effizienteste* und *gerechteste* Form gesellschaftlicher Koordination. Gesellschaftliche Eingriffe – etwa Regulierung, Umverteilung oder staatliche Planung – werden demgegenüber entsprechend als Verzerrungen oder Ineffizienzen interpretiert. Damit wird die marktwirtschaftliche Ordnung ideologisch naturalisiert: Sie erscheint nicht als historisch gewachsenes und umkämpftes Arrangement, sondern als alternativlose Lösung.

Diese Darstellung entfaltet eine starke politische Wirkung: Indem gesellschaftliche Bedingungen und Machtverhältnisse theoretisch ausgeklammert werden, wird die bestehende Wirtschaftsordnung als sachlich notwendig und politisch neutral dargestellt. Wer die Grundlagen der Marktlogik infrage stellt, stellt sich scheinbar nicht nur gegen eine bestimmte Gesellschaftsform, sondern gegen Effizienz, Rationalität und individuelle Freiheit an sich. Alternativen zur bestehenden Wirtschaftsordnung – etwa solidarische, demokratisch geplante oder gemeinwohlorientierte Modelle – werden dadurch diskursiv marginalisiert oder als ineffizient, utopisch oder gefährlich delegitimiert (Stilwell 2019).

Demgegenüber erkennt die ▻ Marxistische Politische Ökonomie an, dass ökonomische Ansätze nicht neutral sind, sondern politische Wirkungen entfalten. Sie betont, dass jede ökonomische Theorie auch eine normative Setzung darstellt – sei es durch Stabilisierung bestehender Machtverhältnisse oder durch Eröffnung alternativer Gesellschaftsentwürfe. Ökonomie wird hier nicht als natürliche Ordnung dargestellt, sondern als Ergebnis gesellschaftlicher Kämpfe, Aushandlungen und bewusster Entscheidungen. Damit öffnet die Politische Ökonomie den Raum für Alternativen: für Solidarität, demokratische Planung, kollektive Aneignung und soziale Gerechtigkeit – Alternativen, die in der neoklassischen ▻ **Ökonomik** meist theoretisch ausgeschlossen bleiben.

Vor diesem Hintergrund verschwimmen für viele Vertreter*innen der Marxistische Politischen Ökonomie auch die Grenzen zwischen wissenschaftlicher Analyse und politischer Positionierung zumindest teilweise. Sie verstehen sich nicht als neutrale Beobachter*innen, sondern als gesellschaftlich engagierte Intellektuelle, die zur Transformation bestehender Verhältnisse beitragen wollen. In den Worten von Frank Stilwell (2019, S. 47): »Politische Ökonom*innen wollen die Welt nicht nur verstehen, sie wollen sie auch zum Besseren verändern. Angesichts einer modernen kapitalistischen Ökonomie, die instabil, ungerecht und nicht nachhaltig ist, gibt es wenig zu verlieren und viel zu gewinnen, wenn man offen zu diesem Engagement steht.« (▻ **Kapitalismus**)

In der ▻ **Institutionenökonomik** existiert ein implizites Legitimationsnarrativ: Wenn Institutionen vor allem durch ihre Funktionalität für Märkte und ökonomische Prozesse erklärt werden, werden sie tendenziell als zweckmäßig und unverzichtbar dargestellt. Fragen nach Verteilung, Macht oder normativen Zielkonflikten treten in den Hintergrund. Die Institutionenökonomik legitimiert damit nicht direkt eine bestimmte Wirtschaftsordnung, aber sie stabilisiert durch ihren Fokus auf Ordnungs- und Stabilitätsleistungen die Vorstellung, dass ökonomische Prozesse in erster Linie durch »gute Institutionen« abgesichert werden müssen.

Allerdings eröffnet dieser Ansatz zugleich auch den Raum für eine kritischere Wendung: Wenn Institutionen historisch gewachsen und veränderbar sind, dann stellt sich unmittelbar die Frage, wer sie definiert, wessen Interessen sie verkörpern und welche Alternativen denkbar wären. In dieser Spannung zwischen funktionalistischer Stabilisierung und potenziell kritischer Offenheit liegt die ambivalente Legitimationsfunktion der Institutionenökonomik.

Bezug zur sozial-ökologischen Vielfachkrise

Die im Kapitel dargestellten Theorietraditionen unterscheiden sich nicht nur hinsichtlich ihrer Erklärung ökonomischer Prozesse, sondern auch in ihren Möglichkeiten, die Ursachen und Dynamiken der sozial-ökologischen Vielfachkrise analytisch zu fassen.

In neoklassisch geprägten Theoriemodellen ist der Zusammenhang zwischen gesellschaftlicher Organisation, politischer Machtverteilung und ökologischer Zerstörung keine zentrale Fragestellung (▻ **Neoklassik**). Umweltprobleme treten dort vielmehr als externe Effekte auf, die sich durch Preissignale oder technische Optimierung internalisieren lassen. Auch soziale Ungleichheit wird meist als marktfernes Verteilungsproblem behandelt – nicht als strukturelles Ergebnis ökonomischer Institutionen oder Eigentumsverhältnisse. In dieser Logik bleibt die Krise eine Abweichung vom idealisierten Marktgleichgewicht, nicht dessen systemisches Produkt.

Demgegenüber verdeutlichen marxistische politökonomische Perspektiven, dass ökologische und soziale Krisendynamiken aus der Art resultieren, wie Produktion, Eigentum, Arbeitsteilung und staatliche Regulierung gesellschaftlich organisiert sind. Die kapitalistische Wachstumslogik erzeugt strukturelle Abhängigkeit von Ressourcenausbeutung und sozialer Ungleichverteilung. Der Staat fungiert dabei nicht neutral, sondern als Mitgestalter und Stabilisator dieser Ordnung.

Auch die ▷ **Institutionenökonomik** kann hier wichtige Beiträge leisten – insbesondere, wenn sie Institutionen nicht nur funktionalistisch, sondern auch als Ausdruck und Vehikel gesellschaftlicher Konflikte versteht. Sie verdeutlicht, dass Nachhaltigkeit nicht allein von technischen Lösungen oder individuellen Präferenzen abhängt, sondern von den institutionellen Regeln, Normen und Deutungsmustern, die ökonomisches Handeln strukturieren: Was gilt als ökonomisch relevant? Welche Güter werden am Markt bewertet – und welche bleiben unsichtbar?

8.5 Fazit

Wie dieses Kapitel gezeigt hat, gibt es unterschiedliche Perspektiven auf das Zusammenspiel von Ökonomie und Gesellschaft. Die hier vorgestellten ▷ **Paradigmen** unterscheiden sich recht eindeutig darin, wie dieses Verhältnis gedacht und analysiert wird (siehe Abbildung 8.5). Die mikroökonomische ▷ **Neoklassik** abstrahiert weitgehend von gesellschaftlichen Bedingungen oder ordnet diese der Ökonomie unter (▷ **Mikroökonomik**). Die ▷ **Marxistische Politische Ökonomie** dagegen rückt gesellschaftliche Machtverhältnisse ins Zentrum der Analyse und versteht Ökonomie und Gesellschaft als komplexes Wechselverhältnis. Die ▷ **Institutionenökonomik** betont schließlich, dass ökonomisches Handeln institutionelle Voraussetzungen braucht – Regeln, Normen, Konventionen und Deutungsmuster – und beschreibt ökonomische Prozesse damit als den gesellschaftlichen Verhältnissen untergeordnet.

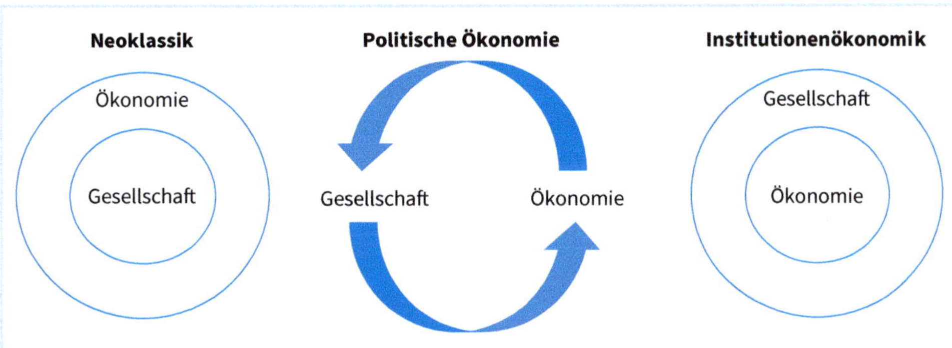

Abbildung 8.5: Das Zusammenspiel zwischen Ökonomie und Gesellschaft aus der Perspektive der Neoklassik, politischen Ökonomie und der Institutionenökonomik

Keine dieser Perspektiven ist in sich abgeschlossen oder vollständig. Doch ihre Gegenüberstellung verdeutlicht, dass die Frage nach dem Verhältnis von Ökonomie und Gesellschaft nicht nur theoretisch relevant, sondern auch politisch bedeutsam ist. Denn je nachdem, wie dieses Verhältnis gedacht wird, verändern sich auch die Fragen, die wir stellen, und die Lösungen, die wir für ökonomische Probleme entwickeln. Ein neoklassisch geprägter Zugang rückt etwa die Effizienz von Märkten in den Vordergrund und sucht nach Instrumenten, die individuelle Entscheidungen möglichst unverzerrt bündeln. Eine politökonomische Perspektive dagegen fragt nach Macht, Eigentum und Verteilung und eröffnet damit den Blick auf soziale Kämpfe und Alternativen jenseits des Marktes. Die institutionenökonomische Sicht wiederum macht sichtbar, dass ökonomisches Handeln ohne stabile Regeln, Normen und Deutungsmuster nicht denkbar ist, und legt damit den Fokus auf die Gestaltung und Veränderbarkeit institutioneller Rahmenbedingungen. Welche dieser Perspektiven wir wählen, bestimmt also nicht nur unsere Analyse, sondern auch, welche politischen Handlungsmöglichkeiten überhaupt sichtbar werden und welche unsichtbar bleiben.

Literaturempfehlungen

Arnsperger, Christian/Varoufakis, Yanis (2006): What Is Neoclassical Economics? The three axioms responsible for its theoretical oeuvre, practical irrelevance and, thus, discursive power. In: Panoeconomicus, 53. Jg., Nr. 1, S. 5–18.

Grapard, Ulla (1995): Robinson Crusoe: The quintessential economic man? In: Feminist Economics, 1. Jg., Nr. 1, S. 33–52.

Hodgson, Geoffrey M. (2017): Institutional economics. In: Fischer, Liliann/Hasell, Joe/Proctor, Christopher J./Uwakwe, David/Ward-Perkins, Zac/Watson, Catriona (Hrsg.): Rethinking Economics: An Introduction to Pluralist Economics. London, S. 45–59.

Hodgson, Geoffrey M. (2004): Institutional economics: from Menger and Veblen to Coase and North. In: J. B. Davis, A. Marciano, & J. Runde (Hrsg.): The Elgar companion to economics and philosophy. Cheltenham, S. 84–101.

Jäger, Johannes/Springler, Elisabeth (2015): Ökonomie der internationalen Entwicklung. Eine kritische Einführung in die Volkswirtschaftslehre. Wien.

Mankiw, Gregory N./Taylor, Mark P. (2024): Grundzüge der Volkswirtschaftslehre. 9. Aufl., Stuttgart.

Stilwell, Frank (2019): From economics to political economy: Contradictions, challenge, and change. In: American Journal of Economics and Sociology, 78. Jg., Nr. 1, S. 35–62.

Varian, Hal R. (2020): Intermediate microeconomics: A modern approach. 11. Aufl., New York.

Vatn, Arild (2007): Institutions and the Environment. Cheltenham.

Wolff, Richard D./Resnick, Stephen A. (2012): Contending economic theories: neoclassical, Keynesian, and Marxian. Cambridge/MA.

Online-Ressourcen

Bundeszentrale für politische Bildung (2015), Ökonomie und Gesellschaft. Themen und Materialien. Bundeszentrale für politische Bildung. https://www.bpb.de/shop/materialien/themen-und-materialien/200345/oekonomie-und-gesellschaft/

Exploring Economics (2015), Wechselwirkungen von Ökonomik und Gesellschaft. https://www.exploring-economics.org/de/entdecken/wechselwirkungen-von-okonomik-und-gesellschaft/

Rosa-Luxemburg-Stiftung (2025), tl;dr #49: Karl Polanyi: »The Great Transformation« mit Claus Thomasberger. https://www.youtube.com/watch?v=WQXZ_Vww0pY

9 Ökonomie und Geschichte

Felix Kersting

Heutige Diskussionen zur Klimakrise sind eng mit dem CO_2-Ausstoß verknüpft. Mit dem Pariser Klimaabkommen haben sich viele Staaten der Welt darauf geeinigt, den CO_2-Ausstoß substanziell zu senken und klimaneutral zu werden. Historische Forschung zeigt, dass der CO_2-Ausstoß erst ab dem 19. Jahrhundert gestiegen ist. Vorher war er in der Geschichte der Menschheit aus heutiger Perspektive konstant und niedrig. Ähnlich verhält es sich mit dem ▷ **Bruttoinlandsprodukt (BIP)** als Kennziffer ökonomischer Aktivität über die letzten Jahrhunderte. Mit dem Beginn des Wirtschaftswachstums (▶ Kap. 4) stieg auch der CO_2-Ausstoß an.

Um dieses Thema historisch zu betrachten, werde ich in diesem Kapitel sechs einflussreiche Erklärungen über den Beginn des Wirtschaftswachstums beschreiben. An welchen Orten und bei welchen Akteuren in der Ökonomie setzen diese Erklärungen an? Welche Verständnisse über Geschichte und Wirtschaft zeigen sich in diesen Erklärungen? Warum besteht der enge Zusammenhang zwischen CO_2-Ausstoß und Wirtschaftswachstum?

Damit rücken in diesem Kapitel drei Aspekte in den Vordergrund: Es geht erstens um Erklärungen zur Genese des heute dominanten Wirtschaftssystems. Zweitens zeige ich, wie eine historische Betrachtung von ökonomischen Veränderungen aussehen kann. Drittens wird deutlich, dass es nicht nur eine, sondern mehrere Perspektiven auf Wirtschaftsgeschichte gibt, auch bei Prozessen, die schon lange in der Vergangenheit liegen.

Für dieses Vorhaben beschränke ich mich auf Forschung, die versucht, die ▷ **Industrielle Revolution** in Großbritannien zu erklären, da sie dort begann. Abbildung 9.1 zeigt die Veränderungen des Bruttoinlandsprodukts und des CO_2-Ausstoßes pro Kopf in Großbritannien in dieser Periode. Der marxistische Historiker Eric Hobsbawm (1917–2012) bezeichnete diese Entwicklungen als Beginn der modernen Phase der Geschichte, gekennzeichnet durch selbsterhaltendes Wirtschaftswachstum, technologische Umwälzungen und tiefgreifende gesellschaftliche Transformationen.

Relevant aus einer heutigen Perspektive bleiben Erklärungen für diese Veränderungen, weil die Frage nach den Ursprüngen der Industriellen Revolution stets auch die Frage berührt, woher der ökonomische Wohlstand im ▷ **Globalen Norden** kommt. Dabei gibt es recht unterschiedliche Deutungsmuster, wie die nächsten Unterkapitel zeigen werden: Manche betonen das praktische Wissen der Aufklärung, einige die harte Disziplinierung in der Fabrik und andere die Ausbeutung durch Sklaverei als Grundlage für Reichtum.

Genau die Ansatzpunkte einiger einflussreicher Arbeiten zur ökonomischen Veränderung im Zuge der Industriellen Revolution skizziere ich auf den folgenden Seiten. Alle Erklärungen, die Wirtschaftshistoriker*innen und andere Sozialwissenschaftler*innen bisher geliefert haben, kann ich dabei nicht präsentieren. Beispielsweise gibt es eine umfangreiche und verwandte Debatte über die Ursprünge des ▷ **Kapitalismus**, die historisch etwas früher ansetzt. In den Unterkapiteln stelle ich das jeweilige Verständnis von Ökonomie und Geschichte heraus und diskutiere wichtige Kritikpunkte.

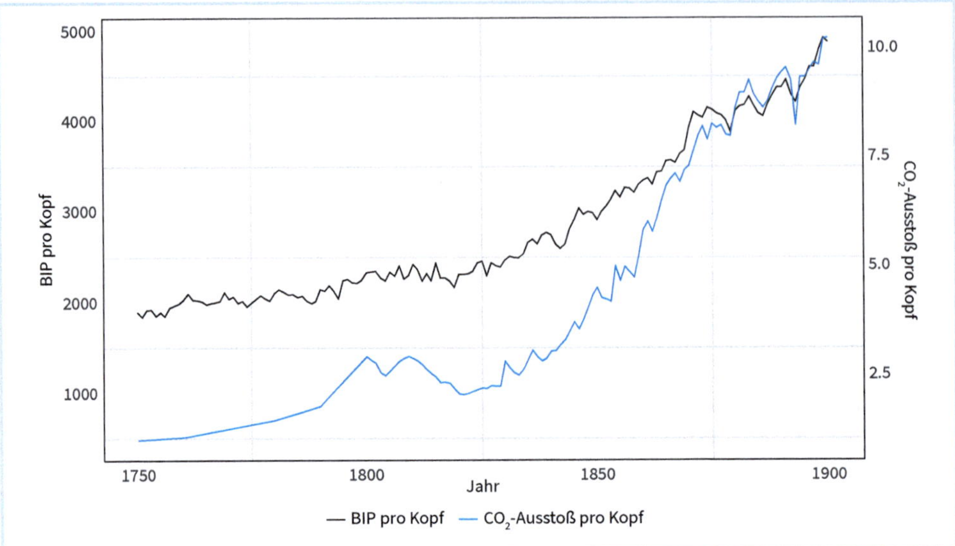

Abbildung 9.1: BIP pro Kopf und CO_2-Ausstoß in Großbritannien, 1750–1900. (Ritchie/Roser/Rosado 2020; Bank of England 2020).

Die Ansätze umfassen so unterschiedliche Aspekte wie Faktorpreise (▶ Kap. 9.2), fossile Energieträger (▶ Kap. 9.3), Ideen (▶ Kap. 9.4), Disziplin (▶ Kap. 9.5), Institutionen (▶ Kap. 9.6) und Sklaverei (▶ Kap. 9.7). Die Reihenfolge der präsentierten Erklärungen erlaubt die direkte Kontrastierung zwischen einem Mainstream-Ansatz und einer alternativen historischen Betrachtung. Damit entsteht eine Struktur, die sich nicht anhand der ▷ **Denkschulen** orientiert. Dennoch lassen sich die Unterkapitel zu Faktorpreisen (▶ Kap. 9.2), Ideen (▶ Kap. 9.4) und Institutionen (▶ Kap. 9.6) eher dem Mainstream der VWL zuordnen. Die anderen Unterkapitel beruhen auf einem marxistischen Ansatz (▶ Kap. 9.5), einer Kombination aus marxistischen und ökologischen Ideen (▶ Kap. 9.3) und einem historisch-sozialwissenschaftlichen Ansatz (▶ Kap. 9.7). Dieses Vorgehen ergibt sich daraus, dass nicht alle Denkschulen etwas zu den Ursprüngen der Industriellen Revolution zu sagen haben und gleichzeitig auch Historiker*innen und andere Sozialwissenschaftler*innen wichtige Arbeiten zu diesem Thema vorgelegt haben.

9.1 Die Industrielle Revolution und Geschichte

Ehe ich die Erklärungen für die ▷ **Industrielle Revolution** vorstelle, beginne ich mit einer kurzen Beschreibung der Industriellen Revolution – was war die Industrielle Revolution überhaupt? Was macht die Industrielle Revolution so interessant und was lernen wir daraus über Ökonomie und Geschichte? Anders als politische Revolutionen war sie kein einzelnes Ereignis, sondern ein tiefgreifender wirtschaftlicher und gesellschaftlicher Transformationsprozess, der sich über mehrere Jahrzehnte erstreckte. Sie begann mit Veränderungen in wenigen Schlüsselbereichen – insbesondere in der Textilproduktion, im Maschinenbau und im Bergbau. Erfindungen wie die Spinnmaschine, die Dampfmaschine und später die Lokomotive steigerten die Produktivität drastisch.

Diese Neuerungen lösten eine Kette von weiteren Veränderungen aus: Sie führten zur Verlagerung von Arbeit aus der Landwirtschaft in die Industrie, zur Entstehung neuer urbaner Zentren und zur verstärkten Nutzung fossiler Energieträger wie Kohle. In der Folge veränderten sich auch gesellschaftliche Strukturen grundlegend. Neue Klassen wie das Industrieproletariat und das Bürgertum gewannen an Bedeutung, während traditionelle Lebens- und Arbeitswelten zunehmend verdrängt wurden. Revolutionär war also weniger ein plötzlicher Bruch als vielmehr die tiefgreifende, strukturelle Umwälzung von Ökonomie und Gesellschaft – ein Wandel, der das Fundament der modernen Industriegesellschaft legte.

In Abbildung 9.2 werden Teile der Veränderungen sichtbar. Die Menschen arbeiten in großen Fabriken, in denen Maschinen genutzt werden. In drei der Unterkapitel geht es vor allem darum, warum solche Maschinen entwickelt wurden und welche Energiequellen dabei genutzt wurden. Ebenso wird behandelt, wie es dazu kam, dass die Menschen mit Disziplin in der Fabrik gearbeitet haben. Abschließend wird besprochen, welche Rolle Rahmenbedingungen gespielt haben.

Abbildung 9.2: Maschinenfabrik (Wikimedia Commons 1868).

Von Beginn an wurde die Industrielle Revolution intensiv diskutiert, so auch von Intellektuellen und Wissenschaftler*innen. War sie Ausdruck sozialen Fortschritts oder vielmehr eine soziale Katastrophe? Einerseits wurde sie gefeiert als Motor des Fortschritts, der neue Produkte, steigenden Wohlstand (zumindest für einige) und technische Innovationen ermöglichte. Andererseits kritisierten Zeitgenossen wie etwa Karl Marx (1818–1883) die Ausbeutung der Arbeiter*innen, die Zerstörung traditioneller Lebensformen und die sozialen Härten des Industrie-Kapitalismus. Diese Ambivalenz ist bis heute prägend für Diskussionen über die Industrielle Revolution: Sie war Ausgangspunkt sowohl für den modernen Wohlstand als auch für neue Ungleichheiten.

Damit steht die Diskussion exemplarisch für prägende Debatten über wirtschaftliche Veränderungen in der Vergangenheit. Aus wissenschaftstheoretischer Sicht wird deutlich: Um wirtschaftliche Veränderungen zu verstehen und zu bewerten, braucht es über Informationen hinaus immer auch Interpretationen. Daten aller Art – beispielsweise zu Veränderungen von Wohlstand über die Zeit im 19. Jahrhundert in Großbritannien – stehen also nicht für sich allein, sondern benötigen Deutungsmuster, um zu begreifen, warum sich diese Veränderungen vollzogen haben. Geschichte – auch ökonomische Geschichte – wird nicht nur von den damaligen Akteur*innen geschrieben, sondern vor allem von Historiker*innen. Dabei werden Ursachen ökonomischer Veränderungen durch Forscher*innen, die vor dem Hintergrund von bestimmten Theorien Geschichte analysieren, rekonstruiert und erzählt. Diese Deutungen sind umkämpft und noch heute Gegenstand umfangreicher akademischer Debatten. Diese sollen im Folgenden beispielhaft deutlich werden. Beginnen werde ich mit den Interpretationen, die den Ursprung der Industriellen Revolution in den Preisen für Arbeit, Kapital und Energie sehen.

Bezug zur sozial-ökologischen Vielfachkrise

Die Ursprünge modernen Wirtschaftswachstums sind nicht bloß eine Frage historischer Forschung; vielmehr helfen Antworten auf dieses Thema, die Ursprünge der heutigen sozial-ökologischen Vielfachkrise besser zu verstehen. Wie die Perspektive von Malm aufzeigt, war die Nutzung fossiler Energieträger nicht bloß ein Produkt der ▷ **Industriellen Revolution**, sondern ein integraler Bestandteil ihrer Durchsetzung. Kohle (im Gegensatz zur umweltfreundlicheren Wasserkraft) erlaubte die bessere Kontrolle von Arbeiter*innen und die Nutzung der Produktionsmöglichkeiten in Fabriken. Dieser Aspekt hilft zu begreifen, warum der Übergang zu erneuerbaren Energiequellen vermutlich nicht bloß eine Abwägung zwischen unterschiedlich umweltfreundlichen Produktionsweisen ist, sondern grundlegende Veränderungen in Machtverhältnissen und Arbeitsorganisation voraussetzt. Die Nutzung fossiler Energie war – historisch wie auch aktuell – ein Mittel sozialer Kontrolle. Ihr Ersatz durch erneuerbare Quellen stellt daher nicht nur eine technische, sondern eine gesellschaftliche Herausforderung dar.

9.2 Die Rolle von Faktorpreisen

Der britische Wirtschaftshistoriker Robert C. Allen gibt eine klare und neoklassisch begründete Interpretation zu den Ursprüngen der ▷ **Industriellen Revolution**: Weil es sich in Großbritannien besonders lohnte, neue Technologien zu erfinden und einzusetzen. Im Zentrum von Allens Argumentation steht das Verhältnis von Faktorpreisen, also den Kosten für Arbeit, Kapital und Energie. Großbritannien wies im 18. Jahrhundert im internationalen Vergleich eine besondere Konstellation auf: Arbeiter*innen verdienten vergleichsweise viel (zumindest die männlichen Facharbeiter). Energie war günstig, vor allem die im Überfluss verfügbare Kohle. Maschinen und Investitionen waren im Verhältnis zu Löhnen gut bezahlbar. Diese Kombination machte es für Unternehmer*innen in Großbritannien attraktiv, in neue Technologien zu investieren, die menschliche Arbeit durch Maschinen ersetzten und dabei die billige Energie effizient nutzten (▷ **Effizienz**). Für Allen begann die Industrielle Revolution also in Großbritannien, weil sie sich dort rechnete.

Faktorpreise

Faktorpreise sind Kosten für die Nutzung von Produktionsfaktoren wie Arbeit, Kapital oder Boden.

Wie entstand diese Kombination von Faktorpreisen? Kohle als günstige Energiequelle war geographisch bedingt – das galt allerdings nicht nur für England, sondern auch für Länder wie Deutschland. Entscheidend war daher weniger das Energieangebot allein, sondern die Kombination mit relativ hohen Löhnen. Diese Lohnstruktur hatte mehrere Ursachen: Ein Teil lässt sich auf die demografischen Folgen der Pest zurückführen, die zu einem drastischen Rückgang der Bevölkerung und damit zu einem Mangel an Arbeitskräften führte. Noch wichtiger waren jedoch tiefgreifende Veränderungen in der Landwirtschaft. Im Zuge der Auflösung von Allmenderechten (▶ Kap. 19) kam es zur Bildung größerer landwirtschaftlicher Betriebe, die mit weniger Arbeitskräften mehr produzieren konnten. Dies ermöglichte es, eine wachsende städtische Bevölkerung ausreichend zu versorgen. Gleichzeitig erhöhte sich in den Städten die Nachfrage nach Arbeitskräften – insbesondere in Handwerk und Gewerbe –, sodass die Löhne auf einem vergleichsweise hohen Niveau blieben.

Allen (2009) räumt auch Aspekten wie Institutionen (mehr dazu weiter unten) und Wissen (ebenfalls später diskutiert) eine Rolle ein. Durch das vorhandene Wissen in Großbritannien, so Allen, wurde das Angebot an Technologie vergrößert. Aber warum wurden überhaupt neue Technologien entwickelt? Der Fokus auf die Nachfrage nach Technologie bildet den Dreh- und Angelpunkt der historischen Analyse Allens.

Für Allen sind technische Innovationen eine rationale Reaktion auf ökonomische Anreize: Unternehmer*innen investieren dann in neue Maschinen, wenn diese sich lohnen – also günstiger sind als die bisherigen Produktionsweisen. Dieser ökonomische Ansatz erklärt auch, warum ähnliche Voraussetzungen in anderen Ländern nicht zur gleichen Zeit zur Industrialisierung führten: Wo Energie teurer war und Löhne niedriger, war es schlicht nicht rentabel, auf Maschinen umzustellen. Selbst eine so einschneidende ökonomische Veränderung wie die Industrielle Revolution, ist in der Theorie der Faktorpreise – wie in der Mainstream-Mikroökonomik – eine rationale Reaktion auf gegebene Umstände. Historische Veränderung wird in diesem Fall durch die Linse heutiger theoretischer Ansätze betrachtet. So kommt die Annahme rationalen Verhaltens ins Spiel.

Aus der Forschung

Allens These von einer Hochlohn-Ökonomie in Großbritannien greifen Jane Humphries und Benjamin Schneider (2019) in einem Aufsatz in der Fachzeitschrift *The Economic History Review* kritisch auf. Sie weisen darauf hin, dass Allens Lohnvergleiche vor allem männliche Facharbeiter berücksichtigen, während die niedrigen Löhne von Frauen und Kindern in der Analyse kaum Beachtung finden. Werden diese Löhne in die Berechnung der Durchschnittslöhne einbezogen, deutet wenig auf hohe Löhne in der zentralen Textilindustrie hin. Grundlage dieses Einwands ist eine umfangreiche Quellenarbeit zu den Löhnen von Spinner*innen in der Textilindustrie. Dafür nutzen die Forscher*innen etwa Aufzeichnungen von Spinnschulen, Bauernhofkonten, Tagebüchern und Notizbüchern von Arbeiter*innen. Diese Quellenarbeit ist nötig, da es für diese Zeit keine nationalen Lohnstatistiken gibt und sich bisherige Forschungen tendenziell auf die Löhne von Männern beschränkten. Der Befund selbst stellt damit einen zentralen Ausgangspunkt von Allens Erklärung infrage – nämlich die hohen Löhne als treibende Kraft für Erfindungen wie die Spinnmaschine. Stattdessen könnten, so Humphries und Schneider, die Innovationen einen *gender bias* aufgewiesen haben: Mit den neuen Maschinen konnte die relativ günstige Arbeitskraft von Frauen und Kindern die teurere Arbeitskraft von Männern ersetzen.

Quelle: Humphries, Jane/Schneider, Benjamin (2019): Spinning the Industrial Revolution. In: The Economic History Review. 72. Jg., H. 1, S. 126–155.

9.3 Die Rolle von fossilen Energieträgern

Allens Arbeit legt den Fokus auf Kohle vor allem als günstigen Inputfaktor. Umweltaspekte spielten in seiner Analyse kaum eine Rolle. Wenig erfahren wir zudem über die Gründe (abseits der Kostenvorteile), warum Unternehmer*innen überhaupt Interesse an neuen Technologien hatten. Der Humangeograph Andreas Malm (2013) setzt genau dort kritisch an. Wie kam es dazu, dass sich Kohle als Energieträger durchsetzte?

Hierfür betrachtet Malm die Nutzung verschiedener Energieträger über einen längeren Zeitraum. Erst um 1840 dominierte Kohle als Energieträger die britische Volkswirtschaft. Im Jahr 1850 verursachte Großbritannien mehr als 60% des globalen CO_2-Ausstoßes. Während dieses Zeitraums blieben die Kosten für Wasserkraft geringer.

Was waren die Vor- und Nachteile von Kohle und Wasserkraft? Kohle wurde vor allem in Dampfmaschinen benutzt. Im Gegensatz zu Wasserkraft konnte Kohle transportiert werden und somit Fabriken dort gebaut werden, wo die Unternehmer*innen es wünschten. Ferner war die Produktion mit Kohle prinzipiell dauerhaft möglich. Wasserkraft, die beispielsweise viel in der Textilindustrie genutzt wurde, konnte nur dort verwendet werden, wo ein hinreichendes Gefälle vorliegt und Wasser zur Verfügung steht. Auch gab es immer wieder Pausen in der Produktion aufgrund des wechselnden Wetters, was zu Schwankungen in der Arbeitszeit führte. Mit beiden Möglichkeiten gingen große Unterschiede für die Arbeiter*innen einher: Während Arbeiter*innen für Produktionsstätten mit Wasserkraft dorthin kommen mussten, wo eben diese Produktionsstätten lagen, waren Produktionsstätten mit Kohle in den wachsenden Städten umgeben von vielen Arbeiter*innen. Die Verhandlungsposition für Arbeiter*innen war in Städten deutlich schlechter, da sie leichter ersetzt werden konnten.

Genau dieser Unterschied spielte eine große Rolle, als in den 1830er Jahren auch im Zuge eines wirtschaftlichen Abschwungs viele Streiks ausbrachen. Ebenfalls forderten viele Arbeiter*innen den Zehn-Stunden-Tag. Eine solche Forderung war einfacher für Fabriken mit beständigen Dampfmaschinen umzusetzen als in jenen mit Wasserkraft, die eher unregelmäßige Arbeitszeiten aufwiesen. Als Reaktion darauf verlagerten immer mehr Unternehmer*innen ihre Produktion in die Städte, weil sie dort mehr Arbeiter*innen einstellen, beständiger produzieren und vor allem mehr Kontrolle über sie ausüben konnten. Während mit Wasserkraft die Maschine an den Ort der Energiequelle gebunden war, erlaubte Kohle Maschinen räumlich freier einzusetzen. Damit wurden mit der ▷ **Industriellen Revolution** Maschine und Energiequelle getrennt.

Malm bietet keine umfassende Erklärung zu den Ursprüngen der Industriellen Revolution. Vielmehr betrachtet er, ähnlich wie auch Thompson (▶ Kap. 9.5), wie sich die Konstellation zwischen Arbeiter*innen und Unternehmer*innen verändert hat. Dabei berücksichtigt er explizit die Rolle von unterschiedlichen Energieträgern. Anders als aus der Perspektive von Allen ist dann nicht nur die Frage von Faktorpreisen und den daraus resultierenden Anreizen entscheidend. Vielmehr sind diese nur vor dem Hintergrund der Produktionsverhältnisse und der damit einhergehenden Konflikte verständlich.

Die Analyse von Malm ist stark vom ▷ **historischen Materialismus** inspiriert. Dieses Konzept von Geschichte, das auf Karl Marx und Friedrich Engels zurückgeht, sieht die gesellschaftliche Entwicklung als durch die materielle Produktion, die wirtschaftlichen Strukturen und Klassenverhältnisse bestimmt. Ansatzpunkte für Malm sind dementsprechend die Produktionsverhältnisse und die Konflikte zwischen Arbeit und Kapital (▶ Kap. 11 und 12). Neu dabei ist, dass der CO_2-Ausstoß nicht bloß Nebenprodukt eines kapitalistischen Wirtschaftssystems ist, sondern eine zentrale Funktion für die ▷ **Kapitalakkumulation** erfüllt.

9.4 Die Rolle von Ideen

Wieder eine andere Perspektive auf die Dynamik der ▷ **Industriellen Revolution** gewinnen wir mit dem Wirtschaftshistoriker Joel Mokyr, der am Wissen als Voraussetzung für technologischen Fortschritt ansetzt. Er spricht von einer industriellen Aufklärung, die im 18. Jahrhundert vor allem in Großbritannien entstand.

Mokyr betont die Synergie zwischen aufklärerischem Denken und ökonomischen Institutionen. Auf der einen Seite steht der Glaube an nützliches Wissen, das systematisch durch Beobachtung, Experiment und Anwendung gewonnen wird. Auf der anderen Seite erkennt Mokyr die Rolle von Institutionen, die Innovationsanreize förderten. Gemeinsam ermöglichten sie, dass Großbritannien seine menschlichen und ▷ **natürlichen Ressourcen** effektiv nutzen konnte.

Entscheidend ist nicht nur der wissenschaftliche Durchbruch an Universitäten, sondern ein breiter kultureller Wandel, der wissenschaftliche Neugier, praktische Anwendung und technische Innovation als gesellschaftlich wertvoll etablierte. Diese neue Haltung verbreitete sich durch informelle Institutionen wie Kaffeehäuser, öffentliche Vorträge oder technische Lesegesellschaften und beeinflusste auch Handwerker, Ingenieure und Unternehmer. Durch diese breite Trägerschicht entstand eine Wissenskultur, in der neues Wissen gezielt gesucht, gesammelt, geteilt und angewendet wurde. Die neue Wissenskultur ließ laut Mokyr die erste *Wissensökonomie* entstehen. Diese war seiner Meinung nach der entscheidende Motor hinter dem Übergang Großbritanniens in eine Phase dauerhaften wirtschaftlichen Wachstums.

Wissensökonomie

Die Wissensökonomie ist eine Ökonomie, in der Wissen eine der zentralen Ressourcen ist.

Mokyr vertritt ein ideelles Verständnis von wirtschaftlichem Wachstum und den Ursachen für die Industrielle Revolution. Während Allens Erklärung der Industriellen Revolution auf Faktorpreise fokussierte, sieht Mokyr den Ursprung im Wandel der Einstellungen und Denkweisen. Es geht ihm also um die kulturellen Voraussetzungen, die die Anwendung von Wissen möglich und lohnend machten. Er beginnt seine Perspektive nicht bei den materiellen Produktionsbedingungen und lehnt einen ▷ **historischen Materialismus** ab.

Wie setzen sich laut Mokyr neue Ideen durch? Er greift einen Vergleich mit der Evolutionsbiologie auf: Einige Ideen setzen sich durch, andere nicht, dies sei kontingent, also nicht determiniert, und hänge von den Umständen ab. Zwar helfe ökonomisches Interesse bei der Durchsetzung bestimmter Ideen, gleichzeitig spiele die Überzeugungsarbeit auch eine wichtige Rolle.

Im Gegensatz zu Allen entsteht laut Mokyr Wirtschaftswachstum nicht primär als Reaktion auf Anreize, sondern als Resultat neuer gesellschaftlicher Ideen. Der historische Wandel vollzieht sich bei Mokyr vor allem in den Köpfen: Es ist die Veränderung der Einstellungen gegenüber Natur, Technik und Gesellschaft, die wirtschaftliche Dynamik freisetzt. Dabei bleibt der Fokus stark auf den Erfinder*innen.

Ähnlich wie Allen sieht Mokyr (2009) technologischen Fortschritt als zentralen Ansatzpunkt für seine Erklärung der Industriellen Revolution. Mit der Industriellen Revolution wurde Technologie laut Mokyr zum zentralen Motor für ökonomische Veränderung. Aus dieser Perspektive ergänzen sich beide Ansätze: Während Allen die Nachfrage nach neuen Technologien beleuchtet, analysiert Mokyr das Angebot dieser Technologien.

Zusammenfassend zeichnet Mokyr ein stark fortschrittsorientiertes und harmonisches Bild der Industriellen Revolution. Soziale Konflikte spielen in seiner Darstellung kaum eine Rolle. Stattdessen sind Ideen der Treiber von Veränderung. Im nächsten Schritt soll es um die Rolle der Arbeiter*innen gehen: Wie veränderten sich die Vorstellungen von Arbeit, und wie wurde Fabrikarbeit möglich? Diese Perspektive ist wichtig, um zu verstehen, wie sich im Zuge der Industriellen Revolution nicht nur Technologien veränderten, sondern auch die Arbeit selbst.

9.5 Die Rolle von Disziplin

Der marxistische Historiker Edward P. Thompson (1924–1993) nähert sich der ▷ **Industriellen Revolution** aus einer sozialgeschichtlichen Perspektive und rückt dabei die Erfahrungen und das Verhalten der Arbeiter*innen in den Mittelpunkt. Eine zentrale Frage für ihn ist, wie Arbeiter*innen in den Fabriken tätig wurden (Thompson 1967). Die Einführung der Fabrikarbeit bedeutete nicht nur technischen Fortschritt durch Maschinen, sondern auch einen tiefgreifenden Wandel in der Organisation von Arbeit und im alltäglichen Leben der Menschen.

Im Gegensatz zur vorherigen, oft unregulierten Arbeitsweise – etwa in Heimarbeit oder kleinen Handwerksbetrieben – verlangte die Fabrikarbeit eine neue Art des Arbeitens. Während es zuvor üblich war, dass Arbeiter*innen ihre Arbeitszeit flexibel gestalteten, etwa den Montag als »heiligen« Tag freinahmen und ihre Arbeitsbelastung gegen Ende der Woche steigerten, erforderte das Fabriksystem eine konstante, durchstrukturierte Arbeitswoche. Nur durch diese Disziplinierung der Arbeitskraft konnte die Fabrik rentabel betrieben werden.

Diese Umstellung stieß jedoch auf erheblichen Widerstand. Die neue Arbeitsdisziplin bedeutete nicht nur einen Eingriff in die zeitliche Selbstbestimmung der Arbeiter, sondern auch in ihre sozialen Praktiken und kulturellen Gewohnheiten. Viele lehnten die neuen Regeln – etwa feste Arbeitszeiten – ebenso ab wie den Einsatz von Maschinen, die als Bedrohung traditioneller Arbeitsformen empfunden wurden. Der Protest äußerte sich unter anderem in der Ludditenbewegung, die Maschinen zerstörte, um sich gegen die neuen Bedingungen zur Wehr zu setzen.

Ludditenbewegung

Die Ludditenbewegung war eine Protestbewegung englischer Textilarbeiter zu Beginn des 19. Jahrhunderts: Die Arbeiter zerstörten Maschinen, weil sie durch deren Einsatz ihre Existenzgrundlage bedroht sahen.

Wie konnte sich die Fabrikarbeit überhaupt durchsetzen? Eine wichtige Rolle spielte dabei die zunehmende Verbreitung von Uhren. In den Fabriken gaben Glocken den Takt vor – auf die Minute genau wurde damit der Beginn und das Ende von Arbeitspausen signalisiert. Wer zu spät kam, fand die Türen oft schon verschlossen und verlor den Tageslohn. Manche Betriebe nutzten Stempelsysteme: Arbeiter*innen mussten beim Kommen und Gehen Arbeitsblätter abgeben, die ihre Pünktlichkeit dokumentierten. Auch öffentliche Strafen waren üblich – etwa Aushänge mit den Namen unpünktlicher Arbeiter*innen oder Geldbußen. So gewöhnten sich viele an die neuen strengen Zeitabläufe, auch wenn der Widerstand anfangs groß war. Unternehmer*innen klagten besonders oft über mangelnde Pünktlichkeit, aber auch über andere Undiszipliniertheiten wie Reden oder Singen während der Arbeit – Vergehen, die ebenfalls mit Geldstrafen belegt wurden.

Thompson argumentiert, dass die Industrielle Revolution nicht nur eine technische oder ökonomische Umwälzung war, sondern vor allem eine soziale. Sie wurde möglich, weil sich neue Formen von Arbeitsdisziplin durchsetzen ließen – gegen erheblichen Widerstand. Insofern rückt er andere Akteure als Erfinder*innen und Unternehmer*innen in den Fokus und zeigt die Schattenseiten der Entwicklung auf: soziale Kontrolle, Verlust von Autonomie und die gewaltsame Durchsetzung neuer Arbeitsweisen.

Thompson setzt somit nicht an den Treibern für technologische Veränderung an, sondern fragt, welche Voraussetzungen nötig waren, um diese neue Produktionsweise zu nutzen. Die Disziplinierung der Arbeiter*innen ist diesem Ansatz folgend ein wichtiger Bestandteil der Industriellen Revolution: Erst die Veränderung des Verhaltens und der Haltung gegenüber der Arbeit ermöglichte es, die Potenziale des technologischen Fortschritts effektiv zu nutzen.

In dieser Perspektive reagieren die Arbeiter*innen nicht bloß auf Anreize, sondern wurden dazu gebracht, ihre Arbeitseinstellungen zu ändern. Mit den materiellen Bedingungen der neuen Produktionsweise gingen soziale und kulturelle Veränderungen im Arbeiten selbst einher. Anders als bei Mokyr, bei dem neue Ideen die entscheidende Voraussetzung für die materiellen Veränderungen bildeten, sind es bei Thompson die materiellen Veränderungen, die neue Ideen zur Arbeitsdisziplin hervorbringen.

9.6 Die Rolle von Institutionen

Institutionen – »Systeme von etablierten und eingebetteten sozialen Regeln, die soziale Interaktionen strukturieren« (Hodgson 2006, S. 18) – gelten in vielen Erklärungen als zentrale Voraussetzung für Wirtschaftswachstum. Bekannte Ökonomen wie Douglass North (1920–2015) und Daron Acemoğlu argumentieren, dass institutionelle Veränderungen entscheidend dafür waren, dass wirtschaftliches Potenzial in Großbritannien im 18. Jahrhundert realisiert werden konnte.

North und Weingast (1989) verweisen auf die *Glorious Revolution* von 1688 als Wendepunkt in der britischen Wirtschaftsgeschichte. Vorher konnte der Monarch jederzeit ▻ **Eigentumsrechte** außer Kraft setzen – etwa um Kriege zu finanzieren. Die Revolution schränkte diese Macht ein: Das Parlament gewann an Einfluss, Eigentum wurde rechtlich besser geschützt und wirtschaftliche Planungssicherheit nahm zu. Besonders Kaufleute und Vermögensbesitzer*innen setzten sich für diese Reformen ein, da stabile Regeln für sie Voraussetzung für Investitionen und Handel waren. Der Staat hielt sich an seine Versprechen, zum

Beispiel kein Eigentum zu beschlagnahmen, weil Vermögensbesitzer im Parlament mitentscheiden konnten. Änderungen wurden also nur umgesetzt, wenn sie auch im Interesse dieser Gruppe waren. Je mehr Gruppen Mitspracherecht hatten, desto besser konnten sie sich vor nachteiligen Entscheidungen der Regierung schützen. Dadurch wurde willkürliches Handeln des Staates, zumindest gegenüber dem reichen Teil der Gesellschaft, deutlich seltener.

Acemoğlu, Johnson und Robinson (2005) erweitern diese Idee: Sie argumentieren, dass der Zugang zum Atlantikhandel (nach der Kolonisierung Amerikas, der auch den Handel mit Sklav*innen umfasste) neue ökonomische Chancen für europäische Länder schuf. Um diese nutzen zu können, drängten wirtschaftlich mächtige Gruppen auf politische Reformen, die Eigentumsrechte sicherten. In Ländern wie Großbritannien führte dies langfristig zu Institutionen, die stabile Eigentumsrechte beinhalteten – und damit zu einer förderlichen Anreizstruktur für die Industrielle Revolution.

Institutionelle Erklärungen setzen beim Zusammenspiel zwischen Politik und Wirtschaft an (▶ Kap. 10) und sind Grundbaustein der ▷ **Institutionenökonomik**. Mit dem Fokus auf Institutionen ist dieser Ansatz ein gutes Beispiel für einen Wachstumstreiber (▶ Kap. 4) aus einer Mainstream-Perspektive: Regierungen sind dafür da, die Rahmenbedingungen für Wirtschaftswachstum zu schaffen. In diesem Ansatz werden Institutionen vor allem darauf reduziert, wie sie von bestimmten Gruppen verwertbar sind.

Dieser Ansatz versucht zu erklären, wie Regierungen dazu kommen, solche Rahmenbedingungen zu schaffen. Ähnlich wie die Erklärung von Allen setzt dieser Ansatz bei Anreizstrukturen an. Institutioneller Wandel – als Voraussetzung für Wirtschaftswachstum – entsteht, weil eine Gruppe in der Gesellschaft ein ökonomisches Interesse daran hat. Andere Erklärungen werden weniger berücksichtigt und es werden auch keine Belege dafür geliefert, dass genau dieses Kalkül entscheidend war, weshalb sich einzelne Akteure für bestimmte Institutionen einsetzten.

9.7 Die Rolle von Sklaverei

Der Handel über den Atlantik spielt in der Erklärung von Acemoğlu und seinen Kolleg*innen (2005) eine entscheidende Rolle für die Veränderung von Institutionen. Ihre Arbeit folgt der Tradition von Historiker*innen wie Eric Williams. Der Ansatz zeigt die direkten Folgen des atlantischen Handels für alle beteiligten Länder und Personen nicht deutlich genug auf, insbesondere in Bezug auf die Rolle der Sklaverei. Was also verband Sklaverei und die ▷ **Industrielle Revolution**?

Die Industrielle Revolution in Großbritannien nahm ihren Anfang nicht in den traditionell wohlhabenden südlichen Regionen, sondern vor allem im Norden, insbesondere in Lancashire. Diese Region entwickelte sich im 18. und im frühen 19. Jahrhundert zu einem Zentrum der Textilherstellung. Ein Grund dafür war ihre Nähe zu wichtigen Seehäfen wie Liverpool, die den Zugang zu globalen Handelsrouten ermöglichten. Entscheidend war dabei die Verfügbarkeit von Baumwolle – dem zentralen Rohstoff für die boomende Textilindustrie. Die günstige geographische Lage erleichterte den Import großer Mengen an Baumwolle aus den amerikanischen Kolonien, was den industriellen Aufschwung in diesen nordenglischen Regionen stark beförderte.

Die Baumwolle selbst war jedoch untrennbar mit dem transatlantischen Sklavenhandel des 18. Jahrhunderts verbunden. Historiker*innen wie Silviane Diouf betrachten den Begriff des Sklavenhandels als problematisch und schlagen stattdessen *Maafa* vor – als Bezeichnung eines afrikanischen Holocausts. Millionen von Afrikaner*innen wurden gewaltsam nach Nord- und Südamerika verschleppt, wo sie auf Plantagen unter Zwang Zucker und Baumwolle produzierten. Diese Rohstoffe wurden wiederum nach Großbritannien verschifft und dort industriell verarbeitet. Im Gegenzug wurden Produkte wie Waffen, Alkohol oder Textilien aus Europa nach Afrika exportiert – ein Kreislauf, der als »Dreieckshandel« bekannt ist. Der Reichtum, der durch diesen Handel generiert wurde, floss in britische Hafenstädte und Industrieregionen und schuf damit die wirtschaftlichen Grundlagen und Investitionsmöglichkeiten, auf denen die industrielle Entwicklung aufbauen konnte.

Im 19. Jahrhundert, als die Industrielle Revolution in vollem Gange war, nahm die ökonomische Bedeutung des Dreieckshandels ab (Wright 2020). In anderen europäischen Ländern spielte der Sklavenhandel auch eine Rolle, ohne allerdings zu einer frühen Industriellen Revolution zu führen. Es lässt sich allerdings zeigen, dass europäische Städte, die stärker am Sklavenhandel beteiligt waren, ein stärkeres Wachstum aufwiesen (Derenoncourt 2025). Gerade in Großbritannien beruhte das Wachstum der Industriellen Revolution auch auf der systematischen Ausbeutung versklavter Menschen.

Um die Industrielle Revolution in Großbritannien zu verstehen, betrachtet dieser Ansatz sie nicht isoliert als nationales Phänomen im Vergleich mit anderen Ländern. Vielmehr war sie tief eingebettet in eine globale Struktur wechselseitiger Abhängigkeiten. Die wirtschaftliche Entwicklung Europas – insbesondere Englands – war eng verzahnt mit Prozessen in anderen Weltregionen, vor allem in Afrika, der Karibik und Nordamerika. Diese Interdependenzen zeigen sich nicht nur im Rohstoffhandel, sondern auch in den Machtverhältnissen und Arbeitsformen, die auf Gewalt, Kolonialismus und Versklavung basierten – und ihren langen Schatten bis in die Gegenwart werfen. Großbritannien konnte industrielle Zentren aufbauen, auch weil anderswo unter Zwang und Ausbeutung produziert wurde.

Ursprüngliche Akkumulation

Die sogenannte ursprüngliche Akkumulation ist eine berühmte These von Karl Marx, die die Aneignung von Reichtum und Produktionsmitteln durch Enteignung, Kolonialisierung und Zwang bezeichnet.

Diese globalen Entwicklungen wiederum sind Teil historischer Prozesse, die bereits in den Jahrhunderten vor der Industriellen Revolution begannen. Die sogenannte »ursprüngliche Akkumulation« legte die Grundlage für spätere kapitalistische Expansion, so die berühmte These von Karl Marx. Der Aufbau von Plantagenwirtschaften in der Karibik, die Verschiffung versklavter Menschen aus Afrika, die Durchsetzung von Eigentumsverhältnissen in Europa selbst: All dies schuf die Voraussetzungen für die Industrielle Revolution, die es Ländern wie Großbritannien ermöglichten, im 18. und 19. Jahrhundert eine industrielle Vorreiterrolle einzunehmen.

9.8 Ausblick: Ökonomie und Geschichte in der Industriellen Revolution

In diesem Kapitel werden verschiedene Ideen zur Entstehung der ▹ **Industriellen Revolution** vorgestellt. Diese Ansätze zeigen exemplarisch, wie unterschiedlich Ökonomie und Geschichte analysiert werden können. Unterschiedliche Geschichten lassen sich auch für andere Epochen und Themen schreiben, beispielsweise wie es zur Weltwirtschaftskrise von 1929 kam oder wie und warum sich ökonomische Ungleichheit verändert hat.

In den Unterkapiteln zeigen sich zentrale Bausteine, wie ökonomische Prozesse historisch betrachtet werden können. So standen in den einzelnen Abschnitten jeweils unterschiedliche Akteur*innen im Vordergrund: Mal ging es um Erfinder*innen, mal um Unternehmer*innen, mal um Arbeiter*innen, mal um Sklav*innen. Die Akteur*innen handelten nach unterschiedlichen Motiven: in manchen Perspektiven dominierten das Eigeninteresse und die Anreizlogik als vermeintlich ahistorische Idee, die auf verschiedenste Zeiten angewandt werden kann; in anderen Arbeiten hingegen ging es darum, zu begreifen, wie sich die Einstellungen (zu Erfindungen oder zu Disziplin) in der Zeit verändert haben. Gleichzeitig unterscheiden sich die Ansätze im Hinblick auf die Rolle von materiellen Begebenheiten. Während in materialistischen Perspektiven (wie zum Beispiel bei E. P. Thompson) von den Produktionsbedingungen aus gedacht wird, betonen ideelle Ansätze (wie bei Joel Mokyr) eher das Primat der Ideen. Oftmals betonen materialistische Ansätze das Konflikthafte der ökonomischen Veränderung, während ideelle Arbeiten dazu tendieren, ein harmonisches Bild zu zeichnen. Zusammen zeigt sich anhand dieser Bausteine deutlich, wie unterschiedlich Ökonomie und Geschichte analysiert werden können.

Bevor wir zu den Ursprüngen des Anstiegs von CO_2-Ausstoß zurückkommen, sind noch zwei Fragen zu diskutieren: Wie verhalten sich die Interpretationen zueinander? Und welche Perspektiven sind besonders relevant? Aus den verschiedenen Unterkapiteln wird deutlich: In manchen Aspekten widersprechen sich die Perspektiven, beispielsweise im Hinblick auf die Rolle der Kohle für die Industrielle Revolution. Meistens verhalten sie sich jedoch komplementär zueinander. Durch das Betonen jeweils anderer Akteure, Wirkungsmechanismen und Ansatzpunkte werden in der Regel ganz andere Geschichten über die Ökonomie Großbritanniens erzählt. Dabei bleibt offen, welche Erklärungen besonders relevant oder adäquat sind. Denn die Frage nach der einen »richtigen« Deutung der Wirtschaftsgeschichte Großbritanniens ist eine, auf die es in der Forschungsliteratur noch keine Antwort gibt – eine grundlegende Facette historischer Forschung. Eine Möglichkeit des Vergleichs wäre ein quantifizierender Ansatz, der versucht, möglichst viele der Erklärungen mit Daten zu erfassen. Ob das in diesem Fall vielversprechend ist, bleibt offen, da doch recht unterschiedliche Akteure und Ebenen betont werden. Vor allem bleibt das Prüfen der Plausibilität der Argumente basierend auf historischen Quellen.

Ist nun die Industrielle Revolution der Ursprung der Klimakrise? Auf der einen Seite steigt mit den technologischen Entwicklungen im Zuge der Industriellen Revolution zweifelsohne der CO_2-Ausstoß. Auf der anderen Seite gibt es Einwände zu dieser Beschreibung. Für den Historiker Jason W. Moore (2017) verdeckt diese Perspektive die Voraussetzungen für die Industrielle Revolution, die weiter zurückgehen. Dieser Einwand passt zu einigen der in diesem Kapitel genannten Perspektiven, die auch historisch früher ansetzen. Er spricht vom Kapitalozän als Beschreibung unserer Epoche (im Gegensatz zum Anthropozän), um deutlich zu machen, dass es kapitalistische Produktions- und Aneignungsweisen sind, die die ökologische Krise vorantreiben – nicht schlicht die Menschheit an sich (▷ **Kapitalismus**). Moore betont, dass bereits mit der kolonialen Expansion, der Einverleibung von Land, Arbeitskraft und Ressourcen sowie der Herausbildung eines weltweiten Marktes die Grundlagen für den massiven Ressourcenverbrauch und die CO_2-Emissionen gelegt wurden und später mit der Industriellen Revolution ihren vorläufigen Höhepunkt erreichten. In diesem Sinne wird die Klimakrise nicht als Folge eines plötzlichen technologischen Umschwungs verstanden, sondern als Resultat eines über Jahrhunderte gewachsenen Systems. Diese Sichtweise verschiebt den Ursprung der ökologischen Krise also zeitlich nach hinten und verweist zugleich auf deren strukturelle Ursachen. Die Erklärungen für diese historischen Prozesse sind wiederum Gegenstand weiterer Forschung zu Ökonomie und Geschichte.

Literaturempfehlungen

Acemoglu, Daron/Johnson, Simon/Robinson, James (2005): The Rise of Europe: Atlantic Trade, Institutional Change, and Economic Growth. In: American Economic Review. 95. Jg., H. 3, S. 546–579.

Allen, Robert C. (2009): The British Industrial Revolution in Global Perspective. Cambridge.

Derenoncourt, Ellora (2025): Atlantic Slavery's Impact on European and British Economic Development. In: Journal of Historical Political Economy. 5. Jg., H. 1, S. 1–19.

Humphries, Jane/Schneider, Benjamin (2019): Spinning the Industrial Revolution. In: The Economic History Review. 72. Jg., H. 1, S. 126–155.

Malm, Andreas (2013): The Origins of Fossil Capital: From Water to Steam in the British Cotton Industry. In: Historical Materialism, 21. Jg., H. 1, S. 15–68.

Mokyr, Joel (2009): The Enlightened Economy: Britain and the Industrial Revolution, 1700–1850. New Haven [NJ].

Moore, Jason W. (2017): The Capitalocene, Part I: On the Nature and Origins of Our Ecological Crisis. In: The Journal of Peasant Studies. 44 Jg., H. 3, S. 594–630.

North, Douglass C./Weingast, Barry R. (1989): Constitutions and Commitment: The Evolution of Institutions Governing Public Choice in Seventeenth-Century England. In: The Journal of Economic History. 49. Jg., H. 4, S. 803–832.

Thompson, Edward P. (1967): Time, Work-Discipline, and Industrial Capitalism. In: Past & Present. 38. Jg., S. 56–97.

Wright, Gavin (2020): Slavery and Anglo-American Capitalism Revisited. In: The Economic History Review. 73 Jg., H. 2, S. 353–383.

Zusätzliche Belege

Ritchie, Hannah/Roser, Max/Rosado, Pablo (2020): CO_2 and Greenhouse Gas Emissions. https://ourworldindata.org/co2-and-greenhouse-gas-emissions Abrufdatum 15.10.2025.

Bank of England (2020): A Millennium of Macroeconomic Data: Real GDP per capita. https://ourworldindata.org/grapher/gdp-per-capita-in-the-uk-since-1270 Abrufdatum 15.10.2025.

Wikimedia Commons (1868): Hartmann Maschinenhalle. https://de.m.wikipedia.org/wiki/Datei:Hartmann_Maschinenhalle_1868_%2801%29.jpg#filelinks Abrufdatum 15.10.2025.

Online-Ressourcen

The Ellen McArthur Lectures 2016, Podcast, Jane Humphries: Eve also Delved: Gendering Economic History, Link: https://www.econsoc.hist.cam.ac.uk/podcast-humphries.html

Seán Kenny, The Economic History Podcast, Link: https://www.buzzsprout.com/1065133.

Who Makes Cents Podcast, Link: https://whomakescentspodcast.com/

Danksagung

Für wertvolle Gespräche zu diesem Thema möchte ich mich bei Timo Stieglitz und Benjamin Streim bedanken.

10 Ökonomie und Politik

Anna Hehenberger

> »Die Stimmung in den deutschen Unternehmen ist etwas besser und Donald Trumps lautes Zollgebrüll derzeit viel leiser. Jetzt kommt es darauf an, dass die Regierung unter Kanzler Merz mehr Spielraum für Wachstum schafft«,
>
> Patrick Welter in einem Kommentar in der Frankfurter Allgemeinen Zeitung vom 14.05.2025

Ökonomie und Politik gehen Hand in Hand. Jene, die in einem der beiden Bereiche tätig sind, sind sich dessen bewusst. Im aktuellen Kontext von Niedrigwachstum und hoher ▹ **Inflation** wird von der Politik verlangt, das Wirtschaftswachstum wiederherzustellen – wie das obige Zitat zeigt – und die Teuerung durch die Preispolitik des Staates zu mindern. Obwohl sich viele Länder in ähnlichen Situationen befinden, unterscheiden sie sich stark in den Politikmaßnahmen, mit denen sie reagieren, und dem resultierenden wirtschaftlichen Ergebnis. So zeigt die Abbildung 10.1 zum Beispiel, dass Länder unterschiedlich stark in Preise eingreifen. Wieso es diese Unterschiede gibt und wie Politikmaßnahmen auf die Ökonomie wirken, ist Gegenstand dieses Kapitels.

Die Grafik zeigt Unterschiede im Anteil von administrierten Preisen – also Preisen, die in einer Form staatlich reguliert sind – über OECD-Länder hinweg. Dabei fällt, gerade im Kontext einer besonders hohen Inflation in Österreich, auf, dass dieser Anteil im Vergleich sehr klein ausfällt.

Dieses Kapitel beleuchtet, inwieweit vorhandene ökonomische ▹ **Paradigmen** – die ▹ **Mainstreamökonomik**, der ▹ **Postkeynesianismus** und die ▹ **Vergleichende Politische Ökonomie** – diese wechselseitige Beziehung zwischen Wirtschaft und Politik unterschiedlich verstehen. Dabei umfasst der hier verwendete Begriff *Politik* nicht nur politische Interventionen in Form von erlassenen Gesetzen und Maßnahmen. Auch der politische Prozess selbst, verstanden als das Ringen um Macht und Einfluss, findet Eingang in den folgenden Vergleich.

Ein zentraler Punkt dieses Kapitels ist, dass die Paradigmen unterschiedliche Politikbegriffe verwenden. Zum Beispiel bezieht sich der Begriff *Politik* im Mainstream und Postkeynesianismus vorrangig auf Politikmaßnahmen wie Gesetze und Markteingriffe. Davon grenzt sich der Begriff *Politics* ab, der im Verständnis der Vergleichenden Politischen Ökonomie hinzukommt. *Politics* ist eine Referenz auf Aushandlungsprozesse, die Veränderung oder Kontinuität zur Folge haben und Schauplatz von Interessenkonflikten sind. Akteur*innen in *Politics* sind nicht nur gewählte Politiker*innen und Parlamente, sondern auch Interessengruppen wie zum Beispiel Arbeitnehmer*innenverbände oder auch NGOs. Im Folgenden bezeichnet der Begriff *Politik* das Verständnis, das in den jeweiligen Paradigmen vorrangig ist. Das heißt, im Mainstream und dem postkeynesianischen Paradigma geht es vor allem um politische Interventionen, während die Diskussion über das Politikverständnis der Vergleichenden Politischen Ökonomie auch Politics miteinbezieht.

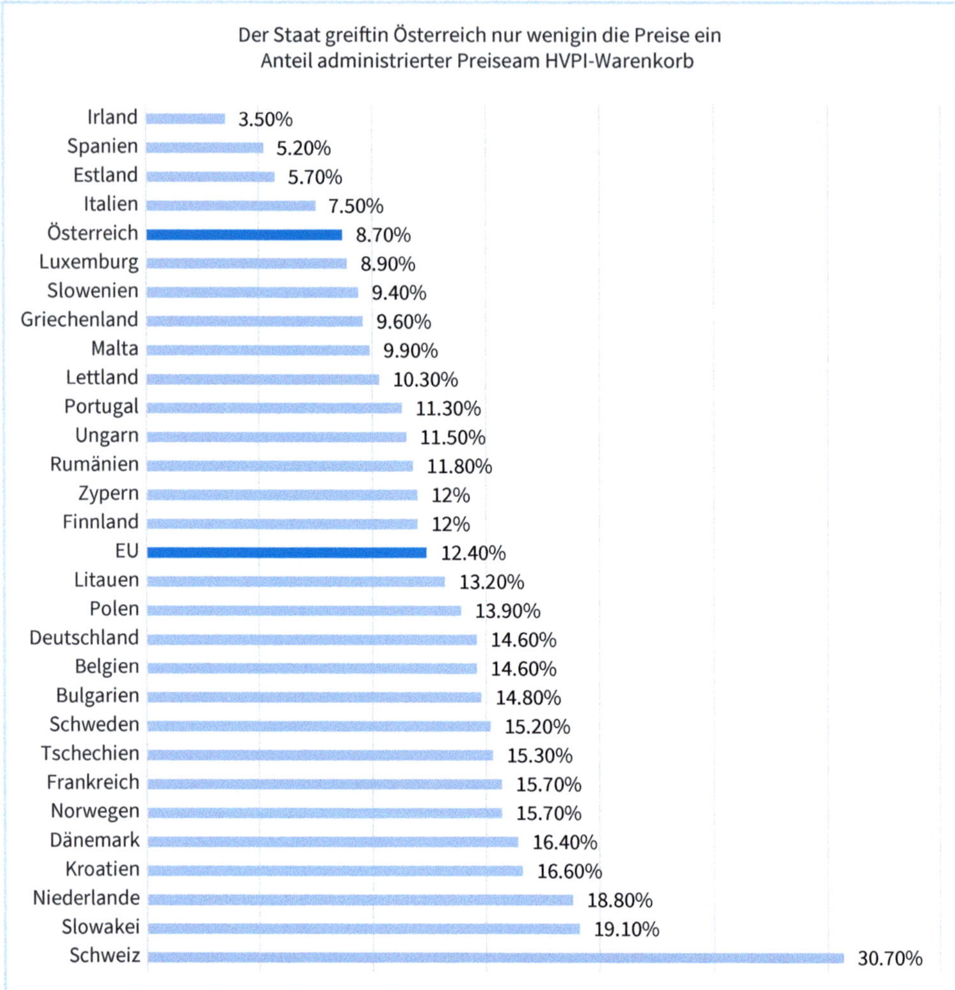

Abbildung 10.1: Der Staat greift in Österreich nur wenig in die Preise ein. Nach Momentum Institut (2025).

Im Folgenden werden das Verständnis von Wirtschaft und Politik des Mainstreams, des Postkeynesianismus und der Politischen Ökonomie diskutiert. Danach werden diese Einsichten für eine kurze Diskussion der Vielfachkrise – im Besonderen der Klimakrise – angewandt. Dabei wird deutlich, dass während die Politik aus der Sicht der Mainstreamökonomik in den meisten Fällen eine Gefahr für das Marktgleichgewicht darstellt und nur bei ▹ **Marktversagen** eingreifen soll, die politische Intervention im Postkeynesianismus unabdingbar ist, wenn Unterbeschäftigungsgleichgewichte vermieden werden sollen. Für die Vergleichende Politische Ökonomie steht fest, dass Politik eine maßgebliche Einflussgröße auf die Wirtschaft ist und umgekehrt. Wirtschaftlich und gesellschaftlich mächtige Akteur*innen beeinflussen Politikprozesse entscheidend und damit auch den Verlauf wirtschaftlicher Dynamiken.

10.1 Der Blick der Mainstreamökonomik auf die Politik

Während die Mainstreamökonomik auf viele Prinzipien der ▹ **Neoklassik** und ihrem Verständnis von Politik und ▹ **Ökonomik** zurückgeht, gibt es Untergruppen, die davon abweichen (▹ **Wirtschaftswissenschaften**). Durch diese Abweichungen zeichnen die ▹ **Neue Institutionenökonomik** (NIE) und der ▹ **Neokeynesianismus** ein (leicht) anderes Bild davon, welche Rolle Politik für wirtschaftliche Prozesse spielt, als es die Neoklassik tut. Daher fährt das Kapitel mit einer Darstellung der drei ▹ **Denkschulen** der Mainstreamökonomik und ihrem Verständnis von Ökonomie und Politik fort.

10.1.1 Die Neoklassik und die Politik – den Markt nicht stören

In der neoklassischen Ökonomik spielt Politik grundsätzlich die Rolle einer *Externalität*. Das heißt, Politik ist nichts, was per se mit wirtschaftlichen Prozessen verbunden ist. Wie die Gesellschaft (▶ Kap. 8) ist also auch die Politik ein Bereich, der von der Ökonomie abgekoppelt ist und daher in der Wirtschaftstheorie keinen bzw. nur ausnahmsweise Eingang findet. Das Politikverständnis der neoklassischen Wirtschaftstheorie leitet sich aus ihren Grundprinzipien wie der Auffassung, dass Individuen rational agieren und makroökonomische Zusammenhänge auf mikroökonomische Mechanismen zurückgeführt werden müssen (▹ **Makroökonomik**, ▹ **Mikroökonomik**). Diese neoklassischen Grundprinzipien bestehen in vielen Weiterentwicklungen des herrschenden Mainstreams weiter und reproduzieren somit einen engen Handlungsspielraum für Politik (Snowdon/Vane 2006).

Externalität

Eine Externalität ist ein Bereich, der nicht durch Marktbeziehungen geregelt ist, aber davon beeinflusst werden kann.

Generell ist Politik eher implizit Teil von neoklassischen Wirkungsmechanismen. Konkret wird Politik als System verstanden, das den Rahmen, innerhalb dessen wirtschaftliche Mechanismen ablaufen, setzt. Die richtige Kalibrierung und Stabilität dieses Rahmens sind notwendig, damit wirtschaftliche Mechanismen, wie zum Beispiel die selbstregulierende Angleichung von Angebot und Nachfrage, ungestört ablaufen können. Richtig kalibriert ist dieser Rahmen aus der Perspektive der Neoklassik zum Beispiel durch Politik, die private ▹ **Eigentumsrechte** einräumt. Hingegen ist eine direkte politische Intervention, die also nicht nur den Rahmen verändert, sondern in das Wirtschaftsgeschehen eingreift, eher eine Gefahr für das ansonsten reibungslose Ablaufen von Marktmechanismen (▶ Kap. 18).

Das Beispiel der Einführung eines Mindestlohnes illustriert das Verhältnis von Ökonomie und Politik, das die Neoklassik zeichnet. Auch am Markt für Arbeit, an dem Arbeitskräfte von Arbeitgeber*innen nachgefragt werden und Arbeitnehmer*innen ihre Arbeitskraft anbieten, gibt es in der neoklassischen Theorie ein optimales Gleichgewicht. Das ist der Punkt, an dem zu einem gegebenen Preis (Gehalt) die meisten Arbeitnehmer*innen einen Job bei den meisten Arbeitgeber*innen finden. Wird nun ein Mindestlohn eingeführt, so verschiebt sich laut der neoklassischen Theorie die Nutzenabwägung von Arbeitnehmer*innen. Das heißt, dass der Preis, zu dem sie eine zusätzliche Freizeitstunde für eine zusätzliche Arbeitsstunde opfern, steigt. Daher führt nun derselbe Preis, zu dem zuvor ein Gleichgewicht zwischen nachgefragten und angebotenen Jobs herrschte, nicht mehr zum Arbeitsmarktgleichgewicht. Nun ist es so, dass Arbeitgeber*innen weniger Arbeitskräfte als sie zu dem bestehenden Preis einstellen würden, finden. Sie stellen daher entweder weniger Arbeitskräfte ein als optimal oder sie zahlen höhere Löhne, um dieselbe Anzahl von Arbeitskräften zu erhalten, als sie benötigen. Beides führt zu suboptimalen Marktgleichgewichten und reduziert das volkswirtschaftliche Einkommen. Weil nur der Markt in der Neoklassik optimale Ergebnisse produziert, führen jegliche Eingriffe zu einem suboptimalen, also ein für alle schlechteres, Ergebnis.

Politische Intervention ist nur in Ausnahmefällen wie ▹ **Marktversagen** gerechtfertigt. Marktversagen tritt aber aus exogenen Gründen auf, nicht als Konsequenz des Wirtschaftens an sich. Eine andere, auf die Neoklassik zwar aufbauende Wirtschaftstheorie bricht mit dieser Auffassung von an sich perfekt funktionierenden Märkten und kommt dadurch zu einem weiter gefassten Verständnis für Politik. Diese Theorie wird als Neue Institutionenökonomik bezeichnet.

10.1.2 Neue Institutionenökonomik: Politik als Regelmacherin

Die ▹ **Neue Institutionenökonomik** (NIE) unterscheidet sich von der Neoklassik in ihrer Sicht auf Individuen. Diese sind einerseits keine vollständig rationalen Akteur*innen mehr, sondern primär opportunistisch. Andererseits sind sie auch nicht mehr vollständig informiert. Die Möglichkeit opportunistischer und die Unmöglichkeit vollumfänglich informierter Akteur*innen führen in der NIE dazu, dass Unsicherheit eine wichtigere Rolle spielt als in der Neoklassik. Aus diesen Unterschieden zur Neoklassik formuliert die NIE eine Kritik, die eine zentrale Rolle für Institutionen in der Ökonomie herausarbeitet.

Die Kritik bezieht sich auf die Auffassung der Neoklassik, der Preis allein sei der Koordinationsmechanismus, der Marktgleichgewicht und effiziente Ressourcenverteilung herstellt (▹ **Effizienz**). Die NIE argumentiert, dass Preise durch Unsicherheit, die aus unvollständiger Information und dem potenziell opportunistischen Verhalten von Marktakteur*innen entsteht, verzerrt werden. Ohne weitere Koordinationsmechanismen kann der Markt daher nur suboptimale Allokationsergebnisse erzielen. Konkret erhöht sich der Preis um Transaktionskosten, die das Risiko decken, eine Markttransaktion einzugehen. Institutionen haben die Rolle, diese Transaktionskosten zu minimieren, damit Markttransaktionen möglichst zu ihrem »echten« Preis stattfinden können. Institutionen kommt also eine zentrale Koordinationsrolle zu, die in der Form von Gesetzen, Regeln und Normen Unsicherheit verringert und das Funktionieren des Marktes erst ermöglicht (Furubotn/Richter 2000).

Politik ist aus der Sicht der NIE eine Art, Institutionen zu schaffen. Im Gegensatz zur Neoklassik ist Politik daher von zentraler Wichtigkeit für die NIE. Die NIE dehnt außerdem ihre Sichtweise auf Individuen auch auf politische Akteur*innen aus; das heißt, auch Politiker*innen sind nicht vollständig informiert und potenziell opportunistisch. Anlehnend an die NIE hat sich eine politikwissenschaftliche Theorie – die Public Choice Theory – gebildet, die das Zusammenspiel von Politik und Gesellschaft als Principal-Agent-Problem auffasst. Während Politik also ein Ort ist, an dem Institutionen zur Lösung von Koordinationsproblemen erarbeitet werden, ist Politik selbst von Koordinationsproblemen bedroht. Daher müssen

Institutionen nicht nur das Verhalten von Marktteilnehmer*innen, sondern auch jenes von Politiker*innen in eine bestimmte, gesamtwirtschaftlich optimierende Richtung leiten.

Principal-Agent-Problem

Das Principal-Agent-Problem beschreibt eine Situation, in der ein*e Akteur*in (Principal) einem*r anderen Akteur*in (Agent) Aufgaben delegiert, der/die Agent*in jedoch nicht unbedingt den Interessen des Principals, sondern den eigenen Interessen folgt.

Obwohl die Neue Institutionenökonomik der Politik also eine wichtige Rolle zugesteht, ist diese Rolle darauf begrenzt, im Hintergrund das Marktgeschehen zu ermöglichen. Wenn der institutionelle Rahmen richtig gesetzt ist (Eigentumsrechte, Vertragsdurchsetzung etc.), regelt der Marktmechanismus alles andere im Wirtschaftskreislauf. Krisen entstehen in der NIE durch unzureichend effektive Institutionen, die dann durch Politikprozesse gestärkt werden müssen. Eine andere auf der Neoklassik aufbauende Theorie des ökonomischen Mainstreams ist der Neokeynesianismus, der sich in diesem Punkt von der Neuen Institutionenökonomik unterscheidet. Im Neokeynesianismus ist Politik zusätzlich ein Instrument zum Abfedern von Krisen.

10.1.3 Neokeynesianismus: Politik als Krisenzähmerin

Der Neokeynesianismus ist eine Wirtschaftstheorie, die auf die Neoklassik aufbaut und zwei grundlegende Thesen davon akzeptiert. Erstens: Auch der Neokeynesianismus, dessen Ziel es ist, makroökonomische Variablen wie Beschäftigung und Einkommen zu erklären, baut auf mikroökonomischen Grundlagen auf. Die Annahme, dass Akteur*innen rationale Erwartungen bilden, ist eine davon. Zweitens hält auch der Neokeynesianismus daran fest, dass der Markt an sich imstande ist, langfristig ein generelles Gleichgewicht herzustellen. Hier jedoch weicht der Neokeynesianismus auch von der Neoklassik ab und greift auf ursprüngliche Ideen des Keynesianismus zurück: Und zwar kann es durch Lohn- und Preisrigiditäten dazu kommen, dass der Markt kurzfristig daran scheitert, ein Gleichgewicht herzustellen. Zudem sind Ökonomien Nachfrage- und Angebotsschocks ausgesetzt, die zu »ineffizienten Fluktuationen in Einkommen und Beschäftigung« führen können (Snowdon/Vane 2006, S. 27).

Diese und weitere Abweichungen von Annahmen über den perfekten, sich sofort selbst ausgleichenden Markt der Neoklassik führen im Neokeynesianismus dazu, dass Politik zumindest in der kurzen Frist eine zentrale Rolle in der Krisenbekämpfung zukommt. Neokeynesianische Krisenbekämpfung schließt ▷ **Geld- und Fiskalpolitik** mit ein und ist antizyklisch. Das heißt, dass bei einer Kontraktion der Ökonomie durch einen Nachfrage- oder Angebotsschock expansive Geld- und/oder Fiskalpolitik umgesetzt wird, um einen gegenteiligen, expansiven wirtschaftlichen Effekt zu erzielen (Mankiw 2008). Damit soll Arbeitslosigkeit vermieden und die Ökonomie ihrem langfristigen Gleichgewicht wieder angenähert werden.

Ein Beispiel für ein solches antizyklisches Vorgehen ist der EU-Aufbauplan (Recovery Fund), der die europäische Wirtschaft nach der COVID-19-Pandemie wiederbeleben sollte. Zwei Billionen Euro flossen in Bereiche wie Forschung und Entwicklung, Klimawende und Klimaschutz, Digitalisierung und Krisenfestigkeit. Dieses Geld sollte dabei helfen, Konsum- und Investitionsausfälle durch die Pandemie aufzuholen und Arbeitslosigkeit wieder zu verringern.

Die besprochenen drei Wirtschaftstheorien haben eine unterschiedliche Auffassung davon, was Politik sein soll und kann. Damit sind nicht alle Politikverständnisse, die aus bestehenden Wirtschaftstheorien abgeleitet werden können, abgedeckt. Im Anschluss werden also die eben besprochenen Auffassungen aus der Perspektive des postkeynesianischen ▹ **Paradigmas** kritisiert, das ähnlich wie der Neokeynesianismus der Politik eine aktive Rolle einräumt.

10.1.4 Kritik zum Politikverständnis der Mainstreamökonomik

Der Neoklassik, der Neuen Institutionenökonomik und dem Neokeynesianismus ist gemeinsam, dass sie die Rolle der Politik in der Unterstützung eines anderweitig funktionierenden Marktes sehen. Politik ist nur in der kurzen Frist nützlich zur Abwendung und Minderung von Krisen. Auf lange Sicht gehen Veränderungen der Ökonomie und ihres Wohlstandes nicht auf Politik, sondern auf exogene Schocks wie zum Beispiel technologischen Fortschritt zurück. Aus der Perspektive des postkeynesianischen Paradigmas, in dem Politik eine gestaltende Rolle spielt, ist dies ein wichtiger Kritikpunkt. Hier ist Politik nicht nur ein potentes Instrument zur Bekämpfung von Krisen, sondern auch zur Erreichung langfristig gesetzter, wirtschaftlicher und gesellschaftlicher Ziele.

10.2 Postkeynesianismus: Politik als aktive Gestalterin

Das postkeynesianische ▹ **Paradigma** erlaubt ein sehr breites Politikverständnis (▹ **Postkeynesianismus**). Dieses Politikverständnis, das politische Intervention grundsätzlich positiv beurteilt und eine Rolle für Politik auch über Krisensituationen hinaus aufzeigt, unterscheidet sich vom Politikverständnis im Neokeynesianismus. Der Unterschied des postkeynesianischen Paradigmas und der neokeynesianischen Theorie als Teil der ▹ **Mainstreamökonomik** geht auf ihre Interpretation von Keynes' General Theory zurück. Konkret liegt der Unterschied darin, dass das postkeynesianische Paradigma die zwei folgenden Lehren aus Keynes' General Theory beibehält, während der Neokeynesianismus diese mit gegenteiligen Annahmen aus der ▹ **Neoklassik** ersetzt: dass ökonomische Entscheidungen unter Bedingungen fundamentaler Unsicherheit getroffen werden müssen und dass Geld in der langen Frist nicht neutral ist.

Zusammen mit Keynes' anderen Leitsternen wie der ▹ **effektiven Nachfrage** und der Kritik am generellen Gleichgewichtsdenken führen diese Annahmen zu einem breiten, postkeynesianischen Politikverständnis. Diesem Politikverständnis liegt eine zentrale Erkenntnis von Keynes zugrunde: dass Volkswirtschaften typischerweise an zu geringer Nachfrage leiden. Daher hat nachfragestimulierende Politik positive Effekte auf die Volkswirtschaft. Sie ist sogar notwendig, um Unterbeschäftigung durch sich selbst überlassene Marktmechanismen zu vermeiden. Hier ist Politik – im Sinne von politischen Maßnahmen, die in den Wirtschaftskreislauf eingreifen – also deutlich positiver konnotiert, sie ist sogar ein notwendiges Mittel, um optimale wirtschaftliche Ergebnisse zu erzielen. Im Folgenden werden die ökonomischen Mechanismen, die dieser positiven Beziehung zugrunde liegen, anhand von zwei Bereichen erläutert: den Konsumausgaben von Individuen und dem Multiplikator-Effekt von Staatsausgaben.

10.2.1 Gehälter als Einkommen und die marginale Konsumneigung von Individuen

Im Postkeynesianismus sind Gehälter nicht nur Kosten für Arbeitgeber*innen, sondern auch Einkommen für Arbeitnehmer*innen. Ein zentraler Zusammenhang, der das postkeynesianische Politikverständnis prägt, ist folgender: Wenn Gehälter sinken, sinkt auch das Gesamteinkommen aller Arbeitnehmer*innen, das dem Wirtschaftskreislauf zum Beispiel durch Konsumausgaben (z. B.: Ausgaben für Kleidung, Gastronomie, Kultur) zufließt. Dieser Nachfrageausfall kann eine Abwärtsspirale auslösen, in der auf sinkende Beschäftigung weitere Einkommens- und Nachfrageausfälle folgen. Daher formuliert der Postkeynesianismus die Herstellung und Sicherung der Vollbeschäftigung als zentrales Ziel, das mit politischen Maßnahmen erreicht werden soll.

Einkommensausfälle können viele Ursachen haben. Zum Beispiel könnten Unternehmer*innen in einem von Unsicherheit geprägten wirtschaftlichen Umfeld mit der Zurückhaltung von Investitionen und dem Abbau von Belegschaft reagieren. Haushalte können einen höheren Teil ihres Einkommens sparen, anstatt es auszugeben. In einer wirtschaftlich angespannten Lage scheinen die einzelnen Reaktionen von Unternehmer*innen und Haushalten der Situation zu entsprechen und individuell die beste Vorgehensweise zu sein. Diese Strategien – keine Investitionen zu tätigen, Belegschaft abzubauen und zu sparen – übersetzen sich jedoch in größere Dynamiken, die die Gesamtsituation verschlechtern. Keynes illustrierte diese *Fallacy of Composition* mit folgendem Beispiel: Obwohl es für alle Arbeitgeber*innen am besten wäre, Löhne so niedrig wie möglich zu halten, führt diese Strategie dazu, dass den Arbeitnehmer*innen dann die Gehälter fehlen, um die produzierten Güter und Dienstleistungen zu kaufen. Was aus der ursprünglich kostenminimierenden Strategie folgt, ist kein volkswirtschaftlicher Aufschwung, wie die Neoklassik argumentiert, sondern ein klaffendes Nachfrageloch und Unterbeschäftigung. Ein Ganzes entwickelt also eigene Dynamiken, die gänzlich unterschiedlich zu den Dynamiken der Individuen sind, auf denen dieses Ganze aufbaut.

Die Möglichkeit von negativen Abwärtsspiralen, die durch individuell vielleicht richtiges Verhalten noch verschärft werden, führt zu einem aktiven Politikverständnis im Postkeynesianismus. Einerseits ist antizyklische Fiskal- und ▹ **Geldpolitik** – ähnlich wie im Neokeynesianismus – wichtig, um Krisen zu entschärfen und Abwärtsspiralen zu vermeiden. Andererseits geht das postkeynesianische Politikverständnis noch weiter. Über die lange Sicht soll Vollbeschäftigung zum Beispiel durch Beschäftigungsgarantien und Schulungsprogramme forciert werden. Das Projekt »Marienthal reversed« ist ein aktuelles Beschäftigungsprogramm für Langzeitarbeitslose in Österreich und ein Beispiel dafür, wie langfristige Beschäftigungssicherung aussehen könnte (Quinz et al. 2023, ORF 2021).

Marginale Konsumneigung

Die marginale Konsumneigung beschreibt, wie viel eines zusätzlichen Euros Konsument*innen ausgeben.

Neben Beschäftigungsprogrammen ist auch Umverteilung ein politisches Ziel, das seine Legitimität aus der Zentralität der Nachfrage im Postkeynesianismus schöpft. Konkret berücksichtigen postkeynesianische Ökonom*innen nicht nur Arbeitseinkommen als Nachfragequelle, sondern auch, dass Arbeiter*innen unterschiedlich hohe Einkommen beziehen. Dieser Unterschied wird politisch relevant, wenn möglichst effektive Maßnahmen zur Nachfragestützung gesucht werden. Dabei weisen postkeynesianische Ökonom*innen auf die marginale Konsumneigung unterschiedlicher Einkommensgruppen hin, um Staatsausgaben effektiv gestalten zu können. Dass es unterschiedliche marginale Konsumneigungen gibt, ist für politische Maßnahmen relevant, weil zusätzliches Einkommen nicht eins zu eins zurück in den Wirtschaftskreislauf fließt. Tatsächlich fließt nur der Teil, der ausgegeben wird, als Nachfrage zurück in den Wirtschaftskreislauf. Weil die marginale Konsumneigung mit der Einkommenshöhe abnimmt, geben Menschen mit höheren Einkommen relativ gesehen weniger von ihrem Einkommen aus als Menschen mit niedrigeren Einkommen. Dadurch ist der Nachfrageeffekt von Staatsausgaben am höchsten, wenn sie untere Einkommensgruppen unterstützen.

Diese Einsicht lässt postkeynesianische Ökonom*innen umverteilende und nach Einkommen gestaffelte Maßnahmen empfehlen, um Nachfrage und Konsum anzukurbeln (▶ Kap. 17). Hier ist Politik also auch ein Raum, in dem gezielte, langfristige Maßnahmen die ansonsten marktgesteuerte Umverteilung politisch gestalten sollen.

10.2.2 Der Multiplikator-Effekt von Staatsausgaben

Ein weiterer wichtiger Aspekt der Dynamik zwischen Wirtschaft und Politik aus dem postkeynesianischen Paradigma ist der Multiplikator-Effekt. Durch den Multiplikator begünstigen Staatsausgaben auch Teile der Bevölkerung und Wirtschaft, die nicht direkt Ziel der Unterstützungsmaßnahmen sind.

Multiplikator-Effekt

Der Multiplikator-Effekt beschreibt das Wirken von Staatsausgaben über die ursprüngliche Maßnahme hinaus.

Nehmen wir als Beispiel eine Situation, in der eine Regierung eine schwächelnde Nachfrage aufbessern und das Abrutschen in ein Unterbeschäftigungsgleichgewicht vermeiden will. Eine Maßnahme ist der Bau einer Eisenbahnstrecke. Diese Investition, öffentlich finanziert, löst nicht nur Beschäftigung im Bausektor und den Zulieferbetrieben für die Strecke aus. Darüber hinaus fließt ein Teil des Gehalts, das zusätzliche Arbeitnehmer*innen durch ihre Jobs in so unterstützten Sektoren beziehen, als Konsumausgaben zurück in den Wirtschaftskreislauf. Diese Ausgaben generieren wiederum Einnahmen für andere private Akteur*innen (durch Konsum) und den Staat (durch Steuern). So sichert bzw. schafft der Multiplikator-Effekt weitere Arbeitsplätze in anderen Sektoren wie zum Beispiel Dienstleistung und Handel.

Dieser Multiplikator-Effekt beeinflusst auch die Bewertung von politischen Maßnahmen, die auf Staatsausgaben fußen. In großen Teilen des Mainstream-Paradigmas werden öffentlich finanzierte Investitionen zur Nachfrageankurbelung skeptisch gesehen. Die liegt daran, dass politische Maßnahmen im Mainstream über die lange Frist durch Nachfrage- oder Preisanpassungen kompensiert werden und neutral sind. Konkret verdrängen öffentlich finanzierte Investitionen privat finanzierte Investitionen, womit es in der Neoklassik zu keiner Nachfragesteigerung kommt. Im Neokeynesianismus hilft antizyklische Politik in der kurzen Frist, in der langen Frist jedoch bedeuten Preis- und Lohnanpassungen, dass sich eine höhere Nachfrage in einem höheren Preisniveau und höheren öffentlichen Schulden, nicht jedoch in einem höheren ▷ **Bruttoinlandsprodukt**, widerspiegelt.

Im Postkeynesianismus gibt es keine Mechanismen, die den Effekt von Politikmaßnahmen in der langen Frist neutralisieren. Eher ist es so, dass Politik eine bleibende Wirkung auf die Ökonomie hat. Der Multiplikator-Effekt ist ein Beispiel dafür. Wird er berücksichtigt, gehen Ausgaben für nachfragegenerierende Maßnahmen nicht mit der Gesamtheit ihrer Ausgaben in das Staatsbudget ein. Stattdessen kosten diese Maßnahmen nur den Betrag, von dem die Steuereinnahmen auf Unternehmensgewinne, Einkommen und Handel (z.B. Umsatzsteuer), die die staatliche Investitionsmaßnahme ausgelöst hat, abgezogen werden können. Daher ist das postkeynesianische Politikverständnis einerseits stark davon geprägt, Staatsausgaben und öffentliche Finanzierung von Investitionen eher positiv und mit ihrem Beschäftigungs- und Steuereinnahmeneffekt zu bewerten. Andererseits wird Politik auch als langfristiges Steuerungselement wahrgenommen, mit dessen Hilfe langfristige Veränderungen (z.B. Digitalisierung, Klimakrise) nachhaltig und im Sinne von Wirtschaft und Gesellschaft gesteuert werden können.

10.2.3 Kritik zum Politikverständnis der Postkeynesianischen Ökonomik

Aus der Sicht der politischen Ökonomie, die auch politikwissenschaftliche Einblicke integriert, theorisiert und analysiert das postkeynesianische Paradigma nur ökonomische Mechanismen und wie Politik sie bedingt oder verändert. Tatsächlich schreibt die postkeynesianische Perspektive der Politik eine Rolle zu, die Ökonomien verändern und steuern kann. Darüber, wie Politik selbst zustande kommt, verweist sie allenfalls auf Verteilungs- und Klassenkonflikte (Kalecki 1943). Dieser Verweis begnügt sich jedoch für gewöhnlich mit der Frage, welche Gruppen Interesse an welchen Politikmaßnahmen haben. Konkret bietet der Postkeynesianismus keine ausgefeilte Theorie über die politischen Mechanismen, die in den politischen Maßnahmen münden, die das Lohnniveau, die Beschäftigung, oder die Staatsausgaben beeinflussen. Mit der Blindheit für politische Mechanismen, die die Ökonomie grundlegend beeinflussen, steht die postkeynesianische Analyse auch vor dem Problem, dass sie ökonomische Unterschiede (etwa zwischen Ländern) nicht erklären kann, die auf *politische* Unterschiede zurückzuführen sind.

Das heißt zum Beispiel, dass aus postkeynesianischer Sicht nicht analysiert wird, warum staatliche Investitionen nach wie vor in fossile Industrien oder in den Straßenbau statt in den Schienenausbau fließen. Oder wieso, obwohl niedrigere Einkommensgruppen höhere marginale Konsumneigungen haben als höhere Einkommensgruppen, Politik oft für Reichere und auf den Kosten der Ärmeren gemacht wird (Elsässer et al. 2017). Weiter wird ausgelassen, wieso der Ausstieg aus fossilen Energieträgern in manchen Ländern schneller vorangeht als in anderen. Dafür benötigt es eine Analyse der wechselseitigen Beeinflussung von Politik und Ökonomie. Der nächste Abschnitt bespricht die Vergleichende Politische Ökonomie, die Antworten auf diese Fragen geben kann.

10.3 Vergleichende Politische Ökonomie: Wie sich Politik und Ökonomie wechselseitig beeinflussen

Die ▹ **Vergleichende Politische Ökonomie (VPÖ)** ist ein ▹ **Paradigma**, das – seinem Namen entsprechend – die Wechselwirkungen zwischen Ökonomie und Politik in den Mittelpunkt stellt. In ihrer Anwendung bedient sie sich unterschiedlicher ökonomischer Theorieschulen wie zum Beispiel dem Neokeynesianismus oder dem ▹ **Postkeynesianismus** für die wirtschaftlichen Mechanismen und greift politische und soziologische Theorieschulen für ihre politischen und gesellschaftlichen Mechanismen auf. Im Gegensatz zu den bisher diskutierten Paradigmen steht in der VPÖ außerdem im Vordergrund, dass ▹ **Kapitalismus** als Wirtschafts- und Gesellschaftssystem nicht nur in einer Form, sondern in vielen Varianten existiert. Diese Formen gehen auf unterschiedliche nationale Institutionen zurück, die sich aus unterschiedlichen nationalen Historien und Politiken entwickelt haben. Ein Herzstück der VPÖ ist daher der Vergleich von Ländern (Streeck 2025).

Die Auffassung der VPÖ, dass Ökonomie und Politik sich in beständiger Wechselwirkung gegenseitig formen und limitieren, leitet sich aus ihren Definitionen von Ökonomie und Politik ab. Sie versteht Politik – ähnlich dem Postkeynesianismus – als Instrument, das den Kapitalismus nützen kann, um gesellschaftlichen Wohlstand zu schaffen. Zusätzlich ist Politik ein Weg, um den kapitalistischen Konflikt zwischen Arbeit und Kapital im Interesse der Gesamtgesellschaft auszuhandeln. Hiermit unterscheidet sich das Politik-Ökonomieverständnis VPÖ stark von dem der ▹ **Marxistischen Politischen Ökonomie**, die in anderen Kapiteln dieses Buches (zum Beispiel in ▶ Kap. 21) vorkommt. Zur Erinnerung: Die Marxistische Politische Ökonomie begreift den Staat als Komplizen von Kapitalinteressen, nicht als potenziellen Akteur, der an gesellschaftlichem Wohlstand interessiert ist.

Nach Streeck (2025, S. 557) ist die Ökonomie in der VPÖ »... ein Ort sozialer Konflikte, ... eingebettet in ein politisiertes Umfeld durch die umgebenden Gesellschaften: als konstitutiver Teil der Gesellschaft, der, solange er Eigentümer*innen und Nicht-Eigentümer*innen von Kapital mit ihren widersprüchlichen Interessen und unterschiedlichen Machtverhältnissen umfasst, völlig falsch als selbstregulierende und selbstausgleichende funktionale Republik verstanden wurde.« Diese Ökonomie ist also weit entfernt von dem perfekt funktionierenden Markt, den die ▹ **Neoklassik** zeichnet und dem auch der Neokeynesianismus langfristig anhängt. Die Ökonomie eines Landes ist durch ihre Geschichte, ihre Politik und ihre Institutionen geprägt. Gleichzeitig prägt die Ökonomie die Politik und Institutionen eines Landes. Wie genau sich diese Wechselwirkungen verstehen lassen und wie ihre Unterschiede Länder unterschiedlich prägen, erklärt die VPÖ wie folgt.

10.3.1 Die Macht von Interessen und ihr Zugang zum Politikprozess

Weil Politik als Seilziehen zwischen verschiedenen Interessengruppen verstanden wird, ist die Identifikation von einflussreichen Interessengruppen ein Herzstück politökonomischer Analyse. Interessengruppen sind zum Beispiel Verbände von Arbeitnehmer*innen oder Arbeitgeber*innen, die die Interessen von Arbeitnehmer*innen oder Arbeitgeber*innen vertreten. Diese Akteur*innen versuchen, politische Verhandlungen zu ihren Gunsten zu beeinflussen. Je mächtiger eine Interessensgruppe, desto größer wird ihr Einfluss auf den nationalen Politikprozess sein. Der Organisationsgrad und die Anzahl der Mitglieder von

Gewerkschaften sind zum Beispiel traditionelle Indikatoren für die Macht von Arbeitnehmer*innenverbänden. Forschung in der Tradition der VPÖ konnte mächtige Gewerkschaften in der Vergangenheit zum Beispiel mit stärkeren Sozialstaaten in Verbindung bringen (Korpi 1983). Mit Bezug auf unterschiedlich starke Klimaschutzgesetze in verschiedenen Ländern versucht die Forschung heute, die Größe von Klimabewegungen und der fossilen Industrie eines Landes zu ermitteln. Eine dahinterliegende Hypothese aus dem Fokus auf Interessengruppen ist, dass eine größere Klimabewegung mit stärkeren Klimaschutzgesetzen einhergehen könnte.

Neben der Macht von Interessengruppen durch ihre Größe oder Wichtigkeit für die Volkswirtschaft eines Landes unterstreicht die VPÖ auch den Zugang unterschiedlicher Gruppen zum Politikprozess. Dadurch kann berücksichtigt werden, dass sich nicht immer die stärkere Gruppe durchsetzt, sondern jene, die am besten auf den Politikprozess zugreifen kann. Mit Bezug auf das Klimaschutzgesetz-Beispiel von oben könnten so schwache Klimaschutzgesetze in Ländern mit starken Klimabewegungen und kleinen fossilen Industrien erklärt werden. Wenn fossile Industrien Zugang zum Politikprozess haben, also zum Beispiel auf ein offenes Ohr von verhandelnden Politiker*innen zählen können, Klimabewegungen aber nicht, ist die Abschwächung von Klimaschutzmaßnahmen wahrscheinlicher. Die Unterscheidung zwischen Korporatismus und Pluralismus zeigt, wie unterschiedlich Staaten den Zugang zum Politikprozess organisieren (Schmitter 1974). In korporatistischen Systemen gewährt der Staat bestimmten Interessengruppen – zum Beispiel einem Wirtschafts- und Industrieverband und Gewerkschaftsverbänden – Zugang zum Politikprozess. Das heißt, dass diese Akteur*innen vom Staat bei der Formulierung und Ausgestaltung von Politikmaßnahmen eingebunden und angehört werden. Gruppen, die nicht zu diesen ausgewählten Verbänden gehören, verfügen über keinen privilegierten Zugang zum Politikprozess. Konträr dazu haben in pluralistischen Systemen keine Gruppen und Verbände einen privilegierten, zugesicherten Zugang zum Politikprozess. Viel eher erkämpfen sich organisierte Gruppen oder auch Lobbyverbände bei verschiedensten Politikmaßnahmen das Gehör von Entscheidungsträger*innen.

Aus der Sicht von Arbeitnehmer*innen gewährt der Korporatismus Arbeitnehmer*innen-Interessen einen stabileren Einfluss auf die Politik, da sie als große Gruppe zu jenen Verbänden gehören, die privilegierten Zugang erhalten. Tatsächlich konnten Gewerkschaften durch ihren Zugang zum Politikprozess und ihre Veto-Rechte Wirtschafts- und Arbeitsmarktpolitik tiefgreifend beeinflussen. Der Einfluss von Arbeitnehmer*innenverbänden erklärt viele der Unterschiede zwischen Ländern in der Ausgestaltung und Stärke von Sozialstaaten.

Korporatismus und Pluralismus

Im Korporatismus hat eine kleine Anzahl von Interessengruppen privilegierten Zugang zum Politikprozess. Im Pluralismus hat keine Gruppe privilegierten Zugang, sondern erkämpft sich den bei jeder Maßnahme neu.

Heute diskutiert die Vergleichende Politische Ökonomie, wie mächtig Gewerkschaften noch sind und ob Arbeitgeber*innen größeren Einfluss auf Politikprozesse ausüben können als Arbeitnehmer*innen. In diesem Zusammenhang ist es spannend, sich mit der Abbildung 10.2 auseinanderzusetzen. Sie zeigt, dass Steuersätze auf Unternehmenseinkommen seit 2000 über mehrere Länder hinweg sinken. Im Kontext von Staaten, die Sparprogramme schnüren und deswegen Sozialstaaten zum Nachteil von Arbeitnehmer*innen kürzen, können die Steuersenkungen für Unternehmen aus der Perspektive der VPÖ als Indiz für größeren Einfluss von Unternehmen auf Politik kritisch diskutiert und hinterfragt werden.

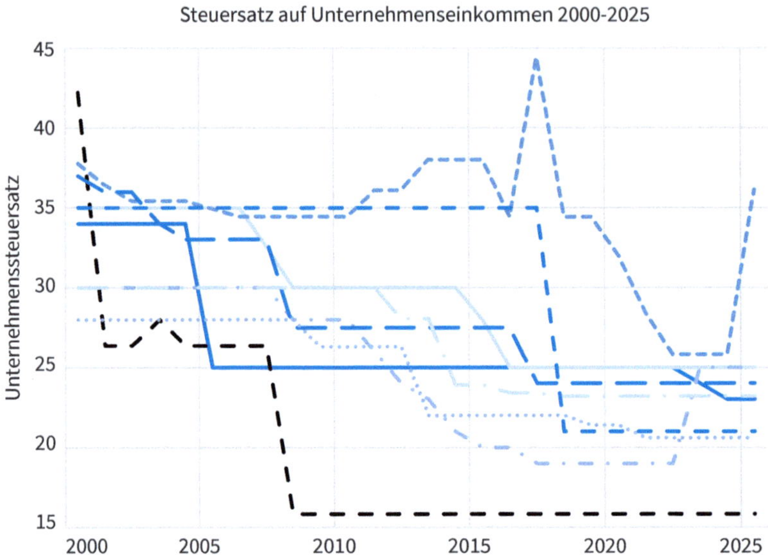

Abbildung 10.2: Steuersätze auf Unternehmenseinkommen 2000–2025. Die Grafik zeigt, wie sich die Steuersätze auf Unternehmenseinkommen seit 2000 in ausgewählten Volkswirtschaften entwickelt haben. Eigene Darstellung auf Grundlage von Daten der OECD (2025).

Aus der Forschung

Aktuelle Forschung aus der Vergleichenden Politischen Ökonomie zeigt, dass sich Politikmaßnahmen in Deutschland zulasten der ärmeren Bevölkerungsteile verändern. Forscher*innen der Universität Mainz werteten dazu über 250 Meinungsumfragen aus, die sie nach sozioökonomischen Merkmalen aufgliederten, und verglichen die Meinungen zu Politikmaßnahmen mit den tatsächlichen Maßnahmen, die umgesetzt wurden. Das Ergebnis zeigt ein erheblich verzerrtes Reaktionsmuster der Politik zugunsten der reicheren Bevölkerungsgruppen. Die Studie nennt ungleiche politische Partizipation – also den Umstand, dass Menschen mit höheren Einkommen sich eher politisch beteiligen und wählen als Menschen mit niedrigeren Einkommen – als einen möglichen Grund dafür.

Forschungen wie diese sind ein Beispiel dafür, wie die Vergleichende Politische Ökonomie wirtschaftliche mit politischen Dynamiken verbindet und relevante Einblicke in die Welt, in der wir leben, produziert.

Quelle: Elsässer, Lea/Hense, Svenja/Schäfer, Armin (2017): »Dem Deutschen Volke«? Die ungleiche Responsivität des Bundestags. In: Zeitschrift für Politikwissenschaft, 27. Jg., H. 2, S. 161–180.

10.3.2 Kritik der Vergleichenden Politischen Ökonomie

Während die Politische Ökonomie Macht als Ausgangsbasis für Beschreibung und Analyse wählt, versagt dieses Paradigma noch häufig, seine Theorien auf Länder zu übertragen, die nicht dem ▹ **Globalen Norden** angehören. Viele Arbeiten der VPÖ bauen auf Fallstudien zu den Vereinigten Staaten, Großbritannien, Deutschland und Schweden. Daher wird dem VPÖ ein Eurozentrismus diagnostiziert, der dazu führt, dass Abweichungen von für Europa typischen Dynamiken in Theorien als Abweichung vom Standard einfließen. Dabei könnten gerade Fallstudien in Ländern des ▹ **Globalen Südens** sowie aus Disziplinen wie den Entwicklungsstudien einen bereichernden Effekt auf die Theoriebildung der Politischen Ökonomie haben.

Eurozentrismus

Eurozentrismus beschreibt einen unkritischen Blick auf die Welt, die durch Erfahrungen und Wissen, das auf Europa beruht, geprägt ist.

Bezug zur sozial-ökologischen Vielfachkrise

Die unterschiedlichen Theorieansätze tragen verschiedene Einblicke zu der aktuellen Vielfachkrise bei. Im Folgenden werden sie vor allem mit Hinblick auf die Klimakrise diskutiert, die für zwei der drei Ansätze auch eine soziale bzw. politische Krise darstellt.

Die Grundannahme der Neoklassik, dass der Markt die effizienteste Ressourcenverteilung darstellt, gilt auch bei der Klimakrisenbekämpfung (▹ **Effizienz**). Die Politikempfehlung konzentriert sich auf marktbasierte Instrumente wie die CO_2-Bepreisung. Postkeynesianische Ansätze verstehen die Klimakrise als verteilungspolitisches Problem, von dem geringere Einkommensgruppen stärker betroffen sind als vermögende Bevölkerungsteile (▶ Kap. 17). Gemäß dem Anspruch, Beschäftigung möglichst hoch zu halten, verweist der Postkeynesianismus auf die Möglichkeit, Jobs zu schaffen, die emissionsarm, sozial notwendig und sinnstiftend sind (Onaran/Oyvat 2023).

Die Politische Ökonomie fokussiert sich darauf, zu erklären, wer die Treiber und Hindernisse zu ambitioniertem Klimaschutz sind. Weil Klimapolitik bestimmte Wirtschaftsbereiche negativ betrifft, wehren sich deren Interessenvertreter dagegen. Dabei werden vor allem fossile Industrien, Autolobbys und rechte Parteien als mächtige Verbände gesehen, die ambitionierte Klimapolitik seit langem blockierten und weiterhin blockieren (Stokes 2020).

10.4 Ausblick: Ökonomie und Politik

Dieses Kapitel hat das Verständnis von Ökonomie und Politik aus drei verschiedenen ▹ **Paradigmen** beleuchtet. Dazu stellte es den Mainstream, den ▹ **Postkeynesianismus** und die ▹ **Vergleichende Politische Ökonomie** gegenüber. Der Mainstream bezieht politische Prozesse nicht in seine Theorie mit ein bzw. räumt der Politik eine enge und eher negativ konnotierte Rolle ein. Aufbauend auf einem Verständnis, in dem der Markt die effizienteste – und damit beste – Art und Weise ist, Verteilungsprobleme zu lösen, stört politische Intervention das Marktgleichgewicht (▹ **Effizienz**). Nur bei ▹ **Marktversagen** oder Krisen gewähren Teile der ▹ **Mainstreamökonomik** der Politik eine wichtige Rolle.

Der Postkeynesianismus steht dem optimalen Marktmechanismus skeptisch gegenüber. Durch die Identifikation eines generellen Nachfrageproblems öffnet dieses Paradigma den Raum für einen engagierten, aktiven Staat. Politik, in Form von Staatsausgaben und Investitionsprojekten, vermeidet das Abrutschen in eine Abwärtsspirale durch fehlende Nachfrage und Arbeitslosigkeit. Investitionsprojekte und Politik, die niedrigere Einkommensgruppen zielgerichtet unterstützt, wirken durch den Multiplikator-Effekt über die ursprüngliche Maßnahme hinaus und stützen die Wirtschaft nachhaltig. Im Postkeynesianismus ist Politik eine potente Größe, die die Volkswirtschaft gezielt steuern und Vollbeschäftigung erreichen kann. Ähnlich wie der Mainstream fokussiert sich der Postkeynesianismus auf den Effekt der Politik auf die Wirtschaft und lässt die Wechselwirkung unbeleuchtet.

Die Vergleichende Politische Ökonomie dagegen setzt bei den Wechselwirkungen zwischen Wirtschaft und Politik an. Für sie steht außer Frage, dass Politik einen zentralen Einfluss auf die Wirtschaft hat. Sie gesteht aber auch ein, dass die Wirtschaft – in Form von wirtschaftlichen Akteur*innen, aber auch wirtschaftlichen Gegebenheiten wie zum Beispiel vorhandenen Industrien – den Handlungsspielraum und die Richtung der Politik maßgeblich beeinflusst. Besonders die Interessenskonflikte von Arbeitgeber*innen und Arbeitnehmer*innen und ihr Zugang zur Politik stehen im Zentrum der politökonomischen Analyse von längerfristigen Entwicklungen in Volkswirtschaften. Eine große Schwäche der Politischen Ökonomie liegt darin, dass viele ihrer Einblicke und Theorien auf der Analyse von Volkswirtschaften im ▻ **Globalen Norden** aufbauen. Damit entgehen ihr wertvolle Erkenntnisse zu politökonomischen Prozessen im ▻ **Globalen Süden**.

Durch die Diskussion der verschiedenen Paradigmen zeigt dieses Kapitel auf, wie unterschiedliche Sichtweisen auf die Ökonomie zu unterschiedlichen Politikverständnissen führen. Gerade im Kontext der Vielfachkrise ist es hilfreich, Politikempfehlungen von Ökonom*innen nach ihrer Sicht auf die Ökonomie einzuordnen. Wer Sparmaßnahmen fordert, die zu Einkommensverlusten in den unteren Einkommensgruppen führen, ist wahrscheinlich kein*e Postkeynesianer*in. Gleichzeitig illustriert dieses Kapitel mit der Diskussion der Vergleichenden Politischen Ökonomie den Wert des interdisziplinären Austauschs zwischen der ▻ **Ökonomik** und anderen Sozialwissenschaften. Die Ökonomie, die Politik und die Gesellschaft sind keine voneinander abgetrennten, sondern sich gegenseitig bedingende Bereiche. Die Wechselwirkungen dieser Bereiche können nur durch das Heranziehen von sozialwissenschaftlichen Einblicken verstanden werden – und letztlich in Politikempfehlungen münden, die gesamtgesellschaftlich vorteilhaft wirken.

Literaturempfehlungen

Elsässer, Lea/Hense, Svenja/Schäfer, Armin (2017): »Dem Deutschen Volke«? Die ungleiche Responsivität des Bundestags. In: Zeitschrift für Politikwissenschaft, 27. Jg., H. 2, S. 161–180.

Furubotn, Eirik G./Richter, Rudolf (2000): Institutions and economic theory – the contribution of the new institutional economics. 1. Aufl., Ann Arbor.

Kalecki, Michal (1943) POLITICAL ASPECTS OF FULL EMPLOYMENT. In: The Political Quarterly, Jg. 14, H. 4, S. 322–330.

Korpi, Walter (1983): The democratic class struggle. 1. Aufl., London.

Mankiw, Gregory (2008): New Keynesian Economics. https://www.econlib.org/library/Enc/NewKeynesianEconomics.html. Abrufdatum 14.09.2025.

Onaran, Özlem/Oyvat, Cem (2023): The Effects of Public Spending in the Green and the Care Economy: The Case of South Korea. London.

Quinz, Hanna/Spengler, Claudia/Flecker, Jörg (2023): Marienthal.reversed – Eine Längsschnittstudie über die Wirkungen einer Arbeitsplatzgarantie für Langzeiterwerbslose: Evaluierungsbericht zum Modellprojekt Arbeitsplatzgarantie des Arbeitsmarktservice Niederösterreich (AMS NÖ). Wien.

Snowdon, Brian/Vane, Howard R. (2006): Modern macroeconomics: its origins, development and current state. 1. Aufl., Cheltenham und Northhampton.

Schmitter, Philipp C. (1974): Still the Century of Corporatism?. In: The Review of Politics, Jg. 36, H. 1, S. 85–131.

Stokes, Leah C. (2020): Short circuiting policy: interest groups and the battle over clean energy and climate policy in the American states. New York.

Streeck, Wolfgang (2025): Comparative political economy: past, present, future. In: Regini, Marino (Hrsg.): Handbook of Comparative Political Economy. Cheltenham, S. 555–573.

Zusätzliche Belege

Momentum Institut (2025): Der Staat greift in Österreich nur wenig in die Preise ein, https://www.momentum-institut.at/grafik/der-staat-greift-in-oesterreich-nur-wenig-in-die-preise-ein-anteil-administrierter-preise-am-hvpi-warenkorb/, Abrufdatum 15.10.2025

OECD (2025): Corporate Income Tax Rates Database, https://www.oecd.org/en/data/datasets/corporate-income-tax-rates-database.html, Abrufdatum 15.10.2025

Online-Ressourcen

Barbara Schuster, EU-Vergleich: Österreich im Hinterfeld bei administrierten Preisen, Link: https://www.momentum-institut.at/news/eu-vergleich-oesterreich-im-hinterfeld-bei-administrierten-preisen/

SWR Doku, Mindestlohn – verkraftet die Wirtschaft 15 Euro? Link: https://www.youtube.com/watch?v=w9-WXGLBQoc

ORF, Am Schauplatz: Arbeit für Alle – Keine Arbeitslosen in Marienthal, Link: https://www.youtube.com/watch?v=iDFxDvweuN0

Plurale Faktoren

11 Was ist Kapital?

Johanna Dankers und Simon Grothe

Für die einen ist der ▹ **Kapitalismus** ein ausbeuterisches System, das überwunden werden muss. Für andere ist er ein innovatives Hoffnungsprojekt, das Armut beenden und die Menschheit zum Mars bringen kann. Zum Kapitalismus haben die meisten Menschen ein starkes Gefühl, aber was ist überhaupt dieses Kapital, das dem Kapitalismus zugrunde liegt?

Im Alltag begegnet uns das Kapital in verschiedenen Zusammenhängen: Manche Großeltern stecken ihren Enkel*innen ein paar Münzen zu, oder sogar einen Schein, und sagen dann »Hier hast du etwas Startkapital, mit dem du auf ein Fahrrad sparen kannst.« Kapital scheint der Beginn von etwas Neuem zu sein. Etwas, das sich vergrößern kann. Manche Politiker*innen fordern ein »Generationenkapital« oder eine kapitalgedeckte Altersversorgung. Der Staat soll es unterstützen, wenn Bürger*innen etwas Geld zur Seite legen und Aktien oder Wertpapiere kaufen. Bürger*innen sollen sich einen Kapitalstock aufbauen, von dem sie dann in der Rente leben, weil ihr Kapital eine Rendite abwirft. Ebenfalls hört man häufig in den Nachrichten, dass Regierungen privates Kapital mobilisieren wollen, etwa um Klimaschutz oder Aufrüstung zu finanzieren. In der Wissenschaft spricht man von ▹ **Humankapital**, wenn in Bildung und Forschung investiert wird. Humankapital meint also die Fähigkeit von Menschen, sich produktiv in die Wirtschaft einzubringen.

Es gibt aber nicht nur Kapital, sondern auch Kapitalist*innen. So werden Vermögende gelegentlich bezeichnet – auch wenn der Begriff negativ behaftet ist. Kapitalist*innen scheinen eher gewissenlose und berechnende Personen zu sein, wie der Monopoly-Herr mit Zylinder und Schnauzbart, als die Eigentümerin eines Handwerksbetriebs. Es heißt, Kapitalist*innen investieren Kapital, um ihre Produktion auszuweiten und dann Profit zu machen. Laut Mikrozensus 2024 verfügen etwa 900.000 Menschen in Deutschland über einen so großen Besitz, dass sie nicht arbeiten müssen, sondern ausschließlich von Kapitalrenditen leben (Destatis 2025).

Wir verwenden den Begriff Kapital für viele verschiedene Dinge. In allen genannten Beispielen scheint Kapital eine Ressource zu sein, die investiert wird, um zu einem späteren Zeitpunkt mehr von etwas zu haben: mehr Fabriken, mehr Wissen, mehr Sicherheit, mehr Geld. In diesem Kapitel wollen wir uns ansehen, wie verschiedene ökonomische Theorieschulen auf das Konzept Kapital blicken, was sie darunter verstehen und welche Dynamiken sie damit verbinden. Wir fokussieren uns auf drei ▹ **Denkschulen**: den Mainstream (▹ **Mainstreamökonomik**), den ▹ **Postkeynesianismus** und die ▹ **Marxistische Politische Ökonomie**. Da alle drei Perspektiven Kapital verschieden verstehen, unterscheiden sie sich auch enorm hinsichtlich ihrer Analyse des Kapitalismus und dessen Krisen.

11.1 Kapital als Produktionsfaktor: Der Mainstream

In den gängigen Lehrbüchern taucht Kapital als Buchstabe »K« auf. *Grundzüge der Volkswirtschaftslehre* von Greg Mankiw und Mark Taylor, das für die meisten Einführungsveranstaltungen verwendet wird, definiert Kapital als Produktionsmittel, also als Rohstoffe, Werkzeuge,

Maschinen, Fabrikhallen oder Zwischenprodukte. Kapital wird genutzt, »um ein Gut zu produzieren, das heißt eine Ware oder eine Dienstleistung« (Mankiw, Taylor 2024, S. 24).

Produktionsfaktor

Als Produktionsfaktor werden die verschiedenen Inputs in der Produktion bezeichnet: Arbeit, Land und Kapital.

Kapital ist damit neben Arbeit (▶ Kap. 12) und Land (▶ Kap. 13) ein Produktionsfaktor. Land wird jedoch in der Regel nicht ausgiebig thematisiert, der Fokus liegt auf Arbeit und Kapital. Es gibt Produkte, deren Herstellung viel Kapital benötigt, wie beispielsweise ein Auto, und Produkte, die weniger Kapital benötigen, wie beispielsweise Obst und Gemüse. In der Mainstreamökonomik werden die Bereiche ▷ **Mikro- und Makroökonomik** unterschieden, die jeweils verschiedene Perspektiven auf Entstehung und Verwendung von Kapital haben.

Mikro- und Makroökonomik

Mikroökonomik untersucht Entscheidungsprozesse auf der Ebene von einzelnen Firmen oder Konsument*innen. Makroökonomik analysiert aggregierte Größen, wie beispielsweise Arbeitslosigkeit, Wirtschaftswachstum oder Inflation.

11.1.1 Wie viel darf es sein? Die Mikroökonomik

Die ▷ **Mikroökonomik** stellt sich die Frage, wie die Produktionsfaktoren bei einer einzelnen Firma in optimalen Mengen verwendet werden, um eine bestimmte Menge an Output herzustellen. Dabei geht der Mainstream davon aus, dass es in unendlich kleinen Schritten möglich ist, verschiedene Mengen von Arbeit und Kapital einzusetzen. Diese Funktion wird als Isoquante bezeichnet.

Isoquante

Die Isoquante ist eine dreidimensionale Funktion der Variablen Output, Arbeit und Kapital. Da der Mainstream abnehmende Grenzproduktivität annimmt, sieht sie aus wie ein Hügel.

In einem Handwerksbetrieb kann das durchaus Sinn ergeben, beispielsweise könnte ein*e Meister*in viele Auszubildende einstellen, die Baustücke per Hand schleifen, oder er/sie investiert in eine Schleifmaschine. In vielen anderen Sektoren sind die Arbeitsprozesse so strukturiert, dass es immer eine bestimmte Menge Kapital und eine bestimmte Menge Arbeit braucht, um eine Menge Output herzustellen, so der Einwand des ▷ **Postkeynesianismus**. Je nachdem, zu welchem Grad Arbeit und Kapital in der Produktion ersetzt werden können, ergibt sich eine ▷ **Produktionsfunktion**, die darstellt, welche Menge an Output (Q) verschiedene Mengen an Arbeit (A) und Kapital (K) herstellen können: $Q = f(A,K)$.

Wenn sich hypothetische Unternehmer*innen nun die Frage stellen, welche Mengen an Arbeit und Kapital sie optimalerweise einsetzen sollten, hängt die Entscheidung von zwei Größen ab. Erstens: Wie viel Output erhalten sie mit einer weiteren Einheit Arbeit oder Kapital? Das sogenannte ▷ **Grenzprodukt** fragt also: Wie viel mehr Output kann mit derselben Menge an Arbeitseinsatz hergestellt werden, wenn die Unternehmer*innen den Kapitaleinsatz um eine Einheit erhöhen? Zweitens: Wie viel kostet eine weitere Einheit Arbeit oder Kapital? Das nennen Ökonom*innen Faktorkosten. Die Wirtschaft sei in einem effizienten und daher optimalen Gleichgewicht, so Vertreter*innen des Mainstreams, wenn das Grenzprodukt den jeweiligen Faktorkosten entspricht (▷ **Effizienz**).

Gleichgewicht

Gleichgewicht ist im Mainstream erreicht, wenn Akteur*innen keinen Anreiz haben, ihr Verhalten zu ändern.

Jeder Produktionsfaktor erhält einen Teil des Umsatzes der Unternehmer*innen. Was für die Arbeiter*innen der Lohn ist, ist für das Kapital die Kapitalrendite (in Mainstream-Lehrbüchern auch Kapitalkosten, Kapitalzins oder Zinsrate genannt). Die Kapitalrendite für die Kapitalbesitzer*innen entspricht den Kapitalkosten der Unternehmer*innen.

Arbeit und Kapital stehen im Mainstream als Produktionsfaktoren nebeneinander. Wird Arbeit teurer, so wird, um Kosten zu sparen, mehr Kapital verwendet und umgekehrt. Nach diesem Verständnis gibt es keine gesellschaftlichen Klassen, die sich danach unterscheiden, inwieweit Menschen über Kapitaleigentum verfügen. Die Verteilung des Einkommens ist nicht politisch, sondern reflektiert Gleichgewichtszustände. Steigen Kapitalrenditen, und damit die ökonomische Ungleichheit in der Gesellschaft, dann bedeutet das einfach, dass Kapital produktiver geworden ist.

Doch woher kommt überhaupt das Kapital, das die Unternehmer*innen einsetzen? Kapital sind Güter und Dienstleistungen, die in der vorangehenden Periode nicht konsumiert, also gespart wurden. Um das besser zu verstehen, springen wir in die ▷ **Makroökonomik**, in der gesellschaftlich aggregierte Größen betrachtet werden, also die gesamte Menge an Kapital, Arbeit oder Output in einer Volkswirtschaft.

11.1.2 Kapital als Erspartes: Die Makroökonomik

In der Makroökonomik bestimmt die gesellschaftliche Sparquote, wie viel Kapital zur Verfügung steht. Je mehr in einer Periode nicht konsumiert, sondern gespart wird, desto mehr kann investiert werden und steht somit als Kapital in der nächsten Periode zur Verfügung. Je sparsamer Gesellschaften sind, desto höher ist ihr Kapitalstock und desto produktiver ist ihre Volkswirtschaft. Das klassische Beispiel: Wenn in einer Periode nicht alle Kartoffeln konsumiert werden, können in der nächsten Periode mehr Kartoffeln gepflanzt, also investiert werden. Diese Analogie aus der Landwirtschaft überträgt der Mainstream dann auf alle produzierten Güter.

Sparquote

Die Sparquote bezeichnet den Anteil des Einkommens, das gespart wird. Hat eine Wirtschaft ein BIP von 100 Milliarden Euro, und sie spart davon 15 Milliarden, liegt die Sparquote bei 15%.

Wie viel kostet eine Einheit Kapital? Im Mainstream wird der Kapitalpreis wie jeder andere Preis auch gebildet, nämlich durch den Schnittpunkt von Angebot und Nachfrage. So gibt es auch einen »Markt für Kapital« (Mankiw und Taylor 2024, S. 530). Der Mainstream nimmt an, dass die Ersparnis und damit das verfügbare Kapital von dem vorherrschenden Zinssatz abhängen. Je höher der Zinssatz, desto stärker das ▹ **Bedürfnis** zu sparen und desto höher das Angebot an Kapital. Allerdings sinkt bei hohen Zinsen die Nachfrage nach Kapital, da es teuer ist. Beide Kurven schneiden sich in einem Punkt, der eine gleichgewichtige Zinsrate sowie Menge an Kapital bestimmt.

Dieses Verständnis von Kapital hat enorme politische Auswirkungen, zum Beispiel auf die Bewertung von Ungleichheit (▶ Kap. 17). Empirisch lässt sich beobachten, dass Haushalte mit hohem Einkommen relativ mehr sparen als Haushalte mit geringem Einkommen (▹ **Empirie**). Das ist recht logisch, da es einfacher ist zu sparen, wenn man 10.000 Euro im Monat verdient als 2.000 Euro. Im Mainstream wird daher angenommen, dass mehr Ungleichheit zu Wachstum führt, da mehr gespart und damit mehr investiert wird. Je stärker die Ungleichheit, desto schneller wächst der Kapitalstock. Im ▹ **Postkeynesianismus** ist das genau andersherum: Ungleichheit führt zu weniger Wachstum. Aber was ist eigentlich der Postkeynesianismus?

11.2 Unsicherheit und Nachfrage: Kapital im Postkeynesianismus

Der Postkeynesianismus ist ein Sammelbecken zahlreicher pluraler Strömungen, die sich auf den britischen Ökonomen John Maynard Keynes (1883–1946) beziehen, dessen Werk sie jedoch anders auslegen als der sogenannte neokeynesianische Mainstream (▶ Kap. 1) (▹ **Neokeynesianismus**).

Unsicherheit

Unsicherheit bedeutet nicht zu wissen, wie wahrscheinlich ein Ereignis ist. Dagegen bedeutet Risiko, dass Investor*innen die Wahrscheinlichkeit kennen, mit der sie eine bestimmte Rendite erzielen.

Die meisten Postkeynesianer*innen sind sich einig, dass sich der Kapitalismus durch fundamentale Unsicherheit auszeichnet, dass wir also nicht einmal die Wahrscheinlichkeitsverteilung von zukünftigen Ereignissen kennen. Diese Unsicherheit führt dazu, dass Akteur*innen im Kapitalismus bei ihrer Vermögensanlage eine Präferenz für Liquidität haben. Sie präferieren also die Möglichkeit, ihre Anlagen auch kurzfristig verkaufen zu können, ohne dabei einen großen Verlust zu machen. Das führt dazu, dass gespartes Geld nicht nur verwendet wird, um Investitionsgüter zu kaufen, sondern auch gehortet wird, um sich abzusichern. Was recht banal klingt, hat enorme Auswirkungen auf die ökonomische Theorie: Wenn es möglich ist, Geld zu sparen, ohne davon direkt eine illiquide Maschine zu kaufen, dann sind Sparen und Investieren zwei verschiedene und voneinander unabhängige Vorgänge.

Liquidität

Eine Investition ist liquide, wenn es möglich ist, sie auch kurzfristig verkaufen zu können, ohne einen großen Verlust zu machen, z. B. Staatsanleihen der USA.

Erinnern wir uns an den Mainstream, wo eine gesparte Einheit Kartoffel unmittelbar zu einer Investition in der nächsten Periode führt, in der sie gepflanzt wird. In der Postkeynesianischen Ökonomik hingegen bedeutet Sparen in erster Linie nicht zu konsumieren, also kein Geld auszugeben und der Wirtschaft Nachfrage zu entziehen. Erst dann kann man überlegen, ob man von dem gesparten Geld eine Maschine kauft, eine Aktie, eine Staatsanleihe oder es einfach auf dem Girokonto lässt. Das wurde von Keynes in seinem 1936 erschienenen Klassiker *The General Theory of Employment, Interest and Money* zum ersten Mal ausführlich dargelegt.

Andererseits sind die Investitionen nicht an Ersparnisse gebunden, sondern deren Finanzierung geschieht in der Regel über Kredite, bei denen Banken Geld sozusagen aus dem Nichts schöpfen (▶ Kap. 15). Investieren, also die Kapitalbildung, ist in der Postkeynesianischen Ökonomik unabhängig vom Sparen und daher gibt es wechselnde Phasen von Euphorie und Crash, also zyklische Finanzkrisen, wie sie der Ökonom Hyman Minsky (1919–1996) analysierte, und keine Gleichgewichtstendenzen, wie im Mainstream. Es ist nicht der Zins, der auf dem Kapitalmarkt Angebot und Nachfrage von Kapitalgütern ins Gleichgewicht bringt, sondern das gesellschaftliche Einkommen aus Löhnen und Profiten: Wird in eine Maschine investiert, dann schafft das Einkommen bei der Person, die die Maschine verkauft. Von diesem Einkommen werden Maschinenproduzent*innen einen Teil sparen und einen Teil konsumieren. Ihr Konsum generiert wieder Einkommen bei einer anderen Person, die wiederum etwas spart und den Rest konsumiert. Dieser Multiplikatorprozess führt dazu, dass – wenn wir vom Außenhandel absehen – gesamtgesellschaftlich die Summe an Investitionen der Summe der Ersparnisse entspricht, also I = S gilt, obwohl Investieren und Sparen zwei verschiedene Prozesse sind.

Erinnern wir uns, dass laut des Mainstreams eine stärkere Ungleichheit zu einem schnelleren Anwachsen des Kapitalstocks führt. In der Postkeynesianischen Ökonomik jedoch ist die Schlussfolgerung umgekehrt: Da Haushalte mit höherem Einkommen einen größeren Anteil ihres Einkommens sparen, führe Ungleichheit nicht zu mehr, sondern zu weniger Wachstum. Das liege daran, dass bei stärkerer Ungleichheit mehr Einkommen bei Menschen landet, die relativ wenig davon konsumieren und mit ihrer Ersparnis der Wirtschaft Nachfrage entziehen. Wenn aber die gesellschaftliche Nachfrage sinkt, dann sinkt auch die Auslastung der Wirtschaft und Unternehmer*innen haben weniger Anreize, durch Investitionen ihre Produktionskapazitäten auszuweiten. Mit stärkerer Ungleichheit wird also laut der Postkeynesianischen Ökonomik weniger Kapital angehäuft.

Ein weiterer Unterschied zur ▹ **Mikroökonomik** des Mainstreams betrifft die Rolle der Wirtschaftspolitik. Die Postkeynesianische Ökonomik geht im Produktionsprozess nicht von der vollständigen Auslastung des Kapitals aus, sondern nimmt an, dass Unternehmen unterhalb der Vollauslastung operieren. Empirisch können wir beobachten, dass Phasen der Vollauslastung wie sie der Mainstream propagiert extrem selten sind (▹ **Empirie**). Die Auslastung in den meisten kapitalistischen Volkswirtschaften fluktuiert zwischen 80 % und 90 %.

Dafür benennen Postkeynesianer*innen unter anderem drei Gründe. Erstens: Da die zukünftige Nachfrage nicht vorherzusehen ist, halten Unternehmen immer etwas Produktionskapazität vor, um bei unerwartet steigender Nachfrage spontan die Produktion erhöhen zu können, um sich keine Marktanteile von der Konkurrenz abnehmen zu lassen. Zweitens, und ebenfalls aufgrund von Unsicherheit, haben Investor*innen eine Präferenz für Liquidität. Ein Teil der Ersparnisse wird daher nicht in die Erweiterung der Produktionskapazitäten investiert, sondern in liquideren Vermögensanlagen gehalten, wie Staatsanleihen, Aktienfonds oder schlicht auf dem Girokonto. Das entzieht der Ökonomie Nachfrage, wodurch sie unterhalb der Vollauslastung operiert. Und drittens haben Perioden der Vollauslastung drastische politische Konsequenzen, die der Ökonom Michail Kalecki (1899–1970) in seinem Klassiker *Political Aspects of Full Employment* (1943) darlegte. Herrscht Vollbeschäftigung, dann können Unternehmer*innen ihren Angestellten nicht mehr mit Arbeitslosigkeit drohen, wenn sie hohe Forderungen nach Lohn, Urlaub und Pausenzeiten stellen. Denn bei Vollauslastung gibt es keine Arbeitslosigkeit – wer gefeuert wird, findet leicht einen neuen Job. Daher haben Unternehmer*innen eine Präferenz für eine Ökonomie unterhalb der Vollauslastung und setzen dieses Interesse durch, indem sie umfassende Staatsausgaben politisch attackieren.

In der Postkeynesianischen Ökonomik ist das Lehrbuch von Marc Lavoie *Post-Keynesian Economics: New Foundations* (2022) ein Standardwerk. Hier taucht, basierend auf Marx, Kapital in einem Atemzug mit Kapitalist*innen auf, einer sozialen Klasse, die das Eigentum an Produktionsmitteln hat und damit Arbeiter*innen gegenübersteht, die von den Kapitalist*innen angestellt werden. Während es im Mainstream sparsame und nicht so sparsame Menschen gibt, sind es in der Postkeynesianischen und vor allem in der ▷ **Marxistischen Politischen Ökonomie** (dazu später mehr) Klassen, die sich durch ihre Beziehung zu den Produktionsmitteln unterscheiden. Ein kleiner Teil der Bevölkerung besitzt Kapital, während der andere kaum etwas besitzt außer seiner Arbeitskraft, die er den Kapitalist*innen zur Verfügung stellt.

In den meisten postkeynesianischen Modellen wird Kapital ähnlich wie im Mainstream als Produktionsmittel verstanden, auch wenn damit andere Dynamiken verbunden werden. In den 1960er Jahren gab es jedoch einen Streit zwischen dem Mainstream und postkeynesianischen Ökonom*innen über die Natur des Kapitals.

Während der sogenannten Cambridge-Kapital-Kontroverse führten Ökonomen vom MIT in Cambridge Massachusetts (Paul Samuelson, Robert Solow, Frank Hahn, Christopher Bliss) mit Ökonom*innen von der Cambridge Universität in England (Joan Robinson, Piero Sraffa, Luigi Pasinetti, Pierangelo Garegnani) eine hitzige Debatte um die Konzeption von Kapital. Wie bereits in Kap. 11.1.2 ausgeführt, argumentieren die Mainstream-Ökonomen aus den USA, dass es eine Nachfragefunktion nach Kapital gäbe, ähnlich wie für jedes andere Gut auch (▷ **Mainstreamökonomik**). Je höher der Preis für Kapital, also die Zinsen, desto geringer die Verwendung von Kapital und desto höher die Verwendung von Arbeit. Dieser Mechanismus wurde von Samuelson mit einer sogenannten Cobb-Douglas Produktionsfunktion (▶ Kap. 4) dargestellt, die für jede Kombination von Arbeit und Kapital berechnet, welche Menge an Output diese produzieren.

Die postkeynesianischen Ökonom*innen aus England kritisierten, dass es keinesfalls eine fallende Nachfragekurve nach Kapital gäbe, da Preis und Zins bei heterogenen Kapitalarten gar nicht unabhängig voneinander bestimmbar seien. Die Profitrate ließe sich nur gegeben eines Kapitalpreises bestimmen und der Kapitalpreis bilde sich aus den erwarteten Profiten: ein Zirkelschluss.

Nach einigem Hin und Her stimmte Samuelson zu, dass die Cobb-Douglas-Produktionsfunktion nicht konsistent ist, erwiderte aber, dass sie trotzdem empirische Tests bestehen würde. Auch dieses Postulat wurde später in einem amüsanten Artikel von Anwar Shaikh zerpflückt (1974). Bereits im Titel bezeichnet er die Cobb-Douglas-Produktionsfunktion als

»Humbug Production Function«, weil der technologische Faktor vor der Funktion eigentlich den Fehlerterm darstelle und daher alles, was die Produktionsfaktoren Arbeit und Kapital nicht erklären können, einfach als Technologieschocks bezeichnet würde. Shaikh zeigt, dass man sogar eine Datenwolke, die das Wort »Humbug« darstellt, mit einer Cobb-Douglas-Produktionsfunktion schätzen kann und ein sehr präzises Ergebnis bekommt, solange die Einkommensverteilung zwischen Löhnen und Profiten ungefähr gleichbleibt. Eine gute Zusammenfassung der Kontroverse findet sich bei Cohen und Harcourt (2003).

Wir haben gesehen, dass Kapital im Mainstream lediglich ein Produktionsfaktor wie die Arbeit ist. In der Postkeynesianischen Ökonomik hingegen werden die Besitzer*innen von Kapital auch als Kapitalist*innen bezeichnet, die den Arbeiter*innen gegenüberstehen. Noch weiter geht die Marxistische Politische Ökonomie.

11.3 Kapital als gesellschaftliches Verhältnis: Die Marxistische Politische Ökonomie

Die ▹ **Marxistische Politische Ökonomie** geht auf Karl Marx' (1818–1883) Werk *Das Kapital – Kritik der politischen Ökonomie* (1962 [1867], ▶ Kap. 1) zurück. Sie zeigt, dass der ▹ **Kapitalismus** keine natürliche und für immer bestehende Produktionsweise ist, sondern, dass Rohstoffe, Produktionsmittel und Geld erst durch bestimmte gesellschaftliche Prozesse und Gegebenheiten zu Kapital werden. Damit richtet sich der Blick nicht, wie beispielsweise im Mainstream, auf Kapital als Produktionsfaktor, sondern auf Kapital als etwas, das eine ganze, historisch spezifische Wirtschaftsweise maßgeblich prägt: den Kapitalismus. Im Fokus stehen das historische Gewordensein der ökonomischen Kategorien (z. B. Kapital, Ware, Arbeit, Zins) und die ökonomischen *Bewegungsgesetze* des Kapitals, welche die kapitalistische Wirtschaftsweise ausmachen. Die Marxistische Politische Ökonomie ist damit mehr als eine rein ökonomische Theorie. Sie versteht Kapitalismus als gesellschaftliches Verhältnis, das nicht nur die Wirtschaft, sondern alle Sphären des gesellschaftlichen Lebens durchzieht.

Marx definiert Kapital zunächst als eine Wertsumme, die nicht einfach nur existiert, sondern die sich selbst verwertet, d. h. die scheinbar von selbst mehr wird. ▹ **Akkumulation**, also die Anhäufung und Vergrößerung von Kapital, ist hier in der Definition von Kapital bereits inbegriffen. Kapital kann dabei verschiedene Erscheinungsformen haben: Es kann als Geld existieren oder in der Form von Waren, in die Geld investiert wurde. Bei Letzterem unterscheidet die Marxistische Politische Ökonomie konstantes Kapital, d. h., wenn Geld in Produktionsmittel vorgeschossen wird, und variables Kapital, d. h., wenn in die Beschäftigung von Arbeiter*innen investiert wird. Das Kapital wechselt hier also nur seine Erscheinungsformen. Den Wechsel der Erscheinungsformen bezeichnet Marx als Bewegung des Kapitals. Dahinter stehen gesellschaftliche Prozesse und menschliche Interaktionen: Investitionen, Handel, Käufe und Verkäufe von Waren, d. h. von Produktionsmitteln, Arbeitskräften, Konsumgütern.

Betrachten wir den Wechsel der Erscheinungsformen und den Akkumulationsprozess näher, dann lässt sich als allgemeine Bewegungsform des Kapitals erkennen: Geld (G) wird, vermittelt durch den Kauf und Verkauf von Waren (W), zu mehr Geld (G'), wovon wiederum ein Teil aufs Neue investiert wird. Abgekürzt wird dieser Kreislauf als G – W – G'. Hier wird Geld zu Kapital, denn es wird bereits mit dem Sinn und Zweck investiert, mehr Geld zu bekommen und es zu reinvestieren. Die Marxistische Politische Ökonomie analysiert, dass diese Bewegungsform, G – W – G', in der kapitalistischen Wirtschaftsweise – und nur in dieser – dominant ist und sie maßgeblich strukturiert. Das bedeutet, dass im Kapitalismus die gesamtgesellschaftliche Produktion nicht primär an den ▷ **Bedürfnissen** der Menschen ausgerichtet ist, sondern »maßlose« Kapitalverwertung, wie Marx schreibt, das treibende Motiv der Ökonomie ist (1962 [1867], S. 167).

Die Marxistische Politische Ökonomie versucht also zu verstehen, unter welchen spezifischen, gesellschaftlichen Bedingungen Kapital entsteht und welche sozialen Beziehungen damit einhergehen. Woher kommt das Kapital? Wie kann es sich verwerten, wie wird aus Geld, das investiert wird, am Ende mehr Geld? Woher kommt der Mehrwert und wie wird er zu Profit, den die Kapitalist*innen bekommen?

Ein Teil der Antwort liegt in der marxistischen ▷ **Arbeitswertlehre** (▶ Kap. 12). Auch Mankiw und Taylor verweisen in ihrem Einführungsbuch darauf, dass Kapital ein bereits »produzierter Produktionsfaktor« ist (2024, S. 714). Sie verfolgen diese Erkenntnis jedoch nicht weiter. Mithilfe der Arbeitswertlehre, von der Marx ausgeht, kann die ▷ **Produktionsfunktion**, mit der der Mainstream den Output als eine Funktion von Kapital und Arbeit darstellt, $Q = f(K, A)$ weiter dekonstruiert und schlussendlich gänzlich zu einer Funktion von Arbeit aufgelöst werden. Denn sämtliche Produktionsmittel wurden zu einem Zeitpunkt durch menschliche Arbeit hergestellt. Während im Mainstream der Output Q eine Funktion von Arbeit A und Kapital K ist – $Q = f(K, A)$ – erkennt die Marxistische Politische Ökonomie Kapital als vergegenständlichte, alte Arbeit. Daher ist Kapital selbst eine Funktion von Kapital und Arbeit – $K = f(K, A)$ – und so weiter. Schließlich lässt sich die Produktionsfunktion in $Q = f(A)$ auflösen, sodass Arbeit als die Quelle allen Outputs identifiziert wird. Die theoretische Trennung der zwei Produktionsfaktoren Kapital und Arbeit, wie sie im Mainstream gelehrt wird, wird damit grundlegend kritisiert.

Doch das allein erklärt noch nicht, wieso Produktionsmittel im Kapitalismus die Form von Kapital annehmen und wieso das Kapital einem im Verhältnis ziemlich geringen Teil der Bevölkerung, und nicht den Arbeiter*innen gehört, obwohl sie es eigentlich erwirtschaftet haben. Denn auch wenn die Trennung von Kapital und Arbeit theoretisch kritisiert werden kann, so ist sie doch harte Realität im Kapitalismus. Ein Großteil der Weltbevölkerung geht einer bezahlten Arbeit nach, um das alltägliche Leben bestreiten zu können. Gleichzeitig besitzen die ärmsten 50 % nur 2 % des Nettovermögens, während die reichsten 10 % ein Vermögen von 76 % halten. Die Marxistische Politische Ökonomie verweist darauf, dass Kapital nicht ohne die ihm zugrunde liegenden Klassenverhältnisse zu verstehen ist.

Kommen wir zurück zur Definition von Kapital als Wertsumme, die sich – anscheinend aus sich heraus – vermehrt. Marx analysiert, dass der Mehrwert, der für Kapitalbesitzer*innen die Quelle des Profits ist, in der Regel nicht durch Betrug entsteht, sondern aus dem Tausch von Waren mit gleichen, äquivalenten Werten folgt. Wenn aber Waren mit gleichen Werten getauscht werden, dann muss die Wertveränderung (Geld wird zu mehr Geld; G – G') aus einer Ware entspringen, die selbst Quelle von Wert ist – und das ist die menschliche Arbeitskraft.

Nun ist es keine neue Erkenntnis der Marxistischen Politischen Ökonomie, dass Arbeit Wert bildet. Während der Zeit von Marx war die Arbeitswertlehre nach Adam Smith und David Ricardo vorherrschend in den ▷ **Wirtschaftswissenschaften**. Doch Marx fügt den entscheidenden Analyseschritt hinzu, dass es weniger kostet, Arbeitskraft wiederherzustellen, d.h.

sie zu reproduzieren, als sie in der Produktion an Wert bilden kann: Im Kapitalismus produzieren Lohnarbeiter*innen mehr Wert, als sie als Lohn für die Reproduktion ihrer Arbeitskraft bekommen (▶ Kap. 16). Diese Differenz stellt den Mehrwert dar, den sich Kapitalist*innen beständig als Profit aneignen. Auch wenn die Arbeitswertlehre im Mainstream als veraltet gilt und auch innerhalb der Marxistischen Politischen Ökonomie der empirische Zusammenhang zwischen Preisen und Werten umstritten ist (▶ Kap. 12, Heinrich 2022 [1991]), büßt die Dekonstruktion von Kapital als ein Produkt menschlicher Arbeit dabei nicht an Aktualität ein.

Damit Arbeitskraft von Kapitalist*innen gekauft werden kann, müssen bestimmte Bedingungen erfüllt sein. Vor allem muss Arbeitskraft in Form einer Ware auf dem Markt zur Verfügung stehen. Das bedeutet, dass sie freiwillig gegen einen Lohn, zeitweilig verkauft wird. Die Marxistische Politische Ökonomie spricht hier von den doppelt freien Lohnarbeiter*innen: Doppelt frei in dem Sinne, dass sie einerseits frei über ihre Arbeitskraft als ihre Ware verfügen können, und dass sie andererseits frei von Produktionsmitteln sind, d. h. ihre Arbeitskraft verkaufen müssen, um sich versorgen zu können. Damit ist die faktische Trennung von Produktionsmitteln und Arbeit beschrieben. Die doppelt freien Lohnarbeiter*innen bzw. das Lohnarbeitsverhältnis sind die gesellschaftliche Voraussetzung dafür, dass sich investiertes Geld verwerten und zu Kapital werden kann. Denn erst aus dem Lohnarbeitsverhältnis folgt, dass der Mehrwert den Kapitalbesitzer*innen gehört und nicht den Arbeiter*innen.

Mit diesem Prozess wird die Trennung von Kapital und Arbeit, also die gesellschaftliche Bedingung für Kapitalverwertung, beständig erneuert. Dass Kapital und Arbeit getrennt sind, wird von Marxistischen wie auch postkeynesianischen Ökonom*innen als Spezifikum des Kapitalismus und als historisches Resultat gewaltsamer Enteignungen von Landarbeiter*innen im 18. und 19. Jahrhundert verstanden, die ohne Eigentum an Produktionsmitteln in die Städte gedrängt wurden (▷ **Postkeynesianismus**). In der Trennung der Arbeiter*innen von den Produktionsmitteln liegt das kapitalistische Ausbeutungs- und Klassenverhältnis begründet. Ausbeutung ist in der Marxistischen Politischen Ökonomie kein moralischer Begriff, der unbedingt menschenunwürdige Arbeitsbedingungen beschreiben muss. Vielmehr bezieht er sich auf ein strukturelles Verhältnis zwischen gesellschaftlichen Klassen, nämlich der kapitalbesitzenden und der arbeitenden Klasse, das in der kapitalistischen Wirtschaftsweise verankert ist.

In dieser Analyse wird Kapital als ein spezifisches gesellschaftliches Verhältnis zwischen sozialen Klassen erkennbar. Der wissenschaftstheoretische Beitrag der Marxistischen Politischen Ökonomie liegt hier darin, Kapital nicht als festes Ding zu behandeln, sondern als ein soziales Verhältnis zu verstehen. Daraus geht hervor, wie wir als Gesellschaft unsere Produktion organisieren und nach welchen Prinzipien der erwirtschaftete, materielle Reichtum verteilt wird. Was Kapital ist, kann nur durch die Analyse der kapitalistischen Verhältnisse verstanden werden.

Die sozialen Beziehungen, die der gesellschaftlichen Arbeitsteilung und der Verteilung des erwirtschafteten Reichtums zugrunde liegen, erscheinen im Kapitalismus als, wie Marx es nennt, gesellschaftliche Natureigenschaften von Kapital, Arbeit und Boden. Es erscheint normal und natürlich, dass Arbeiter*innen nicht demokratisch über die Produktionsmittel verfügen können, sondern ihre Arbeitskraft gegen einen Lohn verkaufen. Ebenso scheint es die natürliche Eigenschaft des Kapitals zu sein, Profit zu produzieren und deshalb nur rechtmäßig, wenn Kapitalrenditen an die Kapitalbesitzer*innen fließen. »Das gesellschaftliche Verhältnis ist vollendet als Verhältnis eines Dings, des Geldes, zu sich selbst«, schreibt Marx,

»es wird ganz so Eigenschaft des Geldes, Wert zu schaffen, Zins abzuwerfen, wie die eines Birnbaums, Birnen zu tragen« (Marx 1964 [1894], S. 405). Diese Verkehrungen entstehen nicht aufgrund eines bösen Willens oder einer falschen Ideologie, sondern entspringen der Struktur des Kapitalismus und den Handlungen, die ihn beständig reproduzieren. Denn alle Menschen, die im Kapitalismus leben, müssen in der Regel für einen Lohn arbeiten und Geld verwenden, um sich Lebensmittel zu kaufen, und damit die kapitalistische Realität anerkennen, auch wenn sie sich durch die drei Bände des Kapitals gearbeitet haben. Nach Marx regieren somit Dinge über die Menschen, die aufgrund ihrer angeblichen Natureigenschaften bestimmen, wie Produktion und Verteilung organisiert ist. Das Kapital, das verwertet werden will, herrscht über die Menschen und die Art und Weise, wie sie gesellschaftlich produzieren und interagieren (s. u. a. Adamzcak 2013).

Aus der Forschung

Im Oktober 2024 schockierte eine Schlagzeile viele Berliner*innen: Der Immobilienkonzern Vonovia kaufte der Deutschen Wohnen Immobilien im Wert von 20 Milliarden Euro ab – und zahlte darauf keinen Cent Grunderwerbsteuer. Möglich machten das sogenannte Share Deals, bei denen die Immobilien nicht als Immobilien verkauft werden (bei denen müsste Vonovia in Berlin 6 % Grunderwerbssteuer zahlen), sondern als Unternehmen. Während also Familien, die lange auf ein Haus gespart haben, Grunderwerbssteuer zahlen, können Konzerne Steuerschlupflöcher nutzen.

Die Juraprofessorin Katharina Pistor hat solche rechtlichen Konstrukte über Jahrzehnte analysiert und ihre Arbeit in einem Buch zusammengefasst: *Der Code des Kapitals. Wie das Recht Reichtum und Ungleichheit schafft*. Ihr Ausgangspunkt: Jeder Anspruch des Kapitals auf Einkommensströme müsse juristisch abgesichert sein, damit die Besitzer*innen das Gewaltmonopol des Staats in Anspruch nehmen können, um ihre Interessen durch Gerichte und Polizei durchsetzen zu lassen.

In ihrem Buch beschreibt Pistor, wie internationale Anwaltskanzleien die Ansprüche des Kapitals ins Rechtssystem übersetzen, sie also »codieren«, wie Pistor es nennt. Dazu gehören die Verbriefung, also das Bündeln und Weiterverkaufen von Immobilienkrediten, die die globale Finanzkrise von 2007/2008 ausgelöst haben, das Verschieben von Profiten in Steueroasen über komplizierte Firmenkonstrukte, die Lücken bei der Erbschaftssteuer, die Patentierung von Naturstoffen wie Saatgut, oder eben Share Deals beim Verkauf von Immobilien.

Quelle: Pistor, Katharina (2023): Der Code des Kapitals: Wie das Recht Reichtum und Ungleichheit schafft. Berlin: Suhrkamp.

11.4 Ausblick

Was ist also Kapital? In diesem Kapitel haben wir verschiedene Perspektiven anhand verschiedener Theorieschulen untersucht. Im Mainstream und im ▹ **Postkeynesianismus** ist Kapital ein Produktionsfaktor, der verwendet wird, um Output herzustellen (▹ **Mainstreamökonomik**). Beide Theorieschulen unterscheiden sich vor allem hinsichtlich der Dynamiken, die sie mit Kapital verbinden. Für den Mainstream ist die Kapitalrendite unpolitisch und wird durch die Produktivität von Kapital bestimmt. Die Profitmaximierung führt zu einer optimalen Verwendung von Kapital und damit zu einem Gleichgewichtszustand. Dem Postkeynesianismus zufolge wird Kapital hingegen gar nicht vollständig genutzt, da der ▹ **Kapitalismus** normalerweise unterhalb der Vollauslastung operiert. Im Mainstream bestimmen Ersparnisse die Investitionen und damit den Kapitalstock, während in der Postkeynesianischen Ökonomik die Investition das Einkommen produziert, von dem gespart wird.

Ein weiterer Unterschied ist das gesellschaftliche Verständnis von Kapital. Im Standardlehrbuch von Mankiw und Taylor erfahren wir zwar viel über »Kapital« – das Wort »Kapitalismus« hingegen kommt auf den 1259 Seiten nicht vor. Im Mainstream stehen Kapital und Arbeit als zwei neutrale Produktionsfaktoren nebeneinander. Und doch heißt es Kapitalismus und nicht »Arbeitismus«. Das gibt schon einen Hinweis, welcher der beiden den Ton angibt. Im Postkeynesianismus und der Marxistischen Politischen Ökonomie wird Kapitalismus – das Wirtschaftssystem, in dem Kapital zentral ist – daher nicht als naturgegeben verstanden, sondern als eines von verschiedenen Produktionsverhältnissen, wie dem Feudalismus oder ▹ **Kommunismus**.

In der ▹ **Marxistischen Politischen Ökonomie** ist Kapital erstens vergegenständlichte, alte Arbeit. Als Wertsumme kann es beides sein, sowohl konstantes Kapital (Rohstoff, Zwischenprodukt oder Produktionsmittel) als auch variables Kapital (entlohnte Arbeitskraft). Vor allem ist Kapital hier ein gesellschaftliches Verhältnis zwischen Klassen: einer Klasse, die Kapital besitzt, und einer Klasse, die keine Produktionsmittel besitzt, sondern nur ihre Arbeitskraft, die sie der Kapitalist*innenklasse verkaufen muss, um zu überleben. Rohstoffe, Produktionsmittel und Arbeitskraft sind damit nicht natürlicherweise Kapital, sondern werden das nur unter bestimmten gesellschaftlichen Voraussetzungen, die die kapitalistische Ökonomie maßgeblich prägen und die den Kapitalismus immer wieder erneuern. Die Verwertungsinteressen des Kapitals bestimmen maßgeblich was, wo und unter welchen Bedingungen produziert wird. Die Klassenanalyse, die der Marxistischen Politischen Ökonomie zugrunde liegt, durchzieht auch zahlreiche postkeynesianische Modelle, wird vom Mainstream jedoch abgelehnt.

Bezug zur sozial-ökologischen Vielfachkrise

Je nach Verständnis von Kapital ergeben sich unterschiedliche Perspektiven auf die sozial-ökologische Vielfachkrise.

In der ▹ **Mainstreamökonomik** zerstören Menschen die Natur, weil sie dafür eine Präferenz haben, sich also aus freien Stücken dazu entschließen. So könnten sie ihr Verhalten ändern oder Parteien wählen, die die Umweltkosten bestimmter Produkte auf den Preis draufschlagen, ohne an den Grundprinzipien der Ökonomie zu rütteln. Wirtschaftswachstum und eine ökologische Transformation sind hier zusammen denkbar – grünes Wachstum machbar. In der ▹ **Marxistischen Politischen Ökonomie** hingegen werden die planetaren Belastungsgrenzen beim Ressourcenverbrauch nicht eingehalten, solange Kapitalverwertung die dominante wirtschaftliche Logik ist. Dem kann auch der gute Wille von Unternehmer*innen oder Politiker*innen erst einmal nichts entgegenstellen. Denn Kapitalist*innen müssen akkumulieren, um sich als soziale Klasse zu reproduzieren. Ihre gesellschaftliche Stellung ist nicht per Gesetz festgeschrieben (wie zum Beispiel im Feudalismus die Herrschaft der Feudalherr*innen), sondern sie müssen sie de facto immer wieder ökonomisch herstellen, indem sie sich vor der Konkurrenz behaupten und dafür Mensch und Natur ausbeuten. Diese Interessenlagen stehen einer ▹ **sozial-ökologischen Transformation** auf der strukturellen Ebene entgegen und nicht auf der Ebene der individuellen Einstellungen von Menschen.

Solange die Verwertung von vorhandenem Kapital bestimmt, wie heute gewirtschaftet wird, müssen wir unsere gegenwärtigen Handlungen an der Vergangenheit ausrichten. Die Marxistische Politische Ökonomie sagt: Nicht die Bürde der Vergangenheit sollte die Gegenwart bestimmen, sondern unsere ▹ **Bedürfnisse** für die Zukunft.

Literaturempfehlungen

Cohen, Avi J./Harcourt, Geoffrey C. (2003): Whatever happened to the Cambridge Capital Theory Controversies? In: Journal of Economic Perspectives, Vol 17(1), S. 199–214.

Heinrich, Michael (2018): Kritik der politischen Ökonomie. Eine Einführung in »Das Kapital« von Karl Marx. 14. Aufl., Stuttgart.

Heinrich, Michael (2022 [1991]): Die Wissenschaft vom Wert. 9. Aufl., Münster.

Kalecki, Michał (1943): Political Aspects of Full Employment. In: The Political Quarterly, Vol. 14(4), S. 322–330.

Keynes, John Meynard (1997 [1936]): The General Theory of Employment, Interest and Money. Amherst (US).

Lavoie, Marc (2022): Post-Keynesian Economics: New Foundations. 2. Edition. Cheltenham (UK).

Mankiw, George/Taylor, Mark (2024). Grundzüge der Volkswirtschaftslehre. Stuttgart.

Marx, Karl (1962 [1867]): Das Kapital. Kritik der politischen Ökonomie. Erster Band. In: Marx-Engels-Werke (MEW), Bd. 23. Berlin.

Marx, Karl (1964 [1894]): Das Kapital. Kritik der politischen Ökonomie. Dritter Band. In: Marx-Engels-Werke (MEW), Bd. 25. Berlin.

Minsky, Hyman P. (1986): Stabilizing an Unstable Economy. Yale University Press.

Shaikh, Anwar (1974): Laws of Production and Laws of Algebra: The Humbug Production Function. In: Review of Economics and Statistics, Vol. 56 (1), S. 115–120.

Weitere Belege

Destatis (2025): Migration und Integration. Bevölkerung in Privathaushalten nach Migrationshintergrund und überwiegendem Lebensunterhalt. https://www.destatis.de/DE/Themen/Gesellschaft-Umwelt/Bevoelkerung/Migration-Integration/Tabellen/migrationshintergrund-lebensunterhalt.html, Abrufdatum 15.01.2025.

Online-Ressourcen

Bini Adamczak (2013), Liebe im Kapitalismus. Ein Vortrag, Link: https://www.youtube.com/watch?v=AGfCoD3kxJY (04.09.2025).

Plurale Ökonomik (2024), Marxsche Ökonomik (Prof. Michael Heinrich), Link: https://www.youtube.com/watch?v=BJ_3cafzQmA (04.09.2025).

Henry George School of Social Science, Yannis Varoufakis critiques Thomas Piketty's Capital in the Twenty-Firth Century, Link: https://www.youtube.com/watch?v=wNLPO2j9RQ0 (04.09.2025).

12 Was ist Arbeit?

Stefanie Gerold und Ernest Aigner

Arbeit bestimmt den Alltag vieler Menschen, und auch die wirtschaftspolitische Berichterstattung dreht sich oft um dieses Thema: Wie entwickeln sich die Beschäftigungszahlen? Wie können neue Jobs geschaffen werden? Sollte der Mindestlohn erhöht werden? Sind die hohen Löhne im Finanzsektor gerechtfertigt? Was geschieht mit den Arbeiter*innen in der Kohleindustrie?

Der Fokus liegt dabei stark auf einer bestimmten Form von Arbeit: Erwerbsarbeit. Auch in unserer Alltagssprache setzen wir Arbeit oft unbewusst mit Erwerbsarbeit gleich. Doch was ist eigentlich mit all den unbezahlten Haus- und Betreuungstätigkeiten in Familien? Vielleicht wohnst du in einer WG, putzt regelmäßig die Wohnung, versorgst die Kräuter in deiner Küche oder kümmerst dich im Krankheitsfall um deine Mitbewohner*innen. Dafür bekommst du nichts bezahlt, doch theoretisch könntest du dafür auch eine Haushaltshilfe anstellen.

Erwerbsarbeit

Die Erwerbsarbeit stellt Tätigkeiten dar, für die Menschen eine direkte Gegenleistung in Form von Geld erhalten.

Was als Arbeit zählt, ist nicht einfach einzugrenzen. Das Gabler Wirtschaftslexikon definiert Arbeit als »[z]ielgerichtete, soziale, planmäßige und bewusste, körperliche und geistige Tätigkeit« (Voigt/Wohltmann 2018). Ein derart umfassendes Verständnis von Arbeit ist in der ▹ **Feministischen Ökonomik** vorherrschend. Die anderen Theorieschulen, die wir in diesem Kapitel behandeln (▹ **Neoklassik**, ▹ **Postkeynesianismus** und ▹ **Marxistische Politische Ökonomie** [MPÖ]), legen den Fokus hingegen auf bezahlte Erwerbsarbeit.

12.1 Welche Formen der Arbeit gibt es?

Wir wollen uns zunächst der Frage widmen, welche verschiedenen Formen von Arbeit es gibt. Erwerbsarbeit umfasst einerseits unselbstständige Beschäftigungsverhältnisse wie jene von Arbeiter*innen, Angestellten oder Beamt*innen. Daneben gibt es auch die selbstständigen Tätigkeiten, die von Unternehmer*innen oder freiberuflich Tätigen (wie Ärzt*innen oder Rechtsanwält*innen) ausgeübt werden. Werden für eine bezahlte Arbeit keine Steuern oder Sozialabgaben entrichtet (z. B. Handwerkerleistungen ohne Rechnung), spricht man von Schwarzarbeit.

Ein Großteil der Arbeit wird auch heute noch unentgeltlich geleistet. Dazu zählt zum einen Arbeit, die dem Eigenbedarf dient (sog. Subsistenzarbeit). Beispiele dafür sind unbezahlte Hausarbeit, wie Kochen, Waschen und Putzen, oder die Betreuung von Kindern und pflegebedürftigen Erwachsenen. Aber auch landwirtschaftliche Tätigkeiten, die auf die Selbstversorgung ausgerichtet sind, zählen dazu. Wenn die Arbeit Menschen außerhalb des eigenen Haushalts oder der Familie zugutekommt, sprechen wir auch von Freiwilligenarbeit oder Ehrenamt. Arbeit kann aber auch unfreiwillig geschehen, etwa in Form von Sklaverei, bezahlter oder unbezahlter Zwangsarbeit oder Menschenhandel. Zwangsarbeit findet sich in allen Regionen der Welt. Schätzungen zufolge gibt es 27,6 Mio. Zwangsarbeiter*innen, davon 14% staatlich verordnet, 23% in der Sexarbeit und 63% in anderen privatwirtschaftlichen Sektoren (ILO et al., 2022).

Subsistenzarbeit

Subsistenzarbeit stellt unbezahlte Tätigkeiten dar, die der Selbstversorgung oder der Gemeinschaft dienen, z. B. Lebensmittelanbau oder Hausarbeit.

In Industrieländern wie Deutschland hat sich Arbeit über die Zeit hinweg stark verändert. Bis ins 18. Jahrhundert war der Haushalt die wichtigste wirtschaftliche Einheit. Damals waren diese noch viel größer und umfassten neben Kindern und alten Menschen auch Mägde, Knechte oder unverheiratete Verwandte. Die meiste Arbeit war Subsistenzarbeit. Manche Haushaltsmitglieder gingen (zusätzlich und oft unregelmäßig) einer Erwerbsarbeit nach. Im Zuge der ▹ **Industriellen Revolution** begann man, Kohle als hochkonzentrierte Energiequelle zum Antrieb von Maschinen zu nutzen, wobei immer mehr Menschen begannen, in Fabriken zu arbeiten. Zu dieser Zeit entstand auch die klare Trennung zwischen bezahlter und unbezahlter Arbeit, bzw. wirtschaftlicher und häuslicher Sphäre, wie wir sie heute kennen.

12.2 Wie hat sich Arbeit in den letzten Jahrzehnten verändert?

In den letzten Jahrzehnten kam es in vielen Industrieländern zu einer Verschiebung weg vom Landwirtschafts- und Produktionssektor und hin zum Dienstleistungssektor. Das bedeutet, dass in Ländern wie Deutschland heute weniger Menschen auf dem Feld oder in der Stahlerzeugung arbeiten und dafür mehr Beschäftigte in der (privatwirtschaftlichen und öffentlichen) Verwaltung, im Finanzwesen, im Gesundheitswesen oder IT-Bereich tätig sind. So sind heute auch große Teile der Beschäftigten im Industriesektor Büroangestellte und keine Fabrikarbeiter*innen mehr.

Die Gründe dafür sind zum einen, dass im Produktionssektor viele Prozesse automatisiert wurden. Die Nutzung von fossilen Brennstoffen und neuen technischen Verfahren (▶ Kap. 7) haben den Einsatz von Maschinen (bzw. Kapital, ▶ Kap. 11) im Verhältnis zur Arbeit immer günstiger gemacht. Für Unternehmen entsteht dadurch ein Anreiz, menschliche durch maschinelle Arbeit zu ersetzen. Postkoloniale Handelsbeziehungen ermöglichten im Rahmen der Globalisierung (▶ Kap. 20) eine Verlagerung vieler Produktionsprozesse in Länder mit geringen Umwelt- und Sozialstandards, wo Produktions- und Lohnkosten niedriger sind.

Durch diese Veränderungen haben sich auch die Anforderungen an Beschäftigte gewandelt. Während Erwerbsarbeit früher stärker durch Routinetätigkeiten gekennzeichnet war, die wenig formale Bildung voraussetzten, sind heute Kommunikationsfähigkeit, Selbstorganisation oder digitale Kompetenzen viel stärker gefragt. Zudem ist es üblich, dass Beschäftigte häufiger den Arbeitgeber wechseln, sich weiterbilden oder einen völlig neuen Berufsweg einschlagen. Viele Beschäftigte haben keine festen Schichtpläne mehr, sondern flexible Arbeitszeiten oder sie arbeiten im Homeoffice. Hierarchien haben sich verändert. Während viele Beschäftigte an Selbstbestimmung gewonnen haben, verstärken Projektarbeit, Gruppendynamiken und flexiblere Arbeitsmärkte den Leistungsdruck. Gerade im Dienstleistungsbereich sind aufgrund aktueller Innovationen im Bereich algorithmischer Systeme (Stichwort Künstliche Intelligenz) umfassende Veränderungen durch Automatisierung von Arbeitsprozessen absehbar.

Zudem arbeiten immer weniger Menschen in einem Normalarbeitsverhältnis: Das Statistische Bundesamt versteht darunter eine abhängige Beschäftigung in Vollzeit oder Teilzeit ab 21 Wochenstunden. Diese Arbeitnehmer*innen haben einen unbefristeten Vertrag und sind direkt bei dem Unternehmen angestellt, für das sie arbeiten. Sie sind voll in die Sozialversicherung integriert, haben also Anspruch auf Leistungen aus der Kranken-, Pflege-, Unfall-, Renten-, und Arbeitslosenversicherung. In Abgrenzung zum Normalarbeitsverhältnis steht die atypische Beschäftigung. Dazu zählen Menschen mit befristeten Arbeitsverträgen, Teilzeitbeschäftigte mit weniger als 21 Stunden, geringfügig Beschäftigte oder Zeitarbeitsverhältnisse. Ein neueres Beispiel hierfür sind Arbeiter*innen, deren Dienstleistungen auf Onlineplattformen gebucht werden (sog. *Gig Worker*), wie etwa Lieferdienste, Fahrdienste oder Haushaltshilfen. Sie sind formal selbstständig, haben oft schwankende Einkünfte und müssen sich selbst um ihre Sozialversicherung kümmern.

Doch wie werden diese Veränderungen in den verschiedenen ▷ **Denkschulen** begründet? Die ▷ **Neoklassik** erklärt den sektoralen Wandel als Ergebnis von technologischem Fortschritt und komparativen Vorteilen im Marktwettbewerb. Automatisierung erhöhte die Produktivität in der Industrie, wodurch Arbeitskräfte in den Dienstleistungssektor abwanderten, wo ihre ▷ **Grenzproduktivität** höher ist. Neue Kompetenzanforderungen gelten hier als effiziente Anpassung; flexible Arbeitszeiten und Homeoffice als Ausdruck individueller Präferenzen (▷ **Effizienz**).

Der ▷ **Postkeynesianismus** sieht den Wandel dagegen in Nachfrage-, Investitions- und Globalisierungsprozessen begründet. Mit steigendem Einkommen wuchs die Nachfrage nach Dienstleistungen, während Unternehmen weniger in Industrieprodukte investierten. Auch Flexibilisierung und atypische Beschäftigung werden als Folge schwacher Regulierung und abnehmender Gewerkschaftsmacht verstanden. In vielen Industrieländern sank in den letzten Jahrzehnten der Anteil der Beschäftigten, die Mitglied einer Gewerkschaft sind. Dadurch haben sie auch weniger Einfluss, die Interessen von Arbeitnehmer*innen zu wahren.

Gewerkschaften

Die Gewerkschaft ist eine Interessenvertretung von Beschäftigten gegenüber Arbeitgebern. Sie setzen sich für bessere Arbeits- und Lebensbedingungen ein.

Aus marxistischer Perspektive sind Produktionsverlagerung und die Entstehung prekärer Dienstleistungsjobs Strategien des Kapitals zur Senkung von Lohnkosten. Neue Anforderungen und flexible Beschäftigung gelten hier nicht als Autonomiegewinne, sondern als Formen der Arbeitsintensivierung und Prekarisierung, die Unsicherheit auf die Beschäftigten verlagern. Durch die Auslagerung der Produktion in andere Länder steigt die Zahl potenzieller Beschäftigter. Dies schwächt die Verhandlungsmacht der Arbeiter*innenschaft.

Die ▷ **Feministische Ökonomik** betont, dass viele Dienstleistungsberufe – etwa in Pflege, Bildung oder Reinigung – überwiegend von Frauen ausgeführt und systematisch unterbewertet werden. Flexible und atypische Beschäftigungsformen erleichtern zwar teilweise die Vereinbarkeit mit Sorgearbeit, verfestigen jedoch bestehende Ungleichheiten.

12.3 Wieso sind Beschäftigungszahlen so wichtig?

Vielleicht ist dir schon einmal aufgefallen, dass die Schaffung von Jobs ein Ziel ist, auf die sich die meisten politischen Parteien einigen können. Und auch in der ökonomischen Theorie und Forschung spielen Beschäftigtenzahlen eine wichtige Rolle. Das liegt daran, dass Erwerbsarbeit im ▷ **Kapitalismus** einen zentralen Stellenwert hat: Wie insbesondere ▷ **Postkeynesianismus** und MPÖ betonen, sind die meisten Menschen davon abhängig, dass sie selbst oder ihre Angehörigen ein Arbeitseinkommen beziehen, oder in der Vergangenheit (über Erwerbsarbeit) in die Rentenkasse eingezahlt haben. Darüber hinaus ist Erwerbsarbeit für viele Menschen wichtig, um Anerkennung zu erfahren, sich eingebunden zu fühlen oder sich sinnvoll betätigen zu können. Studien zeigen auch, dass arbeitslose Personen oft ein geringeres Wohlbefinden oder schlechteren Gesundheitszustand aufweisen. Die Richtung der Kausalität ist hierbei allerdings nicht ganz klar, denn beide Faktoren reduzieren auch die Vermittlungsfähigkeit von Menschen am Arbeitsmarkt.

Aber auch gesamtwirtschaftlich sind hohe Beschäftigungszahlen zentral. Denn über Erwerbsarbeit erhält der Staat Steuereinnahmen, die für öffentliche Leistungen verwendet werden können. Es fließen zudem Einnahmen in das Sozialversicherungssystem. Gleichzeitig sinken die staatlichen Ausgaben für Arbeitslosengeld und andere Sozialleistungen. Aus postkeynesianischer Perspektive stärkt hohe Beschäftigung auch die gesamtwirtschaftliche Nachfrage.

Die Beschäftigtenzahlen haben sich in den letzten Jahrzehnten stark verändert, vor allem bei Frauen. Während in den 1960er Jahren weniger als 50 % der Frauen im Alter zwischen 15 und 64 Jahren erwerbstätig waren, sind es heute mehr als 70 %. Da bei den Männern nur ein leichter Rückgang zu beobachten ist, stieg die Erwerbstätigenquote für die Gesamtbevölkerung bis ins Jahr 2024 auf knapp unter 80 % (siehe Abbildung 12.1).

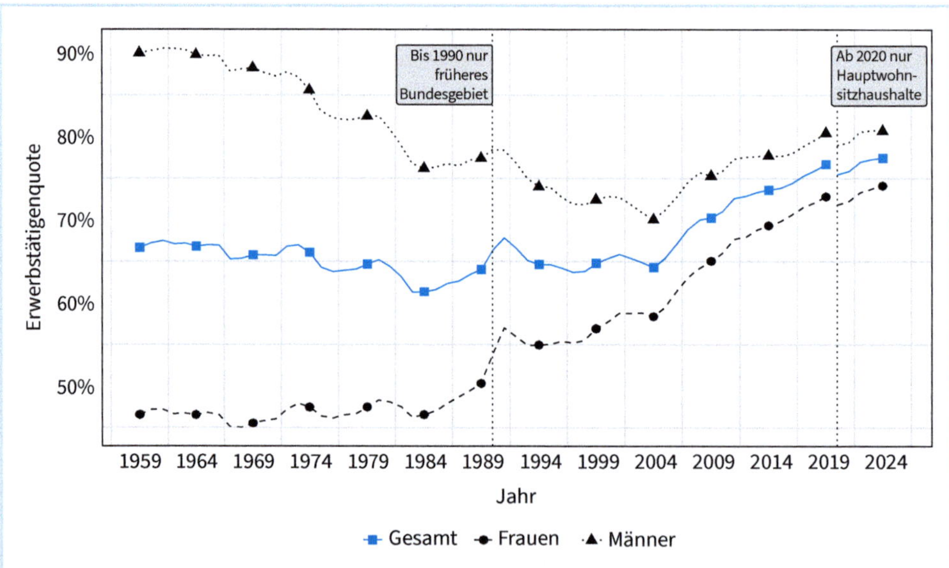

Abbildung 12.1: Erwerbstätigenquote, gesamt und nach Geschlecht, 15–65 Jahre, Deutschland, 1959–2024 (Datenquelle: Gesis. Eigene Darstellung und Berechnung)

12.4 Wer arbeitet wie viel?

Ökonom*innen interessieren sich nicht nur dafür, wie viele Menschen in Beschäftigung sind, sondern auch, wie viele Stunden sie arbeiten. In Deutschland ist die Erwerbsarbeitszeit pro erwerbstätiger Person kontinuierlich gesunken. Das erweckt den Eindruck, dass alle mehr Freizeit hätten. Dies ist allerdings nicht der Fall. Denn das Gesamtarbeitsvolumen sowie die Arbeitsstunden pro Person im erwerbsfähigen Alter sind angestiegen. Zugleich sind die geleisteten Arbeitsstunden pro Kopf der Gesamtbevölkerung relativ stabil (siehe Abbildung 12.2a, Behringer et al. 2025). Dies liegt zum einen daran, dass immer mehr Frauen erwerbstätig sind, diese aber oft in Teilzeit arbeiten. Infolge der Hartz-IV-Reformen gibt es zum anderen in Deutschland insbesondere seit Mitte der 2000er Jahre mehr geringfügige Beschäftigungsverhältnisse. Viele der neu entstandenen Jobs sind also keine Vollzeitstellen, was den Durchschnitt nach unten drückt. Gleichzeitig hat sich für die meisten Vollzeitbeschäftigten die Arbeitszeit kaum verändert.

Hartz-IV-Reformen

Die Hartz-IV-Reformen sind arbeitsmarktpolitische Maßnahmen in Deutschland, die im Jahr 2005 die Arbeitslosenhilfe und Sozialhilfe zusammenführten, Leistungen kürzten und auf schnelle Arbeitsaufnahme durch Druck und Sanktionen setzten.

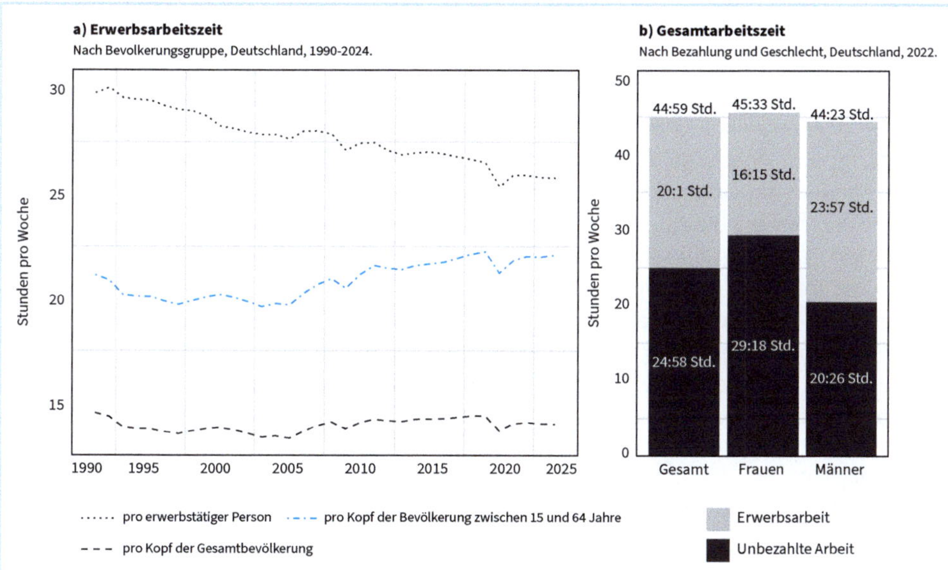

Abbildung 12.2: a) Entwicklung der geleisteten Arbeitsstunden pro Kopf, 1991–2024 (Datenquelle: Behringer et al. 2025). b) Gesamtarbeitszeit 2022 (Datenquelle: GESIS)

Zudem ist nicht alles Freizeit, was nach Schlaf und Erwerbsarbeit übrigbleibt, wie vor allem ▹ **feministische Ökonom*innen** betonen. Rechnet man alle in Deutschland von Erwachsenen geleisteten Arbeitsstunden zusammen, so sieht man, dass 56 % auf unbezahlte Arbeit und 44 % auf bezahlte Arbeit entfallen (Zeitverwendungserhebung 2022). Den Großteil der unbezahlten Arbeit übernehmen immer noch Frauen. Gleichzeitig arbeiten Frauen weniger bezahlt als Männer (siehe Abbildung 12.2b). Aber nicht nur zwischen Geschlechtern, sondern auch zwischen Haushaltsformen bestehen große Unterschiede. So verrichten Personen in Haushalten mit Kindern pro Woche je 58 Stunden bezahlte und unbezahlte Arbeit – rund 10 Stunden mehr als in Haushalten ohne Kinder (Zeitverwendungserhebung 2022).

Global gesehen leisten Frauen und Mädchen täglich 12 Milliarden Stunden unbezahlte Haus-, Pflege- und Fürsorgearbeit. Würden wir diese Arbeitszeit mit dem im jeweiligen Land vorherrschenden Mindestlohn bezahlen, wären das 10,8 Billionen US-Dollar pro Jahr, was dem Dreifachen des weltweiten Umsatzes im IT-Sektor entspricht (Oxfam Deutschland 2020). Feministische Ökonom*innen betonen, dass ohne diese unbezahlte Arbeit die Wirtschaft nicht funktionieren würde und kritisieren, dass die Sphäre der Reproduktion (▶ Kap. 16) von der Produktion getrennt ist, primär Frauen zugeordnet wird und wenig Beachtung und Wertschätzung erfährt. Vor diesem Hintergrund fordert ein Teil der feministischen Ökonom*innen eine Erweiterung des Arbeitsbegriffs, der alle gesellschaftlich notwendigen Tätigkeiten erfasst, also auch Hausarbeit, Sorgearbeit oder politische Beteiligung und Ehrenamt. Diese Forderung spiegelt sich auch in der letzten Resolution der Internationalen Konferenz der Arbeitsstatistiker (ICLS) wider. Darin wird betont, dass nationale Statistikbehörden in Zukunft Daten zu verschiedenen Formen von Arbeit erheben sollten, nicht nur zu Erwerbsarbeit.

12.5 Wie bestimmt sich das Arbeitsangebot?

Nachdem wir uns damit beschäftigt haben, wer wie viel arbeitet, gehen wir in diesem Abschnitt der Frage nach, wie verschiedene ▷ **Denkschulen** die Unterschiede in der Erwerbsbeteiligung von Menschen erklären (sog. Arbeitsangebot). Der neoklassischen Theorie zufolge handeln Individuen rational und wählen jene Kombination aus Arbeit und Freizeit, die ihren Nutzen maximiert (▷ **Neoklassik**). Das Arbeitsangebot hängt maßgeblich vom Stundenlohn ab. Steigt dieser, ist es für Menschen einerseits attraktiver, mehr zu arbeiten, weil sie dadurch auch mehr verdienen (sog. Substitutionseffekt). Gleichzeitig bedeutet ein höherer Stundenlohn ein höheres Einkommen, sodass ein Anreiz für weniger Arbeit entsteht (sog. Einkommenseffekt). Der Gesamteffekt hängt davon ab, welcher Effekt stärker wirkt. Bei niedrigen Löhnen dominiert oft der Substitutionseffekt, während bei hohen Löhnen der Einkommenseffekt überwiegen kann.

Arbeitsangebot

Als Arbeitsangebot wird die Menge an bezahlten Arbeitsstunden, die Beschäftigte auf dem Arbeitsmarkt anbieten, genannt.

Sowohl der ▷ **Postkeynesianismus** als auch die ▷ **Marxistische Politische Ökonomie** betonen, dass Menschen ihre Arbeitskraft nicht aus freien Stücken anbieten, wie es in der Neoklassik postuliert wird. Die meisten Menschen benötigen nämlich ein Erwerbseinkommen, um ihr Überleben und gesellschaftliche Teilhabe zu sichern. Zudem ist es oft nicht möglich, die Arbeitszeit in einem Job selbst zu bestimmen. Studien zeigen, dass für viele Menschen eine Lücke zwischen den präferierten und den tatsächlichen Arbeitsstunden klafft. In Deutschland wollten im Jahr 2021 mehr als die Hälfte der Beschäftigten ihre Arbeitszeit verkürzen, während sich ein Zehntel – darunter vor allem Teilzeitbeschäftigte – längere Arbeitszeiten wünscht (BAuA 2023).

Auch die ▷ **Feministische Ökonomik** argumentiert, dass sich das Arbeitsangebot nicht allein durch Lohnanreize und individuelle Präferenzen erklären lässt. Die geringere Erwerbsbeteiligung von Frauen ist dieser Denkschule zufolge u.a. das Ergebnis gesellschaftlicher Normen, wonach unbezahlte Kinderbetreuung und Hausarbeit immer noch primär in der Verantwortlichkeit von Frauen gesehen wird. Gleichzeitig erschweren institutionelle Rahmenbedingungen, z.B. das unzureichende Angebot von Kita-Plätzen, die gleichberechtigte Erwerbsbeteiligung aller Geschlechter. Ein Teil der feministischen Ökonom*innen fordert vor diesem Hintergrund Maßnahmen, um die Erwerbsbeteiligung von Frauen zu erhöhen, etwa durch den Ausbau von Kinderbetreuungsangeboten oder die finanzielle Unterstützung bei der Einstellung von Haushaltshilfen. Andere betonen stärker die Notwendigkeit, Erwerbsarbeit durch eine allgemeine Arbeitszeitverkürzung zu reduzieren, sodass sich Männer und Frauen gleichermaßen an unbezahlter Sorgearbeit beteiligen können (z.B. Haug 2009).

12.6 Wie kommen Löhne zustande?

Arbeitsmarkt

Private Haushalte bieten ihre Arbeitskraft an, Arbeitgeber fragen sie nach. Das Verhältnis von Arbeitsangebot und Nachfrage beeinflusst die Höhe der Löhne.

Im vorherigen Abschnitt ging es darum, wie verschiedene ▷ **Denkschulen** das Arbeitsangebot erklären. Dieses interagiert auf dem Arbeitsmarkt mit der Arbeitsnachfrage, was wiederum die Lohnhöhe beeinflusst. Unternehmen und öffentliche Arbeitgeber fragen die Arbeitskraft von Beschäftigten nach und setzen diese für die Produktion von Gütern und Dienstleistungen ein. Für Unternehmen ist Arbeit, neben Kapital oder Boden (▶ Kap. 11, 13), ein Produktionsfaktor. Gleichzeitig sind Löhne für Unternehmen ein Kostenfaktor, weshalb sie diese möglichst niedrig halten möchten. Beschäftigte hingegen wollen möglichst hohe Löhne erzielen, z.B. um ihre Miete zu zahlen, Lebensmittel zu kaufen oder in den Urlaub zu fahren.

Arbeitsnachfrage

Als Arbeitsnachfrage wird die Menge an bezahlten Arbeitsstunden bzw. Arbeitskräften bezeichnet, die Unternehmen und öffentlichen Arbeitgeber auf dem Arbeitsmarkt nachfragen.

In der ▷ **Neoklassik** ist der Marktmechanismus (▶ Kap. 18) zentral, um die Höhe von Stundenlöhnen zu erklären. Demnach fragen Unternehmen Arbeit nach, solange deren ▷ **Grenzprodukt** höher ist als der zu zahlende Lohn. Beschäftigte bieten Arbeit an, solange der Lohn höher ist als der Nutzen der Freizeit. Im Gleichgewicht entspricht der Lohn dem Grenzprodukt der Arbeit. In dieser Situation lassen sich Differenzen in der Lohnhöhe zwischen Ländern oder Branchen mit der unterschiedlichen Kapitalausstattung, Produktivität und ▷ **Humankapital** erklären.

Doch was passiert, wenn die Löhne über dem Gleichgewichtsniveau liegen, etwa durch Mindestlöhne? Aus neoklassischer Perspektive übersteigt in diesem Fall das Arbeitsangebot die Nachfrage, d.h. Menschen sind arbeitslos. Im Jahr 2015 wurde in Deutschland erstmals ein gesetzlicher Mindestlohn in der Höhe von 8,50 Euro eingeführt und dann schrittweise auf 12,81 Euro im Jahr 2025 angehoben. Im Vorfeld argumentierten neoklassische Ökonom*innen aus Sicht der ▷ **Angebotspolitik**, dass dies zu höherer Arbeitslosigkeit führen würde, da die Kosten für Unternehmen steigen und diese dann weniger Beschäftigte einstellen würden. Mehrere Studien zeigten allerdings, dass die Einführung des Mindestlohns allenfalls moderate negative Arbeitsmarkteffekte hatte. Zwar ging die geringfügige Beschäftigung zurück, doch die Zahl sozialversicherungspflichtiger Beschäftigungsverhältnisse blieb konstant.

Wenn hingegen Unternehmen mehr Arbeitskräfte einstellen wollen, also nachfragen, sind die Löhne aus neoklassischer Sicht zu niedrig. In einer solchen Situation ist Arbeitskraft knapp und Unternehmen konkurrieren um Beschäftigte. Aus empirischer Sicht liegt Arbeitskräftemangel oft dann vor, wenn die Wirtschaft gut läuft und Unternehmen erwarten, mehr Produkte verkaufen zu können (▷ **Empirie**). Eine solche Arbeitskräfteknappheit kann auch entstehen, wenn weniger Menschen dem Arbeitsmarkt zur Verfügung stehen, etwa, weil sie sich zu Hause um Kinder oder pflegebedürftige Menschen kümmern müssen oder krankheitsbedingt ausfallen. Aber auch demografische Entwicklungen sind wesentlich: In vielen Industrieländern wie Deutschland wird in den nächsten Jahren ein Arbeitskräftemangel erwartet, weil geburtenstarke Jahrgänge (»Babyboomer«) bald in Rente gehen und jüngere Arbeitskräfte aus dem Ausland aufgrund von migrationsfeindlicher Politik nicht willkommen sind.

Der ▷ **Postkeynesianismus** betont, dass Arbeitsmärkte fundamental anders funktionieren als Märkte für Güter wie Kaffee oder Autos. Löhne entstehen nicht allein durch freie Marktmechanismen, sondern sind stark von Verhandlungsprozessen geprägt. In vielen Ländern handeln Arbeitgeberseite (z. B. Branchenverbände) und Arbeitnehmerseite (z. B. Gewerkschaften) Tarifverträge aus, die neben Löhnen auch Arbeitszeitregelungen oder Mitbestimmungsrechte umfassen. Wie hoch die Lohnerhöhungen ausfallen, hängt von den Machtverhältnissen zwischen den Akteuren, aber auch Produktivitätsentwicklungen oder Inflationszielen ab. Arbeitsangebot und -nachfrage selbst hängen wiederum von der aktuellen Konjunkturlage ab.

Auch die MPÖ betont die Rolle von Machtverhältnissen, legt den Fokus jedoch stärker auf die gesamtwirtschaftliche Verteilung zwischen Löhnen und Gewinnen (▶ Kap. 17). Die sog. Lohnquote – also der Anteil der Löhne am Volkseinkommen – ist Ausdruck des Klassenkampfs zwischen Arbeit und Kapital. Je größer die Macht des Kapitals, desto höher ist der Anteil an Mehrwert, den es sich aneignen kann. In den letzten Jahrzehnten ist die Lohnquote in vielen Ländern gesunken, während Kapitalgewinne gestiegen sind. Gründe dafür liegen unter anderem in Produktionsverlagerungen in Niedriglohnländer, der Automatisierung von Arbeit sowie der Ausbreitung atypischer Beschäftigung, die gemeinsam die Verhandlungsmacht von Beschäftigten schwächen (s. a. ▶ Kap. 12.2).

Lohnquote

Die Lohnquote ist der Anteil der Einkommen abhängig Beschäftigter am Volkseinkommen. Sie zeigt, wie hoch die Einkommen aus Arbeit im Vergleich zu jenen aus Unternehmenstätigkeit und Vermögen sind.

Die ▹ **Feministische Ökonomik** hebt schließlich hervor, dass Lohnbildung auch durch Geschlechterverhältnisse geprägt ist. Frauen verdienen im Durchschnitt weniger als Männer – nicht nur, weil sie weniger in Erwerbsarbeit eingebunden sind (▶ Kap. 12.4), sondern auch, weil sie pro Stunde weniger verdienen. Dadurch sind ihre Renten- und Pensionsansprüche geringer, sodass Frauen auch deutlich stärker von (Alters-)Armut gefährdet sind. In Deutschland lag der Unterschied in den Bruttostundenlöhnen 2024 bei 16% oder 4,10 Euro (Destatis 2025). Dieser sog. Gender-Pay-Gap lässt sich u.a. dadurch erklären, dass Frauen überproportional in Berufen wie Pflege, Reinigung oder Kindererziehung arbeiten, die gesellschaftlich weniger geschätzt und entsprechend schlechter bezahlt werden. Zudem erreichen Frauen seltener Führungspositionen, auch bei gleicher Qualifizierung. Selbst bei vergleichbarer Tätigkeit und Qualifikation bleibt ein Unterschied von rund 6% bestehen (bereinigter Gender-Pay-Gap).

Gender-Pay-Gap

Der Gender-Pay-Gap bezeichnet den Unterschied der durchschnittlichen Bruttostundenlöhne zwischen Frauen und Männern.

12.7 Was ist Arbeitslosigkeit und wie kann diese gesenkt werden?

Bevor wir uns der Frage widmen, wie verschiedene ▹ **Denkschulen** die Ursachen von Arbeitslosigkeit erklären, ist es hilfreich zu verstehen, dass es unterschiedliche Formen von Arbeitslosigkeit gibt. Wenn Menschen einen neuen Job suchen, sind sie oft vorübergehend arbeitslos. Diese sogenannte *friktionelle Arbeitslosigkeit* ist in der Regel nur kurzfristig und in gewissem Umfang unvermeidlich. *Saisonale Arbeitslosigkeit* ist ebenfalls vorübergehend und entsteht, wenn Beschäftigung aufgrund jahreszeitlicher Schwankungen (z.B. im Baugewerbe oder Tourismus) zurückgeht. *Konjunkturelle Arbeitslosigkeit* tritt auf, wenn in einer wirtschaftlichen Abschwungphase die gesamtwirtschaftliche Nachfrage sinkt und Unternehmen weniger Arbeitskräfte benötigen. *Strukturelle Arbeitslosigkeit* entsteht, wenn die Qualifikationen der Arbeitssuchenden nicht mit den Anforderungen von Unternehmen übereinstimmen. Sie kann auch dadurch verursacht werden, dass durch technologischen Wandel bestimmte Berufe verschwinden oder Arbeitsplätze ins Ausland verlagert werden.

Statistisch umfasst Arbeitslosigkeit jene Personen, die eine Arbeit suchen, aber keine finden bzw. noch keine gefunden haben. Die Bundesagentur für Arbeit berechnet die Arbeitslosenquote als Anteil der als arbeitslos gemeldeten Personen an allen Erwerbspersonen. Zu den Erwerbspersonen zählen aktuell Erwerbstätige und Arbeitslose. Menschen, die sich nicht arbeitslos melden, z.B. Rentner*innen, Studierende, Haushaltsführende oder Personen in Weiterbildung, sind daher nicht Teil dieser Kennziffer. Entscheidet sich eine zuvor als arbeitslos gemeldete Person, nicht länger nach einer Erwerbsarbeit zu suchen, sondern sich dem Haushalt oder einer Weiterbildung zu widmen, sinkt dadurch die offizielle Arbeitslosenquote, ohne dass zusätzliche Beschäftigung geschaffen wird.

In der ▹ **Neoklassik** gilt Arbeitslosigkeit vor allem als Ergebnis von Marktstörungen. Sie entsteht, wenn die tatsächlichen Löhne über dem Gleichgewichtsniveau liegen (▶ Kap. 12.6). Das passiert aus Sicht der Neoklassik zum Beispiel aufgrund gesetzlicher Mindestlöhne, hohen Tarifvertragsabschlüssen oder hohen Löhnen, die Mitarbeitende binden und motivieren sollen. Die Lösung wäre entsprechend eine Senkung der Löhne bzw. ein Abbau von Markteingriffen, damit Angebot und Nachfrage wieder ins Gleichgewicht kommen. Die gegenwärtige ▷ **Mainstreamökonomik** beschäftigt sich darüber hinaus hauptsächlich mit friktioneller Arbeitslosigkeit, die z. B. bei einem Arbeitsplatzwechsel entsteht. Verbesserte Arbeitsvermittlungen, die Förderung von Mobilität oder Weiterbildungen können helfen, die damit verbundenen Suchzeiten zu verkürzen.

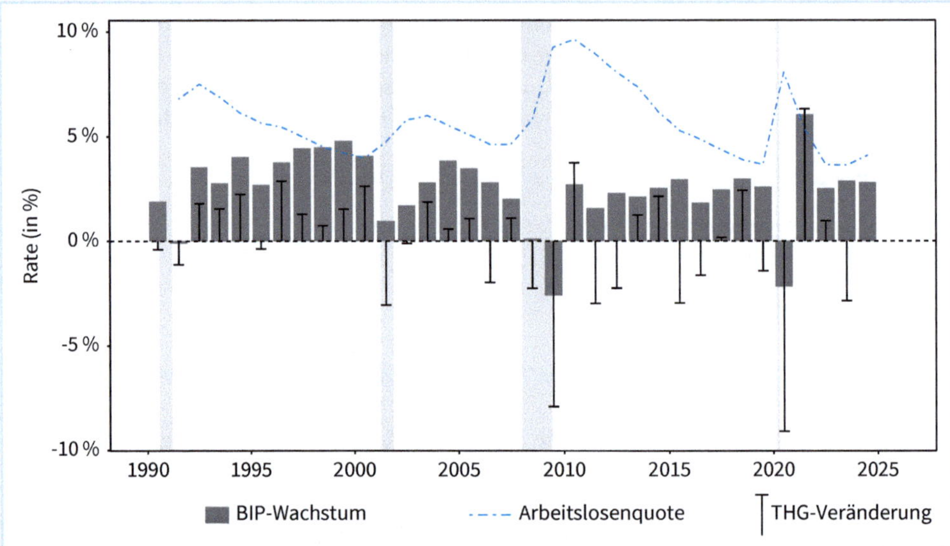

Abbildung 12.3: Arbeitslosigkeit, Wirtschaftswachstum, Treibhausgasemissionen und Rezessionen, Vereinigte Staaten, 1990–2025, Rezessionen (nach NBER-Methode) schattiert (Datenquelle: WDI, OWID, FRED.)

Aus Perspektive des ▷ **Postkeynesianismus** ist Arbeitslosigkeit nicht das Ergebnis von zu hohen Löhnen, sondern einer zu geringen Nachfrage nach Gütern und Dienstleistungen (konjunkturelle Arbeitslosigkeit). Dieser Zusammenhang zeigt sich auch für die USA, wo besonders in Phasen geringen Wirtschaftswachstums die Arbeitslosigkeit angestiegen ist (siehe Abbildung 12.3). Unternehmen stellen nur so viele Arbeitskräfte ein, wie sie zur Produktion benötigen – egal wie niedrig die Löhne sind. In Zeiten von Arbeitslosigkeit die Löhne zu senken, hätte sogar negative Beschäftigungswirkungen, da die Beschäftigten dann weniger konsumieren können. Das kann eine Abwärtsspirale auslösen: die sinkende Nachfrage führt zu weniger Produktion, weniger Investitionen und noch mehr Arbeitslosigkeit. In einer solchen Situation ist staatliches Handeln gefordert, etwa in Form von öffentlichen Investitionen, Mindestlöhnen oder expansiver ▷ **Geldpolitik** (▶ Kap. 15). Auch Arbeitszeitverkürzungen können helfen, Jobverluste abzufedern. Anstatt einen Teil der Beschäftigten während eines Wirtschaftsabschwungs zu kündigen, könnte die Arbeitszeit pro beschäftigte Person reduziert werden – eine Strategie, die in Form von Kurzarbeit während Wirtschaftskrisen bereits erfolgreich angewandt wurde.

In den USA gab es 1929 eine Börsenkrise, was zu massiven Produktionseinbrüchen und Massenarbeitslosigkeit führte, von der auch Europa betroffen war. Die wirtschaftspolitischen Maßnahmen waren zunächst neoklassisch geprägt. In der Annahme, dass die Märkte sich selbst regulieren, hat der Staat zunächst nicht interveniert. Doch dadurch verschärfte sich die Krise nur noch weiter. Erst mit dem keynesianischen Kurswechsel 1933 in den USA verbesserte sich die Situation: Der Staat investierte im Rahmen des New Deals massiv in Infrastrukturen, Wohnungen, Arbeits- und Sozialprogramme, schaffte damit direkt Arbeitsplätze und trieb in weiterer Folge die Nachfrage an.

Doch wieso sorgt der Staat durch ▷ **Nachfragepolitik** nicht kontinuierlich für Vollbeschäftigung und hohe Produktion? Immerhin käme das auch den Unternehmen zugute, deren Absatz und Gewinne steigen würden. Michał Kalecki (1899–1970), ein wichtiger Denker der postkeynesianischen Theorieschule, argumentierte bereits in den 1940er Jahren, dass eine solche Strategie aus Machtgründen von der Kapitalseite oft abgelehnt werde. Denn eine hohe Arbeitslosigkeit diszipliniert Beschäftigte, da sie schlechtere Arbeitsbedingungen und Löhne eher akzeptieren. Vollbeschäftigung hingegen stärkt die Arbeiter*innenbewegung und schwächt Unternehmensinteressen. Zudem lehnen viele Unternehmen staatliche Eingriffe in die Wirtschaft grundsätzlich ab (Kalecki 1943).

Vollbeschäftigung

Die Vollbeschäftigung ist eine Situation, in der nahezu alle arbeitswilligen und -fähigen Personen einen Job haben, wobei Arbeitslosigkeit lediglich kurzfristig durch Jobwechsel besteht.

Ähnlich argumentiert auch die MPÖ, wonach Arbeitgeber ein Interesse an Arbeitslosigkeit haben und diese daher bewusst aufrechterhalten. Technologischer Fortschritt, Automatisierung und Globalisierung schaffen immer wieder neue Formen von Arbeitslosigkeit, die nicht als Ausnahme, sondern als systematische Folge kapitalistischer Dynamik verstanden werden. In dieser Logik kann Arbeitslosigkeit nicht dauerhaft innerhalb des Systems überwunden werden.

Die ▷ **Feministische Ökonomik** wiederum macht darauf aufmerksam, dass Arbeitslosigkeit nicht geschlechtsneutral ist. Frauen sind öfter Teil der sog. *Stillen Reserve*: Sie würden zwar gerne erwerbstätig sein, suchen aber nicht offiziell nach einer Beschäftigung und erscheinen somit nicht in der Arbeitslosenstatistik. Frauen sind auch häufiger von Unterbeschäftigung betroffen, finden aber keine Vollzeitstelle oder können aufgrund von unbezahlter Sorgearbeit und fehlender Betreuungseinrichtungen nicht mehr Erwerbsarbeit leisten (▶ Kap. 12.4).

Unterbeschäftigung

Die Unterbeschäftigung ist eine Situation, in der Personen weniger arbeiten, als sie möchten.

Bezug zur sozial-ökologische Vielfachkrise

Arbeit spielt eine zentrale Rolle in der sozial-ökologischen Vielfachkrise. Bereits Karl Marx begriff Arbeit als Stoffwechsel mit der Natur: Durch menschliche Arbeit eignen wir uns ▷ **natürliche Ressourcen** an und verwandeln sie in Dinge, um unsere ▷ **Bedürfnisse** zu befriedigen.

Erwerbsarbeit ist gegenwärtig mit zahlreichen umweltschädlichen Aktivitäten verbunden. Das wird besonders deutlich bei Jobs, die mit eindeutig klimaschädlichen Prozessen verbunden sind, wie Kohlearbeiter*innen, Flugzeugpilot*innen oder Werbefachleute in der Automobilbranche.

Außerhalb ihres Jobs sind viele Beschäftigte in einer Spirale aus langen Arbeitszeiten, hohem Einkommen und steigendem Konsum gefangen (»Work-Spend-Cycle«). Nach dem Job bleibt oft wenig Zeit für klimafreundliche Praktiken, die tendenziell relativ zeitintensiv sind (z.B. Bahnfahren statt Fliegen, Reparieren statt Neukaufen, Tauschen).

Auf makroökonomischer Ebene führt steigende Arbeitsproduktivität dazu, dass für die gleiche Menge an Gütern und Dienstleistungen weniger Arbeitskräfte notwendig sind (▷ **Makroökonomik**). Um Arbeitslosigkeit zu vermeiden, muss die Wirtschaft wachsen. Studien zeigen allerdings, dass kontinuierliches Wirtschaftswachstum nicht mit der Erreichung der Klimaziele und der Einhaltung planetarer Belastungsgrenzen vereinbar ist. Das heißt, es besteht ein Zielkonflikt zwischen hohen Beschäftigtenzahlen einerseits und umweltpolitischen Zielen andererseits. Der Zusammenhang zwischen Arbeitslosigkeit, Wirtschaftswachstum und Treibhausgasemissionen ist beispielsweise für die USA deutlich zu erkennen (s. Abbildung 12.3).

12.8 Werden Arbeiter*innen ausgebeutet?

In diesem Abschnitt beschäftigen wir uns genauer mit der Perspektive der MPÖ, da sie sich eingehend mit dem Thema Arbeit auseinandersetzt. Wie bereits in Kapitel 1 erwähnt, geht diese Theorieschule davon aus, dass ökonomische Werte primär durch menschliche Arbeit entstehen. Diese wird jedoch im ▷ **Kapitalismus** systematisch ausgebeutet – auch wenn es sich um gut bezahlte Jobs handelt. Nehmen wir an, ein*e Näher*in produziert an einem Arbeitstag Kleidung im Wert von 100 Euro, bekommt aber nur 60 Euro Lohn. Der Lohn entspricht also nur einem Teil der vom Arbeiter geschaffenen Werte, während die restlichen 40 Euro von der Kapitalistin als Mehrwert bzw. Profit angeeignet werden. Dieser Prozess wird in der MPÖ als Ausbeutung bezeichnet. Wichtig zu verstehen ist auch, dass die Lohnarbeiter*innen im Kapitalismus (im Unterschied zur Subsistenzarbeit) weder die Produktionsmittel, in diesem Fall die Nähmaschine, noch das Produkt ihrer Arbeit besitzen, also die genähte Kleidung. Das bedeutet auch, dass Arbeiter*innen davon abhängig sind, einer Lohnarbeit nachzugehen, um ihre Existenz zu sichern. Diese Abhängigkeit trägt dazu bei, kapitalistische Klassenverhältnisse aufrechtzuerhalten.

Lohnarbeit

Die Lohnarbeit betont die Abhängigkeits- und Ausbeutungsverhältnisse im Kapitalismus, die durch den neutraleren Begriff Erwerbsarbeit verschleiert werden.

Lohnarbeit wird im Kapitalismus zudem als entfremdet beschrieben. Denn meist sind die Arbeiter*innen nur auf wenige Produktionsschritte spezialisiert und haben keine Kontrolle über den Produktionsprozess. Sie haben auch kein Eigentum an Produktionsmitteln und oft keinen Bezug zum Endprodukt. Sie können also nicht bestimmen, welchen Schnitt oder welche Farbe die genähten T-Shirts haben sollen, und ob für die Herstellung biologisch angebaute oder konventionelle Baumwolle verwendet wird. Daher sind den Arbeiter*innen die jeweiligen Endprodukte fremd.

Die Internationale Politische Ökonomie beschäftigt sich auch damit, welchen Weltregionen Arbeit, die in global gehandelten Gütern und Dienstleistungen steckt, zugutekommt. Länder im ▷ **Globalen Süden** sind dabei strukturell benachteiligt. Sie erhalten für ihre oft arbeitsintensiven Exportgüter relativ niedrige Preise, während wohlhabende Länder ihre kapitalintensiven Güter teuer verkaufen können. Ein Beispiel: Deutschland exportiert ein Auto (100 Arbeitsstunden) nach Äthiopien, das im Gegenzug Kaffee exportiert, in dem 300 Arbeitsstunden stecken. Trotz gleichem Geldwert steckt mehr Arbeit im Kaffee – ein »ungleicher Tausch« indirekter Arbeit. Viele Länder des Globalen Südens akzeptieren solche Handelsbeziehungen, weil sie auf die Exporteinnahmen angewiesen sind. Oft profitieren davon jedoch nur Eliten, aber nicht die Mehrheit der Bevölkerung. Reichere Länder haben zudem mehr Macht, die Rahmenbedingungen für globalen Handel in deren Interesse zu beeinflussen.

Aus der Forschung

Ein Forscher*innenteam beschäftigte sich mit der Frage, wie viel Arbeitskraft durch ungleiche Handelsbeziehungen von ärmeren in reichere Länder fließt. Anhand globaler Input-Output-Tabellen können Ressourcen- und Arbeitsströme zwischen Ländern nachverfolgt werden. So konnten die Autor*innen berechnen, wie viel Arbeitsstunden in den gehandelten Gütern stecken. Sie kommen zu dem Ergebnis, dass Volkswirtschaften im ▹ **Globalen Norden** im Jahr 2021 netto 826 Milliarden Stunden indirekter Arbeit aus dem Globalen Süden angeeignet haben. Im Globalen Norden hätte diese Arbeit 16,9 Billionen Euro gekostet. Durch die importierte, indirekte Arbeit können reiche Länder deutlich mehr Güter und Dienstleistungen konsumieren, als wenn sie alles selbst herstellen müssten oder gleich viel Arbeit in den Globalen Süden exportieren würden. Für den Globalen Süden bedeutet der Netto-Export von indirekter Arbeit allerdings, dass diese Arbeitskraft nicht für wirtschaftliche Entwicklung und die Befriedigung menschlicher ▹ **Bedürfnisse** vor Ort eingesetzt werden kann. Ein wichtiger Grund für den »ungleichen Tausch« indirekter Arbeit sind globale Lohnunterschiede, die auf historische Abhängigkeit und Machtverhältnisse zurückgeführt werden können. Für gleichwertige Arbeit erhalten Menschen im Globalen Süden 87–95 % weniger als im Globalen Norden.

Quelle: Hickel, J./Hanbury Lemos, M./Barbour, F. (2024): Unequal exchange of labour in the world economy. Nature Communications 15. Jg., S. 6298.

12.9 Ausblick: Arbeit zwischen KI und Klimakrise

Dieses Kapitel hat gezeigt, dass Arbeit die Grundlage für Wertschöpfung und gesellschaftliche Teilhabe ist, aber auch ein Ort von Ungleichheit, Ausbeutung und Konflikten. Eine pluralökonomische Auseinandersetzung mit dem Thema verdeutlicht auch, dass Arbeit nicht nur auf individuellen Marktentscheidungen beruht, sondern tief in soziale Strukturen, Machtverhältnisse und ökologische Bedingungen eingebettet ist.

Zukünftige Entwicklungen werfen grundlegende Fragen auf. Durch den technologischen Wandel entstehen neue Tätigkeitsprofile und Beschäftigungsformen, während zugleich ganze Berufsfelder verschwinden könnten. Ob Automatisierung und Künstliche Intelligenz zu Entlastungen oder größerem Druck für Beschäftigte führen, ist eine Frage der politischen Gestaltung. Geschlechtsspezifische Ungleichheiten, prekäre Beschäftigung und globale Arbeitsteilung verdeutlichen, dass die aktuelle Organisation von Arbeit nicht allen gleichermaßen zugutekommt. Ob Arbeit in Zukunft fairer verteilt und wertgeschätzt wird, hängt u. a. von gesellschaftlichen Machtverhältnissen ab. Schließlich stellen auch die Klimakrise und die notwendige Dekarbonisierung die Arbeitswelt vor tiefgreifende Veränderungen. Hitzewellen werden die Arbeitsproduktivität in Zukunft senken, und viele Jobs sind derzeit nicht mit klimafreundlichem Wirtschaften vereinbar. Vor diesem Hintergrund stellt sich auch die

Frage, ob Erwerbsarbeit in Zukunft weiterhin das gesellschaftliche Leitbild bleibt, oder ob wir Wirtschaften stärker mit Sorgetätigkeiten für Mensch und Natur verbinden.

Literaturempfehlungen

Behringer, Jan/van Treeck, Till/Westrich, Zahra (2025): Deutschlands Beschäftigte wünschen sich kürzere Arbeitszeiten (No. 29), ifso expertise. Universität Duisburg-Essen.

Gerold, Stefanie/Bohnenberger, Katharina/Lange, Steffen (2025): Die Wachstumsabhängigkeit von Arbeitsmärkten und Strategien zu deren Überwindung. In: Vogel, T. (Ed.), Wirtschaftswachstum Zwischen Fortschritt, Abhängigkeit Und Zwang. Marburg, S. 317–334.

Haug, Frigga (2022): Die Vier-in-einem-Perspektive. Politik von Frauen für eine neue Linke. 4. Aufl., Hamburg.

Kalecki, Michał (1943): Political Aspects of Full Employment. In: The Political Quarterly 14, S. 322–330.

Keynes, John Maynard (2024): Wirtschaftliche Möglichkeiten für unsere Enkel. Ditzingen.

Komlosy, Andrea (2014): Arbeit: Eine globalhistorische Perspektive. 13. bis 21. Jahrhundert. Wien.

Marglin, Stephen (1974): What Do Bosses Do? The origins and functions of hierarchy in capitalist production, Part I. In: Review of Radical Political Economics 6, S. 60–112.

Schor, Juliet (2016): Wahrer Wohlstand. Mit weniger Arbeit besser leben. München.

Winker, Gabriele (2022): Solidarische Care-Ökonomie. Revolutionäre Realpolitik für Care und Klima. Bielefeld.

Zusätzliche Belege

Bundesanstalt für Arbeitsschutz und Arbeitsmedizin (BAuA) (2023): Arbeitszeitreport Deutschland: Ergebnisse der BAuA-Arbeitszeitbefragung 2021. 2. Aufl., Dortmund.

Destatis (2025): Gender Pay Gap sinkt 2024 im Vergleich zum Vorjahr von 18 % auf 16 %. Pressemitteilung Nr. 056 vom 13. Februar 2025, https://www.destatis.de/DE/Presse/Pressemitteilungen/2025/02/PD25_056_621.html. Abrufdatum 16.10.2025

International Labour Organization (ILO), Walk Free Foundation, und International Organization for Migration (Hrsg.) (2022): Global estimates of modern slavery: forced labour and forced marriage. Geneva.

Oxfam Deutschland (2020): Im Schatten der Profite. Wie die systematische Abwertung von Hausarbeit, Pflege und Fürsorge Ungleichheit schafft und vertieft. https://www.oxfam.de/system/files/2020_oxfam_ungleichheit_studie_deutsch_schatten-der-profite.pdf. Abrufdatum 16.10.2025.

Voigt, K.-I. und Wohltmann, H.-W. (2018): Definition: Arbeit. In: Gabler Wirtschaftslexikon. Wiesbaden. https://wirtschaftslexikon.gabler.de/definition/arbeit-31465/version-255022. Abrufdatum: 16.10.2025.

Zeitverwendungserhebung (2022) Bezahlte und unbezahlte Arbeit, Statistisches Bundesamt. Verfügbar unter: https://www.destatis.de/DE/Themen/Gesellschaft-Umwelt/Einkommen-Konsum-Lebensbedingungen/Zeitverwendung/Ergebnisse/_inhalt.html.

Online-Ressourcen

Arte, Haben wir früher mehr geschuftet?, Link: https://www.youtube.com/watch?v=krP2vuV90FU

Dissens Podcast, Vollzeit-Arbeit verhindert Gleichberechtigung zwischen den Geschlechtern (mit Teresa Bücker), Link: https://podcast.dissenspodcast.de/194-zeit

Podcast Karriere mit Sinn – der Podcast von Nachhaltige Jobs, Stoffwechselpolitik: Die Verflechtungen von Arbeit und ökologischer Kris (mit Simon Schaupp), Link: https://www.nachhaltigejobs.de/podcasts/stoffwechselpolitik

13 Was ist Boden?

David J. Petersen und Anna-Katharina Kothe

Amina ist 20 Jahre alt, studiert in Hamburg und sucht vergeblich ein WG-Zimmer. Die wenigen bezahlbaren Angebote sind binnen Minuten vergeben, andere verlangen absurd hohe Mietpreise oder bieten fragwürdige Wohnverhältnisse. Zuletzt stieß sie auf eine Anzeige: 9 m^2 ohne Fenster – aber in zentraler Lage. Ein paar Kilometer weiter kämpft Landwirtin Hartmann mit Dürre und ausgelaugten Böden, worunter die Ernte leidet. Noch drastischer trifft es den Kakaoplantagenbesitzer Mensah in Ghana, dessen Region besonders unter den Folgen der Klimakrise leidet. Obwohl der Weltmarktpreis für Kakao steigt, wirft seine Plantage nicht mehr genug Ertrag ab, um seine Familie zu versorgen.

Diese Schlaglichter zeigen: Boden ist existenziell wichtig – etwa für Wohnraum und Landwirtschaft. Er ist eine zentrale Grundlage für unsere Versorgung und für wirtschaftliche Aktivitäten sowie eine Quelle von Rohstoffen. Gleichzeitig erfüllt er zentrale ökologische Funktionen als Lebensraum, CO_2- und Wasserspeicher sowie als Träger biologischer Vielfalt. Gründe genug, um der Frage nachzugehen: Wie blickt die ▹ **Ökonomik** auf Boden?

13.1 Boden am Limit: Zwischen Naturgegebenheit und gesellschaftlicher Gestaltung

Betrachten wir Boden in seiner ökonomischen Dimension, so fällt eine Besonderheit auf: Er weist sowohl *unveränderliche, natürliche Merkmale* als auch *gesellschaftlich geformte, veränderbare Merkmale* auf. Genau dieses Zusammenspiel macht seine Nutzung konfliktanfällig und die Auseinandersetzung damit für ökonomisches Handeln und wirtschaftliche Aktivitäten hochrelevant.

Unveränderlich ist erstens, dass genutzter Boden ein *immobiles Gut* ist. Er ist ortsgebunden und nicht transportierbar. Wohnraum steht etwa nicht unbedingt dort zur Verfügung, wo Menschen leben (möchten). Bebauter oder fruchtbarer Boden lässt sich nicht beliebig verlagern. Seine Nutzung ist an regionale Entwicklungspfade und konkrete ökologische Bedingungen gebunden. Zweitens ist Boden *unvermehrbar*: Die von Menschen nutzbare Fläche ist endlich und schrumpft an manchen Orten sogar, beispielsweise durch steigende Meeresspiegel oder die Ausbreitung von Wüsten. Drittens unterscheidet sich die *Qualität von Böden* erheblich. Ob ein Boden als »wertvoll« gilt, hängt vom jeweiligen Kontext ab: Für die Landwirtschaft zählt insbesondere die Fruchtbarkeit, für den Naturschutz die Artenvielfalt und für Unternehmen die Lage und Erreichbarkeit.

Wie mit dieser endlichen Ressource umgegangen wird, ist hingegen gesellschaftlich bestimmt – so weist Boden ebenfalls veränderbare Merkmale auf. Erstens ist Boden in kapitalistisch organisierten Gesellschaften *strukturell ungleich verteilt* (▹ **Kapitalismus**). Historische Entwicklungen wie Landreformen oder Privatisierungen wirken bis heute nach. Zweitens entsteht *künstliche Knappheit* durch ▹ **Eigentumsstrukturen**, die den Zugang zu Boden sowie dessen Verfügung regulieren. Am Wohnungsmarkt wird das besonders deutlich: Trotz vorhandener Flächen oder Wohnungen kann Wohnraum knapp erscheinen, wenn Eigentümer*innen Flächen spekulativ zurückhalten oder Wohnungen leer stehen lassen. Drittens ist die *Standort- und Lagebewertung politisch hergestellt.* Ob ein Boden an Wert gewinnt, hängt stark von Infrastruktur, Stadtentwicklung und Planung ab. Flächen werden erschlossen, Bebauung reguliert und ▷ **öffentliche Infrastruktur** geschaffen.

Diese doppelte Struktur der ökonomischen Merkmale von Boden – Naturgegebenheit und gesellschaftliche Gestaltung – macht ihn besonders anfällig für Konflikte. Zwei Dynamiken verstärken dies zusätzlich (siehe Abbildung 13.1):

- Flächendruck: Unterschiedliche Bedarfe – Wohnen, Gewerbe, Landwirtschaft, Energieerzeugung, Naturschutz – beanspruchen jeweils Flächen. Dies wird besonders sichtbar im anhaltend hohen Flächenverbrauch: In Deutschland werden täglich mehrere Dutzend Hektar in Siedlungs- und Verkehrsflächen umgewandelt. Da Boden endlich ist, entstehen *Nutzungskonkurrenzen*. Wenn etwa für den Bau von Häusern landwirtschaftliche Flächen umgewandelt werden, verschiebt sich ihre Funktion – von der Nahrungsmittelproduktion hin zur Bereitstellung von Wohnraum.

Flächendruck

Der Flächendruck ist die wachsende Konkurrenz um knappe Flächen zwischen Wohnen, Landwirtschaft, Energie und Naturschutz. Er entsteht, weil Boden endlich und standortgebunden ist.

- Transformationsdruck: Klimakrise und Biodiversitätsverlust mindern die Qualität und Nutzbarkeit von Böden – etwa durch Erosion, Extremwetterereignisse oder Versalzung. Zugleich erfordert die Klimakrise umfassende Umgestaltungen unserer Wirtschafts- und Lebensweise. Dazu gehören Flächen für den Ausbau erneuerbarer Energien, die Umverteilung von Straßenraum zugunsten nachhaltiger Mobilität wie Rad- und Fußverkehr, grün-blaue Infrastrukturen zur Klimaanpassung sowie Renaturierungsprojekte zum Erhalt der Biodiversität. Der Transformationsdruck betrifft also den Boden selbst sowie die menschlichen Aktivitäten, die auf diesem Boden stattfinden (müssen).

Transformationsdruck

Der Transformationsdruck stellt Anpassungs- und Umgestaltungsbedarf durch Klimakrise und Biodiversitätsverlust dar. Er verlangt Flächen für neue Nutzungen wie erneuerbare Energien, Klimaanpassung oder Renaturierung.

Die damit verbundenen Herausforderungen und möglichen politischen Handlungsoptionen werden bislang jedoch oft wenig miteinander verknüpft oder in größere Kontexte eingeordnet (Hartmann et al. 2025). Dabei zeigt sich, dass viele Länder mit sehr ähnlichen Problemlagen konfrontiert sind – etwa beim Umgang mit Wohnraummangel, Flächenverbrauch oder der Frage nach einer gerechten Verteilung von Boden.

Damit zeigt sich: Ob und wie wir Boden gerecht und nachhaltig nutzen, ist eine Frage, die insbesondere für eine ▷ **Ökonomik** von Bedeutung ist, die zukunftsfähige Antworten auf die Herausforderungen der ▷ **sozial-ökologischen Transformation** entwickeln möchte. Deutlich wird auch, dass nicht nur die Verfügbarkeit, sondern ebenso die Qualität, die Verteilung und die Nutzbarkeit von Flächen ökonomisch hoch relevant sind. In den folgenden Unterkapiteln werden wir diesen Fragen genauer nachgehen und aufzeigen, welche Rolle sie im ökonomischen Denken spielen.

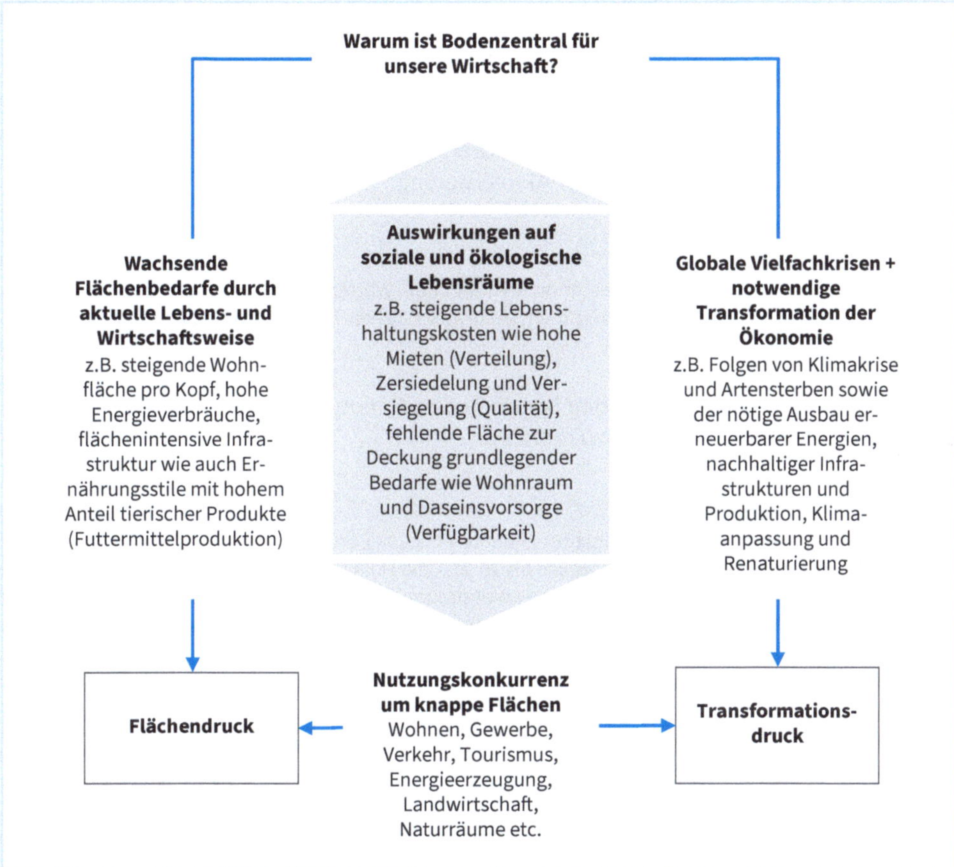

Abbildung 13.1: Boden am Limit: Flächen- und Transformationsdruck als zentrale Dynamiken ökonomischer Konflikte in der sozial-ökologischen Transformation, eigene Darstellung

13.2 Land, Grund und Boden – drei Begriffe, drei Welten?

Bevor wir uns den ökonomischen Perspektiven auf Boden zuwenden, lohnt es sich, einen Blick auf die Begriffe selbst zu werfen. Die Begriffe Land, Grund und Boden werden im Alltag oft synonym verwendet, doch hinter ihnen stecken durchaus unterschiedliche Sichtweisen, die je nach Disziplin, historischer Tradition oder politischem Verständnis variieren können.

Im angelsächsischen Diskurs bezeichnet »Land« meist den Produktionsfaktor: Fläche für Landwirtschaft, Standort für Unternehmen oder Ressource zur Rohstoffgewinnung. Die Begriffe »Grund« und »Boden« tauchen dagegen häufig in rechtlich-ökonomischen Zusammenhängen auf. Hier geht es um ▷ **Eigentum**, Besitz und Verfügungsrechte. Also darum, wer Flächen nutzen, verwerten und ihre Erträge verteilen darf – etwa im Kontext von Bodenmärkten, Immobilienwirtschaft oder Steuerpolitik. Vor allem im deutschsprachigen ▷ **sozial-**

ökologischen Transformationsdiskurs wird meist der Begriff »Boden« verwendet. Er verweist nicht nur auf Flächen und ihre Nutzungen, sondern auch auf stoffliche Eigenschaften, ökologische Funktionen und gesellschaftliche Einbettungen.

Die Begriffswahl selbst ist damit nicht neutral: Wer von Mutter Erde spricht, hat vermutlich ein anderes Vorverständnis von Boden als jemand, der von Grundstücken redet. Diese unterschiedlichen Perspektiven sind für gewisse Fragestellungen unterschiedlich hilfreich, da sie bestimmte Logiken und Aspekte besonders gut sichtbar machen. Gleichzeitig erzeugen die Begriffsverständnisse jeweils eigene Leerstellen. Sie bedürfen daher stets einer kritischen Reflexion und, wenn nötig, einer Aktualisierung.

Vorverständnis

Als Vorverständnis werden bereits bestehende Annahmen, Werte und Vorstellungen bezeichnet, die prägen, wie Menschen Themen wahrnehmen, theoretisch fassen und als Probleme einordnen.

In diesem Beitrag verwenden wir den Begriff Boden. Er ermöglicht es uns, ein breites Spektrum ökonomischer Perspektiven zu erfassen.

Aus der Forschung

Laut einer Prognose des Thünen-Instituts könnten bis 2030 erhebliche zusätzliche Flächenansprüche entstehen. So würden beispielsweise bis zu 219.200 Hektar für Siedlungs- und Verkehrsflächen benötigt, sollte der im »Bündnis bezahlbarer Wohnraum« formulierte Bedarf realisiert werden. Hinzu kämen mehr als 100.000 Hektar für Freiflächenphotovoltaik sowie weitere Bedarfe für Windenergie, Renaturierung und Aufforstung. Insgesamt könnte die landwirtschaftliche Fläche dadurch um mehr als 300.000 Hektar zurückgehen – eine Fläche größer als das Saarland bzw. rund 420.000 Fußballfelder.

Die Studie verdeutlicht, dass es zu wachsenden Nutzungskonflikten zwischen Landwirtschaft, Energiewende, Wohnen und Naturschutz kommt. Sie wirft die Frage auf, wie ein gelingender Umgang mit dem dort geschilderten Flächen- und Transformationsdruck aussehen könnte.

Aus ökonomischer Perspektive stellt sich die Frage, wie sich knappe Flächen und unterschiedliche Flächenansprüche – vom Wohnen bis zum Naturschutz – nachhaltig steuern lassen. Eine weitere Frage ist, wie eine umfassende Landnutzungspolitik gestaltet sein müsste, die soziale und ökologische Ziele gleichermaßen berücksichtigt und Synergien sowie Mehrfachnutzungen ökonomisch attraktiv macht. In der Studie werden z. B. Ansätze wie Photovoltaik auf Dächern und über Verkehrsflächen genannt.

Quelle: Osterburg, Bernhard et al. (2023): Flächennutzung und Flächennutzungsansprüche in Deutschland. Thünen Working Paper 224.

13.3 Bodenlose Ökonomik? Drei dominante Zugänge

Nachdem deutlich wurde, dass Boden eine zentrale gesellschaftliche und ökologische Bedeutung hat, stellt sich nun die Frage: Wie wird Boden heute in der ▷ **Ökonomik** verhandelt?

Um dies genauer zu beleuchten, sprechen wir im Folgenden bewusst nicht von ▷ **Paradigmen** oder ▷ **Denkschulen**. Denn eine systematische theoretische Behandlung von Boden findet sich in aktuellen ökonomischen Theorien kaum mehr wieder. Das gilt insbesondere für die ▷ **Mainstreamökonomik**. Aber auch in der ▷ **Pluralen Ökonomik** wird Boden meist nur am Rande behandelt, oft mit einem eher ambivalenten Verhältnis. Zugleich ist der gegenwärtige Diskurs um Boden stark interdisziplinär geprägt. Fragen von ▷ **Eigentum**, Ökologie oder Stadtentwicklung werden nicht nur in der Ökonomik, sondern auch in der Soziologie, Geographie, Architektur und Stadtplanung u.a. verhandelt. Wir sprechen daher von *Zugängen*. Damit meinen wir typische Modi der ökonomischen Bezugnahme auf Boden – also wiederkehrende Weisen, wie ökonomisches Denken Boden beschreibt, einordnet oder zum Gegenstand politischer Gestaltung macht.

Wir möchten hier auf *drei dominante Zugänge* eingehen: die funktionale Reduktion von Boden, seine Subsumierung unter Kapital und die Inwertsetzung von Böden. Diese drei Zugänge sind analytische »Brillen«. Sie schließen sich nicht gegenseitig aus, sondern können sich überschneiden oder im Rahmen desselben Paradigmas gleichzeitig wirksam werden. Die Trennung in diesem Text verfolgt zwei Ziele: Erstens soll verdeutlicht werden, wie unterschiedlich sich der Bedeutungsverlust von Boden in ökonomischen Bezugnahmen manifestiert. Zweitens eröffnet ein solches Vorgehen die Möglichkeit zur Kritik, indem Leerstellen sichtbar gemacht und Fragen für eine notwendige Aktualisierung diskutiert werden können.

Eine erste Übersicht über die drei von uns identifizierten dominanten Zugänge bietet Tabelle 13.1.

Zugang	Verständnis von Boden (normativ-politisch)	Sichtbarkeit von Boden	Typische Ausdrucksform	Kritik & Leerstellen
Funktionale Reduktion von Böden	Implizit vorausgesetzt; funktional reduziert auf Ressource (Standort-, Lage- oder Rohstofffunktion)	Unsichtbar oder rein instrumentell sichtbar: Fläche als neutrale Größe zur Effizienz- und Wachstumssteigerung	Neubau als Antwort auf Wohnraummangel; Flächenausweisungen für Gewerbe, Verkehr, Energie; Rohstoffabbau	Ökologische Begrenzungen und Funktionen bleiben vernachlässigt; Verteilungs- und Nutzungskonflikte bleiben unterbelichtet
Subsumierung von Böden unter Kapital	Unter Produktionsfaktor Kapital eingeordnet; als Vermögenswert verstanden	Ökonomisch präsent, aber entpolitisiert und vom realwirtschaftlichen Kontext entkoppelt	Immobilienbesitz als Altersvorsorge; Finanzialisierung und Spekulation auf steigende Bodenwerte	Bodenrenten bleiben unsichtbar; soziale Ungleichheit wird verstärkt; ökologische Folgekosten bleiben unterbelichtet
Inwertsetzung von Böden	Boden als Träger von Ökosystemleistungen und als Gegenstand externer Effekte (»Naturkapital«)	Bewertet (zumeist monetär) und in marktliche Bewertungs- und Steuerungslogiken integriert	Boden als CO_2-Senke; Internalisierung via Pigou-Steuern, Umweltabgaben, Zertifikatehandel; Kompensation	Inwertsetzung führt zu Kommodifizierung; Anreiz- und Effizienzlogik dominiert; Macht- und Verteilungsfragen unterbelichtet; Verlagerungseffekte

Tabelle 13.1: Drei dominante ökonomische Zugänge zu Boden: Funktionale Reduktion, Subsumierung unter Kapital und die Inwertsetzung von Böden

13.3.1 Funktionale Reduktion von Böden

In der Mainstreamökonomik wird Boden oft kaum mehr als eigenständiger Produktionsfaktor betrachtet. Zentral sind die Faktoren Arbeit und Kapital (▶ Kap. 11, ▶ Kap. 12), während der Boden meist als fix und nicht »ableitbar« gilt. In modernen ▷ **Produktionsfunktionen** wird er daher selten explizit aufgeführt, sondern implizit vorausgesetzt – etwa als Fläche, Standort oder Rohstoffquelle. Knappheit wird in diesem Rahmen typischerweise nicht als stoffliche Begrenzung, sondern als temporäres Marktungleichgewicht verstanden (▶ Kap. 18). Die Standardantwort lautet entsprechend: Angebot ausweiten. Im Fall der Wohnungspolitik spiegelt sich dies etwa in dem oft zitierten Credo »Bauen, bauen, bauen« wider.

Ein Beispiel hierfür ist das Gutachten des Sachverständigenrats zur Begutachtung der gesamtwirtschaftlichen Entwicklung »Wohnen in Deutschland: Knappheiten beheben und Zugang erleichtern« (SVR 2024). Zwar wird dort eingeräumt, dass steigende Wohnimmobilienpreise maßgeblich durch steigende Baulandpreise getrieben sind, eine eigenständige Analyse der Rolle des Bodens fehlt jedoch. Stattdessen werden Maßnahmen empfohlen, um Baulandpotenziale schneller zu mobilisieren, Hemmnisse bei der Nachverdichtung abzubauen, Anreize zum Bauen zu verstärken und Baukosten durch den Abbau von Vorschriften zu senken. Boden erscheint in diesem Gutachten als »neutrale« Ressource, die durch Planungsbeschleunigung oder Neubauprogramme möglichst schnell und kostengünstig verfügbar gemacht werden soll.

Die Frage nach bezahlbarem Wohnraum wird zudem primär als soziales, nicht als ökonomisches Problem behandelt. Sichtbar wird das an der Diagnose, dass der wachsende Abstand zwischen Bestands- und Neumieten ineffizient sei, da ältere Menschen dadurch keinen finanziellen Anreiz hätten, nach dem Auszug der Kinder in eine kleinere Wohnung umzuziehen. Gesamtwirtschaftlich wird das Thema fehlender Wohnraum vor allem als Hemmnis für den Zuzug von Arbeitskräften in besonders produktiven Regionen gedeutet. Eine Analyse der Ursachen steigender Bodenwerte sowie Fragen der Bezahlbarkeit für Mieter*innen und die Rolle von Bodenrenten darin findet jedoch weitgehend nicht statt.

Wir sprechen hier von funktionaler Reduktion, weil Boden lediglich als Ressource verstanden wird, die auf eine Standort-, Lage- oder Rohstofffunktion verengt wird – etwa bei der Frage, wie bei hoher Nachfrage möglichst kosteneffizient zusätzliches Angebot geschaffen werden kann. Konflikte mit Landwirtschaft, Klima- und Naturschutzinteressen können zwar registriert werden, sollen dann jedoch meist durch technische Verfahren »gelöst« werden – etwa durch Kompensation (→ Überschneidung mit Inwertsetzung von Böden, ▶ Kap. 13.3.3).

Diese Perspektive weist zwei zentrale Leerstellen auf. Erstens werden ökologische Begrenzungen und künstlich geschaffene Knappheiten – etwa durch Leerstand oder spekulatives Horten – häufig ausgeblendet. Zweitens bleiben soziale und räumliche Verteilungsfragen unsichtbar: Wer profitiert, wer trägt die Nachteile? In der Folge erscheint Boden oft als scheinbar neutraler Inputfaktor im Dienst spezifischer ökonomischer Ziele. Dadurch geraten politisch-gesellschaftliche Auseinandersetzungen um Zugang, Verteilung und Gemeinwohlorientierung in den Hintergrund. Selbst wenn Nachhaltigkeitsziele mitbeschworen werden, führt eine solche isolierte Betrachtung leicht zu einem *eindimensionalen Problemverständnis*.

Wie verändert sich jedoch der Blick, wenn Boden nicht mehr als »neutrale« Ressource, sondern primär als Anlagegut und Renditequelle verstanden wird? Dieser Frage gehen wir im nächsten Zugang nach.

13.3.2 Subsumierung von Böden unter Kapital

Während Boden im vorherigen Abschnitt vor allem als funktionale Ressource betrachtet wurde, zeigt sich eine weitere Ausprägung in seiner Behandlung als Kapital. Hier wird Boden primär als *Vermögenswert* behandelt. Diese Logik gewann seit den 1980er Jahren an Bedeutung. Ein Beispiel ist die zunehmende politische Förderung von privatem Wohneigentum in Deutschland, das mittlerweile sogar explizit als Instrument der Altersvorsorge verstanden wird (Haas 2020). Gleichzeitig zog sich der ▷ **Wohlfahrtsstaat** aus dem sozialen und kommunalen Wohnungsbau sowie aus solidarischen Sicherungssystemen zurück. Dabei wurde Boden – ob Bauland, Immobilien oder landwirtschaftliche Flächen – zunehmend auch als Finanzanlage erschlossen. Fonds, Real-Estate-Investment-Trusts oder Share Deals beschleunigten diese Entwicklung: Boden wurde zum Objekt der Finanzialisierung.

Finanzialisierung

Die Finanzialisierung ist ein Prozess, bei dem Güter wie Boden oder Wohnungen zunehmend wie Finanzanlagen behandelt werden; Wertsteigerung und Rendite sind im Fokus statt Nutzung oder Versorgung.

In der Ungleichheitsforschung heben Forscher*innen wie der französische Ökonom Thomas Piketty – methodisch im Mainstream, inhaltlich aber oft als kritische Stimme gelesen – hervor, dass Immobilienvermögen erheblich zur Vermögenskonzentration beiträgt. Seine prägnante Formel $r > g$ verdeutlicht: Wenn die Kapitalrendite (r) dauerhaft höher ist als das Wirtschaftswachstum (g), wächst Vermögen schneller als Einkommen – und die Ungleichheit nimmt zu. Allerdings unterscheidet Piketty nicht systematisch zwischen Gebäuden (reproduzierbares Kapital) und Boden (nicht vermehrbar, mit Rentencharakter). Kritiker*innen wie der neokeynesianische Ökonom Joseph Stiglitz betonen, dass gerade Bodenwertsteigerungen eine eigenständige Rentendynamik aufweisen, die in Pikettys Analyse unterbelichtet bleiben würde (▷ **Neokeynesianismus**).

Auch heterodoxe Stimmen machen auf Leerstellen aufmerksam (▷ **Heterodoxie**). So weist der Sozialökonom Dirk Löhr darauf hin, dass Gewinne aus exklusiven Zugriffsrechten auf Boden häufig wie normale Kapitalrenditen erscheinen, obwohl sie auf strukturellen Vorteilen beruhen – etwa Monopolstellungen oder öffentlich geschaffenen Werten durch Infrastruktur, Bauleitplanung oder staatliche Förderung (Löhr 2014). Praktiken wie spekulativer Leerstand (Unternutzung) oder renditeorientierte Verdichtung (Übernutzung) sind für ihn typische Folgen einer ▷ **Eigentumsordnung**, in der Boden als Privateigentum organisiert ist. Eine zentrale Leerstelle dieses Zugangs ist also die Entpolitisierung: Boden ist in ökonomischen Analysen zwar präsent, jedoch nur in Form einer Kapitalanlage, wodurch seine politische Dimension verschwindet. Dadurch wird er von seiner realwirtschaftlichen Rolle als Lebens- und Produktionsgrundlage weitgehend entkoppelt und vor allem nach seiner Kapitalrendite bewertet. Bodenrenten bleiben so unsichtbar und erscheinen nicht mehr als gesellschaftliches Verteilungsproblem. Zentrale Fragen geraten damit aus dem Blick: Wer besitzt Boden? Wer profitiert von steigenden Werten? In welchem Umfang sollten Wertgewinne abgeschöpft oder stärker an das Allgemeinwohl gebunden werden – etwa für die Bereitstellung von bezahlbarem Wohnraum? Zudem zeigt sich bei dieser Betrachtung eine weitere Leerstelle: Die ökologische Begrenztheit und die realwirtschaftlichen Auswirkungen der Kapitalverwertung von Boden finden zu wenig Beachtung.

An diese Leerstelle knüpft im nächsten Abschnitt der dritte dominante Zugang an. Er zielt primär darauf ab, die ökologischen Funktionen des Bodens u. a. monetär sichtbar zu machen und in Marktlogiken einzubinden.

13.3.3 Inwertsetzung von Böden

Der dritte Zugang begegnet der Leerstelle der kapitalorientierten Sichtweise. Er übersetzt ökologische Funktionen und Schäden von Boden in Bewertungsmaßstäbe – in der Praxis überwiegend monetär, d. h. geldförmig – und möchte sie für politische Entscheidungen und Märkte sichtbar machen. In Deutschland ist dafür auch der Begriff ▹ **Naturkapital** gebräuchlich (TEEB DE 2018). Die neoklassisch geprägte ▹ **Umweltökonomik** ist hierbei ein zentraler Impulsgeber. Dabei werden der Boden und seine Funktionen als Ökosystemleistung betrachtet – etwa als CO_2-Senke, Wasserspeicher oder Träger biologischer Vielfalt. Diese Ökosystemleistungen werden in Analysen beispielsweise über Zahlungsbereitschaften oder ▹ **Opportunitätskosten** bewertet. Bei der Zahlungsbereitschaft wird erhoben, wie viel mehr Menschen bereit wären, für Produkte zu zahlen, etwa wenn deren Herstellung mit dem Erhalt artenreicher, humusreicher Böden verbunden ist. Bei den Opportunitätskosten gilt: Wenn Ackerland beispielsweise in Bauland umgewandelt wird, entgehen landwirtschaftliche Erträge – dieser Verlust wird als Kosten des Eingriffs ausgewiesen.

Ein weiterer Bestandteil dieses Ansatzes ist die *Internalisierung externer Effekte*. Dazu zählen etwa Bodenerosion, Versauerung oder Versiegelung, wie sie durch intensive Landwirtschaft oder Bebauung entstehen können. Solche Folgen bleiben im Marktpreis normalerweise unberücksichtigt. Instrumente wie Pigou-Steuern, Umweltabgaben oder Zertifikatehandel sollen diese Kosten internalisieren. Die Verursacher*innen sollen so die »wahren« Kosten ihres Handelns tragen und diese auch in ihren Investitionsentscheidungen berücksichtigen. Ein weiterer Ansatz ist die *Kompensation* – etwa in Form von Ausgleichszahlungen (z. B. in Fonds für Klima- oder Naturschutzprojekte), Ersatzmaßnahmen (z. B. Aufforstung oder Renaturierung) oder die Verrechnung handelbarer Einheiten wie CO_2-Zertifikate. Dabei geht es nicht um eine direkte Bepreisung der verursachten Schäden, sondern darum, einen Ausgleich an anderer Stelle zu schaffen.

Pigou-Steuer

Die Pigou-Steuer ist diejenige Steuer, die das Handeln von Marktteilnehmer*innen in eine wünschenswerte Richtung lenken soll; wird deshalb auch als Lenkungssteuer bezeichnet.

Ein Beispiel sind naturbasierte Kompensationen, die in der Klimapolitik häufig diskutiert werden, etwa Aufforstungsprojekte als CO_2-Senke. Diese Projekte sind flächenintensiv und bergen dadurch ein erhebliches Konfliktpotenzial – zumal das größte Potenzial dafür im ▹ **Globalen Süden** verortet wird. Dort werden Projekte häufig ohne ausreichende Partizipation umgesetzt, bestehende Landrechte sind teils unsicher oder werden verletzt. In der Folge kann es zu Einschränkungen traditioneller Nutzungen und sogar zu gewaltsamen Vertreibungen indigener und lokaler Gemeinschaften kommen (Betge et al. 2024). Zudem können Verlagerungseffekte entstehen: Flächen für Aufforstung stehen dann möglicherweise nicht mehr für die lokale Landwirtschaft oder den Biodiversitätsschutz zur Verfügung. Die Inwertsetzung kann so bestehende soziale Ungleichheiten verstärken und ökologische Probleme verschieben – insbesondere, wenn sie zu sehr auf eine einzige Funktion wie z. B. die CO_2-Kompensation verengt wird (→ Überschneidung mit funktionaler Reduktion, ▶ Kap. 13.3.1).

Kritik entzündet sich zudem am Begriff des Naturkapitals. Vertreter*innen der ▷ **Ökologischen Ökonomik** kritisieren eine problematische Analogie: Kapital ist menschengemacht, prinzipiell vermehrbar und im Markt weitgehend substituierbar, Natur hingegen nicht. So wird auf qualitative »Eigenheiten« der Natur und ökologische Belastungsgrenzen hingewiesen. Ein zerstörter Boden oder ein verlorenes Ökosystem lassen sich beispielsweise nicht einfach durch eine Geldzahlung ersetzen oder kompensieren. Mitunter braucht es Jahrzehnte, bis sich Böden regenerieren. Eine ausgestorbene Tierart ist für immer verloren. Befürworter*innen halten dem entgegen, dass der Begriff nicht zwangsläufig eine vollständige Austauschbarkeit meint. Sie betonen, dass eine ökonomische Bewertung strategisch nützlich sein kann, um ökologische Belange in (politischen) Entscheidungen sichtbar und verhandelbar zu machen.

Kommodifizierung

Die Kommodifizierung ist der Prozess, bei dem Güter, Beziehungen oder Tätigkeiten zur Ware gemacht werden (z. B. Natur, Gesundheit, Bildung, Sorgearbeit) und stärker Marktlogiken wie Preis und Anreize unterworfen werden.

Wir sprechen in diesem Zusammenhang von Inwertsetzung. Darunter verstehen wir die Übersetzung ökologischer Funktionen und Schädigungen des Bodens in Bewertungsmaßstäbe (zumeist monetär) und deren Einbettung in marktliche Anreiz- und Steuerungslogiken. Dadurch werden diese Aspekte zwar sichtbar und verrechenbarer, können jedoch auch in eine Logik der Kommodifizierung geraten. Eine grundlegende Streitfrage ist daher, inwiefern Preise und Anreizmechanismen grundsätzlich geeignet sind, ökologische und soziale Probleme im Umgang mit Boden zu lösen, oder mit welchen anderen Instrumenten und Logiken sie ergänzt werden müssten, um Fehlentwicklungen wie Verlagerungseffekte und die Verschärfung sozialer Ungleichheiten zu vermeiden. Dies leitet zu einem Spektrum an ökonomischen Perspektiven über, die Boden noch einmal ganz anders begreifen.

Bezug zur sozial-ökologischen Vielfachkrise

Die Juristin Isabel Feichtner (vgl. Feichtner et al. 2025) zeigt am Beispiel der Tiefsee, dass Fragen nach Eigentum, Gemeingut und Nutzung nicht nur an Land gestellt werden, sondern auch für bislang weitgehend unerforschte Meeresregionen relevant sind. In den letzten Jahren werden Tiefseeböden zunehmend vermessen und als Ressource für Rohstoffe beansprucht. Zwar sind Stand 2025 noch keine definitiven Lizenzen zur kommerziellen Nutzung vergeben worden, jedoch bereits zahlreiche Explorationslizenzen.

Befürworter*innen des Tiefseebergbaus argumentieren, dass die dort liegenden Rohstoffe unverzichtbar für Batterien und andere Technologien seien, die fossile Energieträger ersetzen und somit »die Energiewende« ermöglichen könnten. Die ökologischen Folgen sind jedoch hoch umstritten: Wissenschaftler*innen warnen vor irreversiblen Schäden in empfindlichen Ökosystemen, deren Funktionen und Zusammenhänge bislang kaum erforscht sind.

Die regulatorische Aufsicht liegt bei der Internationalen Meeresbodenbehörde (ISA). Sie verwaltet rund 50 % der weltweiten Ozeanflächen und vergibt Lizenzen für deren Nutzung. Dabei spielen die sogenannten »Sponsoring States« – oft kleine Inselstaaten – eine entscheidende Rolle: Sie können Unternehmen offiziell »sponsern« und so den Erhalt von Lizenzen für den Abbau in internationalen Gewässern ermöglichen.

Feichtner analysiert, wie Prozesse der Vermessung und Bewertung die rechtliche Einordnung der Tiefsee verschieben. Was ursprünglich als »Menschheitserbe« (also eine Art globales Commons) gedacht wurde, wird zunehmend durch wirtschaftliche Interessen in marktförmige Güter überführt.

13.4 Zwischen Reform und Systemtransformation: Vom Produktionsfaktor Land zur Lebensgrundlage Boden

Die zuvor diskutierten drei dominanten Zugänge haben gezeigt, wie Boden in ökonomischen Theorien und Politiken meist erfasst wird: als Ressource, als Kapital oder als Träger von Ökosystemleistungen. Ihnen allen ist gemeinsam, dass Boden dabei primär als Ware erscheint, während seine Rolle als Lebensgrundlage, seine ökologische Begrenztheit und die Frage der gerechten Verteilung unterschiedlich stark in den Hintergrund treten.

Abschließend wenden wir uns daher zwei Zugängen zu, die Ökonomie nicht nur als Markt, sondern als in Gesellschaft und Natur eingebettet begreifen: den reformorientierten und den systemtransformativen Ansätzen. In beiden wird Boden als elementare Lebensgrundlage verstanden. Ihnen ist gemeinsam, dass sie planetare Belastungsgrenzen (▶ Kap. 7) mit Fragen von Verteilung und demokratischer Steuerung verbinden. Unterschiede zeigen sich in den von ihnen aufgezeigten Transformationspfaden: von Positionen einer sozial-ökologischen Marktwirtschaft bis hin zu postkapitalistischen Visionen.

Dabei handelt es sich nicht um klar umrissene ▷ **Paradigmen** – auch wenn u.a. die ▷ **Ökologische Ökonomik** hier als ein wichtiger Impulsgeber fungiert –, sondern um ein heterogenes Spektrum, das sich im plural-ökonomischen Diskurs verorten lässt. Wie bereits in ▶ Kap. 13.3 betont, bleibt die Auseinandersetzung mit Boden allerdings auch in der ▷ **Pluralen Ökonomik** insgesamt eine Nische. Wo entsprechende Bezugnahmen sichtbar werden, sind sie interdisziplinär geprägt und verknüpfen ökonomische Überlegungen mit politischen Programmen, Visionen oder verschiedenen theoretischen Traditionen. Dabei beziehen sich beide Zugänge heutzutage – in unterschiedlicher Intensität – auf die Debatten der Wachstumskritik (▶ Kap. 4). Zahlreiche Vorschläge für Maßnahmen und Instrumente überschneiden sich dabei, sodass sie sich in der Praxis oft nicht eindeutig einem einzelnen Zugang zuordnen lassen. Unsere Darstellung stellt somit eine bewusste Zuspitzung dar, ähnlich wie bei den dominanten Zugängen.

Im Zentrum dieser beiden Zugänge steht die Frage nach Boden als Gemeingut – also danach, wie eine Gemeinschaft ihr Verhältnis zu einem Stück Boden gestaltet. Auch deshalb treten hier *politische Ideen und Maßnahmen* stärker in den Vordergrund. Die Frage, wie Boden als Gemeingut organisiert werden könnte, ist dabei keineswegs neu (Feichtner et al. 2025). Auch die deutsche Bodenreformbewegung des späten 19. und frühen 20. Jahrhunderts debattierte bereits intensiv über gerechte Bodennutzung und die Begrenzung leistungsloser Renten. Diese Debatten wirkten bis in die Verfassungsgeschichte hinein: Die Weimarer Reichsverfassung (Art. 153, 155) eröffnete die Möglichkeit einer »Sozialen Bodenordnung«. Das Grundgesetz greift die Sozialpflichtigkeit von Eigentum auf und erlaubt darüber hinaus in Art. 15 die

Vergesellschaftung von Grund und Boden, Naturschätzen und Produktionsmitteln. Diese Möglichkeit wurde bislang nicht genutzt, hat aber in aktuellen Debatten wieder an Aufmerksamkeit gewonnen – nicht zuletzt durch die Initiative Deutsche Wohnen & Co. enteignen in Berlin.

Sozialpflichtigkeit von Eigentum

Grundsatz des deutschen Grundgesetzes (Art. 14): Eigentum verpflichtet. Seine Nutzung soll zugleich dem Wohl der Allgemeinheit dienen, nicht nur privaten Interessen.

Ein Blick auf die deutsche Geschichte kann dabei dafür sensibilisieren, dass die politische Idee von Boden als Gemeingut sowohl emanzipatorische als auch demokratie- und menschenfeindliche Ausprägungen annehmen kann: ein Beispiel dafür ist die nationalsozialistische »Blut und Boden«-Ideologie. Dies verdeutlicht erneut die Notwendigkeit, ökonomisches Denken historisch-kritisch zu reflektieren und es kontinuierlich emanzipatorisch zu aktualisieren.

Im Folgenden geht es daher darum, die Bandbreite dieser Ansätze sichtbar zu machen, zentrale Merkmale und Instrumente herauszuarbeiten sowie die damit verbundenen Spannungen und Leerstellen zu diskutieren. Eine erste Übersicht über beide Zugänge bietet Tabelle 13.2, die wir im Anschluss ausführlicher erläutern werden.

Zugang	Verständnis von Boden (normativ-politisch)	Sichtbarkeit von Boden	Typische Ausdrucksform	Kritik & Leerstellen
Reform-orientierte Ansätze (Sozial-ökologische Marktwirtschaft)	Boden als knappe, eingebettete Ressource und gesellschaftlich bedeutsames Gut; über sozial-ökologische Leitplanken für die Marktwirtschaft gemeinwohl-orientiert steuern	Sichtbar als Verteilungs- und Steuerungs-problem (Bodenrenten, Spekulation, fehlende Besteuerung, kollektive Wert-schöpfung)	Bodenwertsteuer; kommunale Bodenpolitik; Cap-and-Dividend; Gemeingüter; Genossenschaften	Bisher begrenzte Umsetzung; Fokus auf Einhegung statt Veränderung kapitalistischer Grundlogiken; andere ökonomische Sphären (Sorgearbeit, Zivil-gesellschaft) teils unsichtbar
Systemtrans-formative Ansätze (Post-kapitalistische Positionen)	Kapitalistische und markt-wirtschaftliche Logiken werden grundsätzlich infrage gestellt und sollen perspektivisch überwunden werden	Sichtbar als Macht-, Eigen-tums- und Versorgungs-frage; Boden-beziehungen als soziale, politische und ökologische Beziehungen	Community-Land-Trusts (CLTs), Gemein-schaftsgetragenes Wirtschaften (CSX), Commons-Public-Partnerships (CPPs), Vergesellschaftung	Bisher begrenzte Umsetzung; Skalierung und Institutionalisierung offen; Risiko neuer Ausschlüsse; Spannungen beim Übergang

Tabelle 13.2: Zwei plural-ökonomische Zugänge: Zwischen sozial-ökologischer Marktwirtschaft und post-kapitalistischer Systemtransformation

13.4.1 Reformorientierte Ansätze: Sozial-ökologische Marktwirtschaft

Reformorientierte Ansätze verfolgen das primäre Ziel, die destruktiven Dynamiken kapitalistischer Bodenmärkte zu begrenzen, ohne dabei die Marktwirtschaft insgesamt infrage zu stellen (Onken 2022, ▹ **Kapitalismus**). Der Umgang mit Boden reicht dabei von einer stärkeren Regulierung bestehender Märkte bis hin zu Instrumenten, die Boden dauerhaft dem Privateigentum entziehen, während andere Vermögensformen wie Gebäude weiterhin marktförmig organisiert werden sollen.

Ein zentraler Bezugspunkt ist die Debatte um eine Bodenwertsteuer, wie sie bereits im 19. Jahrhundert von Henry George vorgeschlagen wurde. Eine solche Steuer soll leistungslose Bodenrenten abschöpfen und damit Spekulation, Horten und Leerstand unattraktiv machen. Die Befürworter*innen verweisen darauf, dass Boden immobil und unvermehrbar ist und eine Steuer auf Bodenwertgewinne deshalb effizient und schwer zu umgehen wäre. Ein weiterer Strang setzt auf kommunale Bodenpolitik (▹ **Effizienz**). Instrumente wie das Erbbaurecht, Bodenfonds oder Vorkaufsrechte sollen es den Kommunen ermöglichen, Flächen für eine nachhaltige Stadtentwicklung langfristig zu sichern und gemeinwohlorientiert zu steuern. Flächen werden also nicht allein nach Marktwerten verteilt, sondern aktiv politisch gesteuert.

Erbbaurecht

Das Erbbaurecht ist die Trennung des Bodeneigentums von der Gebäudeeigentümerschaft für eine festgelegte Zeit – Wohnnutzung meist ca. 90 Jahre, gewerbliche Nutzung deutlich kürzer. In Anwendung durch Kommunen ermöglicht es gemeinwohlorientierte Steuerung von Flächen.

Darüber hinaus werden marktwirtschaftliche Instrumente diskutiert, die ökologische Grenzen in die Bodenpolitik einbeziehen können. Dazu zählen etwa handelbare Flächenzertifikate, die den Bodenverbrauch mengenmäßig begrenzen (Cap). Sie könnten mit einer Rückverteilung der Einnahmen an die Bevölkerung (Dividend) kombiniert werden, beispielsweise in Form eines ökologischen Grundeinkommens. Die Idee dahinter: Wer ressourcensparsam lebt, profitiert besonders. Boden erscheint hier nicht nur als Produktionsfaktor, sondern als in einen sozialen Raum eingebettete Ressource, deren Nutzung gerecht verteilt werden soll.

Handelbare Flächenzertifikate

Handelbare Flächenzertifikate sind Handelssysteme zur quantitativen Steuerung der Flächenneuinanspruchnahme (zur Unterstützung von Flächensparziele). Für Baulandausweisung im Außenbereich brauchen Kommunen dann Zertifikate; ihr begrenztes Kontingent können sie selbst nutzen oder an andere verkaufen.

Einige reformorientierte Ansätze knüpfen zudem an den von der ▹ **Institutionsökonomin** Elinor Ostrom (1933–2012) geprägten Ansatz der *Governance* von Gemeingütern an (▶ Kap. 19). Auf den Boden übertragen bedeutet dies, dass genossenschaftliche oder kommunale Modelle die Spekulation begrenzen, den Zugang fairer gestalten und die Nutzung stärker am Gemeinwohl ausrichten könnten.

Trotz einer stärkeren Anschlussfähigkeit an marktwirtschaftliche Perspektiven und zumindest vermeintlich pragmatischerer Umsetzungsansätze fehlt es in der konkreten

Praxis aber häufig an konsequenter Ausrichtung und umfassender Implementierung. So konnte etwa die Idee einer Bodenwertsteuer in Deutschland trotz wiederkehrender Debatten politisch nicht durchgesetzt werden. Erbbaurechte werden zwar vielerorts kommunal angewandt, bleiben aber eine Nische und sind selten innovativ ausgestaltet. Kritiker*innen bemängeln zudem, dass Märkte hier nur eingehegt, nicht aber in ihrer Grundlogik verändert werden. Damit blieben strukturelle Dynamiken wie der Wachstumszwang oder die Abhängigkeit von steigenden Bodenwerten bestehen. Außerdem drohen Bereiche jenseits des Marktes – etwa Sorgearbeit oder zivilgesellschaftliches Engagement – unsichtbar zu bleiben, wenn Bodenpolitik hauptsächlich innerhalb marktförmiger Logiken betrachtet wird.

Genau an diesen Leerstellen setzen systemtransformative Ansätze an. Sie stellen die kapitalistische Logik insgesamt infrage und lenken den Blick zugleich auf weitere ökonomische Sphären neben dem Markt.

13.4.2 Systemtransformative Ansätze: Postkapitalistische Positionen

Während reformorientierte Ansätze eine Ausrichtung der Märkte an sozialen und ökologischen Leitplanken sowie eine Einhegung des Kapitalismus anstreben, zielen systemtransformative Ansätze auf eine deutlich *weitreichendere Transformation* des bestehenden Systems ab. Einerseits umfasst dies die Erweiterung des ökonomischen Blicks auf Bereiche jenseits von Markt und Staat, wie etwa die Versorgungsökonomie und Sorgearbeit oder die Non-Profit-Ökonomie. Andererseits können auch Kritiken wie (neo-)marxistische Ansätze Teil davon sein, die eine *Überwindung* des kapitalistischen Systems für notwendig erachten, um die Ausbeutung von Mensch und Natur zu beenden (▷ **Marxistische Politische Ökonomie**). Boden wird dabei nicht nur als knappe und eingebettete Ressource, sondern als Lebensgrundlage verstanden. Er soll – ebenso wie damit eng verknüpfte Güter wie Wohnraum oder die Nahrungsmittelversorgung – der Logik von Spekulation und Verwertung entzogen werden.

Ein wichtiger Strang der systemtransformativen Ansätze ist die Debatte über Modelle, die Boden dauerhaft aus dem Markt herauslösen könnten (Baumann et al. 2024). Beim Ansatz der Community-Land-Trusts (CLTs) ist die Idee etwa, dass die Nutzung von Boden gemeinschaftlich oder projektbezogen organisiert wird, während zugleich durch eine bestimmte Rechtsform oder institutionelle Sicherungen wie Satzungen eine Reprivatisierung und profitorientierte Nutzung verhindert wird. Neben solchen Modellen werden neue institutionelle Arrangements diskutiert, die öffentliches und gemeinschaftliches ▷ **Eigentum** verbinden. Bei sogenannten Commons-Public-Partnerships (CPPs) wird etwa die Verantwortung zwischen Staat und Zivilgesellschaft geteilt. Die praktischen Vorschläge reichen von Partizipationsansätzen bei Stadtentwicklungsprojekten bis hin zur Vergabe von Erbbaurechten an gemeinwohlorientierte Initiativen. Die Nutzung von Böden soll hier also explizit nicht exklusiv durch Staat oder Markt bestimmt werden, sondern unter aktiver Mitgestaltung durch Bürger*innen erfolgen.

Community-Land-Trusts (CLTs)

CLTs stellen einen gemeinnützigen Ansatz dar, der Boden dauerhaft dem Markt entziehen möchte. Gebäude können verkauft oder vermietet werden, der Boden bleibt jedoch in kollektiver Hand (z. B. verwaltet als Stiftung).

Commons-Public-Partnerships (CPPs)

CPP ist ein Kooperationsmodell von Staat und Zivilgesellschaft: Boden bleibt gemeinschaftlich gebunden, Verwaltung soll partnerschaftlich erfolgen, orientiert an Gemeinwohl statt Profitinteressen.

Manche systemtransformative Ansätze sind mit Ideen wie Postwachstum und ▷ **Degrowth** verbunden und gehen der Frage nach, was es für die Bodenpolitik bedeutet, ▷ **Suffizienz** und Bedürfnisorientierung ins Zentrum zu stellen. Welche Flächennutzung ist wirklich notwendig und wie lässt sie sich organisieren, sodass ökologische Grenzen respektiert und soziale ▷ **Bedürfnisse** gedeckt werden? Ergänzend dazu finden sich zudem Ansätze aus der ▷ **Feministischen Ökonomik** und der solidarischen Ökonomie, die die Bedeutung von Kooperation und gemeinschaftlicher Selbstorganisation betonen. In diesen Ansätzen wird Boden als soziale Beziehung und gemeinsame Verantwortung konzipiert, die in Versorgung und alltägliche Lebenspraxis eingebettet ist. Beispiele hierfür sind CSX-Projekte (Community-Supported Everything), wie solidarische Landwirtschaft und Urban Gardening.

Community Supported Everything (CSX)

CSX heißt gemeinschaftsgetragenes Wirtschaften: Mitglieder finanzieren gemeinsam die Kosten und teilen unternehmerische Verantwortung sowie Risiko. Im Gegenzug erhalten sie Güter oder Dienstleistungen ohne Marktpreis.

Doch auch hier gilt: Bislang sind viele Ansätze vor allem *Visionen*. Praktische Umsetzungen existieren meist nur in kleinem Maßstab. Offene Fragen betreffen daher vor allem die Skalierung, die institutionelle Verankerung und die Gestaltung demokratischer Planung. Zentrale Streitfragen sind aber auch, welche wirtschaftlichen Auswirkungen eine solche Neugestaltung hätte und ob es in einem solchen System tatsächlich eher möglich wäre, planetare Belastungsgrenzen einzuhalten und zugleich das Wohlbefinden aller zu sichern. Kritiker*innen weisen auch darauf hin, dass kollektive Eigentumsformen neue Ausschlüsse hervorbringen können. Gegenwärtig können solche Modelle zudem leicht unter Druck geraten, weil sie oft noch mit Profitlogiken verflochten bleiben, etwa durch Kreditfinanzierungen über Banken. Hochpreisige Bodenmärkte stellen für solche Ansätze ebenfalls eine erhebliche Barriere dar. Es bleibt also offen, wie ein Übergang von kapitalistischen Strukturen zu postkapitalistischen Formen der Bodenordnung praktisch gestaltet werden kann – zumal dieser im Kontext von Vermachtungen und wirtschaftlich starken Interessengruppen stattfinden muss.

Vermachtung

Eine Vermachtung bedeutet die Konzentration ökonomischer und politischer Macht in den Händen weniger Akteur*innen. Große Unternehmen oder Verbände dominieren Märkte und beeinflussen politische Regeln, um ihre Interessen durchzusetzen.

13.5 Ausblick: Boden als Prisma ökonomischer Paradigmen

Die Vielfalt der hier skizzierten Zugänge verdeutlicht, dass die Bodenfrage weit mehr ist als eine technische oder administrative Herausforderung – sie ist zutiefst politisch. Sie fungiert als Prisma, durch das unterschiedliche ökonomische ▹ **Paradigmen** und interdisziplinäre Perspektiven sichtbar werden, etwa in Bezug auf Eigentum, Bepreisung, Verteilung, Naturverhältnisse und demokratische Steuerung.

Wer Zugang zu Boden hat – und wer nicht – ist kein Zufall, sondern das Ergebnis ökonomischer, politischer, rechtlicher und gesellschaftlicher Strukturen (▶ Kap. 8, ▶ Kap. 10). Zugleich wird deutlich, dass Boden nie ein »neutraler« Gegenstand ist: Jede Form der Ordnung verweist auf normative Positionen, die gesellschaftlich umkämpft und somit veränderbar sind. Sie haben sich historisch gewandelt und werden sich auch künftig wandeln. Welche Konfliktlinien dabei hervortreten, hängt davon ab, ob Boden primär als Ware, als knappe Ressource oder als Lebensgrundlage begriffen wird und wie Gesellschaften seine Nutzung rechtlich und politisch gestalten.

Unsere Betrachtung hat gezeigt, dass sich ökonomische Paradigmen hierzu oft selbst wie ein Prisma verhalten. Sie brechen die Bodenfrage in unterschiedliche Perspektiven auf, machen Brüche und Ambivalenzen sichtbar und rufen aufgrund des allgemeinen Bedeutungsverlusts von Boden in der ökonomischen Theorie zugleich dazu auf, über zeitgemäße Aktualisierungen zu streiten. Gerade in Zeiten tiefgreifender Transformationsprozesse und wachsender sozialer Spannungen ist es von zentraler Bedeutung, dass sich angehende Ökonom*innen mit der Rolle des Bodens auseinandersetzen: mit seinen Funktionen, seiner Verteilung, seinen politischen Bedingungen sowie seinen ökologischen und sozialen Implikationen. Denn wie wir mit Boden umgehen, spiegelt gesellschaftliche Verhältnisse wider und verweist damit auf ihre potenzielle Veränderbarkeit.

Literaturempfehlungen

Baumann, Alex/Alexander, Samuel/Burdon, Peter (2024): Land Commodification: A Structural Barrier to Degrowth Transition. In: Eastwood, Lauren/Heron, Katherine (Hrsg.): De Gruyter Handbook of Degrowth. Berlin/Boston, S. 251–272.

Feichtner, Isabel/Heeg, Susanne/Klingenmeier, Anne/Langlotz, Gesine/Schubel, Katja (Hrsg.) (2025): Stadt – Land – Boden. Verbindende Bodenpolitik zwischen Stadt und Land. Bielefeld.

Haas, Heide (2020): Paradigmenwandel der Wohnungspolitik. In: Depenheuer, Otto/Hertzsch, Ernst/Voigtländer, Michael (Hrsg.): Wohneigentum für breite Schichten der Bevölkerung. Berlin/Heidelberg, S. 35–49.

Hartmann, Thomas/Hengstermann, Andreas/Jehling, Moritz/Schindelegger, Anthony/Wenner, Fabian (Hrsg.) (2025): Land Policies in Europe. Land-Use Planning, Property Rights, and Spatial Development. Cham.

Heinrich-Böll-Stiftung/BUND/TMG (Hrsg.) (2024): Bodenatlas 2024. Berlin, S. 28–29.

Kurz, Heinz D. (2013): Geschichte des ökonomischen Denkens. München.

Löhr, Dirk (2014): Pay for what you get! – Henry George als Ergänzung zu Silvio Gesell. In: Zeitschrift für Sozialökonomie, 51. Jg., 2014, H. 182/183, S. 22–33.

Onken, Werner (2022): Im Schatten von Neoklassik und Marxismus. Alternativen zu Kapitalismus und Kommunismus. In: Marktwirtschaft ohne Kapitalismus. Band 1. München, S. 263–424.

SVR – Sachverständigenrat zur Begutachtung der gesamtwirtschaftlichen Entwicklung (2024): Kapitel 4 – Wohnen in Deutschland: Knappheiten beheben und Zugang erleichtern. Jahresgutachten 2024/2025.

TEEB DE (2018): Werte der Natur aufzeigen und in Entscheidungen integrieren. Eine Synthese. Leipzig.

Online-Ressourcen

Heinrich-Böll-Stiftung, Podcastreihe: Der Bodenatlas zum Hören, Link: https://www.boell.de/de/bodenatlas#podcasts

Felicitas Sommer, Der Traum vom Eigenheim, Link: https://www.ksoe.at/podcast/151453/der-traum-vom-eigenheim

John Oliver, Deep Sea Mining. Link: https://www.youtube.com/watch?v=qW7CGTK-1vA

Danksagungen

Für ihre wertvollen Anmerkungen und weiterführenden Hinweise danken wir den zwei Reviewern sowie allen, die zur Überarbeitung dieses Beitrags beigetragen haben. Ein besonderer Dank gilt dabei Julian Degan, Dirk Löhr, Alexander Dobeson, Isabel Feichtner, Gabu Heindl, Claudius Gräbner-Radkowitsch, Lia Polotzek, Matthias Schmelzer, Lennart Ritterbach, Hannah Pfister und Johannes Schubert.

14 Was ist Technologie?

Michael P. Schlaile und Matthias Müller

Woran denken wir zuallererst, wenn von Technologie oder Technik die Rede ist? Einige von uns werden vielleicht sofort an Künstliche Intelligenz (KI) und Digitalisierung denken, manch andere an verschiedene Methoden und Verfahren der Energiegewinnung oder der Landwirtschaft. Wieder andere haben womöglich ein durch Film, Fernsehen oder Videospiele geprägtes Technologieverständnis und sehen gerade ein Raumschiff vor ihrem inneren Auge vorbeifliegen. Wie kaum ein anderes Thema ist Technologie mit ambivalenten Vorstellungen, Hoffnungen und Ängsten verbunden, die sich nicht zuletzt an Science-Fiction-Erzählungen bestens veranschaulichen lassen: Auf der einen Seite stehen dystopische Bilder, die mit einer Wissenschafts- und Technikangst spielen, wie beispielsweise der Krieg zwischen Menschen und Maschinen in James Camerons Terminator. Auf der anderen Seite stehen Utopien wie in Gene Roddenberrys Star Trek, in denen nicht zuletzt bahnbrechende technologische Entwicklungen zu einer postkapitalistischen und solidarischen Gesellschaft führen. Doch was ist Technologie überhaupt und wie wirkt sie sich auf die Ökonomie, aber auch unsere Gesellschaft und die Umwelt konkret aus? Diese Frage(n) kann man, wie so oft, sehr unterschiedlich beantworten, und die jeweilige Antwort hängt stark davon ab, welches ▹ **Paradigma** bzw. welches Grundverständnis von Ökonomie (▶ Kap. 1) zugrunde liegt.

Grundsätzlich gilt: *Technologie* ist im wirtschaftswissenschaftlichen Diskurs ebenso präsent und gleichzeitig mehrdeutig wie im allgemeinen Sprachgebrauch, in politischen Debatten und in der medialen Berichterstattung. Interessanterweise findet sich im Alltag häufig die aktive Form des Begriffs: Es ist beispielsweise von einer Technologie die Rede, die sich weiterentwickelt, Märkte verändert oder gesellschaftliche Strukturen beeinflusst. Technologie erscheint daher nicht selten als eine abstrakte und autonome Kraft, deren innere Funktionsweise und Bedingungen nicht weiter hinterfragt werden.

Technologie

Das Wort Technologie stammt vom altgriechischen τεχνολογία (technología) ab und kombiniert τέχνη (téchnē), was »Kunst« oder »Handwerk« bedeutet, mit λόγος (lógos), was häufig mit »Wort«, »Lehre«, oder »Wissenschaft« übersetzt wird.

Dieses abstrakte Verständnis lässt sich zu einem gewissen Grad auch darauf zurückführen, dass der Technologiebegriff im Laufe der Geschichte einen mehrfachen Bedeutungswandel erfahren hat: Während vor gut 300 Jahren mit Technologie noch vor allem die systematische Beschreibung von Handwerken und deren Erzeugnissen gemeint war, wurde Technologie im Laufe des 19. Jahrhunderts zunehmend als Ausdruck gesellschaftlicher Produktionsverhältnisse gesehen. Karl Marx (1818–1883) sah darin beispielsweise nicht nur technische Verfahren, sondern auch das damit einhergehende Verhältnis des Menschen zur Natur, zur Arbeit und zur gesellschaftlichen Ordnung (vgl. Wendling 2022). Im weiteren Verlauf des 19. Jahrhunderts hat sich Technologie vor allem als Fachbegriff der technischen Wissenschaften (alternativ: Ingenieurwissenschaften) etabliert, sodass der Fokus auf der Analyse und Optimierung von Materialverarbeitungs- und Produktionsverfahren lag. Im Laufe des 20. Jahrhunderts verbreitete sich – auch unter dem Einfluss von

Übersetzungen des englischen Begriffs *technology* – ein eher unspezifisches Verständnis: Technologie wurde vermehrt zu einem Sammelbegriff in Politik, Wirtschaft und Medien, der wahlweise auch die Bedeutungen von Technik, Gerät, Verfahren und dergleichen annehmen kann.

Auch in diesem Kapitel werden die Begriffe Technologie und Technik daher mitunter synonym verwendet, obwohl Technik oftmals eher mit konkreten Werkzeugen oder Verfahren assoziiert wird. Trotz und vielleicht auch aufgrund dieser inzwischen eher unspezifischen Bedeutung ist und bleibt Technologie jedoch kein wertfreier analytischer Begriff. Technologie ist immer auch symbolisch und mit entsprechenden Vorstellungen, Deutungen und Zukunftsbildern verknüpft. Der Technologiebegriff trägt somit explizit oder implizit normative, also wertende und handlungsleitende Erwartungen mit sich, die von Hoffnung auf Fortschritt, Wohlstand und Lösung gesellschaftlicher Probleme bis hin zu Ängsten vor Kontrollverlust, Entfremdung oder Zerstörung reichen. Diese symbolische und normative Aufladung ist folglich alles andere als belanglos und beeinflusst, welche Technologien in einer Volkswirtschaft befürwortet und auch staatlich gefördert (z. B. erneuerbare Energien), reguliert (z. B. Gentechnik) oder abgelehnt (z. B. biologische Kampfstoffe) werden.

Da es sich hier um ein Lehrbuch zu den Grundfragen der Ökonomie handelt, werden wir uns in diesem Kapitel vor allem damit beschäftigen, dass gerade auch in den ökonomischen Theorien unterschiedliche Vorstellungen von Technologie existieren. Hierbei fokussieren wir uns auf den Mainstream (▷ **Mainstreamökonomik**), die ▷ **Evolutionsökonomik** und die **Ökologische Ökonomik** und lassen uns von den folgenden drei übergeordneten Fragestellungen leiten:

1. **Was ist Technologie aus der Sicht dieser drei ökonomischen Paradigmen?**
2. **Welche (ökonomischen) Wirkungen werden Technologie zugeschrieben?**
3. **Und wie wird technologischer Wandel verstanden bzw. erklärt?**

14.1 Technologie in der Volkswirtschaftslehre

14.1.1 Quantitatives Wachstum und Effizienzsteigerung im Mainstream

Der paradigmatische Kern der ▷ **Neoklassik** prägt bis heute den Mainstream, weshalb wir uns zunächst hierauf fokussieren (▷ **Paradigma**, ▷ **Mainstreamökonomik**). Ein zentrales Anliegen neoklassischer Ökonom*innen war es, ökonomische Prozesse mathematisch zu modellieren und in allgemeine Gleichgewichtsmodelle zu überführen. Mit der sogenannten marginalistischen Revolution (▶ Kap. 1) wurde die Analyse individueller Entscheidungen unter Knappheitsbedingungen zum Ausgangspunkt der vorherrschenden ökonomischen Theorie (▷ **Marginalismus**). Als Ergebnis stehen im Zentrum der Lehre des Mainstreams bis heute die Annahmen rationaler, nutzenmaximierender Akteur*innen (▶ Kap. 1), die in effizienten Märkten (▶ Kap. 18) agieren (▷ **Effizienz**). In diesem theoretischen Rahmen spielt Technologie eine eher untergeordnete Rolle.

Ein wichtiges Konzept in den Produktions- und Wachstumstheorien des Mainstreams ist die ▷ **Produktionsfunktion**, die sowohl auf der Mikroebene produzierender Unternehmen als auch der Makroebene einer Volkswirtschaft Anwendung findet. Sie beschreibt grundsätzlich den Zusammenhang zwischen dem Einsatz der Produktionsfaktoren Kapital (▶ Kap. 11) und Arbeit (▶ Kap. 12) und der daraus resultierenden Produktionsmenge (Output). Ziel der (aggregierten) makroökonomischen Produktionsfunktion ist es, die für eine Volkswirtschaft insgesamt mögliche Outputmenge darzustellen, die mit bestimmten Mengen an Input erzeugt werden kann (▷ **Makroökonomik**).

Formal wird diese Produktionsfunktion in der einfachsten Form als

$$Y = F(K, L)$$

notiert, wobei

Y für den Output steht (z. B. die produzierte Gütermenge),
K für das eingesetzte Kapital (z. B. Maschinen, Anlagen, Gebäude) und
L Für die eingesetzte Arbeit (z. B. Arbeitsstunden oder Zahl der Beschäftigten) repräsentiert.

Das Konzept der Produktionsfunktion bildet in seiner ursprünglichen Form nicht direkt ab, was Technologie ist oder wodurch technischer Fortschritt erreicht werden kann. Produktivitätssteigerungen, also technischer Fortschritt, werden lediglich implizit als Verbesserungen der Produktionsbedingungen bzw. Senkung der Produktionskosten verstanden, die wiederum zu wirtschaftlichem Wachstum (▶ Kap. 4) führen. Erst im Zuge der Wachstumsökonomik der 1950er Jahre wurde versucht, bisher ungeklärte Produktivitätszuwächse explizit im Modell zu erfassen. Hierzu wurde eine weitere Komponente des Outputwachstums in die Funktion eingeführt, die sich eben nicht durch eine Zunahme der Faktoren Kapital und Arbeit erklären lässt. Ein Anstieg dieser Residualgröße wurde als technischer Fortschritt interpretiert.

Technischer Fortschritt wird modelltheoretisch daher oft als Skalierung der Produktionsfunktion verstanden. Diese Darstellung impliziert, dass sich bei gegebenem Einsatz von Kapital K und Arbeit L eine höhere Produktionsmenge Y erzielen lässt. Mit anderen Worten: Technologischer Wandel bedeutet in diesem Zusammenhang nicht, dass ein anderer Produktionsfaktor genutzt wird, sondern dass die Produktivität der bestehenden Faktorkombinationen steigt.

Formal erfolgt diese Erweiterung durch die Einführung eines technologischen Faktors A(t), der den aktuellen Stand der (Produktions-)Technologie zu einem bestimmten Zeitpunkt t beschreibt:

$$Y = A(t)*F(K, L)$$

A(t) skaliert die Produktionsfunktion und repräsentiert somit den gesamtwirtschaftlichen Produktivitätsfortschritt, wenn A(t) über die Zeit wächst.

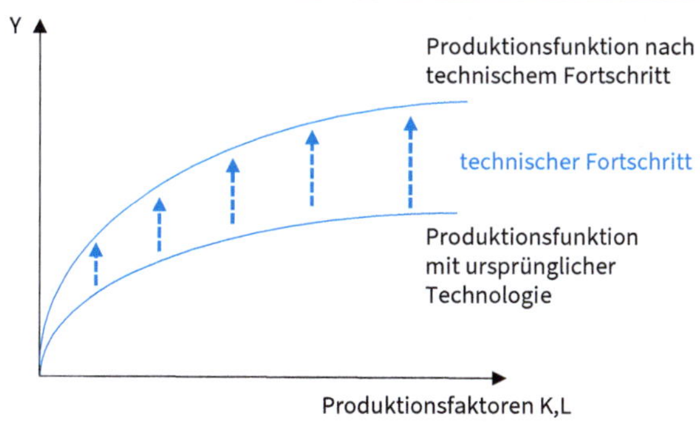

Abbildung 14.1: Skalierung der Produktionsfunktion

Obwohl die Erweiterung der Produktionsfunktion um einen technologischen Faktor einen methodischen Fortschritt darstellte, brachte sie keinen entsprechenden Erkenntnisgewinn im theoretischen Verständnis von Technologie mit sich. Der technische Fortschritt wird durch das Modell nicht weiter erklärt, weshalb Dynamik und Richtung der zugrunde liegenden Technologieentwicklung unberücksichtigt bleiben. Technischer Fortschritt fällt hier also sprichwörtlich vom Himmel und in der englischsprachigen Literatur ist diesbezüglich auch oft ironisch von »Manna from heaven« die Rede.

Spätere Weiterentwicklungen der wachstumsökonomischen Modelle reagierten auf diese Kritik. So wird etwa im Rahmen der ▹ **Endogenen Wachstumstheorie** versucht, technischen Fortschritt als Ergebnis wirtschaftlicher Aktivitäten innerhalb des Modells zu erklären. Technischer Fortschritt wird hier vor allem als das Ergebnis eines höheren Wissensstands verstanden, der direkt das Produktionspotenzial einer Volkswirtschaft beeinflusst. Als zentrale Aspekte werden daher etwa Investitionen in Bildung, Forschung und Entwicklung sowie der Schutz geistigen Eigentums (z. B. über Patente) gesehen, um das (technologische) Wissen in einer Volkswirtschaft zu erhöhen. Auch wenn die endogene Wachstumstheorie damit versucht, die Ursachen von technologischem Wandel aus dem Modell heraus zu erklären, wird Technologie jedoch auch hier im Wesentlichen auf ihren Beitrag zur Steigerung von Effizienz, Produktivität und Wirtschaftswachstum (▶ Kap. 4) reduziert.

Technologie begegnet uns im Mainstream allerdings nicht nur in produktions- und wachstumsökonomischen Modellen, sondern auch in der ▹ **Verhaltensökonomik**, die zunehmend Einzug in den Mainstream erhält. Im Rahmen verhaltensökonomischer Forschung wird beispielsweise untersucht, wie der Einsatz konkreter Technologien (z. B. Smartphone-Apps und deren Design) menschliches Entscheidungsverhalten beeinflusst, oder welche (individuellen) Faktoren zur Akzeptanz neuer Technologien am Markt beitragen (z. B. Einstellungen gegenüber Wärmepumpen). Da sich die verhaltensökonomische Forschung jedoch tendenziell mit individuellen Entscheidungen und menschlichem Verhalten beschäftigt, bleiben Themen wie technologischer Wandel oder die Rolle von Technologie im Wirtschaftssystem allenfalls eine Randnotiz.

14.1.2 Technologischer Wandel und Innovation: Eine evolutionsökonomische Sichtweise

Pfadabhängigkeit

Pfadabhängigkeit beschreibt das Phänomen, dass bestimmte Entscheidungen und Ereignisse in der Vergangenheit die gegenwärtigen und zukünftigen Entwicklungs- und Entscheidungsmöglichkeiten beeinflussen (können). Infolgedessen werden eingeschlagene Pfade trotz (besserer) Alternativen oftmals beibehalten.

Ein Ansatz, der die Entstehung, Verbreitung, Anwendung und (ökonomische) Wirkung von Technologie explizit thematisiert, ist die ▹ **Evolutionsökonomik** (auch als evolutorische Ökonomik bezeichnet). Korrekterweise muss hier jedoch erwähnt werden, dass Evolutionsökonomik eigentlich ein Sammelbegriff für verschiedene Perspektiven ist, die sich auf unterschiedliche Weise mit Wandel in der Ökonomie beschäftigen. Die hier vorgestellte Perspektive kann dem Gebiet der evolutorischen Innovationsökonomik (Pyka 2021) zugeordnet werden. In dieser Perspektive wird Wirtschaftswachstum (▶ Kap. 4) nicht primär als quantitative Steigerung des Outputs bzw. ▷ **Bruttoinlandsprodukts** verstanden, sondern als ein Prozess qualitativer struktureller Veränderung(en), der maßgeblich durch pfadabhängige technologische Entwicklung(en) ausgelöst und getragen wird.

Anders als im Mainstream, in dem marktwirtschaftlicher Wettbewerb vor allem über Preise und Produktivität verstanden wird (▶ Kap. 18), rückt das evolutionsökonomische Paradigma den Wettlauf um Wissen und Innovation in den Mittelpunkt. Unternehmen konkurrieren nicht nur über Preise, die maßgeblich von Produktionskosten und Produktivität beeinflusst werden, sondern vor allem über ihre Fähigkeit, neues Wissen zu erzeugen, in Produkte und Prozesse zu überführen und kontinuierlich weiterzuentwickeln. Aus Sicht der Evolutionsökonomik wird dieser Wettbewerb um technologische Innovationen als ein zentraler Antrieb wirtschaftlicher Dynamik und Entwicklung gesehen. Neue Technologien entstehen dabei normalerweise nicht einfach als Ergänzung zu bestehenden, sondern ersetzen diese häufig. Der österreichische Ökonom Joseph A. Schumpeter (1883–1950) sah in diesem Prozess der »schöpferischen Zerstörung« eine wesentliche Triebkraft des kapitalistischen Fortschritts: Veraltete Produktionsweisen, Organisationsformen und Marktstrukturen würden fortlaufend durch neue, leistungsfähigere Lösungen verdrängt (▷ **Kapitalismus**).

Der Technologiebegriff ist in der Evolutionsökonomik somit eng mit Wissen und Innovation verknüpft. Technologie kann demnach als ein Bündel von Wissensbausteinen verstanden werden, die sowohl praktischer als auch theoretischer Natur sein können und darauf abzielen, mehr oder weniger konkrete Probleme zu lösen. Angelehnt an die Wissenschaftstheorie von Thomas S. Kuhn (1922–1996) wird in diesem Rahmen auch von »technologischen Paradigmen« (Dosi 1982) gesprochen (nicht zu verwechseln mit den verschiedenen ökonomischen Paradigmen im Sinne verschiedener Denkschulen). Technologische Paradigmen beeinflussen sowohl die Wahrnehmung möglicher technischer Alternativen als auch (die Erwartungen an) zukünftige Entwicklungspfade. Sie bezeichnen ein strukturiertes Bündel von Problemlösungsmöglichkeiten, das innerhalb eines bestimmten technologischen Bereichs als relevant, machbar und entwicklungsfähig gilt. Ein technologisches Paradigma bestimmt somit,

- welche technologischen Probleme als zentral gelten,
- welche Lösungsansätze verfolgt werden und
- welche Arten von Wissen, Ressourcen und Kompetenzen mobilisiert werden.

Technologische Paradigmen stellen also den kognitiven und institutionellen Rahmen oder Möglichkeitsraum dar, innerhalb dessen technologische Entwicklungen stattfinden. Innerhalb eines Paradigmas verlaufen Entwicklungen typischerweise entlang der Richtung sogenannter Trajektorien, die im übertragenen Sinne Entwicklungspfade für Technologien beschreiben. Als konkretes Beispiel für diese pfadabhängigen, aufeinander aufbauenden technologischen Trajektorien kann der Fortschritt in der Computertechnik genannt werden, der wiederum durch bessere Halbleitertechnik ermöglicht wurde.

Ein zentrales Anliegen der Evolutionsökonomik war und ist es, technologischen Wandel sowie dessen ökonomische Wirkungen als im Wesentlichen dynamischen, kumulativen und wissensbasierten Entwicklungsprozess zu verstehen. Ein wichtiger evolutionsökonomischer Baustein ist die explizite Berücksichtigung der Pfadabhängigkeit: Technologien entwickeln sich in der Regel schrittweise, indem sie auf bestehendem Wissen, vorhandenen Lösungen und etablierten Routinen aufbauen (Nelson/Winter 1982). Neues Wissen ergibt sich nicht, wie im Mainstream angenommen, mehr oder weniger automatisch durch Investitionen in

Bildung, Forschung und Entwicklung, sondern insbesondere auch durch die Anwendung, Erweiterung, Rekombination und Umdeutung bereits vorhandenen Wissens sowie durch Interaktion und Austausch mit anderen.

»Unsicherheit« wird von »Risiko« unterschieden

Beim Risiko lassen sich die Eintrittswahrscheinlichkeiten für bestimmte zukünftige Ereignisse berechnen. Bei Unsicherheit ist das nicht möglich, da zukünftige Ereignisse entweder unberechenbar oder gänzlich unbekannt und damit unvorhersehbar sind.

Ein weiterer wichtiger Gegensatz zu den produktions- und wachstumsökonomischen Ansätzen des Mainstreams ist, dass die Evolutionsökonomik technologische Entwicklung als offenen Suchprozess nach neuen technologischen Möglichkeiten versteht, der von Unsicherheit und unvollständigen Informationen geprägt ist (Pyka 2021). Folglich wissen Entscheidungsträger*innen (z. B. in der Politik oder in Unternehmen) in der Regel nicht im Voraus, welche technologischen Entwicklungspfade erfolgreich verlaufen werden, welche Wissenskombinationen funktionieren, oder welche technologischen Lösungen sich auf dem Markt durchsetzen werden. Diese »echte« Unsicherheit ist nicht nur auf fehlende Informationen zurückzuführen, sondern wird als fundamentale Eigenschaft technologischer Entwicklung angesehen. Die Auswirkungen technologischer Innovationen sind zudem oftmals so tiefgreifend und zeitverzögert, dass ihre ökonomischen, sozialen oder ökologischen Folgen schlichtweg nicht vorhersehbar sind. Innovations- und Investitionsentscheidungen über neue Technologien können daher aus Sicht der Evolutionsökonomik niemals auf vollständigen Informationen beruhen, die rationale Kalküle über einen optimalen Einsatz von Forschungs- und Entwicklungsmitteln erlauben. Im Gegenteil: Diese Entscheidungsprozesse werden vielmehr als eine Mischung aus Lern- und Experimentierprozessen, Erfahrungswissen, Erwartungshaltungen und kontinuierlichem Ausprobieren (z. B. nach dem Suchprinzip »Versuch und Irrtum«) verstanden.

Darüber hinaus geht die Evolutionsökonomik davon aus, dass technologische Entwicklungen bzw. Innovationen nicht aus isolierten Erfindungen einzelner Wirtschaftssubjekte entstehen, sondern aus interaktiven, institutionell eingebetteten Systemen hervorgehen. In diesen Systemen wirken viele Akteur*innengruppen und Wirtschaftssubjekte zusammen: Unternehmen, Forschungsinstitute, staatliche Stellen, Bildungseinrichtungen, Nutzer*innen, Investor*innen und viele mehr. Sie alle bringen unterschiedliche Ressourcen, Interessen und Perspektiven ein, sodass technologische Innovationen als Ergebnisse von Lern-, Aushandlungs- und Austauschprozessen in diesen Systemen verstanden werden. In der Evolutionsökonomik werden diese Systeme daher auch als Innovationssysteme bezeichnet. Gesamtwirtschaftliche Entwicklung wird somit nicht (nur) als Steigerung des Wirtschaftswachstums, sondern als ein systemischer Evolutionsprozess verstanden. Dieser wird maßgeblich durch die vorhandenen Ressourcen- und Wissensausstattungen, Institutionen (z. B. Förderprogramme, Regulierung, Normen) und den gesellschaftlichen Umgang mit neuen Technologien (z. B. Konsum- und Nutzungsverhalten, Akzeptanz) geprägt.

Aus diesem systemischen und evolutorischen Verständnis von technologischem Wandel ergibt sich eine andere politische Konsequenz als im Mainstream. Die Evolutionsökonomik betont, dass erfolgreiche technologische Innovationen nicht automatisch durch höhere Investitionen in Bildung, Forschung und Entwicklung in einem linearen Prozess erzeugt und ökonomisch wirksam werden, sondern durch das systemische Zusammenspiel aus Netzwerken, Infrastrukturen, institutionellen Rahmenbedingungen und sozialen Lernprozessen. Innovationspolitik zielt in diesem Verständnis also vor allem auf eine Verbesserung der Zusammenarbeit, Koordination und Anpassungsfähigkeit in Innovationssystemen ab. Die Maßnahmen reichen dabei von der Gestaltung innovationsfreundlicher Regulierungen über verschiedene Anreize zur Stärkung des Wissens- und Technologietransfers bis hin zur Förderung von Austausch- und Experimentierräumen. Innovationspolitik kann aber auch die politische Einflussnahme auf technologische Paradigmen (z. B. entlang gesellschaftlicher Ziele oder institutioneller Passfähigkeit) bedeuten. Dies erfolgt etwa im Rahmen einer sogenannten missionsorientierten Innovationspolitik (Mazzucato 2018). Darunter werden unterschiedliche politische Maßnahmen verstanden, die die Entstehung derjenigen (technologischen) Innovationen fördern, von denen erwartet wird, dass sie zur Erfüllung bestimmter gesellschaftlicher Ziele beitragen. Das wohl bekannteste historische Beispiel für eine solche missionsorientierte Innovationspolitik ist das Apollo-Programm der 1960er Jahre, das auf die Mondlandung abzielte.

Spätestens an dieser Stelle ist jedoch eine kritische Einordnung erforderlich. Einerseits hat die Evolutionsökonomik in den letzten Jahrzehnten ein weitaus komplexeres und kontextsensitiveres Verständnis von Technologie und technologischem Wandel entwickelt als der Mainstream. Andererseits wurde auch von der Evolutionsökonomik die Grundfrage, welche Probleme eine Technologie eigentlich lösen soll und für wen, lange Zeit ökonomisch verkürzt beantwortet. Konkret lässt sich das an zwei Kritikpunkten festmachen: Erstens folge die evolutionsökonomische Forschung häufig implizit der Annahme, dass technologische Entwicklungen bzw. Innovationen in erster Linie etwas Positives und Wünschenswertes seien, weil sie ökonomische Probleme lösten. Kritiker*innen zufolge zeige sich in diesem Innovationsverständnis jedoch ein nicht immer angebrachter Technik- und Fortschrittsoptimismus (Godin 2019). Dadurch würden sowohl mögliche Wechselwirkungen mit Lösungen für soziale und ökologische Probleme als auch unerwünschte Auswirkungen neuer Technologien tendenziell ausgeblendet (dazu mehr im nächsten Abschnitt). Technologische Innovationen seien demnach keine ausschließlich positive Triebkraft wirtschaftlichen Fortschritts durch »schöpferische Zerstörung« im Sinne Schumpeters, sondern könnten im Gegenteil sogar überaus »zerstörerische Schöpfungen« sein. Ein offensichtliches Beispiel ist die Kernwaffentechnik. Zweitens wird angeführt, dass sich die Evolutionsökonomik trotz ihres Verständnisses von Innovationssystemen oftmals zu stark auf die Angebotsseite einer Volkswirtschaft fokussiere und damit Wissen und Innovationen insbesondere aus Unternehmensperspektive betrachte. Dadurch vernachlässige die evolutionsökonomische Forschung häufig die wichtige Rolle der Nachfrageseite (Schlaile et al. 2018).

14.1.3 Technologie in der Ökologischen Ökonomik

▷ **Ökologische Ökonomik** ist, wie bereits die Evolutionsökonomik, ein Überbegriff für verschiedene Ansätze, Erkenntnisse und Perspektiven (Rogall 2008). Die Ökologische Ökonomik integriert dabei insbesondere auch natur- und sozialwissenschaftliche Forschung und betrachtet die Ökonomie als eingebettet (▶ Kap. 7) in Gesellschaften und ein endliches planetares Gesamtsystem mit entsprechenden Grenzen (▶ Kap. 1). Vertreter*innen der Ökologischen Ökonomik kritisieren daher zentrale Annahmen des Mainstreams, insbesondere die Vorstellungen von Wachstum (▶ Kap. 4), und entwickeln Ansätze und Konzepte, die auf eine sozial gerechte und ökologisch tragfähige Wirtschaftsweise abzielen.

Die Ökologische Ökonomik verweist darauf, dass ökonomische Aktivitäten wie Produktion, Konsum und Handel auf biologischen und physikalischen Prozessen und Kreisläufen (z. B. Material- und Energieflüsse) basieren bzw. mit diesen in einer engen Wechselwirkung stehen. Sie betont daher die Bedeutung der Nachhaltigkeit (▶ Kap. 5) angesichts unersetzlicher natürlicher Lebensgrundlagen (z. B. Biodiversität, stabile Klimasysteme, fruchtbare Böden). Ein zentrales Konzept ist das der starken Nachhaltigkeit (▶ Kap. 5, ▶ Kap. 7) und auch Fragen der Gerechtigkeit (▶ Kap. 6) werden in den Mittelpunkt gerückt: Die nachhaltige ökonomische Nutzung ▹ **natürlicher Ressourcen** soll sowohl gegenwärtigen als auch zukünftigen Generationen einen gewissen Wohlstand bzw. ein gutes Leben (▶ Kap. 3) ermöglichen. Im Zusammenhang mit Technologie impliziert dies, dass natürliche Ressourcen und Ökosysteme (sogenanntes ▹ **Naturkapital**) erhalten werden müssen, da sie kaum bis gar nicht durch Technologie oder menschengemachtes Kapital ersetzt werden können und oft einzigartige sowie essenzielle Funktionen erfüllen (sogenannte Ökosystemleistungen).

In der ▹ **Umwelt- und Ressourcenökonomik** werden ökologische Probleme häufig als externe Effekte betrachtet, denen mit preis- bzw. marktbasierten Instrumenten (z. B. über die sogenannte Pigou-Steuer oder einen Emissionshandel) begegnet werden kann. Im Gegensatz dazu strebt die Ökologische Ökonomik eine grundlegende Neuausrichtung der Ökonomie an. Sie integriert beispielsweise systemtheoretische, ethische und ökologische Perspektiven und plädiert für einen fundamentalen Wandel des ökonomischen Denkens und Handelns. Diese paradigmatische Neuausrichtung betrifft somit auch, wie Technologie konzipiert und bewertet wird.

Ein wichtiges Konzept der Ökologischen Ökonomik, das sowohl für das Technologieverständnis als auch für die Bewertung technologischen Wandels relevant ist, ist die Entropie. Die Arbeiten des rumänischen Ökonomen Nicholas Georgescu-Roegen (1906–1994), der als einer der Gründer*innen der Ökologischen Ökonomik gilt, basieren stark auf diesem physikalischen Konzept. Im Kontext der Ökologischen Ökonomik steht eine Zunahme der Entropie für den Verlust der Qualität und Nutzbarkeit von Energie und Materie, der bei jedem ökonomischen Prozess (z. B. Abbau und Verarbeitung natürlicher Ressourcen, Verbrennung fossiler Brennstoffe, körperliche Arbeit und Stoffwechsel im menschlichen Körper) unvermeidlich auftritt. Kohle und Erdöl weisen beispielsweise eine niedrige Entropie und damit eine hohe Nutzbarkeit bzw. Verfügbarkeit von Materie und Energie auf. Im Rahmen ihrer Verbrennung steigt die Entropie: Abgase (z. B. CO_2) und Wärmeenergie verteilen sich in die Umgebung (z. B. in die Atmosphäre). Diese ungeordnete Materie und Energie sind nicht mehr ökonomisch nutzbar (z. B. um damit einen Motor anzutreiben). In einem abgeschlossenen System (wie dem Planeten Erde) kann die Entropie nicht abnehmen, was im Wesentlichen bedeutet, dass Energie und Materie zwar mithilfe von Technologien umgewandelt, aber nicht verlustfrei wiederverwendet werden können. Selbst moderne nachhaltigkeitsorientierte Technologien können den Entropiezuwachs somit aus dieser Perspektive nicht gänzlich vermeiden, sondern allenfalls dessen Ausmaß und Geschwindigkeit verringern. Daher stellt die Entropie eine zentrale physikalische Einschränkung für Wirtschaftswachstum, Ressourcennutzung und Wiederverwertung (z. B. Recycling) dar. Aus diesen Gründen mahnt die Ökologische Ökonomik häufig zu einer ökologisch und physikalisch realistischen Bewertung technischen Fortschritts.

Für die Ökologische Ökonomik ist Technologie somit kein neutraler Faktor oder gar positiver Fortschrittsgarant. Sie erkennt zwar an, dass technischer Wandel zur Lösung gewisser Umweltprobleme beitragen kann, beispielsweise durch ressourcenschonendere Produktionsprozesse oder die Nutzung umweltverträglicherer Materialien und emissionsärmerer Energieträger. Allerdings sind diese Wirkungen weder automatisch gegeben noch zwangsläufig nachhaltig. Vielmehr sind Technologien sozial und ökologisch ambivalent: Technologischer Wandel kann ebenso neue Abhängigkeiten und Belastungen schaffen wie bestehende mindern. Aus Sicht der Ökologischen Ökonomik werden solche unerwünschten direkten und indirekten Auswirkungen neuer Technologien von Ökonom*innen anderer Paradigmen jedoch oft vernachlässigt, falsch eingeschätzt oder verschwiegen. Beispielsweise wurden die direkten (Umwelt-) Effekte digitaler Technologien wie KI, also der tatsächliche Energie- und Ressourcenbedarf für deren Einsatz, lange Zeit unterschätzt (Lange/Santarius 2018). Außerdem schafft die technologische Lösung von Problemen häufig (zumindest indirekt) neue Probleme, wie das Beispiel von E-Autos zur Reduktion von Treibhausgasemissionen zeigt: Für die Lithium-Ionen-Akkus der E-Autos werden Rohstoffe wie Kobalt benötigt, deren Gewinnung, Verarbeitung und Entsorgung mit diversen sozialen und ökologischen Problemen einhergeht (z. B. menschenunwürdige Arbeitsbedingungen in Kobaltminen, umweltschädliche Entsorgung).

Entropie

Der Entropiebegriff stammt aus der Thermodynamik (auch Wärmelehre genannt) und wird allgemein oft als Maß für die Unordnung oder Energieverfügbarkeit in einem System verstanden.

Die ambivalente Einstellung der Ökologischen Ökonomik gegenüber technologischem Fortschritt lässt sich nicht zuletzt auch mit dem Rebound-Effekt bzw. dem Jevons-Paradoxon begründen. Diese beiden Begriffe werden häufig synonym verwendet, da sie sich auf dasselbe Phänomen beziehen: Effizientere Technologien (z. B. sparsamere Motoren) verleiten zu verändertem Konsumverhalten (z. B. längere oder häufigere Autofahrten), sodass es nicht zu den erwarteten Einsparungen an Ressourcen oder Energie kommt. Die Ursachen sind vielschichtig und umfassen sowohl finanzielle (z. B. Kostensenkungen) als auch psychologische und gesellschaftliche Aspekte (Santarius 2015).

Jevons-Paradoxon

Das Jevons-Paradoxon ist nach William Stanley Jevons (1835–1882) benannt, der anhand des englischen Kohleverbrauchs beobachtete, dass technologiegetriebene Effizienzsteigerungen den Ressourcenverbrauch nicht wie erwartet insgesamt senkten, sondern den Gesamtverbrauch sogar erhöhten.

Aus der Forschung

Die Fallstudie von Axt, Baldassarre und Kirchherr beschäftigt sich mit der Umsetzung kreislaufwirtschaftlicher Prinzipien in der Wertschöpfungskette von Wasserstofftechnologien im Zusammenhang mit der Versorgungssicherheit für bestimmte kritische Rohstoffe in der Europäischen Union (▷ **Kreislaufwirtschaft**). Methodisch greift die Fallstudie auf Literatur- und Dokumentenanalysen sowie 29 Interviews mit Expert*innen zurück. Diese Daten werden mit dem Ziel ausgewertet, Faktoren zu identifizieren, die die Einführung diverser Kreislaufprinzipien (z. B. Recycling oder Wiederverwendung) vorantreiben oder behindern. Die Autor*innen ermitteln 18 Treiber und 14 Hindernisse, die sie in vier Kategorien einteilen: kulturell, regulatorisch, ökonomisch und technologisch. Sie sehen insbesondere die kulturellen und ökonomischen Hindernisse in den bestehenden (linearen) Wirtschafts- und Anreizsystemen begründet. Regulatorische Maßnahmen sind aus Sicht der

Autor*innen die wichtigsten Treiber für die Kreislaufwirtschaft, weil sie auch klare Regeln und Anreize schaffen, die zur Überwindung der anderen Hindernisse nötig sind. Die Studie zeigt einerseits weiteren Forschungsbedarf auf und liefert andererseits bereits konkrete industrie- und technologiepolitische Empfehlungen wie Exportverbote für Abfälle, die bestimmte Metalle enthalten, konkrete Recyclingquoten und die Sicherstellung technologischer Normen für den Rückbau.

Quelle: Axt, Marie/Baldassarre, Brian/Kirchherr, Julian (2025): Towards greater circularity in the hydrogen technology value chain. In: Ecological Economics, 236. Jg, 2025, S. 108679.

Im Gegensatz zum Mainstream und der ▹ **Evolutionsökonomik** steht die Ökologische Ökonomik dem Zusammenspiel von Technologie und Wachstum deutlich skeptischer gegenüber (▹ **Mainstreamökonomik**). Ökologischen Ökonom*innen wird daher bisweilen eine Technikfeindlichkeit vorgeworfen, da sie die Bedeutung technologischer Innovationen für die Bewältigung der sozial-ökologischen Vielfachkrise kategorisch missachten. Auch die Wachstumskritik und damit zusammenhängende Postwachstums- und ▹ **Degrowth**-Ansätze werden insbesondere von Ökonom*innen anderer Perspektiven oft als zu pessimistisch und realitätsfern angesehen. Da die Ökologische Ökonomik allerdings kein homogenes Forschungsfeld darstellt, ist eine derart pauschale Kritik jedoch kaum stichhaltig.

Zusammenfassend lässt sich festhalten: Technologischer Wandel hat in der Ökologischen Ökonomik eine explizite sozial-ökologische Dimension. An die Stelle von Erklärungsmodelle für technischen Fortschritt tritt ein umfassenderes Verständnis von Technologie als Teil gesellschaftlicher Naturverhältnisse, welches in Ansätzen bereits in der ▹ **Marxistischen Politischen Ökonomie** zu finden ist (Wendling 2022). Im Unterschied etwa zur Evolutionsökonomik, die Technologie und technologischen Wandel explizit als Folge wissensbasierter systemischer Evolutionsprozesse konzipiert, fokussiert sich die Ökologische Ökonomik auf die soziale und ökologische Einbettung (▶ Kap. 7) ökonomischer Prozesse inklusive der darin eingesetzten Technologien. Daraus ergibt sich im Gegensatz zum Mainstream und der Evolutionsökonomik eine stärker ausgeprägte Sensibilität für die politischen, sozialen und ethischen Dimensionen von Technologie. Infolgedessen beantwortet die Ökologische Ökonomik nicht primär die Frage, *wie* Technologien entstehen oder technologischer Wandel funktioniert. Sie fragt eher, *wozu* sie dienen und *unter welchen Bedingungen* sie sozial und ökologisch tragfähig sind – oder auch nicht.

Bezug zur sozial-ökologischen Vielfachkrise

Welche Rolle Technologie und technologischer Wandel im Kontext der sozial-ökologischen Vielfachkrise spielen, kann aus Sicht der hier vorgestellten Paradigmen unterschiedlich diskutiert werden. In der neoklassisch geprägten Produktions- und Wachstumsökonomik des Mainstreams werden Umweltbelastungen oder soziale Ungleichheiten durch unterschiedlichen Zugang zu Technologien entweder ausgeblendet oder wie in der ▹ **Umwelt- und Ressourcenökonomik** als externe Effekte bzw. ▹ **Marktversagen** behandelt (▹ **Neoklassik**, ▹ **Mainstreamökonomik**). Die Mainstreamökonomik wird somit tendenziell vorschlagen, diesen Aspekten der Vielfachkrise über Marktmechanismen zu begegnen (z. B. durch CO_2-Bepreisung oder die Etablierung von Emissionshandelssystemen).

Die ▹ **Evolutionsökonomik** ging lange Zeit (implizit) davon aus, dass erfolgreiche technologische Innovationen hilfreiche wissensbasierte Problemlösungsansätze darstellen, die sich im Ideenwettbewerb durchgesetzt haben. Wie auch im Mainstream schwingt hier folglich ein gewisser Fortschritts- und Technologieoptimismus mit, wenn auch in anderer Form. Innovationspolitik sollte sich aus dieser Vorstellung heraus vor allem für eine Verbesserung der Rahmenbedingungen für die Entstehung von Innovationen und die Stärkung von Innovationssystemen einsetzen. Erst in neueren evolutionsökonomischen Ansätzen wird auch die Frage berücksichtigt, welche Probleme diese Innovationen überhaupt lösen und für wen. Somit wird die normative Bewertung und Ausrichtung von Innovationsprozessen und -systemen politisch relevant. Aktuell lässt sich beispielsweise in der Europäischen Union eine Neuausrichtung missionsorientierter Innovationspolitik auf die Bewältigung globaler Herausforderungen beobachten.

Im Gegensatz zu den anderen ▷ **Paradigmen** ist die sozial-ökologische Vielfachkrise Ausgangs- und Mittelpunkt der ▷ **Ökologischen Ökonomik**, da sie die natur- und sozialwissenschaftlich fundierten Grenzen technologischer und ökonomischer Prozesse betont. Ökologische Ökonom*innen hegen daher oftmals Zweifel daran, dass der Vielfachkrise (nur) mit neuen Technologien beizukommen ist. Da die Ökologische Ökonomik ein breites Spektrum an Perspektiven und Ansätzen umfasst, finden sich jedoch sowohl Argumente für marktwirtschaftliche und technologiepolitische Maßnahmen zur Bekämpfung der Vielfachkrise als auch technologiepessimistische Argumente für eine Transformation des Wirtschaftssystems und eine Abkehr von Wachstumsparadigmen.

14.2 Fazit

Die Auseinandersetzung mit dem Technologiebegriff in verschiedenen ökonomischen ▷ **Paradigmen** verdeutlicht, dass mit jeder der drei vorgestellten Perspektiven ein anderes Verständnis von Technologie und technologischem Wandel einhergeht. Die drei Paradigmen fungieren dabei im übertragenen Sinne als Brillen, die unterschiedliche Aspekte und Dimensionen von Technologie scharfstellen, während sie andere ausblenden oder systematisch verzerren. Diese paradigmatische Fokussierung und Abstraktion ergeben sich zwar notwendigerweise aus den Grundprinzipien wissenschaftlicher Theorien und Modelle (▶ Kap. 2). Dennoch wird genau darin die zentrale Herausforderung sichtbar: In Abhängigkeit davon, welches ökonomische Paradigma dominiert, werden Fragen nach der Entstehung, Steuerung oder normativen Bewertung von Technologie und technologischem Wandel unvollständig und zum Teil auch widersprüchlich beantwortet oder gar nicht erst gestellt.

Gerade angesichts der sozial-ökologischen Vielfachkrise wird deutlich, dass eine ▷ **Pluralität** von Ansätzen notwendig ist, um der Komplexität von Technologie und technologischem Wandel auch nur ansatzweise gerecht zu werden. Dies wird wohl keine der hier vorgestellten Paradigmen aus sich heraus leisten können. Es ist sogar anzunehmen, dass die Grenzen wissenschaftlicher Disziplinen grundsätzlich hinterfragt, überdacht und verschoben werden müssen. Denn trotz ihrer ökonomischen Relevanz werden beispielsweise die gesellschaftlichen Dimensionen von Technologie überwiegend von Schwesterdisziplinen der ▷ **Ökonomik** wie der (Technik-)Soziologie oder interdisziplinären Forschungsgebieten wie den Science and Technology Studies erforscht. Für die Zukunft der ▷ **Pluralen Ökonomik** wird sich folglich zeigen, ob und wie ein fruchtbarer Austausch zwischen verschiedenen Perspektiven und Erkenntnissen gelingen kann. Eine solche Multiperspektivität könnte es uns ermöglichen, Technologie nicht nur im Spannungsverhältnis von Technikgläubigkeit und Technikfeindlichkeit zu betrachten.

Literaturempfehlungen

Dosi, Giovanni (1982): Technological paradigms and technological trajectories: A suggested interpretation of the determinants and directions of technical change. In: Research Policy, Jg. 11, Nr. 3, S. 147–162.

Godin, Benoît (2019): The invention of technological innovation: Languages, discourses and ideology in historical perspective. Cheltenham.

Lange, Steffen/Santarius, Tilman (2018): Smarte grüne Welt? München.

Mazzucato, Mariana (2018): Mission-oriented innovation policies: Challenges and opportunities. In: Industrial and Corporate Change, Jg. 27, Nr. 5, S. 803–815.

Nelson, Richard R./Winter, Sidney G. (1982): An evolutionary theory of economic change. Cambridge, MA.

Pyka, Andreas (2021): Evolutorische Innovationsökonomik. In: B. Blättel-Mink/I. Schulz-Schaeffer/A. Windeler (Hrsg.): Handbuch Innovationsforschung. Wiesbaden, S. 83–101.

Rogall, Holger (2008): Ökologische Ökonomie, 2. Aufl., Wiesbaden.

Santarius, Tilman (2015): Der Rebound-Effekt. Marburg.

Schlaile, Michael P./Mueller, Matthias/Schramm, Michael/Pyka, Andreas (2018): Evolutionary economics, responsible innovation and demand: Making a case for the role of consumers. In: Philosophy of Management, Jg. 17, S. 7–39.

Wendling, Amy E. (2022): Karl Marx über Technologie und Entfremdung. Berlin.

Online-Ressourcen

Exploring Economics, Vergleiche die Perspektiven der Theorieschulen der Ökonomik, https://www.exploring-economics.org/de/orientieren/

Plurale Ökonomik (2024), Ökologische Ökonomik und die Wachstumsfrage (Dr. Steffen Lange), https://www.youtube.com/watch?v=yk4mtyKQLh4

UBS Nobel Perspectives Podcast, Nobel Perspectives Podcast, https://www.ubs.com/microsites/nobel-perspectives/de/podcast.html

15 Was ist Geld?

Elsa Egerer und Stella Wasenitz

Ob auf kommunaler, Landes-, Bundes- oder internationaler Ebene: Öffentliche Investitionen in den Bereichen Bildung, Klimaschutz und Infrastruktur werden aufgeschoben oder abgelehnt, da angeblich nicht genug Geld vorhanden sei. Insbesondere in Zeiten steigender Preise erleben wir das Gefühl der Knappheit von Geld auch als Privatpersonen regelmäßig im Alltag, etwa in einer Situation wie dieser:

> *Stell dir vor, du sitzt mit Freund*innen im Café um die Ecke. Die schnell eingesteckten 10 Euro Bargeld reichen nicht aus. Du überlegst, ob du einfach einen Zettel schreiben könntest, auf dem du »Ich verspreche Ihnen 4 Euro« notierst und dafür einen weiteren Kaffee bekommen könntest. Du vermutest, dass der Kellner diesen Zettel von dir aber nicht annehmen würde.*

Während der Kellner deinen handgeschriebenen Zettel kaum akzeptieren würde, gibt es in unserem Wirtschaftssystem Institutionen, deren Versprechen sehr wohl als Zahlungsmittel gelten. Banken können solche Versprechen ausstellen – und genau diese werden als Geld anerkannt. Das funktioniert ganz ähnlich wie im Beispiel beschrieben.

Im folgenden Kapitel soll deutlich werden, dass Geld im gegenwärtigen System – wie im Beispiel – vor allem ein Versprechen ist. Die zentrale Frage des Kapitels »Was ist Geld?« ist nicht trivial. So gibt es auch Betrachtungen, die Geld primär anders definieren: Anhand des Beispiels lassen sich auch die klassischen Funktionen von Geld zeigen, die uns aus dem Alltag vertraut sind: Zum einen kann Geld gegen etwas anderes getauscht werden –, denn du bekommst den Kaffee gegen das *Tauschmittel* Geld. Zum anderen ist Geld auch eine *Recheneinheit*, denn dein Kaffee hat einen quantitativen (Geld-)Wert von drei Euro. Und du konntest es nur einsetzen, weil du es vorher bekommen und behalten hast und es in der Zeit nicht seinen Wert verloren hat (*Wertspeicher*). Diese drei Aspekte sind intuitiv nachvollziehbar und werden dir in allen großen VWL-Einführungswerken begegnen.

Jetzt sind dir schon zwei Perspektiven darauf begegnet, was Geld ist. Die eine sagt, Geld ist ein Versprechen. Die andere definiert Geld funktional. Viel hängt davon ab, welche Fragen wir zu Geld stellen. Die drei sogenannten Geldfunktionen beantworten, wie der Name schon sagt, die Frage: »Welche Funktion erfüllt Geld?« oder »Was kann ich mit Geld tun?«. Sie entsprechen vermutlich deinem bisherigen Geldverständnis. Allerdings bleiben die Fragen nach dem »Warum?« und »Wie?« dieser Funktionen unbeantwortet. Ein umfassendes Verständnis von Geld bedeutet jedoch, auch diese Fragen mitzudenken.

Dafür zeigen wir zunächst, wie unterschiedlich theoretische ▷ **Denkschulen** auf Geld blicken. Danach wenden wir uns den Strukturen und Praktiken des heutigen Geldsystems zu: Wie funktioniert Geld(schöpfung) tatsächlich, welche Akteur*innen und Prozesse sind beteiligt – und wo treten Widersprüche zu den theoretischen Ansätzen auf? Dies diskutieren wir abschließend und betrachten mögliche wissenschaftliche wie politische Implikationen.

15.1 Wie verschiedene Ökonom*innen Geld denken

Die folgenden drei Unterkapitel sollen dir einen Eindruck davon vermitteln, wie Ökonom*innen verschiedener Traditionen über Geld denken. Dabei vereinfachen wir ein wenig, um die Unterschiede gut sichtbar und verständlich zu machen.

15.1.1 Geld als »Schmiermittel« der Realwirtschaft

Schauen wir uns zunächst vereinfacht an, wie im ökonomischen Mainstream über Geld nachgedacht wird. Grundlegend ist hier der Gedanke, dass man die Wirtschaft am besten versteht, wenn man sie aus der Perspektive der einzelnen Akteur*innen betrachtet. Diese Betrachtungsweise wird allgemein ▹ **Methodologischer Individualismus** genannt. Entsprechend wird auch Geld eher aus individueller Sicht erklärt (Löscher 2019). In der hier gängigen Erzählung zur Entstehung des Geldes dient Geld demzufolge als Lösung für ein zentrales Problem der Tauschwirtschaft: Ohne Geld müssen sich die Tauschenden zur gleichen Zeit genau das wünschen, was die jeweils andere Person anbietet. Die Bäckerin müsste also Fleisch vom Fleischer wollen – und der Fleischer zugleich Brot von ihr. Geld entsteht in dieser Sichtweise, wenn beide sich darauf einigen, z. B. Salz als allgemeine Tauschware zu verwenden. Der Handel wird dadurch einfacher, die Grundstruktur der Wirtschaft ändert sich nicht.

Nicht die Gesellschaft oder der Staat stehen in dieser Erzählung im Mittelpunkt, sondern Produktion und Waren. Geld ist im Mainstream entweder tatsächlich eine Ware, beispielsweise Salz oder Edelmetalle, oder es wird zumindest *wie* eine Ware gedacht (Löscher 2019). Wir sprechen daher von Warengeld.

Wenn Geld wie eine Ware gedacht wird und jede Ware wie alles Materielle auf dieser Erde einer natürlichen Begrenzung unterliegt, ist auch Geld begrenzt und damit knapp. So lässt sich dementsprechend auch die Kreditvergabe – also woher bekomme ich Geld bzw. wer kann mir Geld leihen – nur auf eine bestimmte Art denken: Wenn ich Salz weiterverleihen möchte, muss ich Salz zunächst besitzen. Und wenn ich Geld weiterverleihen möchte, muss ich ebenfalls zunächst Geld besitzen. Wenn ich Salz brauche, muss jemand anderes es erst einmal besitzen. Geld kann also nur weitergegeben oder verliehen werden, wenn es bereits von jemandem *gespart* wurde. Diese Sichtweise ist eng verwoben mit der Darstellung von Privatbanken als Vermittler*innen (sogenannte Intermediäre), die gespartes Geld weiterverleihen, nicht aber eigenständig schöpfen können. Geld als knappes, verleihbares Mittel zu betrachten, wird auch als *Loanable-Funds-Theorie* bezeichnet.

Eine Sonderrolle nimmt in dieser Interpretation die ▹ **Zentralbank** ein. Sie wird sozusagen als exklusiver Salz- bzw. Geldproduzent gedacht. Sie bestimmt die Menge des von ihr hergestellten Geldes und hält dieses knapp. Die Dynamiken des Geldsystems werden dabei weiterhin ähnlich interpretiert wie ein Marktprozess für (knappes) Salz, bestimmt durch Angebot und Nachfrage.

Doch nicht nur in Bezug auf die Geldentstehung wird in der Mainstreamperspektive eher realwirtschaftlich gedacht. Das bedeutet z. B., dass sich der Mainstream vorwiegend mit der Produktion von »realen« Dingen wie Brot beschäftigt. Der Staat oder das Finanzsystem und damit zusammenhängende immaterielle Erwartungen stehen dagegen weniger im Mittelpunkt. Geld spielt als »Schmiermittel der Realwirtschaft« (Mankiw/Taylor 2024, S. 1141) eher eine Nebenrolle. Die Metapher soll illustrieren, dass monetäre Phänomene wie Geld oder

Kredite als »neutrale Größen« den realwirtschaftlichen Austausch erleichtern, ihn aber nicht bestimmen. Geld ist das metaphorische und unsichtbare Öl, durch das die große Maschine der Wirtschaft problemlos laufen kann. Diese Theorie der »Neutralität des Geldes« ist zentral im *Monetarismus*, einer wirtschaftstheoretischen Strömung, die insbesondere durch den Ökonomen Milton Friedman (1912–2006) geprägt wurde und im Mainstream eine wichtige Rolle spielt. Der Monetarismus geht davon aus, dass Geld langfristig keinen Einfluss darauf hat, wie viel produziert wird oder wie viele Menschen eingestellt werden. Stellen wir uns all das, was in einer Wirtschaft produziert wird, als metaphorischen Kuchen vor. Eine Veränderung der Geldmenge hat dann weder auf die Größe noch auf die Zusammensetzung des gesamtwirtschaftlichen »Produktionskuchens« einen Einfluss, sondern beeinflusst lediglich den Preis, den man für die einzelnen Stücke zahlt (▶ Kasten: Aus der Forschung).

Neutralität des Geldes

Die Neutralität des Geldes ist eine Theorie, die besagt, dass die Höhe der Geldmenge keinen (oder nur langfristig) Einfluss auf realwirtschaftliche Größen wie Produktion oder Beschäftigung hat, sondern lediglich das allgemeine Preisniveau verändert.

Fassen wir zusammen: Zentral im Mainstream sind neben dem methodologischen Individualismus vor allem das Verständnis von Geld als Tauschmittel und als knappes Warengeld. Dabei ist anzumerken, dass innerhalb des Mainstreams verschiedene Deutungen nebeneinander existieren, auf die je nach Kontext Bezug genommen wird. Grundsätzlich gilt jedoch: Geld wird vor allem als Schmiermittel gedacht, das wirtschaftliche Aktivität am Laufen hält. Diese Vorstellungen sind politisch wirkmächtig, da sie einen bestimmten Deutungsrahmen schaffen. Zum Beispiel passt die Neutralität des Geldes gut zu einem Zentralbankmandat, das sich auf Preisstabilität beschränkt, und öffentliche Sparmaßnahmen erscheinen unter der Annahme knappen Geldes folgerichtig.

Aus der Forschung

Im Jahr 2023 veröffentlichen die Politökonom*innen Isabella Weber und Evan Wasner eine Ursachenanalyse der vorangegangenen starken Preissteigerungen. Ihre These: Die ▹ **Inflation** ab 2021 sei zwar zunächst durch eine Angebotsknappheit entstanden (weil etwa wichtige Komponenten oder Zwischenprodukte aufgrund von pandemiebedingten Lieferkettenproblemen fehlten), der Grund für ihre Verfestigung liege jedoch in Preiserhöhungen marktdominierender Unternehmen. Aufgrund allgemeiner Unsicherheit könnten verschiedene Unternehmen gleichzeitig die Preise steigern, ohne dass die Konsumierenden weniger kaufen. Dabei stützen Weber und Wasner ihre Forschung auf qualitative Analysen von z. B. Quartalsberichten großer Konzerne.

Inflation bezeichnet die durchschnittliche Preisveränderung eines genormten Warenkorbs, der die Lebenshaltungskosten widerspiegelt. Kaufst du im Supermarkt jede Woche dasselbe und zahlst nach einer bestimmten Zeit 5 % mehr, liegt die Inflation für deinen Warenkorb und den Zeitraum bei 5 %. Es gibt verschiedene Theorien zur Entstehung von Inflation. Die vom Monetarismus aufgegriffene *Quantitätstheorie* wird über eine »Helikoptermetapher« illustriert: Man stelle sich vor, ein Hubschrauber wirft über einer Stadt gleichmäßig Geld ab – alle haben plötzlich mehr Bargeld, kaufen jedoch weiterhin die gleichen Güter wie zuvor. Die Folge sind lediglich höhere Preise für Konsumgüter. Andere argumentieren, dass zusätzliches Geld vor allem in Finanzmärkte fließt und untersuchen dementsprechend die Inflation von Vermögenspreisen. Ein weiterer Ansatz, die Erklärung der *Kostendruckinflation,* verweist auf steigende Produktionskosten, bspw. höhere Agrarpreise durch die Klimakatastrophe. Im Forschungsmainstream gilt: In einer »überhitzten« Wirtschaft mit ausgelasteten Kapazitäten steigen durch mehr Verhandlungsmacht der Arbeitnehmenden die Löhne und dadurch auch die Preise (bis hin zur sog. *Lohn-Preis-Spirale*, die diesen Prozess als sich selbst verstärkend versteht).

Weber und Wasner erweitern also einen bereits komplexen und kontroversen Inflationsdiskurs, indem sie die Preissetzungsmacht der Unternehmen in den Vordergrund stellen. Sie betonen, dass je nach Ursache der Preissteigerungen passende Maßnahmen zum Einsatz gebracht werden sollten, und erweitern damit das in der ▹ **Mainstreamökonomik** häufig auf Leitzinserhöhungen bzw. -senkungen (▶ Kap. 15.2.3) beschränkte Instrumentarium um Werkzeuge wie Preiskontrollen oder Übergewinnsteuern. Die Verantwortung für die Inflationsbekämpfung liegt damit nicht länger allein bei der Zentralbank, sondern wird zur Aufgabe der gesamten Wirtschaftspolitik.

Quelle: Weber, Isabella M./Wasner, Evan (2023): Sellers' inflation, profits and conflict: why can large firms hike prices in an emergency? In: Review of Keynesian Economics, 11(2), S. 183–213.

15.1.2 Geld als kollektiver Prozess

Gemein ist den in diesem Unterkapitel vorgestellten ▹ **Denkschulen**, dass sie Geld vor allem als soziales Phänomen verstehen und in den Vordergrund stellen. Das steht im Gegensatz zum individualistischen Denken des Mainstreams.

Geld funktioniert demnach, wenn und weil alle mitmachen. Nur wenn ich darauf vertraue, dass ich Geld gegen etwas anderes eintauschen kann, d. h. erwarte, dass die anderen Mitglieder der Gesellschaft Geld als Zahlungsmittel akzeptieren, akzeptiere ich es selbst auch als Zahlungsmittel. Ein Zirkelschluss, der jedoch nicht irrational ist: Wir verlassen uns auf die flächendeckende Anerkennung von Geld in ähnlicher Weise, wie wir davon ausgehen, dass eine grüne Ampel für uns signalisiert, dass kreuzende Verkehrsteilnehmende uns passieren lassen. Wie Verkehrsregeln können wir Geld als *Kulturpraxis* verstehen, die wir durch Erfahrung und Nachahmung einüben. Geld ist aber nicht nur das Ergebnis gesellschaftlichen Handelns. In einem fortlaufenden *kollektiven Prozess* formen nicht nur wir Geld, sondern Geld formt ebenso uns und unser kollektives Denken, Rechnen und Handeln (Brodbeck 2014).

Viele der hier besprochenen Perspektiven auf Geld und dessen Funktionsweise sind eng mit der Rolle des Staates (▶ Kap. 21) verwoben. Einer der Mitbegründer der Soziologie, Georg Simmel (1858–1918), betont, dass das mit Geldbesitz zusammenhängende Gefühl von Sicherheit als Ausdruck des Vertrauens in die staatliche und gesellschaftliche Ordnung verstanden werden kann. Eine geldtheoretische Denkschule, die sich gar über die Bedeutung des Staates bei der Geldschöpfung definiert, ist der *Chartalismus*. Geld entsteht den Chartalist*innen zufolge, indem der Staat es zum gesetzlichen Zahlungsmittel erklärt. Der wohl wichtigste Vertreter, Georg Friedrich Knapp (1842–1926), auf den sich auch die neuere Strömung der neo-chartalistischen ▹ **Modern Monetary Theory** (MMT) bezieht, versteht Geld als etwas, das durch die staatliche Rechtsordnung geschaffen wird. Geld funktioniert aus diesen Perspektiven also ähnlich wie eine kulturelle Regel, die wir (soziologisch) durch gemeinsame Praxis oder (chartalistisch) durch staatliche Autorität stabilisieren.

Chartalismus

Chartalismus ist eine geldtheoretische Richtung, die erklärt, dass Geld entsteht und funktioniert, weil der Staat es als offizielles Zahlungsmittel bestimmt.

Eine weitere Denkschule, die Geld als soziales Phänomen versteht, ist der ▹ **Postkeynesianismus.** Für Postkeynesianer*innen sind dabei insbesondere buchhalterische Überlegungen von großer Bedeutung. In diesem Zugang wird Geld mithilfe von ▹ **Bilanzen** analysiert, denn das Denken in Bilanzen erweist sich als hilfreich für ihr Verständnis von der Kreditgeldschöpfung (Sahr 2022), auf das wir später vertieft eingehen (▶ Kap. 15.2.1). In der Buchhaltung werden nicht nur reale Vermögenswerte wie Maschinen erfasst, sondern auch soziale Beziehungen dokumentiert. Konkret werden in Bilanzen auch Schulden und Ansprüche quantifiziert und einander gegenübergestellt. Ein einfaches Beispiel: Wenn ich meiner Oma verspreche, ihren Schrank zu reparieren, könnte sie diesen Anspruch in ihrer Bilanz als Vermögenswert verbuchen – sie hat nun eine Forderung gegenüber mir. Ich hingegen müsste in meiner Bilanz eine entsprechende Schuld eintragen, da ich ein Versprechen abgegeben habe. Geld als soziale Praxis ist also gut mit buchhalterischen Verfahren nachvollziehbar.

Die eben angesprochene Kreditgeldschöpfung steht im Widerspruch zur *Loanable-Funds-Theorie*, da bei der Vergabe von Krediten neues Geld entsteht. Zudem gilt im Postkeynesianismus: Geld und Schulden sind untrennbar miteinander verbunden. Die Wirtschaft wird auch deswegen als finanzkapitalistische Wirtschaft verstanden. Das heißt, finanzwirtschaftliche Akteur*innen wie Banken sowie allgemein finanzwirtschaftliche Fragen stehen im Vordergrund. Ein Beispiel hierfür ist die Frage, ob ich zur richtigen Zeit Geld habe, um Schulden bei Fälligkeit zu zahlen. Diese Anforderung wird *Liquidität* genannt. Ein Unternehmen kann zwar Gewinne erwarten, doch wenn es heute seine Löhne nicht auszahlen kann, droht trotzdem die Zahlungsunfähigkeit. Für Postkeynesianer*innen erfüllt Geld daher vor allem eine zentrale Funktion: Es ist Mittel zur Schuldentilgung – also zur Begleichung sozialer Schuldbeziehungen.

Doch nicht nur die Frage des richtigen Moments der Geldverfügbarkeit ist wichtig. Postkeynesianer*innen beschäftigen sich auch mit der Frage der Qualität des Geldes. Auch hier ist das soziale Verständnis zentral, da Geld als Versprechen verstanden wird. Relevant ist hierbei, wer das Versprechen gibt und wie vertrauensvoll derjenige ist (▶ Kap. 15.2.2).

Im Gegensatz zur Fokussierung der Realwirtschaft im Mainstream beschreiben Postkeynesianer*innen die stark zunehmende Bedeutung des Finanzsystems sowie auch die Zunahme von Finanzprodukten (Stockhammer 2013). Zudem wird Wirtschaft – im Gegensatz zur Gleichgewichtsvorstellung im Mainstream – als grundlegend instabil gedacht. Für die Analyse sind hier selbstverstärkende Feedbackprozesse zentral, die strukturell im Finanzsystem angelegt sind. Auch hier ist die soziale Dimension von Relevanz, etwa aufgrund von kollektiven Erwartungen. Schon kleine Veränderungen können große Kettenreaktionen auslösen – ähnlich wie in einer emotional aufgeladenen Gruppendiskussion, in der sich Reaktionen gegenseitig hochschaukeln.

Die in diesem Kapitel vorgestellten Denkschulen bieten eine alternative Perspektive zur individualistischen Sicht des Lehrbuch-Mainstreams: Sie verstehen Geld vor allem als kollektiven Prozess. Auf dieser Grundlage lassen sich andere politische Schlussfolgerungen ziehen. Beispielsweise wird Geld aus sozialer Perspektive nicht notwendigerweise als knapp gedacht, denn als immaterielle und soziale Beziehung ist Geld kein natürlich limitiertes Gut. Hier stellt sich die politische Frage nach mehr Spielräumen für staatliche Investitionen. Gleichzeitig rückt das Geld- und Finanzsystem selbst stärker in den Fokus. Wenn Geld nicht »natürlich« aus Marktprozessen entsteht, entsteht Raum für Fragen zur Organisation und Gestaltbarkeit des Geldsystems.

15.1.3 Geld als Herrschaftsinstrument

Kapitalismuskritische ▷ **Denkschulen** wie feministische und marxistische Perspektiven gehen noch einen Schritt weiter: Wer wie viel Geld hat, wer Geld schöpfen kann und wie es (um)verteilt wird (▶ Kap. 17), ist eng verwoben mit politischer und ökonomischer Macht.

Aus Sicht der ▷ **Feministischen Ökonomik** markiert Geld die Trennlinie zwischen höher bewerteter ökonomischer Produktivität und den meist nicht bezahlten Sphären Sorgearbeit und Natur (▶ Kap. 7): Obwohl sorgende Tätigkeiten und die Natur an vielen Stellen die Grundlage wirtschaftlicher Prozesse sind, werden sie in der Wirtschaft nicht wertgeschätzt, wenn sie nicht bepreist sind. Dass nur in Geld Bezahltes in volkswirtschaftliche Messungen einfließt, macht Geld für feministische Ökonom*innen zum Herrschaftsinstrument.

Im Allgemeinen problematisieren kapitalismuskritische Strömungen typischerweise Geld- und Finanzmärkte. Oftmals ergänzen und überlagern sich dabei die Kritik an Vermögensungleichheit einerseits und an der grundsätzlichen Architektur des Geld- und Finanzsystems andererseits (Blakeley 2021). Im Mainstream wird Kapital als Produktionsmittel bzw. ▷ **Sachkapital** definiert. Marx hingegen definiert Kapital (▶ Kap. 11) im Sinne der Motivation von Kapitalist*innen, Wert zu vermehren. Erst Geld ermöglicht die kapitalistische Profitdynamik und Ausbeutung (Eich 2023) (▷ **Kapitalismus**). Lediglich in einer Geldwirtschaft kann Arbeit (▶ Kap. 12) zur Ware werden und Geld selbst zum abstrakten Selbstzweck kapitalistischer Tätigkeit. Verschiedene marxistische Strömungen betonen darüber hinaus, dass Kreditbeziehungen ein spezifisches Instrument kapitalistischer Ausbeutung darstellen (▶ Kap. 20). Beispielsweise können Banken des Nordens Druck auf Regierungen im ▷ **Globalen Süden** ausüben, Ausgaben zu kürzen – z. B. Investitionen in Schulen und Krankenhäuser –, um die Zahlung von Krediten und Zinsen kurzfristig zu sichern.

Resümierend zeigt sich: Geld als Herrschaftsinstrument zu betrachten, eröffnet eine machtkritische Perspektive. Dadurch wird sichtbar, dass Ungleichheit und Knappheit nicht einfach naturgegeben sind, sondern gesellschaftlich hergestellt bzw. erhalten werden – oft als Teil patriarchaler oder ausbeuterischer Strukturen. Politisch rückt so auch die Frage in den Vordergrund, wer vom gegenwärtigen System profitiert und wer benachteiligt ist. Neben der feministischen und marxistischen Ökonomik kritisieren auch Vertreter*innen anderer ökonomischer Denkschulen – wie der ▷ **Postkeynesianismus** oder die ▷ **Ökologische Ökonomik** – die Ausrichtung des Geld- und Finanzsystems auf Profit und ▷ **Kapitalakkumulation**.

15.2 Woher kommt unser Geld (wirklich)?

Du hast jetzt eine ungefähre Vorstellung davon, wie unterschiedlich man über Geld nachdenken kann. Außerdem haben wir angedeutet, dass sich aus der jeweiligen Perspektive gänzlich unterschiedliche politische Schlussfolgerungen ableiten lassen. Auch wenn es verschiedene Theorien zum Geldsystem gibt, ist es für einen fundierten Diskurs sinnvoll, auch die realen Gegebenheiten einzubeziehen. Geld ist nicht nur Theorie, sondern konkrete Praxis. Im Folgenden richten wir daher den Blick auf Strukturen, Akteur*innen und Praktiken des heutigen Geldsystems. Geld hat sich historisch immer wieder gewandelt. Eine vertiefte Analyse der Frage »Wieso ist unser Geldsystem so wie es ist?« würde eine ausführliche historische Betrachtung erfordern. Wir konzentrieren uns jedoch auf das aktuelle System.

15.2.1 Geld und Geldschöpfung in der Gegenwart

In unserem heutigen System kommt Geld im Regelfall im Rahmen einer Kreditvergabe von Banken in die Welt. Dies lässt sich anhand des folgenden Beispiels veranschaulichen:

> *Du benötigst Geld für eine größere Investition, wie bspw. ein Auto, das du für deine Arbeit brauchst. Du fragst bei der Bank an und die Bank prüft, wie wahrscheinlich es ist, dass du deinen Kredit zurückzahlen kannst. Darauf basierend schlägt sie dir Bedingungen für den Kredit vor, z. B. Zinszahlungen. Angenommen, du stimmst diesen Bedingungen zu, schreibt die Bank das Geld auf deinem Konto gut. Zusätzliches Geld in Höhe des Kredites steht nun im Wirtschaftskreislauf zur Verfügung.*

Die Bank muss dieses Geld vorher nicht besitzen. Sie tippt es als digitale Zahl ein. Es ist ein Versprechen auf Bargeld, das sie dir gibt. Die Bank schöpft somit genau in dem Moment über die Kreditvergabe Geld, in dem es auf deinem Konto erscheint. Zum Verständnis sind hier zwei Dinge zentral: 1.) Das Versprechen der einen ist gleichzeitig der Anspruch der anderen. 2.) Es entstehen gleichzeitig zwei Versprechen bzw. Schuldtitel.

Um diesen abstrakten Vorgang zugänglicher zu machen, kommen wir erneut auf die Schrankreparatur zurück. Wenn du deiner Oma versprichst, ihren Schrank zu reparieren, ist das aus deiner Sicht eine Schuld. Gleichzeitig verspricht dir vielleicht deine Oma, dich finanziell beim Abbezahlen deines Autos zu unterstützen. Dabei werden zwei Versprechen getauscht.

In ähnlicher Weise kommen auch bei der Geldschöpfung durch Kreditvergabe gleichzeitig zwei Schuld- und Vermögensbeziehungen in die Welt: Geld und Kredit. Wenn du einen Kredit aufnimmst, versprichst du, diesen später zu tilgen und die Zinsen zu bezahlen. Du schuldest der Bank. Aus Sicht der Bank ist dein Kredit hingegen ein Vermögenswert, weil sie von dir erwartet, dass du Kredit und Zinsen zahlst. Sie hat dir gegenüber eine Forderung. Zum anderen entsteht Geld: Im Beispiel gewährt dir die Bank sogenanntes Buchgeld, also Geld auf deinem Konto, was nichts anderes als ein Versprechen ist, dir jederzeit Bargeld in entsprechender Höhe zu geben. Die Bank schuldet dir also Bargeld. Für dich ist das Buchgeld hingegen ein Vermögenswert, z. B. weil du damit Waren, Dienstleistungen oder Finanzprodukte kaufen kannst. Buchhalterisch ausgedrückt stehen den Schulden jeweils auch mehr Vermögen gegenüber.

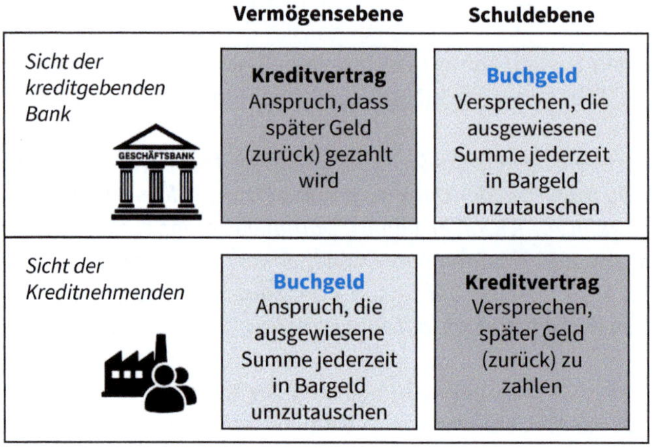

Abbildung 15.1: Bilanzielle Darstellung der Kreditgeldschöpfung

Wie bereits angesprochen (▶ Kap. 15.1.2) hilft eine ▷ **Bilanz** (siehe Abbildung 15.1) als Werkzeug zur Analyse von Schuld- und Vermögensbeziehungen. Dieses Beispiel der Kreditgeldschöpfung entspricht der technischen Darstellung von ▷ **Zentralbanken** wie z. B. der Deutschen Bundesbank (2017) sowie der theoretischen Auffassung, wie sie etwa im ▷ **Postkeynesianismus** vertreten wird. Im Lehrbuchmainstream wird Geldproduktion durch (häufig private) Geschäftsbanken zwar erwähnt, dabei jedoch als Randerscheinung nicht in den Kern der Lehre integriert. Zentrale Akteurin ist aus Sicht des Mainstreams die Zentralbank, die entweder die Geldmenge setzt oder diese über den Zins steuert. Private Kreditgeldschöpfung ernsthaft zu berücksichtigen würde erfordern, ▷ **makroökonomische** Modelle grundsätzlich infrage zu stellen.

15.2.2 Es gibt weder die eine Bank noch das eine Geld

Allgemein betrachtet verwalten Banken Konten und schöpfen auf diesen Konten Geld. Die Prinzipien der Geldschöpfung bleiben dabei gleich, unabhängig von der Frage, wer für wen Kredite schöpft. Als Individuen haben wir zumeist mit den sogenannten Geschäftsbanken zu tun, denn Geschäftsbanken schöpfen und verwalten das Buchgeld für sogenannte Nichtbanken, sprich: Unternehmen und Privatpersonen. Die ▷ **Zentralbank** darf Bargeld drucken. Ihr kommt damit eine besondere Stellung im Geldsystem zu, da sie Bargeld als ultimative Form des Geldes ausgeben darf, während alle anderen Geldarten lediglich Versprechen auf dieses Bargeld darstellen. Zentralbanken haben sich über einen langen Zeitraum unter vielfältigen historischen und politischen Kontexten entwickelt und gewandelt. Bei der Europäischen Zentralbank (EZB) bzw. dem Europäischen System der Zentralbanken (ESZB), das sich aus einem Netzwerk nationaler Zentralbanken und der Europäischen Zentralbank zusammensetzt, handelt es sich um öffentliche Institutionen. In Deutschland ist die nationale Zentralbank die eben zitierte Deutsche Bundesbank, die Teil des ESZB ist.

Geschäftsbanken sind hingegen häufig private Banken. Zwar ist das Bankensystem in Deutschland institutionell vielfältig aufgebaut: Neben Aktiengesellschaften (die größten sind in Deutschland aktuell die Deutsche Bank und die Commerzbank) bestehen auch Genossenschaftsbanken und öffentliche Sparkassen mit gemeinwohlorientiertem Auftrag. Für das Gros all dieser Geschäftsbanken gilt aber, dass sie über die Kostendeckung hinaus mit der Kreditvergabe Gewinne erzielen wollen.

In unserem System gibt es nicht das *eine* Geld, sondern unterschiedliches Geld existiert gleichzeitig. Digitales Geld auf unserem Bankkonto bezeichnen wir in diesem Text als Geschäftsbankenbuchgeld (in anderen Kontexten auch als Giralgeld, Sichteinlagen oder Sichtguthaben bezeichnet). Bargeld in Form von Banknoten ist von der Zentralbank mit einer Zahl bedrucktes Papier. Die Verwendung beider Geldarten ist für uns eine alltägliche Praxis. Es gibt noch eine dritte wichtige Geldart, die jedoch nur einem engen Kreis, vor allem den Banken, zur Verfügung steht: das Zentralbankenbuchgeld (auch Reserven genannt).

Geschäftsbankenbuchgeld

Das Geschäftsbankenbuchgeld ist das Geld, das bspw. Privatpersonen oder Unternehmen auf den Konten von Geschäftsbanken halten. Es ist ein Anspruch auf Bargeld.

Wir verwenden die Begriffe *Zentralbankenbuchgeld* und *Geschäftsbankenbuchgeld* da sie die Ähnlichkeit dieser Geldarten verdeutlichen: Beide entstehen durch Buchung (daher *Buch*geld), wie wir es oben beschrieben haben. Beide Geldarten sind zudem ein Versprechen auf das von der Zentralbank als öffentlicher Institution geschöpfte Bargeld. Die Geldarten bauen damit jeweils implizit auf öffentliches Geld auf. Der wichtigste Unterschied zwischen den beiden Geldarten ist, *wer* das Geld herausgibt: die Geschäftsbank oder die Zentralbank.

Abbildung 15.2 illustriert diese Geld- und Bankarten und die Aufgabenverteilung. Unternehmen und Privatpersonen verwenden digitales Geschäftsbankenbuchgeld als Zahlungsmittel, z. B. für eine Lohnzahlung. In den Umlauf kommt dieses Geschäftsbankenbuchgeld über die Kreditgeldschöpfung durch Geschäftsbanken. Geschäftsbanken verwenden untereinander, auf dem sogenannten Interbankenmarkt, Zentralbankenbuchgeld als Zahlungsmittel. In den Umlauf kommt Zentralbankenbuchgeld über die Geldschöpfung der Zentralbank. Während die Geschäftsbanken die Banken von Unternehmen und Privatpersonen sind, die deren Zahlungen in Geschäftsbankenbuchgeld verwaltet, ist die Zentralbank die Bank der Geschäftsbanken, die deren Konten verwaltet. Der Geldkreislauf in Geschäftsbankenbuchgeld und der Geldkreislauf in Zentralbankenbuchgeld beeinflussen sich wechselseitig. Zentral ist hier der Saldenausgleich (▶ Kap. 15.2.3).

Zentralbankenbuchgeld

Das Zentralbankenbuchgeld ist das von Zentralbanken geschöpfte Buchgeld, welches Geschäftsbanken untereinander als Zahlungsmittel verwenden. Es ist prinzipiell ein Anspruch auf Bargeld.

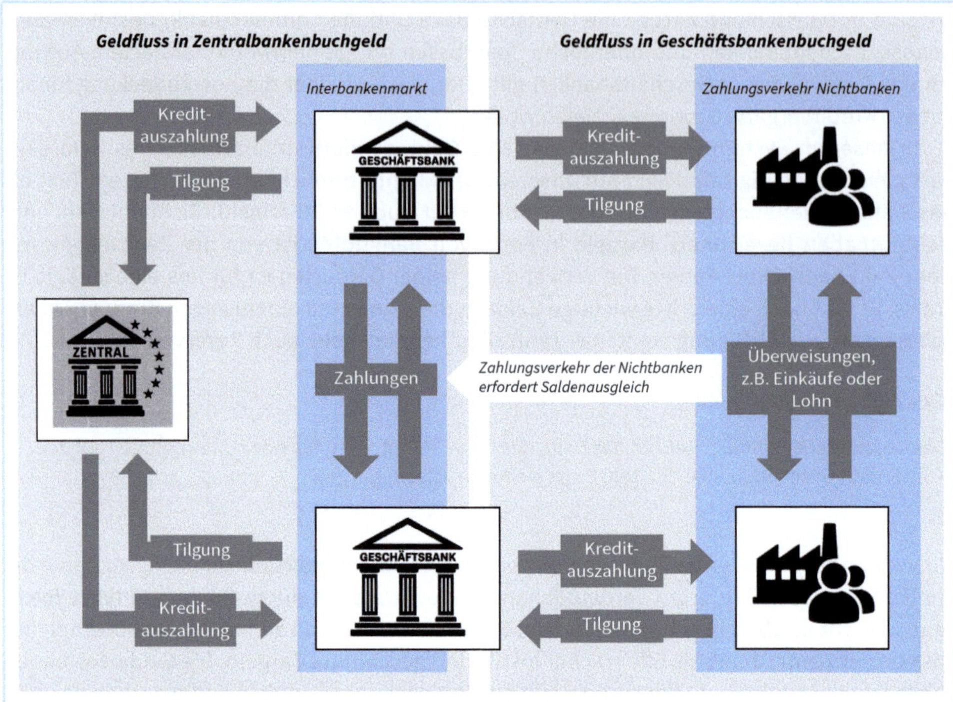

Abbildung 15.2: Buchgeldkreisläufe im öffentlich-privaten Geldsystem

15.2.3 Voraussetzungen für Geldschöpfung: Kreditnachfrage, Sicherheiten und die Rolle der Zentralbank

Nun hast du einen ersten Eindruck von der grundlegenden Architektur unseres Geld- und Finanzsystems. Die verschiedenen Begriffe und Geld- und Bankarten zeigen die Vielfalt dieses Systems, das sich nicht in eine einfache Markt-Staat-Trennung fassen lässt. Sie sind auch die Grundlage, um zu verstehen, dass die Frage, wer die Macht über die Geldschöpfung hat, äußerst komplex ist.

Aus materieller Sicht könnte man sagen, Buchgeld entsteht »aus dem Nichts«. Die soziale Perspektive (▶ Kap. 15.1.2) sensibilisiert jedoch dafür, dass Geld immer im gesellschaftlichen Kontext entsteht und auf allgemeiner Akzeptanz beruht. Über diese grundlegende Akzeptanz und die Architektur hinaus gibt es jedoch weitere Voraussetzungen. Eine genauere Betrachtung des konkreten Geldschöpfungsprozesses lohnt sich, um besser zu verstehen, wer unter welchen Bedingungen im bestehenden System über Geldschöpfung entscheiden kann.

In Kap. 15.2.2 haben wir gezeigt, dass Geld typischerweise über Kreditgeldschöpfung entsteht. Wichtig ist an dieser Stelle: Kreditgeldschöpfung setzt nicht nur ein Kreditangebot, sondern auch eine *Kreditnachfrage* voraus. Auf der einen Seite gibt es die Bank, die Geld anbietet. Auf der anderen Seite z. B. ein Unternehmen, das einen Kredit aufnehmen möchte (siehe Abbildung 15.2). Ohne die Bereitschaft, sich zu verschulden, kann kein Buchgeld entstehen. Postkeynesianer*innen nennen das *endogene* Geldschöpfung: Geschäftsbankenbuchgeld entsteht primär innerhalb des (privaten) Finanzsystems aufgrund von Kreditnachfrage (▹ **Postkeynesianismus**). Die Geldmenge wird also nicht vorrangig *exogen,* also von außen durch die ▹ **Zentralbank**, bestimmt.

Auf der Seite des Geldangebots – also der Geschäftsbank – gilt zudem: Geschäftsbanken sind Unternehmen, die betriebswirtschaftlich planen müssen, d. h., sie müssen mindestens sicherstellen, dass sie langfristig keine Verluste verzeichnen. Konkreter: Dein Kredit für das Auto ist aus Sicht der Bank Vermögen, weil du versprochen hast, in Zukunft Geld an die Bank zu zahlen. Würdest du deinen Kredit nicht abbezahlen, hätte die Bank weniger Vermögen, weil sie ihre Erwartungen hinsichtlich deiner Zahlung korrigieren müsste. Gleichzeitig bleibt das an dich ausgezahlte Buchgeld erhalten (auch wenn es nun der Autoverkäufer hat). Aus Sicht der Bank ist das eine Schuld. Während also die Bank den Wert von Krediten nach unten korrigiert, bleiben die Schulden der Bank gleich hoch. Damit ändert sich das Verhältnis von Vermögen und Schulden. Wenn eine Bank viele Vermögenswerte, wie z. B. Kredite, im Wert nach unten korrigieren muss, wäre sie im schlimmsten Fall überschuldet, also pleite.

Für das Gros der Geschäftsbanken gilt, dass sie über die Kostendeckung hinaus mit der Kreditvergabe Gewinne erzielen wollen. Damit ein Kredit vergeben werden kann, muss das Verhältnis von möglicher Rendite und Risiko stimmen. Ökonom*innen verschiedener Strömungen, z. B. einige Postkeynesianer*innen, kritisieren diese Gewinnorientierung: Je mehr Kredite vergeben werden und je lukrativer deren Konditionen für die Bank sind, desto mehr Geld verdient die Bank. Gleichzeitig sind höhere Profite mit einem höheren Risiko verbunden.

Rendite

Rendite ist der prozentuale Ertrag einer Investition im Verhältnis zur eingesetzten Geldsumme. Aus Sicht einer Bank entspricht sie den Zinserträgen abzüglich möglicher Kreditkosten.

In Kap. 15.2.1 haben wir gezeigt, dass Geschäftsbankenbuchgeld, also dein Kontoguthaben bei deiner Bank, ein Auszahlungsversprechen auf Bargeld ist. Daher muss die Bank dieses Versprechen grundsätzlich einlösen können. Tatsächlich hält sie dafür nur einen kleinen Bestand an Bargeld und Zentralbankbuchgeld-Reserven vor, weil üblicherweise nicht alle Kund*innen zugleich abheben. Trotzdem gilt grundsätzlich, dass deine Bank Bargeld bzw. Zentralbankenbuchgeld braucht, um ihr Versprechen einlösen zu können. Letzteres ermöglicht es der Geschäftsbank, von der Zentralbank Bargeld zu bekommen. Wichtig ist aber auch: Wenn Geschäftsbanken untereinander Geld überweisen, brauchen sie Zentralbankenbuchgeld. Das passiert z. B., wenn ein Kunde einer örtlichen Sparkasse Geld an einen Kunden bei einer anderen Geschäftsbank überweist. Den Saldo der Zahlungsvorgänge gleichen die Geschäftsbanken bei der Zentralbank mit Zentralbankenbuchgeld aus (siehe Abbildung 15.2). Die Verfügbarkeit von Zentralbankenbuchgeld stellt somit grundsätzlich – zumindest potenziell – einen limitierenden Faktor für die Geldschöpfung der Geschäftsbanken dar. Im Kern besteht klassische ▹ **Geldpolitik** darin, dass die Zentralbank die Verfügbarkeit dieses Zentralbankgeldes entweder erleichtert oder erschwert.

Um Zentralbankenbuchgeld zu bekommen, können Geschäftsbanken einen Kredit bei der Zentralbank aufnehmen. Der Zins, zu dem die Zentralbank den Geschäftsbanken Kredit gewährt, ist der zentrale Hebel für die Geldpolitik: der Leitzins. Geschäftsbanken können sich auch von anderen Geschäftsbanken Zentralbankgeld leihen, wobei der Leitzins hier im wörtlichen Sinne »leitend« wirkt: Er markiert die Obergrenze für die Zinsen der Geschäftsbanken untereinander – denn niemand leiht sich freiwillig zu schlechteren Konditionen Geld, wenn die Zentralbank es günstiger anbietet.

Die Zentralbank kann darüber hinaus die Voraussetzungen verändern, zu denen sie Kredite vergibt, z. B. welche Sicherheiten sie für die Vergabe von Krediten in Zentralbankenbuchgeld anerkennt. Zudem haben Zentralbanken auch einen gewissen Spielraum, um Regeln festzulegen, z. B. die Höhe der Mindestreservepflicht. Diese bezieht sich auf das Verhältnis zwischen dem von den Banken geschöpften Buchgeld und den vorgehaltenen Reserven in Zentralbankbuchgeld, die sie auf einem Konto bei der Zentralbank halten müssen. Für jeweils 100 Euro Geschäftsbankenbuchgeld muss die Bank gegenwärtig jedoch nur einen Euro Zentralbankbuchgeld vorhalten – und das auch nur im Durchschnitt über einen Zeitraum von etwa einem Monat.

Leitzins

Der Leitzins ist der Zinssatz, zu dem sich Geschäftsbanken Zentralbankenbuchgeld von der Zentralbank leihen können.

Eine Zentralbank betreibt die Geldpolitik auf der Grundlage ihres zugeteilten Auftrags, ihres sogenannten Mandats. Im Euroraum hat man sich politisch auf das Ziel der Preisstabilität geeinigt. Was genau darunter zu verstehen ist, wird in der Praxis von der Zentralbank selbst ausgelegt: Aktuell strebt sie mittelfristig eine moderate ▷ **Inflation** von 2 % an (▶ Kasten: Aus der Forschung). Darüber hinaus soll die EZB – sofern dieses Hauptziel nicht gefährdet wird – auch die allgemeinen wirtschaftspolitischen Ziele der Europäischen Union unterstützen.

Eine große Herausforderung für die Geldpolitik ist die Instabilität des gesamten Systems, beispielsweise weil sich Kreditvergabe und Schwankungen bei Vermögenspreisen gegenseitig antreiben oder Geschäftsbanken jederzeit Bargeld versprechen, ohne dieses vorrätig zu haben. Weil das System schnell in eine Krise kippen kann, muss die Zentralbank daher das Vertrauen in das Finanzsystem und den Geldfluss aufrechterhalten. Im Notfall springt sie als »Retterin der letzten Instanz« kreditgebend ein, wenn sich die Banken untereinander nicht mehr vertrauen, sie kauft aber auch zunehmend selbst im großen Umfang unterschiedliche Finanzprodukte, um die Preise und den Handel zu stabilisieren (Mehrling 2012).

Geld entsteht also vor allem, wenn Banken Kredite vergeben. Voraussetzungen gibt es dafür viele: Kreditnehmende müssen bereit sein, sich zu verschulden. Banken müssen bereit sein, Geld anzubieten, und dabei wägen sie Risiken ab. Eine wichtige Rolle spielen hierbei Sicherheiten, deren Marktwert schwanken kann. Die Zentralbank versucht, die Instabilität dieses fragilen Systems zu managen.

Bezug zur sozial-ökologischen Vielfachkrise

Ob Klimaziele erreicht werden können, hängt eng mit öffentlichen Investitionen zusammen. Werden diese durch enge Schuldenregeln begrenzt, ist auch der Handlungsspielraum für Klimaschutz eingeschränkt. Begründet werden enge Schuldenregeln (wie die ▷ **Schuldenbremse**) oft mit ökonomischen Notwendigkeiten. Der Staat müsse sparsam sein und nur so viel ausgeben, wie er einnimmt. Tatsächlich zeigt die Analyse der Geldherkunft jedoch, dass Geld geschöpft werden kann, ohne vorher zu sparen. Das bedeutet, dass auch niemand anderes sparen muss, wenn der Staat Schulden aufnimmt. Hinzu kommt, dass der Staat bzw. die Zentralbank – im Gegensatz zu einzelnen Haushalten – Geld schöpfen kann.

Vor diesem Hintergrund kann die Frage gestellt werden, inwiefern die starke Begrenzung öffentlicher Haushalte aus einem fehlgeleiteten Geldverständnis resultiert. Öffentliche Sparmaßnahmen sind vor diesem Hintergrund eher als politische Entscheidungen, denn als ökonomische Notwendigkeiten zu deuten (Egerer et al. 2026, Sigl-Glöckner 2024). Diese Erkenntnis betrifft nicht nur Investitionen für eine klimagerechte Zukunft, sondern auch Entscheidungen zu Steuern, Sozialleistungen und weiteren staatlichen Ausgaben.

15.3 Implikationen (oder Überlegungen zu einem pluralen Geldverständnis)

Unser alltäglicher Umgang mit Geld ist zwar erlernt, doch für die meisten von uns inzwischen intuitiv: Wir tauschen Geld gegen Waren und Dienstleistungen, legen es in Finanzprodukten an, sparen es oder verschenken es. Geld ist für uns ein alltägliches Mittel zum Zweck – und viele von uns erfahren seine Knappheit direkt. Wir alle haben eine ungefähre Antwort auf die Frage »Was ist Geld?«. Diese Selbstverständlichkeit verleitet jedoch dazu, auf weitere Überlegungen zu verzichten.

In dem Theoriekapitel (▶ Kap. 15.1) stehen die individualistische Perspektive des Mainstreams, die sozialen Perspektiven sowie die kritischen Perspektiven zunächst gleichberechtigt nebeneinander. Deutlich wurde aber auch, dass die verschiedenen Definitionen folgenreiche Implikationen haben, die wir kurz angeschnitten haben. Bereits die theoretische Sicht auf Geld wirkt also politisch (▶ Kap. 10; Box: Bezug zur sozial-ökologischen Vielfachkrise).

Die empirische Betrachtung der Geldschöpfung (▶ Kap. 15.2) zeigt zudem, dass einige Theorien realitätsnäher sind als andere. In der Praxis ist das in unserer Wirtschaft dominierende Geld ein Versprechen einer Geschäftsbank. Kritische Ökonom*innen problematisieren in diesem Zusammenhang, dass dieses Geldschöpfungsprivileg der Banken einer profitorientierten Logik folgt (Feininger in Sahr 2024). Geld werde vor allem dann geschaffen, wenn es Gewinne verspricht – nicht unbedingt, wenn gesellschaftlicher Bedarf besteht. Das System verstärke so bestehende Ungleichheiten: Geld fließt überproportional in Finanzmärkte und macht vermögende Eigentümer*innen noch reicher. Kreditvergabe setzt Sicherheiten und Kreditwürdigkeit voraus – wer Kredite aufnehmen will, muss also bereits über Vermögen verfügen.

Die empirische Betrachtung zeigt zudem, dass Geld nicht knapp ist, sondern nachfrageorientiert durch Kreditvergabe entsteht (▶ Kap. 15.2.1, ▶ Kap. 15.2.3). Die theoretische Sicht des Mainstreams sorgt vor diesem Hintergrund für Irritation: Beispielsweise ist die Mindestreserve ein zentrales Konzept zur Erklärung dafür, wie mehr Geld in die Welt kommt. Sie wird als Instrument beschrieben, mit dem die ▷ **Zentralbank** Geld knapp hält. Dies steht im Widerspruch zur ▷ **Empirie**: Die Mindestreserve spielt eine nachgelagerte, aber keine begrenzende Rolle und Kredite werden primär *nachfrageorientiert* geschöpft. Postkeynesianische Ansätze betonen zusätzlich, dass die Zentralbank im Notfall Zentralbankgeld bereitstellt, um das Vertrauen in das Finanzsystem zu sichern (▷ **Postkeynesianismus**). Auch demnach ist Geld nicht knapp.

Die besondere Herausforderung für das Kapitel »Was ist Geld?« in einem pluralen Lehrbuch ist damit die Abwägung von theoretischer Vielfalt und empirischer Realität. Mainstream-Konzepte wie die Idee des Geldes als Tauschmittel sind alltagspraktisch hilfreich, können aber den Blick auf institutionelle Gestaltungsräume verstellen und Geld entpolitisieren (Müller in Sahr 2024). Damit bleiben wichtige normative Fragen oft unbeantwortet: Welche Verteilungslogiken liegen unserem Geldsystem zugrunde? Wofür wird Geld benötigt?

Wie können finanzielle Gestaltungsräume geschaffen werden? Um solche Zukunftsfragen anzugehen, ist ein plurales und empirisch fundiertes Geldverständnis unverzichtbar.

Literaturempfehlungen

Blakeley, Grace (2021): Stolen: So retten wir die Welt vor dem Finanzkapitalismus. Berlin.

Brodbeck, Karl-Heinz (2014): Phänomenologie des Geldes. Working Paper Serie.

Deutsche Bundesbank (2017): Die Rolle von Banken, Nichtbanken und Zentralbank im Geldschöpfungsprozess. https://www.bundesbank.de/de/publikationen/suche/die-rolle-von-banken-nichtbanken-und-zentralbank-im-geldschoepfungsprozess-614448. Abrufdatum: 15.10.2025.

Egerer, Elsa/Heimrich, Franziska/Rommel, Florian/Wasenitz, Stella (2026): Transformative Bildung zu Geld: Pluralökonomische Perspektiven. In: Sozioökonomische Bildung und Wissenschaft.

Eich, Stefan (2023): Die Währung der Politik: Eine politische Ideengeschichte des Geldes. Hamburg.

Löscher, Anne (2019): Conceptions of Money: Assessing Textbook Economics in the Light of Pluralism of Money Theories. In: Petersen, David J./Willers, Daniel/Schmitt, Esther M./Birnbaum, Robert/Meyerhoff, Jan H.E./Gießler, Sebastian/Roth, Benjamin (Hrsg.): Perspektiven einer pluralen Ökonomik. Wiesbaden, S. 157–181.

Mankiw, Gregory N./Taylor, Mark P. (2024): Grundzüge der Volkswirtschaftslehre. 9. Aufl., Stuttgart.

Sahr, Aaron (2022): Monetäre Maschine. Eine Kritik der finanziellen Vernunft. München.

Sahr, Aaron (Hrsg.) (2024): Geldpolitik im Umbruch. Bonn. https://www.bpb.de/shop/buecher/schriftenreihe/547058/geldpolitik-im-umbruch/ Abrufdatum 15.10.2025.

Sigl-Glöckner, Philippa (2024): Gutes Geld. Wege zu einer gerechten und nachhaltigen Gesellschaft. Berlin.

Stockhammer, Engelbert (2013): Entstehung und Krise des finanz-dominierten Akkumulationsregimes. Eine postkeynesianische Perspektive auf Finanzialisierung. In: Politische Ökonomie der Finanzialisierung, S. 33–48. Wiesbaden.

Online-Ressourcen

Dezernat Zukunft, Die deutsche Schuldenbremse, Link: https://schuldenbremse.info/

Elsa Egerer, Ramona Schmidt & Hanna Baldauf, Was ist Geld? Ein digitaler Einführungskurs Link: https://hfgg.de/impact/digitaler-transformations-campus/

Perry Mehrling, MOOC | Economics of Money and Banking, Link: http://www.youtube.com/playlist?list=PLSuwqsAnJMtwZEwkJgHZCod2xP9b7skF5

Danksagungen

Wir danken Lukas Bäuerle, Franziska Heimrich, Anne Löscher und Daniel von Orloff für das sorgfältige Lesen, die kritischen Kommentare und die vielfältigen Gespräche und Rückmeldungen. Das gemeinsame Nachdenken über Geld mit Florian Bally-Rommel und Franziska Heimrich ist substanziell für die Entwicklung dieses Artikels gewesen. Vielen Dank für den gemeinsamen Austausch und eure vielfältigen Perspektiven.

Plurale Arenen

16 Was ist (Re)Produktion?

Anna Saave

In diesem Kapitel geht es um Reproduktion – und um Produktion. Die Herausgeber*innen haben für das Kapitel das Stichwort *(Re)Produktion* ausgewählt. Genau da wird es interessant – und auch kompliziert. Denn Produktion und Reproduktion werden oft als getrennte Bereiche betrachtet, obwohl sie praktisch und materiell eng miteinander verflochten sind. Man könnte sogar sagen: Reproduktion ist so umfassend, dass sie Produktion miteinschließt. Doch was bedeutet Reproduktion eigentlich?

Reproduktion bedeutet Wiederherstellung. Alles, was wir nutzen, muss auf irgendeine Weise reproduziert werden. Die Kleidung, die wir tragen, muss ersetzt oder repariert werden. Nahrung muss ständig neu hergestellt werden, weil wir sie laufend verbrauchen. Auch Arbeitsmittel – sei es ein Computer, ein Tanzboden oder ein medizinisches Gerät – müssen regelmäßig erneuert oder instandgehalten werden. Ohne diese Prozesse könnten wir als Gesellschaft nicht weiterbestehen.

In einem breiten, bereits plural-ökonomisch informierten Verständnis bezeichnet *Reproduktion* alle Prozesse der Hervorbringung und Erhaltung von Leben sowie von ▷ **natürlichen Ressourcen,** Gütern und sozialen Zusammenhängen, die von Menschen und anderen Lebewesen zusammen mit der sie umgebenden Umwelt geschaffen werden. Das gilt unabhängig davon, ob Reproduktion in kapitalistisch dominierten oder anders organisierten Ökonomien stattfindet (▷ **Kapitalismus**). Reproduktion meint natürliche Prozesse wie Nährstoffkreisläufe ebenso wie soziale Tätigkeiten, z. B. Kinder großzuziehen. Der Begriff umfasst zudem traditionelle und indigene Formen der Landnutzung sowie die generativen Eigenschaften lebender Organismen, nicht jedoch die industrielle Landwirtschaft, die oftmals die Regenerationsfähigkeit der sie tragenden Ökosysteme gefährdet (Murphy 2015).

Kapitalismus

Ein Wirtschafts- und Gesellschaftssystem, in dem Produktionsmittel überwiegend in privatem Eigentum sind, wirtschaftliche Entscheidungen dezentral über Märkte koordiniert werden und Arbeitskraft eine Ware ist.

In einem engeren ökonomischen Sinn, wie ihn auch der Duden definiert, bedeutet Reproduktion die fortlaufende Wiederholung des Produktionsprozesses und den Ersatz verbrauchter oder veralteter Produktionsmittel. Reproduktion findet also auch innerhalb wirtschaftlicher Produktionsabläufe statt. Selbst kapitalistische, industrielle Produktionssysteme kommen nicht ohne Reproduzieren aus. Reproduktion spielt damit selbst dann eine Rolle, wenn man eigentlich einen Produktionsprozess verstehen will. Die Trennung von Produktion und Reproduktion ist dabei analytisch möglich: In der Produktion stellen wir etwas her, etwa einen Küchentisch; reproduktiv ist dabei der Ersatz von Fräsen und Bohrmaschinen, um Holz zu bearbeiten. In der Praxis liegen Herstellung und Wiederherstellung äußerst eng beieinander. Reproduktion gilt dabei häufig als Voraussetzung oder Begleitprozess von Produktion.

Im allgemeinen ökonomischen Sprachgebrauch meint Produktion die gezielte Kombination von Produktionsfaktoren – wie Arbeit, Energie, Kapital oder Rohstoffen – zur Herstellung von Gütern oder Dienstleistungen. Dabei werden Produktionsfaktoren (Inputs) in Erzeugnisse (Outputs) transformiert. Die ▷ **Mainstreamökonomik** nimmt an, dass das Ziel von Unternehmen eine effiziente Produktion ist, also die optimale Nutzung ihrer verfügbaren Ressourcen zur Maximierung des Outputs oder zur Minimierung des Einsatzes von Produktionsfaktoren bei einem gegebenen Output (▷ **Effizienz**).

Anders als die im Mainstream geläufige Vorstellung betrachtet die ▷ **Marxistische Politische Ökonomie die** Produktion immer im Zusammenhang mit den gesellschaftlichen und historischen Bedingungen, unter denen sie stattfindet. Im Mittelpunkt stehen dabei nicht nur technische Prozesse, sondern vor allem die sozialen Beziehungen und Machtverhältnisse, in denen produziert wird.

Dieses Kapitel fragt nach dem Wesen von (Re)Produktion. Es kontrastiert Reproduktion mit der Logik kapitalistischer Produktion und illustriert dies anhand von Umweltbeispielen (▶ Kap. 14.1). Es zeigt, wie Reproduktion externalisiert wird (▶ Kap. 14.2), und zeichnet dies historisch nach (▶ Kap. 14.3). Danach vertieft es die soziale Reproduktion (▶ Kap. 14.4) und die stoffliche Reproduktion in Naturverhältnissen (▶ Kap. 14.5). Abschließend werden Ansätze zur Bewältigung aktueller Reproduktionskrisen aufgegriffen.

16.1 Reproduktion und die Logik kapitalistischer Produktion

Die Unterscheidung zwischen Reproduktion und Produktion wird besonders dann relevant, wenn man sie im Kontext des ▷ **Kapitalismus** betrachtet. Denn hier folgen Produktion und Unternehmensentscheidungen einer spezifischen Logik, die reproduktive Prozesse oft nur am Rande berücksichtigt – oder sie ganz ausblendet. In kapitalistischen Ökonomien werden Produkte und Dienstleistungen hauptsächlich als Waren hergestellt. Der Verkauf dieser Waren ist das Geschäftsmodell eines Unternehmens: Die Produktion verursacht Kosten, der Verkauf bringt im Idealfall Gewinn. Vor dem Hintergrund dieser »Spielregeln« konzentrieren sich Unternehmen auf Herstellung und Absatz der Waren sowie auf den Erwerb von Ressourcen zur Produktion. Was nach dem Verkauf mit dem Produkt geschieht – wie es genutzt wird, wie lange es hält oder wie es entsorgt wird – spielt in unternehmerischen Kalkulationen meist eine untergeordnete Rolle. Diese Prozesse finden nach dem *Point of Sale*, also nach dem Verkaufszeitpunkt, statt und fallen daher aus dem Blick vieler Unternehmen (und der ▷ **Betriebswirtschaftslehre**) einfach heraus.

Ökonomisch produktiv ist aus dieser Perspektive, was profitabel ist. Eine in diesem Sinne »produktive« Ökonomie wird als »die Wirtschaft« bezeichnet. Ökonomietheoretisch relevant ist dabei, dass diese »offizielle« Ökonomie (Saave 2022, S. 11) von scheinbar nichtökonomischen Phänomenen abgetrennt wird. »Die Wirtschaft« umfasst die Gewinnung und Verarbeitung von Rohstoffen, industrielle Produktion und die Bereitstellung von Dienstleistungen. Wir haben bereits geklärt, dass Elemente von Wiederherstellung dieser »offiziellen Ökonomie« innewohnen. Darüber hinaus ist »die Wirtschaft« aber auch noch mit weiteren Reproduktionsprozessen verbunden.

Reproduktive Prozesse setzen vor der eigentlichen Produktion ein und reichen über den Verkaufszeitpunkt hinaus. In manchen Ökonomien werden sie mitgedacht – etwa durch Gesetze, die Verbraucherschutz, Produktlebensdauer, Entsorgung oder Recyclingfähigkeit regeln. Solche Regelungen orientieren sich an gesellschaftlichen Interessen und können der

Logik kurzfristiger Gewinnerzielung entgegenstehen. Das Schlagwort *geplante Obsoleszenz* macht sichtbar, dass manche Hersteller Produkte bewusst kurzlebig oder schwer reparierbar gestalten, um Nachfrage und Gewinne zu steigern. Diese Praxis sichert zwar Profite, erhöht aber zugleich den Ressourcenverbrauch, die Emissionen und die Umweltbelastungen. Gleichzeitig wird die Wiederherstellung aktiv verhindert, obwohl sie doch für jede Gesellschaft essenziell ist.

Die Ausblendung der Reproduktion aus dem unternehmerischen Kalkül findet sich auch in Teilen der ökonomischen Theorie. Obwohl die Notwendigkeit zur Wiederherstellung eine anthropologische Konstante ist – also etwas zutiefst Menschliches, das alle Epochen überdauert – konzentriert sich die ▹ **Mainstreamökonomik** fast ausschließlich auf Produktion – genauer: auf den Markttausch produzierter Güter. Ihr Fokus liegt darauf, wie man Produktivität steigern kann. Besonders deutlich wird dies, wenn sich wirtschaftliches Denken nicht mehr auf *oikonomia* (Haushaltsführung), sondern auf *chrematistike* (Handel) bezieht (▶ Kap. 1). Dann rückt nicht (mehr) die (Wieder-)Herstellung des Lebensnotwendigen in den Vordergrund, sondern Profitmaximierung.

16.2 Externalisierung von Reproduktion

Obwohl Reproduktion im ökonomischen Mainstream kaum Beachtung findet, verschwindet sie nicht – sie wird lediglich ausgeblendet und findet damit außerhalb der »offiziellen« Ökonomie statt. Diese Externalisierung hat zur Folge, dass Unternehmen bestimmte Kosten nicht selbst tragen und diese daher auch nicht in Preisen erscheinen. Stattdessen werden sie auf Umwelt, marginalisierte Gruppen oder kommende Generationen abgewälzt – etwa in Form von mehr Müll oder Ressourcenknappheit. Ökologische Schäden werden bewusst in Kauf genommen, mit dem Argument, sie lägen außerhalb des Verantwortungsbereichs eines einzelnen Unternehmens. Der Aufwand zur Wiederherstellung bleibt jedoch bestehen.

Externalisierung

Externalisierung heißt, dass Kosten und Schäden nicht vom Verursacher getragen werden, sondern auf Umwelt, Gesellschaft oder Dritte ausgelagert werden.

Damit Kosten überhaupt externalisiert werden können, muss eine Grenze gezogen werden – eine Trennlinie, an der entschieden wird, welche Kosten in kapitalistischen Produktionsprozessen anfallen und welche nicht. Nur wenn es einen Ort gibt, an dem Kosten scheinbar »verschwinden«, lassen sie sich aus den ▹ **Bilanzen** herausschieben. Hier erweist sich die Trennung von Produktion und Reproduktion als nützlich: Wird angenommen, dass sich Natur von selbst regeneriert oder bestimmte Gruppen »schon immer« den Aufwand für die Reproduktion übernehmen, erscheinen diese Leistungen unsichtbar. Solche Grenzziehungen führen dazu, dass Kosten nicht in Unternehmensrechnungen auftauchen.

Diese Grenzziehungen zeigen sich etwa in selektiver monetärer Bewertung, wie auch im Bereich der sozialen Reproduktion zu sehen ist. Betreuen Eltern ihre Kinder zu Hause, gilt das als »private«, unbezahlte Reproduktion. In einer Kindertagesstätte dagegen werden vergleichbare Tätigkeiten von Erzieher*innen entlohnt und wirtschaftlich »mitgezählt«. Dieses

Beispiel steht für viele Fälle, in denen Tätigkeiten erst durch ihre Einbindung in marktförmige Strukturen als »produktiv« gelten – obwohl sich »produktive« und »reproduktive« Arbeit im Alltag oft kaum unterscheiden. Das Aufdecken solcher Mechanismen der Externalisierung – ob in sozialen oder ökologischen Zusammenhängen – stellt die Trennung von Produktion und Reproduktion grundsätzlich infrage.

Externalisierung – verstanden als Grenzziehung und Kostenauslagerung (Saave 2022) – erschwert oft genau jene Reproduktionsprozesse, auf denen das Fortbestehen von Ökosystemen und Gesellschaften beruht. Diese paradoxe Situation verdeutlicht die Notwendigkeit, Reproduktion als zentrales Anliegen für die ▹ **Ökonomik** zu begreifen. Dass wir uns mit der Externalisierung von Reproduktion herumschlagen müssen, hat allerdings »Tradition« – wie sich bis in die Geschichte der ▹ **Wirtschaftswissenschaften** zurückverfolgen lässt (▶Kap. 9).

16.3 Ein Blick zurück: Trennung von Produktion und Reproduktion in der Geschichte der Ökonomik

Der ausblendende Umgang mit Reproduktion – verstanden als ökologische und soziale Wiederherstellungsprozesse – zeigt sich auch in der Theoriegeschichte der Ökonomie. Viele klassische Ansätze vernachlässigten Reproduktion oder klammerten sie bewusst aus, um eine »reine« Ökonomie zu entwerfen, die wirtschaftliches Handeln losgelöst von sozialen und ökologischen Bedingungen betrachtet (Biesecker/von Winterfeld 2004). Der Fokus lag auf Produktionsprozessen. Reproduktion galt entweder als selbstverständlich oder als außerhalb des ökonomischen ▹ **Untersuchungsgegenstands** liegend (ebd.). Wie die Plurale Ökonomin Adelheid Biesecker und die Politikwissenschaftlerin Uta von Winterfeld zeigen, lässt sich diese Abtrennung – sowohl in Bezug auf Natur als auch soziale Reproduktion – theoriegeschichtlich gut nachverfolgen. Die Autorinnen finden solche Ausblendungen bei den klassischen Ökonomen John Locke (1632–1704), Adam Smith (1723–1790) und David Ricardo (1772–1823), später in der ▹ **Neoklassik**, aber auch bei Karl Marx (1818–1883) (ebd.).

Beispielsweise definiert Adam Smith in *Der Wohlstand der Nationen* von 1776 Ökonomie als Marktökonomie. Für ihn gilt nur Erwerbsarbeit als produktiv und wertschöpfend (Biesecker/von Winterfeld 2004, S. 12). Tätigkeiten, die traditionell als »weiblich« gelten und auf Reproduktion ausgerichtet sind, wie Hausarbeit, erscheinen am Rande – etwa als Grundlage für die »Moral« arbeitender Männer –, spielen aber keine eigenständige ökonomische Rolle. Auch natürliche Prozesse, etwa das Wachstum von Pflanzen oder die Regenerationsfähigkeit von Ökosystemen, werden als selbstverständlich und unerschöpflich angenommen und daher ökonomisch nicht bewertet. Sowohl Natur als auch reproduktive Tätigkeiten sind bei Smith eine stillschweigende Voraussetzung kapitalistischer Produktion (Biesecker/Hofmeister 2006, S. 76).

Diese Trennung setzt sich in der ▹ **Ökonomik** fort und wird in der Neoklassik ab dem späten 19. Jahrhundert noch verstärkt. Sie entwirft das Bild einer autonomen Marktökonomie (ebd., S. 440). Naturprozesse werden hier über das Konzept von Eigentum aus der Natur herausgelöst und in Kapital umgedeutet – ihr Beitrag erscheint nun als Kapitalproduktivität. Soziale Reproduktion taucht lediglich als Konsumverhalten auf. Zwar werden Haushalte berücksichtigt, doch die darin geleisteten Tätigkeiten bleiben verborgen. So wird soziale Reproduktion aus dem als produktiv definierten Bereich ausgeklammert (ebd., S. 439). Diese

Trennung ist weniger inhaltlich als vielmehr begrifflich: Kategorien wie »Markt« oder »Arbeit« sind so gefasst, dass sie nur Erwerbsarbeit und Warenproduktion einschließen – andere Tätigkeiten werden systematisch externalisiert.

Die Unterscheidung zwischen Produktion und Reproduktion ist also nicht naturgegeben, sondern historisch gewachsen und eng verbunden mit der Herausbildung kapitalistischer Ökonomien. Mit der ▻ **Industriellen Revolution**, die oft als Ausgangspunkt des globalen ▻ **Kapitalismus** gilt, wurde die Abgrenzung zwischen »offizieller« Ökonomie und privater Sphäre weiter vertieft. Zugleich etablierte sich eine geschlechtsspezifische Arbeitsteilung, die »Männer-« und »Frauenarbeit« unterschied und hierarchisierte (Murphy 2015).

Michelle Murphy, Historikerin und Genderforscherin, zeigt, dass im Europa des 18. Jahrhunderts die Begriffe Produktion und Reproduktion neue Bedeutungen erhielten. In der frühen Ökonomik, etwa bei François Quesnay (1694–1774) oder Smith, bezeichnete Produktion die Organisation von Arbeit, Rohstoffen und Maschinen im Industrialismus. Gleichzeitig griffen die Naturwissenschaften den Begriff Reproduktion auf, um Lebensprozesse zu beschreiben: die Fähigkeit von Lebewesen, sich selbst zu erhalten und fortzupflanzen. Reproduktion wurde so nicht nur als »Wiederherstellung«, sondern als eigenständiger biologischer Prozess verstanden – etwas, das ohne menschliche Arbeit geschieht. Dass Pflanzen und Tiere sich vermehren, wurde zur Grundlage industrieller Produktion und Profitmaximierung, ohne dass dieser Vorgang wirtschaftlich bewertet wurde.

Parallel zu dieser Bedeutungsverschiebung entstanden auch neue Ungleichheitsmuster in den gesellschaftlichen Ordnungen Europas. Während moderne Rechtsvorstellungen wie das ▻ **Eigentumsrecht** und das Recht auf Verfügung über die eigene Arbeitskraft etabliert wurden, zogen Gesellschaften neue Grenzen entlang von Geschlecht und »Rasse«. Frauen und Kinder wurden in ein patriarchales Familienrecht eingebunden, das Männer systematisch bevorzugte. Rassifizierte Menschen wurden entrechtet und versklavt. Sie verloren grundlegende Selbstbestimmungsrechte, während über ihr Leben, ihre Arbeitskraft und ihre Körper von anderen verfügt wurde (Murphy 2015).

Murphy betont, dass diese Hierarchien nicht zufällig entstanden, sondern strukturell mit dem Kapitalismus verknüpft sind. Über die Fähigkeit des Lebens zur Reproduktion wurden Körper und Lebensprozesse – von versklavten Menschen, Frauen oder der Natur – zu Rohstoffen, auf denen kapitalistische Produktion beruht, ohne als Teil von Wirtschaft oder als schützenswert zu gelten. Die Unterscheidung zwischen wirtschaftlich relevanter Produktion und Reproduktion als vermeintlich »natürlichem« Prozess erwies sich als wirkungsvoller Trick (Murphy 2015, S. 288–289). Er ließ rassistische, geschlechterbezogene und koloniale Ungleichheiten als »natürlich« erscheinen und legitimierte sie dadurch.

Auch in der heutigen ▻ **Mainstreamökonomik** wirken diese Hierarchien fort: Zwar definiert sie Produktivität formal als Verhältnis von Input und Output, doch angewandt wird das Maß – und dessen positive Konnotation – fast ausschließlich auf Unternehmenstätigkeit und kapitalgetriebene Erwerbsarbeit (Biesecker/Hofmeister 2006, S. 133). Soziale Reproduktion und ökologische Prozesse bleiben außen vor; ihre generativen und (wieder-)herstellenden Dimensionen werden ausgeblendet. Durch diese selektive Anwendung lässt sich das, was herkömmlich als Produktion gilt – etwa industrielle Fertigung oder innovative Dienstleistungen –, von Reproduktion abtrennen und mathematisch formalisieren. Diese enge Rahmung des ökonomischen Untersuchungsgegenstands stabilisiert gesellschaftliche Machtverhältnisse, indem sie gezielt all das ausblendet, was als »unökonomisch« gilt.

16.4 Soziale Reproduktion

In Abgrenzung zur klassischen Ökonomie entstand in der zweiten Hälfte des 19. Jahrhunderts die ▷ **Marxistische Politische Ökonomie**, die sich an den Schriften von Karl Marx (1818–1883) und Friedrich Engels (1820–1895) orientiert. Thematisiert diese Denkrichtung Reproduktion explizit? Diese Frage wird innerhalb marxistisch-ökonomischer Debatten weiterhin kontrovers diskutiert. In *Das Kapital* von 1867 beschreibt Marx Reproduktion zunächst im engeren ökonomischen Sinne als den Prozess, durch den ein Teil der produzierten Güter zurück in den Produktionsprozess fließt – zur Erhaltung und Erneuerung der Produktionsmittel (Marx/Engels 1968). Darüber hinaus bezeichnet Reproduktion bei Marx auch die ständige Wiederherstellung der individuellen Arbeitskraft etwa durch den Konsum von Lebensmitteln oder Kleidung (Marx/Engels 1968). Dies ist eine zweite, politökonomische Bedeutung des Begriffs, die auch im Duden aufgeführt ist. Reproduktion bedeutet, dass sich Arbeiter*innen von Tag zu Tag reproduzieren müssen, um überhaupt weiterarbeiten zu können.

Mit diesen Anhaltspunkten könnte man bereits urteilen, dass Marx die Reproduktion in Bezug auf Arbeitskraft durchaus explizit thematisiert. Doch bleibt der Blick auch bei ihm partiell: Zwar thematisiert Marx die Reproduktion der Arbeitskraft innerhalb kapitalistischer Verhältnisse, doch das Konkrete dieser Arbeit – einschließlich der generativen Fähigkeiten von Menschen und anderen Lebewesen – bleibt unterbestimmt. Formen der sozialen Reproduktion, die jenseits der Arbeit in kapitalistischen Produktionsprozessen liegen und nicht auf den bloßen »Konsum« von Lebensmitteln reduzierbar sind, erscheinen bei ihm vor allem als Teil einer äußeren »Natur«, die dem ▷ **Kapitalismus** als Ressource dient.

Soziale Reproduktion ist kein externer oder vorgelagerter Bereich der Ökonomie, sondern integraler Bestandteil kapitalistischer Verhältnisse. Sie umfasst neben der physischen Regeneration eines einzelnen Arbeitenden zudem die Reproduktion der sozialen Ordnung selbst, die den Kapitalismus stützt, wie spätere theoretische Weiterentwicklungen etwa bei Althusser und in feministischen Ansätzen zeigen. Zu diesen kapitalistischen Verhältnissen zählen das Machtverhältnis zwischen Lohnarbeit und Kapital, die Trennung von Kapitaleigentümer*innen und Besitzlosen sowie die Trennung von produktiv tätigen Menschen von den Produktionsmitteln, mit denen sie tätig sind. Reproduktion im Kapitalismus bedeutet sowohl die Erneuerung des Produktionsprozesses als auch der Arbeitsfähigkeit der Bevölkerung und der sozialen Verhältnisse, die den Kapitalismus ermöglichen.

Marx berücksichtigte in seiner Analyse nicht explizit, was spätere feministisch-marxistische Ansätze *soziale Reproduktion* nennen: unbezahlte Arbeit, die notwendig ist, um Arbeitskraft wiederherzustellen, ebenso wie Haus- und Sorgearbeit (Bhattacharya 2017). Auch die geschlechtsspezifisch strukturierte Arbeitsteilung, also die organisierte Verteilung von Sorge-, Pflege- und Haushaltsarbeit zwischen den Geschlechtern, rückt in diesen Bereichen bei ihm nicht ins Zentrum der Analyse. Zwar untersucht Marx die industrielle Produktion sehr genau, doch der Bereich der sozialen (nicht rein physischen) Reproduktion von Arbeiter*innen bleibt bei ihm weitgehend unbeachtet – abgesehen von knappen Hinweisen auf ein »historisches und moralisches Element« (Marx/Engels 1968, S. 185) oder die »Kulturstufe eines Landes« (ebd.).

Selbst die generative Reproduktion – also Fortpflanzung – wird kaum thematisiert und ohne Bezug auf Geschlechterverhältnisse behandelt. Der Kapitalist könne diesen Prozess, so Marx, »getrost dem Selbsterhaltungs- und Fortpflanzungstrieb de[n] Arbeiter[n] überlassen« (Marx/Engels 1968, S. 598). So verschwindet soziale Reproduktion in der Biologie des Menschen. Obwohl sie funktional notwendig ist, gilt sie in seinem Modell nicht als ökonomisch produktiv (Murphy 2015). Es zeigt sich also auch in marxistischen Ansätzen, dass Tätigkeiten der sozialen Reproduktion sowie die generativen Fähigkeiten von Lebewesen werden nicht als system- und theorierelevant erkannt und bleiben ausgeblendet.

Hiermit geben sich marxistisch informierte feministische Denker*innen nicht zufrieden. In einer Phase zunehmender Liberalisierung und ▹ **Ökonomisierung** in den 1970er Jahren rückten marxistische Feministinnen die sogenannten Reproduktionsverhältnisse ins Zentrum ihrer Kritik und korrigierten Marx' partielle Sichtweise. Unter Reproduktionsverhältnissen verstanden sie die geschlechtlich strukturierte Arbeitsteilung, die vom Kapitalismus nicht nur vorausgesetzt, sondern aktiv hervorgebracht und genutzt wurde – sowie die systematische Entwertung jener reproduktiven Arbeit, die häufig Frauen oder rassifizierten Menschen zugeschrieben wurde.

Reproduktionsverhältnisse

Die gesellschaftlich organisierten und kapitalistisch geprägten Bedingungen der Erhaltung des Lebens (Reproduktion), die oft entlang geschlechtlicher und rassistischer Kategorien strukturiert sind, nennt man Reproduktionsverhältnisse.

Denkerinnen wie Mariarosa Dalla Costa, Selma James, Maria Mies, Claudia von Werlhof, Leopoldina Fortunati und Silvia Federici argumentierten, dass eine wirklich befreite Gesellschaft nicht nur die Überwindung der kapitalistischen Ausbeutung der Arbeiterklasse erfordere, sondern ebenso die Aufarbeitung rassistischer Gewalt *und* eine grundlegende Kritik an der patriarchalen Organisation von Arbeit. Im Zentrum stand dabei die unbezahlte Arbeit von Frauen in Armut, die grundlegende Tätigkeiten übernahmen – etwa Kinderbetreuung, Ernährung, Pflege oder Subsistenzlandwirtschaft – ohne dafür Anerkennung oder Entlohnung zu erhalten. Frauen und rassistisch diskriminierte Menschen fungierten dabei nicht nur als Reservearmee auf dem Arbeitsmarkt, sondern auch als permanente Quelle kostenloser Arbeit: Ihre Körper sowie ihre emotionalen und physischen Ressourcen wurden nutzbar gemacht, um neue Arbeitskräfte hervorzubringen.

Auch heute begegnet uns in der sozialen Reproduktionsarbeit eine geschlechtsspezifische Arbeitsteilung. Selbst wenn sich Rollenbilder gewandelt haben und sich das besonders in bürgerlichen Milieus verbreitete Alleinernährermodell durch egalitärere Familienformen oder durch ökonomische Notwendigkeiten teils verändert hat, bleibt die soziale Reproduktionsarbeit überwiegend »Sache der Frauen«.

Zeitverwendungsstudien zeigen, dass Frauen nach wie vor deutlich mehr unbezahlte Arbeit im häuslichen Bereich leisten als Männer. Patriarchale Strukturen sind noch immer tief in die sozialen und wirtschaftlichen Verhältnisse eingebaut, wie die ▹ **Feministische (Politische) Ökonomik** zeigt, und machen die ungleiche Verteilung von Care- und Reproduktionsarbeit zum Dauerproblem.

Soziale Reproduktion übernimmt, was ökologische Prozesse auf übergeordneter Ebene leisten: Die Wiederherstellung von Lebewesen und dem, was sie zum Leben brauchen. Jede*r von uns kennt solche Momente: Mit dem Fahrrad kurz ausgerutscht und aufs Knie gefallen – das hat weh getan. Der Sturz ist nicht dramatisch, aber doch muss die soziale Reproduktion ran. Ich brauche ein Desinfektionsspray, Pflaster und viel lieben Zuspruch, um mir von dem Erlebnis nicht den Tag vermiesen zu lassen. Wenn ich Fähigkeiten im Nähen habe, ist meine

Kleidung in ein bis zwei Stunden wieder instand gesetzt. Den Schreck vom Sturz in dieser gefährlichen Situation beim Abbiegen sitzt mir länger im Nacken, da brauche ich Austausch und Nähe, um wieder als Fahrradfahrer*in zu »funktionieren«. Kurzum: Ohne soziale Reproduktion kommt kein Mensch durch den Alltag.

Soziale Reproduktion ist ein »Hauptschauplatz« (Saave 2022, S. 314) kapitalistischer Ökonomie – auch wenn sie weitgehend jenseits der »offiziellen« Ökonomie stattfindet. Denn vor allem Lohnarbeiter*innen brauchen soziale Reproduktion – von sich und vor allem von anderen – da sie aufgrund ihrer langen Arbeitszeiten nicht selbst für ihre Bedürfnisse sorgen können. Ohne Hausarbeit, ohne Sorge (Care-Arbeit) für Familienmitglieder, Freund*innen oder Nachbar*innen und ohne Einbettung in Bildungsinstitutionen oder Vereine gäbe es keine arbeitsfähigen Menschen für den kapitalistischen Produktionsprozess. Das zeigt, wie untrennbar (soziale) Reproduktion vom gelebten Alltag eines Menschen ist.

Innerhalb der vielfältigen Beispiele für soziale Reproduktion hat sich in den letzten Jahrzehnten ein spezifischer Begriff herausgebildet, der sich bewusst von älteren marxistisch-feministischen Debatten abhebt: *Care*. Er legt den Fokus stärker auf Fürsorge, zwischenmenschliche Beziehungen und Emotionalität und ist damit ein Teilbereich der sozialen Reproduktion. Als unbezahlte Sorgearbeit bedeutet Care-Arbeit in einer WG beispielsweise, sich um eine von einem Fahrradsturz sehr erschütterte Mitbewohner*in zu kümmern. Zugleich existiert Care auch als bezahlte, hochspezialisierte Tätigkeit – etwa in der Intensivmedizin. In beiden Fällen geht es um die direkte Sorge für Menschen, die teils hochgradig abhängig sind. Care-Arbeit orientiert sich eng an den individuellen ▷ **Bedürfnissen** der empfangenden Person, ist zeitintensiv und lässt sich nur schwer standardisieren oder gewinnorientiert organisieren. Im Unterschied dazu betont der Begriff soziale Reproduktion stärker die strukturelle Dimension: Für kapitalistische Unternehmen ist zentral, dass gesellschaftliche und individuelle Reproduktion weitgehend privat und damit kostengünstig erfolgt. Brigitte Aulenbacher und Maria Dammayr (2014, S. 68) bezeichnen dieses Verhältnis als »strukturelle Sorglosigkeit« des Kapitalismus – ein System, das auf der systematischen Unter- oder Nicht-Bezahlung reproduktiver Arbeit beruht, aber dennoch auf sie angewiesen ist.

Aus der Forschung

In *Rethinking Racial Capitalism* (2018) erweitert die Soziologin Gargi Bhattacharyya die Debatte über soziale Reproduktion, indem sie deren traditionelle Verortung im Häuslich-Privaten hinterfragt und sie in den Kontext globaler, rassistischer Gesellschaftsstrukturen stellt. Zwar erkennt sie an, dass Reproduktion mit Geburt und Fürsorge verknüpft ist, doch argumentiert sie, dass ein solch enger Fokus globale Strukturen unsichtbar macht, die ▷ **Kapitalakkumulation** ermöglichen. Rassifizierte Gewalt bildete den Hintergrund kapitalistischer Expansion, und Prozesse des *racial capitalism* prägen bis heute die Verteilung von Chancen.

Im zweiten Kapitel zu *racial capitalism* und sozialer Reproduktion verbindet Bhattacharyya (öko-logisch-)feministische, antikoloniale und marxistische Perspektiven. Daraus entwickelt sie ein erweitertes Konzept sozialer Reproduktion, das Kolonialisierung, Ressourcenenteignung und die Verflechtung von menschlichem und nicht-menschlichem Leben umfasst. *Racial capitalism* formt dabei unterschiedliche Existenzen: von »fertigen« Arbeitskräften über hybride Überlebensweisen bis hin zu jenen, die an den Rändern kapitalistischer Lebenswelten existieren (S. 50).

Die Stärke des Kapitels liegt in der Verknüpfung zu sozialer Reproduktion. Rassifizierter Kapitalismus bedeutet nicht nur ungleiche Chancenverteilung, sondern auch die aktive Ausgrenzung bestimmter Gruppen aus formeller Lohnarbeit. Diese werden in prekäre oder unsichtbare Verhältnisse gedrängt

– mit gravierenden Folgen für ihre Möglichkeiten, Leben zu reproduzieren (S. 43). Bhattacharyya zeigt zudem, wie diese Ausschlüsse über eine symbolische *Vernatürlichung* legitimiert werden: Indem Menschen ihre Menschlichkeit abgesprochen wird, erscheinen Ausbeutung und Abwertung selbstverständlich. Auch die Grenzziehung zwischen Produktion und Reproduktion – oft über die Assoziation von Frauen mit »Natur« – ist von rassistischen Taktiken durchzogen (S. 68).

Quelle: Bhattacharyya, Gargi (2018): Rethinking Racial Capitalism: Questions of Reproduction and Survival. London und New York: Rowman & Littlefield International.

16.5 Reproduktion: Stoffwechselprozesse zwischen Gesellschaft und Natur

Nicht nur politökonomische oder feministisch-ökonomische Ansätze leisten wichtige Beiträge dazu, Reproduktion stärker in ökonomischen Theorien zu verankern. Auch die ▹ **Ökologische Ökonomik** rückt den Erhalt der natürlichen Umwelt – und damit implizit Reproduktionsfragen – ins Zentrum ihrer Analysen. Sie fragt, wie menschliche Gesellschaften und Wirtschaftssysteme innerhalb ökologischer Grenzen existieren können. In der ▹ **Mainstreamökonomik** hingegen werden Umweltaspekte oft an den Rand gedrängt und in spezialisierte Teilgebiete wie die ▹ **Umwelt- und Ressourcenökonomik** ausgegliedert.

Viele Theorien der Mainstreamökonomik basieren, auch wenn sie Natur nicht direkt thematisieren, auf einem Durchflussmodell der Produktion: Rohstoffe werden abgebaut, in der Produktion umgewandelt, konsumiert und schließlich als Müll entsorgt. Die Ökologische Ökonomik kritisiert dieses lineare Denken, da es sowohl die Endlichkeit ▹ **natürlicher Ressourcen** als auch die begrenzte Fähigkeit der Umwelt zur Schadstoffaufnahme und Regeneration ignoriert. Um Regenerationsfähigkeit langfristig zu sichern, plädiert sie für nachhaltige (Re)Produktionsprozesse (Biesecker/Hofmeister 2006) und betont die Notwendigkeit von Wiederherstellung und ▹ **Kreislaufökonomie** innerhalb planetarer Belastungsgrenzen.

Durchflussmodell

Eine lineare Produktionsform, bei der Ressourcen entnommen, verbraucht und als Abfall entsorgt werden, ohne recycelt zu werden, nennt man Durchflussmodell.

Ein besonderes Augenmerk auf Reproduktion legt die Theorie des gesellschaftlichen ▹ **Metabolismus**, entwickelt u. a. von den Sozialökolog*innen Marina Fischer-Kowalski und Helmut Haberl (1997). Der Begriff *gesellschaftlicher Stoffwechsel* bezeichnet die materiellen und energetischen Austauschprozesse zwischen menschlichen Gesellschaften und ihrer natürlichen Umwelt. Dazu zählen Inputs, etwa extrahierte Rohstoffe und eingesetzte Energie, ebenso wie Outputs in Form von Abfällen oder Emissionen. Mit dem Konzept der *Kolonisierung der Natur* (Fischer-Kowalski/Haberl 1997, S. 64) beschreiben die Autor*innen zudem, wie Natur durch Eingriffe wie Landwirtschaft, Urbanisierung oder Infrastruktur in eine nutzbare Umwelt umgewandelt wird.

Gesellschaftlicher Stoffwechsel

Der materielle und energetische Austausch zwischen Gesellschaft und Natur heißt gesellschaftlicher Stoffwechsel.

Fischer-Kowalski und Haberl zeigen, dass sich Austauschverhältnisse zwischen Gesellschaft und Natur historisch stark verändert haben. In Jäger-Sammler-Gesellschaften war der Stoffwechsel vergleichsweise gering: Ressourcen wurden in engem Bezug zu unmittelbaren ▹ **Bedürfnissen** genutzt, Eingriffe in natürliche Kreisläufe blieben begrenzt. Mit dem Übergang zu agrarischen Gesellschaften intensivierte sich die Aneignung natürlicher Ressourcen, etwa durch Ackerbau und Viehhaltung. Mit der industriellen Moderne setzte ein dramatischer Wandel ein: Fossile Energieträger intensivierten den Stoffwechsel enorm und ließen den Ressourcenverbrauch exponentiell steigen – ohne entsprechende Rückführung der Stoffe in natürliche Kreisläufe.

Diese Transformationen berühren unmittelbar Fragen der Reproduktion. Je größer der gesellschaftliche Metabolismus ist, desto stärker ist die Belastung der ökologischen Reproduktionszyklen in Böden, Gewässern oder der Atmosphäre. Die industrielle, kapitalistische Produktion und deren Konsummuster sind durch besonders hohen Stoffdurchsatz pro Kopf gekennzeichnet und übersteigen vielfach die Regenerationsfähigkeit natürlicher Systeme. Damit werden sowohl natürliche als auch soziale Grundlagen unter Druck gesetzt: Sorgeleistende erschöpfen sich, ökologische Systeme kollabieren. Einige Autor*innen (z. B. Biesecker/Hofmeister 2006; Fraser 2013) führen daher ökologische und soziale Reproduktionsproblematiken bereits in ihrer Analyse zusammen.

Bezug zur sozial-ökologischen Vielfachkrise

Die Frage »Was ist (Re)Produktion?« berührt den Kern der sozial-ökologischen Vielfachkrise, weil sie aufzeigt, dass viele ihrer Symptome – vom Pflegenotstand über Umweltzerstörung bis hin zu globaler Ungleichheit – eine gemeinsame Ursache haben: die systematische Abwertung und kostensparende Auslagerung reproduktiver Prozesse aus dem, was als ›offizielle‹ Ökonomie gilt (Saave 2022). Reproduktion – verstanden als Erhalten, Wiederherstellen und Ermöglichen von Leben, sei es durch menschliche oder natürliche Prozesse – ist kein nachgelagerter Bereich wirtschaftlichen Handelns, sondern dessen Grundlage. Dennoch wird sie in weiten Teilen der ökonomischen Theorie von der Produktion getrennt, als wäre sie ein Anhängsel statt eine Voraussetzung. Diese Trennung verstellt den Blick auf zentrale Zusammenhänge und blockiert tatsächlich nachhaltige Lösungen für die aktuellen Krisen.

Soziale und ökologische Reproduktionskrisen werden in der Nachhaltigkeitsforschung zunehmend als untrennbar beschrieben. Die sozial-ökologische Forschung betont, dass eine gemeinsame Analyse dieser Bereiche notwendig ist, da sowohl Pflege, Bildung und Care als auch Biodiversität, Klima und Ressourcen die Grundlagen kapitalistischer Gesellschaften sichern (z. B. Biesecker/Hofmeister 2006; Saave 2022). In diesem Zusammenhang wird vorgeschlagen, die Sicherung sozialer und ökologischer Reproduktion als zentrales Kriterium wirtschaftlichen Handelns zu verstehen. Daraus ergibt sich die Forderung nach einem Perspektivwechsel in der ▹ **Ökonomik**: (Re)Produktion soll nicht länger ökonomisch nachrangig sein, sondern als fundamentaler Zusammenhang mitgedacht werden. Zudem sollen Regenerationsfähigkeiten politisch abgesichert und institutionell verankert werden.

16.6 Ausblick: Lösungen für die Reproduktionskrise?

Ein Blick in die Ideen des Mainstream-▹ **Paradigmas** zeigt: Reproduktion bleibt weitgehend ausgeblendet. Umweltfragen gelten häufig als Randthemen und werden in spezialisierte Bereiche wie die ▹ **Umwelt- und Ressourcenökonomik** ausgelagert. Auch soziale Reproduktion – Tätigkeiten zur Erhaltung menschlicher Lebensfähigkeit wie Pflege, Erziehung oder Hilfe bei Krankheit – wird kaum thematisiert. Sie verschwindet hinter der abstrakten Kategorie ›Haushalte‹ und bleibt ein Spezialfall für die ▷ **Feministische Ökonomik**. Was dort konkret geschieht, bleibt außerhalb dieser Debatten weitgehend unbesprochen: etwa wie Arbeitskräfte bereitgestellt werden oder welche Tätigkeiten nötig sind, um Konsumgüter nicht nur zu kaufen, sondern auch zu nutzen – beispielsweise das Bügeln von Kleidung, das Kochen von Mahlzeiten, das Gießen von Pflanzen.

Die Feministisch-Ökologische Ökonomik sieht in der systematischen Abwertung und Externalisierung des Reproduktiven den Kern der gegenwärtigen Krisen (Biesecker/Hofmeister 2006). Auch die Soziologin Brigitte Aulenbacher interpretiert Phänomene wie Pflegenotstand oder fehlende Kitaplätze als Symptome einer tieferliegenden *strukturellen Sorglosigkeit* kapitalistischer Gesellschaften (Aulenbacher/Dammayr 2014). Reproduktive Krisen dürfen daher nicht isoliert betrachtet werden, sondern müssen als Ausdruck einer gemeinsamen Ursache verstanden werden: der systematischen Abwertung des Reproduktiven.

Um diese Trennung zu überwinden, schlagen Biesecker und Hofmeister (2006) vor, den Produktivitätsbegriff zu erweitern. Mit ihrem Konzept der *(Re)Produktivität* (ebd., S. 19) definieren sie alle Tätigkeiten, die Leben erhalten oder erneuern – ob menschlich oder natürlich –, als produktiv. Soziale Reproduktionsarbeit und ökologische Regenerationsprozesse sind damit nicht bloß »vorgelagert« oder »äußerlich«, sondern grundlegende Bestandteile des Wirtschaftens. Gesellschaft und Wirtschaft sind durch die materielle Kopplung von Produktion und Reproduktion nicht nur in die ökologische Sphäre eingebettet, sondern wirken aktiv auf diese ein. (Re)Produktivität – die Untrennbarkeit produktiver und sogenannter reproduktiver Prozesse – macht deutlich, dass ökonomisches Handeln stets Mitverantwortung für die Entstehung und Gestaltung von Natur trägt.

(Re)Produktivität

(Re)Produktivität ist die ungetrennte Einheit aller produktiven Prozesse in Gesellschaft und Natur – unabhängig davon, ob diese marktvermittelt sind oder nicht.

Neben konzeptionellen Ansätzen gibt es auch praktische Vorschläge für den Umgang mit Reproduktionskrisen. Nancy Fraser (2013) entwirft mit dem Modell des *Universal Caregiver* einen institutionellen Gegenentwurf zur traditionellen geschlechtsspezifischen Arbeitsteilung: Erwerbs- und Sorgearbeit sollen gleichmäßig auf alle Geschlechter verteilt und sozialstaatlich abgesichert werden. Jede Person ist zunächst *Caregiver* und erst danach Erwerbstätige*r. Sozialstaatliche Strukturen müssten so gestaltet sein, dass Care- und Erwerbsarbeit vereinbar sind – ohne Überlastung oder Nachteile. Diese Vision erfordert neue Arbeitszeitmodelle und eine grundlegende Neubewertung dessen, was und wer als »arbeitend« gilt.

Auch aus ökologischer Sicht lassen sich konkrete Handlungsansätze ableiten. Die ▷ **Ökologische Ökonomik** fordert ein Wirtschaften innerhalb planetarer Belastungsgrenzen. Anstelle des derzeit dominierenden linearen Durchflussmodells, das aus den Schritten Ressourcengewinnung, Produktion, Konsum und Entsorgung besteht, fordert diese eine Umstellung auf zirkuläre Wirtschaftsformen, die auf Regeneration, Wiederverwertung und Erhalt ausgerichtet sind.

Beide praktischen Ansätze verdeutlichen ein zentrales Prinzip: Wirtschaft muss soziale und natürliche Reproduktion sichern, anstatt sie auszulagern oder abzuwerten. Eine gerechtere und nachhaltigere Ökonomie entsteht nur, wenn Reproduktion nicht länger als Nebensache behandelt wird. Die Perspektiven dieses Kapitels zeigen, dass Reproduktion kein Randbereich ist, sondern das Fundament wirtschaftlichen und gesellschaftlichen Lebens und stets eng mit Produktion verknüpft bleibt. Die Anerkennung dieser Verwobenheit – in Theorie wie Praxis – ist Voraussetzung, um Reproduktionskrisen zu überwinden. Die zentrale Herausforderung besteht nun darin, dieses Wissen konsequent in ökonomische Theorien und die praktische Wirtschaftsorganisation zu integrieren.

Literaturempfehlungen

Aulenbacher, Brigitte/Dammayr, Maria (2014): Für sich und andere sorgen: Krise und Zukunft von Care. Weinheim and Basel.

Bhattacharya, Tithi (Hrsg.) (2017): Social Reproduction Theory: Remapping Class, Recentering Oppression. London.

Biesecker, Adelheid/Hofmeister, Sabine (2006): Die Neuerfindung des Ökonomischen: Ein (re)produktionstheoretischer Beitrag zur sozial-ökologischen Forschung. München.

Biesecker, Adelheid/von Winterfeld, Uta (2004): Wertlos? Zur Ausgrenzung natürlicher Produktivität und weiblicher Arbeit bei John Locke und Adam Smith. In: Bremer Diskussionspapiere zur Institutionellen Ökonomie und Sozial-Ökonomie, Bd. 58, S. 3–39.

Fischer-Kowalski, Marina/Haberl, Helmut (1997): Tons, joules, and money: Modes of production and their sustainability problems. In: Society and Natural Resources, 10 Jg., Nr. 1, S. 61–85.

Fraser, Nancy (2013): Fortunes of Feminism: From State-Managed Capitalism to Neoliberal Crisis. London und New York.

Marx, Karl/Engels, Friedrich (1968): Marx-Engels-Werke (MEW), Bd. 23, 21. Aufl., Berlin.

Murphy, Michelle (2015): Reproduction. In: Shahrzad Mojab (Hrsg.): Marxism and Feminism. London, S. 287–304.

Saave, Anna (2022). Einverleiben und Externalisieren. Zur Innen-Außen-Beziehung der kapitalistischen Produktionsweise. Bielefeld.

Online-Ressourcen

Plan C, What the f**k is social reproduction? An introduction by Plan C (sp. subs), Link: https://www.youtube.com/watch?v=apO3B_o6dz8

Exploring Economics, Marxistische Politische Ökonomik, Link: https://www.exploring-economics.org/de/orientieren/marxismus/

Circular Metabolism Podcast, The Birth of Social Ecology (Prof. Marina Fischer-Kowalski – BOKU University), Link: https://www.youtube.com/watch?v=2BxJcH9RJsI

17 Was ist Verteilung?

Martyna Berenika Linartas

Als die Rakete *New Shepard* im April 2025 in der texanischen Wüste bei Van Horn ins All startete, wurde Geschichte geschrieben: Zum ersten Mal waren ausschließlich Frauen an Bord. Darunter auch Popstar Katy Perry. Nach der geglückten Rückkehr zur Erde sprach Perry davon, dass sie junge Mädchen inspirieren und in ihrem Glauben bestärken wolle, dass sie nach den Sternen greifen können – jede kann es schaffen. Doch die Bilder lösten nicht nur Jubel und positive Reaktionen aus. Viele kritische Stimmen prangerten die kostspielige Werbung für die Raumfahrtfirma *Blue Origin* von Jeff Bezos, dem zweitreichsten Menschen der Welt. Bezos, dessen Vermögen laut *Forbes* in den letzten zehn Jahren von 45 auf 215 Milliarden US-Dollar angestiegen ist, könne es sich leisten, Perry und weitere fünf Frauen ins All zu schießen, aber für eine faire Bezahlung seiner Amazon-Belegschaft und die Zahlung von Steuern reiche es nicht. Die Gleichzeitigkeit des extravaganten Luftfahrttourismus einerseits und der weltweit wachsenden Anzahl von Menschen in absoluter Armut wirkte bizarr. Die individuelle Leistungserzählung, wonach jede*r es schaffen könne, wurde einmal mehr medienwirksam wiederholt. Es ist jedoch zynisch, von der Schönheit der Welt zu sprechen, wie es die Weltraumtouristinnen taten, während die klimaschädlichen Auswirkungen dieses Unterfangens bekannt sind. An diesem Weltraumflug entzündeten sich viele Debatten. Viele davon hängen mit der Frage dieses Kapitels zusammen: Was ist Verteilung?

Die Beantwortung der Frage »Was ist Verteilung?« bietet Rückschlüsse auf die ▹ **Paradigmen**, die Ökonom*innen vertreten. Wird nach der Verteilung von Einkommen oder Vermögen gefragt? Oder geht es vielmehr darum, wie das Ergebnis der Verteilung zu erklären bzw. zu kritisieren ist? Folgt die Verteilung den Gesetzen des Marktes (▶Kap. 18), oder ist sie Ausdruck komplexer Systeme, historischer und politischer Faktoren, die ineinandergreifen (▶ Kap. 9 und ▶ Kap. 10)?

Funktionelle Einkommensverteilung

Die Aufteilung des Volkseinkommens auf die Produktionsfaktoren, vor allem Arbeit (Löhne) und Kapital (Gewinne, Zinsen, Mieten), nennt man funktionelle Einkommensverteilung.

17.1 Einkommensverteilung im Überblick

Über eine recht lange Zeit galt die *funktionelle Einkommensverteilung* als die Verteilungstheorie schlechthin. Die oftmals als Klassiker eingeordneten Ökonomen Adam Smith (1723–1790) und David Ricardo (1772–1823) befassten sich mit der Frage: Wie wird die Entlohnung für Arbeit (Lohn), das Entgelt für Kapitalerträge (Zins) und das Entgelt für diejenigen verteilt, die Grund und Boden zur Verfügung stellen (Grundrente)? Auch heutzutage wird in der ▹ **Mainstreamökonomik** der Fokus auf diese Form der Verteilungstheorie gelegt. Karl Marx ging bei der Frage der Verteilung davon aus, dass es gemäß der zwei Klassen – den Kapitalist*innen und der Arbeiterklasse – zu Profit seitens der Kapitalist*innen durch die Ausbeutung der Arbeitenden kommt (▶Kap. 11 und Kap. 12).

Die *personelle Einkommensverteilung* war über Jahrzehnte hinweg in den Hintergrund geraten. Entscheidend ist hierbei, wie das Einkommen auf Ebene von Personen oder Haushalten verteilt ist, sodass die Kaufkraft unterschiedlich ausfällt. In aller Regel betrachtet man Haushalte nach Eingriffen des Staates (also nach Steuern und Transferleistungen) innerhalb eines Landes. Dies eröffnet die Möglichkeit, die Entwicklung der Verteilung innerhalb von Ländern im Verlauf der Zeit miteinander zu vergleichen. Hierfür kann man entweder einen Index wie den wohl bekanntesten, den Gini-Index betrachten. Alternativ setzt man Perzentile oder Dezile, also das reichste 1 % oder die reichsten 10 %, ins Verhältnis zu anderen Teilen der Gesellschaft (etwa zur ärmeren Hälfte der Bevölkerung). Verteilung wird hier im Hinblick auf Ungleichheit analysiert, wobei sich der Fokus von Einkommen auf Vermögen, von Leistung und Technologie auf Erben und Steuerpolitik verschiebt. Ungleichheit ist dann nicht länger ein nötiges Beiprodukt von Wirtschaftswachstum im Sinne der ▷ **Trickle-down-Theorie** – also der Theorie, dass zunächst Wohlstand an der Spitze der Einkommensverteilung generiert wird, der dann langsam zum Rest der Bevölkerung durchsickert. Vielmehr wird Ungleichheit als ein politisches Problem verstanden. Diese Betrachtung der Verteilung ist im ▷ **Postkeynesianismus** typisch. Sie ist zugleich Ausgangslage heterodoxer ▷ **Paradigmen**, die weitere Dimensionen in den Blick nehmen.

Personelle Einkommensverteilung

Die Verteilung des gesamten Einkommens einer Volkswirtschaft auf einzelne Personen oder Haushalte, unabhängig davon, aus welcher Einkommensquelle es stammt, nennt man personelle Einkommensverteilung.

Die ▷ **Ökologische Ökonomik** etwa behandelt die Frage der Verteilung nicht nur als ökonomisches, sondern vor allem als global-ökologisches Gerechtigkeitsproblem. Im Zentrum steht dabei die ungleiche Verteilung von Ressourcen, Wohlstand und Umweltschäden – historisch gewachsen und oft entlang globaler Machtgefälle zwischen dem ▷ **Globalen Norden und Süden**. Sie kritisiert die wachstumsgetriebene Logik des ▷ **Kapitalismus** und fordert eine gerechte Verteilung innerhalb der planetaren Belastungsgrenzen. Anders als die Mainstreamökonomik und das postkeynesianische Paradigma denkt sie Verteilung stets im Zusammenhang mit ökologischer Tragfähigkeit und globaler Verantwortung (Postkeynesianismus).

17.2 Verteilung von Einkommen als Frage von Angebot und Nachfrage

Die Fragen der Verteilung hängen gemäß der ▷ **Mainstreamökonomik** »wie so oft in der ▷ **Volkswirtschaftslehre**, irgendwie von Angebot und Nachfrage ab« (Mankiw/Taylor 2024, S. 499). Da etwa 70 % aller Einkommen aus Löhnen und Gehältern bestehen, die durch unselbstständige Arbeit erzielt werden, stellt Arbeit den wichtigsten Produktionsfaktor dar. Weitaus weniger fallen Einkommen aus Unternehmertätigkeiten und die sogenannten *passiven Einkommen* ins Gewicht, die durch den Besitz von Kapital zustande kommen.

Passives Einkommen

Passives Einkommen wird durch den Besitz von Kapital erzielt. Die bekanntesten Formen sind Kapitalerträge wie Zinsen oder Dividenden und Mieteinnahmen.

Die Verteilung der Einkommen wird anhand der Grenzproduktivitätstheorie erklärt, die auf zwei Annahmen beruht: 1. dass sich Unternehmen und Arbeitskräfte auf einem Markt mit vollständiger Konkurrenz begegnen (▶ Kap. 18), und 2. dass der Markteintritt nicht begrenzt ist. Arbeiter*innen sind frei in ihrer Auswahl des Arbeitsplatzes, während Unternehmen Personal frei einstellen und entlassen können. Im Zuge der Überlegungen zur *Arbeitsnachfrage* werden gemäß der Grenzproduktivitätstheorie die Absatzpreise eines Produkts und der Einkaufspreis der Arbeitskräfte als marktgegeben angenommen. Da Unternehmen darauf ausgerichtet sind, ihre Gewinne zu maximieren, werden sie so lange weitere Arbeitskräfte einstellen, wie diese dazu beitragen, die Gewinne zu vergrößern. Oder im wirtschaftstheoretischen Fachjargon: Ein Unternehmen wird »bis genau zu jenem Punkt Arbeitskräfte einstellen, in dem das *Wertgrenzprodukt* der Arbeit genau der Entlohnung entspricht« (ebd., S. 504). Auch weitere Faktoren, wie etwa die Veränderung der Güterpreise oder andere Produktionsfaktoren, beeinflussen die Nachfrage nach Arbeit.

Wertgrenzprodukt

Der zusätzliche wertmäßige Ertrag, den ein Unternehmen durch den Einsatz einer zusätzlichen Einheit eines Produktionsfaktors erzielt – zum Beispiel durch eine zusätzliche Arbeitskraft oder eine zusätzliche Maschine –, wird Wertgrenzprodukt genannt.

Beim *Arbeitsangebot* lautet die entscheidende Frage, welche Arbeitsleistung man für welche Bezahlung zu geben bereit ist. Im Lehrbuch von Mankiw und Taylor wird angegeben, dass die fiktionale Person Sally bei 100 Stunden, die sie pro Woche wach ist, die Wahl habe zwischen Freizeit und der Programmierung von Software. »Für jede Stunde Freizeit, auf die sie verzichtet, kann sie eine Stunde mehr arbeiten und sich Konsumgüter im Wert von 50 Euro leisten« (Mankiw/Taylor 2024, S. 506). Wie Sally sich verhalten würde, wenn ihr Lohn steigt, ist aber nicht vorherzusehen. Entweder würde sie gemäß dem Substitutionseffekt bereit sein, mehr zu arbeiten, da Freizeit im Verhältnis zu Konsum nun teurer würde. Oder sie würde gemäß dem Einkommenseffekt weniger arbeiten, da sie nun schneller finanziell bessergestellt wäre.

Der Lohn ist aus Sicht der ▷ **Mainstreamökonomik** der Punkt, der sich zwischen Angebot und Nachfrage einpendelt. Wir erhalten einen Arbeitsmarkt im Gleichgewicht, bei dem der Lohn der Arbeitnehmer*innen dem Wertgrenzprodukt der Arbeit entspricht (▶ Kap. 12). Warum nun Löhne unterschiedlich ausfallen, hängt in erster Linie davon ab, welcher Tätigkeit man nachgeht. Der Lohn ist Ausdruck des Marktpreises des Gutes, das die Arbeitnehmer*innen produzieren (ebd., S. 533). Lohnunterschiede erklären sich gemäß der ebenso aus dem Mainstream stammenden Humankapitaltheorie vor allem durch nicht-monetäre Investitionen in Menschen: Die wichtigste Form des ▷ **Humankapitals** ist Bildung. Wer mehr in Bildung investiert, und sich über mehrere Jahre hinweg mit Fleiß in die eigene Ausbildung einbringt, darf in aller Regel damit rechnen, ein höheres Einkommen zu erzielen. Künftige Arbeiter*innen verzichten, so die Theorie, auf ein früher im Leben eingehendes Gehalt und investieren mehr in ihre Ausbildung. Sie erwarten im Gegenzug von ihren künftigen Arbeitgeber*innen, für ihre längere Qualifizierung entsprechend entlohnt zu werden. Arbeitgeber*innen wiederum haben ein Interesse an gut ausgebildeten Arbeitskräften und sind daher bereit, für eine bessere Ausbildung höhere Löhne zu bezahlen.

17.3 Von giftigen Fragen der Verteilung

Aus der vorgestellten Perspektive auf Verteilung muss die Ungleichheit von Einkommen und Vermögen eigentlich nicht weiter betrachtet werden. Ökonomische Ungleichheiten ergeben sich aus effizienten Marktmechanismen, sprich: Sie sind legitim und verdient, da sie Ausdruck der individuellen Leistung einer jeden Person sind – getreu dem Glaubenssatz ›Jeder ist seines eigenen Glückes Schmied‹.

Aus dieser Überzeugung abgeleitet, wurden Fragen der ungleichen Verteilung über Jahrzehnte hinweg kaum behandelt oder untersucht. Dazu trug insebsondere der berühmte Aufsatz von Simon Kuznets (1901–1985) aus dem Jahr 1955 bei. Anhand der nach ihm benannten *Kuznets-Kurve* (Abbildung 17.1) bietet er eine theoretische Erklärung für die Einkommensungleichheit innerhalb von Ländern.

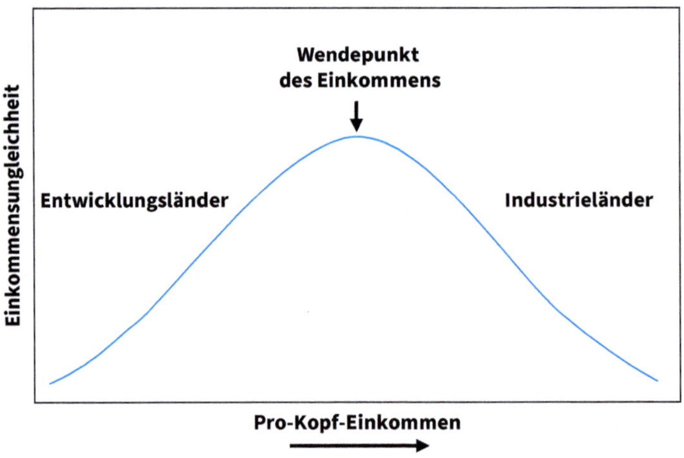

Abbildung 17.1: Die Kuznets-Kurve: Zunächst wird die Ungleichheit größer, im Laufe der Zeit und wirtschaftlichen Entwicklung eines Landes sinkt sie wieder. Eigene Darstellung basierend auf Kuznets (1955).

Im Verlauf ihrer Entwicklung und Modernisierung würden Gesellschaften zunächst – im Übergang von der landwirtschaftlichen zur industriellen Phase – einen Aufschwung der Ungleichheit beobachten. Diese würde sich dann für einige Zeit langsam stabilisieren und im Zuge der Modernisierung und Entwicklung wieder sinken. Eine steigende Ungleichheit wurde somit nicht nur zur *Normalität*, sondern auch zur Bedingung, zum Preis (engl.: *trade-off*), den eine Gesellschaft dafür zahlen muss, wenn sie sich wirtschaftlich entwickeln will. Was man vorfand, war ein Handel, den man nicht ausschlagen könne: Wenn Gesellschaften Fortschritt wünschen, muss Ungleichheit zunächst wachsen. Eine wachsende Ungleichheit wäre jedoch vernachlässigbar, da sie lediglich eine Zwischenstation darstelle und die Ungleichheit im Verlauf der Zeit wieder sinken würde.

Eine weitere wichtige Figur, die bedeutenden Einfluss auf die ▹ **Wirtschaftswissenschaften**, als auch die Politik ausübte, war Arthur Laffer. Auch sein Erfolg basierte auf einer Kurve, der nach ihm benannten *Laffer-Kurve*. Der Legende nach zeichnete Laffer 1974 bei einem Abendessen mit Dick Cheney und Donald Rumsfeld (zwei Beratern des damaligen US-Präsidenten Richard Nixon) seine Idee auf eine Serviette. Mit nur wenigen Strichen erklärte er so den Zusammenhang von Steuern und Steuereinnahmen. Auch bei Laffer können wir uns ein umgekehrtes U vorstellen: Bei einem Steuersatz von null sind die Einnahmen für den Staat auch gleich null, mit wachsendem Steuersatz wachsen die Einnahmen, bis die Steuerhöhe ihr Ideal erreicht, das zum maximalen Steueraufkommen führt, ehe die Einnahmen wieder sinken, wenn die Steuersätze weiter wachsen.

Dank Ronald Reagan schaffte es die Zeichnung von der Serviette an die höchste Stelle der weltweit bedeutendsten politischen Agenda. Der 40. US-Präsident nutzte die Laffer-Kurve, um zu veranschaulichen, dass eine Senkung der Steuersätze zu einem höheren Gesamtsteueraufkommen führen würde. Dabei würden Steuersenkungen für Reiche und Unternehmen nicht nur den Vermögenden zugutekommen. Der Wohlstand der Reichen würde, gemäß der sogenannten ▹ **Trickle-down-Theorie**, auch zum Rest der Gesellschaft durchsickern. Denn wenn die Steuern an der Spitze gesenkt würden, stünden mehr Mittel zur Verfügung, um Investitionen in Forschung und Entwicklung zu tätigen und damit Jobs sowie Wirtschaftswachstum zu kreieren. Daher sei Ungleichheit gar förderlich, da ein höherer Wohlstand an der Spitze zu Wohlstand für alle führen würde. Hier greift die Annahme, die Simon Kuznets bereits 1955 vertrat: Auch wenn die Kluft zwischen Arm und Reich zunächst wachsen würde, würde ein System, in dem sich der Staat aus der Wirtschaft heraushielte, Steuern senken würden und die Motivation für größere Anstrengungen wachsen würde, im Verlauf der Zeit die Ungleichheit verringern (▶ Kap. 21).

Der einflussreiche US-Ökonom Robert Lucas, Träger des Alfred-Nobel-Gedächtnispreises für Wirtschaftswissenschaften, spitzte diese Position weiter zu, als er im Jahr 2008 sagte: »Von all den Tendenzen, die einer soliden Wirtschaftswissenschaft schaden, ist die verführerischste – und meiner Meinung nach die giftigste –, sich auf Fragen der Verteilung zu konzentrieren.«

17.4 Die Rückkehr der Ungleichheit

Bereits sieben Jahre nach der von Robert Lucas getroffenen Aussage hatte sich die Sichtweise wesentlich verändert. Die gesamte internationale Staatengemeinschaft in Gestalt der Vereinten Nationen hat sich im Jahr 2015 im Rahmen der Nachhaltigkeitsziele, der *Sustainable Development Goals* (kurz SDGs), darauf geeinigt, dass die Reduzierung der Ungleichheit ein eigenständiges Ziel sei: SDG Nr. 10. Nicht nur politisch, sondern auch in der Wissenschaft kam es seit der globalen Finanzkrise 2008/2009 zur *Rückkehr der Ungleichheit*. Ungleichheit wird, wie Mike Savage in seinem Buch darlegt, nicht länger als unproblematisch erachtet (Savage 2023). Entsprechend kam disziplinübergreifend Kritik an den Erklärungsmodellen der Mainstreamökonomik auf. Kritik kam auch direkt aus den ▹ **Wirtschaftswissenschaften**, besonders stark aus der postkeynesianischen ▹ **Denkschule** (▹ **Postkeynesianismus**).

Die Grenzproduktivitätstheorie der Mainstreamökonomik soll die Ungleichheit von Einkommen sowohl erklären als auch rechtfertigen. Joseph Stiglitz, Träger des Alfred-Nobel-Gedächtnispreises für Wirtschaftswissenschaften, hält klar dagegen. Dafür blickt er etwa auf die Entwicklung der Einkommen. Zwar ist die Produktivität über die Jahrzehnte hinweg stetig gestiegen, doch die Löhne für große Teile der Bevölkerung sind in geringerem Maße gestiegen als die Produktivität. Das widerspricht den theoretischen Annahmen der Mainstreamökonomik, wonach Produktivität und Löhne gemeinsam wachsen. Die Einkommen an der Spitze der Einkommensverteilung hingegen haben ein rasantes Wachstum hingelegt. Kuznets' Annahmen wurden durch diese Daten widerlegt: Kuznets nahm an, dass die hohen Einkommen von Top-Manager*innen zur Mitte des 20. Jahrhunderts bereits an ihre Grenzen gestoßen seien. Andererseits gäbe es noch viel Luft nach oben für höhere Einkommen der Arbeitnehmer*innen. Doch während 1955 ein Vorstandvorsitzender in den USA bis zu 20-mal so viel verdiente wie die durchschnittlichen Arbeitnehmer*innen, ist das Einkommen der Chefs im Vergleich zu den durchschnittlichen Einkommen der Mitarbeitenden in den USA heutzutage bis zu 290-mal so hoch. Den größten Zuwachs an hohen Einkommen hat es vor allem in zwei Bereichen gegeben: im Finanzsektor und bei Spitzenmanager*innen von großen Unternehmen. Würden die theoretischen Annahmen des Mainstreams zutreffen, müsste es eine Korrelation zwischen ihren Gehältern und der Produktivität der Unternehmen geben. Doch dies treffe laut Stiglitz nicht zu (vgl. Stiglitz 2015, S. 7).

Wenn man die Entwicklung der Einkommensungleichheit in wirtschaftsstarken Ländern wie den USA, Deutschland, Großbritannien oder Frankreich in den Blick nimmt, wird deutlich, dass die Ungleichheit in den letzten 100 Jahren Achterbahn fuhr: Nachdem sie zu Beginn des 20. Jahrhunderts hoch war, gab es zur Mitte des Jahrhunderts eine Talfahrt und seit den 1970er und 1980er Jahren wieder einen Aufschwung.

In skandinavischen Ländern, die ebenfalls wirtschaftlich stark sind, ist die Talfahrt sehr viel flacher verlaufen. Die unterschiedlichen Entwicklungen zeigen, dass nicht allein technologischer Fortschritt und die Globalisierung von Bedeutung sind. Folgt man dem Postkeynesianismus, beeinflussen vielmehr eine ganze Reihe von Faktoren ihre Entwicklung. Die Ungleichheit von Einkommen entsteht durch Ausbeutung seitens der Arbeitgeber*innen gegenüber den Arbeitnehmer*innen, Diskriminierung sowie Monopolmacht und wird maßgeblich von institutionellen und politischen Faktoren wie dem Arbeitsmarkt, dem Sozial- und dem Steuersystem geprägt.

Im Postkeynesianismus wird angenommen, dass sich die Löhne aus den verschiedenen Forderungen verschiedener Klassen ergeben. Lohnarbeiter*innen aus verschiedenen Sektoren und Industrien stehen Unternehmer*innen und Privatiers (die von passiven Einkommen leben) gegenüber und müssen sich zudem in einer globalisierten Welt in einem internationalen Gefüge und Kampf um ihre Arbeitsplätze bemühen. Das ist auch der Grund, warum im Postkeynesianismus starke Gewerkschaften als wichtige Akteure erachtet werden. Denn ohne sie finden sich Arbeiter*innen in einer globalisierten Welt in einer sehr viel schwächeren Verhandlungsposition wieder. Kapital und somit beispielsweise Standorte von Unternehmen sind frei und beweglich (sie können entsprechend Druck erzeugen, wenn sie mit Ab- bzw. Wegzug drohen). Arbeitskräfte hingegen sind meist an ihr Umfeld, an ihr Zuhause, gebunden. Umso wichtiger ist es für die Arbeiter*innen, sich zu organisieren und gemeinsam für faire Löhne einzusetzen. Die Entwicklung der letzten drei Jahrzehnte deutet darauf hin, dass die Schwächung der Gewerkschaften und damit einhergehend »die Schwächung der Verhandlungsmacht der Arbeitnehmer*innen ein wesentlicher Faktor [für den starken Anstieg der Einkommensungleichheit] gewesen ist« (Stiglitz 2015, S. 10).

Löhne sind im Postkeynesianismus also nicht das Ergebnis von Angebot und Nachfrage, die sich durch effiziente Marktmechanismen ergeben. Postkeynesianer*innen betrachten kapitalistische Ökonomien vielmehr als produktive, aber auch instabile und konfliktive Systeme. Entsprechend ist ihr Fokus in Fragen der Verteilung ein anderer. Neben der *funktionellen Erklärung*, wie die Verteilung von Löhnen gemäß der Marktmechanismen erfolgt (siehe Mainstreamökonomie), lässt sich auf *personeller Ebene* nachzeichnen, wie ungleich die Einkommen innerhalb eines Landes verteilt sind. Bei der Messung der personellen Ungleichheit können Individuen oder Haushalte betrachtet werden. Es gibt zahlreiche Methoden: Der wohl bekannteste Ungleichheitsindikator ist der *Gini-Koeffizient*. Der Gini-Koeffizient läuft zwischen 0 und 1. 0 bedeutet, dass alle gleich viel haben, 1 bedeutet, dass eine Person alles hat. Am häufigsten wird der Einkommens-Gini angeführt. Bei Einkommen ist es üblich, den Gini nach Steuern und Transferleistungen anzugeben. Für Deutschland lag der Einkommens-Gini im Jahr 2023 bei 0,30 und somit im Mittelfeld vergleichbarer Industrieländer. Vor Steuern und Transferleistungen lag der Gini zuletzt bei etwa 0,50. Man kann aber auch die Ungleichheit von Vermögen messen. Für Vermögen liegt der Gini bei 0,83 – was Deutschland zu einer der ungleichsten Demokratien der Welt macht. Leider kann der Gini nicht gut abbilden, wie Einkommen und Vermögen am unteren und oberen Rand im Verhältnis zueinanderstehen. Für diese Form der Analyse eignet sich die Konzentration der *Perzentile oder Dezile*, wie viel also etwa das reichste 1 % oder die reichsten 10 % auf sich vereinen. Man kann diese Werte dann mit dem Rest der Bevölkerung, etwa der ärmeren Hälfte, ins Verhältnis setzen.

Wenn man sich die personelle Entwicklung der Einkommensungleichheit über die letzten Jahrzehnte ansieht, stellt man fest, dass die Annahmen von Simon Kuznets nicht zutreffen. Gemäß Kuznets sollte die Ungleichheit erst wachsen und dann im Laufe der Zeit sinken. Wie Abbildung 17.2 zeigt, haben weder die Kuznets-Kurve noch die ▹ **Trickle-down-Theorie** den Realitätscheck bestanden. Die Schere wird immer größer.

Wenn nun aber die theoretischen Annahmen der Mainstreamökonomik und von Kuznets empirisch nicht bestätigt werden können: Wie lässt sich die Entwicklung der Ungleichheit dann erklären? Es gibt nicht die eine, als richtig anerkannte Theorie (▶ Kap. 2). Ein wichtiger und viel beachteter Ansatz stammt vom Ökonomen Thomas Piketty, der mit seiner simplen Formel r > g sowohl die wissenschaftliche als auch die gesellschaftliche Auseinandersetzung mit Ungleichheit anfachte und die Frage nach Vermögen ins Zentrum gerückt hat.

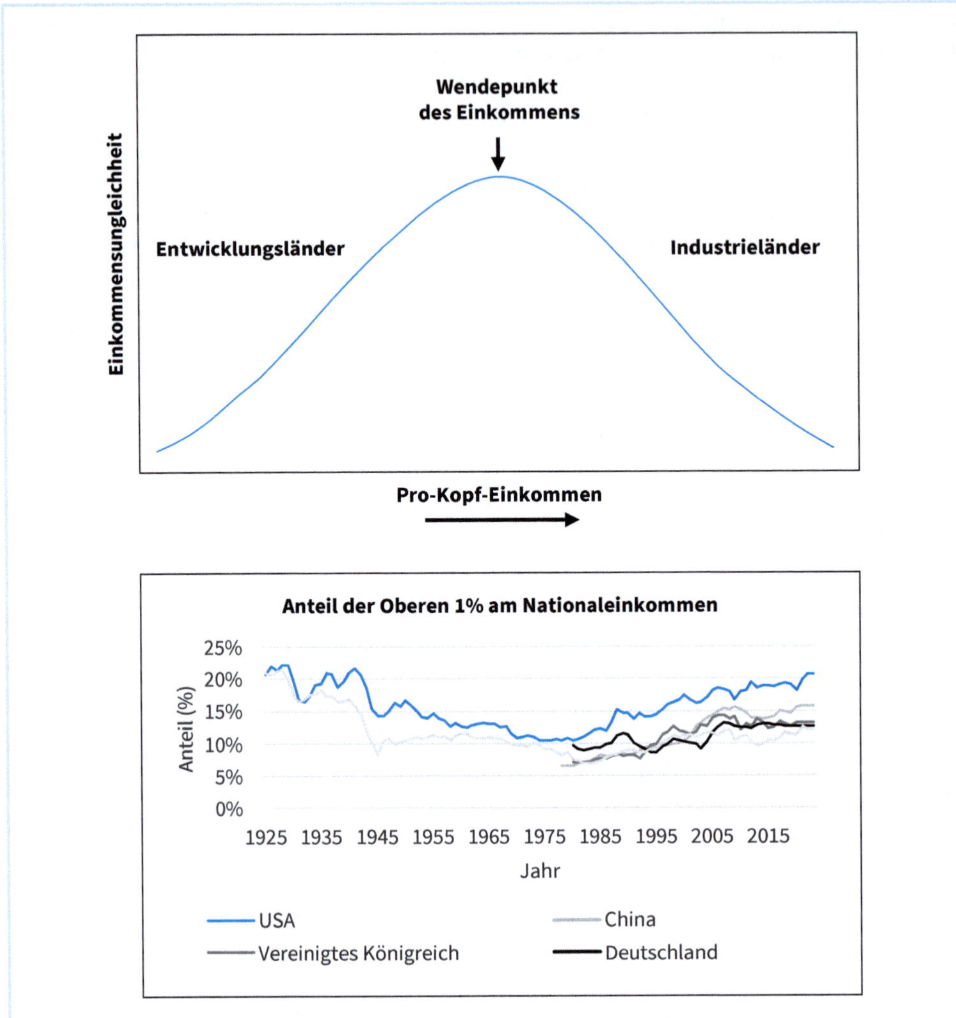

Abbildung 17.2 Abgleich der theoretischen Annahmen in Form der Kuznets-Kurve mit der tatsächlichen Entwicklung der Einkommensungleichheit (Datenquelle: World Inequality Database, 30.04.2025).

17.5 Extremes Wachstum der Vermögensungleichheit

Pikettys *Kapital im 21. Jahrhundert* beruht auf einer zentralen Gleichung: r > g, wobei *r* die Rendite auf Kapital und *g* die Wachstumsrate einer Volkswirtschaft bezeichnet (Piketty 2014, S. 44–48, 466–474) (▶ Kap. 4 und Kap. 11). r > g bedeutet, dass die Kapitalrendite, die ein Investor erzielen kann, langfristig die Wachstumsrate der gesamten Wirtschaft übersteigt. Dies hat Auswirkungen auf die allgemeinen Einkommen, die für die Mehrheit der Bevölkerung die einzige Einnahmequelle darstellen. Basierend auf seiner empirischen Analyse argumentiert Piketty, dass in der Konsequenz eine Person, die ein großes Vermögen geerbt hat, sich zurücklehnen und zusehen kann, wie ihr Reichtum durch geschickte Investitionen wächst, während die große Mehrheit der Bevölkerung auf Erwerbseinkommen angewiesen ist, das langsamer zunimmt als die Vermögen (▷ **Empirie**). Auf lange Sicht wird die Kluft zwischen beiden Gruppen größer – und die wirtschaftliche Ungleichheit nimmt zu. Die *Besitzenden* werden immer reicher, während die *Arbeitenden* nicht Schritt halten können. Das Fazit klingt nach Marx *reloaded*, wenn auch sehr viel moderater: Die Klasse der Kapitalist*innen steht jener der Arbeiter*innen gegenüber.

Um Pikettys Einschätzung zu verstehen, ist es notwendig, die Struktur der Ungleichheit zu begreifen. Der Ökonom untersucht die Verteilung auf individueller Ebene und stellt seine These auf zwei Säulen. Die erste Säule besteht in der Annahme, dass Entscheidungen und Unterschiede auf institutioneller und politischer Ebene von entscheidender Bedeutung waren: »(D)ie beiden Weltkriege und die politischen Maßnahmen der öffentlichen Hand [haben] in ihrem Gefolge auch im Prozess des Abbaus von Ungleichheiten eine zentrale Rolle gespielt …, [die], entgegen den optimistischen Vorhersagen der Theorie Kuznets', keineswegs naturwüchsig und von selbst [ablaufen]« (ebd., S. 313). Die zweite Säule besteht in der Rolle des vererbten Wohlstands. Doch ehe wir uns diesem Aspekt widmen, sind einige einfache Überlegungen zur Zusammensetzung der Ungleichheit nützlich. Ungleichheit kann in drei Faktoren zerlegt werden:

1. Ungleichheit von Einkommen aus Arbeit;
2. Ungleichheit von Einkommen aus dem Besitz von Kapital;
3. Die Wechselwirkung zwischen diesen beiden.

Somit ist die Ungleichheit von Einkommen definitionsgemäß die Summe der Ungleichheit aus den beiden Komponenten Arbeit und Kapital (▶ Kap. 11 und Kap. 12). Piketty fragt also nicht nur, wer wie viel verdient, sondern wer was besitzt – und dadurch Einkommen erzielt. Somit analysiert er die Ungleichheiten in Bezug auf Arbeit und Kapital und arbeitet hierbei mit Daten (allem voran Steuerdaten) zahlreicher Länder aus den letzten 250 Jahren, die von zahlreichen renommierten Ökonom*innen zusammengetragen wurden. Seine Analysen erstrecken sich von Haiti bis nach China, wobei sein Fokus auf Frankreich und den USA liegt. Im Ergebnis präsentiert er, in Worte gefasst, die folgenden Erkenntnisse:

- Die Ungleichheitheiten in Bezug auf Vermögen sind stets größer als die Ungleichheiten in Bezug auf Arbeit.
- Die Ungleichheiten in Bezug auf Arbeit sind moderat, während die Ungleichheiten in Bezug auf Vermögen extrem sind.

Die Worte, in eine Formel gegossen, ergeben die zentrale Gleichung von Pikettys Arbeit: $r > g$. Dabei ist wichtig zu verstehen, dass die Entwicklung von $r > g$ keine Notwendigkeit ist. Sie kann sich so zutragen, sie muss es aber nicht. Es gab Zeiten, in denen sich r und g umkehrten. Nach den beiden Weltkriegen etwa überstieg in einigen Ländern das Wirtschaftswachstum die Renditen auf das Kapital. Es war die Phase der Egalisierung.

Phase der Egalisierung

Die Phase der Egalisierung war eine historisch einmalige Periode nach den beiden Weltkriegen bis zum Aufstieg des Neoliberalismus, in der Sozialstaat, starke Gewerkschaften und eine progressive Besteuerung die Ungleichheit deutlich reduzierten.

Eine weitere wichtige Beobachtung Pikettys: Die Entwicklung der Ungleichheit ist nicht überall gleich verlaufen; auch dann nicht, wenn die Staaten gemessen an ihrer Wirtschaftskraft, ihrem technologischen Stand sowie dem Grad der Globalisierung (▶ Kap. 20) miteinander vergleichbar sind. Daraus folgt, dass andere Faktoren für die Entwicklung bestimmend sein mussten. Nach Pikettys Analysen (und auch jener anderer Ökonom*innen) bestand das wichtigste Werkzeug zur Reduzierung von Ungleichheit in hohen und progressiven Steuern auf Vermögen (zu denen auch Erbschaften zählen). Dies ist nun ein entscheidender Punkt. Denn in der Mainstreamökonomik werden Steuern nur zwei Funktionen zugeschrieben: Sie sollen die Staatskassen füllen und können das Verhalten von Bürger*innen lenken. Doch eine dritte Funktion fehlt: Die *Reduzierung der Ungleichheit.* Die Mainstreamökonomik ging der international einsetzenden Etablierung des politischen ▷ **Neoliberalismus** ab den 1980er Jahren voraus (also der politisch-normativen Frage danach, wie Märkte ausgestaltet sein *sollten*).

Wenn man nun die Arbeiten von Piketty und weitere progressive Ökonomin*innen zu Rate zieht, führten der ▷ **Trickle-down-Ansatz** und eine Wirtschafts- und Finanzpolitik, die im Bereich der Steuerpolitik eine Abwärtsspirale auslösten, überhaupt erst dazu, dass die Ungleichheit stieg. Während die Mainstreamökonomik Ungleichheit als unpolitisch versteht, wird in Pikettys Werk deutlich, dass die Ausrichtung der Wirtschafts- und Finanzpolitik alles andere als unpolitisch zu werten ist (▶ Kap. 10): Sie hat einen massiven Einfluss darauf, wie sich die Entwicklung der Ungleichheit vollzieht. Gemäß der historischen Schule, zu der die früheren Arbeiten von Piketty zu zählen sind, müssen Fragen der Verteilung vor dem Hintergrund politischer Entwicklungen und Institutionen im Verlauf der Geschichte verstanden werden. Dabei sei nicht der Blick auf die Einkommen, sondern auf die Vermögen entscheidend.

Wenn man nun Vermögen betrachtet, muss man bedenken, dass diese aus zwei Faktoren bestehen: Jenem Vermögen, das man im Laufe des eigenen Lebens aufbaut, plus jenem, das einem durch Erbschaften und Schenkungen in den Schoß fällt. John Stuart Mill (1806–1873) bezeichnete letztere zur Mitte des 19. Jahrhunderts als »unverdientes Einkommen« – man erhält, wofür man selbst keine Leistung erbracht hat. Während in den 1970er Jahren der Anteil von Erbschaften und Schenkungen am Gesamtvermögen in Deutschland bei nur etwas über 20% lag, ist er heute bereits wieder bei über 50% – Tendenz steigend (siehe Abbildung 17.3).

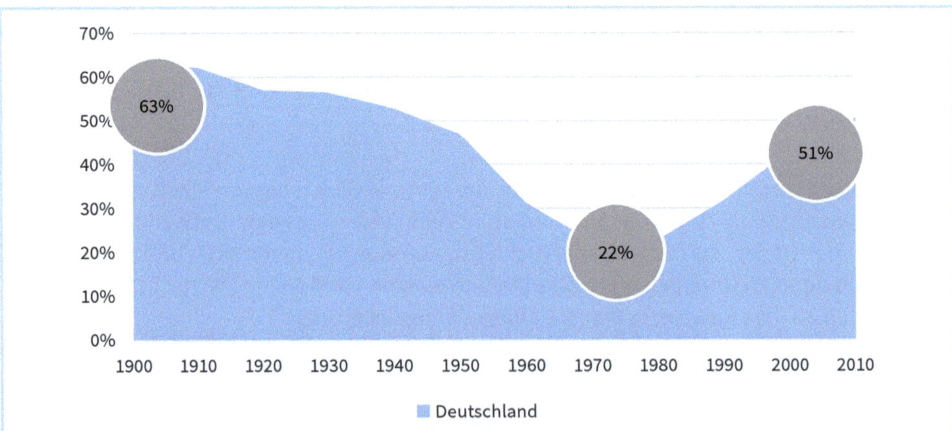

Abbildung 17.3 Der Anteil von Erbschaften und Schenkungen am Gesamtvermögen ist in Deutschland seit den 1970er Jahren wieder angestiegen und liegt heute bei über 50%.

Je größer die Vermögen, desto größer ist der Anteil an Erbschaften und Schenkungen; bei Milliardenvermögen trifft dies auf 75 % bis 80 % zu. Somit sind wir bereits heute eine Erbengesellschaft und ihre Konsolidierung schreitet ungebremst voran. Die entscheidende Frage für die eigenen Lebenschancen gründet sich mit Blick auf die Bedeutung von Erbschaften nicht auf dem Beitrag zur Gesellschaft. Vielmehr ist es zunehmend von Bedeutung, in welche Familie man geboren wird (Linartas 2025, ▶ Kap. 2).

Aus der Forschung

Tom Malleson behandelt in seinem Aufsatz über Einkommensverteilung die These, dass Einkommen nicht allein durch die klassischen Produktionsfaktoren wie Arbeit, Boden und Kapital erklärt werden können. Märkte funktionieren nur, weil es eine »Unterstruktur« gibt – also soziale, kulturelle und politische Bedingungen sowie Sorgearbeit (die meist von Frauen übernommen wird) und Infrastruktur, die unsichtbar bleiben, aber entscheidend sind. Verteilung bedeutet daher nicht nur, wer wie viel Geld auf dem Markt verdient. Wichtig ist auch, welche historischen und politischen Entwicklungen in dem Land, in dem man lebt, stattgefunden haben und wessen Arbeit im Hintergrund (wie etwa Erziehung und Pflege von Jung und Alt) jemandem ermöglichen, ein Einkommen zu erzielen. Malleson kommt zu dem Ergebnis, dass bis zu 90 % der Markteinkommen moralisch nicht verdient sind. Deshalb kann starke Umverteilung durch Steuern gerechtfertigt sein. Mit dieser Sichtweise erweitert der Aufsatz die Debatte von einer technischen Frage der Einkommensverteilung hin zu einer Diskussion über Gerechtigkeit und Verantwortung.

Quelle: Malleson, Tom (2025): The understructure of market production. In: Review of Social Economy, Vol. 83, No. 1, S. 23–53.

17.6 Klima und Ungleichheit zusammen denken

Fragen der Verteilung sind aber weit mehr als nur eine Frage des Verhältnisses von Arm und Reich. Exzessiver Reichtum, der *Über*reichtum der Wenigen – ein Begriff, den der Ökonomen und Psychoanalytiker Martin Schürz wiedererlebte –, ist auch gefährlich für Umwelt und Klima. In Anbetracht der schädlichen Auswirkungen einer extremen Ungleichheit auf die Demokratie und das Klima (Linartas 2025, ▶ Kap. 2), plädieren einige nicht nur für eine sehr viel höhere Besteuerung großer Vermögen, sondern auch für *Limitarismus* – für eine Begrenzung von Reichtum (Robeyns 2024).

Seit einigen Jahren werden Ungleichheit und Klima häufiger gemeinsam unter die Lupe genommen. Der *Climate Inequality Report* liefert unmissverständliche Belege dafür, dass die Schere zwischen Arm und Überreich und Fragen der globalen Klimakrise zusammen gedacht werden sollten. Gehen wir an den Anfang des Kapitels zurück, finden wir eines der zahlreichen Beispiele, die im *Report* angeführt werden: Ein kurzer Abstecher ins All verursacht durch jeden Raketenpassagier in weniger als elf Minuten mehr CO_2, als ein Mensch, der zur ärmsten Milliarde zählt, im ganzen Leben ausstößt (Chancel et al., 2023). Bedeutender noch als die individuellen Fußabdrücke sind aber die Schäden, die durch große Konzerne verursacht werden. Zwischen 1965 und 2017 verursachten allein 20 Unternehmen ganze 480 Milliarden Tonnen an klimaschädlichen Emissionen und somit 35 % aller weltweiten Treibhausgasemissionen.

Bezug zur sozial-ökologischen Vielfachkrise

Die sozial-ökologische Transformation wird gigantische Investitionen benötigen. Allein Deutschland müsste jährlich einen dreistelligen Milliardenbetrag in die Hand nehmen. Blickt man darauf, wer die Klimakrise zuvorderst zu verantworten hat – überreiche Individuen und große Konzerne – und welches Instrument im 20. Jahrhundert am effektivsten war, um die Ungleichheit zu reduzieren, wäre es naheliegend, die Steuern auf Unternehmen zu erhöhen, insbesondere auf klimaschädlich wirtschaftende, und hohe, progressive Steuern auf Vermögen anzusetzen. Eine Wiedereinsetzung der Vermögensteuer in Deutschland, die sich ein Beispiel am spanischen, progressiven Modell nehmen würde, könnte Mehreinnahmen in Höhe von 68 Milliarden Euro erzielen. Würde man die Privilegierung von Betriebsvermögen bei der Erbschaftsteuer streichen, könnten jährlich bis zu 10 Milliarden Euro mehr eingenommen werden (Linartas 2025). Eine progressive Vermögensbesteuerung wäre nicht nur in finanzieller Hinsicht möglich und verfassungskonform, sondern würde auch dem Leistungsfähigkeitsprinzip und somit Fragen der Steuergerechtigkeit sowie dem Verursacherprinzip in Klimafragen Rechnung tragen (▶ Kap. 6).

Hohe und progressive Steuern auf große Vermögen könnten vor dem Hintergrund der sozial-ökologischen Transformation eine solide Finanzierung mit sozialem Ausgleich gewährleisten. Doch dieser Ansatz geht nicht allen Wissenschaftler*innen, die Klima und Umwelt im Blick haben, weit genug. Die ▷ **Ökologische Ökonomik** versteht Verteilung grundlegend anders als die meisten anderen ökonomischen Schulen. Die ökologische ▷ **Denkschule** fordert, die Wirtschaft neu zu gestalten und fest in die Gesellschaft und in die Natur einzubetten. Dabei sollte wirtschaftliches Handeln nicht linear im Sinne von Wachstum verstanden werden, sondern eine regenerative, zirkuläre Orientierung verfolgen.

Wichtig ist insbesondere, dass die Ökologische Ökonomik den Begriff der Verteilung über Einkommen und Vermögen hinaus auf Ressourcenverbrauch und Umweltbelastungen erweitert. Sie stellt analytische wie auch normative Fragen: Wer ist verantwortlich für die Klimakrise und andere ökologische Schäden? Wer sollte zur Rechenschaft gezogen werden, und wie lassen sich die Lasten gerecht zwischen Ländern, sozialen Gruppen und Generationen verteilen? Damit zeigt die ökologische Perspektive, dass Verteilung nicht nur ökonomisch, sondern auch ökologisch und moralisch verstanden werden muss. Von diesem Standpunkt aus betrachtet wird die Kritik an der ▷ **Mainstreamökonomik** und dem ▷ **Postkeynesianismus** verständlich.

Die neoklassische Theorie behandelt ökologische Fragen meist als externe Effekte (▷ **Neoklassik**). Sie geht implizit davon aus, dass technischer Fortschritt Knappheiten unbegrenzt überwinden könne. Verteilung gilt dort primär als Marktergebnis, das sich aus Grenzproduktivitäten ableitet. Umverteilung erscheint nur als nachgelagerte politische Aufgabe. Die Endlichkeit ▷ **natürlicher Ressourcen** und die planetaren Belastungsgrenzen werden ausgeblendet. Wachstumsstrategien erscheinen dadurch als Allheilmittel – obwohl sie die ökologischen Krisen verschärfen.

Auch gegenüber dem ▷ **Postkeynesianismus** bleibt die Ökologische Ökonomik kritisch. Zwar teilt sie dessen Betonung von Machtverhältnissen, Unsicherheit und Nachfrage. Doch das übergeordnete Ziel bleibt im Kern dasselbe wie in der Mainstreamökonomik: fortwährendes Wirtschaftswachstum – »die wichtigste Direktive des Kapitals« (Hickel 2020, S. 33). Verteilung wird primär als Konflikt zwischen Kapital und Arbeit verstanden, ohne die ökologische Dimension systematisch einzubeziehen. Damit verfehlt der Postkeynesianismus aus ökologischer Perspektive eine zentrale Dimension: die Zuteilung ökologischer Nutzungsrechte in einer Welt endlicher Ressourcen. Zudem birgt seine Wachstumsfixierung die

Gefahr, ökologische Grenzen zu überschreiten, selbst wenn gerechtere Einkommens- und Vermögensverteilungen angestrebt werden.

Einzelne Reformen oder kleine Schritte im Zeichen der Reduzierung der Ungleichheit reichen nach Ansicht wachstumskritischer Sozialwissenschaftler*innen bei Weitem nicht aus. Es brauche ein ganzheitliches Umdenken. Über die Fragen der Verteilung von Einkommen und Vermögen hinaus, gilt es auch die Frage zu beantworten, wer zu welchen Teilen zur Klimakrise beiträgt – und wer unter ihr in besonderem Maße leidet.

Während Überreiche und große multinationale Öl- und Gaskonzerne die Hauptverursacher der Klimakrise sind, tragen Menschen in Armut, allen voran aus dem ▷ **Globalen Süden**, die größten Lasten in Form von Krankheit und Tod. Betrachtet man die Emissionen von 1850 bis 2015, zeigen sich die Länder des ▷ **Globalen Nordens**, die nur circa 15 bis 20 % der Weltbevölkerung stellen, als Verursacher von 92 % aller Emissionen. Gleichzeitig entfielen im Jahr 2010 90% aller durch die Klimakrisen registrierten Todesfälle auf den Globalen Süden.

Den Fokus bei der Klimakrise auf die Überreichen und großen Konzerne zu legen, ist nicht nur eine Frage von moralischer Verantwortung. Es ist auch effizient: Es ist deutlich wirksamer, den CO_2-Ausstoß über den Lebensstil der Vermögenden oder die enormen Profite multinationaler Unternehmen zu reduzieren, als durch lebenseinschneidende Einsparungen bei Millionen armutsbetroffener Menschen. Analysen von Emissionen, Ressourcenverbrauch oder Umweltfolgen sind immer mit der Frage verknüpft, wie Verantwortung gerecht verteilt werden kann und welche Wirtschaftsweisen nachhaltig und fair sind.

Ein anschauliches Modell für nachhaltiges Wirtschaften bietet die Donut-Ökonomie von Kate Raworth. Man kann sich den Donut so vorstellen, dass er ökologische Grenzen (äußerer Ring) mit sozialen Mindeststandards (innerer Ring) verbindet. Die ▷ **Ökologische Ökonomik** liefert die wissenschaftliche Basis, aus der die Donut-Ökonomie ein normatives und kommunikatives Modell für Praxis und Politik macht. Raworth geht es darum, »Wohlstand für alle im Rahmen der Mittel und Möglichkeiten unseres Planeten« zu ermöglichen (Raworth 2023, S. 44). Nach ihr bedürfe es eines Wirtschaftssystems, das nicht dem Irrglauben unterliegt, fortwährendes Wachstum im Sinne eines freien Marktes könne für gerechten Ausgleich sorgen. Wenn eine faire und gerechte Wirtschaftsordnung das Ziel ist, muss diese bewusst konzipiert und in die gesellschaftlichen und planetaren Belastungsgrenzen eingebettet werden. Die Ökonom*innen der Zukunft werden sich nicht allein auf die Umverteilung von Einkommen konzentrieren, sondern den Reichtum umverteilen – »sei es die Macht über das Land, die Geldschöpfung, die Unternehmen, die Technologie oder das Wissen – und sie werden den Markt, die Allmende und den Staat gleichermaßen in Dienst nehmen, um dies zu bewerkstelligen« (Raworth 2023, S. 243).

Allmende

Als Allmende werden gemeinschaftlich genutzte Ressourcen bezeichnet, zu denen beispielsweise Weide- und Ackerflächen, Wälder oder Gewässer gehören. Sie werden nicht privat, sondern kollektiv verwaltet, wobei Nutzung und Pflege gemeinschaftlich geregelt sind.

17.7 Ausblick

Aus Sicht der ▷ **Mainstreamökonomik** ist Verteilung vor allem das Ergebnis von Angebot und Nachfrage auf Märkten. Einkommen entstehen dabei gemäß der Grenzproduktivitätstheorie: Jede*r erhält, was er oder sie zur Produktion beiträgt. Unterschiede in Löhnen erklärt diese Perspektive vor allem durch Bildung, Qualifikation oder Berufswahl. Ungleichheit gilt hier nicht als Problem, sondern als legitimes und verdientes Resultat effizienter Marktmechanismen.

Mit der globalen Finanzkrise geriet diese Sichtweise in die Kritik. Andere ▷ **Denkschulen**, wie die postkeynesianische oder die historische, sehen Verteilung nicht als neutrale Marktfolge, sondern als politisches, gesellschaftliches und historisch bedingtes Problem (▷ **Postkeynesianismus**). Dass diese Perspektive an Zugkraft gewonnen hat, lässt sich auch daran erkennen, dass die Reduzierung von Ungleichheit zu einem eigenständigen Nachhaltigkeitsziel der Vereinten Nationen wurde – SDG Nr. 10. Die Forschungsergebnisse aus verschiedenen Sozialwissenschaften unterstreichen die Dringlichkeit, Ungleichheit zu reduzieren: Wirtschaftliche Ungleichheit hat negative Folgen für demokratische Gesellschaften und die Wirtschaft und wird stark durch Machtasymmetrien, Institutionen und Politik geprägt. Besonders entscheidend ist dabei der Blick auf Vermögen. Und da diese in vielen industriellen Ländern bereits zu mehr als der Hälfte aus Erbschaften und Schenkungen bestehen, wird es zunehmend wichtiger, in welche Familie man geboren wird – und nicht, was man arbeitet oder leistet.

Die ▷ **Ökologische Ökonomik** erweitert diesen Begriff noch weiter. Verteilung umfasst nicht nur Einkommen und Vermögen, sondern auch Zugang zu ▷ **natürlichen Ressourcen**, Umweltbelastungen und gesellschaftlicher Macht. Sie stellt moralische, soziale und generationenübergreifende Fragen und thematisiert Verantwortung für Umwelt- und Klimaschäden. Eine nachhaltige Wirtschaft muss innerhalb planetarer Belastungsgrenzen organisiert sein. Modelle wie die Donut-Ökonomie zeigen, dass gerechte Verteilung gleichzeitig soziale Mindeststandards sichern und ökologische Obergrenzen respektieren kann. Verteilung wird so zu einem zentralen Bestandteil von Gerechtigkeit, ökologischer Nachhaltigkeit und gesellschaftlicher Teilhabe.

Der Überreichtum der Wenigen konzentriert sich weiter, die Schere zwischen Arm und Reich öffnet sich zunehmend, und die Klimakrise verschärft sich. Gleichzeitig nehmen kritische Debatten im progressiven Lager Fahrt auf. Ganz im dialektischen Sinne, wie Herbert Marcuse von der Frankfurter Schule es einst ausdrückte, wird gesellschaftlicher Wandel wahrscheinlicher, je unerträglicher der Zustand wird. Und je mehr kluge Köpfe sich mit diesen Fragen befassen, desto greifbarer wird das Nachhaltigkeitsziel Nr. 10: die Reduzierung extremer Ungleichheit.

Literaturempfehlungen

Chancel, Lucas/Bothe, Philipp/Voituriez, Tancrède(2023): Climate Inequality Report 2023. Fair taxes for a sustainable future in the Global South. World Inequality Lab.

Hickel, Jason (2020): Weniger ist mehr. Warum der Kapitalismus den Planeten zerstört und wir ohne Wachstum glücklicher sind. München.

Kuznets, Simon (1955): Economic Growth and Income Inequality. In: American Economic Review, 45 (1), S. 1–28.

Linartas, Martyna (2025): Unverdiente Ungleichheit. Wie der Weg aus der Erbengesellschaft gelingen kann. Hamburg.

Mankiw, George und Mark Taylor (2024): Grundzüge der Volkswirtschaftslehre. Stuttgart.

Piketty, Thomas (2015): Kapital im 21. Jahrhundert. München.

Piketty, Thomas (2022): Eine kurze Geschichte der Gleichheit. München.

Raworth, Kate (2023): Die Donut-Ökonomie. Endlich ein Wirtschaftsmodell, das den Planeten nicht zerstört. München.

Robeyns, Ingrid (2024). Limitarismus. Warum Reichtum begrenzt werden muss. Frankfurt a. M.

Savage, Mike (2023): Die Rückkehr der Ungleichheit. Sozialer Wandel und die Lasten der Vergangenheit. Hamburg.

Stiglitz, Joseph (2015): Inequality and Economic Growth. In: The Political Quarterly, 86 (1), S. 134–155.

Zusätzliche Belege

Kuznets S. (1955): Economic Growth and Income Inequality. In: The American Economic Review 45(1), American Economic Association: S. 1–28.

Online-Ressourcen

Informationsportal Ungleichheit, Link: www.ungleichheit.info

Netzwerk Steuergerechtigkeit, Verteilungstheorien und Grenzen des Reichtums (Sonderfolge Ungleichheit #3.2 mit Christian Neuhäuser), Link: https://open.spotify.com/episode/09CegaGj4mphoYw90Uc1nI?si=ZlunXqvKTNyBddsJAmlrVg

Doha Debates, Capitalism: Full Debate with Jason Hickel, Anand Giridharadas, Ameenah Gurib-Fakim, Link: https://www.youtube.com/watch?v=pPpLWf2df3Y&t=395s

18 Was sind Märkte?

Richard Bärnthaler

Ob beim Einkaufen, Streaming oder Online-Shopping – Marktprozesse prägen unseren Alltag. Märkte gelten gemeinhin als Orte, an denen Angebot und Nachfrage aufeinandertreffen, Preise sich scheinbar automatisch regeln und Konsument*innen frei entscheiden, was sie kaufen. Wettbewerb und Rivalität prägen das Geschehen: Anbieter konkurrieren um Kundschaft, Nachfragende um die besten Angebote. Wer sich durchsetzen will, muss besser, günstiger oder schneller sein als andere. Doch Märkte beruhen nicht nur auf Konkurrenz: Sie brauchen auch mehrere Teilnehmende, allgemein akzeptierte Regeln und die Möglichkeit, bindende Vereinbarungen zu treffen, basierend auf der Kommunikation zwischen identifizierbaren Akteuren, die wechselseitige Rechte und Pflichten begründen (Hodgson 2020).

Zugleich wird heute zunehmend auch in neuen gesellschaftlichen Bereichen nach der Marktlogik gehandelt – ein Prozess, den Sozialwissenschaftler*innen als Vermarktlichung bezeichnen. Beispiele hierfür sind private Krankenversicherungen, bei denen Menschen aus verschiedenen Tarifen wählen müssen, oder im Bildungsbereich, in dem Schulen und Universitäten zunehmend im marktlichen Wettbewerb um Studierende und Fördermittel stehen. Marktmechanismen steuern dabei nicht nur ökonomische Abläufe, sondern verändern auch gesellschaftliche Werte: Wenn etwa der Zugang zu politischen Institutionen – wie Kongressanhörungen – käuflich wird, verliert ein demokratisches Gut seinen öffentlichen Charakter; und wenn mit Flüchtlingsquoten gehandelt wird, werden Geflüchtete nicht mehr als Schutzbedürftige wahrgenommen, sondern als Kosten- oder Produktionsfaktor (Sandel 2013).

Vermarktlichung

Vermarktlichung – im Englischen auch commodification (zur Ware machen) – bedeutet, dass profitwirtschaftliche und wettbewerbsorientierte Logiken, Regeln und Normen zum Ordnungsprinzip in gesellschaftlichen Bereichen werden, in denen sie bislang keine zentrale Rolle gespielt haben.

Sogar die Natur (▶ Kap. 7) wird inzwischen in Märkte eingebunden. Beim Handel mit CO_2-Zertifikaten erhalten Unternehmen ein Emissionskontingent – wer weniger ausstößt, kann verkaufen, wer mehr ausstößt, muss zukaufen. Ähnlich funktionieren Märkte für Biodiversität, bei denen Eingriffe in die Natur – etwa im Zuge von Bauprojekten oder Rohstoffabbau – durch Schutzmaßnahmen an anderer Stelle ausgeglichen werden sollen. Die dahinterliegende Logik ist: Naturzerstörung kann durch Wiederherstellung kompensiert werden – ökologische Schäden und Nutzen werden handelbar gemacht.

Die Frage, was Märkte sind und wie sie funktionieren, wird in den ▷ **Wirtschaftswissenschaften** nicht einheitlich beantwortet. Vielmehr zeigt sich eine ▷ **Pluralität** in der wirtschaftswissenschaftlichen Auseinandersetzung mit Märkten, die unterschiedliche theoretische Zugänge und Verständnisse hervorbringt. Je nach Perspektive stehen dabei verschiedene Aspekte im Vordergrund – etwa ▷ **Effizienz**, institutionelle Rahmenbedingungen oder gesellschaftliche Machtverhältnisse. Im Folgenden werden drei zentrale Ansätze vorgestellt, die exemplarisch für diese Vielfalt stehen: die ▷ **Neoklassik**, die ▷ **Institutionenökonomik** und die ▷ **Marxistische Politische Ökonomie**.

18.1 Das neoklassische Marktverständnis

In der neoklassischen Theorie gelten Märkte als zentrale Koordinationsmechanismen des wirtschaftlichen Geschehens: Hier treffen Angebot und Nachfrage im Wettbewerb aufeinander, und über den Preismechanismus wird bestimmt, wie knappe Ressourcen zugeteilt werden (▷ **Neoklassik**). Die Annahme lautet: Wenn Individuen frei entscheiden können, was sie kaufen oder verkaufen möchten, sorgt der Marktmechanismus dafür, dass Güter dorthin gelangen, wo sie den höchsten Nutzen stiften. Denn Preise zeigen, wie wichtig ein Gut für die einzelnen Personen ist. Wer mehr zahlt, bekommt es – und Unternehmen reagieren darauf, indem sie davon mehr produzieren.

18.1.1 Der Markt als effizienter, neutraler und natürlicher Allokationsmechanismus

Dieses Ergebnis wird als allokative ▷ **Effizienz** bezeichnet – also eine möglichst nutzenstiftende Verwendung knapper Mittel wie Zeit, Geld oder Rohstoffe. Der Begriff des Nutzens ist dabei spezifisch gefasst: Unternehmen handeln auf der Angebotsseite gewinnorientiert und setzen Ressourcen so ein, dass maximale Profite entstehen. Konsument*innen verfolgen auf der Nachfrageseite das Ziel, ihre unbegrenzten individuellen Vorlieben (Präferenzen) bestmöglich zu erfüllen. Der Marktmechanismus bringt diese divergierenden Interessen über das Preissystem in ein Gleichgewicht.

Abbildung 18.1 – entnommen aus dem Lehrbuch der Mainstreamökonomen Gregory Mankiw und Mark P. Taylor (2024) – zeigt dieses Marktgleichgewicht von Angebot und Nachfrage in einem einfachen Mikromodell am Beispiel der Milch: Der Schnittpunkt der Angebots- und Nachfragekurve bestimmt den Gleichgewichtspreis – also den Preis, bei dem die angebotene und nachgefragte Menge übereinstimmen. Die entsprechende Menge wird als Gleichgewichtsmenge bezeichnet. In diesem Punkt sind die Interessen von Anbietenden und Nachfragenden optimal aufeinander abgestimmt, und es liegt eine effiziente Allokation der Ressourcen vor.

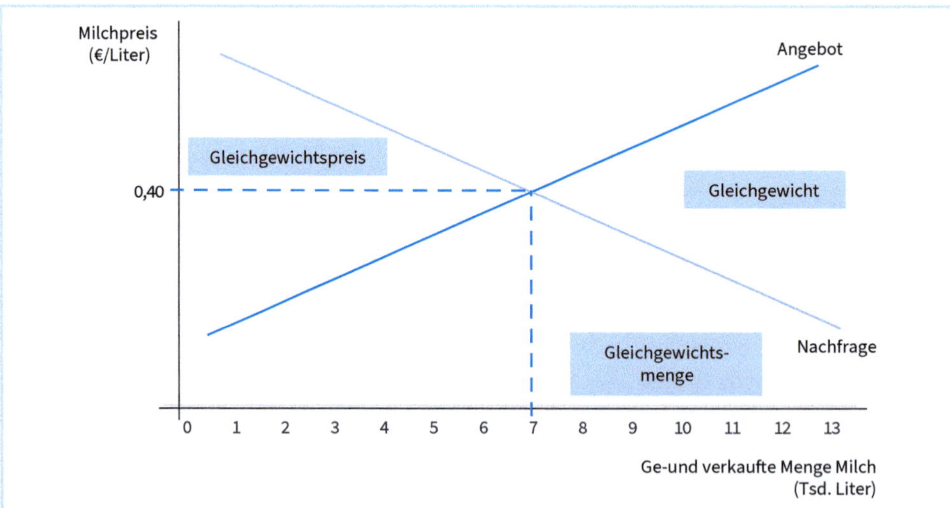

Abbildung 18.1: Das Gleichgewicht von Angebot und Nachfrage (nach Mankiw/Taylor 2024, S. 671)

Aus neoklassischer Perspektive sind Märkte nicht nur (allokativ) effizient, sondern auch *ethisch neutral*: Sie bevorzugen keine Person oder Gruppe, diskriminieren nicht und folgen keinen politischen oder moralischen Zielen. Die Entscheidungen über Konsum und Produktion entstehen allein durch das Zusammenspiel von Nutzen- und Gewinnmaximierung im Wettbewerb unter Knappheitsbedingungen. Marktmechanismen »urteilen« diesem Verständnis nach nicht, sondern fassen lediglich zusammen, was sich viele Individuen wünschen und wofür sie zu zahlen bereit sind.

Zudem wird der Markt in der Neoklassik als ein *natürlicher* Mechanismus verstanden – als etwas, das sich aus individuellen Entscheidungen quasi automatisch ergibt und keiner aktiven Gestaltung bedarf. Diese naturalistische Sichtweise trägt dazu bei, dass Märkte oftmals als universell und überzeitlich erscheinen, unabhängig von historischen oder gesellschaftlichen Kontexten.

18.1.2 Grundannahmen: rationale Nutzenmaximierung, vollständige Informationen und freier Wettbewerb

Damit dieses Standardmodell funktioniert, stützt es sich auf einige Annahmen: Erstens wird unterstellt, dass alle Beteiligten rational handeln: Konsument*innen setzen ihr Geld so ein, dass möglichst viele ihrer grenzenlosen Wünsche erfüllt werden, und Unternehmen maximieren als Produzenten ihren Gewinn. Zweitens geht man davon aus, dass vollständige Informationen vorhanden sind: Alle wissen, was ein Produkt kostet, wie viel Nutzen es stiftet und welche Alternativen es gibt. Drittens herrscht freier (vollständiger) Wettbewerb: Viele Anbietende und Nachfragende stehen einander gegenüber. Niemand hat eine besondere Machtposition, und jede*r darf am Markt teilnehmen.

Nutzen und Grenznutzen

Nutzen ist in der Neoklassik das Maß für die subjektive Zufriedenheit durch Konsum. Je mehr Nutzen, desto höher die Zahlungsbereitschaft. Der Grenznutzen beschreibt den zusätzlichen Nutzen durch eine weitere Einheit und ist die Grundlage individueller Entscheidungen.

In der Neoklassik kommt den Marktpreisen eine Schlüsselrolle zu. Sie zeigen an, wie knapp oder begehrt ein Gut ist. Steigt beispielsweise die Nachfrage nach einem Produkt, erhöht sich der Preis. Für Unternehmen ist das ein Anreiz, mehr zu produzieren, da höhere Gewinne winken. Gleichzeitig überdenken Konsument*innen möglicherweise ihre Kaufentscheidungen. Im Wettbewerb fungieren Marktpreise als ein Steuerungssystem, das das Verhalten aller Beteiligten koordiniert – scheinbar ohne äußere Eingriffe. Im Regelfall stellt sich ein Marktgleichgewicht ein: Jedes Angebot findet eine entsprechende Nachfrage, und die Ressourcen sind optimal zugeteilt.

Das Beispiel des CO_2-Zertifikatehandels aus der Einleitung lässt sich erneut aufgreifen, um zu zeigen, wie Marktmechanismen aus neoklassischer Sicht zur effizienten Allokation, also Zuteilung, knapper Ressourcen beitragen: Unternehmen, die Emissionen verursachen, müssen Zertifikate erwerben, deren Preis sich durch Angebot und Nachfrage bildet. Dieser Preis fungiert als Marktsignal, da er anzeigt, wie teuer es ist, die Umwelt zu belasten. Steigende Zertifikatskosten setzen Anreize zur Emissionsreduktion. Unternehmen handeln dabei rational, also gewinnorientiert: Sie entscheiden individuell, ob sie Zertifikate kaufen oder in emissionsarme Technologien investieren. CO_2 wird somit dort eingespart, wo dies am kostengünstigsten möglich ist. Voraussetzung dafür ist, dass alle Marktteilnehmenden über vollständige Informationen verfügen – etwa über aktuelle Preise, mögliche Alternativen und deren Kosten –, um fundierte Entscheidungen treffen zu können. Zudem herrscht freier Wettbewerb: Viele Unternehmen konkurrieren um die begrenzte Menge an Zertifikaten. Niemand besitzt eine marktbeherrschende Stellung, und alle können am Handel teilnehmen. Der Marktmechanismus sorgt über den Preis dafür, dass die verfügbaren Zertifikate vollständig nachgefragt werden – nicht weil alle Unternehmen gleich viel emittieren, sondern weil sich der Preis so einstellt, dass nur jene Unternehmen Zertifikate erwerben, für die dies ökonomisch sinnvoller ist als die Vermeidung von Emissionen. Dies verdeutlicht: Aus neoklassischer Perspektive bedeutet eine optimale Allokation nicht per se möglichst geringe Umweltverschmutzung, sondern dass Emissionen dort stattfinden, wo die Vermeidungskosten am höchsten sind. Ziel ist es, den Gesamtnutzen – also den wirtschaftlichen Wert aus Produktion abzüglich der Kosten für Umweltbelastung und deren Vermeidung – zu maximieren.

18.1.3 Marktversagen und staatliche Eingriffe

Eine Grundidee der Neoklassik besteht also darin, dass Marktpreise – und damit wirtschaftliche Steuerung – nicht durch äußere Eingriffe entstehen, sondern sich im freien Wettbewerb aus dem Zusammenspiel von Angebot und Nachfrage unter Knappheitsbedingungen herausbilden. Diese Marktpreise gelten als wertneutral: Sie spiegeln lediglich relative Knappheiten (z. B. begrenzte Emissionsrechte oder Rohstoffe) und individuelle Nutzenabwägungen im Wettbewerb wider – bei Konsument*innen etwa in Form von Präferenzen (z. B. die Entscheidung für ein Elektroauto statt eines Verbrenners), bei Unternehmen in Form von Gewinnmaximierung (z. B. die Abwägung zwischen dem Kauf von Zertifikaten und Investitionen in emissionsarme Technologien). Aus neoklassischer Sicht ist der Markt daher das zentrale Instrument zur Koordination wirtschaftlicher Aktivitäten – staatliche Eingriffe (▶ Kap. 21) sind nur in Ausnahmefällen vorgesehen.

Marktversagen

Marktversagen tritt auf, wenn Märkte keine allokative Effizienz ermöglichen – z. B. durch externe Effekte (nicht im Preis berücksichtigte gesellschaftliche Folgen), öffentliche Güter (niemand kann vom Konsum ausgeschlossen werden), Informationsasymmetrien oder fehlenden Wettbewerb.

Ein solcher Ausnahmefall liegt vor, wenn die Voraussetzungen des Modells verletzt sind. Wenn zum Beispiel Unternehmen Umweltschäden verursachen, deren Kosten nicht eingepreist sind, spricht die Neoklassik von einem ▹ **Marktversagen**. In solchen Fällen reicht der Marktmechanismus allein nicht aus, um ein gesellschaftlich wünschenswertes Ergebnis zu erzielen – staatliche Korrekturen können selbst aus neoklassischer Sicht notwendig werden. Im Standardmodell der neoklassischen ▹ **Mikroökonomik** bleiben solche Situationen jedoch die Ausnahme. In der makroökonomischen Perspektive – insbesondere in der neoklassischen Synthese – wird diese Sichtweise allerdings etwas aufgeweicht: Hier wird anerkannt, dass staatliche Eingriffe unter weiteren Bedingungen notwendig und sinnvoll sein können, etwa zur Stabilisierung von Konjunktur und Beschäftigung (▹ **Makroökonomik**).

Neoklassische Synthese

Die neoklassische Synthese verbindet keynesianische Ideen zur kurzfristigen Konjunktursteuerung mit neoklassischen Annahmen über langfristige Marktgleichgewichte. Die Akteur*innen handeln zwar rational, die Märkte zeigen jedoch oft unvollständigen Wettbewerb und verschiedene Formen von Marktversagen.

Bezug zur sozial-ökologischen Vielfachkrise

Märkte beruhen auf den Prinzipien der Kommensurabilität und der Substituierbarkeit – also auf der Vorstellung, dass unterschiedliche Güterarten wie sogenanntes ▷ **Naturkapital**, ▷ **Humankapital** oder ▷ **Sachkapital** vergleichbar und gegeneinander austauschbar sind. Ein Lehrbuch der neoklassischen ▷ **Umweltökonomik** bringt das auf den Punkt: Man könne der nächsten Generation eine geringere Umweltqualität hinterlassen, solange dies durch mehr Straßen, Maschinen oder anderes physisches Kapital ausgeglichen werde – oder umgekehrt auf Infrastruktur verzichten, wenn dafür mehr Feuchtgebiete, Wälder oder Bildung bereitgestellt würden (Turner et al. 1994, S. 56) (▷ **Neoklassik**). Dahinter steht die Annahme, dass sich alles messen, vergleichen und verrechnen lässt – je mehr, desto größer der Markt.

Problematisch wird diese Logik im Umgang mit der Natur, beispielsweise bei Märkten für Biodiversitätskompensation. Hier soll Zerstörung an einem Ort durch Schutz oder Wiederherstellung an einem anderen ausgeglichen werden. Doch Natur ist weder kommensurabel noch einfach substituierbar: Ein Moor speichert über Jahrtausende CO_2 und beherbergt spezialisierte Arten – es lässt sich nicht einfach durch Aufforstung ersetzen. Auch ein Regenwald ist ein einzigartiges Zusammenspiel von Millionen von Organismen, das nicht durch neue Bäume anderswo kompensiert werden kann. Selbst wenn Fläche und Artanzahl ähnlich erscheinen, gehen lokale Ökosysteme, genetische Vielfalt und ökologische Funktionen dauerhaft verloren. Zudem sind viele Leistungen der Natur – wie Wasserspeicherung oder Bestäubung – räumlich gebunden. Ein zerstörtes Feuchtgebiet kann nicht durch ein Ersatzbiotop in weiter Entfernung kompensiert werden; die betroffene Region verliert an Lebensqualität und Schutzfunktionen.

18.1.4 Kritik an der neoklassischen Perspektive

Die Variation zwischen mikro- und makroökonomischen Annahmen innerhalb des neoklassischen Theoriegerüsts verweist bereits auf die theoretische Spannbreite in der Auseinandersetzung mit Märkten. Darüber hinaus stellt sich die Frage, wie tragfähig die neoklassischen Modellannahmen unter realen gesellschaftlichen Bedingungen tatsächlich sind. In diesem Zusammenhang lässt sich – angelehnt an den Wirtschaftshistoriker und Sozioökonomen Karl Polanyi (1886–1964) – zwischen einer *formalen* und einer *substanziellen* Auffassung von Wirtschaft unterscheiden: Die formale Perspektive der Neoklassik versteht Wirtschaften als zweckrationale, nutzenmaximierende Tätigkeit unter Knappheitsbedingungen, bei der Ressourcen effizient über Märkte zugeteilt werden. Dies wird häufig als mathematisches Optimierungsproblem modelliert, bei dem Akteur*innen unter gegebenen Restriktionen ihre Zielgrößen – etwa Nutzen oder Gewinn – maximieren. Die substanzielle Perspektive, an der sich die ▷ **Institutionenökonomik** und die ▷ **Marxistische Politische Ökonomie** orientieren, betont hingegen, dass wirtschaftliches Handeln stets in spezifischen sozialen, kulturellen, politischen und institutionellen Kontexten stattfindet und daher nur im Zusammenhang mit diesen Strukturen angemessen analysiert werden kann.

Aus substanzieller Perspektive ergeben sich dann mehrere kritische Fragen: Was passiert, wenn Informationen fehlen, einige Unternehmen mehr Macht haben als andere – oder Umweltzerstörung nicht die Ausnahme, sondern die Regel ist? Welche Rolle spielen Institutionen bei der Strukturierung von Märkten – etwa durch Gesetze, Verträge oder gesellschaftliche Normen? Und gibt es überhaupt so etwas wie einen Markt ohne Eingriffe von außen?

18.2 Das institutionenökonomische Marktverständnis

An dieser Stelle setzt die institutionenökonomische Perspektive an: Sie betrachtet Märkte als gesellschaftlich geschaffene Systeme, deren Funktionsweise wesentlich von Regeln, Gesetzen und sozialen Strukturen geprägt ist (▷ **Institutionenökonomik**).

18.2.1 Märkte als gesellschaftliche Institutionen: konstruiert, geregelt, eingebettet

Die Vorstellung, dass Märkte natürlich entstehen sowie wertneutral und effizient allein durch das freie Spiel von Angebot und Nachfrage unter Knappheitsbedingungen im Wettbewerb funktionieren, wird von der Institutionenökonomik grundsätzlich infrage gestellt. Aus dieser Perspektive sind Märkte keine natürlich entstandenen Systeme, sondern soziale Konstrukte, die durch Regeln, Gesetze und gesellschaftliche Normen – kurz: *Institutionen* – überhaupt erst möglich gemacht werden. Der Institutionenökonom Geoffrey M. Hodgson beschreibt Märkte daher als *institutionalisierte Austauschsysteme*. Sie beruhen auf formellen und informellen, rechtlich oder sozial abgesicherten Rahmenbedingungen wie ▷ **Eigentumsrechten**, Vertragsverpflichtungen, Regulierungen und Verhaltensweisen. Ohne diese grundlegenden Institutionen gäbe es keine Märkte.

Märkte sind für Institutionenökonom*innen also niemals losgelöst von vermeintlich äußeren Eingriffen – im Gegenteil: Sie sind *stets* in politische, rechtliche und kulturelle Strukturen eingebettet, die ihr Funktionieren ermöglichen. Die institutionellen Grundlagen – also jene Regeln, Normen und Organisationen, die definieren, *wer* am Markt teilnehmen darf, *was* gehandelt werden kann und *unter welchen Bedingungen* – entstehen außerhalb des Marktes selbst (Hodgson 2020). Dabei ist es irreführend, von *dem* Markt zu sprechen, als gäbe es nur eine Form. In Wirklichkeit existieren unterschiedliche Märkte – und zwar nicht nur für verschiedene Güter, sondern auch in Bezug auf ihre spezifische institutionelle Ausgestaltung. Märkte sind jeweils anders gestaltet, eingerichtet und reguliert.

Zum Beispiel gelten auf Wohnungsmärkten je nach Land oder Stadt oftmals unterschiedliche Mietregulierungen, Förderinstrumente oder Zugangsvoraussetzungen. Und bestimmte Bereiche können durch gesellschaftliche Auseinandersetzungen auch bewusst vom Marktprinzip ausgeschlossen werden: Heute ist es in den meisten Ländern selbstverständlich, dass Menschen nicht verkauft werden dürfen. Sklavenmärkte, die früher existierten, sind heute rechtlich verboten – weil wir als Gesellschaft entschieden haben, dass die Menschenwürde unantastbar ist und Menschen keine Dinge sind, die gekauft und verkauft werden dürfen. Ähnlich wurde entschieden, dass bestimmte ▷ **öffentliche Güter** – wie sauberes Trinkwasser, Bildung oder Sicherheit – nicht vollständig dem Marktmechanismus überlassen werden sollen. Auch Organe oder Wahlrechte sind nicht einfach über Märkte handelbar. Diese Entscheidungen sind Ausdruck gesellschaftlicher Institutionen und zugrunde liegender Aushandlungsprozesse darüber, wo Marktlogik Anwendung finden darf – und wo ihre Grenzen liegen.

Ähnlich umkämpft ist heute die Frage, ob und in welchem Umfang Natur in Marktprozesse eingebunden werden soll (Martin-Ortega et al. 2023), etwa durch das eingangs vorgestellte Beispiel der Biodiversitätskompensation, also handelbare Ausgleichsmaßnahmen für zerstörte Lebensräume. Dabei entsteht ein Markt, in dem Schutz- und Wiederherstellungsmaßnahmen für Natur angeboten und von jenen nachgefragt werden, die durch Bauvorhaben oder andere Eingriffe gesetzlich zur Kompensation verpflichtet sind. Die grundsätzliche Frage, ob Natur nach den Prinzipien von Angebot und Nachfrage im Wettbewerb bewertet und gehandelt werden darf – oder ob sie als schützenswertes Gemeingut außerhalb marktwirtschaftlicher Verwertung stehen sollte – wird in diesem Zusammenhang intensiv diskutiert. Kurz gesagt: Märkte entstehen im Verständnis der Institutionenökonomik nie von selbst, sie werden geschaffen – und zwar immer in jeweils spezifischer Art und Weise oder im Zweifel auch gar nicht.

18.2.2 Märkte sind immer reguliert: Der Staat gestaltet, sichert und ermöglicht

Märkte sind auf gesellschaftliche Rahmenbedingungen angewiesen. Dazu zählen etwa Gerichte, die Verträge prüfen, staatliche Stellen, die Eigentumsrechte sichern oder Mindeststandards überwachen, sowie soziale Normen, die Vertrauen und Kooperationsbereitschaft fördern. Ohne diese *nicht-marktlichen* Voraussetzungen gäbe es keine funktionierenden Märkte. Der Staat übernimmt aus Sicht der Institutionenökonomik in diesem Zusammenspiel eine zentrale Rolle: nicht nur als Korrektiv im Krisenfall – wie es die Neoklassik annimmt –, sondern als dauerhafte Instanz, die Märkte ordnet, absichert, hervorbringt und einhegt.

Um auf die Märkte für CO_2-Zertifikate und Biodiversitätskompensationen zurückzukommen: Damit Unternehmen Emissions- oder Kompensationsrechte handeln können, braucht es staatlich geschaffene Systeme mit klaren Begrenzungen, rechtlichen Vorgaben und Kontrollinstanzen. Solche Märkte entstehen nicht von selbst durch Angebot und Nachfrage im Wettbewerb unter Knappheitsbedingungen, sondern sie sind politisch geschaffen. Damit sie funktionieren, sind erhebliche öffentliche Investitionen nötig, etwa für Messverfahren, Standards und Kontrollmechanismen. So investierte das britische Umweltministerium zwischen 2021 und 2024 rund 54 Millionen Pfund in die Einführung des »*Biodiversity Net Gain*«-Programms, das sicherstellen soll, dass Bauprojekte, die an einem Ort Natur zerstören, die biologische Vielfalt gegenüber dem ursprünglichen Zustand durch verpflichtende Ausgleichsmaßnahmen messbar verbessern. Berücksichtigt man die notwendigen öffentlichen Investitionen zur Schaffung und Aufrechterhaltung von Märkten, wird auch die neoklassische Annahme infrage gestellt, dass Märkte unter Wettbewerbsbedingungen automatisch zu kostenoptimalen Ergebnissen führen.

Zusammengefasst bedeutet das aus institutionenökonomischer Perspektive: Auch vermeintlich »freie« Märkte basieren auf öffentlichen Investitionen sowie spezifischen Regeln, etwa dem Schutz privaten Eigentums, der Durchsetzbarkeit von Verträgen, Profiterwartungen oder dem Vorrang des Wettbewerbs. Die Frage ist demnach also nie, *ob* Märkte reguliert sind – sondern immer *wie*.

Auch Marktpreise entstehen aus dieser Perspektive nicht einfach aus dem freien Zusammenspiel von Angebot und Nachfrage unter Knappheitsbedingungen im Wettbewerb, sondern spiegeln institutionelle Rahmenbedingungen wider. Gerade bei Umwelt- und Sozialfragen wird diese institutionelle Einbettung von Märkten deutlich: Wer Arbeitskräfte zu sehr niedrigen Löhnen beschäftigt, profitiert aus der Perspektive der Institutionenökonomik nicht von einer effizienten Wirtschaftspraxis, sondern von gesellschaftlichen Institutionen, die Ausbeutung stillschweigend dulden oder sogar begünstigen. Ähnlich verhält es sich, wenn sich Unternehmen Ressourcen aus dem ▹ **Globalen Süden** zu unfairen Preisen aneignen und Umwelt- oder Arbeitsstandards missachten: Das liegt nicht einfach an vermeintlich gierigen Firmen, sondern an schwachen Institutionen.

18.2.3 Institutionenversagen statt Marktversagen

Anders als in der neoklassischen Theorie geht die Institutionenökonomik also davon aus, dass auch (allokativ) effiziente Märkte *schlecht* funktionieren können. Sie würde sagen: Das ist kein Marktversagen, sondern ein *Institutionenversagen*. Erst wenn Gesellschaften ihre Regeln ändern – zum Beispiel durch strengere Umweltgesetze, gerechte Handelsverträge, gestärkte Arbeitsrechte oder transparente Lieferkettenregelungen – verändern sich auch die Märkte. Marktmechanismen sind demnach nicht ethisch neutral, sondern hängen davon ab, welche Ziele eine Gesellschaft verfolgt und wie sie ihre Institutionen ausgestaltet.

18.2.4 Kritik an der institutionenökonomischen Perspektive

Die Institutionenökonomik zeigt, dass Märkte nicht von selbst funktionieren, sondern auf Regeln, Organisationen und gesellschaftliche Rahmenbedingungen angewiesen sind. Dennoch gibt es Kritik – sowohl aus neoklassischer als auch aus politökonomischer Sicht. Aus neoklassischer Perspektive gilt der Ansatz oft als zu wenig modellierbar und nicht präzise genug, da er sich schwer in mathematische Marktmodelle integrieren lässt. Die *Neue Institutionenökonomik*, die Institutionen vor allem als Mittel zur Effizienzsteigerung und zur Reduktion von Transaktionskosten versteht, versucht dem mit einer stärker formalisierten Logik zu begegnen, wird aber selbst kritisiert, weil sie Machtverhältnisse, soziale Konflikte und informelle Praktiken weitgehend ausblendet. Märkte erscheinen hier als technisch regulierbare Systeme, nicht als sozial umkämpfte Ordnungen.

Die *alte Institutionenökonomik*, die Institutionen stärker als historisch geformte, sozial eingebettete und konflikthafte Ordnungen begreift, ist dahin gehend deutlich kritischer. Dennoch wird auch sie – insbesondere aus Sicht der Politischen Ökonomie – teils kritisch betrachtet: Zwar thematisiert sie soziale Ungleichheiten, bleibt dabei aber häufig auf Verbesserungen innerhalb des bestehenden Wirtschaftssystems beschränkt, mit wenig expliziter Kritik an kapitalistischen Strukturen oder globalen Machtverhältnissen (▹ **Kapitalismus**). Auch fehlen oftmals klare Theorien von Macht und Herrschaft. Die Kritik richtet sich somit nicht gegen die Grundidee, dass Institutionen Märkte formen, sondern gegen die formalistische Verkürzung in der neuen Strömung und theoretische Unschärfen der originären Ansätze.

18.3 Das politökonomische Marktverständnis

Sobald Märkte nicht als naturgegeben, sondern als gesellschaftlich hergestellt gelten, rückt die Frage nach Macht ins Zentrum. Für den Soziologen Max Weber (1864–1920) bedeutet Macht die Möglichkeit, eigene Interessen auch gegen Widerstand durchzusetzen – unabhängig davon, worauf diese Durchsetzung beruht. Wer legt fest, was gehandelt werden darf und unter welchen Bedingungen? Welche Interessen bestimmen Marktregeln – und welche bleiben ausgeschlossen?

Diese Fragen führen zur ▷ **Marxistischen Politischen Ökonomie**, die Märkte als Ausdruck gesellschaftlicher Machtverhältnisse versteht, etwa in Form von Klassen- und Eigentumsverhältnissen oder globalen Nord-Süd-Dynamiken. Märkte sind hier Institutionen, in denen Macht wirkt, Interessen ausgehandelt und soziale Ausschlüsse erzeugt werden.

18.3.1 Von institutionellen Rahmenbedingungen zu Machtverhältnissen

Während die Institutionenökonomik untersucht, durch welche Regeln und institutionellen Rahmenbedingungen Märkte funktionieren, richtet die Marxistische Politische Ökonomie ihren Fokus stärker auf die Frage, für *wen* Märkte funktionieren – und *wer* sie gestaltet. Sie geht über die Analyse von Regelhaftigkeit und Einbettung hinaus und richtet den Blick auf die Verteilung von Einfluss, Ressourcen und Interessen, die Märkte strukturieren und oft Ungleichheiten (▶ Kap. 17) verstärken (O'Neill 1998). Märkte werden aktiv von Akteur*innen mit bestimmten Interessen innerhalb spezifischer politökonomischer Ordnungen gestaltet und durchgesetzt – etwa innerhalb eines neoliberalen Kapitalismus. Eigentum und Kapital – wie Immobilien, Unternehmen, Land oder Finanzmittel – sind dabei zentrale Machtmittel (▷ **Neoliberalismus**). Wer darüber verfügt, kann Märkte nicht nur nutzen, sondern auch prägen: durch Preisgestaltung, Zugangskontrolle, Investitionen und politische Einflussnahme.

Märkte sind somit nicht bloß Orte des Wettbewerbs, sondern auch Mechanismen sozialer Sortierung. Menschen ohne Vermögen, sichere Arbeit oder soziale Netzwerke sind oft vom Zugang zu Märkten ausgeschlossen – etwa beim Wohnen, in der Gesundheitsversorgung oder der Altersvorsorge. Zwar herrscht *formal* Wahlfreiheit, doch reale bzw. *substanzielle* Teilhabe bedarf sozialer Voraussetzungen: Kapital, Bildung, stabile Lebensverhältnisse, Netzwerke. Märkte strukturieren, wer Chancen erhält und wer nicht, wer investieren kann und wer sich verschulden muss, wer zentrale Räume einer Stadt bewohnt und wer an den Rand gedrängt wird. In der Politischen Ökonomie gelten sie daher als umkämpft – geformt durch historische Entscheidungen, politische Eingriffe und soziale Auseinandersetzungen.

18.3.2 Historische und globale Machtdynamiken der Marktgestaltung

Historisch lässt sich die aktive und machtdurchdrungene Durchsetzung von Märkten exemplarisch am *Enclosure Movement* in England beobachten: Seit dem 16. Jahrhundert wurde Gemeinbesitz an Land – die sogenannten *Commons* (▶ Kap. 19) – zunehmend privatisiert, zunächst durch gesetzliche Maßnahmen, später durch Zäune, Patrouillen und Gewalt. Bauersleute verloren dadurch den Zugang zu Flächen, die sie zuvor kollektiv genutzt hatten. Damit wurde die Grundlage für kapitalistische Landwirtschaft und die Herausbildung eines vermeintlich freien Arbeitsmarktes geschaffen – eine tiefgreifende Umstrukturierung, die nicht natürlich erfolgte, sondern gezielt von politischen Eliten vorangetrieben wurde. Diese Dynamik wirkt bis heute fort – insbesondere im Globalen Süden. Dort zeigt sich ein ähnliches Muster im Kontext des Landraubs, also der Aneignung von Land, das zuvor gemeinschaftlich genutzt oder von lokalen Gemeinden bewohnt wurde (Leach 2012). Kleinbäuer*innen und indigene Gemeinschaften werden verdrängt, um das Land als Produktionsfaktor in die globale Marktwirtschaft zu integrieren.

Landraub

Landraub beschreibt die großflächige Aneignung von Land durch Staaten, Konzerne oder Investor*innen – meist im Globalen Süden –, oft ohne transparente Verfahren und unter Missachtung lokaler Landrechte.

Aus politökonomischer Perspektive sind auch die eingangs erwähnten Märkte für Biodiversität Ausdruck ungleicher Machtverhältnisse im globalen Kapitalismus. Ökologische Verantwortung und soziale Kosten werden dabei häufig von reichen auf arme Regionen, von mächtigen auf marginalisierte Gruppen verlagert. Multinationale Konzerne oder Staaten aus dem Globalen Norden sichern sich große Flächen in Ländern des Globalen Südens, um dort Kompensationsmaßnahmen wie Aufforstung durchzuführen – was in der Praxis nicht selten zu Landraub führt. Dokumentierte Fälle aus Südamerika, Afrika und Südostasien zeigen, dass solche Projekte mit Zwangsumsiedlungen, der Einschränkung traditioneller Landrechte und gravierenden Menschenrechtsverletzungen einhergehen. Indigene Bevölkerungen und ländliche Gemeinschaften verlieren ihr Land – damit große Konzerne andernorts weiterhin Emissionen verursachen und Biodiversität zerstören können, was wiederum die Grundlage ihrer Profitmaximierung bildet.

Auch in Europa zeigt sich die Logik des *Enclosure* weiterhin, wenn auch in anderen Formen. Der Begriff bezeichnet die Privatisierung und Vermarktlichung vormals kollektiver, gemeinschaftlicher oder öffentlicher Güter – ein Prozess, durch den künstliche Knappheiten entstehen und Zugänge neu reguliert werden. Ein Beispiel ist die Entwicklung des Wohnungsmarktes: In vielen Großstädten wurden über Jahrzehnte öffentliche Wohnungsbestände aktiv verkauft, Mieten und Wohnungsbereitstellung liberalisiert und der Neubau privaten Investoren überlassen. Das Ergebnis: Wohnen wurde zunehmend zur profitorientierten Ware. Während finanzstarke Akteure oder große Immobilieninvestoren davon profitieren, fehlen heute vielerorts bezahlbare Wohnungen, und Menschen mit geringem Einkommen werden aus Innenstädten verdrängt.

Aus der Forschung

Am Beispiel der Metalle Kupfer, Kobalt und Lithium – zentral für die Produktion von Elektroautos – zeigen Cornelia Staritz et al. (2024) aus politökonomischer Perspektive, dass Marktpreise keine neutralen oder rein technischen Größen sind. Ihre empirische Forschung, basierend auf Handelsdaten und Interviews mit knapp 100 Akteur*innen aus Börsen, Unternehmen, Ministerien und Organisationen in der Schweiz, dem Kongo, Sambia und Simbabwe, belegt: Marktpreise beruhen auf spezifischen Institutionen und spiegeln Machtverhältnisse sowie Interessen wider (▷ **Empirie**).

Obwohl diese Metalle global gehandelt werden, entsteht der Weltmarktpreis nicht allein durch Angebot und Nachfrage, sondern wird maßgeblich durch Institutionen wie die *London Metal*

Exchange (LME) und Preisagenturen bestimmt. Diese legen Berechnungsgrundlagen fest – oft intransparent und im Sinne großer Handelsfirmen, Finanzinvestoren oder Minenkonzerne. So dominiert die LME die Preisbildung für Kupfer, wobei auch spekulative Finanzakteure handeln, die keinen Beitrag zur realen Versorgung leisten, aber die Preise stark beeinflussen. Auch bei Kobalt und Lithium gewinnen Preisagenturen an Einfluss, die sich auf Unternehmensdaten stützen – oft von Akteur*innen mit eigenen Preisinteressen.

Die Folge: Produktionskosten, Umweltfolgen oder soziale Bedingungen – etwa Kinderarbeit im Kobalt-Abbau – spielen bei der Preisbildung kaum eine Rolle. Stattdessen bestimmen mächtige Akteur*innen, was ein Metall wert ist. Staritz et al. plädieren daher für alternative, gerechtere und nachhaltigere Formen der Preisbildung, die in demokratische Prozesse eingebettet sind und auch Produzent*innen im ▹ **Globalen Süden**, lokale Gemeinschaften und Umweltinteressen einbeziehen.

Quelle: Staritz, Cornelia/Tröster, Bernhard/Wojewska, Aleksandra Natalia (2024): Price-making in provisioning systems and social-ecological transformation? The cases of the electric vehicle metals copper, cobalt, and lithium. In: Sustainability: Science, Practice and Policy, 20. Jg., Nr. 1, Art. 2327667.

18.3.3 Erfolgreiche Kostenabwälzung statt Marktversagen

Besonders deutlich zeigen sich Machtverhältnisse dort, wo politische Entscheidungen getroffen und Marktregeln gestaltet werden – etwa durch Lobbyismus, Einflussnahme auf Gesetzgebungsprozesse oder gezielte Ausnahmeregelungen. Märkte entstehen unter dem Einfluss von Akteur*innen, die ihre Interessen innerhalb bestimmter politökonomischer Ordnungen unterschiedlich gut durchsetzen können. Große Unternehmen oder finanzstarke Branchenverbände verfügen oft über direkten Zugang zu politischen Entscheidungstragenden, über finanzielle Ressourcen und über juristische Expertise. Sie können gezielt auf Gesetzesvorhaben einwirken – sei es durch Gutachten, Spenden, Verhandlungen hinter verschlossenen Türen oder mediale Kampagnen. Das Resultat sind häufig marktgestaltende Regelungen, die bestimmte Gruppen systematisch begünstigen: Steuererleichterungen für Konzerne, Subventionen für bestimmte Industrien, schwache Regulierungen im Umwelt- oder Arbeitsrecht oder Ausnahmeregelungen, von denen nur wenige profitieren.

Die Politische Ökonomie hilft dabei, zu verstehen, wie solche Märkte entstehen, wessen Interessen sie widerspiegeln, und wie sie bestehende globale Ungleichheiten nicht nur abbilden, sondern auch aktiv verstärken können. Was in der ▹ **neoklassischen Theorie** oft als Marktversagen bezeichnet wird, kann aus dieser Perspektive – insbesondere nach dem politischen Ökonomen und Vordenker der ▹ **Ökologischen Ökonomik,** Karl William Kapp (1910–1976) – auch anders gelesen werden: nämlich als *erfolgreiche Kostenabwälzung* mächtiger Akteur*innen, also als gezielte Fähigkeit, Märkte so zu gestalten und zu nutzen, dass soziale und ökologische Kosten ausgelagert werden, um die eigenen Profite zu maximieren (Spash 2021). In diesem Sinne versagen Märkte nicht, sondern funktionieren so, wie sie im Kapitalismus eben zu funktionieren haben – durch die Ermöglichung von Ausbeutungs- und Aneignungsprozessen, bei denen bestimmte Gruppen und Regionen profitieren, während andere die Kosten tragen (Fraser 2014).

18.3.4 Kritik an der politökonomischen Perspektive

Die Neoklassik kritisiert die Politische Ökonomie vor allem dafür, dass sie zu stark von politischen und normativen Annahmen geprägt sei. Aus neoklassischer Sicht sollte ▹ **Wirtschaftswissenschaft** möglichst modellgestützt arbeiten – mit klaren Annahmen über individuelles

Verhalten, wie etwa dem Prinzip der Nutzenmaximierung. Die Marxistische Politische Ökonomie hingegen beschäftigt sich mit Klassenverhältnissen, historischen Entwicklungen und Machtstrukturen, was aus Sicht der Neoklassik schwer messbar und oft ideologisch gefärbt erscheint. Auch die fehlende mikroökonomische Fundierung – also die genaue Analyse individueller Wahlentscheidungen – wird kritisiert.

Die Marxistische Politische Ökonomie entgegnet dieser Kritik jedoch mit dem Einwand, dass die Neoklassik selbst eine ideologische Rolle spielt: Indem sie zentrale Fragen wie Eigentum, Ausbeutung und Macht ausklammert, trägt sie zur Stabilisierung bestehender kapitalistischer Verhältnisse bei. Die Marxistische Politische Ökonomie kritisiert, dass die Neoklassik grundlegende ökonomische Kategorien gezielt verschoben hat – etwa indem sie den sogenannten Arbeitswert (also die Idee, dass der Wert einer Ware durch die darin enthaltene Arbeit bestimmt wird) durch den sogenannten ▷ **Grenznutzen** ersetzt hat (also die Vorstellung, dass der Wert einer Ware vom subjektiven Nutzen für den Einzelnen abhängt) (▷ **Arbeitswertlehre**). Dadurch wird verschleiert, dass Profite im Kapitalismus auf der Ausbeutung von Arbeitskraft beruhen – und nicht einfach auf individuellen Vorlieben oder neutralen Tauschvorgängen.

18.4 Ausblick

Während der Krisen der letzten Jahre wurde verstärkt darüber diskutiert, dass Staaten wieder aktiv in Marktprozesse eingreifen – etwa durch Preisregulierungen und Industriepolitik. Doch aus einer substanziellen Perspektive, wie sie die klassische ▷ **Institutionenökonomik** und die ▷ **Marxistische Politische Ökonomie** vertreten, gilt: Ein »freier« Markt ohne staatliche Eingriffe hat nie existiert. Märkte sind stets politisch gestaltet – das Ergebnis von Interessen, Aushandlungen und institutionellen Rahmenbedingungen.

Karl Polanyi (1944) formulierte es aus substanzieller Perspektive prägnant: »Laissez-faire wurde geplant«. Das heißt, auch die Vorstellung eines sich selbst regulierenden Marktes beruht demnach auf politischen Entscheidungen. Marktpreise entstehen nicht einfach durch Angebot und Nachfrage, sondern spiegeln gesellschaftliche Regeln wider: Was darf gehandelt werden? Wer hat Zugang? Was und wer gibt wie viel? Aus dieser Sicht gibt es keinen »wahren« Preis – jeder Preis ist Ausdruck sozialer Wertungen.

Wenn man also annimmt, dass Märkte ohnehin immer in spezifischer Art und Weise gestaltet sind, stellt sich die Frage, warum dies oft im Sinne mächtiger Akteur*innen geschieht – und nicht gerechter, demokratischer und ökologisch tragfähiger. Substanzielle Ansätze fordern, Marktgestaltung nicht (nur) als technokratische Notwendigkeit zu verstehen, sondern als gesellschaftliche Aushandlung.

Historische Debatten wie die Sozialistische Kalkulationsdebatte der 1920er und 1930er Jahre zeigen, dass Alternativen denkbar sind: Der politische Ökonom, Wissenschaftsphilosoph und Soziologe Otto Neurath (1882–1945) plädierte für eine bedürfnisorientierte Planung ohne Marktpreise, der politische Ökonom Oskar Lange (1904–1965) für eine Kombination aus Markt und staatlicher Steuerung (▷ **Sozialismus**). Die zentrale Frage lautete damals wie heute: Wie lassen sich Ressourcen sinnvoll und gerecht verteilen – und welche Rolle sollen Märkte dabei spielen?

Für aktuelle Diskussionen ist das entscheidend: Märkte müssen nicht so bleiben, wie sie sind. Sie können unterschiedlich gestaltet werden – etwa mit Preisen, die sich an Gerechtigkeit und ethischen Prinzipien orientieren. Zudem gibt es jenseits von Marktmechanismen auch viele andere Möglichkeiten, wirtschaftliches Leben zu organisieren – etwa durch kollektive Formen der Bereitstellung, wie Commons, öffentliche Dienste oder Genossenschaften. Märkte sind nur *eine* von vielen Möglichkeiten, wirtschaftliches Leben zu gestalten. Die Frage ist daher nicht, *ob* Märkte sinnvoll sind, sondern *wo* sie das sind und *wie* sie gestaltet werden müssen, um ein gutes Leben für alle innerhalb der ökologischen Belastungsgrenzen zu ermöglichen.

Literaturempfehlungen

Fraser, Nancy (2014): Behind Marx's Hidden Abode. In: New Left Review, 86. Jg., S. 55–72.

Hodgson, Geoffrey M. (2020): How mythical markets mislead analysis: an institutionalist critique of market universalism. In: Socio-Economic Review, 18. Jg., Nr. 4, S. 1153–1174.

Leach, Melissa (2012): Green grabbing: The social costs of putting a price on nature. Transnational Institute: https://www.tni.org/en/article/green-grabbing. Abrufdatum: 30.09.2025

Mankiw, Gregory N./Taylor, Mark P. (2024): Grundzüge der Volkswirtschaftslehre. 9. Aufl., Stuttgart.

Martin-Ortega, Julia/Novo, Paula/Gomez-Baggethun, Erik/Muradian, Roldan/Harte, Ciaran/Mesa-Jurado, Azahara M. (2023): Ecosystems: Ecosystem services and the commodification of nature. In: Bertrand, Elodie/Panitch (Hrsg.): The Routledge Handbook of Commodification. London, S. 363–375.

O'Neill, John (1998): The Market: Ethics, Knowledge & Politics. London.

Polanyi, Karl (2014): The Great Transformation: Politische und ökonomische Ursprünge von Gesellschaften und Wirtschaftssystemen. Berlin.

Sandel, Michael (2013): Market Reasoning as Moral Reasoning: Why Economists Should Re-engage with Political Philosophy. In: Journal of Economic Perspectives, 27. Jg., Nr. 4, S. 121–140.

Spash, Clive (2021): The Contested Conceptualisation of Pollution in Economics: Market Failure or Cost Shifting Success? In: Cahiers d'économie politique. 79. Jg., Nr. 1, S. 85–122.

Turner, Kerry R./Pearce, David W./Bateman, Ian J. (1994): Environmental economics: an elementary introduction. New York.

Online-Ressourcen

Economics for Rebels (2025), Debunking the myth of the free market, https://goodpods.com/podcasts/economics-for-rebels-203079/debunking-the-myth-of-the-free-market-naomi-oreske-86703356.

Exploring Economics, verschiedene Beiträge zu Märkten, https://www.exploring-economics.org/de/search/?q=Markt.

Green Finance Observatory (2023), Financialistion of nature panel at the 2023 #BeyondGrowth conference at the European Parliament, https://youtu.be/9Lx7CCO0uhQ?si=E_JtsTkTJkAj4pNBP

19 Was sind Commons?

Jill Philine Blau

Leser*innen, die bereits Kapitel 1 oder andere Kapitel dieses Buches gelesen haben, ist vielleicht aufgefallen, dass es of es ein zu kurz gefasstes Verständnis von Menschen, Ressourcen und der Art und Weise gibt, wie und worum Menschen das gestalten, was wir *Wirtschaft* oder *Ökonomie* nennen. Wahrscheinlich ist das auch ein Grund, weshalb viele Menschen von einem Studium der Wirtschaftswissenschaften abgeschreckt werden: Theorien und ▹ **Paradigmen** werden hier als eingeschränkt und lebensfern wahrgenommen.

Eine Möglichkeit, die Vielfalt von Wirtschaftsansätzen besser und lebensnäher zu erfassen, besteht darin, ihr Verständnis von (ökonomischen) Ressourcen und dem Umgang mit ihnen zu betrachten. So haben beispielsweise marktfokussierte Paradigmen Ressourcen überwiegend im Kontext der Gewinnmaximierung oder Effizienzsteigerung im Blick. Staatsfokussierte Ansätze hingegen verstehen Ressourcen oft vorrangig als eine Verwaltungs- und Eigentumsfrage. Ein Wald wird in diesem Kontext beispielsweise als Rohstoffquelle (Marktlogik) oder als ein Objekt betrachtet, dessen Rechtsgrundlage oder politischer bzw. strategischer Mehrwert geklärt werden muss (Staatslogik). Wie aber lässt sich dies mit der Tatsache vereinen, dass dieser Wald auch ein Gemeingut ist, das ihn durch facettenreiche Geschichten und Erlebnisse an Menschen und andere Lebewesen bindet? Und warum sagen staats- und marktlogische Ansätze so wenig darüber aus, wie seine Nutzer*innen diesen vielleicht schon seit Jahrhunderten pflegen und in welcher Beziehung sie zu ihm stehen?

In Kapitel 1 wurde bereits skizziert, dass die Frage der Gemeingüter (englisch: Commons) entscheidend für ein umfassendes Verständnis von Ökonomie ist. Der Diskurs um die Commons erfreut sich in den letzten Jahren zunehmend sowohl wissenschaftlicher als auch politischer Aufmerksamkeit (Bauwens et al. 2019; Federici 2020). Er wird oft als transformativ für ein Ressourcen- und Ökonomieverständnis betrachtet:

Die zentrale Betonung bei den Commons liegt darauf, dass Menschen selbstorganisiert und nachhaltig gemeinsame Systeme um Ressourcen herum gestalten. Ressourcen sind aus der Perspektive der Commons-Forschung immer in einem sozial-ökologischen Gefüge zu betrachten. Dieses Kapitel beschäftigt sich nun eingehend mit der Frage, was Commons überhaupt sind und wie sie wissenschaftlich von verschiedenen Ökonom*innen und Politikwissenschaftler*innen wie zum Beispiel Garrett Hardin, Elinor Ostrom oder Silke Helfrich eingeordnet werden.

19.1 Commons und commoning

»There is no commons without commoning.«
Linebaugh 2008, S. 44

»Commons sind keine Dinge, sondern gesellschaftliche Beziehungen.«
Federici 2020, S. 146

Commons, im Deutschen vereinfacht auch Gemeingüter oder Allmende genannt, bezeichnen Ressourcen, die von einer Gemeinschaft oder Gruppe geteilt und gepflegt werden. Vieles kann also als Commons bezeichnet werden. Klassisch wird zwischen digitalen, sozialen, natürlichen und kreativen Commons unterschieden. In der digitalen Sphäre wären Open Source Software wie beispielsweise Linux-Kernel oder die frei verfügbaren Inhalte von Wikipedia als Commons zu bezeichnen. Zu den sozialen Commons gehören Sprachen oder gemeinschaftliche Wohnprojekte aber auch Gemeinschaftsgärten. Zu den natürlichen Commons lassen sich sowohl gemeinsame Brunnen in einem Dorf als auch eine gemeinsam betriebene Weide von Hirt*innen zählen (Blau 2021). Im kreativen Bereich wären zum Beispiel Straßenkunst oder auch Chöre als Commons zu benennen. Wenn wir uns also auf Commons als geteilte Ressourcen in einer Gruppe beziehen, dann sind die Menschen in der Gruppe die Commoner, gewissermaßen Hüter*innen der Commons. Commoning ist das Nutzen, die Pflege und die Erzeugung der Commons. Während sich der Begriff Commons tendenziell eher auf die Ressource bezieht, betont Commoning die Aktivitäten um die Gemeingüter. Peter Linebaugh wollte mit dem Satz »There is no commons without commoning« darauf eingehen, wie sehr Menschen und Ressourcen sich aufeinander beziehen und gegenseitig mitgestalten. Die Alpenlandschaft beispielsweise wird auch als reproduktive Kulturlandschaft bezeichnet, weil sowohl Mensch, Tier als auch die Weidewanderwirtschaft als Aktivität (Commoning) die Landschaft gemeinsam so gestalten, dass die Biodiversität erhöht wird, die Böden gedüngt und gestärkt werden und die Dörfer eine gemeinschaftliche Stärkung erfahren. Tatsächlich beschreibt der Begriff der »Alpen« nichts Geringeres als eine Allmende, nämlich die gemeinsam bewirtschafteten Weideflächen.

Damit liegt auf der Hand, warum es wichtig ist, sich auch mit Commons in der Ökonomie zu beschäftigen. Die Betrachtung von Ressourcen als Commons bringt eine ganzheitlichere Sichtweise von Mensch-Umwelt-Systemen mit sich (▶ Kap. 7). Oft werden daher drei Baustellen der Commons bezeichnet: Die Ressourcen an sich, das soziale Gefüge und eben die Normen und Regeln, die Gruppen miteinander erstellen, um ihre Ressourcen zu nutzen, zu pflegen und zu gestalten (Bollier 2021). Ein Beispiel hier wäre Wasser aus einer lokalen Quelle in einer dörflichen Gartenanlage. Das Wasser wäre das Commons, da es die gemeinsame Ressource ist, um welche sich ein sozial-ökologisches Gefüge gestaltet. In der Gartenanlage wird das Wasser durch verschiedene Bewässerungssysteme verteilt und gehalten; beispielsweise in einem Brunnen und in Wasserkanälen. Die Commoner wären die Dorfbewohner*innen bzw. Gärtner*innen. Diese haben miteinander geklärt, wie viel Wasser jede Partei entnehmen darf. Eventuell haben sie hierzu auch schon Konflikte miteinander vermitteln müssen und verschiedene Regeln ausgehandelt; zum Beispiel bedürfnisorientierte Ausnahmen beim Wasserschöpfen oder jahreszeitbedingte Unterschiede bei der Verteilung. Wahrscheinlich gibt es aber auch Pflichten zur Wasserpflege und Absprachen zur Umsetzung des Baus von Wasserkanälen oder Ähnlichem. All das ist Commoning, denn hier klären Nutzer*innen unter sich den Umgang und die Nutzung der Allmende.

Ein anderes klassisches Beispiel sind Liegestühle an einer Badestelle. Diese werden gerne aufgeführt, um die Komplexität der Allmende aufzuzeigen: Meist gehören Liegestühle einer Person bzw. Organisation oder einem Unternehmen. Sie werden jedoch an einem Ort oder auf einem Platz als Gemeingut den Kund*innen zur Verfügung gestellt. Wenn diese es schaffen, ein nutzungszentriertes Regelwerk miteinander zu etablieren, indem sie die Liegen bei Bedarf nutzen und ansonsten wieder räumen, dann sind meist genug Liegestühle für alle da. Wenn die Nutzenden jedoch ihre Liegen vereinnahmen, indem sie ihre Handtücher und Taschen darauf ausbreiten, dann herrscht Ressourcenknappheit.

Dieses einfache Beispiel sagt uns viel sowohl über Commons als auch über weitumfassendere Ressourcenfragen aus. Es zeigt auf, dass in lokalen Kontexten Ressourcen vorhanden sind und Nutzer*innen selbst Regelwerke für diese aufstellen, sie teilen und dadurch tragende Systeme entwickeln. In diesem Sinn sind Commons immer Ergebnis eines sozialen Prozesses, bei dem Nutzer*innen zusammenkommen.

Die Schaffung und gemeinsame Nutzung von Ressourcen erfolgt manchmal in sehr heterogenen Gruppen (z. B. bei WLAN-Teilnetzwerken oder genossenschaftlichem Wohnen oder einem Musikfestival) oder auch durch nahe Verwandte (Familien und Wahlverwandtschaften sind auch durch vielfältige Commoning-Formen charakterisiert). Oft findet auch eine Form von sozialem und wirtschaftlichem Pooling statt.

Pooling

Das Pooling bezeichnet im Allgemeinen das Zusammenfassen und Bündeln von Ressourcen und/oder Bedarfen verschiedener Anbieter, Abnehmer oder Einheiten, um gemeinsame Ziele zu erreichen, Kosten zu sparen und/oder die Effizienz zu steigern.

19.2 Commons: Verschiedene Auslegungen und Ansätze

19.2.1 Garrett Hardin und die »Tragik der Allmende«

Anhand eines weiteren klassischen Beispiels der Commons-Forschung lässt sich in diesem Kontext auch die Hintergründe der Vernachlässigung von Commons in der ▹ **Mainstreamökonomik** illustrieren. Einer der meistzitierten Essays im Kontext von Ressourcennutzungsfragen ist der von Garrett Hardin 1968 publizierte Text The *Tragedy of the Commons* (zu Deutsch: *Die Tragik der Allmende*). Anhand des Beispiels einer gemeinschaftlich genutzten und nicht umzäunten Weide argumentierte Hardin (1915–2003), dass die Viehhalter*innen stets im eigenen Interesse so viele Weidetiere wie möglich auf die Allmende sandten. Er beschrieb hierbei kollektive Weidesysteme als untragbar, da die unregulierte Nutzung diese langfristig überlaste und die Nutzermaximierung sowie das Eigeninteresse der Viehhalter*innen in Bezug auf die Ressource sowohl Ökosysteme zerstöre als auch Konflikte in Gemeinschaften fördere. Die Tragik der Allmende resultiere in diesem Sinne aus der fehlenden Verantwortung der Menschen, wenn sie Ressourcen wie Weideland teilten: »Freiheit in der Nutzung der Gemeingüter führt zum Ruin aller« (Hardin 1968, S. 1244). Um diesen Verlust für alle zu vermeiden, schlug Hardin verstärkte Regulierung von ▹ **natürlichen Ressourcen** vor. Er ging dabei von der Annahme aus, dass nur staatliche Kontrolle oder die Privatisierung gemeinsamer Ressourcen zur Prävention von Übernutzung führen könne. Er unterstrich hierbei ein Menschenbild, den ▹ **Homo oeconomicus**, der sich prinzipiell rational und egoistisch verhält. Hardins Essay hatte weitreichende Konsequenzen in verschiedenen Disziplinen, von der ▹ **Ökonomik** bis zu der Politikwissenschaft, und tatsächlich vor allem auch in der politischen Praxis. Insbesondere wurde der Essay dafür genutzt, die Privatisierung von natürlichen Ressourcen zu legitimieren und politisch umzusetzen.

19.2.2 Ostroms Erfolgsprinzipien gemeinschaftlicher Nutzung

Ab den 1980er Jahren publizierte die Institutionenökonomin »Lin« Elinor Ostrom (1933–2012) zunehmend Arbeiten zur Nutzung natürlicher Ressourcen (▷ **Institutionenökonomik**). Sie evaluierte über 500 internationale Fallstudien, um aufzuzeigen, wie Menschen außerhalb von Markt und Staat zusammenarbeiten. Ihr Hauptfazit widerlegte im Wesentlichen Hardins Essay von der »Tragik der Allmende«, denn sie zeigte: Menschen teilen ihre Ressourcen in ausgeklügelten und nachhaltigen Systemen durch Commons bzw. Commoning. Ihre Essays und Bücher erlangten über die Grenzen der Wirtschaftswissenschaften hinaus große Bekanntheit. Im Jahr 2009 erhielt Ostrom als erste Frau den Wirtschaftsnobelpreis für ihr Werk.

Tragik der Allmende

Die Tragik der Allmende bezeichnet die These, dass es bei geteilter Ressourcennutzung in der Tendenz zur Übernutzung kommt und stammt von Garrett Hardin (1968).

Elinor Ostrom hat den wissenschaftlichen Blick auf den Umgang mit ökonomischen Ressourcen insofern drastisch erweitert, indem sie aufzeigte, wie und was außerhalb von Markt und Staat tagtäglich von Commonern organisiert wird. Sie bereitete darauf aufbauend den Weg für ein erweitertes Verständnis von Nachhaltigkeit in der Ökonomik vor (▶ Kap. 5). Ostrom zeigte nämlich nicht nur, dass Commoning eine Praxis des Alltags ist – Commoning also überall und ständig in lokalspezifisch passenden Formen stattfindet. Sie konzentrierte sich auch darauf, welche Prinzipien Commons benötigen, um erfolgreich und nachhaltig genutzt zu werden. Sie nutzte hier zunächst den Begriff Common Pool Resources statt Commons. Diese von Ostrom (1990) entworfenen acht Prinzipien (Principles for the Design of Common Pool Resources) veränderten grundlegend das Denken um natürliche Ressourcen.

Die acht Prinzipien der Common-Pool-Resources nach Elinor Ostrom
1. Klare Grenzen und Regelungen
2. Übereinstimmung mit lokalen Gegebenheiten
3. Gemeinschaftliche Entscheidungsfindung
4. Monitoring der Nutzer*innen und der Ressource
5. Abgestufte Sanktionen
6. Konfliktlösungsmechanismen
7. Anerkennung der Nutzer*innen und der Ressourcen
8. Eingebettete Institutionen

Tabelle 19.1: Acht Prinzipien der Common-Pool-Resources nach Elinor Ostrom

1. Klare Grenzen und Regelungen

Elinor Ostrom erkannte, dass Nutzer*innen miteinander in der Commonsnutzung meist klare Grenzen definieren, die bestimmen, wer wann und wie viel Zugang zu den Commons hat. Hier sind sowohl räumliche Grenzen als auch Teilnahmegrenzen benannt. Die Nutzer*innen wissen, wer Commoner ist (und wer nicht) und kennen die gemeinsamen etablierten Verhaltenskodizes. Das Linux-Kernel-Projekt ist ein Beispiel für eine Open Source Software mit klaren Grenzen: Jede*r kann die Codes lesen, nutzen und verändern und diese sind frei zugänglich. Nur bestimmte »Maintainer« dürfen die Codes jedoch in den offiziellen Kernel übernehmen. Zudem gibt es klare Verantwortlichkeiten, die Zugänge regeln – und eine konkret definierte Gemeinschaft der Pflegenden.

2. Übereinstimmung mit lokalen Gegebenheiten (Kohärenz)

Hier betonte Ostrom, dass die gemeinsamen Nutzungsregeln aus den lokalen Gegebenheiten entsprungen sind. In diesem Sinne sind sie dem ökologischen, sozioökonomischen und auch soziokulturellem Umfeld angepasst und erhalten auch dadurch ihre Legitimität. Sie sind insofern oft das Gegenteil von Top-down-Ansätzen, in welchen hierarchisch höher gestellte Personen oder Gruppen Entscheidungen treffen, und Projekte gestalten – und dabei manchmal auch kontextunsensibel agieren. Ein Chor zum Beispiel formiert sich in einer Gemeinschaft und organisiert sich unter Einhaltung der lokalen Feiertage, sammelt eventuell bei Aufführungen Gelder für gemeinschaftliche Zwecke ein, die den Ort gerade beschäftigen und hält sich an sozial wirkmächtige Verhaltenskodizes. Eine Hirtin wiederum weidet dort, wo genügend Gräser sind und/oder Wasser aufzufinden ist und kann dies kontextspezifisch selbst bewerten.

3. Gemeinschaftliche Entscheidungsfindung

Außerdem beobachtete die Wissenschaftlerin, dass Allmendenutzung durch gemeinschaftliche Entscheidungsprozesse geprägt ist. Das Subak-System ist beispielsweise ein jahrhundertealtes Bewässerungssystem, mit dem Reisbäuer*innen auf Bali in Indonesien ihre Felder koordinieren. Hier wird gemeinschaftlich und konsensorientiert entschieden, wer, wann und wie viel Wasser bekommt, um die knappe Ressource gerecht zu verteilen. Cecosesola in Venezuela ist ein 1967 gegründeter Verbund von Genossenschaften, der mit ca. 23.000 Beschäftigten konsensbasiert basisdemokratische Strukturen organisiert und unter anderem Lebensmittelmärkte, Gesundheitszentren und Bestattungsservices betreibt. Da Entscheidungsfindungsprozesse im Commoning in der Tendenz weniger hierarchisch geordnet sind, wird oft davon gesprochen, dass Commons in der Tendenz egalitärer sind – wobei mit einem machtkritischen Blick natürlich auffällt, dass sich auch in kollektiven Prozessen soziale Hierarchien fortsetzen können.

4. Monitoring der Nutzer*innen und der Ressource

Sobald Regeln und Verhaltenskodizes festgelegt sind, gestalten Gemeinschaften meist eine Art Monitoringsystem, durch welches sie sehen und besprechen können, ob diese eingehalten werden. Dies gilt sowohl für den Umgang mit Ressourcen als auch dem sozialen Miteinander. In einer Wohngemeinschaftsküche wird zum Beispiel ein Zettel aufgehängt, auf dem neben ihrem Namen die Mitbewohnenden einen Strich machen, wenn sie die Spülmaschine ausgeräumt haben. So wird für alle transparent, wie die Haushaltsarbeit diesbezüglich verteilt ist. Oft basieren diese Systeme auf der etablierten Vertrauensbasis der Teilnehmenden. Diese Monitoringsysteme helfen, Konflikte zu vermeiden.

5. Abgestufte Sanktionen

Ostrom stellte zusätzlich fest, dass die am besten funktionierenden Commons nicht einfach Menschen ausschließen, die gegen gemeinsam geschaffene Regeln verstoßen. Stattdessen werden in der Tendenz Sanktionsmechanismen etabliert, das heißt Systeme, in denen Menschen verwarnt werden oder ihnen informelle Konsequenzen wie ein schlechter Ruf in der Gemeinschaft drohen. In Küstenfischereigenossenschaften in Japan werden zum Beispiel

Fangquoten und Fangzeiten gemeinsam beschlossen. Bei Regelverstößen werden Nutzer*innen zunächst von anderen Fischenden konfrontiert oder beschämt, erst bei außerordentlichen Regelbrüchen kommt es zu einer Strafe oder Ausschluss. Auch eine Gemeinschaftsgartengenossin, die ihre Nachbar*innen daran erinnert, auch mal die Gemeinschaftsflächen aufzuräumen, ist hiermit gemeint. Es handelt sich also um subtile zugewandte Korrekturen, die gemeinschaftsschädigendes Handeln in den Commons positiv korrigieren können.

6. Konfliktlösungsmechanismen

In Bezug auf Nutzungskonflikte beobachtete Ostrom, dass es bei den Commons oft einfache, klare Lösungsmechanismen gibt, auf die alle Nutzenden zugreifen können. Dadurch kommt es in commonsbasierten Nutzungssystem selten zu sehr heftig ausgefochtenen Konflikten. Das Tribunal de las Aguas (Wassergericht) von Valencia, in Spanien, ist ein interessantes Beispiel. Hier werden seit dem Mittelalter mündlich und sehr schnell Streitigkeiten über Wasserverteilung in der Stadt gemeinschaftsorientiert gelöst. Jeden Donnerstag treffen sich auf der Dorfplaza öffentlich Richter*innen und fokussieren sich hauptsächlich auf die Klärung von Streitigkeiten unter Bäuer*innen und Grundbesitzer*innen im Umland bezüglich der Felderbewässerung. Diese Allmendestruktur ist mittlerweile auch als ein öffentliches Kulturgut von der UNESCO anerkannt und gilt als älteste Rechtsinstitution Europas.

7. Anerkennung der Nutzer*innen und der Ressourcen

Bei diesem Prinzip geht es darum, dass Commons Anerkennung erfahren und legitimiert werden, sowohl durch die Commoners als auch von dem weiteren (staatlichen, juristischen) Umfeld. Das Musikfestival Fusion in Deutschland hat sich beispielsweise etabliert, weil es nicht nur als Institution, sondern auch in der umliegenden Gemeinde anerkannt wird und auch formelles Recht auf die Landnutzung erhält. Auch andere Musikfestivals fahren meist gut mit der Strategie, ihre Strukturen durchlässig für Anwohnende zu machen, sodass eine kleinere Struktur in einer größeren anerkannt und mitgetragen wird. Konflikte entstehen oftmals dann, wenn dies nicht gelingt.

8. Eingebettete Institutionen

Letztlich betonte Ostrom außerdem, dass die Verwaltung der Ressource in bestehenden lokalen Institutionen eingebettet sein sollte. Ushahidi (Swahili für Zeugnis) ist ein Beispiel für eine Open-Source-Plattform, die ursprünglich 2008 zur Dokumentation von Gewalt nach den Wahlen in Kenia entwickelt wurde. Seitdem wird sie weltweit genutzt, um Kriseninformationen, Bürger*innenbeiträge und lokale Daten zu sammeln und zu visualisieren – etwa bei Naturkatastrophen, Wahlen oder Gesundheitskrisen. Die lokalen Gruppen entscheiden autonom, wie sie die Plattform nutzen, sind aber eingebettet in globale Strukturen wie Zugang zu Open-Source-Entwicklungen, überregionalen Netzwerken und technischer Unterstützung.

Zusammenfassend lässt sich feststellen, dass die Prinzipien und das Werk von Elinor Ostrom kollektives Handeln rund um Ressourcen greifbarer gemacht hat und den Weg für die weitere Forschung zu Commons und Commoning (mit-)bereitet hat (Poteete et al. 2010).

Aus der Forschung

Während Elinor Ostrom den Fokus auf menschliche Gemeinschaften legte, die gemeinsame Ressourcen kollektiv verwalten, lässt sich das Konzept der Commons auch auf nicht-menschliche Akteure ausweiten. Der Biber kann in diesem Sinne als »Commoner« verstanden werden: Wie der Artikel *Beavers as commoners? Invitations to river restoration work in a beavery mode* beschreibt, tragen Biber durch ihre Bautätigkeiten – Dämme, Rückhaltebecken, veränderte Hydrologie – zu Flussrestaurierungsmaßnahmen bei, die nicht nur ökologische Funktionen wiederherstellen, sondern auch soziale Prozesse in Gang setzen. Indem sie Landschaftsstrukturen formen, Wasserflüsse regulieren und Feuchtgebiete schaffen, erzeugen Biber Lebensräume, die von vielen Arten gemeinsam genutzt werden. Diese von ihnen geschaffenen Räume haben Charakteristika von Commons: Sie sind geteilt, dynamisch, über Arten- und Verwendungsgrenzen hinweg relevant und oft widerstandsfähiger als rein technische Eingriffe. Der Artikel zeigt zudem, wie Restaurationsarbeit, die sich an »beavery modes« orientiert, lokale Gemeinschaften aktiviert und ökologische und kulturelle Beziehungen neu definiert.

Quelle: Woelfle-Erskine, Cleo (2019): Beavers as Commoners? Invitations to River Restration Work in a Beavery Mode. In: Community Development Journal, Jg. 54, Nr. 1, S. 100–118e.

19.2.3 Die Musterpraxis des Commoning nach Silke Helfrich und David Bollier

Auch nach Elinor Ostrom wurde selbstredend die Commons-Forschung fortgesetzt. Wie bereits angedeutet, hat sich hier teilweise der Fokus von der Ressource zum Handeln, also von den Commons zum Commoning verschoben. Gleichzeitig findet diese Forschung bisher in der Regel außerhalb der Ökonomik statt.

Silke Helfrich und David Bollier (2019) haben aufbauend auf den Prinzipien von Ostrom ab 2000 die Muster des Commoning entwickelt. Basierend auf der Kritik, dass Elinor Ostrom ebenfalls von einem ▷ **Homo oeconomicus,** also primär rational und egoistisch gesteuerten Menschenverständnis geleitet ist (der Mensch brauche also Prinzipien, um kooperativ zu handeln), wird hier eher betont, wo und unter welchen Mustern Kooperation und Kollektivität entstehen. Die eher kritischen Commoning-Forschenden begreifen Menschen als grundsätzlich kooperationsfähig, emotional und auch rational.

Die Muster des Commoning setzen also die Suche nach wiederkehrenden Prinzipien von Ostrom fort, sind aber weniger statisch zu verstehen. Sie werden von den Autor*innen auch nicht als allumfassend gesehen, sondern eher als eine Landkarte wiederholender Muster. Die Grundthese ist also, dass sich im Commoning immer wieder ähnliche erprobte Lösungen von wiederkehrenden Herausforderungen als Muster aufzeigen. Im Gegensatz zu Ostrom, die sich vor allem auf natürliche Ressourcen bezieht, umfasst dieser Ansatz Commons jeder Art. In diesem Kontext wird auch von einer Triade des Commoning gesprochen. Damit sind Muster des Schaffens und Verwaltens von Commons gemeint. Diese lassen sich in drei Bereiche unterteilen: 1) Soziales Miteinander, 2) Selbstorganisation durch Gleichrangige und 3) Selbstbestimmtes und sorgendes Wirtschaften (siehe Abbildung 19.1).

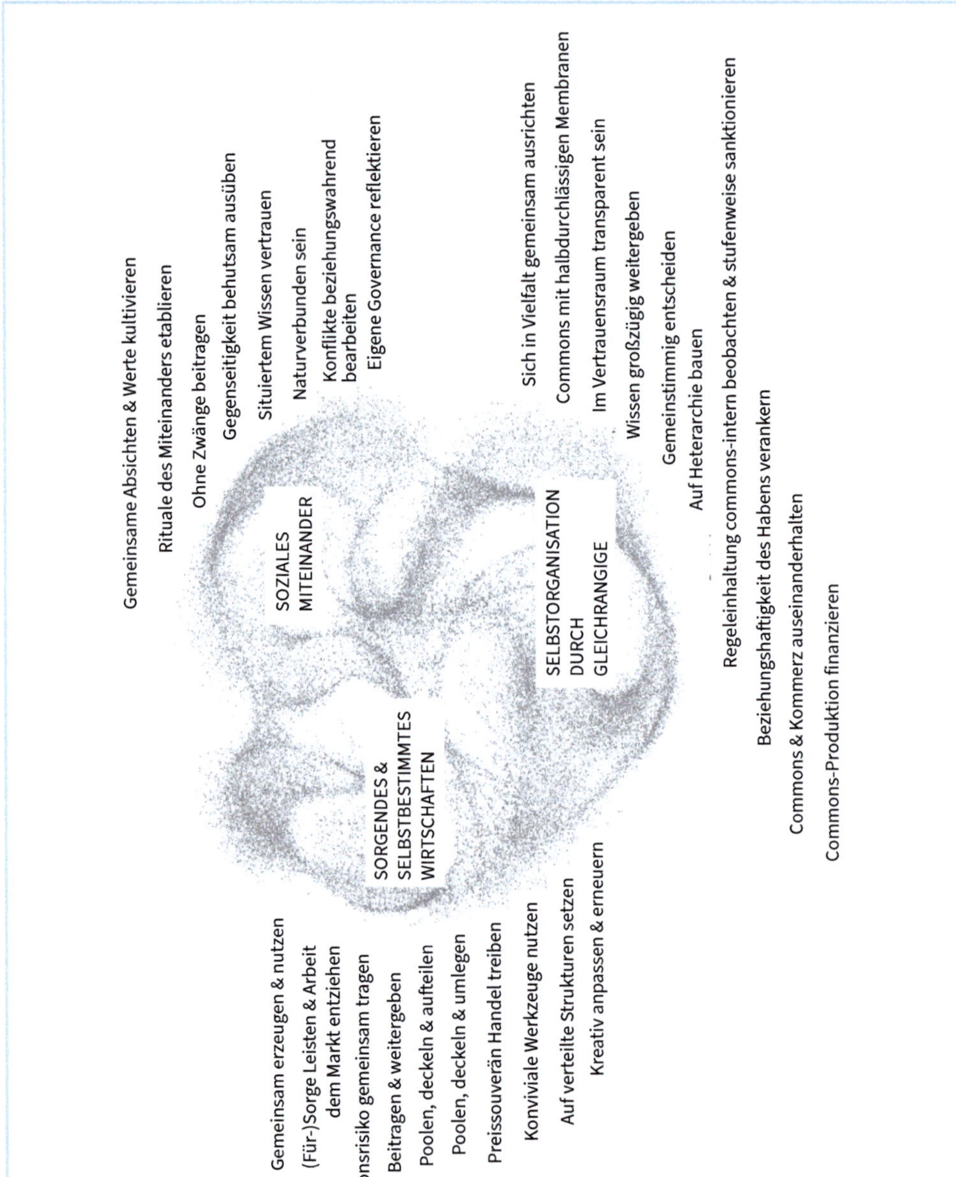

Abbildung 19.1: Triade des Commoning (nach Helfrich/Bollier 2019, S. 94)

Unter jeder dieser Kategorien werden Muster dargestellt, die im Commoning immer wieder auftreten. Im Sozialen Miteinander, das als beherrschendes Motiv aller Commons begriffen wird, ist zum Beispiel situiertes Wissen als Muster wiederkehrend. Ähnlich dem Prinzip 2 von Elinor Ostrom, wird hier betont, dass Commoning auf implizitem Wissen aufbaut, an welches auch Werte wie Vertrauen gekoppelt sind. Zum Sozialen Miteinander in Commoning-Prozessen gehören auch Rituale des Miteinanders. Dies kann alles zwischen Gebeten in einer spirituellen Gemeinschaft, einer bestimmten Art des Abschieds in einem Skater-Kollektiv, aber auch ein immer wieder ähnlich strukturiertes Plenum in einer Genossenschaft umfassen.

Unter den Bereich Selbstorganisation durch Gleichrangige wird die Art und Weise gefasst, wie Commoner sich und ihre Commons verwalten, pflegen und wie dabei Entscheidungen getroffen werden. Oft organisieren sich Commoner zum Beispiel kreisförmig. Bei größeren Commoning-Zusammenhängen werden unterschiedliche Untergruppen gebildet, um sich auf bestimmte Aufgabenbereiche zu konzentrieren. Diese betonen tendenziell die Gleichrangigkeit. Entscheidungen werden in diesen Kontexten oft auch einstimmig gefällt, das heißt, der Fokus liegt darauf, dass keine Verlierer*innen-Gewinner*innen-Dynamiken entstehen, sondern eine für alle tragfähige Lösung gefunden wird und Perspektiven gehört und einbezogen werden. Konsensbasierte oder basisdemokratisch getroffene Entscheidungen finden sich hier öfter (aber auch nicht immer) wieder.

Die letzte Sphäre, die Bollier und Helfrich in der Mustersprache betonen, sind die Muster des Sorgenden und Selbstbestimmten Wirtschaftens. Da das Commoning durch kontextspezifische, bedürfnis- und gemeinschaftsorientierte Problemlösungsstrategien charakterisiert ist, funktionieren viele im Mainstream vorherrschende ökonomische Unterscheidungen (Binaritäten) im Commoning nicht. Ein Beispiel ist die Trennung von Produktion und Reproduktion (▶ Kap. 16) oder auch die zwischen Produktion und Konsum. Eine Food-Kooperative ist ein klassisches Beispiel hierfür. Eine Food-Kooperative funktioniert, indem sich eine Gruppe von Menschen als Einkaufsgemeinschaft zusammenschließt, um Lebensmittel und Produkte direkt von regionalen Erzeugern oder Großhändlern in größeren Mengen zu bestellen und so von günstigeren Preisen zu profitieren. Manchmal zeichnen sie sich auch dadurch aus, dass sie bei der Erzeugung der Lebensmittel direkt mithelfen.

Muster des Commoning

Die Muster des Commoning beziehen sich auf die Arten und Weisen, mit denen Probleme im Commoning wiederkehrend gelöst werden.

Hier findet sich also eine Gruppe von Menschen zusammen, die ihren Nahrungsbedarf kontextspezifisch und lokal miteinander regelt. Das wirtschaftliche gemeinsame Handeln ist also nicht von einer Produktorientierung geprägt. Es geht stattdessen um das gemeinsame *Erzeugen und Nutzen*. Auch Miethäusersyndikate haben eine ähnliche Logik: Sie stellen sicher, dass ihre Mitglieder unter fairen Bedingungen wohnen können. Bewohner*innen gründen hierbei einen Hausverein und eine Haus-GmbH, die das Haus kauft und durch die sie sich selbst verwalten. Das Syndikat ist der zweite Gesellschafter der Haus-GmbH und übt ein Vetorecht bei wichtigen Entscheidungen wie dem Verkauf aus, um das Eigentum dem Markt zu entziehen und Mieten langfristig bezahlbar zu halten. Wohnraum wird hier also von Kapital wieder zu einem Grundrecht transformiert.

Miethäusersyndikat

Das Miethäusersyndikat ist eine nicht-kommerziell organisierte Beteiligungsgesellschaft. Im Miethäusersyndikat kaufen Wohngemeinschaften gemeinsam mit dem Syndikat Immobilien, um diese langfristig dem freien Immobilienmarkt zu entziehen und in Kollektiveigentum zu überführen.

Im Commoning wird die Fürsorge im Sinne der Bedürfnisorientierung nicht abgespalten oder getrennt. In der Tat funktionieren Commoning-Zusammenhänge nur langfristig, wenn sie sich an den ▷ **Bedürfnissen** und Themen ihrer Gemeinschaft orientieren. Fürsorge wird hier auch als eine Triebkraft des Commoning genannt – und Commons als Räume verstanden, in denen sich Fürsorge besser entfalten kann (Habermann 2024).

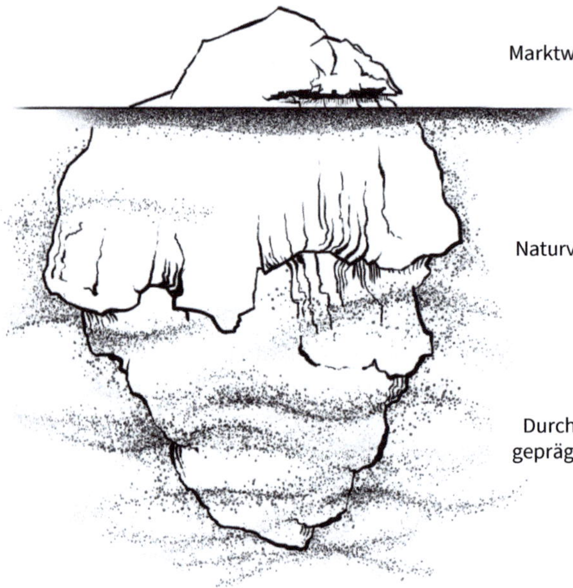

Abbildung 19.2: Die »Wirtschaft« und ihr unsichtbarer Teil (nach Helfrich/Bollier 2019, S. 164)

Anhand der Abbildung 19.2 lässt sich gut veranschaulichen, dass sich Commoning eher mit dem beschäftigt, was in der konventionellen Marktwirtschaft unsichtbar ist: der Umgang mit Naturvermögen (▶ Kap. 7) sowie durch Fürsorge geprägtes Vermögen. Hierbei geht es darum, diese nicht-geldförmigen Vermögen (▶ Kap. 15) zu pflegen, zu erhalten und sich dadurch und dabei mit Menschen zu verbinden.

Ein anderer prägnanter Bereich, der diese Logiken noch mehr veranschaulicht, ist das Pooling, was im Commoning meist stattfindet. Beim Pooling geht es darum, etwas zusammenzutun oder zu einem Gemeinsamen beizutragen, um ein bestimmtes Ziel zu erreichen. Ein bekanntes Beispiel ist das Car-Pooling. Ein Auto wird von mehreren Parteien genutzt: Hierbei werden Kosten gespart und gleichzeitig mehr Menschen Zugang zu einem Fahrzeug ermöglicht. Im Commoning passiert Pooling manchmal unter dem Muster *Poolen, Deckeln und Aufteilen* und manchmal eher unter der Prämisse *Poolen, Deckeln und Umlegen.* An dem Beispiel eines Picknicks kann gut veranschaulicht werden, was hiermit gemeint ist. Bei einem Picknick tragen alle zu dem Buffet bei, das ist das Pooling. Das Deckeln ist die natürliche Grenze der Ressourcen, in diesem Fall dem Essen und der Getränke, die irgendwann aufgebraucht sind. Beim Aufteilen wird die Ressource gemeinschaftlich fair verteilt – alle bekommen gleichviel Essen auf ihren Picknickteller. Beim Umlegen wird den verschiedenen Nutzenden auch zugesprochen, unterschiedliche Anteile der Ressource zu nutzen – in diesem Fall bekommen vielleicht Kinder weniger auf ihren Teller als Jugendliche. Das Aufteilen bzw. Umlegen bezieht sich also auf die Muster der Distribution, welche (ausgesprochen oder unausgesprochen) den Umgang mit der Ressource regeln. (▶ Kap. 17) Auch ein gemeinschaftlicher Brunnen oder eine Teeküche in einer Bürogemeinschaft folgen diesen Mustern – und das Handeln ist davon geprägt, wie begrenzt die Ressource zur Verfügung steht. Das Muster des Pooling zeigt auf, wie Ideen der Nachhaltigkeit aber auch der Vermehrung durch Teilen im Commoning wirken. Diese Prinzipien können sowohl sehr lokalspezifisch gedacht werden, aber auch auf einer strukturellen Ebene mehr Wirksamkeit erfahren. Sie sind ein elementarer Grund, weshalb im Commoning immer wieder von Vermehrung durch Teilen gesprochen wird.

Zusammenfassend lässt sich feststellen, dass auch die Konzeptualisierung der Muster des Commoning uns befähigt, kollektive Handlungsweisen und vor allem Problemlösungsstrategien im Umgang mit Commons besser zu verstehen. Das ist besonders im Kontext der Vielfachkrise höchst relevant.

Bezug zur sozial-ökologischen Vielfachkrise

Im Kontext der sozial-ökologischen Vielfachkrise wird viel über die Rolle von Markt und Staat diskutiert. Je nach Position werden hier Staat oder Markt unterschiedlich starke Verantwortungen in Bezug auf den Umgang, die Pflege und den Erhalt von natürlichen, sozialen, oder auch digitalen Ressourcen im Rahmen eines Krisenmanagements zugewiesen.

Ressourcen aus der Commons-Perspektive zu betrachten, bedeutet, sich jenseits einer Markt-Staat-Dichotomie anzusehen, welchen Umgang Menschen mit Ressourcen pflegen. Forscher*innen wie Elinor Ostrom und David Bollier haben hier aufgezeigt, wie Menschen im Alltag durch das sogenannte Commoning Ressourcen erhalten und pflegen. Sie beschäftigen sich außerdem mit der Frage, welche Gestaltungsprinzipien oder Muster es braucht, um Commons nachhaltig zu erhalten. Im Kontext der Vielfachkrise ergänzt die Commons-Perspektive also den Blick mit Erkenntnissen für die Bewältigung komplexer Krisen, indem sie aufzeigt, wie Gemeinschaften Ressourcen nachhaltig verwalten und kollektiv handeln können – und auch, welche Kritik an Staat und Markt dies beinhalten muss.

19.3 Ausblick: Von Alltagspraktiken zu gesellschaftlichem Wandel

Commoning sind soziale und kollektive Praktiken, die ständig im Alltag um die Commons herum geschehen. Aufgrund des vorherrschenden marktwirtschaftlichen Denkens und Handelns ist uns jedoch der Blick auf diese Praktiken, ihre Vielfalt und ihren Mehrwert abhandengekommen. Verschiedene Forschende haben das Commoning seit den 1990er Jahren wieder sichtbarer gemacht. Die Auseinandersetzung mit dem Konzept der Commons und dem des Commoning verdeutlicht, dass Gemeingüter weit mehr sind als bloße Ressourcen – sie sind soziale Prozesse, die auf Kooperation, Teilhabe und kollektiver Verantwortung beruhen. Während Garrett Hardin (1968) in seinem vielzitierten Essay mit der *Tragik der Allmende* die Zerstörung gemeinschaftlich genutzter Ressourcen durch individuelle Übernutzung prognostizierte, zeigt Elinor Ostrom (1990), dass Gemeinschaften sehr wohl in der Lage sind, nachhaltige Regelwerke für die Nutzung und Pflege der Commons zu entwickeln. David Bollier und Silke Helfrich (2019) wiederum betonen, dass Commons als soziale Prozesse, die kooperative Strukturen und geteiltes Wissen in den Mittelpunkt stellen, verstanden werden sollten. In diesen Prozessen entstehen wiederkehrende Muster des Commoning, die typische Handlungsweisen in gemeinschaftlichen Prozessen erfassen.

Commons und Commoning sind jedoch nicht nur Alltagspraxen im Umgang mit Ressourcen. Eine nach den Prinzipien und Mustern des Commoning organisierte Gesellschaft hat das Potenzial, das Leben bedürfnisorientierter, solidarischer und fürsorglicher zu gestalten. Commons sind in diesem Sinne nicht als neue Monokultur zu betrachten, sondern als eine (geförderte und sichtbare) Alternative zur Gestaltung ökonomischer Zusammenhänge. Dies liegt vor allem daran, dass Commons binäre kapitalistische Konstruktionen (wie Produktion und Reproduktion, Herstellende und Konsument*innen, Individualität und Kollektivität, Gesellschaft und Natur) durch Prozesse der Commonisierung aufbrechen können – im Kleinen und im Großen (▷ **Kapitalismus**).

Die Betonung von sozialer Gerechtigkeit und Partizipation erklärt auch, weshalb Commons und Commoning immer wieder erwähnt werden, wenn es um Kämpfe gegen Enteignung geht, zum Beispiel von Land und Ressourcen. Commoning wird hier eine größere Nähe zu Konzepten wie dem Buen Vivir zugeschrieben. Letzteres setzt sich auch mit einem gutem Leben auseinander, das durch ein Verständnis von Gemeinschaft und Natur jenseits von Wohlstands-, Wachstums- und Entwicklungsvorstellungen des Westens geprägt ist. Leider haben bislang sowohl indigene Verständnisse von Commoning als auch die Zusammenhänge von Commons und Kolonialität noch zu wenig Beachtung gefunden, was auch mit der Hoheit der Wissenschaftsproduktion in historisch privilegierten Regionen zusammenhängt. Insofern stellt sich zu Recht die Frage, wo und inwiefern Commons-Forschung und das Commoning auch einen eurozentrischen Bias haben.

Um commonsfokussierte Ansätze stärker umzusetzen, müssten hierfür noch klarere politische, rechtliche und ökonomische Rahmenbedingungen gestaltet werden, die Commons nicht nur schützen, sondern aktiv Commoning fördern. Dies erfordert ein Umdenken auf individueller, institutioneller, ontologischer und globaler Ebene – inklusive des Hinterfragens von Eigentums- und Nutzungslogiken.

Literaturempfehlungen

Bauwens, Michel/Kostakis, Vasilis/Pazaitis, Alex (2019): Peer to Peer: The Commons Manifesto. London.

Blau, Jill P. (2021): Interdependencies, caring, and commoning: The case of herders in Ethiopia and Germany. In: Environment and Planning E: Nature and Space, Jg. 4, Nr. 4, S. 1270–1290.

Bollier, David/Helfrich, Silke (2019): Frei, fair und lebendig: Die Macht der Commons. Bielefeld.

Federici, Silvia (2020): Die Welt wieder verzaubern. Wien.

Habermann, Friederike (2024): Overcoming exploitation and externalisation: An intersectional theory of hegemony and transformation. New York.

Hardin, Garrett. (1968): The Tragedy of the Commons. In: Science, Jg. 162, Nr. 3859, S. 1243–1248.

Linebaugh, Peter (2008): The Magna Carta Manifesto: Liberties and Commons for All. Berkeley.

Ostrom, Elinor (1990): Governing the Commons: The Evolution of Institutions for Collective Action. Cambridge.

Poteete, Amy R./Janssen, Marco A./Ostrom, Elinor (2010): Working Together: Collective Action, the Commons, and Multiple Methods in Practice. Princeton.

Online-Ressourcen

Bollier, David, David Bollier: news and perspectives on the commons, https://www.bollier.org/

Commons Strategies Group, Commons Strategies Group, https://commonsstrategies.org

Patterns of Commoning, Patterns of Commoning, https://patternsofcommoning.org/

20 Was ist Globalisierung?

Anil Shah

Der Großteil der Dinge, die wir im Alltag nutzen, hat eine globale Geschichte. Ob der morgendliche Kaffee, das neue T-Shirt oder unsere Smartphones – sie alle bestehen aus Rohstoffen, die aus unterschiedlichen Teilen der Welt kommen und in anderen Ländern verarbeitet werden, bevor wir sie kaufen. Für die meisten Menschen in Deutschland erscheint die Globalisierung daher als ein selbstverständliches Phänomen. Häufig gilt sie gar als unumkehrbarer Trend. Gemeinhin ist ein hoher Grad internationaler wirtschaftlicher Vernetzung gleichbedeutend mit einer modernen, erfolgreichen Volkswirtschaft.

Allerdings werden die Verheißungen einer immer stärker integrierten Weltwirtschaft in den letzten Jahren von zahlreichen Krisenprozessen überschattet: Die COVID-19-Pandemie hat gezeigt, wie globale Produktions- und Lieferketten innerhalb kürzester Zeit zusammenbrechen können. Der zunehmend eskalierende Handelskrieg zwischen den Großmächten USA und China deutet darauf hin, dass der langanhaltende Trend des Freihandels womöglich zu einem Ende kommt. Und die planetaren Belastungsgrenzen werfen grundsätzliche Fragen auf, inwiefern die wirtschaftliche Globalisierung zukunftsfähig ist.

Dieses Kapitel diskutiert, was die Globalisierung der Weltwirtschaft auszeichnet, was sie vorantreibt und wer von diesem Prozess profitiert bzw. verliert. Die Antworten auf diese Fragen fallen innerhalb der ökonomischen Forschung recht unterschiedlich aus. Daher wird es im Folgenden auch darum gehen, nachzuvollziehen, welche unterschiedlichen Perspektiven es auf die Globalisierung gibt. Zunächst werde ich zentrale Merkmale der Globalisierung diskutieren. Daran anschließend stelle ich Kontroversen zwischen der ▷ **Mainstreamökonomik**, der ▷ **Marxistischen Politischen Ökonomie** sowie feministischen Ansätzen dar. Abschließend beleuchte ich kurz Fragen zur Krise und Zukunft der Globalisierung.

20.1 Merkmale der Globalisierung

Der Begriff »Globalisierung« ist seit den 1990er Jahren ein zentrales Schlagwort in wissenschaftlichen und politischen Debatten, um einen grundsätzlichen Wandel der internationalen Entwicklung zu beschreiben. Dieser beschreibt eine Tendenz, in der die Relevanz nationalstaatlicher Grenzen abnimmt und sich politische, wirtschaftliche und kulturelle Prozesse zunehmend an globalen Bezugspunkten orientieren. Die Globalisierung der Wirtschaft verweist entsprechend auf die vertiefte internationale Arbeitsteilung. Diese wiederum drückt sich in einer immer stärkeren Verflechtung von Produktion, Handel und Finanzflüssen jenseits von Staatsgrenzen aus. In der Folge prägen die Dynamiken der Weltwirtschaft zunehmend die Entwicklung nationaler und regionaler Ökonomien.

Die Veränderung des globalen Handels veranschaulicht diesen Wandel deutlich. Seit Anfang der 1980er Jahre ist der internationale Warenhandel deutlich schneller gewachsen als die Weltwirtschaft (siehe Abbildung 20.1). Insgesamt übersteigt die Anzahl der gehandelten Güter die der neu produzierten, wodurch die ökonomischen Aktivitäten auf dem Globus immer stärker miteinander verwoben sind.

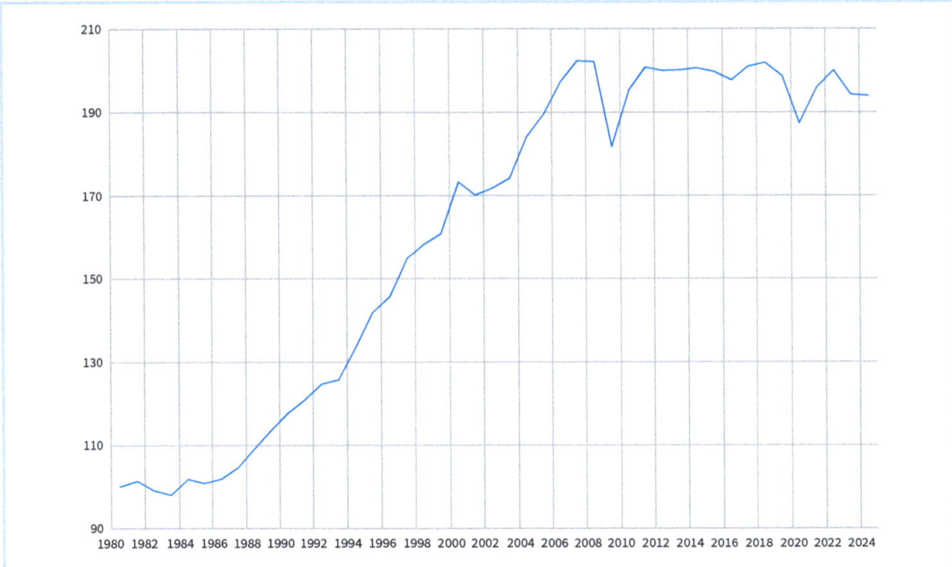

Abbildung 20.1: Veränderung des Welthandels in Relation zum Wachstum der Weltwirtschaft (1980=100) (nach Müller, Henrik [2024])

Dies hat auch Folgen für Produktion und Investitionen. So orientiert sich beispielsweise die deutsche Automobilindustrie zunehmend an internationalen Absatzmärkten und plant, Produktionsstätten an kostengünstigere Standorte zu verlagern. Wenn Unternehmen ▷ **Eigentumsrechte** an Fabriken, Grundstücken oder anderen Firmen im Ausland erwerben, fließen große Geldsummen über Ländergrenzen hinweg. Geschieht dies, um unmittelbar Einfluss und Kontrolle über entsprechende Investitionen auszuüben, spricht man von ausländischen Direktinvestitionen. Auch hier zeichnet sich ein klarer Trend ab: Seit den 1990er Jahren ist der Anteil der ausländischen Direktinvestitionen deutlich schneller gewachsen als die globale Wirtschaftsleistung, zwischenzeitlich gar um das Vier- bis Fünffache (May et al. 2023).

Bretton-Woods-System

Das Bretton-Woods-System bezeichnet das internationale Währungssystem nach dem Zweiten Weltkrieg (1944–1971). Es legte feste Wechselkurse in Anbindung an den goldgestützten US-Dollar fest, der als Ankerwährung fungierte.

Schließlich sind rasant wachsende transnationale Finanzflüsse ein weiteres, wesentliches Merkmal der gegenwärtigen Globalisierung. Seit dem Zusammenbruch des Bretton-Woods-Systems haben die Finanzmärkte einen enormen Aufschwung erlebt. Im Jahr 1973 betrug der durchschnittliche Tagesumsatz an Währungsmärkten ungefähr 15 Milliarden US-Dollar. Dieser Wert wuchs in den folgenden Jahren steil an. Im Jahr 2016 betrug er 5,1 Billionen US-Dollar, mehr als das Dreihundertfache. Das rasante Wachstum der globalen Finanzmärkte hat die Verflechtungen in der Weltwirtschaft nicht nur gefördert, es hat auch dazu geführt, dass Schwankungen der Börsenkurse in New York, Shanghai oder Frankfurt sich weltweit auswirken. Auch wenn

Wirtschaftskrisen unterschiedliche Ursachen haben, ist die Ära der Globalisierung von wiederkehrenden Finanzkrisen geprägt. Allein zwischen 1970 und 2007 gab es 124 Bankenkrisen und 64 Staatsschuldenkrisen, mit häufig weitreichenden Konsequenzen für Millionen von Menschen.

Seit der großen Finanz- und Wirtschaftskrise von 2008–2009 stagnieren sowohl der internationale Warenhandel als auch das Volumen ausländischer Direktinvestitionen. Vor diesem Hintergrund wird seit einigen Jahren darüber spekuliert, ob die Globalisierung an ihre Grenzen gekommen ist – ein Thema, das wir am Ende dieses Kapitels wieder aufgreifen werden. Doch zunächst wollen wir besser verstehen lernen, wie unterschiedliche ökonomische Perspektiven auf Globalisierung blicken.

20.2 Zugänge und Kontroversen zur Globalisierung

20.2.1 Die Mainstreamökonomik: Freihandel und Markteffizienz

Die dominante Perspektive in den ▷ **Wirtschaftswissenschaften** geht davon aus, dass die Globalisierung sowohl ein notwendiges Resultat als auch eine Voraussetzung effizienter Marktprozesse und technologischer Innovation ist. Insgesamt generiert dieser Prozess Wachstum und Wohlstand (▶ Kap. 4, ▶ Kap. 3) (▷ **Effizienz**). Die mikroökonomische Annahme von rationalen Akteur*innen, die ihren Nutzen durch Marktinteraktionen erhöhen, wird auf den Außenhandel übertragen. Dieser ist kein Nullsummenspiel, in dem der Vorteil des einen den Verlust des anderen bedeutet. Vielmehr kann Freihandel selbst dann Wohlstandsgewinne für alle bringen, wenn ein Land einen absoluten Kostenvorteil in der Produktion diverser Güter hat.

Im Anschluss an David Ricardos (1772–1823) These des komparativen Kostenvorteils wird argumentiert, dass die Spezialisierung basierend auf natürlichen (klimatischen und geografischen) Produktivitätsunterschieden sowie auf einer unterschiedlich günstigen Faktorausstattung (Kapital und Arbeit) unterm Strich effizienter für beide Handelsparteien sei (▶ Kap. 18).

Komparativer Kostenvorteil

Der komparative Kostenvorteil ist ein Konzept der Außenhandelstheorie. Es besagt, dass der internationale Handel insgesamt Kostenvorteile bringt, selbst wenn ein Land bei der Herstellung sämtlicher Güter über einen Kostennachteil verfügt.

Wenn Länder sich auf ihre jeweiligen Stärken besinnen, steigt die Produktivität und der intensivere Wettbewerb führt zu niedrigeren Preisen und beschleunigten Innovationsprozessen. So wird davon ausgegangen, dass die vorherrschende internationale Arbeitsteilung, bei der Länder des ▷ **Globalen Südens** arbeitsintensive und Industriestaaten kapitalintensive Güter exportieren, insgesamt zu einer besseren Nutzung der gegebenen Produktionsfaktoren und Ressourcen führt. Gemäß dieser Theorie sollte sich etwa ein bevölkerungsreiches Land mit niedrigen Löhnen wie Bangladesch auf die Produktion von Textilien und ein Land mit ausdifferenzierter Industrie und verhältnismäßig hohen Löhnen wie Deutschland auf die Produktion von Maschinen konzentrieren. In der Summe wird dadurch das globale Einkommen erhöht (Freytag 2021). Das bedeutet, dass auch für Arbeiter*innen die Intensivierung des internationalen Handels von Vorteil ist, da importierte Konsumgüter günstiger werden.

Aus neoklassischer Perspektive führen auch die Fragmentierung von Produktionsprozessen (zum Beispiel über Outsourcing) sowie deren Auslagerung in unterschiedliche Teile der Welt (das sogenannte Offshoring) zu immer dynamischeren komparativen Kostenvorteilen (▷ **Neoklassik**). Insofern gelten diese Indikatoren als Hinweis darauf, dass die Globalisierung den Wohlstand der Nationen insgesamt vergrößert (▶ Kap. 3). Der Anstieg des Warenhandels und der ausländischen Direktinvestitionen im Zuge der Globalisierung spricht dafür, dass das Potenzial für internationale Arbeitsteilung noch nicht ausgeschöpft ist.

Outsourcing und Offshoring

Wenn Unternehmen bestimmte Prozesse oder Organisationseinheiten in andere Unternehmen verschieben, wird dies als *Outsourcing* beschrieben. Die Verlagerung von Produktionsprozessen in andere Länder wird hingegen als *Offshoring* bezeichnet.

Schließlich geht die ▷ **Mainstreamökonomik** grundsätzlich davon aus, dass die Marktpreise sämtliche verfügbare Informationen widerspiegeln. Wenn beispielsweise Regierungen neue Zölle ankündigen oder ein Unternehmen eine vielversprechende technische Innovation vorstellt, beeinflusst das die Kaufentscheidungen über Aktien oder Staatsanleihen und wirkt sich so unmittelbar auf die Börsenkurse aus. Selbst wenn die Akteure unterschiedliche Anlagestrategien verfolgen, wird davon ausgegangen, dass die Preisentwicklungen die verfügbaren Informationen insgesamt reflektieren und damit für eine optimale Geldallokation sorgen. Insofern gelten Finanzmärkte als grundsätzlich effizient. Der Mainstream geht davon aus, dass einzelne Akteure zwar kurzfristig gewinnen oder verlieren können, aber kein Marktteilnehmer dauerhaft höhere Gewinne erzielen kann als der Durchschnitt. Gerade durch digitale Kommunikationstechnologien hat sich dieses sogenannte Einpreisen von Informationen in den letzten Jahrzehnten erheblich verbessert.

Insgesamt betrachtet der Mainstream vor allem die marktinternen Prozesse der Globalisierung. Dabei spielen Staaten (▶ Kap. 21) und politische Prozesse eine zentrale Rolle für die Globalisierung (siehe Exkurs).

20.2.2 Das Globalisierungsparadox

Damit der internationale Warenverkehr organisiert werden kann, Produktionsketten über Ländergrenzen hinweg funktionieren und Investitionen rund um den Globus abgewickelt werden können, braucht es transparente Regeln und Mechanismen, die deren Einhaltung gewährleisten. Ist dies nicht der Fall, steigen die Risiken und Kosten für alle Beteiligten.

Die Geschichte des Freihandels verdeutlicht dies eindrücklich. Der internationale Handel ist durch die verheerende Finanz- und Wirtschaftskrise (1929–1939) und den Zweiten Weltkrieg (1939–1945) erheblich eingebrochen und nahm erst 1947 durch das Allgemeine Abkommen über Zölle und Handel (GATT) wieder an Fahrt auf. Das zwischenstaatliche Abkommen galt zunächst nur für Industrieprodukte, wurde aber in den folgenden Jahrzehnten sukzessive auf Textil- und Agrargüter sowie Dienstleistungen ausgeweitet. Damit ebnete es den Weg für die Gründung der Welthandelsorganisation (WTO) im Jahr 1994. Gegenwärtig sind so gut wie alle Staaten der Welt Teil dieser Organisation. Es fordert die Nicht-Diskriminierung aller Akteur*innen im internationalen Handel ein. Während einige diesen Schritt als Schaffung einheitlicher Wettbewerbsbedingungen im Rahmen des globalen Freihandels betrachten, geben kritische Stimmen zu bedenken, dass diese Regeln das Recht der Stärkeren verankern und multinationale Konzerne dadurch lokale Produzent*innen verdrängen.

Nachdem insbesondere Länder des Globalen Südens versucht hatten, die als unfair empfundenen Aspekte der Freihandelsordnung neu zu verhandeln, waren die Beratungen innerhalb der WTO Anfang der 2000er Jahre ins Stocken geraten. Seitdem gibt es einen neuen Trend: Anstatt sich mit mehr als hundert Staaten auf gemeinsame Regeln bezüglich Zöllen, Standards und Ausnahmen zu einigen, werden Verhandlungen zunehmend zwischen zwei (»bi-«) oder mehreren (»multi-«) Nationalstaaten geschlossen. Gab es im Jahr 2000 lediglich 83 regionale Handelsabkommen, hat sich deren Zahl bis 2024 mehr als vervierfacht (373). Der Abschluss solcher Abkommen ist jedoch nicht immer erfolgreich, wie das prominente Beispiel der Transatlantischen Handels- und Investitionspartnerschaft (TTIP) zwischen der EU und den USA zeigt. Dieses wurde über Jahre verhandelt, scheiterte jedoch 2016 unter anderem an zivilgesellschaftlichen Protesten und der Wahl von Donald Trump zum US-Präsidenten. In jedem Fall deuten diese Entwicklungen auf einen zentralen Widerspruch hin: Die Ausweitung des Freihandels braucht verlässliche politische Abkommen, deren Zustandekommen wiederum von unterschiedlichen gesellschaftlichen Interessen abhängt.

Der Ökonom Dani Rodrik (2020) spricht in diesem Zusammenhang von einem *Globalisierungparadox*. Ihm zufolge gibt es einen Zielkonflikt zwischen nationalstaatlicher Autonomie, demokratischer Legitimation und *Hyperglobalisierung* (vor allem freier Kapitalverkehr). Wenn beispielsweise ein Nationalstaat Unternehmenssteuern senkt oder Arbeitsstandards verringert, um die internationale Wettbewerbsfähigkeit zu verbessern, dann untergräbt dies womöglich die demokratische Willensbildung. Letztlich, so Rodrik, ließen sich nur zwei der drei Aspekte miteinander vereinbaren.

Hyperglobalisierung

Hyperglobalisierung bezeichnet eine extreme Form der wirtschaftlichen Integration, in der sämtliche nationalstaatlichen Vorschriften und Normen, die den Verkehr von Gütern, Dienstleistungen und Kapital regulieren, beseitigt werden.

20.2.3 Marxistische Politische Ökonomie: Globalisierung als neuer Imperialismus

Aus der Perspektive der ▷ **Marxistischen Politischen Ökonomie** ist die Globalisierung kein neuartiges Phänomen. Vielmehr basiert die Herausbildung des ▷ **Kapitalismus** ab dem späten 16. Jahrhundert auf der Entwicklung eines auf profitorientierte Warenproduktion ausgerichteten Weltmarkts, der sich im Zuge des europäischen Kolonialismus herausbildete (▶ Kap. 9). In vielerlei Hinsicht war die Weltwirtschaft Ende des 19. Jahrhunderts, also zur Hochzeit des europäischen Imperialismus, deutlich globalisierter als die Mitte des 20. Jahrhunderts. Auch in der postkolonialen Ära ist die internationale Arbeitsteilung davon geprägt, dass viele ehemalige Kolonien vorwiegend Primärrohstoffe für den Bedarf von Industriestaaten exportieren (▶ Kasten »Aus der Forschung«).

Aus der Forschung

Die Studie quantifiziert den physischen »Fußabdruck« des Warenhandels zwischen den Ländern des ▷ **Globalen Nordens** und **Südens** zwischen 1990 und 2015. Sie berücksichtigt dabei die gesamten Rohstoffe, die Landmasse, die benötigte Energie und die Arbeitskraft, die in die Produktion entsprechender Waren geflossen ist (siehe Abbildung 20.2).

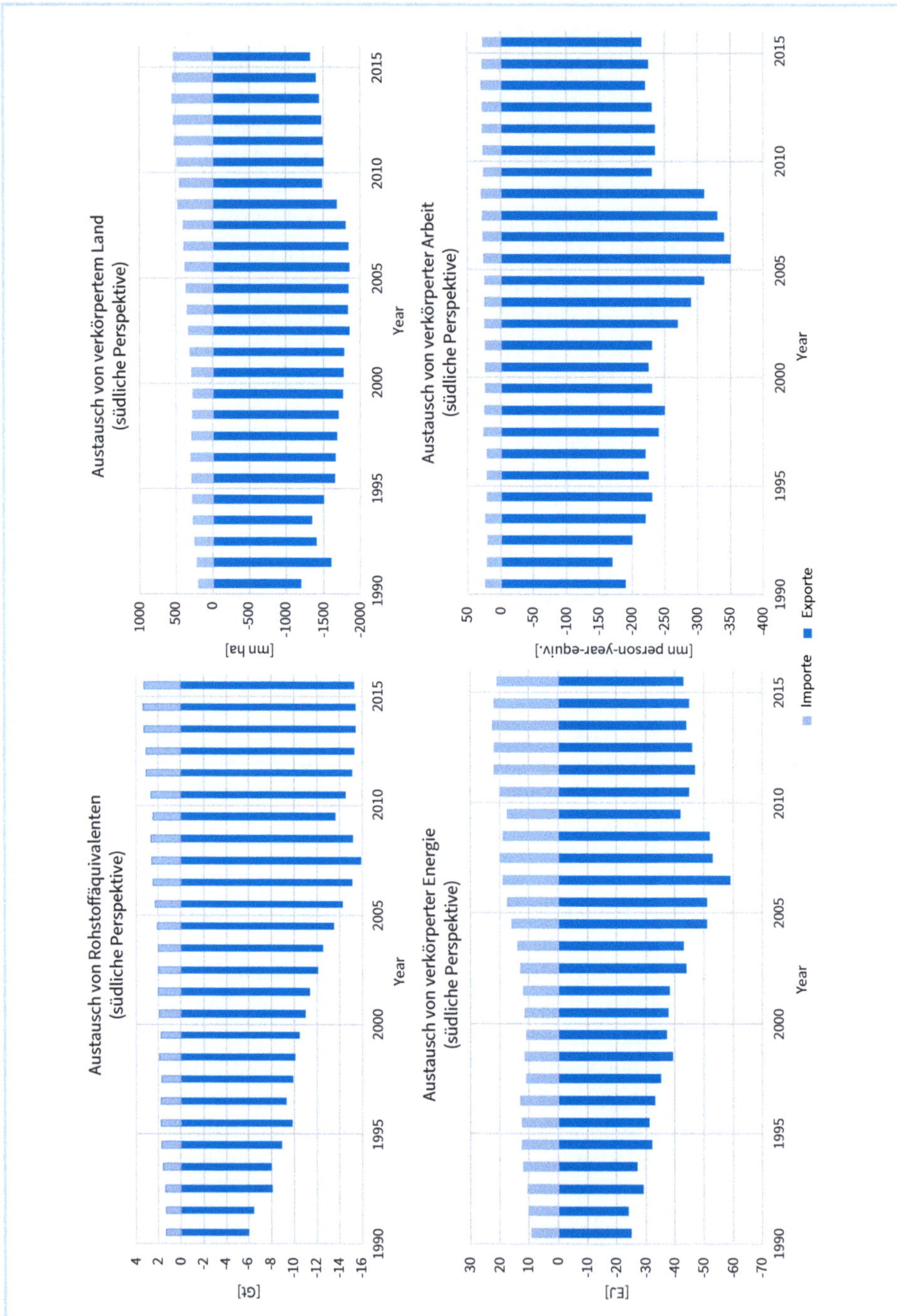

Abbildung 20.2: Ressourcenabflüsse aus dem Globalen Süden, 1990–2015. Quelle: Hickel et al. 2022

Die Analyse verdeutlicht, dass sich der Wohlstand des Globalen Nordens auch nach dem formalen Ende des Kolonialismus aus der Aneignung von Ressourcen und Arbeitskraft aus dem Globalen Süden speist. Für jede Einheit von Rohstoffen und Landmasse, die Länder des Globalen Südens aus dem Norden importieren, müssen sie das Fünffache exportieren. In Bezug auf Arbeitszeit ist es gar das Dreizehnfache. Da die Nettoaneignung des Globalen Nordens dem Nettoverlust des Südens entspricht und ein historisches Ungleichheitsmuster fortsetzt, sprechen die Autor*innen von einem imperialistischen Werttransfer. In Durchschnittspreisen des Nordens ausgedrückt, entspricht dieser »ungleiche Tausch« (S. 10) zwischen 1990 und 2015 ungefähr 242 Billionen US-Dollar.

Diese gigantische Summe entspricht einem Vielfachen der in diesem Zeitraum gezahlten Entwicklungshilfe. Mit anderen Worten: Die ehemaligen Kolonien tragen durch ungleichen Tausch auch heute noch deutlich mehr zur Wohlstandsentwicklung in den Industriestaaten bei als umgekehrt. Gleichzeitig ist der imperialistische Werttransfer ein wesentlicher Treiber von sozial-ökologischer Ungleichheit.

Quelle: Hickel, Jason/Dorninger, Christian/Wieland, Hanspeter/Suwandi, Intan (2022): Imperialist appropriation in the world economy: Drain from the global South through unequal exchange, 1990–2015. In: Global Environmental Change, Nr. 73, 102467.

Während die ▷ **Mainstreamökonomik** die wirtschaftliche Globalisierung vor allem als einen reinen Marktprozess untersucht, betonen marxistische Ökonom*innen, dass die Globalisierung ein politisches Klassenprojekt ist. Als die Profit- und Wachstumsraten in den USA und Westeuropa ab den späten 1960er Jahren ins Stocken gerieten, drängten Unternehmensverbände und Interessenvertretungen besitzender Klassen auf eine radikale Abkehr von der sozialdemokratisch-keynesianischen Wirtschafts- und Sozialpolitik der Nachkriegsjahre. Die Deregulierung von Finanzmärkten, die Privatisierung von staatlichen Unternehmen sowie die Liberalisierung des Außenhandels sollten neue Märkte und Geschäftsfelder etablieren.

Postkolonialismus

Postkolonialismus bezeichnet nicht lediglich eine Phase nach dem Ende der europäischen Kolonialherrschaft. Er betont vielmehr, dass koloniale Machtverhältnisse weiterhin politisch, gesellschaftlich, ökonomisch und kulturell fortwirken.

Unter US-Präsident Ronald Reagan und der britischen Premierministerin Margaret Thatcher etablierte sich diese neoliberale Politik seit den 1980er Jahren schließlich als dominantes wirtschaftspolitisches Leitbild (▷ **Neoliberalismus**). Um entsprechende Vorhaben umzusetzen, musste die Macht der Gewerkschaften gebrochen werden, etwa indem Arbeitskämpfe mit Staatsgewalt unterbunden wurden. In der Folge verschoben sich die Kräfteverhältnisse von Kapital und Arbeit dramatisch (▶ Kap. 11, ▶ Kap. 12). In den USA stagnierten beispielsweise die Reallöhne der Lohnabhängigen zwischen 1980 und 2000 trotz kontinuierlich steigender Produktivität, während das Einkommen des obersten 1% erheblich stieg (Harvey 2007). Die Globalisierung wird daher auch als *Klassenkampf von oben* bezeichnet, der die gesellschaftliche Spaltung und Ungleichheit zwischen arbeitenden und besitzenden Klassen erheblich vergrößert. Aus dieser Perspektive geht die Globalisierung also unweigerlich mit gesellschaftlichen Konflikten einher (▶ Kap. 20.2.4).

Zudem beschleunigt die globalisierte ▷ **Kapitalakkumulation** die Konzentration und Zentralisation des Kapitals (▶ Kap. 11). Während es Mitte des 20. Jahrhunderts weltweit lediglich einige tausend transnationale Unternehmen gab, sind es heute weit mehr als 100.000. In vielen Wirtschaftsbereichen dominiert lediglich eine Handvoll Großkonzerne das Marktgeschehen. Sie diktieren sowohl Zulieferern als auch Kund*innen die Preise – ob bei Saatgut und Agrarchemikalien (v. a. DuPont-Dow, ChemChina-Syngenta und Bayer-Monsanto), in der Vermögensverwaltung (v. a. BlackRock, State Street Global Advisors, Vanguard) oder unter IT-Unternehmen (v. a. Google, Meta, Amazon und Alibaba). Insbesondere die Finanzialisierung und Digitalisierung der Weltwirtschaft zeigen auf, dass wirtschaftliche Aktivitäten rund um den Globus entscheidend von den Machtinteressen dominanter Konzerne geprägt werden.

Finanzialisierung

Finanzialisierung bezeichnet einen Prozess, in dem der Finanzsektor eine zunehmende Bedeutung in der Gesamtwirtschaft erfährt. Dabei werden wirtschaftliche und gesellschaftliche Bereiche vermehrt an Finanzmarktdynamiken ausgerichtet oder von diesen beeinflusst.

So orientieren sich die Unternehmensführungen in sämtlichen Branchen vor allem an Aktienkursen und Interessen von (institutionellen) Investoren – auf Kosten von Arbeiter*innen und Umwelt. Apple, eines der wertvollsten börsennotierten Unternehmen der Welt, besitzt beispielsweise keine einzige Fabrik. Stattdessen beauftragt der Konzern Subunternehmen in China. Die Erlöse aus dem Verkauf eines iPhones sind selbst nach Abzug der Produktionskosten knapp 25-mal größer als die Lohnkosten (siehe Abbildung 20.3). Während die chinesischen Fabrikarbeiter*innen, die das beliebte Handy herstellen, im Schnitt mehr als 60 Stunden pro Woche arbeiten, in engen Unterkünften schlafen und lediglich geringe Löhne erhalten, fährt der transnationale US-Konzern jährlich Rekordgewinne ein und schüttet enorme Summen an Investor*innen aus.

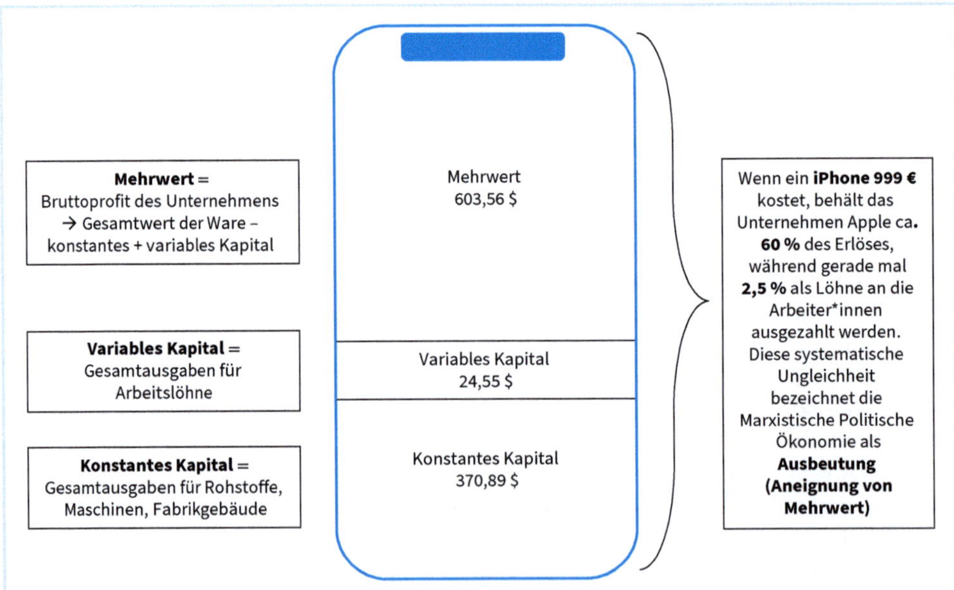

Abbildung 20.3: Wertanteile und Ausbeutung am Beispiel eines iPhones, Quelle: eigene Darstellung, inspiriert von Tricontinental (2019).

Selbst wenn solche Elektronikwaren, Textilien oder Spielzeuge in anderen Ländern hergestellt werden, geht deren Wertschöpfung in die ▹ **volkswirtschaftliche Gesamtrechnung** der Länder ein, in denen die transnationalen Unternehmen beheimatet sind. Daher verschleiern Begriffe wie »Wertschöpfungsketten« oder »▹ **Bruttoinlandsprodukt**« die ungleiche internationale Arbeitsteilung sowie die damit zusammenhängenden Klassen- und Ausbeutungsverhältnisse, die den Imperialismus des 21. Jahrhunderts charakterisieren.

Die neoliberale Globalisierung produziert jedoch auch auf andere Weise systematisch Ungleichheiten (▶ Kap. 17). Wenn staatliche Unternehmen (z. B. Wasserversorgung) oder Gemeingüter (Land) unter politischem Druck privatisiert werden (▶ Kap. 19), kann das Kapital unverhoffte Gewinne auf Kosten des Gemeinwohls erzielen. Insbesondere in Ländern des Globalen Südens haben die von den USA dominierten internationalen Finanzinstitutionen Weltbank und Internationaler Währungsfonds (IWF) verschuldeten Staaten seit den 1980er Jahren nur dann Kredite angeboten, wenn sie ihre Wirtschafts- und Sozialpolitik im Sinne dieser neoliberalen Doktrin anpassten. Der Wirtschaftsgeograph David Harvey spricht in diesem Zusammenhang von einer »Akkumulation durch Enteignung« (Harvey 2007). Damit will er betonen, dass die Anhäufung von Wohlstand in der gegenwärtigen Phase der Globalisierung bisweilen aus politischen Maßnahmen folgt, die durch Enteignungsprozesse überhaupt erst neue Märkte und Geschäftsfelder für das Kapital erschließen.

20.2.4 Exkurs: Umkämpfte Globalisierung

Die neoliberale Globalisierung wurde immer auch von gesellschaftlichen Konflikten geprägt. Um die Jahrtausendwende hat sich eine transnationale, globalisierungskritische Bewegung herausgebildet, die die Freihandelspolitik der WTO und die neoliberalen Strukturanpassungsprogramme von der Weltbank und IWF öffentlich infrage stellte. Dieser heterogene Zusammenschluss bestand aus Bauern-, Arbeitslosen-, Landlosen- und indigenen Bewegungen, politischen Basisgruppen, Gewerkschaften und Nichtregierungsorganisationen aus fast allen Teilen der Welt. Zwar hatte diese *»Bewegung der Bewegungen«* unterschiedliche und teils widerstreitende Vorstellungen von einer anderen Weltwirtschaftsordnung, aber sie war sich trotzdem darin einig, dass die vorherrschende Form der Globalisierung ökonomisch, ökologisch und gesellschaftlich destruktiv sei und vor allem den Interessen von transnationalen Konzernen und westlichen Industriestaaten diene.

Die globalisierungskritische Bewegung mobilisierte Hunderttausende Menschen zu Protesten gegen die Ministerkonferenzen der WTO (1998 in Genf, 1999 in Seattle) sowie die Gipfeltreffen der Staats- und Regierungschefs der acht mächtigsten Industriestaaten (G8) (2000 in Prag, 2001 in Genua), um eine andere Globalisierung einzufordern. Die Demonstrierenden forderten beispielsweise einen Schuldenerlass für Länder des Globalen Südens, die Abschaffung des Patentregimes für Saatgut und Pharmaprodukte, die Besteuerung von Finanztransaktionen sowie eine faire Weltwirtschaftsordnung.

Auch wenn nicht alle Regionen und Gruppierungen in gleichem Maße beteiligt waren, bestand der Anspruch dieser *»Bewegung der Bewegungen«* darin, eine transnationale, pluralistische und demokratische Alternative von unten aufzubauen. Wichtigster Ausdruck dieser Bestrebungen ist das Weltsozialforum, das erstmals 2001 in Porto Alegre (Brasilien) stattfand. Bei diesen regelmäßigen Zusammenkünften sollte nicht nur diskutiert, sondern praktisch gezeigt werden, dass andere, solidarische Formen des Wirtschaftens, der Politik und des Gemeinschaftlichen möglich sind.

Der Einfluss der globalisierungskritischen Bewegung war vor allem Anfang der 2000er Jahre stark, prägte die politische Debatte zur Globalisierung nachhaltig und trug zu einigen Reformen bei. So erhöhten sich die Transparenz- und Rechenschaftspflichten der Weltbank, es gab partielle Schuldenerlasse für besonders verschuldete Staaten der Dritten Welt, und das Patentrecht der WTO wurde dahin gehend eingeschränkt, dass Staaten im Fall eines nationalen Gesundheitsnotstands (wie der AIDS-Epidemie in Südafrika) davon Abstand nehmen konnten. Trotz dieser Teilerfolge forcierten sowohl internationale Organisationen als auch die G8-Staaten weiterhin die Grundlinien neoliberaler Politik.

20.2.5 Feministischer Einspruch: Globalisierung und die Krise sozialer Reproduktion

Die ▹ **Feministische Ökonomik** betrachtet die Gesamtheit von Wirtschaft und Arbeit vom Standpunkt der Reproduktion des kollektiven Lebens. Diese ist von einer vergeschlechtlichten Arbeitsteilung geprägt (▶ Kap. 16). Schätzungen zufolge leisten Frauen und Mädchen weltweit täglich 12,5 Milliarden Stunden an unbezahlter Pflege-, Sorge- und Hausarbeit. Obwohl das Aufziehen von Kindern, die Zubereitung von Mahlzeiten oder die Pflege von Kranken und Bedürftigen unabdingbare Voraussetzungen für wirtschaftlichen und gesellschaftlichen Wohlstand sind, werden sie kaum anerkannt. Dabei hätte diese reproduktive Arbeit einen Wert von mehr als 10,8 Billionen US-Dollar, wenn sie bezahlt würde (Oxfam 2020).

Diese vergeschlechtlichte Abwertung bestimmter ökonomischer Aktivitäten und Räume hängt unmittelbar mit den globalen sozioökonomischen Ungleichheiten unserer Zeit zusammen. Die 22 reichsten Männer der Welt besitzen in etwa das gleiche Vermögen wie alle Frauen auf dem afrikanischen Kontinent zusammen – das sind knapp 700 Millionen Menschen. Dass diese immense Schieflage sich aus mehr oder produktiverer Arbeit ergibt, ist für feministische Ökonom*innen wissenschaftlich unhaltbar. Vielmehr deutet dieser Befund darauf hin, dass der Wohlstand der Weltwirtschaft von patriarchalen und kolonialen Machtverhältnissen geprägt wird.

Bezug zur sozial-ökologischen Vielfachkrise

Ende 2024 hat die Weltbank bekannt gegeben, dass aktuell 44 % der Weltbevölkerung in relativer Armut lebt und sich dieser Anteil seit 1990 kaum verändert hat. Bei gleichbleibender wirtschaftlicher Entwicklung würde es mehr als ein Jahrhundert dauern, um das seit Langem angepriesene »Ende der Armut« zu realisieren (Weltbank 2024). Ob die globale Wirtschaft angesichts jetzt schon überschrittener planetarer Belastungsgrenzen noch weitere 100 Jahre wachsen kann, muss jedoch bezweifelt werden. Heute gehen beispielsweise knapp ein Drittel der globalen CO_2-Emissionen im Transportsektor auf den internationalen Warenhandel zurück. Elmar Altvater und Birgit Mahnkopf (1996) haben bereits vor dreißig Jahren darauf hingewiesen, dass es aus ökologischer Perspektive »Grenzen der Globalisierung« gibt, die nicht einfach überwunden werden können. Ganz ähnlich hat Nancy Fraser (2024) jüngst den globalisierten ▹ **Kapitalismus** als »Allesfresser« bezeichnet, der seine eigenen sozialen, wirtschaftlichen und ökologischen Grundlagen verschlingt und die Vielfachkrise der Gegenwart existenziell verschärft.

Die Globalisierung ist insofern kein geschlechtsneutraler Prozess. Sowohl die Internationalisierung von Produktion, Handel und Finanzen als auch die damit zusammenhängende Umgestaltung von Staaten und Gesellschaften haben geschlechtsspezifische Voraussetzungen und Konsequenzen. So sind beispielsweise »günstigere Lohnkosten« kein natürliches Merkmal von Ländern oder Regionen. Vielmehr haben feministische Ökonom*innen herausgearbeitet, dass hierarchische Geschlechternormen, die Frauen als von Natur aus gefügig, geschickt und günstig darstellen, »billige Arbeit« durch geschlechtsbasierte Abwertung produzieren und ungleiche Löhne zwischen den Geschlechtern rechtfertigen. Dies ist beispielsweise in der globalen Bekleidungsindustrie besonders deutlich sichtbar, wo vor allem Frauen und Mädchen arbeiten.

Patriarchat

Das Patriarchat (wörtlich »Väterherrschaft«) bezeichnet ein Gesellschaftssystem, in dem Männer dominieren und Frauen auf unterschiedliche Weise unterdrücken und ausbeuten (können). Die Vorstellung männlicher Überlegenheit führt häufig zu Gewalt gegen Frauen.

Darüber hinaus führt die Ausbreitung von kapitalistischen Märkten im Zuge der neoliberalen Globalisierung zu einer strukturellen Krise der sozialen Reproduktion. Die Einhegung von Commons (▶ Kap. 19), also gemeinschaftlich genutzten Ländern, Wäldern oder Gewässern, raubt Menschen eine notwendige Lebensgrundlage. Ebenso bedrohen transnationale Agrarkonzerne, die Saatgut patentieren, den Lebensunterhalt von Millionen von kleinbäuerlichen Betrieben (▶ Kap. 13). Und wenn Staaten sich im Zuge neoliberaler Strukturreformen aus der öffentlichen Daseinsvorsorge zurückziehen, müssen vor allem Frauen entsprechende Kürzungen durch unbezahlte Mehrarbeit oder Verschuldung kompensieren (▶ Kap. 20.2.6).

Die internationale Arbeitsteilung verändert jedoch nicht nur die Warenproduktion. Auch die Haus- und Sorgearbeit wird im Zuge der Globalisierung verlagert und schafft dabei neue Widersprüche. In Deutschland und vielen anderen OECD-Staaten werden zunehmend migrantische Arbeiter*innen aus dem Globalen Süden oder aus ehemaligen sozialistischen Ländern angeworben, die entsprechende Arbeiten in Mittelklassehaushalten oder im professionellen Sorge- oder Gesundheitssystem übernehmen sollen (▷ **Sozialismus**).

Analog zum Begriff der globalen Wertschöpfungsketten wird dieser Prozess mit dem Konzept der globalen Sorgeketten untersucht. Es verweist auf eine vergeschlechtlichte, ungleiche internationale Arbeitsteilung, in der Haushalte aus unterschiedlichen Weltregionen über Migration, Grenzregime, lokale Arbeitsmärkte und Rücküberweisungen miteinander verflochten sind (Wichterich 2016). Anstatt diese als eine auf wechselseitigen Vorteilen basierende Transaktion zu beschreiben, betonen feministische Arbeiten die damit zusammenhängenden Probleme und Widersprüche: Einerseits führt die vermehrte Anwerbung von migrantischen Sorge- und Pflegekräften zu Versorgungslücken in ihren Heimatländern. Andererseits ist die migrantische Sorgearbeit von mehrfacher Prekarität gekennzeichnet. Neben geringer Entlohnung, fehlender Sozialversicherung und intransparenten Arbeitszeiten zählen dazu auch ein unsicherer Aufenthaltsstatus oder Diskriminierung auf dem Wohnungsmarkt.

20.2.6 Exkurs: Mikrokredite und die Emanzipation von Frauen

Mikrokredite gelten spätestens seit den 1990er Jahren als Allheilmittel der Armutsbekämpfung. Zudem werden sie als zentrales Instrument der Emanzipation von Frauen im Globalen Süden angepriesen, weil sie diesen finanzielle Ressourcen, Entscheidungsmacht und

Verantwortung übertragen. Allein kommerzielle Mikrofinanzinstitutionen erreichen mehr als 200 Millionen Menschen weltweit. In der Regel vergeben diese Kleinstkredite im Umfang von wenigen hundert Euro an Frauengruppen oder Individuen, die das Geld unternehmerisch verwenden sollen – etwa durch die Herstellung und den Verkauf von Schmuck oder eine Investition in Milchtiere – und sich dadurch, so das Ziel, aus der Armut befreien können. In der Realität werden Kredite jedoch häufig für notwendige Haushaltsausgaben genutzt. Inzwischen werden Mikrokredite gemeinsam mit anderen Finanzdienstleistungen unter dem Label der *finanziellen Inklusion* von globalen Institutionen wie den Vereinten Nationen und der Weltbank angepriesen.

Feministische Ökonom*innen betonen in diesem Zusammenhang die widersprüchliche und gewaltförmige Art und Weise der finanziellen Inklusion. Zwar kann der Zugang zu Krediten oder anderen Finanzdienstleistungen in einigen Fällen zur Ermächtigung von Frauen innerhalb von patriarchalen Familienverhältnissen führen. Allerdings suggerieren sie auch, dass Armut und Geschlechterungleichheiten Probleme sind, die von Einzelnen überwunden werden müssen und können.

Dabei geraten strukturelle und politische Fragen aus dem Blick, während Risiken und Verantwortung individualisiert werden. So wird das Verhältnis von ▹ **mikro- und makroökonomischen** Dynamiken vollkommen ausgeblendet. Die Zielgruppe, also Haushalte mit niedrigen Einkommen, sind diejenigen, die am schlimmsten von neoliberaler Austeritäts- und Enteignungspolitik betroffen sind (▹ **Austerität**). Und Frauen sind meist verantwortlich für die Gewährleistung der Haushaltsökonomie. Sie müssen auf entsprechende Kleinstkredite zurückgreifen, weil die Einkommen aus kleinbäuerlicher Landwirtschaft nicht ausreichen oder sie für einen Hungerlohn T-Shirts für den Weltmarkt produzieren.

Austerität

Austerität (griechisch für »Strenge«) bezeichnet in ökonomischen Zusammenhängen eine strenge Haushaltspolitik. In der Praxis bedeutet dies meist Kürzungen bei Sozialausgaben oder öffentlichen Investitionen.

Anstatt für angemessene Löhne in der Produktion zu sorgen oder eine öffentliche Daseinsvorsorge in den Bereichen Wohnen, Gesundheit und Bildung zu gewährleisten, werden diese Bereiche durch neoliberale Politik privatisiert. Bei unzureichendem Einkommen müssen lohnabhängige Haushalte auf Mikrokredite zurückgreifen, um die entsprechenden Gebühren für lebensnotwendige Güter und Dienstleistungen zahlen zu können. Vor diesem Hintergrund sprechen feministische Ökonom*innen von einer »Finanzialisierung sozialer Reproduktion« (Fraser 2024, S. 120). Inzwischen werden die Zahlungsströme von Hunderttausenden Kreditverträgen gebündelt und als Finanzprodukt an Investoren weiterverkauft. Damit werden nicht nur Risiken, Verantwortungen und Kosten an private Haushalte verlagert, sondern profitgetriebene Unternehmen und Investoren verdienen sogar an der vermeintlichen Armutsbekämpfung. Langzeitstudien zeigen, dass Mikrokredite selbst nach über 30 Jahren keine nennenswerten Erfolge bei der Reduzierung von Armut erzielen konnten. Stattdessen geraten Mikrofinanzkund*innen häufig in chronische Verschuldung.

20.3 Ausblick: Das Ende der Globalisierung?

Die dominante Perspektive in den ▷ **Wirtschaftswissenschaften** geht davon aus, dass die Globalisierung ein notwendiger, marktgetriebener Prozess ist, der insgesamt Wachstum und Wohlstand bringt. Die ▷ **Marxistische Politische Ökonomie** betont dagegen, dass die neoliberale Globalisierung vor allem eine neue Phase des Imperialismus begründet, in der sich eine relativ kleine Klasse an Besitzenden sowie westliche Industriestaaten auf Kosten der (arbeitenden) Mehrheitsbevölkerung bereichern (▷ **Neoliberalismus**). Darüber hinaus machen feministische Ökonom*innen darauf aufmerksam, dass die Globalisierung ein Prozess ist, der geschlechtsspezifische Voraussetzungen und Konsequenzen hat, die sich gegenwärtig vor allem in einer strukturellen Krise der sozialen Reproduktion ausdrücken.

Was Globalisierung ist, lässt sich jedoch nicht allein durch theoretische Konzepte verstehen. Als dynamischer, ungleicher und widersprüchlicher Prozess wird sie von ganz unterschiedlichen gesellschaftlichen Akteuren mit verschiedenen Interessen und Strategien geprägt. Diese Einsicht ist zentral, wenn wir uns der Frage widmen, ob die Globalisierung derzeit an ein Ende kommt.

Fest steht, dass die Phase der Globalisierung, die in den 1980er Jahren eingesetzt hat und seit einigen Jahren in einer tiefgreifenden Krise steckt. Diese äußert sich nicht nur in stagnierenden wirtschaftlichen Indikatoren bezüglich internationalen Warenverkehrs oder ausländischer Direktinvestitionen. Sie geht vor allem auf größere Machtverschiebungen und damit zusammenhängende Auseinandersetzungen um die wirtschaftliche, militärische und politische Vormachtstellung auf internationaler Ebene zurück.

Die ungebrochene Dominanz der USA und anderer westlicher Länder wird seit Jahren zunehmend vom Aufstieg der BRICS-Staaten (Brasilien, Russland, Indien, China, Südafrika u.a.) herausgefordert. Manche sprechen gar von einem zweiten Kalten Krieg zwischen den zwei Großmächten USA und China. Darin konkurrieren die zwei Staaten sowie ihre transnationalen Unternehmen um die Vorherrschaft in Bereichen wie Produktion, Logistik, Energieinfrastruktur, Digitalisierung oder Finanzflüsse, inklusive der Regeln und Institutionen, die die Form der internationalen Wirtschaftsordnung prägen.

Frühere Phasen der Globalisierung wurden insbesondere in Krisen- und Kriegszeiten von Phasen der De-Globalisierung abgelöst. Letztere waren dabei häufig von einem Wandel der internationalen Kräfte- und Machtverhältnisse begleitet (May et al. 2023). Allerdings wäre es voreilig, vor diesem Hintergrund bereits das Ende der Globalisierung zu verkünden. Schließlich bewegt sich die transnationale Vernetzung von Handel, Produktion und Finanzen – trotz gewisser Stagnations- und Krisenprozesse – noch immer auf sehr hohem Niveau. Außerdem ist derzeit nicht absehbar, welche Interessen sich im Konflikt um eine neue Weltwirtschaftsordnung durchsetzen werden.

Literaturempfehlungen

Altvater, Elmar/Mahnkopf, Birgit (1996): Grenzen der Globalisierung. Ökonomie, Ökologie und Politik in der Weltgesellschaft. Münster.

Federici, Silvia (2021): Revolution at Point Zero. Hausarbeit, Reproduktion und feministischer Kampf. Münster.

Fraser, Nancy (2024): Der Allesfresser. Wie der Kapitalismus seine eigenen Grundlagen verschlingt. Berlin.

Freytag, Andreas (2021): Die Neoklassik und die theoretische Grundlegung der Globalisierung. In: Hoffmann, Thomas S./Honrath, Klaus (Hrsg.): Genealogien der Wirtschaftsphilosophie. Wiesbaden.

Harvey, David (2007): Kleine Geschichte des Neoliberalismus. Zürich.

May, Christian/Mertens, Daniel/Nölke, Andreas/Schedelik, Michael (2023): Politische Ökonomie. Vergleichend – International – Historisch. Wiesbaden.

Oxfam (2020): Im Schatten der Profite. Wie die systematische Abwertung von Hausarbeit, Pflege und Fürsorge Ungleichheit schafft und vertieft. https://www.oxfam.de/system/files/2020_oxfam_ungleichheit_studie_deutsch_schatten-der-profite.pdf, Abrufdatum 09.09.2025.

Rodrik, Dani (2020): Das Globalisierungs-Paradox. Die Demokratie und die Zukunft der Weltwirtschaft. München.

Weltbank (2024): Pathways Out of the Polycrisis. Poverty, Prosperity, and Planet Report. https://www.worldbank.org/en/publication/poverty-prosperity-and-planet, Abrufdatum 09.09.2025.

Wichterich, Christa (2016): Feministische internationale politische Ökonomie und Sorgeextraktivismus. In: Brand, Ulrich/Schwenken, Schwenken/Wullweber, Joscha (Hrsg.): Globalisierung analysieren, kritisieren und verändern. Das Projekt Kritische Wissenschaft. Hamburg, S. 54–72.

Zusätzliche Belege

Müller, Henrik (2024): Einmal Globalisierung und zurück, Bundeszentrale für politische Bildung. https://www.bpb.de/themen/wirtschaft/freihandel/geopolitik-und-welthandel/547985/einmal-globalisierung-und-zurueck/, Abrufdatum 09.09.2025

Tricontinental (2019): The Rate of Exploitation: The Case of the iPhone, https://thetricontinental.org/the-rate-of-exploitation-the-case-of-the-iphone/, Abrufdatum 09.09.2025

Online-Ressourcen

ZDF, Globalisierung: So abhängig ist Deutschland, Link: https://www.youtube.com/watch?v=rRYtCbXkyxw&t=310s

PowerShift, Podcast Kompass Weltwirtschaft, Folge 44: »Rohstoffe und Handel – Wie die EU sich durch Handelsabkommen Rohstoffe im Globalen Süden sichert«, Link: https://power-shift.de/media/rohstoffe-und-handel/

David Harvey, Krisen des Kapitalismus, Link: https://www.youtube.com/watch?v=yZhzdUhTJ1E

21 Was macht der Staat?

Maximilian Wilken

Einer der Gründe für das Scheitern der Ampel-Koalition im November 2024 war die von Polarisierung geprägte Debatte um das Heizungsgesetz. Das Gesetz sollte festlegen, dass jede neu eingebaute Heizung zu mindestens 65 % aus erneuerbaren Energien betrieben werden muss. Es folgte eine hitzige Debatte, die letztendlich zum Scheitern des Gesetzes und schließlich auch zum Zerfall der Ampel-Koalition führte.

Debatten um staatliche Regulierung, Finanzierung sowie Verteilung von Kosten bringen regelmäßig Regierungen zum Scheitern. Die Debatte um das Heizungsgesetz ist beispielhaft für eine sich stetig ändernde Rolle des Staates in der Ökonomie, die Verhandlung des Verhältnisses von Staat und Markt und die Rolle des Staates in der Vielfachkrise. Während sogenannte marktliberale Akteur*innen das Gesetz als Eingriff in den freien Markt abräumen wollten, konnten sie dabei auf durchaus verständliche Sorgen der Bürger*innen bauen. Zwar ist eine langfristige Dekarbonisierung des Wärmesektors aus Sicht des Klimaschutzes notwendig und Expert*innen sehen die elektrische Wärmepumpe dabei als die einzige sinnvolle Alternative zu Gas- und Ölheizungen. Jedoch ließ das Heizungsgesetz die Verteilung von Kosten und Nutzen zumindest im öffentlichen Bewusstsein offen. Unabhängig von der konkreten Ausgestaltung des Gesetzes war insbesondere für Mieter*innen relativ schnell klar: Die Kosten für den Einbau neuer Heizungen würden sich wohl in steigenden Mieten widerspiegeln.

Die Debatte um das Gesetz zehrte also nicht nur von einer grundlegenden Skepsis gegenüber staatlicher Regulierung, sondern auch von den realen Sorgen vor steigenden Preisen und der Verteilung von Kosten der Klimakrise. Das Heizungsgesetz war weniger echte staatliche ökonomische Aktivität in der Wirtschaft (schließlich sah es nicht vor, dass staatliche Institutionen in allen Häusern Wärmepumpen einbauen) als eine Regulierung des Marktgeschehens über eine festgesetzte Quote. Damit überließ es die realen Verteilungswirkungen und praktischen Konsequenzen dem Zusammenspiel der unterschiedlichen Akteure auf dem Wohnungsmarkt. Der streng marktwirtschaftliche Ansatz zur Lösung der Klimakrise ist die Bepreisung von CO_2-Emissionen oder Emissionshandel. Diese werden zwar immer wieder gefordert, wurden aber noch nie in einer der Problemlage angemessenen Größenordnung umgesetzt. Auch diese Lösungen verschieben die realen Transformationskonflikte über die Verteilung der Kosten der Vielfachkrise jedoch nur. Genau wie staatliche Regulierung würde eine ambitionierte Bepreisung von CO_2 die Kosten der ▷ **sozial-ökologischen Transformation** über Marktpreise verteilen, was wiederum Verteilungsfragen aufwerfen würde (▶ Kap. 17).

Dass wir überhaupt davon sprechen können, dass *der Staat* in *den Markt* eingreift, ist jedoch keine allgemeine historische Wahrheit. Für Menschen, die vor der Entstehung des modernen Kapitalismus gelebt haben, hätte diese Formulierung schlicht keinen Sinn ergeben. Was ist also die spezifische Rolle des Staates im ▷ **Kapitalismus** und wie lässt sich das Handeln staatlicher Institutionen in Bezug auf die Ökonomie erklären?

Das erste Unterkapitel setzt sich vor diesem Hintergrund mit der Entstehung der Trennung von politischer Sphäre, also insbesondere dem Staat und der Ökonomie im 18. und 19. Jahrhundert auseinander. Im zweiten Unterkapitel geht es um das Staatsverständnis des ökonomischen Mainstreams, das auf dieser historischen Realität aufbaut, und die Kritik an diesem Verständnis, das den Mainstream als Teil eines neoliberalen Gesellschaftsmodells versteht (▷ **Neoliberalismus**). Im dritten Unterkapitel geht es um den Keynesianismus, der für einen lenkenden Staat steht und teilweise in die ▷ **Mainstreamökonomik** integriert wurde. Im vierten Unterkapitel wird das marxistische Staatsverständnis präsentiert, das den historisch wohl wirkmächtigsten Entwurf einer alternativen politischen Ökonomie und damit auch Staatstheorie darstellt. Abschließend folgt ein Ausblick, der die vorgestellten Ansätze zusammenfasst und einordnet.

21.1 Politik und Ökonomie: Getrennte Sphären?

Die Frage, warum sich Ökonom*innen mit dem Staat auseinandersetzen sollten, ist aus heutiger Perspektive nicht offensichtlich. Denn der Frage nach der Rolle des Staates geht schließlich schon die Politikwissenschaft nach. Mit dem Thema verschiedener Staatsformen und ihrer jeweiligen Vorzüge sowie ihrer historischen Entwicklung – von der griechischen Philosophie über die Geburt des Nationalstaats nach dem Dreißigjährigen Krieg hin zum Absolutismus und der modernen parlamentarischen Demokratie – setzen sich zahlreiche historische und gegenwärtige politische Theoretiker*innen auseinander.

Doch die Trennung von Politik und Ökonomie (▶ Kap. 10) als jeweils nach eigenen Logiken funktionierende gesellschaftliche Bereiche ist bei näherer Ansicht keine Selbstverständlichkeit. Dass wir überhaupt über das Verhältnis von Markt und Staat und Eingriffe in den Markt reden, ist keine allgemein historisch gültige Tatsache, sondern ein Produkt unserer Zeit. Auch die wissenschaftliche Fächertrennung in Politikwissenschaft, ▷ **Volkswirtschaftslehre** und andere Gesellschaftswissenschaften ist nicht selbstverständlich. Die ökonomischen Denker des 18. und 19. Jahrhunderts (von Smith über Malthus und Ricardo hin zu Mill) bezeichneten sich noch selbstverständlich als politische Ökonomen, und erst im ▷ **Marginalismus** wurde die Ökonomie auch wissenschaftlich als ein klar von anderen Bereichen abtrennbarer und nach eigenen Logiken operierender Teil der Gesellschaft gefasst (▶ Kap. 1).

Absolutismus

Absolutismus bezeichnet eine Regierungsform des 17. und 18. Jahrhunderts, in der ein monarchischer Herrscher die gesamte Staatsgewalt innehat und über dem Gesetz steht.

Das heutige Verständnis des Verhältnisses von Ökonomie und Politik ist in den Entwicklungen des 18. und 19. Jahrhunderts angelegt, in denen der Absolutismus verschwand und vom industriellen ▷ **Kapitalismus** abgelöst wurde. Die historischen Entwicklungen, die die Ökonomie als separate gesellschaftliche Sphäre konstituierten, hat die amerikanische Historikerin Ellen Meiksins Wood (1942–2016) in ihrem Buch *Der Ursprung des Kapitalismus: Eine Spurensuche* (2015) rekonstruiert. Im Absolutismus und im Feudalismus, der auf dem Lehnswesen beruhte, war ökonomische und politische Herrschaft noch untrennbar miteinander verbunden. Der Adel hatte keine Angestellten, sondern Leibeigene, denen er per direktem (politischem) Zwang einen Teil ihrer Produktion abnahm. Lohnarbeit war zu dieser Zeit noch eine Randerscheinung und nicht die Regel. In einer Gesellschaft, deren Produktion von kleinen Handwerksbetrieben, Landwirtschaft und Subsistenzproduktion dominiert war, stellte der Gedanke einer freien Wirtschaft ein neues Konzept dar. Das Projekt der Befreiung der Ökonomie wandte sich gegen die autokratische Unterdrückung der Menschen in ihrer allgemeinen wirtschaftlichen Selbstständigkeit durch den absolutistischen Staat, feudale Leibeigenschaft und das Monopol der Gilden und Zünfte.

In diesem Kontext entwickelten sich die Ideale der ▹ **liberalen Demokratie**, die – als Gegenentwurf zum Absolutismus – auf den Schutz des Individuums vor dem Staat pochte. In der Politischen Ökonomie des aufkommenden Liberalismus wurde der Staat als die Sphäre der Macht, ihrer Verteilung und Begrenzung sowie zunehmend der demokratischen Mitbestimmung verstanden. Demgegenüber stand die bürgerliche Gesellschaft, die als vom Staat getrennter, durch Rechte (insbesondere jenes auf Privateigentum) geschützter und von der individuellen, rationalen Verfolgung ökonomischer Interessen geprägter Teilbereich der Gesellschaft verstanden wurde. Die Ökonomie wurde also insbesondere durch das Recht auf Privateigentum als separater und vor dem Staat geschützter Raum gedacht, der als weitgehend frei von Machtbeziehungen verstanden wurde.

Wenn wir heute von der richtigen Form des Staates reden, dann meinen wir in der Regel die liberale parlamentarische Demokratie, in der zwar Wahlen stattfinden, die aber auch das Privateigentum vor Eingriffen des Staates schützt. Die Ökonomie ist damit kein Bereich, in dem demokratische Verfahren Platz haben. Wenn wir in den Supermarkt gehen, dann stehen wir dort nicht vor Gütern, über die wir uns gesellschaftlich geeinigt haben, sondern vor solchen, die die Supermarktkette für verkäuflich hält. Wenn wir zur Arbeit gehen, erwarten wir nicht, dort über die Produktionsziele und die Verteilung der Gewinne mitzureden, sondern akzeptieren die Bestimmung unseres Arbeitgebers im Gegenzug für einen Lohn. Demokratie findet also zwar in der politischen Sphäre durch Wahlen statt, in der praktischen Lebensrealität, die vor allem auch durch Lohnarbeit und Warenkauf geprägt ist, ist die Möglichkeit, demokratischen Einfluss auf unsere Lebensumstände zu nehmen, jedoch begrenzt (Anderson 2019).

Die Trennung von Politik und Ökonomie ist zentral für die Aufgabenverteilung zwischen den Sozialwissenschaften. Entsprechend ist der zentrale Ausgangspunkt für die moderne Politikwissenschaft der Staat, während der Mainstream der ▹ **Wirtschaftswissenschaften** sich mit der Funktionsweise des Marktes beschäftigt. Ansätze einer politischen Ökonomie, die Politik und Wirtschaft nicht als getrennte Teilbereiche versteht, sondern als miteinander verwobene Aspekte des gesellschaftlichen Ganzen und dabei auch die Ökonomie als vermachtet betrachtet, existieren aber in zahlreichen anderen ▹ **Denkschulen**.

21.2 Der Staat in der Mainstreamökonomik: Eingriffe nur bei Marktversagen

Der Gedanke, die Ökonomie sei ein vollständig wissenschaftlich isoliert betrachtbarer, nach eigenen, natürlichen und universellen Gesetzmäßigkeiten operierender Teil der Gesellschaft ist ein zentraler Bestandteil der Theorie der ▹ **Neoklassik**. An den Konzepten der Physik orientiert, entwickelten die Neoklassiker eine Theorie menschlichen Handelns, die die Wirtschaft als durch rationale Eigeninteressen geprägt und damit berechenbar verstand (▶ Kap. 1).

Die Ökonomie ist aus dieser Perspektive ein machtfreier Ort, da die Gesetze von Angebot und Nachfrage automatisch Machtmissbrauch verhindern. Unternehmen können zwar über Preise, Produktion und ihre Arbeitskräfte bestimmen, aber sie sind dabei im Wettbewerb miteinander. Da die Unternehmen für den Absatz ihrer Güter auf die Kaufentscheidungen der Konsument*innen angewiesen sind, müssen sie sich an den Interessen dieser orientieren und können nicht willkürlich handeln. Auch der Arbeitsmarkt ist aus dieser Perspektive ein machtfreier Raum: schließlich steht es jedem frei, den Job zu wechseln, und ein schlechter Arbeitgeber wird demnach schlicht keine Arbeitskräfte finden (▶ Kap. 12). Zudem wird die Ökonomie grundsätzlich immer als »Markt« verstanden (▶ Kap. 18). Der Markt ist darin eine natürliche und historisch schon immer präsente Gegebenheit, die nur von den politischen Fesseln des Staates befreit werden muss, um ihre eigenen Gesetzmäßigkeiten auszuspielen.

In der heutigen ▷ **Mainstreamökonomik**, die die neoklassische Theorie zur Grundlage hat, spielt der Staat eine eng umschriebene Rolle, die sich vor allem aus einer negativen Abgrenzung ergibt: Der Staat gewinnt seine Daseinsberechtigung aus der Aufrechterhaltung der Marktwirtschaft. Im wohl am weitesten verbreiteten Standardlehrbuch der Ökonomie, *Grundzüge der Volkswirtschaftslehre*, beschäftigt sich ein Textteil explizit mit staatlichen Eingriffen. Dessen Überschrift lautet »Regierungen können manchmal die Marktergebnisse verbessern« (Mankiw/Taylor 2024, S. 33). Im Text sind dabei vier Begriffe fett markiert: ▷ **Eigentumsrechte**, Marktmacht, ▷ **Marktversagen** und Externalitäten. Die Rolle des Staates ergibt sich also in erster Linie aus der Gewährleistung von Privateigentum an Produktionsmitteln (Eigentumsrechte), der Verhinderung von Monopolen (Marktmacht) und begrenzten Eingriffen zur Korrektur des Marktgeschehens (Marktversagen und Externalitäten). Das private Eigentum an Produktionsmitteln ist dabei die zentrale Stelle, die die Ökonomie als separate Sphäre konstituiert. Denn wenn Eigentumsrechte nicht gesichert sind, werden Ressourcen nach anderen Logiken bewirtschaftet. Die Mainstreamökonomik geht dabei davon aus, dass – abgesehen von wenigen ▷ **öffentlichen Gütern** – staatliche oder anderweitig gemeinwirtschaftliche Bestimmung über knappe Ressourcen notwendigerweise ineffizient ist, da sich ohne Eigentum keine Verantwortung ergibt. Darüber hinaus hat der Staat im Verständnis der Mainstreamökonomik auch eine eng umschriebene positive Rolle, nämlich die Verbesserung von Marktergebnissen durch Eingriff bei sogenanntem Marktversagen. Externalitäten stellen dabei eine bestimmte Form des Marktversagens dar. Der Ausgangspunkt bleibt bei allen Überlegungen jedoch die Annahme, dass der Markt prinzipiell jeder anderen Form von Bewirtschaftung überlegen ist und Ausnahmen davon einer Begründung bedürfen. Wann genau ein Marktversagen vorliegt, ist dabei streng markiert. Es geht dabei nicht um die Frage, ob eine marktwirtschaftliche Ordnung grundsätzlich sinnvoll für ein bestimmtes gesellschaftliches Problem ist. Stattdessen wird Marktversagen als Problem unvollständiger Eigentumsrechte verstanden. Der Markt versagt also nicht grundsätzlich, wie man im Blick zum Beispiel auf die ökologische Krise annehmen könnte, sondern immer nur aufgrund von mangelnder Umsetzung marktwirtschaftlicher Prinzipien. Daraus ergibt sich in der Mainstreamökonomik ein gewisser Zirkelschluss: Wenn Märkte zu schlechten Ergebnissen führen, dann liegt das Problem nicht im Markt, sondern daran, dass der Markt noch nicht *vollständig* ist (▶ Kap. 18). Es müssen also neue Märkte geschaffen und reguliert oder bestehende besser gestaltet werden, um die grundsätzlich positive Funktionsweise des Marktes hervorzubringen. Diese grundsätzlichen theoretischen Setzungen bilden den Ausgangspunkt vieler ökonomischer Lehrbücher. Gerade in der ▷ **Makroökonomik** wird das

Staatsverständnis jedoch noch durch die keynesianische Theorie ergänzt, die das Marktversagen etwas weiter begreift und eine erweiterte Rolle des Staates für die Stabilisierung der Wirtschaft in Krisenzeiten vorsieht (▶ Kap. 21.3).

Kritische Perspektiven: Vom Marktversagen zur neoliberalen Marktgestaltung

Die Rolle des Staates in der ▷ **Mainstreamökonomik** ist in gewisser Weise zwiespältig: Auf der einen Seite soll sich staatliches Handeln sehr stark auf Probleme des Marktversagens beschränken, auf der anderen Seite ergeben sich in der realen Praxis zahlreiche staatliche Tätigkeitsfelder, denn er muss Märkte herstellen, regulieren und gestalten. Eine kritische Perspektive auf das neoklassische Staatsverständnis haben zahlreiche Theoretiker*innen mit dem Begriff des ▷ **Neoliberalismus** entwickelt. Damit ist nicht nur die neoklassische Wirtschaftstheorie gemeint, sondern umfassender eine Gesellschaftstheorie und politische Praxis, die auf der Idee freier Märkte aufbaut. Der Neoliberalismus formierte sich etwa ab den 1920er Jahren als intellektuelle Strömung, wurde dann aber erst in den 1970er Jahren politisch wirkmächtig. Zentrale Denker waren Ludwig von Mises (1881–1973), Friedrich August von Hayek (1899–1992) und Milton Friedman (1912–2006). Verschiedene Strömungen ökonomischen Denkens (vom ▷ **Ordoliberalismus** hin zum Monetarismus und der ▷ **Neoklassik**) beeinflussten die Entwicklung des neoliberalen Gesellschaftsverständnisses.

Der Theoretiker David Harvey hat die Essenz des neoliberalen Denkens in Bezug auf den Staat folgendermaßen gefasst: »Staatliche Eingriffe in Märkte (sobald sie geschaffen wurden) müssen auf ein absolutes Minimum beschränkt werden, weil der Staat nach der Theorie unmöglich über genügend Informationen verfügen kann, um Marktsignale (Preise) zu antizipieren« (2005, S. 2). Das zentrale Prinzip der neoliberalen Rationalität ist die Idee der Marktsignale als Wahrheitsvermittler. Marktpreise offenbaren rational sowohl die zugrunde liegenden ▷ **Bedürfnisse** (Nachfrage) als auch die Produktionsmöglichkeiten (Angebot) und koordinieren so verschiedene Akteure innerhalb der Gesellschaft über das Preissystem.

Michel Foucault (1926–1984), der seine Kritik des Neoliberalismus aus einer Analyse der ökonomischen Theorien des 20. Jahrhunderts und insbesondere des neoklassischen Mainstreams generiert hat, charakterisiert den Neoliberalismus weniger als eine ökonomische Theorie als ein politisches Projekt. Neoliberale Theoretiker*innen vertreten – insbesondere in ihrer Außendarstellung – einen schwachen Staat (oder auch »Nachtwächterstaat«), dessen Eingriffe auf ein Minimum reduziert werden müssen. Demgegenüber weist Foucault darauf hin, dass die Durchsetzung, Aufrechterhaltung und das Management von Märkten keinesfalls einen schwachen Staat ergeben. Foucault verstand den Neoliberalismus dabei als eine »politische Rationalität, die versucht, das Soziale ökonomisch zu machen« (Lemke 2001, S. 203). Die Herstellung von Märkten in so diversen Bereichen wie Energie, Bildung, Mobilität und Gesundheit ist ein gigantisches Projekt, welches konstante staatliche Intervention und Finanzierung erfordert. Man spricht in dem Zusammenhang auch von Vermarktlichung (engl. *marketization*). Nach Foucault will der Neoliberalismus den Staat nicht klein halten, sondern ihn mobilisieren, um den Markt weltweit und in allen Lebensbereichen zu universalisieren. Der Neoliberalismus war demnach nicht nur eine ökonomische Theorie, sondern eine ökonomische Gesellschafts- und Staatstheorie. Die zentrale Antwort auf die Frage, was gutes und rationales staatliches Handeln ist, besteht nach Foucault darin, den abstrakten Markt zu einem »Ort der Wahrheit« (Foucault 2010, S. 32) zu erheben, dem aufgrund seiner Objektivität staatliches, individuelles und institutionelles Handeln folgen muss.

Nachtwächterstaat

Der Nachtwächterstaat ist ein Staat bzw. die Idee eines Staates, der sich auf den Schutz des Privateigentums und die Aufrechterhaltung der öffentlichen Sicherheit beschränkt.

Aus der neoliberalismuskritischen Perspektive ist der Staat also nicht schwächer oder kleiner geworden, sondern hat seine Funktion geändert. Als Lenker von Märkten sorgt er für bestimmte soziale Minima, die aufgrund von steigender Ungleichheit nötig werden, beseitigt zyklische Krisen, die sich notwendigerweise ergeben, und stellt neue Märkte her, indem er privatisiert sowie Subventionen und Anreizstrukturen gestaltet. Entsprechend ist auch der Anteil staatlicher Ausgaben am ▷ **Bruttoinlandsprodukt (BIP)** seit den 1980er Jahren nicht gesunken, wie man vielleicht heute annehmen würde. Die konkreten Funktionen des Staates haben sich jedoch gewandelt: Der Staat agiert nicht selbst wertschöpfend, sondern lenkt und reguliert Märkte und verteilt in gewissem Rahmen die Ergebnisse von Marktprozessen um. Sofern er selbst als Eigentümer agiert, handelt er nicht anders als private Investor*innen, erwartet also die Erwirtschaftung von Gewinnen und das Bestehen in der marktwirtschaftlichen Konkurrenz. Beispielhaft dafür steht der Staatskonzern Deutsche Bahn, der zu einer Aktiengesellschaft umgewandelt wurde und als solche der Gewinnerzielung und nicht dem Gemeinwohl verpflichtet ist. Der Teil der Ökonomie, der nicht profitorientiert ist, sondern durch das demokratische Gemeinwesen im weiteren Sinne bestimmt wird, hat also massiv abgenommen, während der Staat seine Rolle als Gestalter von Märkten ausgebaut hat.

Vermarktlichung

Die Vermarktlichung bezeichnet die Einführung von Marktprinzipien (z. B. Wettbewerb und individuelle Nutzenmaximierung) in Bereichen, die zuvor nach anderen Prinzipien organisiert waren.

21.3 Der Staat im Keynesianismus

In ökonomischen Lehrbüchern ist oftmals der sogenannte »vollkommene Markt« (Mankiw/Taylor 2024, S. 439) Ausgangspunkt der Betrachtung. Im späteren Studienverlauf und in der Forschungspraxis spielt im ökonomischen Mainstream jedoch die Integration der Theorie von John Maynard Keynes (1883–1946) eine wichtige Rolle. Über die keynesianische Theorie im Allgemeinen lässt sich schwer sprechen, denn diese ist durch unterschiedliche und zum Teil stark widersprüchliche Ansätze geprägt, die sich zum Teil als Erweiterung der ▷ **Neoklassik** und zum Teil als Fundamentalkritik dieser sehen. Während der ▷ **Neokeynesianismus** fester Bestandteil des Mainstreams ist und diesen um eine Konjunktur- und Krisentheorie ergänzt, versteht sich beispielsweise der ▷ **Postkeynesianismus** als alternatives ▷ **Paradigma** (▶ Kap. 10). Ob die keynesianische Theorie die Neoklassik erweitert oder eine Alternative darstellt, ist also stark umstritten. Klar ist, dass Keynes eine zentrale Rolle in der Entwicklung der politischen Ökonomie und des modernen Staates spielte. Jenseits unterschiedlicher Sekundär-Auslegungen lohnt sich darum ein Blick auf Keynes und seine Texte selbst, wie es beispielsweise Geoff Mann (2019) in seinem Buch *In the long run we are all dead* tut.

Eine zentrale Einsicht bei Keynes ist, dass Marktwirtschaften aus ihren eigenen Logiken heraus Unsicherheit und Instabilität generieren. Märkte und insbesondere die gesamtwirtschaftliche Nachfrage stabilisieren sich nicht von selbst, sondern sind immer krisenanfällig, da langfristig orientierte, rationale Entscheidungen in einem von starker Unsicherheit geprägten Umfeld kaum möglich sind. In Krisenzeiten kann die Unsicherheit über die Zukunft zu Unterinvestitionen und Konsumverzicht führen und damit zu einer suboptimalen Nutzung gesellschaftlicher Ressourcen. Der Staat hat nach der keynesianischen Theorie insofern die Rolle, durch antizyklisches Handeln (also notfalls auch schuldenfinanzierte Erhöhung seiner Ausgaben in Krisenzeiten) die gesamtwirtschaftliche Nachfrage zu stabilisieren. Grundsätzlich soll der Staat außerdem auch die gesellschaftlichen Investitionen stabilisieren, etwa durch öffentliche Investitionsprogramme.

Stabilisierende staatliche Eingriffe werden in der neokeynesianischen Erweiterung der Neoklassik als Beseitigung von Marktversagen verstanden. Diese sind dabei überwiegend auf den Krisenfall bzw. die Konjunkturstabilisierung begrenzt und in der mittleren und langen Frist werden funktionierende Märkte angenommen, was eine größere Rolle des Staates ausschließt.

Nach Geoff Mann hatte Keynes jedoch ein deutlich weiteres Bild des Staates. Weniger als ein Stabilisator in der Krise, war der Staat für Keynes ein elementarer Garant von Stabilität, Modernisierung und letztendlich auch dem Schutz von ▷ **Kapitalismus** und ▷ **liberaler Demokratie** vor sich selbst. Die enormen Umbrüche und Krisen der 1920er Jahre, von der Weltwirtschaftskrise 1929 bis zum Aufstieg des Faschismus aber auch des revolutionären ▷ **Sozialismus**, waren für Keynes Anzeichen, dass Kapitalismus und liberale Demokratie massiver staatlicher Lenkung bedürfen, um eine Alternative zu revolutionärem Umbruch und Faschismus zu bieten. Dabei ging es nicht nur um Krisenstabilisierung, sondern eine politische Steuerung der Gesellschaft als Ganzes, um sie vor ihren schlimmsten Auswüchsen in Form von Ungleichheit, Armut und Krise zu schützen. Fundamentale Unsicherheit ist nach Keynes nicht nur ein Krisenproblem, sondern ein konstanter Bestandteil der Marktwirtschaft. Um Unsicherheit aus dem System zu nehmen, soll der Staat darum massiv selbst investieren und beispielsweise auch eine gut funktionierende öffentliche Daseinsvorsorge garantieren.

Keynes und der frühe Keynesianismus stellen insofern einen Gegenentwurf sowohl zum Neoliberalismus als auch zum Sozialismus dar und sahen im Staat den Akteur, der eine zukünftige bessere Gesellschaft durch besonnenes Handeln hervorbringen würde. Keynes sah zwar die Stabilisierung der Gesellschaft durch den Staat als zentrale theoretische Aufgabe, hatte aber auch größere Zielvorstellungen über die Entwicklungsrichtung moderner Gesellschaften, die in ihrer Ausrichtung heute utopisch erscheinen. Am bekanntesten ist wohl die 1930 formulierte These, dass im Jahre 2030 15 Stunden Lohnarbeit pro Person ausreichen würden, um den gesellschaftlichen Wohlstand zu sichern. Darüber hinaus vertrat Keynes aber auch die Ansicht, dass langfristig einerseits der zentrale Staat an Bedeutung verlieren wird und andererseits auch kapitalistische Großunternehmen sich über die Zeit in der Gesellschaft und nicht dem Profit verpflichtete Institutionen wandeln würden. Bereits 1926 schrieb Keynes in seinem Essay *The end of Laissez-Faire*: »Eine der wenigst bemerkten und interessantesten Entwicklungen der letzten Jahrzehnte ist die Tendenz der Großunternehmungen, sich selbst zu sozialisieren. In der Entwicklung eines Großunternehmens kommt ein Moment [...] in dem die Kapitalbesitzer, das heißt die Aktionäre, fast gänzlich von der Verwaltung losgelöst sind« (Keynes 2011, S. 44). Mit Sozialisierung meinte Keynes, wie die meisten Zeitgenoss*innen, nicht die Verstaatlichung:

> »Ich glaube, daß die ideale Größe für die Organisations- und Kontrolleinheit irgendwo zwischen dem Individuum und dem modernen Staat liegt. Daher glaube ich, daß der Fortschritt in der Richtung der Entwicklung und der Anerkennung halbautonomer Körperschaften im Rahmen des Staates liegt; – Körperschaften, die in ihrem Wirkungskreis nur nach dem Kriterium des Allgemeinwohls handeln, so wie sie es auffassen, und aus deren Erwägungen Motive privaten Vorteils völlig ausscheiden.«
>
> (Keynes 2011, S. 43)

Keynes ging also davon aus, dass sich zahlreiche Wirtschaftszweige langfristig zu demokratischen und gemeinwohlorientierten, aber von zentralstaatlicher Autorität abgeschirmten Institutionen entwickeln würden. Gleichzeitig sah er den Staat als zentralen Akteur, der durch stabilisierende Eingriffe in die Gesellschaft einen Übergang in eine zukünftige bessere Gesellschaft ermöglichen sollte. Der Staat war für Keynes also in erster Linie ein neutrales Instrument, das durch Expertise gesteuert im Sinne der Stabilisierung der Gesellschaft agieren soll.

Aus der Forschung

Einen durch politische Theorie und keynesianische Perspektiven informierten Blick ins Detail moderner Staatlichkeit in der Vielfachkrise schaffen Daniela Gabor und Benjamin Braun in ihrem Beitrag *Green macrofinancial regimes* (2025). Darin schlagen sie eine Typologie unterschiedlicher Modelle staatlich gelenkter Transformation im Kontext der ökologischen Krise vor. Dazu synthetisieren sie Literatur aus unterschiedlichen Perspektiven kritischer politischer Ökonomie.

Ähnlich wie Keynes argumentieren sie, dass die Vielfachkrise enorme Zukunftsrisiken mit sich bringt, die dazu führen, dass Kapital nicht in sinnvolle Investitionen fließt. Davon ausgehend formulieren sie vier mögliche Transformationsmodelle, denen jeweils unterschiedliche Rollen des Staates zugrunde liegen. Das erste Modell charakterisieren die Autor*innen als *carbon shock therapy*, das eine über hohe und der Klimakrise angemessene Setzungen des CO_2-Preises gesteuerte Erzwingung ökologischer Transformation über den Preismechanismus bedeutet. Auf der anderen Seite formulieren sie mit dem *big green state* einen massiv intervenierenden Staat, der selbst Anteile an der Ökonomie hat, ökologische Planung betreibt und private Investor*innen über verschiedene Mittel zu ökologischem Handeln zwingt.

Mit ihrer Typologie bieten Gabor und Braun eine Sprache, die verschiedene Modelle ökologischer Transformation durch den Staat charakterisieren kann und dabei nicht davor zurückschreckt, staatliche Planung der Ökonomie als Option zu benennen.

Quelle: Gabor, Daniela/Braun, Benjamin (2025): Green macrofinancial regimes, in: Review of International Political Economy, Bd. 32, Nr. 3, S. 542–568.

21.4 Der Staat im Marxismus

Während Keynes den Staat als im Gemeinwohl agierenden Koordinator der Ökonomie verstand, begreift die ▷ **Marxistische Politische Ökonomie (MPÖ)** den Staat dezidiert nicht als neutral, sondern als Instrument der jeweils herrschenden Klasse. In der kritischen Politischen Ökonomie von Karl Marx (1818–1883) werden Ökonomie und Politik nicht als separate Sphären verstanden, sondern als integrierte Teile eines Gesellschaftssystems: dem ▷ **Kapitalismus**.

Die marxistische Perspektive geht zunächst davon aus, dass alle (historischen und heute existierenden) Gesellschaften durch Herrschaft zwischen Klassen geprägt sind. Der Staat wird darin als Instrument der jeweils herrschenden Klasse verstanden. Im Absolutismus war der Staat beispielsweise ein Instrument des Adels, um Herrschaft über die Landarbeiter*innenklasse auszuüben, die damals die überwiegende Mehrheit der Menschen darstellte. Im Kapitalismus ist der Staat ein Instrument des Kapitals. Er dient dabei einerseits den direkten Interessen derjenigen, die die Produktionsmittel besitzen (den Kapitalist*innen), ist aber andererseits auch dem Kapital als abstrakte und nicht persönliche Logik unterworfen. Wie sich die Macht des Kapitals als *Stummer Zwang* der herrschenden Verhältnisse ausdrückt, und dabei einer Klasse dient und gleichzeitig einer unpersönlichen Eigenlogik folgt, hat Søren Mau (2023) theoretisch erarbeitet. Das Gegenstück zum Kapital ist in der marxistischen Theorie die große Mehrheit der Menschen, die keine Produktionsmittel besitzen (die Arbeiter*innenklasse oder das Proletariat) und daher (entweder direkt oder vermittelt über den Haushalt) auf Lohnarbeit und Kauf von Waren zur Reproduktion ihrer Existenz angewiesen ist.

Klassen

In der Marxistischen Politischen Ökonomie werden gesellschaftliche Gruppen mit gegensätzlichen Interessen, die sich aus ihrer Stellung im Produktionsprozess ergeben, als Klassen bezeichnet.

21.4.1 Der Staat als ideeller Gesamtkapitalist?

Die wohl bekannteste Formulierung zur Rolle des Staates, die oft Ausgangspunkt marxistischer Analysen ist, stammt von Friedrich Engels (1820–1895): »Der moderne Staat, was auch seine Form, ist [...] der ideelle Gesamtkapitalist« (Engels 1975, S. 260). Den Staat als ideellen Gesamtkapitalisten zu verstehen, meint nicht, dass er zu allen Zeiten nach einem einheitlichen Interesse handelt. Marx und Engels schreiben 1848 im *Kommunistischen Manifest*: »Die moderne Staatsgewalt ist nur ein Ausschuss, der die gemeinschaftlichen Geschäfte der ganzen Bourgeoisklasse verwaltet« (1977, S. 464). Staatliches Handeln ist also Ausdruck der zum Teil auch widersprüchlichen und konfliktiven Interessen des Kapitals. Entsprechend kann der Staat auch gegen das Interesse einzelner Kapitalfraktionen handeln, wenn es der Aufrechterhaltung des ▷ **Kapitalismus** insgesamt dienlich ist. Dies kann auch einschließen, in gewissem Rahmen Sozialpolitik zuzulassen oder vereinzelt auch Mitbestimmung und Einbindung der Arbeiter*innenschaft, um die Klassengegensätze zu befrieden. Seine Orientierung am Wohl des Kapitalismus im Allgemeinen, nicht nur einzelner Kapitalfraktionen, macht den Staat zu einem *ideellen* Gesamtkapitalisten.

Die konkrete Form des Staates ist, wie Engels schreibt, aus marxistischer Perspektive erst einmal unerheblich, denn was zählt, sind die konkreten Handlungen staatlicher Akteure, nicht was sie über sich selbst behaupten oder ob sie sich als Ausdruck des Gemeininteresses präsentieren. Insofern können sowohl die parlamentarische Demokratie als auch autoritärere Staatsformen kapitalistisch sein, sofern sie im Interesse des Kapitals handeln. Beispielsweise hat das Kapital grundsätzlich Interesse an niedrigen Unternehmenssteuersätzen und gerade ▹ **liberale Demokratien** haben in den letzten Jahrzehnten ihre Steuersätze massiv gesenkt. Solange die Massendemokratie nicht in Widerspruch zum Kapitalismus tritt, zum Beispiel indem sie das Privateigentum an großen Unternehmen infrage stellt, ist die parlamentarische Demokratie eine aus kapitalistischer Sicht akzeptable Staatsform. Auch in heutigen parlamentarischen Demokratien ist die Mehrheit der Parlamentarier oftmals direkt mit dem Kapital verbunden und besitzt selbst nicht unerhebliche Anteile an Produktionsmitteln. So verdienen Politiker*innen in aller Regel genug, um selbst ein beträchtliches Vermögen aufzubauen, besitzen bereits Unternehmensanteile oder können zumindest auf lukrative Posten in der freien Wirtschaft nach der politischen Karriere hoffen. Wichtiger ist jedoch die durch den Schutz des Privateigentums an Produktionsmitteln erschaffene Angewiesenheit des Staates auf die positive Entwicklung seines Kapitals. Für ihr Steueraufkommen sind Staaten auf den Erfolg ihrer Unternehmen angewiesen, die auf Weltmärkten konkurrieren. Entsprechend ist eine der zentralen Funktionen des Staates aus Sicht der Marxistischen Politischen Ökonomie, sein nationales Kapital zu schützen, zu erweitern und seine Interessen global durchzusetzen.

Neben der realen personellen Verquickung und der Abhängigkeit des Staates von seinem Kapital setzt sich die Herrschaft des Kapitals nach der ▹ **Marxistischen Politischen Ökonomie** auch als Ideologie um. Im *Kommunistischen Manifest* schreiben Marx und Engels: »Die herrschenden Ideen einer Zeit waren stets nur die Ideen der herrschenden Klasse« (Marx/Engels 1990, S. 464). Ideologie ist in der marxistischen Theorie nicht ein Gedankengebäude, sondern ein falsches Bewusstsein, welches die Interessen der herrschenden Klasse als allgemeine und objektive gesellschaftliche Interessen ausgibt. Beispielhaft dafür steht die im politischen Diskurs omnipräsente Gleichsetzung *der Wirtschaft* mit dem Allgemeininteresse. Die moderne ▹ **Mainstreamökonomik** ist aus marxistischer Sicht in erster Linie eine Herrschaftswissenschaft, die dazu dient, die Demokratie von der Ökonomie abzuschirmen und das Privateigentum an Produktionsmitteln als notwendig für das Gemeinwohl zu legitimieren.

Ideologie

Die Ideologie im Marxismus ist nicht eine Denkweise, sondern ein System gesellschaftlicher Ideen, das die bestehenden Machtverhältnisse stabilisiert und rechtfertigt, zum Beispiel indem sie als natürlich und unveränderbar präsentiert werden.

21.4.2 Der kapitalistische Staat als umkämpftes Projekt

Im Anschluss an den Gedanken, der Staat sei ein »Instrument kapitalistischer Klassenherrschaft«, hat sich im 20. Jahrhundert eine Vielzahl an marxistischen Staatstheorien entwickelt, die aber kein einheitliches, kohärentes Theoriegebäude ergeben (▹ **Kapitalismus**). Ein prominentes Beispiel ist die materialistische Staatstheorie, die vor allem an die Arbeiten des italienischen Marxisten Antonio Gramsci (1891–1937) anschließt. Diese beruht zentral auf dem Gedanken, dass (staatliche) Macht im Kapitalismus nicht vorrangig als Zwang (also durch das staatliche Gewaltmonopol), sondern als Hegemonie ausgeübt wird.

Klassen sind bei Gramsci nicht gegebene politische Akteure mit fest bestimmbaren Interessen, sondern plurale Akteurskonstellationen, die sich erst im historischen Prozess der Entwicklung geteilter Ziele als Klassen herausbilden. Etwas weniger abstrakt: Während alle Privateigentümer von Produktionsmitteln ein Interesse an der Maximierung von Profit haben, lässt sich das nicht notwendigerweise direkt in klar bestimmbare Politiken übersetzen. Die Hegemonie einer Klasse ergibt sich erst dann, wenn es ihr gelingt, andere Gruppen im Rahmen einer gemeinsamen Perspektive einzubinden und so ein bestimmtes Kräfteverhältnis zeitweise zu stabilisieren. So etwas nennt Gramsci ein »hegemoniales Projekt«.

Hegemonie

Die Hegemonie nach Gramsci ist eine Herrschaftsform, die sowohl auf Zwang als auch auf Herstellung von Konsens beruht, zum Beispiel indem durch Einbindung von unterschiedlichen Interessen (passive) Zustimmung abgesichert wird.

Hegemonieprojekte entstehen dabei nicht einfach aufgrund von geteilten Interessen, sondern erfordern konkrete politische Projekte, die Lösungsansätze für gesellschaftliche Probleme anbieten. Beispielsweise gehen materialistische Staatstheoretiker*innen davon aus, dass in den letzten 40 Jahren ein neoliberales Hegemonieprojekt in den meisten westlichen Staaten dominant war (▷ **Neoliberalismus**). In Kapitel 21.2.1 wurde bereits die Kritik am Neoliberalismus als ökonomische Gesellschaftstheorie kurz vorgestellt. Die ▷ **Marxistische Politische Ökonomie** und insbesondere die materialistische Staatstheorie begreift den Neoliberalismus darüber hinaus nicht nur als wirkmächtige Theorie, sondern als ein Hegemonieprojekt, d. h. ein Projekt der herrschenden Klasse zur Sicherung ihrer gesellschaftlichen Position. Für dieses war zum Beispiel die Begrenzung von Staatsschulden (etwa durch die ▷ **Schuldenbremse** oder die Maastricht-Kriterien auf EU-Ebene) und die damit einhergehende Minimierung der finanziellen Möglichkeiten von Staaten ein sinnvolles Instrument, um vormals staatlich organisierte Teile der Ökonomie durch Privatisierung der Kapitalverwertung zugänglich zu machen. Es ist aber nicht ohne Weiteres klar, ob das Kapital heute weiterhin ein Interesse an einer Begrenzung des Finanzspielraums von Staaten hat. Denn einerseits gibt es privatisierte Bereiche der Ökonomie, die direkt vom Staat finanziert werden (zum Beispiel das Gesundheitssystem), und andererseits gibt es im Kontext der Vielfachkrise ein starkes Interesse daran, Transformationsprozesse durch einen starken Staat finanzieren zu lassen. Entsprechend fordern bestimmte Kapitalfraktionen heute auch zunehmend eine Modifizierung der Schuldenbremse ein und insbesondere solche Industrien, die besonders unter Konkurrenz- und Transformationsdruck stehen, wirken auf eine stärkere Rolle des Staates hin (▶ Kap. 10).

Materialistische Staatstheoretiker*innen verstehen diese Entwicklungen als Absterben des alten neoliberalen Hegemonieprojekts, welches (zunehmend auch aus Sicht des Kapitals) nicht mehr in der Lage ist, drängende gesellschaftliche Probleme zu lösen. Welche Alternativen sich dazu formieren werden und ob diese hegemonial werden können, ist eine Frage der Kräfteverhältnisse zwischen den Klassen und den unterschiedlichen Kapitalfraktionen. Beispielsweise hat sich seit 2019 die Idee der staatlich angeführten grünen Modernisierung der Wirtschaft als Alternative zur neoliberalen Staatlichkeit formiert. Ob sich diese gegen die alte neoliberale Hegemonie und das aufkommende rechtsradikale Projekt durchsetzen wird, bleibt abzuwarten (Sander 2022).

Bezug zur sozial-ökologischen Vielfachkrise

Die sozial-ökologische Vielfachkrise stellt moderne Gesellschaften vor nahezu unüberwindbar scheinende Herausforderungen. Entsprechend werden staatliche Interventionen wieder zunehmend diskutiert.

Doch obwohl es gerade für die Bearbeitung der Klimakrise aktuell eines handlungsfähigen Staates bedürfte, sind die Bedingungen staatlichen Handelns nach fünf Jahrzehnten neoliberaler Transformation massiv eingeschränkt. Der Staat ist heute stark in der Durchsetzung und Herstellung von Märkten, gleichzeitig ist die Fähigkeit des demokratischen Gemeinwesens, direkt auf ökonomische Entscheidungen einzuwirken, sehr limitiert. Eine direkte, demokratische Steuerung gesellschaftlicher Investitionen ist aktuell wahrscheinlich so nötig und gleichzeitig so unwahrscheinlich wie je zuvor.

Eine Option, die aktuell zumindest in den ▹ **Wirtschaftswissenschaften** nicht zur Debatte steht, ist, vom Markt als grundlegendem Organisationsmechanismus der Gesellschaft Abstand zu nehmen und das Privateigentum grundsätzlicher infrage zu stellen. Die direkte Alternative zu marktlenkenden Mechanismen wie Subventionen und Anreizstrukturen könnte sein, Teile der Wirtschaft, die umgebaut werden müssen, in öffentliches Eigentum zu übernehmen und die ökologische Transformation direkt und gemeinwohlorientiert zu steuern. Damit würde die Trennung zwischen Markt und Staat aufgehoben und neue schwierige Fragen drängen sich auf: Wie sieht demokratische und gemeinwohlorientierte Kontrolle von ökonomischen Prozessen konkret aus? Wer entscheidet auf welche Weise darüber, was, wie viel und wie produziert wird? Wie lassen sich Machtkonzentration und Missbrauch verhindern und langfristige Orientierung am Gemeinwohl sicherstellen?

21.5 Ausblick: Was für einen Staat wollen wir?

Die ▹ **Wirtschaftswissenschaften** verstehen sich – vor allem im Mainstream – in der Regel nicht als politisch, sondern als neutrale und nüchterne wissenschaftliche Betrachtung einer objektiven Realität. Daraus ergibt sich ein bestimmtes Bild des Staates. Insbesondere die ▹ **Neoklassik** versteht den Staat als binäres Gegenstück zum Markt, dessen Rolle sich auf die Aufrechterhaltung des Wettbewerbs und die Sicherung von ▹ **Eigentumsrechten** beschränken soll. Seine Aufgaben ergeben sich nicht aus dem demokratischen Prozess selbst heraus, sondern aus seiner Funktion für die Aufrechterhaltung der marktwirtschaftlichen Ordnung.

Kritiker*innen wie Foucault weisen darauf hin, dass dieses Bild des Staates nicht neutral ist, sondern sich aus der vermeintlichen Objektivität des Marktes in Abgrenzung auch ein Staats- und Gesellschaftsverständnis ergibt. Ökonomische Theorien sind demnach immer auch politisch, denn sie definieren eine Grenze zwischen ökonomischer Realität und politischer Sphäre, die selbst auch politisch ist.

Die keynesianische Theorie ist zum Teil in die Mainstreamökonomik integriert und sieht eine Rolle des Staates für bestimmte Krisen vor, die als Marktversagen begriffen werden. Keynes selbst hatte jedoch ein deutlich erweitertes Bild des Staates als Lenker und Stabilisator der ▹ **liberalen Demokratie**. Der Staat solle besonnen und durch Expertise gestützt in ökonomische Prozesse eingreifen, um liberale Marktwirtschaften vor ihren eigenen Folgeproblemen zu retten.

Dem Gedanken, dass der Staat als wohlwollender Lenker in die Ökonomie eingreifen könne, widerspricht die ▷ **Marxistische Politische Ökonomie**. Sie versteht weder Wirtschaft noch Staat als machtfreien Ort, sondern als durch das Herrschaftsverhältnis zwischen Kapital und der Arbeiter*innenklasse geprägt. Darin ist der Staat kein neutraler und für das Gemeinwohl einfach nutzbarer Akteur, sondern ein Instrument der jeweils herrschenden Klasse. Die Rolle des Staates ist es, die Klassenherrschaft aufrechtzuerhalten und die Zustimmung zum Bestehenden abzusichern.

Staatsverständnisse sind also politisch und höchst umstritten. Bereits der klassische Dualismus von Markt und Staat basiert auf einem spezifischen Verständnis davon, was Ökonomie ist und damit auch einem (impliziten) Staatsverständnis. Je nach Antwort auf die Frage »Was ist Ökonomie?« ändert sich auch die Antwort auf »Was macht der Staat?«. Wenn wir also – wie in der Debatte um das Heizungsgesetz – davon reden, dass »der Staat« in »die Ökonomie« eingreift, dann machen wir damit eine Unterscheidung, die an sich schon auf einem bestimmten politischen Weltbild beruht. Aus einer pluralen Betrachtung, die verschiedene Antworten nebeneinanderstellt, wird deutlich: Was der Staat macht und machen darf, ist das Ergebnis politischer und gesellschaftlicher Aushandlungsprozesse. Ein plurales und politisches Verständnis nicht nur vom Staat, sondern auch von der Ökonomie ermöglicht uns, Gestaltungsoptionen und Zukunftsperspektiven zu sehen, die die ▷ **Mainstreamökonomik** strukturell übersieht: Zum Beispiel könnten wir sowohl Ökonomie als auch Staat als demokratisch gestaltbare und in Zukunft weiter demokratisierbare Teile des gesellschaftlichen Ganzen verstehen.

Literaturempfehlungen

Anderson, Elizabeth (2019): Private Regierung: Wie Arbeitgeber über unser Leben herrschen (und warum wir nicht darüber reden). 1. Aufl., Berlin.

Engels, Friedrich (1975): Herrn Eugen Dührings Umwälzung der Wissenschaft. In: Marx-Engels-Werke (MEW), Bd. 20. Berlin, S. 5–303.

Foucault, Michel (2010): The birth of biopolitics: lectures at the Collège de France, 1978–79. Basingstoke.

Harvey, David (2005): A Brief History of Neoliberalism. 1. Aufl., Oxford: Oxford University Press.

Keynes, John M. (2011): Das Ende des Laissez-Faire. 2. Aufl., Berlin.

Lemke, Thomas (2001): «The birth of bio-politics«: Michel Foucault's lecture at the Collège de France on neo-liberal governmentality. In: Economy and Society, Bd. 30, Nr. 2, S. 190–207.

Mankiw, Gregory N./Taylor, Mark P. (2024): Grundzüge der Volkswirtschaftslehre. 9. Aufl., Stuttgart.

Marx, Karl/Engels, Friedrich. (1977): Manifest der kommunistischen Partei. In: Marx-Engels-Werke (MEW), Bd. 4. Berlin, S. 459–493.

Mau, Søren (2023): Stummer Zwang: eine marxistische Analyse der ökonomischen Macht im Kapitalismus. 1. Aufl., Berlin.

Sander, Hendrik (2022): An der Schwelle zum grünen Kapitalismus? Sozial-ökologische Hegemonieprojekte in Deutschland. https://www.rosalux.de/fileadmin/rls_uploads/pdfs/Artikel/4-22_Onl-Publ_GruenerKapitalismus_web.pdf. Abrufdatum 16.09.2025.

Wood, Ellen Meiksins (2015): Der Ursprung des Kapitalismus: eine Spurensuche. 1. Aufl., Hamburg.

Online-Ressourcen

Groos, Jan, Future Histories, Link: https://www.futurehistories.today/.

The Break Down. Freeing Energy From the Market w/Chris Hayes & Melanie Brusseler, Link: https://www.youtube.com/watch?v=UeFtWeu6Bfg

The Stanford Encyclopedia of Philosophy, Markets, Link: https://plato.stanford.edu/archives/fall2025/entries/markets/

Glossar

Angebotspolitik

Die Angebotspolitik ist ein wirtschaftspolitischer Ansatz, der darauf abzielt, die Produktionsbedingungen für Unternehmen zu verbessern, um so das gesamtwirtschaftliche Angebot zu steigern. Typische Instrumente sind Steuersenkungen für Unternehmen, Deregulierung von Märkten und Investitionsförderung. Befürworter argumentieren, dass dadurch Wachstum und Beschäftigung langfristig gefördert werden. Kritiker sehen die Gefahr steigender Ungleichheit (▶ Kap. 17).

Arbeitswertlehre

Die Arbeitswertlehre ist eine ökonomische Theorie, die heute vor allem mit Karl Marx in Verbindung gebracht wird, ihre Wurzeln allerdings in den Arbeiten Adams Smiths und David Ricardos hat. Nach Marx ist es einzig der Produktionsfaktor Arbeit (im Unterschied zum Kapital), durch den im Kapitalismus Mehrwert generiert werden kann. Daher ist es im Wesentlichen die in der Ware vergegenständlichte (objektivierte) Arbeit, die sogenannte gesellschaftlich notwendige Arbeitszeit, die den Wert einer Ware bestimmt (▶ Kap. 11, ▶ Kap. 12). Kritiker aus der Neoklassischen Ökonomik lehnen diese Sicht ab und setzen stattdessen auf subjektive Werttheorien wie den Grenznutzenansatz.

Austerität

Der Begriff Austerität (griechisch für »Strenge«) bezeichnet in ökonomischen Zusammenhängen eine strenge Haushaltspolitik. In der Praxis bedeutet dies meist Kürzungen bei Sozialausgaben oder öffentlichen Investitionen. Austeritätspolitik wird politisch mit Neoliberalismus, wissenschaftlich mit dem ökonomischen Mainstream assoziiert und soll der Fiskalstabilität dienen. Kritiker, etwa aus dem Postkeynesianismus, warnen, dass Austerität sowohl die wirtschaftliche als auch die gesellschaftliche Stabilität gefährden.

Bedürfnisse

Bedürfnisse sind subjektiv empfundene oder objektiv vorhandene Mängel, die Menschen zu befriedigen versuchen. Sie werden oft in Grundbedürfnisse (z. B. Nahrung, Unterkunft) und höhere Bedürfnisse (z. B. Selbstverwirklichung, Luxus) unterteilt. In der Wirtschaftstheorie sind Bedürfnisse der Ausgangspunkt für Nachfrage und Konsumentscheidungen.

Betriebswirtschaftslehre (BWL)

Die Betriebswirtschaftslehre ist eine Teildisziplin der Wirtschaftswissenschaften, die betriebliche Entscheidungen und Prozesse wie Finanzierung, Marketing, Personalmanagement und Produktion untersucht. Sie ist stärker mikroökonomisch ausgerichtet und zielt unter anderem auf die Steigerung von Effizienz und Wettbewerbsfähigkeit einzelner Unternehmen. Eine profitorientierte Logik des Unternehmens wird allgemein vorausgesetzt.

Bilanz

Eine Bilanz ist die systematische Gegenüberstellung von Mittelverwendung und Mittelherkunft zu einem bestimmten Stichtag. Die Mittelverwendung wird auf der Aktivseite dargestellt und zeigt, über welche Vermögenswerte eine wirtschaftliche Einheit verfügt (Aktiva).

Die Mittelherkunft steht auf der Passivseite und setzt sich aus Fremdkapital (Schulden) und Eigenkapital (Reinvermögen) zusammen (Passiva). Bilanzen stellen somit Vermögens- und Schuldbestände gegenüber.

Bruttoinlandsprodukt (BIP)

Das Bruttoinlandsprodukt ist eine statistische Kennzahl, die der Messung wirtschaftlichen Wachstums zugrunde liegt. Gemessen wird der Gesamtwert aller Güter und Dienstleistungen, die innerhalb eines Jahres in den Grenzen eines Landes produziert werden. Dies wird als Indikator für materiellen Wohlstand interpretiert. Die Veränderung des BIPs gibt Auskunft über die wirtschaftliche Lage. Kritisiert wird – nicht nur von Ökonom*innen –, dass das über das BIP gemessene Wachstum zu reduktiv ist, da es nur die Ausweitung der bezahlten Güter misst.

Degrowth

Degrowth ist sowohl ein Konzept als auch ein transdisziplinäres Forschungsfeld. Vertreter*innen von Degrowth argumentieren, dass aufgrund der fehlenden empirischen Evidenz für schnelle, umfangreiche, absolute Entkopplung zwischen Wirtschaftswachstum und wachsenden ökologischen Belastungen (v. a. Treibhausgasemissionen), eine umfassende Reorganisation der globalen Wirtschaft vonnöten ist. Anstelle von Wirtschaftswachstum als Garant sozialen Fortschritts soll die Wirtschaft innerhalb planetarer Belastungsgrenzen so ausgestaltet werden, dass sie ein gutes Leben für alle ermöglicht. Degrowth ist damit explizit normativ und stellt Suffizienz ins Zentrum. Der deutsche Begriff Postwachstum ist damit verwandt, allerdings weniger normativ und betont stärker, dass Wachstum als eigenständiges wirtschaftliches Ziel durch andere, direkte Wohlfahrtsindikatoren ersetzt werden sollte. Kritiker*innen des Konzepts sehen Wachstum als unabänderlich mit gesellschaftlicher Wohlfahrt verbunden und sehen somit Degrowth als Synonym für Wohlstandsverlust.

Denkschule

Siehe ▹ **Paradigma.**

Effektive Nachfrage

Die effektive Nachfrage ist ein makroökonomisches Konzept, das die Nachfrage nach Gütern und Dienstleistungen beschreibt. Diese Nachfrage ist nicht nur hypothetisch, sondern tatsächlich vorhanden.

Effizienz

Die Effizienz beschreibt das Verhältnis zwischen eingesetzten Mitteln und dem erzielten Ergebnis. In der Wirtschaft bedeutet dies, mit möglichst geringem Ressourceneinsatz ein bestimmtes Ziel zu erreichen oder mit gegebenen Ressourcen den größtmöglichen Output zu erzielen. In der neoklassischen Mikroökonomik wird effizient verteilt, wenn Grenznutzen (zusätzlicher Nutzen für Konsument*innen) und Grenzkosten (zusätzliche Produktionskosten) übereinstimmen – also genau das produziert wird, was gewünscht und bezahlt wird. Effizienz ist nicht gleichbedeutend mit Gerechtigkeit, weshalb in der Politik oft Zielkonflikte bestehen.

Eigentumsrechte

Eigentumsrechte sind ein Grundpfeiler kapitalistischer Wirtschaftssysteme und werden vom Staat und zunehmend auch internationalen Verträge definiert und abgesichert. Eigentumsreche definieren, wer Ressourcen, Güter oder Produktionsmittel nutzen, verändern oder verkaufen darf. In der Mainstreamökonomik wird hervorgehoben, dass klare Eigentumsrechte Anreize für Investitionen und Innovation schaffen, während unklare oder unsichere Eigentumsrechte einen Nachteil für die wirtschaftliche Entwicklung darstellen. Politisch wirksam wird diese Annahme in den Programmen der *Bretton-Woods*-Institutionen, dem Internationalen Währungsfonds und die Weltbank. Heterodoxe Ansätze, etwa die Marxistische Politische Ökonomie, stehen Eigentumsrechten hingegen kritischer gegenüber.

Empirie

Die Empirie bezeichnet Wissen, das aus Beobachtung, Messung und Erfahrung gewonnen wird. Es wird oft theoretischem Wissen gegenübergestellt, das auch erfahrungsunabhängig, also etwa durch Denken oder mathematische Operationen, gewonnen wird. In den Wirtschaftswissenschaften werden empirische Methoden u. a. dazu eingesetzt, Theorien zu überprüfen oder Hypothesen zu testen. Dabei kommen etwa statistische Analysen, Experimente und Fallstudien zum Einsatz. Empirische Forschungsmethoden werden typischerweise in qualitative und quantitative Ansätze unterteilt.

Endogene Wachstumstheorie

Die endogene Wachstumstheorie erklärt wirtschaftliches Wachstum durch Faktoren, die innerhalb des Wirtschaftssystems selbst entstehen, wie technologische Innovation, Humankapital und Wissen. Sie betont die Rolle von Investitionen in Bildung, Forschung und Entwicklung als Wachstumstreiber. Anders als in der neoklassischen Theorie wird technischer Fortschritt somit nicht als von außen gegeben betrachtet, sondern als Ergebnis wirtschaftlicher Entscheidungen. Insgesamt hebt sie die Bedeutung von Investitionen, politischen Maßnahmen und institutionellen Rahmenbedingungen hervor, um langfristiges Wachstum zu sichern.

Evolutionsökonomik

Die Evolutionsökonomik hat ihre Ursprünge in der biologischen Evolutionstheorie Charles Darwins und adaptiert ähnliche Motive auf ökonomische Belange (▶ Kap. 14). So werden etwa häufig biologische Konzepte wie Variation, Selektion, Mutation oder Anpassung als Metaphern für wirtschaftlichen Wandel genutzt. In diesem Zusammenhang lehnt die Evolutionsökonomik statische Gleichgewichtsmodelle ab und betont den Einfluss von Innovation, Wettbewerb und institutionellem Wandel. Die Evolutionsökonomik ist insgesamt eine Theorieschule, die Wirtschaft als grundlegend prozesshaft, insofern historisch, begreift.

Feministische Ökonomik

Die Feministische Ökonomik nimmt vergeschlechtlichte Aspekte des Wirtschaftens in den Fokus. Feministische Ökonom*innen verorten sich in verschiedenen Paradigmen und nutzen sowohl qualitative als auch quantitative Methoden. Das Journal *Feminist Economics* gibt einen guten Überblick über die Breite des Felds. Die Feministische Ökonomik ist insbesondere für Forschung zu Sorgearbeit und *Care* bekannt. Feministische Ökonom*innen kritisieren, dass die Wichtigkeit von (unbezahlter) Sorgearbeit für das Funktionieren der Wirtschaft im Mainstream systematisch unsichtbar gemacht und abgewertet wird. In diesem Band sind auch Perspektiven der Feministisch-ökologischen Ökonomik vertreten (▶ Kap. 7, ▶ Kap. 16).

Geldpolitik
Klassische Geldpolitik bezeichnet die Steuerung der Geldmenge durch die Zentralbank, indem sie die Verfügbarkeit von Zentralbankgeld erleichtert oder erschwert. Sie orientiert sich an ihrem Mandat, etwa Preisstabilität zu sichern oder Wachstum und Beschäftigung zu fördern. Ökonom*innen diskutieren, welches Mandat eine Zentralbank haben sollte, wie weit ihre tatsächliche Macht reicht und welche Rolle sie in der Wirtschaftspolitik spielen darf.

Globaler Norden/Süden
Die viel diskutierten Begriffe »Globaler Norden« und »Globaler Süden« unterscheiden zwischen den im Wirtschaftssystem dominanten, meist als industrialisiert bezeichneten Staaten (Norden) und den weniger dominanten, oft postkolonial geprägten Staaten (Süden). Sie sind mehr geopolitisch als geografisch definiert und sollen Macht- und Wohlstandsunterschiede thematisieren. Kritiker*innen der Begriffe benennen die Reproduktion von Ungleichheit, eine unzutreffende Homogenisierung sowie das falsche Bild einer dualistisch aufgeteilten Welt.

Grenznutzen
Der Grenznutzen bezeichnet den zusätzlichen Nutzen, den ein Konsument aus dem Konsum einer weiteren Einheit eines Gutes zieht. Er ist ein zentrales Konzept der Mikroökonomik und Grundlage für Konsumentscheidungen in der neoklassischen Theorie. Nach dem Gesetz des abnehmenden Grenznutzens nimmt dieser Zusatznutzen mit zunehmender Menge des konsumierten Gutes in der Regel ab.

Grenzprodukt
Das Grenzprodukt ist der zusätzliche Output, der durch den Einsatz einer weiteren Einheit eines Produktionsfaktors (z. B. eine zusätzliche Arbeitskraft oder eine zusätzliche Maschine) erzielt wird, während alle anderen Faktoren konstant gehalten werden. In der Neoklassik ist das Grenzprodukt eine wichtige Kategorie, wenn es um die effiziente Allokation von Ressourcen geht.

Heterodoxie
Heterodoxie bezeichnet alternative Paradigmen, die von den dominanten Theorien des Mainstreams abweichen wie z. B. der Postkeynesianismus oder die Feministische Ökonomik. Die Heterodoxie verfügt dabei über weniger Prestige und Einfluss als der Mainstream. Innerhalb der Zunft heterodoxer Ökonom*innen ist heterodox dennoch eine positive Selbstzuschreibung. Auf intellektueller Ebene grenzt sich die Heterodoxie vom Mainstream dadurch ab, dass heterodoxe Ökonom*innen die Kernelemente und Grundvorstellungen des Mainstreams kritisieren und ablehnen. Der Gegenbegriff lautet ▷ **Orthodoxie**.

Historischer Materialismus

Der Historische Materialismus basiert auf Karl Marx und Friedrich Engels theoretischen Überlegungen zum Kapitalismus und ihrer Philosophie des *Dialektischen Materialismus*. Ihr Geschichtsverständnis fassen sie im *Manifest der Kommunistischen Partei* so zusammen: »Die Geschichte aller bisherigen Gesellschaft ist die Geschichte von Klassenkämpfen.« Dem zugrunde liegt die Annahme, dass sich gesellschaftliche Entwicklungen aus den Produktionsverhältnissen, also der gesellschaftlichen Organisation der Produktion von Gütern und Dienstleistungen erklären. Für kapitalistische Gesellschaften bedeutet dies, dass die widersprüchlichen Interessen zwischen denen, die die Produktionsmittel besitzen (Kapitalist*innen) und denen, die ihre Arbeitskraft verkaufen müssen, um zu überleben (Arbeiter*innen), den Verlauf der Geschichte bestimmen. Heutzutage wird der Begriff »Historischer Materialismus« häufig als Synonym für Marxismus verwendet. Unter Marxist*innen ist das hier skizzierte Geschichtsverständnis des historischen Materialismus jedoch umstritten.

Homo oeconomicus

Der Homo oeconomicus ist ein theoretisches Modell, das Menschen als rational handelnde, nutzenmaximierende Individuen bezeichnet. In die wirtschaftswissenschaftliche Tradition wurde die Figur 1906 durch Vilfredo Pareto eingeführt, einen frühen italienischen Vertreter der Neoklassik. Das Modell sieht vor, dass Akteur*innen ihre Entscheidungen vollständig informiert, auf Grundlage klarer Präferenzordnungen und ohne emotionale Verzerrungen treffen. Es erlaubt eine eindeutige Berechnung, Lösung und Prognose von (fiktivem) Entscheidungsverhalten. Auch wenn es nicht als Beschreibung der Realität intendiert war, wurde und wird dem Modell immer wieder vorgehalten, dass es zu stark vereinfache und letztlich auch Realität in seinem Sinne (negativ) beeinflusse.

Humankapital

Mit dem Konzept des Humankapitals werden das Wissen, die Fähigkeiten, die Erfahrung und die Gesundheit von Menschen erfasst, die ihre Produktivität bestimmen. Sogenannte Investitionen in Humankapital erfolgen etwa durch Bildung, Weiterbildung und Gesundheitsversorgung. Bildung, die nicht produktivitätssteigernd wirkt, wird im Rahmen der Humankapitaltheorie nicht als Investition, sondern als Konsum aufgefasst. Das Konzept wurde Ende der 1960er Jahre an der Chicago School of Economics entwickelt und findet insbesondere auch in der mainstreamökonomischen Wachstumstheorie Anwendung. Seitdem wurde es zunehmend in den alltäglichen Sprachgebrauch aufgenommen und wurde politisch etwa auch im Rahmen der europäischen Hochschulreform um die Jahrtausendwende (sog. Bologna-Reform) wirksam. Kritiker des Ansatzes monieren, dass Bildung darin ausschließlich am Horizont ihrer ökonomischen Verwertung erscheint. Andere Aspekte (z. B. Mündigkeit oder demokratische Teilhabe) gerieten im Rahmen der Humankapitaltheorie ins Hintertreffen.

Industrielle Revolution

Als Industrielle Revolution wird der Übergang von feudalen, landwirtschaftlich geprägten europäischen Ökonomien zu modernen, industriellen Gesellschaften bezeichnet (▶ Kap. 9). Sie begann im England des späten 18. Jahrhunderts. Auf Produktionsebene wird sie mit der Patentierung der Dampfmaschine durch James Watt 1769 und dem damit einsetzenden raschen technologischen Wandel, der das Zeitalter von Mechanisierung und Massenproduktion einleitete, assoziiert. Während der Industriellen Revolution fanden tiefgreifende, miteinander verknüpfte wirtschaftliche und soziale Umwälzungen statt, die industrialisierte Gesellschaften bis heute prägen. Ein wichtiges Beispiel ist die Privatisierung von Allmenden in England (▶ Kap. 19). Die sogenannten *Enclosures* (übersetzt etwa: »Umzäunungen«) entzogen der landlosen Bevölkerung die Lebensgrundlage, da etwa Weideflächen nicht mehr zugängig waren. Dies trieb die Verstädterung voran, wo diese Menschen fortan ihre Arbeitskraft in den neu entstehenden Fabriken verkaufen mussten, um zu überleben. Zudem fällt die Entstehung des Wissenschaftszweigs, den wir heute als Ökonomik bezeichnen, in diese Epoche.

Inflation

Die Inflation beschreibt einen Anstieg des allgemeinen Preisniveaus. Statistisch gemessen wird Inflation typischerweise als Veränderung der Preise von Konsumgütern anhand eines definierten »Warenkorbs« (gefüllt mit Gütern des täglichen Bedarfs). Die sogenannte Vermögenspreisinflation betrifft entsprechend andere Güter. Ursachen können zum Beispiel Nachfrageschübe, Angebotsschocks, geldpolitische Entscheidungen oder auch die Marktmacht von bestimmten Unternehmen sein. Wie Inflation gemessen, bewertet und ggf. bekämpft wird, ist abhängig von der spezifischen Situation, der theoretischen Sichtweise ökonomischer Denkschulen und den politischen Überzeugungen (▶ Kap. 15).

Institutionenökonomik

Die Institutionenökonomik untersucht den Einfluss formeller und informeller Regeln, Normen und Organisationen auf wirtschaftliche Entscheidungen und Sachverhalte. Sie betont, dass Ökonomie nicht in einem Vakuum existiert, sondern durch institutionelle Voraussetzungen geformt wird. In der ökonomischen Theoriegeschichte wird gemeinhin zwischen alter (oder originärer) und neuer Institutionenökonomik unterschieden. Erstere verfolgt einen sozialwissenschaftlich-historischen Ansatz mit starken Bezügen zur Soziologie. Zur Analyse ökonomischer Sachverhalte wird hier dezidiert auch auf genuin soziale, d. h. nicht- oder vorindividuelle Regeln, Praktiken und Normen eingegangen. Die »neue Institutionenökonomik« wird hingegen der Mainstreamökonomik zugerechnet. Hier wird gemeinhin vom methodologischen Individualismus ausgegangen und ein Fokus auf Ökonomie als Marktgeschehen und jenen institutionellen Arrangements gelegt, die Märkte in ihren Funktionen bedingen oder befördern könnten.

Kapitalakkumulation

(Kapital)akkumulation ist ein Begriff aus der klassischen und Marxistischen politischen Ökonomie, der den Prozess der Anhäufung von Kapital durch ökonomische Akteur*innen beschreibt, indem Mehrwert erzeugt wird. Marx fasst den Prozess in der Formel G-W-G' zusammen: Geld (G), wird in die Produktion von Waren (W) investiert, die wiederum gewinnbringend verkauf werden, wodurch der/die Kapitalistin mehr Geld (G') zur Verfügung hat, das wiederum investiert sehen kann. Damit verbunden ist der Prozess der Ausbeutung.

Kapitalismus

Der Kapitalismus ist ein Wirtschafts- und Gesellschaftssystem, in dem Produktionsmittel überwiegend in privatem Eigentum sind und wirtschaftliche Entscheidungen dezentral über

Märkte koordiniert werden. Gewinnstreben und Wettbewerb sind dabei zentrale Triebkräfte des Systems. Kritiker*innen weisen auf Krisenanfälligkeit, Ungleichheit und Umweltbelastung hin, während Befürworter*innen auf Innovation und Wohlstandszuwachs verweisen. Während kapitalistische Systeme einige gemeinsame Strukturmerkmale aufweisen (siehe oben), fällt ihre konkrete politökonomische Ausgestaltung mitunter sehr divers aus. Dies kann etwa die konkrete Rolle des Staates oder auch jene von sozialen Sicherungssystemen betreffen.

Klassische Politische Ökonomie

Die Klassische Politische Ökonomie ist ein Ansatz der Wirtschaftswissenschaften, der sich im 18. und 19. Jahrhundert aus der schottischen Moralphilosophie herausentwickelte. Er untersucht die Funktionsweise von Wirtschaftssystemen und geht dabei von Arbeit als Quelle von Wert aus. Sie untersucht, wie Produktionsfaktoren (Arbeit, Kapital, Boden) zur Wertschöpfung beitragen. Seine zentralen Themen sind Werttheorie, Arbeitsteilung und Kapitalakkumulation. Er bildet die Grundlage für viele moderne ökonomische Theorien und hat die Entwicklung der Wirtschaftspolitik nachhaltig beeinflusst. Auch wenn ihr andere Ansätze vorausgegangen waren (z. B. Merkantilismus, Physiokratie), gilt sie als diejenige Strömung, die die Tradition der heutigen Wirtschaftswissenschaften begründet hat. Wichtige Vertreter sind Adam Smith, David Ricardo und John Stuart Mill. Adam Smith legte mit seinem Werk *Der Wohlstand der Nationen* (1776) die Grundlage für viele weitere Arbeiten. Die Tradition hat sich u. a. in Denkschulen wie die Marxistische Politische Ökonomie und die Vergleichende Politische Ökonomie ausdifferenziert.

Kommunismus

Der Kommunismus ist eine gesellschaftliche und wirtschaftliche Ordnung, in der es kein Privateigentum an Produktionsmitteln gibt, gesellschaftliche Hierarchien auf Basis von Klassenzugehörigkeit aufgehoben sind und es keine Notwendigkeit mehr für einen Staat gibt. Im Gegensatz zu kommunistischen Anarchist*innen argumentieren orthodoxe marxistische Kommunist*innen, basierend auf ihrem historisch-materialistischen Geschichtsverständnis, dass zwischen Kapitalismus und Kommunismus die Phase des Sozialismus liegt, in dem das Eigentum an den Produktionsmitteln in wesentlichen Teilen verstaatlicht ist. Diese Annahme, die sich ideologisch dem Marxismus-Leninismus zuordnen lässt, spiegelt sich im wirtschaftlichen Aufbau sozialistischer Staaten wider. Die Entstehung sozialistischer Staaten, etwa die Sowjetunion, die Volksrepublik China, oder die Republik Kuba, ging historisch mit dem Aufbau autoritärer Regime einher. Da diese Staaten sich dem Fernziel des Kommunismus zumindest anfänglich verschrieben hatten, wird der Kommunismus im allgemeinen Sprachgebrauch häufig mit dem Sozialismus und dem Autoritarismus gleichgesetzt und von Kritiker*innen als per Definition undemokratisch bewertet.

Komparativer Kostenvorteil

Der komparative Kostenvorteil ist ein Konzept der Außenhandelstheorie. Er besagt, dass der internationale Handel insgesamt Kostenvorteile bringt, selbst wenn ein Land bei der Herstellung sämtlicher Güter über einen Kostennachteil verfügt.

Kreislaufökonomie

Die Kreislaufökonomie ist ein Konzept, das darauf abzielt, wirtschaftliche Prozesse nachhaltig zu gestalten, indem statt einer linearen Produktionslogik (Produktion – Konsum – Abfall) zirkuläre wirtschaftliche Abläufe (Produktion – Nutzung -(Reparatur – Wiederverwendung) – Recycling-Produktion…) entwickelt werden. So sollen Produkte und Materialien möglichst lange nutzbar und Ressourcenverbrauch sowie Treibhausgasemissionen minimiert werden. Befürworter*innen der Kreislaufökonomie sehen in ihr ein Werkzeug, um die Weltwirtschaft innerhalb planetarer Belastungsgrenzen zu organisieren. Kritiker*innen merken an, dass dazu zusätzliche Suffizienzmechanismen vonnöten seien, da kein Werkstoff unendlich und perfekt recyclebar ist und Recyclingprozesse, z.B. von Glas, teilweise sehr energieintensiv sind.

Liberale Demokratie

Die liberale Demokratie ist ein politisches System, dessen Grundpfeiler freie und geheime Wahlen, Gewaltenteilung und Schutz individueller Freiheitsrechte sind. Letzteres bedeutet vor allem die Freiheit des Individuums und somit auch Einzelinteressen und Minderheiten zu schützen. Bedeutsam ist dafür das Prinzip der Rechtsstaatlichkeit. Heutzutage wird die liberale Demokratie in den meisten (westlichen) Staaten nicht als direkte »Herrschaft des Volkes«, sondern indirekt und meist parlamentarisch umgesetzt. Wirtschaftlich geht sie oft mit marktwirtschaftlichen Strukturen einher, ohne diese zwingend vorzuschreiben. Für eine kritische Reflektion des Begriffs siehe Kapitel 21.

Mainstreamökonomik

Die Mainstreamökonomik umfasst die in der Wissenschaft dominierenden ökonomischen Ansätze, die sich insbesondere in der Lehre auf neoklassische Modelle und mathematische Modellierung stützen. Dabei darf der Mainstream allerdings nicht mit der Neoklassik gleichgesetzt werden. Da sich der Mainstream in den vergangenen Dekaden verändert hat, ist er (mittlerweile) mehr als die Neoklassik. So können auch die Verhaltensökonomik oder keynesianische Ansätze in der Makroökonomik zum Mainstream gezählt werden, da sie sich nicht grundlegend von den Kernbestandteilen des Mainstreams unterscheiden.

Makroökonomik

Die Makroökonomik ist ein Teilgebiet der Wirtschaftswissenschaften der sich mit gesamtwirtschaftlichen Prozessen beschäftigt. Im Gegensatz zur Mikroökonomik schaut sie weniger auf einzelne Einheiten wie Haushalte und Unternehmen, sondern betrachtet vor allem aggregierte Größen, wie beispielsweise Arbeitslosigkeit, Wirtschaftswachstum oder Inflation. Makroökonomische Analysen beschäftigen sich dann bspw. mit der Steuerung von Konjunktur etwa durch Geld- und Finanzpolitik. Je nach Denkschule werden entweder die Grundsätze der Mikroökonomik leitgebend verstanden (v. a. Neoklassik) oder bspw. die Bedeutung staatlicher Intervention betont (v. a. keynesianische Perspektiven).

Marginalismus

Der Marginalismus ist eine ökonomische Denkrichtung, die Entscheidungen anhand von Grenzgrößen wie dem Grenznutzen, den Grenzkosten oder dem Grenzprodukt untersucht. Er entstand im späten 19. Jahrhundert als Reaktion auf die energetische Revolution in den

Naturwissenschaften. Das dort entwickelte methodische Instrumentarium auf dem Gebiet der Grenzwert- oder Infinitesimalrechnung wurde von Marginalisten wie William Jevons, Leon Walras oder Francis Edgeworth auf ökonomische Fragestellungen übertragen. Damit ging in Abgrenzung von der Klassischen Politischen Ökonomie auch eine Schwerpunktsetzung auf mikro-, statt makroökonomische Fragen sowie ein Übergang von der objektiven zur subjektiven Wertlehre einher. Aus dem Marginalismus ging die später so bezeichnete Neoklassik hervor. Darüber prägt er bis heute viele mikroökonomische Modelle und methodische Grundlagen.

Marktversagen

In der Mainstreamökonomik beschreibt Marktversagen Situationen, in denen Märkte Güter oder Ressourcen nicht sinnvoll oder gerecht verteilen. Genannt werden bspw. Monopole, externe Effekte wie bspw. Umweltfolgen, asymmetrische Informationen oder öffentliche Güter. Im Mainstream ist Marktversagen – das auch realweltlich existiert – einer der Momente, in denen der Staat in Märkte eingreifen darf (bspw. ▶ Kap. 10, ▶ Kap. 18, ▶ Kap. 21). Andere Denkschulen sehen Märkte allgemein als weniger »vollkommen« an und Marktversagen in dem Sinne als gängiges Phänomen. Viele Paradigmen sehen Märkte als grundständig politisch konstituiert und lehnen die Perspektive auf staatliche Intervention ab.

Marxistische Politische Ökonomie (MPÖ)

Diese wirtschaftswissenschaftliche Strömung bezieht sich auf die von Karl Marx und Friedrich Engels entwickelte Theorie der Funktionsweise kapitalistischer Gesellschaften, insbesondere auf Marx' Hauptwerk *Das Kapital* (Band I-III). Treibende Kraft kapitalistischer Entwicklung ist nach Marx die Profitmaximierung durch Besitzer*innen von Produktionsmitteln (Kapitalist*innen). Ökonomische Akteur*innen handeln, anders als in der Mainstreamökonomik, aufgrund struktureller Gegebenheiten nicht aufgrund persönlicher Charaktermerkmale. Der Kapitalist, der Profit maximiert, muss keine gierige Person sein: Im Kapitalismus ist es für Firmen schlicht ein Wettbewerbsnachteil, nicht profitmaximierend zu handeln. Marxistische Politische Ökonomie kann sowohl analytisch, d.h. rein wissenschaftlich, aber auch politisch, d.h. zur Veränderung der Produktionsverhältnisse, angewandt werden. Die MPÖ entstand aus der Klassischen Politischen Ökonomie und ist eng mit der Vergleichenden Politischen Ökonomie verwandt.

Metabolismus

Metabolismus ist das griechische Wort für Stoffwechsel und bezeichnete ursprünglich biochemische Vorgänge in Lebewesen. In der Ökologischen Ökonomik wird der Begriff des sozialen oder sozioökonomischen Metabolismus benutzt, um die Gesamtheit der Material- und Energieflüsse zwischen Gesellschaft und Natur, innerhalb von Gesellschaften, und zwischen Gesellschaften zu beschreiben. Marxistische Vertreter*innen der Ökologischen Ökonomik beschreiben mit dem Konzept des *metabolischen Risses* die strukturelle Nichtnachhaltigkeit des Kapitalismus (▶ Kap. 7).

Methodologischer Individualismus

Der methodologische Individualismus ist ein wissenschaftliches Prinzip, demzufolge gesellschaftliche Phänomene aus den Handlungen einzelner Individuen abgeleitet und erklärt werden. Er ist vor allem in der Mainstreamökonomik verbreitet und wird dort als methodischer Standard betrachtet. Kritiker argumentieren, dass damit kollektive Strukturen und makroökonomische Zusammenhänge vernachlässigt werden und die Wechselwirkungen zwischen Mikro-, Meso- und Makroebenen nicht angemessen analysiert werden können. Gegenpositionen bestehen mit dem methodologischen Holismus oder Strukturalismus, die das Einzelne immer vom Gesamten aus beschreiben; oder mit dem methodologischen Relationismus, der Individualität und Kollektivität aus den Beziehungen herleitet, die die Teile eines Ganzen zueinander einnehmen.

Mikroökonomik

Die Mikroökonomik ist Teil der Wirtschaftswissenschaften und untersucht Entscheidungsprozesse auf der Ebene einzelner Firmen oder Konsument*innen. Vor allem die Neoklassik hat eine entwickelte mikroökonomische Theorie, die ihre Modelle auf verschiedenen Annahmen zum menschlichen Verhalten aufbaut, wie etwa dem sich rational verhaltenen, nutzenmaximierenden *Homo oeconomicus*. Erkenntnisse bspw. aus der sogenannten Verhaltensökonomik betrachten dies kritisch und arbeiten die Ergebnisse ihrer empirischen Untersuchungen in die Modelle der Mainstreamökonomik ein.

Modern Monetary Theory (MMT)

Die Modern Monetary Theory ist ein makroökonomischer Ansatz, der annimmt, dass Staaten unter bestimmten Voraussetzungen ihre Ausgaben durch Geldschöpfung finanzieren können. Steuern dienen in dieser Sichtweise weniger der Finanzierung, sondern eher der Steuerung von Inflation und Nachfrage. Kritiker*innen bemängeln, dass dies – wenn überhaupt – nur für sehr mächtige Staaten realistisch ist und warnen etwa vor Inflationsgefahren.

Nachfragepolitik

Nachfragepolitik ist ein wirtschaftspolitischer Ansatz, der die gesamtwirtschaftliche Nachfrage gezielt beeinflusst, um Wachstum und Beschäftigung zu fördern. Typische Instrumente sind staatliche Investitionen, Steuererleichterungen für Konsument*innen oder Lohnerhöhungen. Sie steht in der Tradition keynesianischer Wirtschaftstheorie und wird oft in Krisenzeiten angewendet.

Naturkapital

Der Begriff »Naturkapital« wurde zuerst von Ernst Friedrich Schumacher verwendet und erlangte durch die Ökologischen Ökonomen Herman Daly und Robert Costanza größere Aufmerksamkeit. Analog zum Begriff Kapital im Mainstream der Wirtschaftswissenschaften, dient der Begriff als Metapher für den Bestand an natürlichen Ressourcen und Ökosystemen, von denen Wirtschaft und Gesellschaft abhängig sind. Naturkapital umfasst den weltweiten Bestand an natürlichen Ressourcen (Geologie, Boden, Luft, Wasser, alle lebenden Organismen).

Natürliche Ressourcen

Natürliche Ressourcen sind in der Mainstream- und Umweltökonomik alle Teile der Natur, die wirtschaftlich nutzbar sind. Sie werden in erneuerbare (z. B. Holz, Sonnenenergie) und nicht-erneuerbare (z. B. Erdöl, Mineralien) Ressourcen unterteilt. Der Begriff »Naturkapital«

wird eher in der Ökologischen Ökonomik, der Begriff »natürliche Ressourcen« eher in der Umweltökonomik benutzt.

Neokeynesianismus

Der Neokeynesianismus beschreibt einen Ansatz der Mainstreamökonomik, der keynesianische Elemente in die Makroökonomik integriert. Er betont die Bedeutung von Preis- und Lohnrigiditäten für konjunkturelle Schwankungen. In der Wirtschaftspolitik spricht er sich für aktive Fiskal- und Geldpolitik aus, um Vollbeschäftigung und Preisstabilität zu sichern.

Neoklassik

Die Neoklassik ist eine einflussreiche Denkschule der Wirtschaftswissenschaften, die im späten 19. Jahrhundert aus dem sogenannten Marginalismus hervor ging und sich von der klassischen Politischen Ökonomie abgrenzt. Als solche benannt wurde sie erstmals 1906 durch Vilfredo Pareto. Sie basiert auf einem mechanischen Modell rationaler, nutzenmaximierender Akteure und Gleichgewichtspreisen und legt einen mikroökonomischen Fokus. Methodisch basiert die Neoklassik auf mathematischer Modellierung, insbesondere auf Methoden der Analysis (Grenzwert- und Infinitesimalrechnung). Kritiker bemängeln zum einen, dass die neoklassische Wirtschaftstheorie extrem abstrakt sei, daher keine sozialen, ökologischen, historischen Kontexte des Wirtschaftens abbilden kann. Zum anderen wurde etwa im Rahmen der Kapitalkontroverse moniert, dass sie auch nach ihren eigenen Maßstäben nicht logisch kohärent aufgebaut sei. Die Neoklassik wird oftmals synonym mit dem Begriff Mainstreamökonomik verwendet. Dies trifft aber vor dem Hintergrund der Vielfalt an Denkschulen auch im ökonomischen Mainstream nicht mehr zu.

Neoliberalismus

Neoliberalismus ist ein politisches Projekt, das in den Zwischenkriegsjahren entstand, sich in der Nachkriegszeit institutionell formierte und ungefähr seit den 1970er Jahren enormen Einfluss auf nationale und internationale Politikgestaltung ausübt (▶ Kap. 20, ▶ Kap. 21). Vorbereitet wurde es durch Wirtschaftswissenschaftler*innen, Juristen*innen und Intellektuelle. Wenngleich der Neoliberalismus in zahlreiche Gruppen, Schulen und Protagonisten zerfällt (darunter etwa der deutsche Ordoliberalismus, die Österreichische Schule oder die Public-Choice-Theorie), so eint ihn doch die verbindende politische Stoßrichtung, Gesellschaft als primär marktförmig zu begreifen und einzurichten. Daraus leiten sich grundlegende Motive wie individuelle Freiheit, Wettbewerb als Verteilungsmechanismus und eine beschränkte Rolle des Staates ab. Wirtschaftspolitisch übersetzt sich der Neoliberalismus etwa in Deregulierung, Privatisierung und Freihandelspolitik. Kritiker*innen werfen dem Neoliberalismus vor, durch einseitige Fokussierungen soziale Ungleichheit und Umweltprobleme zu schaffen, bzw. zu verschärfen.

Neue Institutionenökonomik

Siehe ▷ **Institutionenökonomik**.

Öffentliche Güter

Öffentliche Güter sind nach der Mainstreamökonomik Güter, die durch *Nicht-Ausschließbarkeit* (niemand kann von der Nutzung ausgeschlossen werden) und *Nicht-Rivalität* (der Konsum durch eine Person schmälert den anderer nicht) gekennzeichnet sind – etwa saubere Luft oder Hochwasserschutz. Die Mainstreamökonomik formuliert das Problem, dass Märkte sie nicht in ausreichender Menge bereitstellen. Deshalb gelten ihre Finanzierung und Bereitstellung oft als staatliche Aufgabe. Diese Definition und Problembeschreibung blendet gesellschaftliche Aushandlungsprozesse aus: Was als »öffentlich« gilt, ist nicht naturgegeben, sondern Ergebnis politischer Kämpfe und kann sich historisch verändern (z. B. Bildung, Gesundheit, Wasser).

Ökologische Ökonomik

Die Ökologische Ökonomik ist ab den 1970er Jahren aus einer Kritik an der dem Mainstream zugehörigen Umwelt- und Ressourcenökonomik entstanden. Als Gründerväter gelten unter Anderem Nicholas Georgescu-Roegen, Herman Daly und Kenneth Boulding. Sie unterscheidet sich vom Mainstream grundlegend darin, dass Natur nicht primär als austauschbarer Produktionsinput gesehen wird, sondern als System, in das die Ökonomie eingebettet ist und von dem sie abhängt. Ohne funktionierendes Ökosystem keine Ökonomie. Daher ist die Einhaltung planetarer Belastungsgrenzen für Ökologische Ökonom*innen prioritär. Ökologische Ökonom*innen arbeiten zum Beispiel auf Basis der Empfehlungen des *Intergovernmental Panel on Climate Change* (*IPCC*), gehen also davon aus, dass die Ererwärmung auf 1,5° begrenzt werden sollte, während Umweltökonomen wie Michael Nordhaus wesentlich höhere Erwärmung als wirtschaftlich optimal einschätzen, was naturwissenschaftlichen Erkenntnissen zuwiderläuft (▶ Kap. 7).

Ökonomik

Im deutschsprachigen Raum wird gewöhnlich die Bezeichnung Volkswirtschaftslehre (VWL) für jene Disziplin verwendet, die sich wissenschaftlich mit Wirtschaft bzw. Ökonomie auseinandersetzt. Dabei wird die Bezeichnung »Ökonomik« für VWL genutzt. Während mit Ökonomik also die Wissenschaft über das, was wir als Wirtschaft bzw. Ökonomie verstehen, gemeint ist, rekurriert »Ökonomie« wiederum auf den Untersuchungsgegenstand der Disziplin.

Ökonomisierung

Ökonomisierung beschreibt die Ausbreitung ökonomischer Handlungsimperative und eine Ausweitung der ökonomischen Sphäre in bisher nicht-ökonomische Räume und Strukturen der Gesellschaft. Dies kann z. B. bedeuten, dass Kosten- und Nutzenabwägung in Liebes- und Freundschaftsbeziehungen eine wichtigere Rolle spielen. Außerdem kann mit Ökonomisierung auch die Privatisierung des Gesundheitssektors gemeint sein.

Opportunitätskosten

Opportunitätskosten sind der entgangene Nutzen der besten nicht gewählten Alternative bei einer Entscheidung. Sie sind ein zentrales Konzept der neoklassischen Mikroökonomik, da sie helfen, die vermeintlich »wahren« Kosten von Entscheidungen zu bewerten. Auch nicht-monetäre Faktoren können Teil der Opportunitätskosten sein.

Ordoliberalismus

Ordoliberalismus ist eine Strömung des Neoliberalismus, die in Deutschland in den 1930er–1940er Jahren entstand. Er betont, dass der Staat zwar nicht selbst wirtschaften soll, aber einen klaren Ordnungsrahmen schaffen muss, damit der Wettbewerb fair bleibt und keine

Monopole entstehen. Zu den wichtigsten Vordenkern des Ordoliberalismus gehören Walter Eucken, Wilhelm Röpke, und Alexander Rüstow. Der Ordoliberalismus hatte enormen Einfluss auf die Wirtschaftspolitik der jungen Bundesrepublik. Dies zeigt sich insbesondere in der vom Ordoliberalen, ersten Wirtschaftsminister und zweiten Bundeskanzler Ludwig Erhard vertretene »Soziale Marktwirtschaft«, die als wirtschaftspolitisches Leitmotiv bis in die Gegenwart wirkt. Wenngleich der Ordoliberalismus in der BRD akademisch gesehen zunehmend an Bedeutung verliert, können sich seine zentralen Motive und Vertreter*innen in wirtschaftspolitischen Expertengremien halten.

Orthodoxie

In der Ökonomik bezeichnet Orthodoxie die herrschenden, dominierenden Theorien und Methoden innerhalb der Disziplin. Oft wird statt von Mainstream auch von *Orthodoxie* (*orthos* = geradlinig, richtig; *doxa* = Verehrung, Glaube) gesprochen. »Orthodox« ist der Mainstream aber nur dann, wenn Grundsätze und Annahmen als Wahrheit verstanden und dogmatisch verteidigt werden. Der Gegenbegriff lautet ▷ **Heterodoxie**.

Paradigma

In der Ökonomik wird häufig von Denkschulen, z. B. von der Neoklassik gesprochen. Meist sind damit verschiedene, ganzheitliche Sichtweisen auf Ökonomie gemeint. In der Wissenschaftstheorie ist dagegen der Begriff Paradigma verbreitet. Er geht auf den Wissenschaftstheoretiker Thomas Kuhn (1922–1996) zurück und beschreibt den grundlegenden theoretischen Rahmen, der das Denken und Forschen von Wissenschaftler*innen strukturiert, und festlegt, welche Fragen gestellt und welche Methoden verwendet werden. In der Ökonomik existieren verschiedene Paradigmen, die auf unterschiedlichen, teilweise unvereinbaren Grundvorstellungen von Ökonomie basieren. Häufig wird in diesem Zusammenhang auch von Perspektiven und Ansätzen gesprochen. Anders als der Begriff des Paradigmas fußen diese aber nicht auf einem ausbuchstabierten wissenschaftstheoretischen Fundament.

Performativität

Performativität (von lat. *performare*: durchführen) ist ein sozialwissenschaftliches Konzept, das beschreibt, wie wissenschaftliche Theorien auf reale Prozesse und Entscheidungen wirken. Ein simples Beispiel wäre, wenn Marktteilnehmer ihr Verhalten an Modellen orientieren, wodurch diese Modelle Wirklichkeit werden. Teilweise wird dabei auch die gegenteilige Wirkungsrichtung wird dabei in den Blick genommen, also wie wirtschaftswissenschaftliches Denken durch gesellschaftliche Prozesse, Debatten etc. verändert wird.

Physiokratie

Die Physiokratie war eine ökonomische Denkschule des 18. Jahrhunderts in Frankreich, die die Landwirtschaft als einzige produktive Quelle von Wohlstand ansah. Der Ökonom François Quesnay argumentierte, dass es die Natur ist, die neue Ressourcen in die Welt bringt, der Mensch verarbeitet diese lediglich. Nur diese Verarbeitung brachte seines Erachtens Mehrwert. Damit grenzte er sich stark vom herrschenden Merkantilismus ab, in dem Handel und daraus entstehende Gewinne als Quelle von Wohlstand verstanden. Historisch war die Physiokratie ein Vorläufer der Klassischen Politischen Ökonomie geprägt von Adam Smith, den wiederum die gesellschaftlichen Verhältnisse der Industriellen Revolution beeinflusst hatten.

Plurale Ökonomik
Mit Pluraler Ökonomik ist zunächst die studentische Bewegung gemeint, die sich seit den 2000er Jahren für eine Pluralisierung der Lehre in den Wirtschaftswissenschaften stark macht und in Deutschland institutionell im Netzwerk Plurale Ökonomik aufgegangen ist. Mit dem Begriff Plurale Ökonomik ist dabei die Vorstellung einer Disziplin verbunden, in der verschiedene Paradigmen gleichberechtigt vertreten sind. Damit ist insbesondere eine symbolische und reflexive Anerkennung des intellektuellen Mehrwerts verbunden, der aus der Integration bisher marginalisierter Paradigmen für die Volkswirtschaftslehre erwächst.

Pluralität/Pluralismus
Pluralität ist eine deskriptive Kategorie und beschreibt die Vielzahl eines Dings z. B. Paradigmen, Theorien, Methoden, Themen oder Forscher*innen. In der Ökonomik bedeutet Pluralität, unterschiedliche Paradigmen gleichberechtigt zu betrachten. Pluralismus ist ein normatives Prinzip und begründet/legitimiert/fordert die Vielzahl eines Dings. Klassische Beispiele wären die erkenntnistheoretische (also das »Woher weiß ich XY?«) Begründung für Pluralität von Methoden oder eine ontologische (also das »Was ist XY?«) Begründung für die Pluralität von Paradigmen.

Postkeynesianismus
Der Postkeynesianismus ist ein heterodoxes Paradigma, das an die Theorien von John Maynard Keynes (1883–1946) anknüpft, diese aber weiterentwickelt. Er betont die Unsicherheit von Ökonomie, die Bedeutung effektiver Nachfrage und die Rolle von Geld und Banken. In der Wirtschaftspolitik plädiert er für eine aktive Rolle des Staates zur Stabilisierung der Ökonomie.

Produktionsfunktion
Eine Produktionsfunktion beschreibt mathematisch, wie Produktionsfaktoren (z. B. Arbeit, Kapital, Rohstoffe) in Kombination zur Herstellung von Gütern und Dienstleistungen eingesetzt werden. Diese Funktionen setzen die Wirtschaftsleistung (in der Regel als Y bezeichnet) in Beziehung zu Inputs wie Arbeit (L), Sachkapital (K), Humankapital (H), Naturkapital (N) oder der totalen Faktorproduktivität (A). In der Praxis wird am häufigsten die Cobb-Douglas-Produktionsfunktion verwendet: wobei (A) ein Parameter für die relative Bedeutung des Produktionsfaktors Arbeit ist (▶ Kap. 4, ▶ Kap. 11, ▶ Kap. 12).

Ressourcenökonomik
Die Ressourcenökonom*innen der 1950er postulierten, dass natürliche Ressourcen sich von industriell hergestellten Gütern unterscheiden und beschäftigten sich – unter Zuhilfenahme abstrakter mathematischer Modelle – mit der effizienten Nutzung natürlicher Ressourcen wie Boden, Wasser, Wäldern oder fossilen Brennstoffen. Heute werden Umwelt- und Ressourcenökonomik oft gemeinsam (oder synonym) verwendet, was auch der in den 1970er Jahren vorangetriebenen Institutionalisierung der *Association of Environmental and Resource Economists* (AERE) geschuldet ist.

Sachkapital
Sachkapital, auch als Realkapital bezeichnet, umfasst alle physischen, materiellen Güter, die in der Produktion von Waren und Dienstleistungen eingesetzt werden. Es handelt sich dabei

um langlebige Produktionsmittel, die nicht direkt konsumiert werden, sondern dazu dienen, den Produktionsprozess zu unterstützen und zu ermöglichen. Beispiele für Sachkapital sind Maschinen, Werkzeuge, Gebäude, Fahrzeuge, Infrastruktur und technische Anlagen. Es ist neben Arbeit und Boden ein zentraler Produktionsfaktor. In ökonomischen Theorien wird typischerweise davon ausgegangen, dass Investitionen in Sachkapital die Produktionskapazität einer Volkswirtschaft steigern.

Schuldenbremse

Die Schuldenbremse ist eine im Grundgesetz verankerte Regel, die seit 2009 für Bund und Länder die Neuaufnahme von Schulden begrenzt. Sie entstand als Reaktion auf Kritik an früheren Schuldenregeln, soll Neuverschuldung dauerhaft stark einschränken und so auch die Zinszahlungen des Staates begrenzen bzw. reduzieren. Die Grenze der Neuverschuldung ist dabei abhängig von der Wirtschaftslage. Kritiker*innen bemängeln, dass die Schuldenbremse u. a. notwendige staatliche Investitionen in Infrastruktur, Klimaschutz und Daseinsvorsorge blockiert, Finanzpolitik entpolitisiert und auf einer problematischen Analogie zum Privathaushalt beruht, die staatliche Geldschöpfung ausblendet. Es gibt viele Diskussionen über eine Abschaffung und mögliche Reformen.

Sozialismus

Die Bedeutung des Begriffs Sozialismus ist umstritten und umfasst verschiedene Formen des Wirtschaftens, in denen Produktionsmittel nicht in Privateigentum sind und die Güterallokation nicht primär durch Marktmechanismen erfolgt. Historisch wirkmächtig ist die durch Karl Marx geprägte Definition des Begriffs als Übergangsphase zwischen Kapitalismus und Kommunismus, in der Produktionsmittel zunächst in gesellschaftliches Eigentum überführt werden, womit der Grundstein für das Verschwinden von Eigentum und Staat im Kommunismus gelegt wird. Dieses Verständnis von Sozialismus kam in den staatsozialistischen Ländern, die im Verlauf des 20. Jahrhunderts entstanden, zutragen und bedeutete in der Praxis zumeist Verstaatlichung wichtiger Wirtschaftszweige. Daher werden etwa die Wirtschaftssysteme der Sowjetunion und der DDR auch als »staatsozialistisch« bezeichnet. Die meisten der staatssozialistischen Experimente, die im letzten Jahrhundert entstanden, gingen politisch mit Autoritarismus einher. Sozialismus kann aber auch demokratisch ausgestaltet werden, wie es beispielsweise Salvador Allende in Chile geplant hatte, und auch Anarchist*innen, die den Staat aus ideologischen Gründen ablehnen, können für den Sozialismus kämpfen.

Sozial-ökologische Transformation

Die sozial-ökologische Transformation bezeichnet den tiefgreifenden Umbau von Wirtschaft und Gesellschaft, um ökologische Nachhaltigkeit und soziale Gerechtigkeit zu verbinden. Sie beinhaltet Veränderungen in den Bereichen Energieversorgung, Mobilität, Landwirtschaft und Konsum – aber auch den grundsätzlichen Zielvorstellungen, Indikatoren und Handlungsspielräumen des Wirtschaftens und der Wirtschaftspolitik. In der deutschsprachigen Debatte gilt die 2011 erschienene Studie des Wissenschaftlichen Beirats Globale Umweltveränderungen (WBGU) *Gesellschaftsvertrag für eine Große Transformation* als Schlüsseldokument. Von Fürsprecher*innen wird die sozial-ökologische Transformation als notwendige Antwort auf Klimawandel und Ressourcenknappheit gesehen.

Sozial-ökologische Vielfachkrise
Siehe ▷ **Einführungskapitel.**

Suffizienz
Suffizienz ist ein Nachhaltigkeitsprinzip, das auf die Verringerung von Konsum und Ressourcennutzung abzielt. Es geht darum, den materiellen Bedarf bewusst zu begrenzen, ohne die Lebensqualität zu mindern. Maßnahmen, um dies zu erreichen, gehen häufig mit einer Veränderung der Bedürfnisbefriedigung einher: Das Bedürfnis nach Mobilität kann beispielsweise in einem suffizienten System statt durch ein Privatauto durch öffentliche, kollektive Verkehrsträger wie Bahn, Bus und Straßenbahn gedeckt werden.

Trickle-down-Theorie
Die Trickle-down-Theorie besagt, dass Wohlstandszuwächse und wirtschaftliche Vorteile, an der Spitze der Einkommens- und Vermögensverteilung mittelfristig allen zugutekommt, da dieses Geld für Investitionen und Konsum eingesetzt wird und somit die ganze Wirtschaft ankurbelt. Anders gesagt: Der Wohlstand sickert hinunter (englisch: *wealth will trickle down*). Diese Theorie wird unter anderem herangezogen, um Steuersenkungen, die nur Wohlhabenden zugutekommen, wie etwa die Abschaffung der Vermögenssteuer, zu rechtfertigen. Empirisch lässt sich dies nicht nachweisen (weitere Ausführungen siehe ▶ Kap. 17).

Umweltökonomik
Die Umweltökonomik ist ein Ansatz der Mainstreamökonomik, der Fragen der Ressourcennutzung und des Umweltschutzes untersucht. Er untersucht wirtschaftliche Aktivitäten im Hinblick auf Umweltwirkungen und entwickelt Instrumente, um Umweltziele möglichst effizient innerhalb bestehender wirtschaftlicher Rahmenbedingungen zu erreichen. Typische Ansätze sind die Monetarisierung von Umweltbelastungen, Kosten-Nutzen-Analysen oder marktbasierte Anreizsysteme wie der Emissionshandel. Im Unterschied zur ökologischen Ökonomik hinterfragt die Umweltökonomik bspw. grundlegende Annahmen zur Notwendigkeit von Wachstum nicht und betrachtet die ökonomische Sphäre meist als separat von ökologischen und gesellschaftlichen Zusammenhängen.

Untersuchungsgegenstand
Der Untersuchungsgegenstand ist das definierte Phänomen oder Problem, das in einer wissenschaftlichen Arbeit analysiert wird. In der Ökonomik umfasst er beispielsweise das Zusammenspiel von Märkten und Staat, ökonomische Entscheidungen oder gesamtwirtschaftliche Entwicklungen. Untersuchungsgegenstände können eher empirischer oder eher theoretischer Natur sein und legen auch eine dementsprechende Methodenwahl nahe. Eine präzise Festlegung des Untersuchungsgegenstands ist Grundlage für systematische Forschung.

Vergleichende Politische Ökonomie
Die Vergleichende Politische Ökonomie ist ein Ansatz aus der Politikwissenschaft, der sich mit den Wechselwirkungen zwischen Ökonomie und Politik befasst. Dies sowohl kann eine kritische Betrachtung von Ökonomie (z. B. marxistische politische Ökonomie) als auch eine eher beschreibende Analyse wirtschaftspolitischer Phänomene umfassen. Dabei greift die

vergleichende politische Ökonomie auf verschiedene Theorien und Methoden zurück und ist in ihrer Arbeitsweise wesentlich offener als die Mainstreamökonomik.

Verhaltensökonomik

Die Verhaltensökonomik ist ein noch verhältnismäßig junger Ansatz innerhalb der Mainstreamökonomik, der in den 1970er Jahren maßgeblich von den beiden Psychologen Daniel Kahneman (1934–2024) und Amos Tversky (1937–1996) geprägt wurde. Die Verhaltensökonomik verbindet dabei Erkenntnisse aus Psychologie und Ökonomik, um das reale Entscheidungsverhalten von Menschen zu verstehen. Anders als die Neoklassik geht sie davon aus, dass Menschen oft nicht rein rational handeln, sondern von Heuristiken und kognitiven Verzerrungen beeinflusst werden.

Volkswirtschaftliche Gesamtrechnung (VGR)

Die Volkswirtschaftliche Gesamtrechnung (VGR) ist ein statistisches System zur Erfassung der gesamtwirtschaftlichen Aktivitäten eines Landes. Sie basiert auf der Idee des Wirtschaftskreislaufes und beinhaltet daher Kennzahlen wie das Bruttoinlandsprodukt, Konsumausgaben oder die Investitionen. In der ökonomischen Rechnung sollen die wirtschaftlichen Vorgänge möglichst detailliert nachvollzogen werden, um darauf basierend als Grundlage für Analysen und politische Entscheidungen zu dienen. Ökologische Vorgänge und nichtbezahlte Aspekte werden normalerweise nicht erfasst.

Volkswirtschaftslehre (VWL)

Siehe ▹ **Ökonomik**.

Wirtschaftswissenschaften

Von Ökonomik, bzw. der Volkswirtschaftslehre (VWL), sind die Wirtschaftswissenschaften dahin gehend abzugrenzen, dass sie auch die Betriebswirtschaftslehre (BWL) umfassen.

Wohlfahrtsstaat

Der Begriff »Wohlfahrtsstaat« beschreibt ein politisches System, in dem die Wohlfahrt der Bürger*innen wesentliches Staatsziel ist. Damit verbunden sind staatliche soziale Sicherungssysteme, Gesundheitsversorgung und Bildung. Der Begriff wird häufig in Verbindung mit dem starken Ausbau des Sozialstaats nach dem Ende des Zweiten Weltkriegs in europäischen Staaten verwendet, zudem wird zwischen verschiedenen Modellen unterschieden, sehr bekannt ist das sog. Skandinavische Modell.

Zentralbank

Eine Zentralbank ist die für die Geldpolitik zuständige Institution. Entsprechend ihres jeweils politisch festgelegten Mandats legt sie beispielsweise den sogenannten Leitzins fest, stellt Bargeld zur Verfügung, sichert die Stabilität des Finanzmarkts und überwacht das Bankensystem (▶ Kap. 15). Die Europäische Zentralbank (EZB) ist das entsprechende öffentliche Organ der Europäischen Union, gemeinsam mit den nationalen Zentralbanken der Mitgliedstaaten, in Deutschland die Deutsche Bundesbank.

Autor*innensteckbriefe

Nicole Ackermann

Affiliation: Pädagogische Hochschule Zürich
Forschungsinteressen: Ökonomische und politische Bildung, Bildung für nachhaltige Entwicklung, Fachdidaktik
Warum haben Sie begonnen, zu ökonomischen Fragestellungen zu arbeiten?
Lehr-Lern-Prozesse zum Gegenstandsbereich Ökonomie (z. B. Präkonzepte und Postkonzepte zu ökonomischen Phänomenen und Problemen) und insbesondere auf der Sekundar- und Tertiärstufe sind bis heute wenig beforscht. Ich interessiere mich mehr für fachdidaktische und lernpsychologische Fragestellungen, weniger für fachwissenschaftliche und wissenschaftstheoretische.
Was fasziniert Sie an Ihrer Forschung? Der wechselseitige Transfer von Wissenschaft und Praxis: unterrichtspraktische Fragen mit sozialwissenschaftlichen Forschungsmethoden bearbeiten, wissenschaftliche Erkenntnisse in didaktische Lehr-Lern-Materialien überführen.

Ernest Aigner

Affiliation: Leuphana Universität Lüneburg
Forschungsinteressen: Politische Ökonomie, Sozial-ökologische Ökonomik, Wirtschaftssoziologie
Warum haben Sie begonnen, zu ökonomischen Fragestellungen zu arbeiten? Um zu verstehen, wieso es so viel Ungerechtigkeit in der Welt gibt.
Was hätten Sie gerne schon im ersten Semester gewusst? Wie stark der soziale Metabolismus die ökonomische Entwicklung prägt.

Monika Albrecht

Affiliation: Pädagogische Hochschule Zürich
Forschungsinteressen: Sozioökonomische Bildung, Haushaltsökonomie, Nachhaltigkeit
Warum haben Sie begonnen, zu ökonomischen Fragestellungen zu arbeiten? Ökonomische Alltagsphänomene und lernpsychologische Prozesse bieten großes Potenzial für die Förderung von Alltagskompetenzen auf der Sekundarstufe.
Was fasziniert Sie an Ihrer Forschung? Wissenschaftliche Erkenntnisse in alltagsnahe didaktische Lehr- und Lernsettings zu überführen, stellt für mich eine besonders reizvolle Aufgabe dar.

Richard Bärnthaler

Affiliation: University of Leeds
Forschungsinteressen: Ökologische Ökonomik, Politische Ökonomie der sozial-ökologischen Transformation
Warum haben Sie begonnen, zu ökonomischen Fragestellungen zu arbeiten? Aus Unzufriedenheit mit einer Wirtschaftslehre, die in Zeiten multipler Krisen kontextlose Modelle und ein »*There is no alternative*« propagiert.
Was fasziniert Sie an Ihrer Forschung? Sie zeigt Wirtschaft als eingebettet in ökologische Grundlagen und geprägt von Macht und Politik – wer Wandel verhindert und wo transformative Hebel liegen.

Lukas Bäuerle

Affiliation: Johannes Kepler Universität Linz
Forschungsinteressen: Transformationen des Ökonomischen, Wissenschaftsforschung, Ökonomische Bildung
Warum haben Sie begonnen, zu ökonomischen Fragestellungen zu arbeiten? Weil Ökonomie in unserer Gesellschaft in so vielen Prozessen, Entscheidungen und Kontexten eine gewichtige Rolle spielt.
Was fasziniert Sie an Ihrer Forschung? Dass viele Themen, die für mich ganz oben aufliegen, noch so wenig ausgetreten sind – und man doch immer ein Paar Schultern findet, auf denen man aufbauen kann; nicht selten in anderen Disziplinen.

Jill Philine Blau

Affiliation: Theologische Hochschule Friedensau
Forschungsinteressen: Commons, Intersektionalität, Feministische Politische Ökologie
Warum haben Sie begonnen zu ökonomischen Fragestellungen zu arbeiten? Wer sich mit machtkritischen Fragen auseinandersetzt, landet schnell bei der Ökonomie!
Was fasziniert Sie an Ihrer Forschung? Commoning ist für mich wie ein leises Gewebe als Antwort auf die sozial-ökologische Vielfachkrise: Es knüpft Neues, während es das Unsichtbare sanft ins Licht hebt.

Johanna Dankers

Affiliation: Humboldt-Universität zu Berlin
Forschungsinteressen: Politische Ökonomie der sozialen Reproduktion, Zusammengreifen von Geschlechter-, Klassenverhältnissen und Migration
Warum haben Sie begonnen zu ökonomischen Fragestellungen zu arbeiten? Man kommt nicht um die Ökonomie herum, wenn man gesellschaftliche Naturverhältnisse und Herrschaftsverhältnisse grundlegend verstehen möchte.
Was hätten Sie gerne schon im ersten Semester gewusst? Das, was wir als ganze Gesellschaft entscheiden zu tun, hängt maßgeblich von den gesellschaftlichen Kräfteverhältnissen ab.

Corinna Dengler

Affiliation: Wirtschaftsuniversität Wien
Forschungsinteressen: Feministisch-Ökologische Ökonomie, Degrowth, Care
Warum haben Sie begonnen, zu ökonomischen Fragestellungen zu arbeiten? Ich bin der Überzeugung, dass eine sozial-ökologische Transformation nur möglich ist, wenn wir unsere Wirtschaftsweise radikal verändern.
Was hätten Sie gerne schon im ersten Semester gewusst? Ich hätte gerne gewusst, dass das, was ich lerne, *eine Theorie* und kein Naturgesetz ist, und dass es jede Menge Alternativen zum ökonomischen Mainstream gibt.

Tanja von Egan-Krieger

Affiliation: Denkfabrik für Wirtschaftsethik, Berlin
Forschungsinteressen: Wirtschafts- und Umweltethik, Kritische Theorie der Gesellschaft, Feministische Philosophie

Warum haben Sie begonnen zu ökonomischen Fragestellungen zu arbeiten? Bei der Beschäftigung mit dem Thema Nachhaltigkeit ist mir zuerst klar geworden, wie sehr unser ökonomisches Denken den Naturschutz und Gesellschaftspolitik allgemein prägt.
Was fasziniert Sie an Ihrer Forschung? Besonders gerne arbeite ich an der Schnittstelle zwischen Wissenschaft und Politik.

Elsa Egerer

Affiliation: Hochschule für Gesellschaftsgestaltung, Koblenz
Forschungsinteressen: Geldsystempolitik, Finanzielle Bildung, Nachhaltigkeit und Transformation, Plurale Ökonomik
Warum haben Sie begonnen, zu ökonomischen Fragestellungen zu arbeiten? Ich wollte verstehen, was hinter der Finanzkrise steckte – und war irritiert über mein mangelndes Wissen, obwohl ich Wirtschaft studiert hatte.
Was fasziniert Sie an Ihrer Forschung? Geld ist Gestaltungsmittel, wird aber selten so gesehen. Mich interessiert, welche Veränderung es für eine lebensdienliche Wirtschaft – auch in der Bildung – braucht.

Stefanie Gerold

Affiliation: Brandenburgische Technische Universität Cottbus-Senftenberg
Forschungsinteressen: (nicht-)nachhaltige Arbeit, Zeitnutzung, Social Ecological Economics
Warum haben Sie begonnen, zu ökonomischen Fragestellungen zu arbeiten? Um zu verstehen, warum wir immer noch so viel Zeit in Erwerbsarbeit verbringen.
Was hätten Sie gerne schon im ersten Semester gewusst? Dass Ökonomik viel mehr ist als mathematische Modelle.

Claudius Gräbner-Radkowitsch

Affiliation: Europa-Universität Flensburg
Forschungsinteressen: Wissenschaftsphilosophie, technologischer Wandel und Entwicklung, Transformationskonflikte
Warum haben Sie begonnen, zu ökonomischen Fragestellungen zu arbeiten? Seit einem Freiwilligendienst in Mexiko will ich verstehen, was die Ursachen für die global so ungleichen Lebensrealitäten sind und wie man Armut reduzieren kann.
Was hätten Sie gerne schon im ersten Semester gewusst? Dass ich von der Auseinandersetzung mit fast jeder ökonomischen Denkschule etwas lernen kann, wenn ich ihr die Chance dazu gebe.

Simon Grothe

Affiliation: Universität Duisburg-Essen
Forschungsinteressen: Einkommensverteilung und Makroökonomie, Politische Ökonomie, Finanzstabilität
Warum haben Sie begonnen zu ökonomischen Fragestellungen zu arbeiten? Unter welchen Bedingungen wir als Gesellschaft produzieren, bestimmt maßgeblich, welche Freiheiten wir individuell haben.

Was hätten Sie gerne schon im ersten Semester gewusst? Wirtschaftswissenschaften behandeln keine Naturgesetze – ihre Geschichte ist voller spannender Debatten und Kontroversen. Rein da!

Anna Hehenberger

Affiliation: Johannes Kepler Universität Linz
Forschungsinteressen: Dekarbonisierung, Industrietransformation, Politische Ökonomie
Warum haben Sie begonnen, zu ökonomischen Fragestellungen zu arbeiten? Dort wo ich aufgewachsen bin, war vor 30 Jahren noch Wirtschaftskrise. Dann hat man eine immense Re-Industrialisierung durchgemacht. Der Aufschwung hat aber nicht alle mitgenommen und dadurch politische Konflikte gebracht. Das mitzuerleben hat mein Interesse geweckt.
Was hätten Sie gerne schon im ersten Semester gewusst? Dass es viele verschiedene Perspektiven gibt, um auf die Ökonomie zu blicken und sie zu verstehen.

Anna Katharina Keil

Affiliation: Universität Lausanne
Forschungsinteressen: Nachhaltige Arbeit, Environmental Labour Studies, Feministisch-Ökologische Ökonomik
Warum haben Sie begonnen, zu ökonomischen Fragestellungen zu arbeiten? Weil ich verstehen wollte, wie die »ökonomischen Interessen« von Volkswirtschaften entstehen.
Was hätten Sie gerne schon im ersten Semester gewusst? Hinter komplexer Mathematik verstecken sich häufig einfache Sachverhalte.

Felix Kersting

Affiliation: Humboldt-Universität zu Berlin
Forschungsinteressen: Wirtschaftsgeschichte, Politische Ökonomie
Warum haben Sie begonnen, zu ökonomischen Fragestellungen zu arbeiten? Durch mein Interesse an gesellschaftlichen Themen. Der historische Fokus kam später dazu, vermutlich weil damit viele Freiheiten beim Forschen einhergehen.
Was fasziniert Sie an Ihrer Forschung? Die gesellschaftlichen Folgen ökonomischer Veränderungen historisch zu analysieren und dabei die Möglichkeiten und Grenzen quantitativer Methoden zu sehen.

Anna-Katharina Kothe

Affiliation: Europa-Universität Flensburg
Forschungsinteressen: Philosophy of Economics, Geschichte ökonomischen Denkens, Frauen in der Ökonomik
Warum haben Sie begonnen, zu ökonomischen Fragestellungen zu arbeiten?
Weil ich unser Wirtschaftssystem verstehen wollte; und weil ich nach meinem Abitur nicht wirklich wusste, was das Fach der Volkswirtschaftslehre umfasst.
Was hätten Sie gerne schon im ersten Semester gewusst?
Dass es nicht die eine Wirtschaftswissenschaft, sondern viele Denkschulen in der Ökonomik gibt. Und dass das, was in diesem Fach gelehrt wird, eine normative Entscheidung ist.

Martyna Berenika Linartas

Affiliation: Freie Universität Berlin

Forschungsinteressen: Ungleichheit, Steuerpolitik, Eliten

Warum haben Sie begonnen, zu ökonomischen Fragestellungen zu arbeiten? Als junge Studentin wurde mir erzählt, die Wirtschaft diktiere der Politik die Hausaufgaben. Mit Blick auf die Entwicklung der Ungleichheit widerspreche ich dem heute vehement.

Was fasziniert Sie an Ihrer Forschung? Mich fasziniert die Hoffnung, die man aus der historischen Tiefe ziehen kann: Wandel ist die einzig wahre Konstante.

Matthias Müller

Affiliation: Universität Hohenheim

Forschungsinteressen: Innovations- und Transformationsprozesse, Komplexitätsökonomik, Simulationsmethoden

Warum haben Sie begonnen, zu ökonomischen Fragestellungen zu arbeiten? Um die Komplexität ökonomischer Prozesse zu verstehen. (»Think how hard physics would be if particles could think« – Murray Gell-Mann)

Was fasziniert Sie an Ihrer Forschung? Jede neue Antwort, die wir finden, erzeugt neue Fragen!

David J. Petersen

Affiliation: Europa-Universität Flensburg

Forschungsinteressen: Zukunftsfähiges Wirtschaften, Nachhaltige Stadtentwicklung (Boden- und Suffizienzpolitik), Diskurse zu Pluraler Ökonomik und Postwachstum

Warum haben Sie begonnen, zu ökonomischen Fragestellungen zu arbeiten? Weil Wirtschaft kein Naturgesetz ist – über die Plurale Ökonomik fand ich zu Economists for Future und zur Frage, was zukunftsfähiges Wirtschaften erfordert.

Was hätten Sie gerne schon im ersten Semester gewusst? Dass es schon zahlreiche Ansätze für zukunftsfähiges Wirtschaften gibt. Doch ihre Umsetzung und neue ökonomische Logiken stehen noch zu selten im Fokus.

Rouven Reinke

Affiliation: Universität Hamburg

Forschungsinteressen: Plurale Ökonomik, Social Studies of Economics, Wissenschaftsforschung

Warum haben Sie begonnen, zu ökonomischen Fragestellungen zu arbeiten? Um die Rolle von ökonomischem Wissen in der Gesellschaft besser verstehen zu können.

Was hätten Sie gerne schon im ersten Semester gewusst? Dass das Studium nicht nur aus Mathematik bestehen braucht. Es gibt verschiedene Wege, um Ökonomie zu analysieren.

Anna Saave

Affiliation: Universität Freiburg

Forschungsinteressen: Akkumulation, Externalisierung und sozial-ökologische Transformation

Warum haben Sie begonnen, zu ökonomischen Fragestellungen zu arbeiten? Weil ich verstehen wollte, wie eine Ökonomik aussieht, die unsere Lebensgrundlagen schützt und Ungleichheit nicht als Nebeneffekt hinnimmt.

Was fasziniert Sie an Ihrer Forschung? Ich entwickle Wissen für gesellschaftlichen Wandel – um Widersprüche offen zu legen und Probleme anzugehen, auch wenn's mal unbequem wird.

Michael P. Schlaile

Affiliation: Universität Hohenheim
Forschungsinteressen: Complexity & Evolution, Innovation & Transformation, Sustainability & Responsibility
Warum haben Sie begonnen, zu ökonomischen Fragestellungen zu arbeiten? Weil ich bereits im Studium merkte, wie realitätsfern viele VWL-Vorlesungen waren, mich einige Profs aber auch ermutigten, über den Tellerrand zu schauen.
Was fasziniert Sie an Ihrer Forschung? Wir wissen so vieles schon so lange und ändern trotzdem nur so wenig. In dieser Hinsicht gibt es noch einiges zu tun.

Matthias Schmelzer

Affiliation: Europa-Universität Flensburg
Forschungsinteressen: Sozial-ökologische Transformation, Wirtschaftsgeschichte, Degrowth
Warum haben Sie begonnen, zu ökonomischen Fragestellungen zu arbeiten? Weil das vorherrschende kapitalistische Wirtschaftssystem und die dominanten ökonomischen Theorien zentrale Treiber der multiplen Krisen der Gegenwart sind – von globaler Ungleichheit bis zur ökologischen Krise.
Was hätten Sie gerne schon im ersten Semester gewusst? Dass Ökonomik eine Sozialwissenschaft ist und »Wachstum« eine Erfindung des 20. Jahrhunderts.

Anil Shah

Affiliation: Universität Kassel
Forschungsschwerpunkte: Zusammenhang von Gewalt und Ungleichheit in der globalen politischen Ökonomie
Warum haben Sie begonnen, zu ökonomischen Fragestellungen zu arbeiten? Ich wollte verstehen, warum die sozioökonomische Ungleichheit weltweit derart groß ist und was dagegen unternommen werden kann.
Was fasziniert Sie an ihrer Forschung? Historisch und empirisch aufzeigen zu können, warum die globale Produktion von Armut und Reichtum zwei Seiten ein und derselben Medaille sind.

Birte Strunk

Affiliation: Bard College, New York State
Forschungsinteressen: Ökologische Ökonomik, Feministische Ökonomik, Wissenschaftsphilosophie, Degrowth
Warum haben Sie begonnen, zu ökonomischen Fragestellungen zu arbeiten? Ich fand die »ökonomische« Perspektive auf Klimawandel zu kurz gegriffen und wollte besser verstehen, wie sie durch grundlegende Annahmen der VWL entsteht.

Was hätten Sie gerne schon im ersten Semester gewusst? Dass es eine Vielfalt ökonomischer Betrachtungsweisen gibt und es entscheidend ist, sich nicht mit »einfachen« Antworten zufriedenzugeben.

Hendrik Theine

Affiliation: Johannes Kepler Universität Linz
Forschungsinteressen: Klimakrise und Transformation, ökonomische Ungleichheit, mediale Diskurse
Was reizt Sie besonders an der theoretischen Auseinandersetzung? Die Möglichkeit, unterschiedliche Paradigmen nebeneinanderzustellen und dadurch sichtbar zu machen, dass es nie nur eine ökonomische Wahrheit gibt, sondern verschiedene Blickwinkel, die jeweils eigene Stärken und Grenzen haben.
Warum arbeiten Sie gern in der Wissenschaft? Weil ich mich jeden Tag mit komplexen Themen beschäftigen darf, immer wieder etwas Neues lerne und mit klugen Menschen zusammenarbeiten kann.

Sebastian Thieme

Affiliation: Katholische Sozialakademie Österreichs, Wien
Forschungsinteressen: Wirtschaftsethik, Sozialökonomik, ökonomische Ideengeschichte
Warum haben Sie begonnen, zu ökonomischen Fragestellungen zu arbeiten? Ursprünglich war es das Interesse an Themen wie Geld und Handel; später zunehmend an der Bedeutung von Ethik und Kultur im wirtschaftlichen Kontext.
Was fasziniert Sie an Ihrer Forschung? Die Interdisziplinarität und der spannende Umstand, immer wieder auf fundamentale blinde Flecken und offene Fragen in der VWL zu stoßen.

Stella Wasenitz

Affiliation: Universität zu Köln
Forschungsinteressen: Sozial-ökologische Transformation, Sozioökonomik, finanzielle Bildung
Warum haben Sie begonnen, zu ökonomischen Fragestellungen zu arbeiten? Aus dem Wunsch, die Welt zu verstehen und zu gestalten, denn viele zentrale Fragen unserer Zeit sind letztlich ökonomischer Natur.
Was fasziniert Sie an Ihrer Forschung? Alles könnte anders sein, vor allem in den Sozialwissenschaften. Warum ist es das nicht? Was braucht es?

Max Wilken

Affiliation: Wissenschaftszentrum Berlin für Sozialforschung
Forschungsinteressen: Vergesellschaftung, öffentliches Eigentum und demokratische Wirtschaft
Warum haben Sie begonnen, zu ökonomischen Fragestellungen zu arbeiten? Die Ökonomik ist wahrscheinlich die mächtigste Sozialwissenschaft. Es lohnt sich sie zu kritisieren und zu verändern.
Was hätten Sie gerne schon im ersten Semester gewusst? Ich hätte gerne gewusst, dass sich hinter Formeln und Zahlen letztendlich oft politische Weltbilder verstecken.

Stichwortverzeichnis